George Sand la somnambule

Du même auteur
aux Éditions J'ai lu

Le Diable blanc, *J'ai lu* 2507
La garde du cocon, *J'ai lu*, 2765
Le château d'absence, *J'ai lu* 2902
Cléopâtre la fatale, *J'ai lu* 5225
Moi, Néron, *J'ai lu* 5968
La comtesse de Ségur, *J'ai lu* 6160
Colette, *J'ai lu* 6471
Marie-Antoinette, *J'ai lu* 6692

Hortense Dufour

George Sand
la somnambule

J'AI LU

À Sylvie et Jean-Paul Bertrand,
À Luigi Corte,
À Victoria.

Prologue

ÉCRIRE, OU LE REPOS D'AURORE

Écrire, c'est humain et inhumain. Écrire, ce fut toujours la nuit. Pour elle ; Amantine Aurore Lucile Dupin, épouse (séparée) du baron Dudevant. Aurore, dite George Sand. Écrire, d'un seul jet et sans fatigue de minuit à six heures du matin. Voir sourdre l'aurore. Aurore de la nuit. La permission de dormir jusqu'à dix heures : ne pas manquer le déjeuner. Quatre heures de sommeil lui suffisent. La maison regorge d'invités – parfois, elle est vide, délice de traverser ces heures, seule, dans la grande maison. Nohant est davantage une vaste maison qu'un château. Écrire, la nuit. De sa belle écriture ronde, lisible. Les barres des *t* sont à leur place, la ponctuation soignée, les points sur les *i*, les points d'exclamation économisés, il ne faut pas gâcher les effets ni fatiguer le lecteur.

« La moindre virgule entraîne une vibration du corps et un état de la physionomie. La ponctuation est encore plus l'homme que le style [1]. »

Écrire n'est pas une souffrance sauf pour ses incompréhensibles amis les poètes, ou son cher troubadour, Gustave Flaubert, pour qui un seul mot fut un arrachement. Il fallait à Musset des jours et des nuits pour exsuder trois vers, alors qu'elle achevait, en ce même

1. George Sand, *Correspondance*, tome XXII (lettre à Charles Edmond, août 1871).

temps, trois volumes. Ses plus belles nuits ne furent pas celles où on l'a tant décriée mais celles passées à noircir les pages. Une centaine de romans, ses mémoires, ses lettres de voyageuse, ses articles, ses pièces de théâtre. Un encrier-citerne, sur ce bureau étroit, qui tient dans un coin, à Nohant. « J'écris, dit-elle dans *Histoire de ma vie*, le nez dans mon placard... Il n'y avait pas de place pour un lit. » Il ne s'agit point de dormir mais d'écrire. Elle travailla longtemps en compagnie d'un criquet caché dans un des tiroirs du bureau-secrétaire. Au milieu de la nuit, il la distrait et se promène, si gentil, sur ses papiers. Elle a aussi écrit dans des mansardes, des chambres d'hôtel, en voyage. Où qu'elle allât, elle emmenait son travail. Elle a écrit sur ses genoux, dans la patache qui la menait de Paris à Châteauroux. Acheter l'encre au litre ; les plumes par fagots, les coupe-papiers par dizaines, les cahiers par centaines, les feuilles par milliers. Avant que la fête ne commence, tailler ce lot de plumes, en ajuster les éléments qui à mesure des années se sont modernisés. La plume d'oie devenait la plume d'acier, qui retient mieux l'encre. Elle a aimé d'amour, l'amour. Les jeunes amis-amants qui se nommèrent, entre autres, Sandeau, Musset, Chopin, Boucoiran, Mallefille, Michel, Manceau. Elle a aimé ce temps-là, ce plaisir-là. Elle a dû, elle a pu écrire, *malgré* eux. Quelle différence entre le fils, l'ami, l'amant ? Elle a aimé sans mesure, sans prudence. L'amour, elle l'a fait, avec la même simplicité que ses livres. Les mots lui viennent avec une faconde bénie. Nietzsche la traitait de « vache à écrire ». Elle s'en moque, elle va, les mots déboulent de sa main joliment construite. Le café et les cigarettes la tiennent éveillée. À demi assoupie, elle écrit encore. Une somnambule. Le café, à la longue, agit tel l'opium. Elle y retrouve le moiré si sombre de sa chevelure. Elle ne sucre pas le café. Il est une heure, deux heures, trois heures du matin. Elle croque du chocolat qu'elle partage avec le criquet. Cela fait un beau pâté sur la feuille mais Aurore, qui aime dessiner, l'entoure d'antennes, et crée un insecte fantastique. Un moine avec une tête d'âne ? On pourra en tirer une marionnette. Café, amertume délicate, apesanteur du corps et de ses souffrances. Apesanteur de l'âme et de ses deuils ; café, deuils, douleurs abominables du foie et des entrailles. La cigarette ou le court cigare font partie des divinités qui l'entourent d'un nuage enchanteur. En dépit des lunettes rondes aux verres de plus en plus grossissants, elle est devenue nyctalope. Aurore aux immenses yeux noirs, ceux d'une romanichelle qui aurait couché avec des rois... La lumière oscille. Sa main va tel un phosphore sur le papier blanc et bleu. La lune mauve traverse le carreau. Écrire, à la suite, *Indiana, Valentine, Jacques, Simon, Mauprat, Leone Leoni, Le Secrétaire intime, Consuelo*, elle ne sait plus, elle oublie à mesure ses livres, elle ne les relit jamais. Écrire ; encore, pourquoi et pour qui s'arrêter ? Il est aussi malaisé de commencer que de finir d'écrire. Le mot « fin » s'inscrit avec la fin des forces, la fin de la vie. Écrire, le besoin d'argent aux trousses. Écrire pour reconstituer la dot de sa fille Solange, l'ingrate, la maudite. Écrire pour le fils unique, tant aimé, Maurice. La terre de Nohant et ses dépendances ne rapportent pas suffisamment. Quand l'argent vient du don si facile d'écrire, que chacun de ses livres est un succès en librairie, que demander de plus aux Muses ? L'argent ; l'effarante gageure de subvenir à tout à tous avec ses droits d'auteur. Obtenir le précieux gain – le précieux pain. Elle n'a jamais thésaurisé, excepté une somme de deux cent mille francs (1872) « pour ne rien coûter en tisanes à mes enfants ». L'argent, pour soulager les pauvres, accueillir les amis, faire bourse commune. Les mains ouvertes, les bras ouverts. La nuit, elle trame en des milliers de pages un univers, le sien, orageux et bon, mièvre, multiple, romantique, irréaliste, un peu fou. Aurore, dite George Sand, tout entière centrée sur les autres. L'oubli du dégoût de tout, de tous, de soi. L'oubli de son spleen lancinant, l'oubli des tombeaux l'un après l'autre refermés sur tant d'êtres chers. La mort ne l'effraie pas. On se retrouvera en un monde meilleur, opposé aux enfers et terreurs catholiques qu'elle méprise. Point de culte des morts mais après la dernière aube, il y aura un monde pour croître en lumière et intelligence.

Il est trois heures, quatre heures, cinq heures du matin. Elle connaît tous les rituels de la nuit. La lune, améthyste, en bosse de loup-garou, au fil des quarts d'heure (six chapitres de plus), est devenue cette trace sanglante. Elle entend tout de la nuit, Aurore. Le grattement le long des poutres, le toc-toc de l'esprit frappeur que sont les araignées joyeuses et argent. Les greniers, le toit, le grand escalier « travaillent », eux aussi. La nuit, les maisons bougent et se souviennent. Les maisons (Nohant) bruissent, se plaignent et se dilatent, soudain ludiques, engrangeuses de tant de vies et de morts. Aurore s'épanouit avec la maison (et ses mots) qui vibrent. Elle estime que « pour être romancier, il faut être romanesque comme il faut être lapin pour devenir civet ». Son grand but ? La liberté sociale et sentimentale. Elle est dans l'idéal, non le réalisme. Elle transforme, elle purifie, elle exalte. La maison projette des signes et des symboles. Les tuyaux du nouveau calorifère tirent décidément mal. Quelle fatigue aux pierres, aux parquets, aux meubles, aux rideaux qu'Aurore a cousus elle-même, ces souffles, ces pas, ces voix humaines ! La nuit, la maison se dilate, en espaces chimériques. Aurore ne croit ni aux fantômes, ni aux loups-garous dont la légende terrifie le Berry. Elle ne craint rien, elle est ce gars, vêtu souvent en pantalons, qui n'a jamais frémi devant la cage si noire de l'escalier, les caves et les ombres inconnues. Elle ne craint pas les vivants ; n'a-t-elle pas un court poignard tranchant dans sa manche, un pistolet chargé, sans parler des quelques fusils à Nohant ? Elle craint encore moins les morts. Aurore des premières nuits d'amour, avant les nuits des mots, Aurore, au plaisir du corps de l'homme, qui sentait la bête, le sang chaud, le vin, le sperme blond sur sa peau de brune... Aurore, la somnambule, la nuit, écrit. Elle s'apaise de la proximité du petit cimetière où sont enterrés tous les siens. Elle devine le potager, le jardin, les ruches et les abeilles, les arbres, la charmille, la tonnelle, le banc de mousse. Rien n'est lugubre, ici. Tout se doit d'y être *tranquille*. La Tranquillité, la Mère tranquille, la Sainte tranquille.

Écrire, la nuit, oublier, dans le feu des mots, ses maux physiques. La convulsion intestinale, ce poignard aigu, la colique néphrétique qui laisse « comme mort et dont on ne meurt jamais ». La Titane allait quand même. Vivre, c'est bien, estimait-elle, mourir aussi. Elle a tout aimé, Aurore de la nuit et des grands jours de pluie ou de soleil.

« Vivre ! Que c'est doux ! Que c'est bon ! Malgré les chagrins, les maris, l'ennui, les dettes, les parents, les cancans, malgré les poignantes douleurs et les fastidieuses tracasseries. Vivre ! C'est enivrant ! Aimer, être aimée ! C'est le bonheur ! C'est le ciel ! Ah ! ma foi, vive la vie d'artiste, notre devise est liberté[2] ! »

La nuit, c'est la liberté heureuse. Elle achève un roman à quatre heures du matin ? À quatre heures et un quart d'heure, elle en commence un autre. Le jour approche, elle a entendu chanter le coq, les rossignols, les premières rumeurs. Les paysans se lèvent avant le jour. On ne s'aventure pas dans la nuit, les esprits des mares vous entraîneraient aux eaux profondes. De longs nuages rouges, signe de pluie ou signe de chaleur ou signe de grêle. La grêle, la misère des moissons ; la misère tout court. La bonne dame de Nohant donnera-t-elle encore du pain et du fricot ?

Le jour a blanchi le carreau. Aurore pose la plume. A-t-elle fini son ouvrage ? Elle a saisi les feuilles et les enveloppes destinées à la correspondance. Entre cinq et six heures du matin, elle écrit dix-sept lettres, à ses amis, ses amours, ses relations. Il a fallu l'amour fou

2. George Sand, *Correspondance*, tome I (lettre à Sainte-Beuve, 1831).

de M. Georges Lubin pour patiemment retrouver et publier quelque quarante mille lettres de George Sand. Georges Lubin, décédé en février 2000, à l'âge de quatre-vingt-seize ans, fut « l'Amant posthume » de la dame de Nohant, comme l'appelle joliment Dominique Desanti. La gaillarde avait encore levé une passion, même défunte depuis 1876 ! Ce Berrichon, homme de lettres, fils d'un charron-forgeron, avait entrepris l'édition complète de la correspondance de George Sand. Avec son épouse Madeleine, décédée en 1996 à l'âge de cent ans, il entreprit de recopier à la main (il n'y avait alors pas d'autres moyens) toute la correspondance accessible de son égérie. George Lubin vérifiait chaque information au moyen de précieuses « notes » qui éclairent les recoupements d'une existence aussi riche. On doit à Georges Lubin vingt-quatre volumes publiés chez Garnier. Ils restituent une des correspondances les plus riches du XIXe siècle. Les lettres de George Sand sont sa grande œuvre. On traverse cinquante années d'histoire de France et de son histoire privée. Les lettres de George Sand révèlent la face cachée du réalisme qu'elle repoussait dans ses romans. Elle ne franchit jamais les limites de l'émotionnel esthétique.

« Malgré vos grands yeux de sphinx, lui écrivait Flaubert en 1871, vous avez vu le monde à travers une couleur d'or. »

Les suicides chez Sand n'ont pas lieu à l'arsenic avec les détails cliniques comme dans *Madame Bovary*. On se précipite dans les eaux vives, on se dissout. *Plus de corps*. Les lettres parleront du corps. La romancière George Sand a raté le réalisme. L'épistolière a transgressé le réalisme et composé sans le savoir, librement, une œuvre vive où l'agonie d'un tuberculeux est décrite avec autant d'attention que le dévoiement intestinal, le chant des rossignols, un accouchement, les révolutions à Paris.

Somnambule éveillée, funambule aussi, elle a œuvré sur ce fil de la nuit à l'aurore sans jamais trébucher.

Chapitre 1

ÇÀ ET LÀ, UN ROI, DES OISEAUX, DES FILLES

La bâtardise, le mélange des sangs. C'est là son histoire, et la richesse de sa nature. Aurore descend d'un roi de Pologne et d'un oiselier. Elle appartient, par son père, Maurice Dupin de Francueil, à la plus haute aristocratie. Elle vient du petit peuple par sa mère, Sophie Victoire Antoinette Delaborde. Une fille qui couchait au gré des hommes et de la rue. Du côté de son père, il y eut aussi des filles qui vivaient de leur corps, mais avec plus de chance que Sophie Victoire. « Des dames de l'Opéra », dira Aurore avec réserve. Il s'en est fallu de peu qu'Aurore ne fût aussi une bâtarde. Son père Maurice Dupin épousa Sophie Victoire Delaborde, vingt-six jours avant sa naissance. Aurore naquit le 1er juillet 1804 mais elle ne fut jamais sûre de la date exacte de sa naissance. Était-ce le 1er juillet ou le cinq ? En ces années postrévolutionnaires on traduisait mal le calendrier messidorien. George Sand a toujours été convaincue d'être née le 5 juillet mais le 12 messidor de l'an XII correspondrait au 1er juillet.

« J'avais peut-être oublié, depuis quelques années, qui j'étais et comme quoi, mon sang royal s'était perdu dans mes veines en s'alliant dans le sein de ma mère, au sang plébéien. […] J'avais toujours eu de la répugnance, d'abord par instinct, ensuite par raisonnement, à m'incorporer dans une caste qui n'existait que par la négation de l'égalité [1]. »

---

1. George Sand, *Histoire de ma vie*, tome I, p. 1125.

Elle est née dans un appartement modeste, rue Meslay, au numéro 15, disons, pour lui complaire, le 5 juillet (1804), à une heure de l'après-midi.

« Ma mère avait ce jour-là une jolie robe couleur de rose, et mon père jouait sur son fidèle violon de Crémone... Ma mère un peu souffrante quitta la chambre et passa dans sa chambre ; comme sa figure n'était point altérée et qu'elle était sortie fort tranquillement, la contredanse continua. Au dernier *chassez-huit*, ma tante Lucie entra dans la chambre de ma mère, et tout aussitôt s'écria : "Venez, venez, Maurice, vous avez une fille." "Elle s'appellera Aurore, comme ma pauvre mère qui n'est pas là pour la bénir, mais qui la bénira un jour", dit mon père en me recevant dans ses bras.

« "Elle est née *en musique et dans le rose*, elle aura du bonheur", dit ma tante[2]. »

Maurice et Sophie Victoire s'étaient mariés clandestinement. La mère de Maurice, Mme Dupin de Francueil, outrée d'un tel choix, refusait son consentement. N'avait-elle pas déjà accepté de s'occuper avec générosité d'un bâtard (encore !) que Maurice avait eu d'une jolie paysanne des terres de sa mère, Mlle Chatiron ? L'enfant était un garçon, Hippolyte. Il portait le nom de sa mère : Hippolyte Chatiron. Mme Dupin pourvoyait à ses besoins et à ceux de sa jeune mère. Sophie Victoire était un choix pire que celui de la petite paysanne de Nohant. Maurice avait vingt-six ans, Sophie trente et un. Il fallait encore, selon le code napoléonien, la permission des parents pour se marier. Sophie Victoire était déjà mère d'une fille, Caroline, née du hasard de ses amours : Sophie suivait les armées. Maurice, aide de camp du général Dupont, s'était pris de passion pour elle. Elle était enceinte de huit mois de la future George Sand, quand Bonaparte songeait à envahir l'Angleterre. Maurice n'avait guère de temps pour légaliser cette union. Il n'avait pas prévu de s'attacher profon-

2. *Ibid.*, p. 464.

dément à Sophie. Cet enfant de leur passion ne serait pas un bâtard. L'affaire Chatiron n'avait été qu'une bluette champêtre, réparée avec générosité. Sophie Victoire était l'amour fou. Le mariage eut lieu le 5 juin 1804. Une cérémonie réduite au strict minimum dont Mme Dupin ne fut pas avertie. Maurice n'hésita pas, pour Sophie, à monter un beau mensonge. Des « témoins » attestèrent que ses parents avaient disparu pendant la Révolution française. L'époque était si confuse, y compris dans les dates du calendrier, que le mariage fut bel et bien validé.

Au lendemain de sa naissance, la petite-fille fut déclarée à la mairie Amandine Aurore Lucile ; et baptisée en l'église de Saint-Nicolas-des-Champs, Aman*t*ine Aurore Lucile.

Elle était Aurore pour son père qui l'aima immédiatement.

Antoinette Sophie Victoire Delaborde était née en 1773, d'Antoine Claude Delaborde et de Marie Anne Cloquard. Ils s'étaient mariés en 1768. Antoine Claude, était le fils unique d'Antoine Delaborde et d'Andrée Percheron. Marie Anne Cloquard était la fille de Jean-Georges Cloquard et de Marie-Anne Bouclet. Antoine-Claude, le père de Sophie Victoire, après avoir tenu un estaminet avec billards, s'était installé maître oiselier quai de la Mégisserie. Lors de la prise de la Bastille, Antoinette Sophie Victoire avait seize ans. Elle portait fièrement sa taille mince, sa poitrine ferme, sa chevelure de boucles noires. De vastes yeux châtains, une bouche en petit pot de fraises, une sensualité débordante. Elle osait vivre librement ses passions. À seize ans, elle vivait avec un dénommé Denis Vantin dont elle avait eu un enfant qui mourut en bas âge. Dix années plus tard, en 1799, elle eut Caroline d'un autre amour. En 1800, la belle Sophie, qui méprisait le qu'en-dira-t-on, était amoureuse de l'intendant général Collin qu'elle avait suivi en Italie, flanquée de sa petite fille. Elle ne se souciait guère du confort très relatif de ses enfants traînés lors des campagnes militaires. La petite

Aurore connaîtra l'atroce équipée de la guerre d'Espagne. Sophie fut avant tout une amante.

Maurice la vit la première fois lors de la campagne militaire d'Italie. Ce fut un coup de foudre. La mode était aux robes fluides, à l'antique, l'écharpe longue, la chaussure à petit talon, les bas blancs, la chevelure remontée en boucles. La poudre n'était plus à la mode (elle n'avait jamais été le privilège des filles pauvres). On voyait, en ces années napoléoniennes, bien des jolies brunes au bras de militaires rutilants. Ainsi se formait un nouveau paysage d'amants.

« Ma mère, écrit George Sand, était de la race vagabonde et avilie des Bohémiens de ce monde ; elle était danseuse, moins que danseuse, comparse sur le dernier théâtre du boulevard de Paris, lorsque l'amour du riche vint la tirer de cette abjection pour lui en faire subir de plus grandes encore. Mon père la connut lorsqu'elle avait déjà trente ans, et au milieu de quels égarements ! Il avait un grand cœur, lui ; il comprit que cette belle créature pouvait encore aimer, et il l'épousa contre le gré et presque sous la malédiction de sa famille. Longtemps pauvre avec elle, il aima jusqu'aux enfants qu'elle avait eus avant lui [3]. »

Sa mère sera bien l'inspiratrice de la mère de « Consuelo », « cette nature violente, terrible, généreuse, portant ses enfants sur le dos, les battant d'une main, les caressant de l'autre ». Antoinette Sophie Victoire, que Mme Dupin n'acceptera jamais. Une fille née des grands chemins, vouée à tant de lits. La future romancière aima sa mère d'un douloureux amour. De sa mère lui vint, outre de complexes ressemblances, un tempérament ardent, l'habileté manuelle, l'amour des oiseaux :

« L'oiseau, je le soutiens, est l'être supérieur dans la création. Son organisation est admirable. Son vol le

3. George Sand, *Correspondance*, tome VI, p. 327-328 (lettre à Charles Poncy, décembre 1843).

place matériellement au-dessus de l'homme et lui crée une puissance vitale [...]. Son bec et ses pattes possèdent une adresse inouïe. Il a des instincts d'amour conjugal, de prévision et d'industrie domestique ; son nid est un chef-d'œuvre d'habileté, de sollicitude et de luxe délicat. C'est la principale espèce où le mâle aide la femelle dans les devoirs de la famille. [...] L'oiseau est chanteur, il est beau, il a la grâce, la souplesse, la vivacité, l'attachement, la morale [...]. Il est le plus fidèle des animaux [4]. »

George rend ainsi honneur à sa mère et son grand-père oiseleur, Antoine Claude Delaborde qui vendait des serins et des chardonnerets. Le parrain de Sophie Victoire, un nommé Barra, possédait boulevard du Temple un commerce de cages et d'oiseaux divers. Aurore se sentait mystérieusement liée à cette gent ailée. Sa mère, l'oiseau volage. Aimer l'oiseau c'était honorer celle à qui on avait refusé l'honneur. Sa mère. Sa mère parlait peu de ses parents, morts quand elle était encore une enfant. Antoinette Sophie Victoire, livrée à elle-même, flanquée d'une jeune sœur, Lucie. Une grand-mère mal connue, la mère Cloquard, s'occupa des petites. La dure misère. À seize ans, Sophie (Maurice ne l'appellera que « Sophie ») était fraîche et belle, elle avait accouché d'un enfant mort. La grand-mère l'avait vêtue de blanc, c'était un grand jour, on avait pris la Bastille. On menait ainsi des jeunes filles vêtues de blanc, couronnées de fleurs, pour être présentées au maire Bailly et à Collot d'Herbois. Tant mieux si M. de La Fayette les remarquait ! Les petites citoyennes Sophie Victoire (on ne disait plus « Antoinette » en raison de la reine haïe), et Lucie trouvaient la Révolution adorable.

Lucie travaillait à l'aiguille, Sophie Victoire dans un rôle obscur au théâtre. Inconséquente, elle osa chanter des couplets contre la République. On la jeta en prison

4. George Sand, *Histoire de ma vie*, tome I, p. 17-18.

avec sa sœur. Transférée aux Anglaises, Sophie avait peut-être croisé sans le savoir Mme Dupin alors incarcérée pour d'autres raisons. C'était un temps follement gai et sanglant. Sophie et Lucie auraient pu être guillotinées ; Mme Dupin de Francueil aussi. La guillotine était dressée en permanence. Sophie sortit de prison comme elle y était entrée : pour trois fois rien. On mourait alors pour trois fois rien. La grand-mère Cloquard, n'ayant plus entendu parler depuis une année de Sophie et de Lucie, les croyait mortes, disparues dans un charnier quelconque. Elle crut voir des revenantes. Sophie Victoire suivit les armées, les soldats, la chance et ses hasards, trouva pitance, gîte et amour. D'Asola à Milan, à l'Espagne, elle était ce que l'on nommait « une fille perdue ». De celles que l'abbé Prévost décrivait dans *Manon Lescaut*, condamnées à la déportation. Une fille, la fille Sophie Victoire, née de ceux qui aimaient tant les oiseaux et ne pouvaient s'envoler de la pauvreté.

Mme Dupin de Francueil avait beau jeu de mépriser Sophie Victoire. Son passé mitigé d'aristocratie n'était pas exempt d'alliances douteuses, de filles mieux loties que Sophie-des-pavés mais des filles quand même, dites de petite vertu.

George Sand, dans ses mémoires, n'hésitera pas à remonter à cinq générations. « Les morts, c'est nous », écrivait-elle à son éditeur, en 1848. Les morts, saisissant la vivante :

« Les existences sont solidaires les unes des autres et on n'explique rien d'un être si on ne tente pas de comprendre ses parents ; [...] Où, comment le sang des rois se trouva mêlé dans mes veines au sang des pauvres et des petits[5]. »

George va remonter à plus de cent années en arrière pour mieux comprendre le grand fleuve des sangs mêlés. Elle marque un long arrêt sur l'ancêtre royal,

5. George Sand, *Histoire de ma vie*, tome I, p. 23.

Frédéric-Auguste, Électeur de Saxe, au destin lié à celui d'Aurore de Koenigsmark À travers les amours, les naissances, on déboule tout droit chez les demoiselles de Verrières. L'une d'elles, Marie Rainteau, sera aimée de Maurice de Saxe, fils d'Aurore de Koenigsmark et de Frédéric-Auguste de Saxe. Des amours de Marie Rainteau et de Maurice de Saxe naîtra la grand-mère de George, Aurore (de Saxe Dupin de Francueil).

Romanesque histoire que celle d'Aurore de Koenigsmark, comtesse suédoise, dont Voltaire admirait l'esprit et la beauté ! Elle était si habile en stratégies politiques, que Charles XII, roi de Suède, avait peur d'elle. Elle avait des biens en ses États, elle parlait plusieurs langues, elle ne craignait ni Dieu ni hommes. Charles XII redoutait son esprit et son pouvoir sensuel qui avait soumis Frédéric-Auguste, Électeur de Saxe. Aurore, fille du général suédois Graf von Koenigsmark, était née dans le duché de Brême en 1668. Sa mère mourut quand elle avait dix-sept ans, son père fut tué la même année au siège de Bonn, son frère avait disparu mystérieusement. Ses recherches l'avaient menée à Dresde où Frédéric-Auguste devint amoureux de la jeune fille. Science innée de l'amour, peau d'une rare blancheur, étrange chevelure d'ébène, elle conquit l'Électeur. L'illustre amant la savait bonne diplomate. Il lui confiait, d'après Voltaire, les plus délicates entrevues avec Charles XII en vue de négocier la paix. Aurore eut un fils, Maurice, le 19 octobre 1696, de son amant. Celui-ci devint roi de Pologne l'année suivante sous le titre d'Auguste II. Il reconnaîtra ce fils parvenu à l'âge de quinze ans et lui donnera le titre de comte de Saxe – Maurice de Saxe, le futur vainqueur de Fontenoy. La tradition dans cette famille, où les enfants naissaient hors mariage, fut établie : les fils se nommeraient « Maurice », les filles, « Aurore ».

Aurore de Koenigsmark impressionnait George Sand qui possédait d'elle une belle peinture à Nohant.

« J'ai dans ma chambre, à la campagne, un portrait de la dame encore jeune et d'une beauté éclatante de ton. [...] Elle est extrêmement brune [...]. Ses cheveux noirs comme l'encre sont relevés en arrière par des agrafes de rubis, et son front lisse et découvert n'a rien de modeste[6]. »

George possède aussi le portrait de son fils, Maurice de Saxe, le plus illustre parmi les nombreux bâtards qu'engendra le prolifique roi de Pologne.

« [Il] a une cuirasse éblouissante et la tête poudrée [...]. Il ressemble à sa mère, mais il est blond, d'un ton de peau assez fin ; ses yeux bleus ont plus de douceur et son sourire plus de franchise[7]. »

Maurice, le guerrier, porte cette mâle allure au son d'un tambour invisible, annonçant les guerres et surtout les victoires. Y compris les victoires amoureuses ; car c'est bien là une famille ardente, qu'elle soit royale ou du pavé. L'amour a été leur grande affaire.

George éprouve une grande connivence avec un tel aïeul. Elle admire sa bravoure. N'avait-il pas, à Mons, traversé à la nage une rivière glaciale, à la tête de ses hommes ? À seize ans, il était commandant des cuirassiers. Sa mère l'obligea à faire un beau mariage. Il épousa la plus belle fortune de Saxe mais rien ne lui déplaisait autant qu'une union contrainte. Il dilapida la fortune de sa femme.

« Une épouse, confiait-il à Mme de Pompadour, est à un soldat un bagage inutile. »

Sa fortune lui permit d'acquérir des chevaux, des hommes, de payer leur solde. L'épouse dont nul ne se souviendrait avait servi la gloire de Maurice. En 1720, sous la Régence, il n'avait pour maîtresse que la guerre. Il guerroyait tantôt contre les Suédois, tantôt contre les Turcs.

Le beau Maurice, à vingt-quatre ans, était à Paris, afin de progresser dans sa carrière militaire. Il avait été nommé maréchal de camp de l'armée française. La

6. *Ibid.*, p. 30.
7. *Ibid.*, p. 31.

Régence était un temps libertin. Loin de ses contrées glaciales, de sa mère trop autoritaire, de son père prestigieux, de son épouse oubliée et ruinée, Maurice allait enfin jouir de la vie. Tout prestige requiert une mise en scène. Maurice éblouissait grâce au régiment que lui avait offert le roi de Pologne. Un beau régiment, vraiment, le régiment de Saxe composé de mercenaires allemands, bêtes de guerre et de lit. Maurice devint vite célèbre au Champ-de-Mars où les Parisiens, surtout les femmes, raffolaient d'assister aux manœuvres en corps de ballet de tant d'uniformes rutilants. Maurice, une peau de léopard sur l'épaule, la cuirasse noire, la peau et la chevelure blondes, sans fadeur, les prunelles aigue-marine, devint la coqueluche des demi-mondaines. Adrienne Lecouvreur, la célèbre actrice, ne résista pas à en faire son amant. Qu'importe qu'elle ait sept années de plus que lui ! George Sand aimera toujours des garçons plus jeunes qu'elle. Ses romans regorgent de cette différence d'âge où la femme est la puissante aînée. « François le Champi » a neuf ans de plus que sa mère amante. Aurore de Koenigsmark se rongeait d'inquiétude. L'argent fondait et elle vendit tous ses biens pour entretenir Maurice. Fou d'aventure, il tentait de rejoindre Varsovie où peut-être le trône de Lituanie deviendrait le sien. La mère trop dévouée, trop éprise du fils, s'éteignait dans la pauvreté. Il restait à la grande Aurore de Koenigsmark, qui faisait trembler Charles XII, quelques couronnes. *Maria Aurora Gräfin von Koenigsmark* mourut le 16 février 1728. Elle avait été prieure de l'abbaye de Quedlinburg, cité sur la Bode, prisée des empereurs saxons. Elle fut inhumée dans la crypte de l'abbaye. Elle n'avait pas revu le fils adoré. La dévouée Adrienne Lecouvreur s'éteignait de la tuberculose. Les belles de Maurice s'en allaient, l'une après l'autre, consumées de lui. Le régent était mort, Louis XV était sacré roi de France, Auguste II expirait. La France commençait avec la Pologne et l'Autriche l'interminable guerre de succession. Maurice de Saxe guerroyait, atteignait l'âge de quarante-sept ans. Ce protestant, bâtard, allemand, se distinguait par sa bravoure. Louis XV le nomma maréchal de France. Il avait remporté l'inimaginable victoire à Fontenoy d'où dépendait la liberté de la France, attaquée alors par l'Angleterre.

Louis XV avait offert à son maréchal le château de Chambord, le plus beau après Versailles. Le bouillonnant Maurice dépérissait dans cette immense demeure de quatre cents pièces et autant d'escaliers. Il avait tenté d'y tenir une cour. Il réussit à marier sa nièce, Marie-Josèphe de Saxe, avec le Grand Dauphin, fils de Louis XV, tombé veuf. Marie-Josèphe sera la mère des trois derniers rois de la monarchie française : Louis XVI, Louis XVIII et Charles X. La grand-mère de George, Mme Dupin de Francueil, adorait dire « mes cousins » quand elle parlait de ces princes et « ma cousine » (par alliance) de la reine Marie-Antoinette.

L'âge semblait accroître les charmes du maréchal depuis son triomphe à Maastricht. D'une aventure galante avec Marie Rainteau, il avait eu en 1748 une petite fille : Aurore, la grand-mère de George Sand. Mlle Marie Rainteau, théâtreuse, fille galante mais bien lotie, ne pouvait être confondue avec Sophie Victoire qui couchait parfois sous une couverture de cheval avec son soldat d'amant.

Comment le maréchal avait-il rencontré la délicieuse Marie ? Il faisait venir en ses campagnes de Flandre, afin de distraire ses hommes, des compagnies théâtrales. Maurice avait un faible : écrire des bluettes – sa mère aussi écrivait des odes – destinées à la scène. À la fin de chaque représentation, l'actrice la plus gracieuse venait saluer ces gentilshommes et annoncer pour le lendemain la suite de « l'œuvre » du maréchal. (Était-ce déjà le théâtre de marionnettes de Nohant ?)

Maurice remarqua Marie Rainteau. Elle avait dix-sept ans, des boucles dorées, un corps si joliment fait. Le Maréchal s'empressa d'entraîner la belle enfant dans son lit. Marie ne quittait jamais sa sœur aînée,

Geneviève. Le maréchal, galant, installa les deux sœurs à Paris, dans un bel hôtel, chaussée d'Antin. On nomma les sœurs Rainteau « les demoiselles de Verrières ». « Verrières » était un nom de guerre. Les sœurs Rainteau, *dites* de Verrières, étaient nées de Charles Louis Rainteau et de Marie Anne Dupuy.

Cette passion entacha la réputation du beau militaire. L'acte de baptême de la paroisse de Saint-Gervais spécifiait que la petite fille, Aurore, était née le 19 octobre 1748. Ce fut au tour de la fille du maréchal de montrer de quoi elle était capable. Elle ne cessa de lutter pour faire reconnaître sa légitimité par Maurice de Saxe. Il n'osait ni ne voulait la reconnaître. Elle avait été baptisée, souligne George Sand, « fille de Jean-Baptiste de La Rivière, bourgeois de Paris, et de Marie Rainteau, sa femme [8] ». Maurice n'avait pas voulu s'engager davantage. « Jean-Baptiste de La Rivière » était un homme de paille. C'était bien assez pour une fille ! Si encore il avait eu de Marie un garçon… La petite Aurore lutta farouchement. Un certain sieur Gervais avait accouché sa mère, elle avait eu des tuteurs, des témoins à son baptême. La demoiselle Aurore avait du caractère, elle s'obséda de sa légitimité avec Maurice de Saxe. Vive, intelligente, éprise de justice, opiniâtre, elle lutta vite et bien, avec une énergie digne de ses aïeux de Suède et de Saxe. Elle ne pouvait pas compter sur sa nonchalante mère. Marie Rainteau de Verrières l'avait quasi oubliée, toute à sa passion théâtrale. Elle se sentait jeune, elle avait davantage enduré qu'aimé le vieux maréchal alors en Prusse. Elle recevait des acteurs célèbres et coucha avec le sémillant Marmontel. Le maréchal, froissé d'être remplacé par un « saltimbanque », lui coupa les vivres. Marie ne touchait plus les cinquante louis mensuels de son protecteur. Il en profita pour rompre, y compris avec cette insignifiante bâtarde qu'il avait à peine entrevue. Bon

8. *Ibid.*, p. 31-32.

sang ne saurait mentir : la demoiselle Aurore montra bientôt son savoir-faire.

Marie qui avait un cœur léger, une âme sentimentale, un corps ardent, se lassa de Marmontel pour M. d'Épinay, riche collecteur d'impôts. M. d'Épinay installait les inséparables Marie et Geneviève, et la demoiselle Aurore, dans un hôtel à Auteuil, qui n'avait rien à envier à celui de la chaussée d'Antin. C'était au 46 rue d'Auteuil. On faisait l'amour de tous côtés, avec une joyeuse facilité. L'épouse de M. d'Épinay, la spirituelle Mme d'Épinay, devenait la maîtresse de M. Dupin de Francueil, le meilleur ami de son volage époux. Louis Claude Dupin de Francueil était le fils de Claude Dupin et de Marie-Jeanne Bouilhat de Laleuf. Il était riche, charmant, sensible à la beauté et à l'accueil des demoiselles de Verrières. Tout ce monde s'entendait à merveille.

Maurice de Saxe allait disparaître. L'ambition guerrière l'avait repris. Il avait totalement oublié ces filles de Paris. Le maréchal, qui ne doutait de rien, demanda à Louis XV le trône... de Madagascar. Le roi refusa, Maurice songeait à une royauté incongrue en Amérique quand il mourut à Chambord, en 1750, d'épuisement et de ses blessures. Il avait cinquante-cinq ans. Il avait affirmé à son médecin, au moment de mourir, que la vie n'était qu'un songe, mais combien beau avait été pour lui ce songe, trop court à son gré.

Les demoiselles de Verrières et la jeune Aurore allaient fort bien. Dans leur « folie » d'Auteuil, les deux sœurs avaient fait installer un théâtre. Elles jouaient, elles séduisaient (c'était leur fonds de commerce), elles s'amusaient. Elles s'entouraient de gentilshommes lettrés, riches, bien sûr. Ces « Aspasies du siècle » choyaient particulièrement l'érudit richissime, M. Dupin de Francueil. M. de La Harpe, familier d'Auteuil, jouait ses propres comédies, la petite Aurore fit Mélanie et Colette dans *Le Devin du village*, rôles charmants des opéras de Grétry. On jouait aussi les pièces de Sedaine. La grand-mère de George se souvenait des airs de Pergolèse qu'elle avait chantés à cette époque, chez sa mère.

Elle était bien jolie, la fille non reconnue du maréchal ! Une beauté à la Watteau. Une peau rose et blanche, un air angélique, de curieux yeux noirs, profonds, frangés longuement, des boucles poudrées d'argent, une fine silhouette vêtue de soie bleu pâle, ceinturée de rose, un décolleté en dentelles de Chantilly. Cultivée, sérieuse, nullement sensuelle, le plus grand des plaisirs, pour elle, était la conversation menée avec esprit. Déiste, éprise de la nature, la demoiselle Aurore lisait Jean-Jacques Rousseau et Voltaire. Clairvoyante, l'âme ferme, elle méprisait secrètement la vie galante de sa mère et de sa tante. Elle voulait à tout prix échapper à ce sort. Elle détestait la coquetterie, elle avait hérité la hauteur de son inaccessible aïeule, la mère du maréchal. Elle tenait d'elle le sens des stratégies, la distance, le mépris de la mort. Élevée chez des femmes sans honneur, elle aspirait farouchement à une vie honorable. Il lui faudrait, pour ce faire, établir la paternité du maréchal et s'insinuer dans la haute société par un bon mariage. La demoiselle Aurore, à quinze ans, déposa une requête pour faire légitimer le nom de son père. On l'avait promise en mariage au comte de Horne. Son acte de naissance était boiteux, elle fit une requête auprès de la cour du Châtelet. Maître Thétion plaida pour sa « pupille ». Il utilisa avec brio le témoignage de l'accoucheur, l'acte de baptême de la paroisse de Saint-Gervais-et-Saint-Protais. L'acte soulignait que l'enfant avait été présentée par un ancien aide de camp du maréchal, délégué aux fonctions de parrain : Antoine-Alexandre Colbert, marquis de Sourdis. Cela suffit à la cour du Châtelet pour rendre une sentence en faveur de l'énergique Aurore de Verrières. Elle était bien la fille du maréchal de Saxe. Maître Massonnet, second tuteur, appuyait l'affaire. L'acte baptistaire fut légalement modifié. À la place de l'inexistant M. de La Rivière, on put enfin lire le nom de « Marie-Aurore fille *naturelle* de Maurice de Saxe, maréchal des camps et armées de France, et de Marie Rainteau ».

La demoiselle Aurore avait écrit de sa plume fine, sans la moindre faute d'orthographe (au contraire du maréchal qui faisait une faute à chaque mot), à la dauphine Marie-Josèphe de Saxe pour lui demander sa haute protection. La dauphine la fit admettre à Saint-Cyr, l'établissement pour les filles de la noblesse pauvre créé par Mme de Maintenon. Rien ne plut autant à la sérieuse Aurore. Elle avait gagné une grande bataille. À dix-huit ans, elle sortit de Saint-Cyr pour son mariage. Le choix convenait à la froide jeune fille. Elle était fière de son ascendance, fière de son empire sur elle-même, fière de son fiancé qu'elle ne vit que la veille des noces. Le comte de Horne, chevalier de Saint-Louis, était lieutenant pour le roi à Célestat, en Alsace. Aurore le vit ; et cacha ses craintes. Il était vieux, il avait quarante-quatre ans, on le prétendait bâtard de Louis XV. Elle avait remarqué son « air insolent, la dureté dans le regard ».

Aurore eût bien voulu ne point consommer ses noces. On était en 1766, elle n'avait aucun goût pour « les choses de la chair » dont avaient allégrement vécu sa mère et sa tante. Sa mère avait organisé une réception à Auteuil pour le mariage. On avait mené la jeune mariée dans un carrosse doré tiré par quatre chevaux blancs, « comme pour une duchesse ». Le comte de Horne accompagnait la jeune fille, à cheval, dans un costume militaire d'or chamarré. Aurore eut la surprise de rencontrer ce jour-là son demi-frère (encore un bâtard), l'abbé de Beaumont, âgé de quatorze ans, futur grand-oncle de George. Il était le fils naturel du duc de Bouillon et de la gaillarde Marie. Aurore de Horne fut mariée cinq mois. Ils étaient installés à Célestat quand le comte tomba malade et mourut rapidement d'excès de saignées et de purgations.

Aurore de Horne était veuve à dix-huit ans, ce qui était un beau sort. Elle traversa « cette époque fort libre et un monde très corrompu sans y laisser une plume de son aile[9] ».

Elle souhaitait une vie sans passion, calme, loin de toute calomnie. Elle reprit son destin en main. Elle écrivit d'une plume soignée une nouvelle missive à la dauphine afin d'augmenter sa pension. Elle poudrait sa lettre pour sécher l'encre, elle signait avec plaisir « Marie-Aurore de Saxe, veuve du comte de Horne ». Marie Rainteau mourut à cette époque. Elle avait quarante-cinq ans, c'était un soir, et « elle se plaignit seulement d'avoir froid aux pieds ». Sa femme de chambre avait chauffé ses pantoufles, Marie était dans son fauteuil, elle ne bougeait pas ; elle était morte. Elle avait eu une vie délicieuse, une fin charmante.

Aurore avait vingt-sept ans. Elle demanda à entrer au couvent des dames du Calvaire. Elle devait payer seize cents francs de pension par an, d'où sa lettre à la dauphine. M. Dupin de Francueil rendait souvent visite à la jeune veuve. Ces dames du couvent le laissaient entrer à cause de son grand âge. Il arrivait qu'Aurore l'appelât « mon papa ». Il rompit discrètement sa liaison avec Geneviève, la tante d'Aurore. Il s'était épris de la jeune femme et lui demanda de l'épouser. Les créanciers s'emparaient des biens des demoiselles de Verrières fort endettées. Aurore survivait grâce à la générosité de la dauphine. Aurore accepta la demande de M. Dupin de Francueil ; la dauphine, alors très malade, ne s'occupait plus d'elle. Aurore de Saxe avait écrit à Voltaire « qu'elle était délaissée ». Il lui avait répondu « qu'il irait bientôt rejoindre le héros [son] père et [qu'il] lui apprendrait avec indignation l'état où était sa fille[10] ». Le mariage avec M. Dupin de Francueil, âgé de soixante-deux ans, fut une aubaine pour la fille du maréchal.

Elle estimait M. Dupin de Francueil. C'était un bel

9. *Ibid.*, p. 36.
10. *Ibid.*, p. 38.

esprit, ce grand-père que George Sand ne connut jamais. Aurore de Saxe fut très heureuse et n'eut qu'un seul enfant : Maurice, le père de George. Il naquit le 9 janvier 1778. Ils s'étaient mariés très vite à l'ambassade de France à Londres, la cérémonie religieuse avait eu lieu à Paris. Aurore de Saxe Dupin de Francueil avait vingt-neuf ans. Ils vécurent dix années ensemble sans jamais s'ennuyer. M. Dupin de Francueil, receveur général du duché d'Albret, fils de madame Dupin de Chenonceaux, installa sa jeune femme à Châteauroux. Le château avait une vue imprenable sur l'Indre. Il établit dans la ville des manufactures de draps. Aurore n'avait pas de passion mais une réelle affection pour cet homme si fin qui savait manifester chaque jour, pour elle, un savoir-vivre exquis. Elle confiait à sa petite-fille le plus grand bien d'un tel époux, le second et le dernier :

« Je l'appelais mon vieux mari et mon papa. [...] votre grand-père, ma fille, a été beau, élégant, soigné, gracieux, parfumé, aimable [...]. Nous ne nous quittions pas d'un instant, et jamais je n'eus un instant d'ennui auprès de lui. Son esprit était une encyclopédie d'idées, de connaissances et de talents qui ne s'épuisèrent jamais pour moi [...]. Le jour, il faisait de la musique ; car il était excellent violon, et faisait ses violons lui-même, car il était luthier outre qu'il était horloger, architecte, tourneur, peintre, serrurier, décorateur, cuisinier, poète, compositeur de musique, menuisier, et qu'il brodait à merveille ; [...] le malheur c'est qu'il mangea sa fortune à satisfaire tous ces instincts divers, et à expérimenter toutes choses, mais je n'y vis que du feu et nous nous ruinâmes le plus aimablement du monde [11]. »

Pendant qu'il dessinait à ses côtés, Aurore faisait du parfilage. Ils se faisaient la lecture mutuellement. Rousseau, Voltaire, Diderot, Helvétius, l'abbé de Saint-

11. *Ibid.*, p. 40.

Pierre. M. Dupin de Francueil évoquait l'idée de l'égalité de l'homme et de la femme selon les droits de la nature et d'un Dieu possible. Ils écrivaient, aussi, des sortes d'essais sur cette philosophie aimable et éclairée. Une société lettrée les entourait. M. Dupin de Francueil reçut même Rousseau. Une si belle surprise provoqua les larmes chez son épouse. Ces larmes froissèrent le philosophe qui, une fois de plus, se crut persécuté du genre humain. Jusqu'à sa mort, M. Dupin de Francueil offrit à son épouse une grande élégance conjugale. Cet époux parfait mourut sans jamais se plaindre de ses maux. Maurice, leur fils unique, avait huit ans. Les derniers mots de M. Dupin de Francueil avaient été pour encourager Aurore à continuer une existence riche et aimable.

C'était la veille de la Révolution française.

Chapitre 2

UNE MÈRE, UN FILS OU LE GRAND AMOUR DE MME DUPIN DE FRANCUEIL

Aurore de Saxe Dupin de Francueil se disait ruinée. Elle sut liquider les dettes de son époux, et se retrouva à la tête de soixante-quinze mille livres de rente. Aurore, qui avait mené un train de vie princier, s'accommodait de sa nouvelle « *pauvreté* ».

Elle quitta Châteauroux (au temps de George Sand, le château sera le siège de la sous-préfecture), elle habita à Paris, rue du Roi-de-Sicile, « *un petit appartement* ». George estimera ce logis un fort bel espace. La préoccupation d'Aurore Dupin, son grand amour était son fils Maurice. Quoiqu'il fût de petite taille, elle trouvait ce fils unique d'une grande beauté.

« Cinq pieds trois pouces, la taille mince, élégante et bien prise, le teint pâle, un nez un peu aquilin, admirablement dessiné, la bouche intelligente et bonne, les sourcils et la moustache noirs et nets comme des lignes marquées à l'encre, les yeux grands, noirs, doux et brillants à la fois, les plus beaux yeux que l'on puisse imaginer ; les cheveux épais et poudrés... touchant à des sourcils d'un noir de jais... Il avait le pied petit et la main d'une beauté parfaite [1]. »

Tel était pour sa mère, et aux yeux de George Sand, l'incomparable Maurice Dupin de Francueil. Il éprouva,

1. George Sand, *Histoire de ma vie*, tome I, p. 226.

à l'adolescence, le véhément amour d'un fils unique pour sa mère vieillissante et veuve. Sophie Victoire allait tout bouleverser. Le jeune Maurice, avant sa rencontre si passionnée, n'avait eu qu'un seul « amour » : sa mère.

« Noyée dans le bonheur d'être chéri sans partage et choyé avec admiration, cette mère est pour lui l'objet d'une sorte de culte [...]. C'est de l'amour, moins les orages et les fautes [...]. C'est l'amour idéal, et il n'a qu'un moment dans la vie de l'homme[2]. »

Mme Dupin de Francueil s'occupa de lui trouver un précepteur d'élite. Elle prit un étrange jeune homme de vingt-six ans, Deschartres. Il fut aussi le précepteur de George Sand. Deschartres tiendrait dans la famille un rôle essentiel. Ce fils d'un chaulier, professeur au collège de la rue du Cardinal-Lemoine, était entré au service de Mme Dupin avec l'habit et le titre d'abbé. La Révolution le rendit prudent. Il devint « le citoyen Deschartres » – il n'avait jamais été abbé. Ce mystificateur de grand mérite avait le don du comique pince-sans-rire.

« Il avait été joli garçon. Propret, bien rasé, l'œil vif et le mollet saillant[3]. »

Deschartres était très cultivé, prenait des airs d'importance, exprès, adorant se moquer. À Nohant, on le surnommait « le grand homme ». Sobre, courageux, à ses grandes qualités il joignait un caractère insupportable, despotique, le délire de l'autocontentement, et mettait en pratique ses idées extravagantes. Deschartres fut à la fois le tyran et le sauveur de la famille. À ses heures de liberté, il continuait à étudier la physique, la médecine, la chimie, la chirurgie. Il aimait son élève mais s'irritait de le voir élevé « dans du coton ». Maurice prenait mal ses leçons, Deschartres n'osait pas le battre.

2. *Ibid.*, p. 76.
3. *Ibid.*, p. 52.

« On l'éleva à la lettre dans du coton, et comme il fit une maladie de croissance, on lui permit d'en venir à cet état d'indolence, qu'il sonnait son domestique pour lui faire ramasser son crayon ou sa plume [4]. »

Cet indolent deviendrait un vaillant soldat. Il aimera la guerre. Il aimera l'amour. Il aimera Sophie Victoire Delaborde.

L'Ancien Régime s'effondrait, Mme Dupin de Francueil vit d'abord d'un bon œil arriver la Révolution et les idées nouvelles. Nourrie de Voltaire, de Rousseau, des conversations avec son défunt époux, elle détestait les abus de la cour. Elle avait été une ennemie de Marie-Antoinette. Elle avait conservé les pamphlets les plus orduriers qui couraient sur les prétendues « *fureurs utérines* » de la reine. George Sand les découvrit chez sa grand-mère. Elle regrettera de les avoir brûlés. Elle avait vingt ans, elle avait eu à cette lecture « un accès de pruderie » Mme Dupin avait admiré Necker, Mirabeau. Une aristocrate pétrie d'idées nouvelles mais conservatrice. Elle admirait *Le Contrat social* de Rousseau, elle partageait avec Voltaire sa haine des superstitions, elle approuvait leurs idées. Ce n'étaient que des « idées ». Ils ne pensaient pas, elle et son cercle mondain, que la Révolution fût aussi sanglante.

Avec Sophie Victoire Delaborde, elle se comporta tel l'Ancien Régime, plein de haine méprisante envers la République.

La Révolution avait encore réduit ses rentes. Des « débris » de sa fortune première, elle acheta pour trois cents mille livres une terre, à trente-six kilomètres à l'est de Châteauroux. Elle avait aimé ce paisible Berry, et comptait s'y retirer.

La propriété touchait au hameau de Nohant dont elle prendrait un jour le nom. Mme Dupin l'avait achetée à Pierre Péarron de Sérennes. Il l'avait acquise en 1767. C'était un château sans grâce du XIVe siècle avec

4. *Ibid.*, p. 55.

deux tours épaisses. M. de Sérennes transforma l'ensemble en un manoir de style Louis XV. Il avait eu peur des visages farouches, hostiles des paysans des alentours. « Les idées nouvelles transformaient les mœurs. » M. de Sérennes ne fut pas mécontent de trouver un acquéreur en Mme Dupin de Francueil. Elle aima les vieux ormes, les tilleuls, le calme de cette demeure où elle comptait faire ajouter un potager, abattre le mur du jardin qui bornait la vue.

Mme Dupin n'eut pas le loisir d'occuper aussitôt cette champêtre demeure. Une dénonciation faillit la mener à l'échafaud.

Elle avait quitté la rue du Roi-de-Sicile. Elle s'était installée avec son fils et Deschartres rue de Bondy, chez le sieur Amonnin, ancien valet de chambre du comte d'Artois. L'appartement comportait des cachettes dans le mur, derrière les boiseries. M. Amonnin les montra à sa locataire. Elle pouvait y dissimuler son argenterie, des documents. Il était interdit d'agir ainsi d'après les lois révolutionnaires. C'était s'exposer à n'importe quel délateur. Un ami commun de M. Amonnin et de Mme Dupin, M. de Villiers, y déposa ses titres de noblesse. Mme Dupin de Francueil y joignit le reçu de la somme qu'elle avait fait parvenir pour aider le comte d'Artois. L'ouvrier, le citoyen Villard, avait aidé à confectionner ces sortes de coffres-forts, en vertu du décret qui récompensait la dénonciation sur l'enfouissement de richesses. Il dévoila « les agissements de la citoyenne Dupin » au comité révolutionnaire de la section du Bon Conseil. Le 16 octobre, on avait guillotiné Marie-Antoinette. La Terreur continuait.

Le 25 novembre 1793, la police descendit rue de Bondy. Elle perquisitionna de fond en comble la maison et fouilla les murs. On interrogea la « citoyenne Dupin » sur ces trésors qu'elle osait dérober à la République. L'inventaire de ces objets est précis :

« Une épée montée en acier taillé, une espingole, une boîte de maroquin contenant cuillères, pelles à sucre, à moutarde, en vermeil et toutes avec ses armoiries etc. [...], des bijoux *armoriés*[5]. »

« Armorié » ; le grief suprême. Maurice et Deschartres regardaient en silence. La perquisition dura jusqu'à six heures du matin. Tout serait perdu si on tombait sur le reçu du comte d'Artois. Soixante-quinze mille livres versés au parti royaliste ! Mme Dupin trouvait chevaleresque d'aider « ses cousins les Bourbons » dans la peine tout en ne les aimant pas. Deschartres le savait. On décréta en état d'arrestation M. de Villiers, Mme Dupin de Francueil. Le 3 décembre, elle était incarcérée à la prison des Anglaises.

Maurice et Deschartres étaient en liberté surveillée. La police avait mis les scellés sur l'appartement.

Deschartres mit tout en œuvre pour sauver Mme Dupin. Il osa, de nuit, rompre les trois scellés. Il pénétra dans l'appartement en dépit du « citoyen portier », qui couchait à l'entresol, prêt à tirer du pistolet. À deux heures du matin, Deschartres, dans l'obscurité, défaisait trente cartons où se trouvaient les papiers aux conséquences mortelles. Il entendit du bruit, il sortit son pistolet. Il reconnut Maurice venu dans les mêmes intentions. Dans un silence complet, ils brûlaient à mesure les documents. À quatre heures du matin, il fallut partir ; le portier se levait à cinq heures. Maurice revint la nuit suivante. Deschartres, avec une bougie et de la cire, refit les scellés. La nuit suivante, même procédé, même danger. Les papiers étaient réduits en cendres qu'ils emmenèrent afin de ne laisser aucune trace.

Mme Dupin, dans sa prison, ignorait un tel dévouement. Elle écrivit une requête au comité de sûreté générale afin de prouver qu'elle sympathisait avec la cause révolutionnaire. Un mois plus tard, elle fut obligée d'assister à la levée des scellés. Maurice la revit quelques heures. La police ne trouva rien, Mme Dupin resta en prison jusqu'au 22 août 1794. Le 17 février de

5. *Ibid.*, p. 62.

la même année, Sophie Victoire était aussi incarcérée aux Anglaises sous le nom de « femme Saint-Charles ». Elle se prétendait l'épouse d'un certain Vantin dit Saint-Charles dont elle avait eu une petite fille. Tout est confus dans l'histoire de Sophie que Vantin n'avait jamais épousée. Elle sortit de prison en été 1794, sans comprendre pourquoi on l'y avait jetée. La nomade suivit son amant, l'intendant des armées, Claude Antoine Collin.

Maurice, chaque jour, allait voir sa mère. Le parloir des Anglaises était glacial. Maurice supportait tout. Il n'avait plus rien à voir avec l'enfant fragile « élevé dans du coton ». Maurice écrivit à sa mère en détention ses plus belles lettres d'amour :

« J'aperçois (de Passy) la guillotine. Oh ! Si le ciel exauce ma prière, je t'assure que nous serons bientôt réunis pour ne plus jamais nous quitter. [...] Tu dates toujours tes lettres à six heures du matin. Cette heure me choque, ma bonne mère ; [...] je crains que cela ne prenne sur ta santé [6]. » « Je n'ai pas d'expression assez forte pour te dire mon amour », signe-t-il à chaque fois.

En août 1794, suite au 9 Thermidor, Robespierre guillotiné (par ses alliés), Mme Dupin était enfin libre. Deschartres alla la chercher. Mme Dupin n'avait pas de passeport pour la barrière de Passy. Deschartres rusa, elle aussi. Maurice était bouleversé. Elle partit pour Nohant avec Maurice, Deschartres, Antoine son valet et une femme de chambre. Il lui restait quinze mille francs de revenus annuels. On avait obligé « la citoyenne Dupin » à souscrire aux « emprunts forcés » sur ses biens.

Il fallait dix jours pénibles pour rejoindre Nohant. La traversée de la vallée Noire était inquiétante. On allait, les reins malmenés, dans une affreuse patache. On dépassait Orléans, on traversait la Sologne, la Creuse. Des terres plates, avec au loin l'ondulation des

6. *Ibid.*, p. 85.

collines et des bois. La route d'Issoudun à Vierzon était piégée de crevasses ; de rivières privées de gué, de « fondrières tout calibre ».

À Nohant, Mme Dupin de Francueil déploya son bel esprit qui ne l'avait jamais quittée. Au pire de son incarcération, elle conseillait à Maurice de visiter la maison de Boileau et de relire les fables de La Fontaine. Le manoir de Nohant était spacieux, bien meublé. L'Indre coulait à un kilomètre de la demeure. Les maisonnettes des paysans offraient une perspective riante. Une douce féodalité s'installait. Mme Dupin était « la châtelaine ». Elle aimait « ses paysans », leur politesse. On lui disait « vous » avec respect. Elle mit de l'ordre dans ses habitudes. Elle aima – et George Sand aima aussi – cette terre brune, les gros noyers, la charmille. Elle aima (elles aimèrent) la place du hameau, les maisons des paysans et « leurs jolis enclos », leur discrète fierté ; leur tact. Elle aima (elles aimèrent) la douceur de la vue, le clocher, petit, bien tuilé, les vignes modestes. Mme Dupin vécut vingt-huit ans heureuse à Nohant. Elle se consacra, avec Deschartres, à l'éducation de Maurice – celle, un jour, de sa petite-fille Aurore. Deschartres, dont le caractère empirait, détestait Nohant et les Berrichons. Il les trouvait fourbes. Il en soignait quelques-uns gratuitement (il était bon médecin) et les frappait d'un coup de poulet quand la colère l'emportait.

Maurice avait un tempérament artiste. Deschartres avait du mal à lui inculquer le latin, les sciences sérieuses. Avec sa mère, il excellait en musique, déclamation, dessin, langues vivantes et littérature. La musique – le violon – l'emporta. Il chantait bien. Il jouait à Argenton, chez M. de Scévole. À La Châtre, il s'était lié à une trentaine d'amis. Il jouait la comédie. Il était enthousiaste, « tout instinct ».

En août 1795, les hommes du premier Directoire, Barras, Siéyès, La Révellière-Lépeaux, Letourneur, Reubell, nommaient les ministres et les généraux. Mme Dupin les méprisait. Maurice, occupé d'art et de beauté, quittait parfois Nohant pour Paris, avec Deschartres. D'Orléans à Paris, on trouvait une voiture deux fois par semaine. Deschartres boudait tout au long du trajet. Maurice adorait l'opéra. Il logeait à Passy, écrivait à sa mère son bonheur d'être allé écouter *Corisandre*, *Didon*, ou d'avoir vu le ballet *Psyché*. La passion de Maurice pour son aïeul le maréchal de Saxe inquiétait Mme Dupin. Il s'était plongé dans l'histoire de sa vie et se mit à rêver guerres et gloires.

Depuis des années, c'était la guerre. En France, la lutte farouche entre jacobins et monarchistes. Aux frontières, l'Autriche menait le jeu du regroupement royaliste. Bonaparte, héros de la campagne d'Italie, semblait le seul à exploiter jusqu'au vertige les enjeux belliqueux. La Constitution de l'an VIII établissait en théorie le suffrage universel. Le pouvoir législatif était partagé entre le Tribunat et le corps législatif. Le Sénat, devait veiller au respect de la Constitution. Le Premier consul, Bonaparte, détenait le pouvoir. « Qu'y a-t-il dans la Constitution ? », se demandaient les citoyens. « Il y a Bonaparte. » Après le référendum, Bonaparte quitta le palais du Luxembourg pour les Tuileries.

Maurice n'avait rien de *Buonaparte* et sa mère le savait. Elle avait peur de le perdre ; mais il fallait choisir « les camps ou le coin du feu ».

Le 5 septembre 1798, le Directoire avait ordonné une levée de deux cent mille conscrits. Maurice n'attendait que cela. La carrière des armes… Maurice de Saxe… Emmener son violon à la guerre… À Passy, il étudiait des plans de campagne. L'inaction lui pesait. La loi de la conscription décida de son destin. Il avait vingt ans, il était enchanté de partir à Paris, comme conscrit. Il fut présenté, par son (demi-)oncle M. de Beaumont, ami de Barras, à M. de La Tour d'Auvergne et l'écrivait à sa mère :

« [M. de La Tour d'Auvergne] m'a dit : "Est-ce que le petit-fils du maréchal de Saxe aurait peur de faire une campagne ?" Je lui ai répondu "non, certainement", en le regardant bien en face[7]. »

Maurice se perfectionna en équitation et s'engagea dans la cavalerie, au 2e régiment des chasseurs à cheval. Sa mère lui fit parvenir l'argent pour acheter un sabre, une toque rouge, un dolman vert. Il déplorait sa petite taille et ses moustaches pas assez longues. Quelle fierté, écrivait-il, de constater « que l'on tremble à [son] aspect ».

« Ma bonne chère mère, ne t'afflige pas [...] de tout temps j'ai aspiré à l'état militaire [...]. Je suis soldat ; mais le maréchal de Saxe n'a-t-il pas servi volontairement dans ce poste pendant deux ans[8] ? »

Mme Dupin puisait sa consolation dans les courriers. Il y a trois cents pages des lettres de Maurice dans *Histoire de ma vie* de George Sand, sans doute embellies. On y suit les équipées militaires et amoureuses de Maurice. En Allemagne, il faisait la cour à une chanoinesse de Cologne. Ce mariage eût convenu, sans la ravir, à l'exclusive Mme Dupin. Ce projet ne se réalisera pas, Maurice suivit son régiment à Coblentz. Il a parfois la fièvre, l'existence est rude, au combat il s'épanouit. Il remercie sa mère « de lui envoyer ses diamants ». Le train de vie de Maurice coûtait cher, la mère amoureuse payait.

« Tu sacrifies, ma bonne mère, tes bijoux aux besoins de la patrie. »

Même le serviteur Saint-Jean, de Nohant, prenait sur ses gages pour aider M. Maurice. M. de La Tour d'Auvergne écrivait à Mme Dupin que son fils « accomplira[it] un jour ou l'autre les hautes destinées de son grand-père ». Le maréchal de Saxe était la puissante carte de visite de cette famille fragilisée.

Une lettre de Maurice datée du 16 mai 1799 révèle son secret. Il aurait eu un enfant, d'une amourette

---

7. *Ibid.*, p. 176-177.
8. *Ibid.*, p. 183.

champêtre, à Nohant. Maurice marque sa reconnaissance à Mme Dupin « de ne pas abandonner cette faible créature ». L'acte de naissance, à La Châtre, indique que l'enfant est né de Catherine Chatiron, âgée de vingt et un ans. On nomma l'enfant « Pierre Laverdure, fils naturel de la patrie ». George apprendra plus tard l'existence de ce demi-frère, Hippolyte Chatiron.

Mme Dupin fut bonne pour Catherine et son fils, généreuse sans familiarité. Les lettres parlent à ce sujet de « la petite maison ». C'était le rendez-vous régulier de Mme Dupin avec la nourrice qu'elle payait pour que cet enfant, qui lui tenait à cœur, fût bien nourri. Quant à Catherine, Mme Dupin « l'éloigna sans reproche », et prit en charge son existence.

Il serait bon que Maurice épousât une chanoinesse ou une duchesse.

Sophie Victoire fut un amour engendré par la guerre, où tout est exacerbé. La France du Consulat ressemblait à une vaste armée sous une nuée de filles. Maurice Dupin de Francueil quitta Thionville pour Weinfelden, en Suisse. Il fut promu aide de camp. Plumet jaune, écharpe frangée d'or, le petit-fils du maréchal participa à la déroute des Russes. À Paris, *Buonaparte* était élu consul à vie. En 1803, la monnaie serait frappée à son effigie. La guerre faisait rage, en Suisse. Pièces de douze, feux de bivouac, ponts brisés sous les obus. Le chef de brigade de Maurice, Ordener, était alsacien. Dans le Muttental, ils franchirent des précipices. On bivouaquait avec le froid, la faim, la fièvre. Mme Dupin frémissait. Il était trop casse-cou, trop exquis, elle l'aimait trop. Elle le perdrait. Maurice se porta volontaire pour la campagne d'Italie. À chaque victoire, on trinquait « à la santé de Buonaparte ». Maurice, complimenté par le général Brunet, avait été nommé maréchal des logis.

À Paris, Maurice fut présenté à Bonaparte. Mme Dupin de Francueil, bouleversée d'un si grand honneur, avait fait le voyage à Paris pour cette occasion. « Vous êtes le petit-fils du maréchal de Saxe ? Ah fort bien ! Fort bien ! », dit Bonaparte qui lui tourna brusquement le dos.

Maurice repartit aussitôt, dans le 1er régiment des chasseurs, adjoint à l'état-major.

L'année 1800 avait vu tomber trois grands généraux. Kléber, Desaix et M. de La Tour d'Auvergne. M. de La Tour d'Auvergne succomba à Marengo. Les Autrichiens durent évacuer la Ligurie, le Piémont, la Lombardie. Bonaparte rejoignait Paris en triomphateur. On conclut avec l'Autriche le traité de Lunéville.

L'année 1800, le Premier consul, aidé des banquiers Perrégaux et Lecoulteux, rédigea les statuts d'une nouvelle banque, « la Banque de France », place des Victoires. L'année 1800 s'achevait par l'attentat de « la machine infernale », rue Nicaise, contre Bonaparte. La police de Fouché trouva les responsables : des royalistes dont Carbon et Saint-Réjant qui furent guillotinés. Bonaparte profita de cette affaire pour faire déporter aux îles Seychelles cent trente-deux « anarchistes ». Bonaparte apparaissait comme l'homme providentiel qui allait réaliser l'union perturbée entre les Français.

L'année 1800 marquait la grande passion de Maurice Dupin pour la fille des oiseliers.

Maurice avait pleuré la mort M. de La Tour d'Auvergne, pourtant, à Marengo, il avait été saisi d'une exaltation d'enfant qui joue à la guerre.

« Pim ! Pan ! Pouf ! Patatras ! En avant ! Sonne la charge ! Victoire ! Sauve qui peut ! »

Des lettres joyeuses tandis que coule le sang, jaillit le feu, hennissent d'épouvante les chevaux.

Stradella, Turin, Milan. Maurice était à l'aile droite de l'armée.

Il va tomber amoureux. Ces filles qui suivent ces hommes sont leur douceur, leur erreur. Il a remarqué cette brune, au regard de feu, qui partage la couche de l'intendant Claude Collin.

Cette fille qui pose hardiment son regard sur le jeune lieutenant.

Qui la remarque tout de suite.

Qui flambe aussitôt, *gare à la charge Pim ! Pam, poum, patatras* !

La véritable embûche, l'estoc si suave de la passion attendait Maurice Dupin de Francueil à Milan.

Mme Dupin eût peut-être préféré un noble avis de décès, la pompe solennelle du héros Maurice Dupin de Francueil, plutôt que cette chute hagarde, qui se révélait pire qu'une faiblesse : une bassesse.

Milan, Rome, Asola, Naples. Les lettres de Maurice devenaient prudentes. Maurice se risqua, en décembre 1800, d'Asola, à annoncer cet amour-là. Sophie aussi était amoureuse, au point d'abandonner l'intendant pour Maurice, son cadet.

« Tu sais [ma bonne mère] qu'à Milan j'ai été amoureux. [...] Cette femme charmante est ici, nous nous parlions peu. Nous nous regardions à peine. [...] Elle me montrait sa fierté quoiqu'elle ait le cœur tendre et passionné ; [...] je n'ai pas tardé à lui dire combien je l'aimais, et elle, fondant en larmes, s'est jetée dans mes bras [9]. »

Il ne dira pas à sa mère l'habileté de Sophie qui, aussitôt les bras refermés sur elle, s'échappa et s'enferma dans sa chambre. Un gourbi qui puait la sueur des hommes et l'urine des chevaux.

À Asola, ils passeront leurs premières nuits d'amour. À Asola, Maurice est marqué du sceau indélébile. La peau de Sophie Victoire. Secouait-il ainsi le joug de sa mère ? Il s'enferrait de passion, il croyait s'émanciper. Il se mit à mentir à Mme Dupin. Jamais sa mère ne supporterait cette réalité. Maurice avait besoin de Sophie, le jour, la nuit. Il fallait ruser. Ses lettres décrivent les beautés de l'Italie, sa rencontre avec Georges Washington de Lafayette, fils du marquis.

1801, Deschartres avait été nommé maire de Nohant. Bonaparte se réconciliait, par stratégie, avec Rome et avec une France catholique. Pie VII accepta que les

---

9. *Ibid.*, p. 340.

circonscriptions diocésaines fussent calquées sur les divisions nouvelles du pays.

« Si vous ôtez la foi au peuple, vous n'avez plus que des voleurs de grand chemin », affirmait Bonaparte.

Il fit restaurer les églises détruites sous la Terreur et accorder le pardon aux prêtres mariés. Le succès du livre de François-René de Chateaubriand, *Le Génie du christianisme,* allait dans le sens des circonstances. La paix avec Londres avait accru l'enthousiasme des Français pour Bonaparte. Sa grande œuvre fut l'établissement du code civil dont Stendhal admirait le style sobre et clair. Ce code protégeait surtout les intérêts de la classe possédante, la bourgeoisie, laissant tout pouvoir au chef de famille. On y conserva quelques grands acquis de la Révolution. L'égalité entre les citoyens, le droit au divorce, l'abolition du droit d'aînesse.

Le consul veilla à la création de grands lycées, et de la Légion d'honneur. Les hommes, disait-il, avaient besoin de hochets.

Mme Dupin fut-elle dupe de ces lettres qui parlaient moins de combats et de gloire ? En mai, Maurice vint passer seul une permission à Nohant. Elle se réjouissait de retrouver un fils mûri, attentionné. Elle ignorait qu'à La Châtre, à l'auberge de la Tête-Noire, le fougueux Maurice avait installé Sophie sous le nom de « Mme Collin ».

Maurice n'avait pas osé signaler la présence de la jeune femme, à cinq kilomètres de chez sa mère. Il passait une partie de ses nuits avec elle, et revenait à l'aube, à Nohant. La jalousie s'éveilla chez la fine Aurore de Saxe. Elle apprit où se rendait son fils. Mme Dupin se mit en tête de chasser cette fille venue « des hasards effrayants ». La colère rougissait sa peau d'ancienne blonde. Elle avait des palpitations, elle ne dormait plus. Elle entendait le cheval de Maurice dans la cour. Le traître la croyait endormie ! Elle convia Deschartres, et lui donna tout pouvoir pour faire déguerpir la gourgandine. *Le déshonneur.*

Deschartres, célibataire endurci, secrètement effrayé d'affronter une femme, mena l'affaire avec une extrême grossièreté.

Il fit irruption à la Tête Noire. Il grimpa les étages et entra sans façon chez la dénommée Mme Collin. Il se mit à crier des injures, roula des gros yeux. Il lui intima l'ordre de « déguerpir » immédiatement à Paris ou il la ferait chasser par « les autorités constituées ». Sophie Victoire en avait vu d'autres. En hommes, elle s'y connaissait. Elle devina que cet énergumène était un vieux garçon, sans doute vierge, ridicule, avec sa tête de mauvais prêtre. Elle le toisa, en robe de chambre, lui éclata de rire au nez. Le ton monta, Deschartres s'emportait, elle le railla. Il bégayait de fureur. Il courut chez le maire de La Châtre.

Il s'agissait de chasser une pauvre fille mal née, sans fortune et si seule. Elle savait que la lâcheté des petits-bourgeois (et des grands) n'avait pas de limite. Le maire et Deschartres revinrent avec des officiers municipaux. Ils ne trouvèrent pas « la mégère » dont avait parlé le pédagogue, mais « une toute petite femme, jolie comme un cœur, qui pleurait, assise sur son lit, les bras nus et les cheveux épars [10] ».

Confus, émus, ils n'avaient aucune raison légale de tracasser la maîtresse de M. Dupin. Deschartres et ses municipaux s'en allèrent. Elle pleura longtemps, Sophie. À quoi avait donc servi la Révolution ? On voulait la chasser telle une bête malfaisante. Elle pleurait de l'insolence du monde, de sa cécité assassine. Elle pleurait d'humiliation.

Au pays de son amour, elle avait reçu le baptême de l'exclusion.

Maurice eut du mal à calmer sa colère et à la consoler. Est-ce à ce moment, à titre de réparation, qu'il prit la décision de l'épouser un jour ? Il voulait se battre avec Deschartres qui, égaré en sentiments contradic-

---

10. *Ibid.*, p. 358.

toires, désespéré peut-être de perdre Maurice, galopa jusqu'à Nohant. Il brossa à Mme Dupin un portrait odieux de « l'aventurière ».

Maurice persuada Sophie, pour sa paix, de rejoindre Paris le soir même. Il se chargerait de convaincre sa mère. Il le jurait.

Sophie Victoire allait donc voyager seule des jours et des nuits dans la rude patache. Maurice baisait ses mains, sa jolie bouche finement railleuse. Sa mère le reçut aigrement. Entre ces deux êtres si policés et aimants, ce fut la dispute. Mme Dupin pâlissait, debout dans le salon bleu. Ses mains tremblaient. Maurice décida de s'en aller quelque temps chez ses cousins de Chenonceaux, au Blanc. Il promit d'écrire ; il refusa de saluer Deschartres.

Mme Dupin, seule, se sentit désespérée. Son fils lui échappait pour une femme, d'après Deschartres « pire qu'une goule ». Elle frappait l'un contre l'autre ses petits poings. Elle ferait une enquête. Deschartres l'aiderait. Elle ferait tout ce qui serait en son pouvoir pour empêcher cette iniquité. Son fils ne serait pas majeur avant vingt-six ans. Elle userait de ses droits. Dehors, les rossignols chantaient, le tilleul embaumait, la nuit était bleue. Pour la première fois de sa vie, Mme Dupin perdit son sang-froid. Elle éclata en pleurs. Aux Anglaises, menacée de l'échafaud, elle n'avait jamais pleuré.

Maurice, ce jour-là, avait fait pleurer les deux femmes de sa vie.

Elle reçut la lettre de Maurice, du Blanc. Elle avait le teint livide d'une veuve.

« Ma mère, tu souffres et moi aussi. Et il y a quelqu'un de coupable entre nous, qui, par bonne intention, je le reconnais, mais sans jugement et sans ménagement aucun, nous a fait beaucoup de mal. [...] Mais raisonnons un peu, maman. [...] Que crains-tu et qu'imagines-tu ? Que je vais épouser une femme qui me ferait rougir un jour[11] ? »

---

11. *Ibid.*, p. 361-362.

Par fourberie filiale, Maurice mentait. L'avoir vu pleurer, disait-il, suffisait à le faire renoncer à tout mariage. Peut-être ne mentait-il pas en affirmant qu'il ne songeait pas au mariage. Se rassurait-il ainsi contre l'emprise croissante de Sophie ?

Maurice ménageait sa mère. Que deviendrait-il si elle cessait de payer ses chevaux, ses uniformes, son train de vie ?

Il revint à Nohant faire sa paix, se réconcilier avec Deschartres plus bourru que jamais. Maurice, à Paris, rejoignit aussitôt Sophie. Il vivait les tourments de cette passion complexe, qui précipitait l'inconciliable entre ces deux femmes : Aurore sa mère et Sophie, l'amante. « L'amour purifie tout », écrit-il. On croirait ces mots sortis des romans de sa fille.

Leur liaison dura encore trois années, jusqu'à la naissance de la petite Aurore. Maurice écrivait à sa mère, semblait se convaincre lui-même de n'être pas lié à Sophie au point de l'épouser.

Sophie avait près d'elle sa fillette et continuait sa dérive si personnelle. Les humiliations à La Châtre l'avaient marquée. Elle menaçait Maurice de le quitter pour renouer avec son ancien amant. Elle brandissait sa liberté si outrageante pour une femme et pour l'époque. Son origine, sa pauvreté, la marquaient pire qu'un tatouage. Une liaison d'orages, où la fierté de la fille des oiseliers toisait celle du petit-fils du maréchal de Saxe.

Maurice s'attachait plus en plus à sa fougueuse aînée. Sophie avait vingt-huit ans, elle travaillait dans une boutique de mode, à Orléans. Mme Dupin, qui suivait avec une amertume passionnée cette histoire, fut soulagée. Ils ne vivaient donc plus ensemble ? Maurice continuait à jouer du violon, il attendait des nouvelles de Sophie. Elle écrivait lentement et mal, cette enfant du pavé. Elle avait reçu en 1788 quelques leçons d'écriture d'un vieux capucin. On déchiffrait dans ses mots à l'orthographe douteuse la spontanéité, la ferveur amoureuse et une fierté indomptable. Elle vivait mal ces mois de séparation. Maurice la décevait ; si prudent, soumis à la guerre, soumis à sa mère.

S'était-il lassé ? Mme Dupin avait-elle gagné ? Il était reparti à l'armée, à Charleville.

Maurice était désemparé. Dans ses lettres à sa mère éclate son mortel ennui de rester simple lieutenant, aux ordres de ce Bonaparte qui lui est de plus en plus antipathique. Ce Bonaparte, qui rêve d'anéantir l'Angleterre. Le général Oudinot tentait d'obtenir pour Maurice le grade de capitaine.

Il avait repris sa liaison avec Sophie. Le ton des lettres est tendu. Il ose parler de « Victoire » qui lui avait prêté autrefois de l'argent, Victoire qu'il a présentée à son oncle l'abbé de Beaumont qui s'empressa d'écrire à Mme Dupin :

« *Elle* est charmante, elle a beaucoup d'esprit naturel et de la sensibilité véritable [12]. »

L'abbé de Beaumont allait tenir un rôle dans l'avenir de la petite Aurore Dupin. Elle se souviendrait longtemps de ce fringant abbé, fils de Marie Rainteau et du duc de Bouillon, parent de M. de La Tour d'Auvergne. Homme d'esprit plus que de religion, impérieux, faible, charmant. Fidèle à sa demi-sœur, Mme Dupin, il veilla à Paris sur Maurice. Il fut l'aimable espion de ses amours. Il tenta, en vain, de séparer Maurice de Sophie. Maurice passa une courte permission à Nohant. Bonaparte s'enferrait dans son délire de puissance. Maurice s'entretenait de ce sujet avec sa mère pour éviter d'aborder l'authentique brûlot : Sophie. Mme Dupin tenta les ultimes stratégies : marier Maurice. Son choix s'était porté sur une demoiselle de Ramière, lotie de vingt mille livres de rente, grâce à l'intermédiaire de Mme de La Marlière. Cette veuve du général de La Marlière, guillotiné sous la Terreur, tenait un salon huppé. Mme Dupin s'en était fait une complice.

12. *Ibid.*, p. 370.

« Je n'ai pas la moindre envie de me marier », répondit Maurice.

Il rejoignit son général à Charleville et Sophie le suivit. Maurice signait toujours ses lettres « Bonsoir ma mère, je t'aime plus que ma vie ». Il était pris aux us immémoriaux de l'homme entre deux femmes. Il trahissait l'une en étreignant l'autre.

Le printemps 1802 marquait un vif mécontentement dans l'armée. Inquiets de l'ascension continue du Premier consul, les généraux républicains, Moreau, Bernadotte, Lecourbe, songeaient à des complots. Quelques intellectuels partageaient leurs idées, dont Benjamin Constant et Mme de Staël. Ils furent invités à quitter Paris. Ces foyers de résistance n'étaient rien face à son immense popularité. Le Tribunat proposa un plébiscite : Napoléon Bonaparte serait-il élu consul à vie ? Il y eut trois millions de « oui » contre 8 500 « non ».

Le 2 août 1802 Bonaparte, âgé de trente-trois ans, était nommé consul à vie. De Croisset, en Suisse, Mme de Staël commentait :

« Je crains que cet homme ne soit comme les dieux d'Homère, qu'au troisième acte, il n'atteigne l'Olympe. »

Au grand agacement de Maurice, Deschartres était allé chez lui, à Paris, afin de le surveiller avant son départ. Les sermons du pédagogue ne servirent à rien. Maurice était bel et bien capturé par celle que Deschartres traitait toujours d'« intrigante ». Sophie vivait chez sa sœur Lucie. Maurice la rejoignait à l'heure du déjeuner au jardin du Palais-Royal. Deschartres les suivait jusque chez le restaurateur. Il roulait des yeux fous, prêt au scandale. Sophie, charmante, l'invita à partager leur déjeuner. Deschartres se troublait, sous le charme de la jeune femme aux boucles noires, robe fluide, manches longues, ballonnées aux épaules. La mode était aux membres fins, à la gorge ronde, la taille haute au ruban assorti à celui en bandeau de la chevelure. Un grand châle indien réchauffait les blanches épaules. On veillait à ne pas acheter de la mousseline anglaise. Cette année 1802, les Français se réjouissaient après la sanglante tourmente de la Révolution. Une jeune femme pouvait déjeuner gaiement avec son amant, au restaurant, croquant des pigeons farcis, buvant le vin clairet des vignes Mouffetard. Elle riait, Sophie, à la bonne nourriture, à son bel amour, à Deschartres renfrogné. Il repartit à Nohant, muet et farouche. Sa mission avait échoué. Maurice, cet ingrat, devenait la honte de ceux qui l'avaient aimé.

La vie de garnison et d'amour fou reprenait pour les amants. Les mois passaient. Maurice était toujours simple lieutenant. Il écrivit une lettre indignée à Deschartres qui ne cessait de le tancer. À trente ans, affirmait le pédagogue, Maurice serait usé par les maladies innommables s'il persistait dans cette liaison. Acoquiné d'une *fille*, il avait de fortes chances de ne jamais monter en grade.

« Il vous plaît de gratifier de *fille* la personne à laquelle je suis attaché. On voit bien que vous ne savez pas plus ce que c'est qu'une *fille* que vous ne savez probablement ce que c'est qu'une *femme* [13]. »

La situation était tendue mais dès le moment où ils se trouvèrent à Charleville, Maurice et Sophie « ne se quittèrent plus et se regardèrent comme liés l'un à l'autre ».

Sophie avait accouché deux fois d'enfants mort-nés. Maurice se gardait bien d'en faire allusion à Mme Dupin. Une vie de garnison, sinistre, entre Sedan et Mézières, où, la nuit, il rejoignait dans une chambre modeste la femme de sa vie, Sophie Victoire Delaborde. En 1803, Maurice obtenait la permission de rejoindre sa mère qui faisait une cure à Vichy. Il passa trois mois auprès d'elle. Elle souffrait de calculs rénaux avec un air riant. Enfin, son fils près d'elle et seul ! Ce paradis des mères fut court. Un arrêté officiel prescrivait à tous les géné-

13. *Ibid.*, p. 399.

raux de rappeler leurs subordonnés auprès d'eux. Bonaparte voulait envahir l'Angleterre. Maurice et le général Dupont rejoignirent Boulogne et attendirent les ordres. Bonaparte s'occupait de tout. D'armes, de gloire, de lois, d'architecture (« Tout ce qui est beau est grand »), d'argent. Il fit créer le franc germinal, monnaie qui demeura stable jusqu'en 1905 ! Dans les réceptions aux Tuileries ou à la Malmaison, le mot d'ordre fut de mêler l'ancienne noblesse aux représentants de la société nouvelle. Dans son exil à Mittau, le comte de Provence rêvait toujours de succéder à son frère. Bonaparte refusa sèchement de le recevoir en France : « Vous ne devez pas souhaiter votre retour en France, il vous faudrait marcher sur cent mille cadavres. »

Maurice fut déçu par les fausses promesses de Caulaincourt. Les campagnes étaient dures, entre les canonnades des batteries françaises et celles de la flotte anglaise. Les Anglais étaient ulcérés que Bonaparte bloquât le commerce avec eux. Bonaparte annexait le Piémont, réglait les affaires allemandes, affaiblissait l'Autriche. Sa politique coloniale, en Louisiane et aux Antilles, inquiétait Londres. Bonaparte poussait ses pions en Orient. L'Algérie, l'Égypte, la Turquie. Il avait constitué une immense flottille à Boulogne où il installait son quartier général. Il vendit brusquement la Louisiane aux États-Unis pour la soustraire à l'Angleterre. Le 16 mai 1803, le pacte d'Amiens était rompu. Le ministre Pitt voulait se débarrasser du « petit Corse ». Bonaparte luttait aussi contre « le complot royaliste », mené par Cadoudal et Pichegru dont le but était d'enlever Bonaparte, de le faire disparaître. La police de Fouché excella. Les arrestations furent rocambolesques. Le 28 juin 1804, trois jours avant la naissance d'Aurore, Cadoudal monta à l'échafaud, Pichegru avait été trouvé étranglé à la prison du Temple. Bonaparte soupçonnait le duc d'Enghien, petit-fils du prince de Condé, d'être le meneur de ces complots. Caulaincourt et Ordener reçurent l'ordre, lotis d'un escadron, de l'enlever de sa résidence d'Ettenheim, à Bade. Mené au château de Vincennes, il fut jugé le soir du 20 mars par un hâtif tribunal militaire et accusé de haute trahison. Savary refusa au duc une entrevue avec Bonaparte. Le 21 mars, à trois heures du matin, sa fosse creusée dans un coin des douves, il affronta avec « un noble courage » le peloton d'exécution.

Chateaubriand, révolté, eut le courage de donner sa démission... prétextant toutefois la santé de Mme de Chateaubriand.

L'Empire était fait.

À Fayel, grosse de huit mois, Sophie rejoignait Maurice sans l'avertir. Elle avait les beaux yeux charbonnés des femmes enceintes. Elle portait une robe ample, rose – elle aimait tant le rose –, sous laquelle se mouvait un ventre émouvant. Elle portait l'enfant, la femme la plus célèbre du siècle à venir, *Amantine, Aurore, Lucile*. L'enfant de l'amour conçue dans l'ardence et le plaisir. À l'ombre de l'Aigle montant, beaucoup d'enfants nés de l'amour étaient quelquefois légitimés. On vivait l'éphémère, on vivait la grande déambulation des armées. L'amour devenait déjà celui des romantiques. La séparation, la mésalliance. Des femmes seules, des enfants. Des mères, des enfants. Des enfants qui garderaient l'image éclatante, fugitive du père d'or chamarré, le shako à plumes, le sabre rutilant, les drôles de moustaches, les bottes de cavalier, les baisers fous. Il y aurait la disparition de ces pères merveilleux... Eylau... Trafalgar... Austerlitz... Iéna... Friedland... Tilsit... Le gouffre espagnol... La guerre, la gloire, l'amour, la mort.

Maurice Dupin de Francueil jura à Sophie de légitimer cet enfant-là.

Le mariage eut lieu à Paris, en cachette de Mme Dupin, le 16 messidor de l'an XII – le 5 juin 1804. Six semaines après que le Sénat eut accordé à Bonaparte le titre d'empereur, Aurore, Lucile, Amantine naissait dans le rose et en musique.

Toute la monnaie fut gravée avec ces mots : République-française-Napoléon-empereur.

Maurice Dupin de Francueil était torturé entre son bonheur et les comptes à rendre à celle « qu'il aimait plus que tout au monde ». Sophie, vêtue d'une robe de basin, avait au doigt un mince filet d'or lourd de conséquences. La fille des oiseliers se nommait désormais Sophie Dupin de Francueil. À la sortie de la mairie, Maurice eut une faiblesse. Il coucha sa tête entre ses mains. Il pleurait « d'avoir désobéi à la meilleure des mères ».

Il se rendit à Nohant. Il craignait moins les Anglais, les canonnades, que le chagrin de sa mère. Il lui parla longtemps. C'était après le dîner, dans le salon bleu. Les rideaux avaient de larges rayures de soie. Le quinquet rougissait les pommettes de Mme Dupin. Peut-être était-on sous la charmille, le temps était si doux. Il respirait la fine odeur d'essence de violette de sa mère.

Il parla de devoir, de la grossesse de Sophie, de la naissance imminente de l'enfant. Elle respirait vite et mal. « C'est assez, songeait-il. C'est assez ! » Dans un grand cri, Mme Dupin, pourtant si contrôlée, éclata en sanglots véhéments, cria telle une jeune femme jalouse : « Tu aimes une femme plus que moi ! Donc tu ne m'aimes plus [14] ! »

Il avait envie de boire un peu et de dormir beaucoup.

14. *Ibid.*, p. 464.

Chapitre 3

UNE PETITE FILLE D'AMOUR

Aurore fut aimée de tous ceux qui l'entourèrent. Sa mère, son père, Caroline, l'ami Pierret, la tante Lucie et son mari l'oncle Maréchal, leur fille Clotilde. Mme Dupin (Bonne-Maman), plus tard, l'emportera. Aurore traversa ses premières années dans le bonheur. « J'étais heureuse parce que j'étais aimée », dit-elle.

Le Sénat, influencé par Fouché et Cambacérès, proposa le titre d'empereur pour Bonaparte. Bonaparte se méfiait des siens. Joseph le faible, ses sœurs querelleuses, détestant Joséphine, Louis, odieux avec son épouse Hortense de Beauharnais, la fille de Joséphine. Bonaparte ne respectait que Madame Mère, somptueusement installée rue Saint-Dominique avec une liste civile d'un million pour sa maison. « Pourvu que ça dure ! » soupirait-elle.

Napoléon organisa la hiérarchie impériale. Il nomma seize maréchaux d'Empire dont Bernadotte, Kellermann, Lefebvre, Masséna, Berthier, Jourdan, Sérurier... L'Empereur choisit « l'aigle éployée » comme animal héraldique, ancien emblème des légions romaines. Aurore avait cinq mois quand, le 2 décembre 1804, la cérémonie du sacre eut lieu avec faste, à Notre-Dame. Pie VII avait accepté de bénir l'Empereur. Le souverain, d'or et de pourpre vêtu, le front cerné de lauriers, pénétra dans la cathédrale. « Si notre père nous voyait ! » avait-il dit à son frère Joseph. Il reçut les onctions saintes des mains du pape. Il se mit lui-même la couronne sur la tête et posa un diadème sur celle de Joséphine, rutilante de diamants, agenouillée devant l'autel. À Paris, les fêtes et les feux d'artifice durèrent plusieurs jours, au dégoût du comte de Provence et de sa famille qui en voulaient au pape de « sa hideuse apostasie ».

Aurore Dupin était venue au monde l'année d'une apothéose.

À Nohant, Mme Dupin ne songeait ni à Napoléon ni au sacre. Le mariage de son fils l'avait désespérée. Elle n'avait jamais vu sa petite-fille, « belle et fortement constituée ». Belle ? George se juge sévèrement sur ce point.

« Je n'eus qu'un instant de fraîcheur et jamais de beauté. Mes traits étaient cependant assez bien formés, mais je ne songeai jamais à leur donner la moindre expression. L'habitude contractée, presque dès le berceau, d'une rêverie [...] me donna de bonne heure *l'air bête* [1]. »

George Sand souligne son horreur de la coquetterie. Sa mère, sa grand-mère blâmèrent souvent son manque d'efforts sur les grâces d'une jeune fille. « Le chapitre des chapeaux et des gants fit le désespoir de mon enfance. » Elle détesta toujours la contrainte imposée au corps des femmes. Aurore est certaine de n'avoir « aucune difformité », une dentition solide, une chevelure épaisse et noire. Ni laide, ni belle ; la laideur comme la beauté attirent des préventions, paralysent la liberté si chère à George Sand. Elle apprécie la description qu'un officier d'état civil fit d'elle sur son passeport, en 1835 :

« Yeux noirs, cheveux noirs, front ordinaire, teint pâle, nez bien fait, menton rond, bouche moyenne,

---

1. George Sand, *Histoire de ma vie*, tome I, p. 467.

taille quatre pieds dix pouces (1,56 m), signes particuliers, aucun [2]. »

Maurice, troublé par l'hostilité de sa mère, le suicide de son ami Octave de Ségur (père du futur époux de la comtesse de Ségur), tomba malade. Il eut la scarlatine au retour d'un stérile voyage de quinze jours à Nohant. Il n'avait pas osé annoncer la naissance d'Aurore. Quel réconfort de retrouver Sophie et la petite ! Sophie était croyante, ce mariage n'avait pas été béni à l'église. Il ne comptait guère à ses yeux. Maurice pouvait reprendre sa liberté si sa mère le tourmentait trop.

« Il n'y a pas d'autre mariage que le mariage religieux, disait-elle, la petite Aurore à son sein. Je ne te demande rien, je n'ai à rougir de rien. »

Elle n'ignorait pas les démarches de Mme Dupin pour faire annuler son union. Elle s'occupait de ses fillettes, une moue de mépris sur sa jolie bouche. Maurice n'obtenait toujours pas son brevet de capitaine. Il n'était pas riche, même si sa mère envoyait des bourriches de pâtés de Nohant. L'argent de Mme Dupin était englouti dans les investissements militaires. Maurice installa sa femme, Caroline et Aurore dans un modeste appartement, rue Grange-Batelière. René de Villeneuve, dans le secret des jeunes époux, laissa échapper à Mme Dupin quelque indiscrétion sur la naissance d'Aurore. Maurice retourna à Nohant en convalescence sans « que le fatal aveu puisse passer de son cœur à ses lèvres ». On était en novembre. Aurore était vigoureuse, facile à vivre, paisible.

Mme Dupin eut la puce à l'oreille. Son fils avait eu un enfant de « la créature ». Elle écrivit, d'un grattement furieux, au maire du Ve arrondissement. Elle le pria de mener une enquête et de lui faire un rapport sur « cette fille ou cette femme ».

« [...] car je ne sais de quel nom l'appeler [...].

2. *Ibid.*, p. 467-468.

Depuis qu'elle habite la rue Meslay, mon fils en a eu une fille que je crois née en messidor et inscrite sur les registres sous le nom d'Aurore, fille de M. Dupin et de [3]... »

La mère et le fils finirent par aborder le brûlant sujet : Aurore. Maurice écrivait à sa mère, en novembre 1804 :

« Mon Aurore se porte à merveille, elle est belle [...] et je suis dans l'enchantement que tu m'en aies demandé des nouvelles [4]. »

Mme Dupin s'obstinait, avec l'abbé Andrezel, à chercher des preuves de nullité de ce mariage. Le maire du Ve arrondissement avait fait diligence. Il avait retrouvé la parentèle de Sophie Delaborde. Le grand-père Cloquard vivait encore. L'amertume de Mme Dupin se cristallisait surtout contre « le caractère personnel de la demoiselle ». Elle persista dans son enquête. Le maire, ennuyé, envoya un officier contrôler le foyer de la rue Grange-Batelière. Le 19 décembre 1804, Maurice, après son déménagement, avait écrit à sa mère « de ne plus lui reprocher son grenier car il logeait maintenant dans un appartement charmant ». Le maire rédigea son rapport.

« On a trouvé un local extrêmement modeste mais bien tenu, les deux jeunes gens ayant un extérieur de décence et même de distinction, la jeune mère au milieu de ses enfants, allaitant elle-même le dernier, et paraissant absorbée par ses soins maternels ; le jeune homme plein de politesse, de bienveillance et de sérénité. [...] M. Maréchal est marié avec mademoiselle Lucie Delaborde, sœur cadette de mademoiselle Victoire Delaborde [...]. M. Maréchal est un officier retraité dont l'extérieur est très favorable [...]. Ordre, décence [...] un ton d'intimité douce [...]. *Rien n'an-*

3. *Ibid.*, p. 477.
4. *Ibid.*, p. 484.

nonce que votre fils ait à se repentir de l'union contractée [5]. »

Mme Dupin s'entêta. Elle monta à Paris au printemps 1805, sans rien dire à son fils. Elle consulta des avocats. Il y avait matière à procès mais peu de chance de faire annuler le mariage. Épuisée de tant de querelles, incapable de tourmenter longtemps le fils tant aimé, elle resta quelques jours à Paris, fiévreuse, abattue. En juillet 1805, Maurice et sa femme s'étaient fait des donations réciproques par-devant maître Lecointre, notaire. Maurice apprit que sa mère était à Paris. Il eut l'idée de l'attendrir grâce à sa petite Aurore. Il la prit dans ses bras, sauta dans un fiacre, s'arrêta au 12 rue Neuve-des-Mathurins, vers la chaussée d'Antin. Il gagna les bonnes grâces de la portière, lui confia la petite avec la ruse qui suivit :

« La portière demanda à être reçue de Mme Dupin.

« – Voyez donc, madame, la jolie petite-fille dont je suis grand-mère ! Sa nourrice me l'a apportée aujourd'hui.

« – Oui, elle est très fraîche et très forte, dit ma grand-mère en cherchant sa bonbonnière.

« La bonne femme, qui jouait fort bien son rôle, me déposa sur les genoux de la bonne maman, qui m'offrit des friandises et commença à me regarder avec une sorte d'étonnement et d'émotion. "Vous me trompez, cette enfant n'est pas à vous, ce n'est pas à vous qu'elle ressemble ! [...] Je sais ; je sais ce que c'est !"

« Aurore se mit à pleurer.

« – Viens, mon pauvre cher amour, dit la portière, en me reprenant, on ne veut pas de toi ; allons-nous-en.

« Mme Dupin était vaincue.

« – Rendez-la-moi ! Pauvre enfant, tout cela n'est pas de sa faute ! Et qui a apporté cette petite ?

« – Monsieur votre fils, madame [...]. Il attend en bas.

---

5. *Ibid.*, p. 486-487.

« – Allez, allez ma chère, je ne vous en veux pas [...]. Allez chercher mon fils [...]. Et laissez-moi l'enfant [6]. »

Maurice grimpa les étages quatre à quatre. Il trouva sa mère, Aurore sur ses genoux, contre son cœur. Elles pleuraient toutes les deux. Maurice aussi pleurait. Elle avait glissé dans la main d'Aurore une bague avec un rubis pour Sophie.

Il s'écoula encore du temps avant que Mme Dupin ne reçût sa belle-fille. Sophie se présenta sans arrogance ni humilité.

« Ma mère, souligne Aurore, ne se sentit jamais humiliée ni honorée de se trouver avec des gens qui eussent pu se croire au-dessus d'elle. [...]. Se sentant peuple jusqu'au bout des ongles, elle se croyait plus noble que tous les aristocrates de la terre [7]. »

Sophie était fière d'être la fille des oiseliers, du petit peuple, les veines charriant le plus rouge des sangs, celui de l'énergie, du courage, des amours sincères. Réservée, timide, offensée souvent par Mme Dupin, Sophie se glaçait. Un cœur brûlant sous le gel de l'humiliation. Elle détestait le grand monde, persifleur, cruel, les dîners, les bals huppés, les visites banales. Il lui fallait – telle la nature profonde de sa fille Aurore – la douce intimité, la liberté absolue de ses activités. Maurice Dupin partageait avec elle ce fond réservé et doux.

« Ils m'ont légué, conclut George Sand, cette secrète sauvagerie qui m'a toujours rendu le monde insupportable et le *home* nécessaire [8]. »

Maurice Dupin rejoignit le général Dupont au camp de Montreuil. Il n'avait gagné aucun grade honorifique. Ni courtisan, ni intrigant, seule la guerre pouvait lui faire gagner des éperons, quitter l'impasse de l'état-major.

---

6. *Ibid.*, p. 499-500.
7. *Ibid.*, p. 501.
8. *Ibid.*, p. 502.

Sophie, de nature jalouse, le suivit trois mois sur la côte de la Manche. Elle avait laissé Caroline et Aurore, âgée de dix mois, à sa sœur Lucie et son époux Maréchal. Aurore aimera profondément leur fille Clotilde. « Ma chère cousine », lui écrivait-elle pendant des années. Clotilde était, d'après elle, « la meilleure amie qu'elle avait jamais eue ».

On vivait avec bonhomie chez les Maréchal. On « faisait famille », dans la petite maison de Chaillot des Maréchal. C'était la pleine campagne, au niveau actuel de l'Arc de triomphe. Tante Lucie louait, pour promener les petites, l'âne du jardinier. De chaque côté de l'âne, tante Lucie remplissait de foin les paniers destinés à porter les légumes au marché. Elle asseyait Caroline dans l'un, Clotilde et Aurore dans l'autre. Les enfants adoraient cette façon d'aller. On riait, on s'aimait beaucoup.

Napoléon était occupé à ses chevauchées personnelles, les yeux sur l'Angleterre. Son plan d'invasion lui avait fait rassembler quinze mille hommes et deux mille chalands autour de Boulogne. La déclaration de guerre de l'Angleterre à l'Espagne favorisait ses projets. L'Europe aussi s'armait. Pitt avait conclu avec le tsar une convention contre « la Majesté corse ». Le roi de Suède, les Bourbons de Naples et François II entrèrent dans la coalition. L'Empereur se fit couronner roi en Italie et ceignit à Milan une couronne de fer. Il retourna à Boulogne afin de briser la coalition.

« Ils ne s'imaginent pas, écrivait-il à Talleyrand, avec quelle rapidité je ferai pirouetter deux cent mille hommes. »

Sophie était retournée à Paris, avec ses filles. On voyageait mal dans des voitures semblables à celles du XVIIIe siècle. Maurice suivait l'armée du général Dupont. De la Flandre à la Lorraine, du Rhin au Danube, il était loin de sa famille. Le courrier, miraculeusement, arrivait.

Napoléon allait de victoire en victoire. Le 20 octobre 1805, le désastre de Trafalgar. La marine anglaise, commandée par Nelson touché à mort, fit rage. Trafalgar confirmait l'échec de Boulogne. À terre, Napoléon excellait. Le 13 novembre, il entrait dans Vienne et en recevait les clefs. Il allait vaincre le tsar et les Autrichiens. L'Empereur les attira sur le plateau de Pratzen autour d'un village : Austerlitz. La bataille commença le 2 décembre dans le brouillard et s'acheva par la victoire éclatante de Napoléon.

Les clauses du traité furent désastreuses à l'Autriche.

En septembre 1805, Maurice, de Hagueneau, écrivait à Sophie les détails de sa rude existence. Il galopait parfois « vingt lieues sans débrider ».

« Ah mon amie ! Loin de toi, les bagarres et les batailles sont les seules distractions que je puisse goûter, car sans toi les plaisirs me paraissent des motifs de tristesse [...]. Parle-moi de ton amour, de notre enfant. Songe que tu m'arracherais la vie si tu cessais de m'aimer. Songe que tu es ma femme, que je t'adore [...]. Adieu, ma chère femme, je tombe de fatigue, j'ai un lit pour cette nuit. [...] Reçois mille tendres baisers et donnes-en pour moi tout autant à Aurore[9]. »

À Austerlitz, il avait enfin conquis son grade de capitaine. La séparation se faisait longue, ses mots d'amour sont brûlants pour sa femme et la petite. Pendant trois années, il ne vit Aurore qu'épisodiquement. Il pressait sur son habit chamarré Sophie, Caroline et sa belle Aurore. Mme Dupin ne l'avait jamais revue.

En octobre 1806, Napoléon envahissait la Prusse à la tête de sa grande Armée. Le 14 octobre c'était la défaite des Prussiens à Iéna, au désespoir de la reine Marie-Louise de Prusse. En décembre 1807, les Français entraient à Varsovie.

De Maurice à Sophie, 7 décembre 1807 :

« Je parcours les déserts de la Pologne, à cheval dès

9. *Ibid.*, p. 507.

cinq heures du matin [...] aujourd'hui j'arrive dans la capitale de la Pologne où je puis enfin poster ma lettre. Je t'aime cent fois plus que la vie, ton souvenir me suit partout pour me consoler et me désespérer en même temps. »

À Varsovie, Napoléon menait, sans en être dupe, une liaison avec la patriotique Marie Walewska.

Aurore avait trois ans et demi. Son père pour elle n'existait guère. Sa vie se bornait et s'enchantait à sa mère, sa tante, son oncle, le bon Pierret, sa cousine, sa sœur. Une enfance heureuse, une enfance d'amours. Aurore était précoce. Elle marcha à l'âge de dix mois, parla plus tard mais devint « intarissable ». Aucun frère, aucun petit mâle ne dominait cette escouade de femmes. Caroline était au pensionnat et Aurore régnait sur sa mère, Clotilde, et sa tante. Pierret était à ses petits soins. Son premier souvenir – un léger traumatisme – date de l'âge de ses deux ans. Une servante prise de vin l'avait laissée tomber sur l'angle de la cheminée ; elle se blessa au front. Elle eut conscience, si jeune, du sentiment de la vie et de sa fragilité. Elle fixait le coin de la cheminée, la trace de son sang. On la saigna avec des sangsues derrière l'oreille. Un souvenir très net, la cuisante douleur des sangsues, l'espace et les détails de l'appartement. C'était une enfant rêveuse. Elle passait beaucoup de temps dans son petit lit sans dormir, contemplant les plis des rideaux, le vol d'une mouche, les fleurs du papier de sa chambre, la flamme des bougies. Elle s'ennuyait dans « cette captivité du berceau ». Sa mère s'occupait de leur ménage. Levée à l'aube, couchée à une heure du matin, elle balayait, faisait les lits, reprisait les nippes, cuisinait. Elle éduquait sa fille. Aurore apprit à lire à quatre ans, en même temps que Clotilde. Elle apprit « comme un perroquet » ses prières. Elle sut par cœur les fables de La Fontaine. Sa mère chantait pour elle « d'une voix la plus fraîche et la plus douce qui se puisse entendre » :

Allons dans la grange
Voir la poule blanche
Qui pond un bel œuf d'argent
Pour ce cher petit enfant.

Aurore était ravie par cette poule blanche, son œuf d'argent [10].

Et quelle mélancolie, quand sa mère chantait :

Nous n'irons plus au bois,
Les lauriers sont coupés...

Que les lauriers fussent « coupés » la remplissait de tristesse. Elle pressentait l'angoisse d'une planète mutilée de ses arbres, ses « lauriers coupés ». Aurore portait déjà en elle la musique des mots, leur invisible double sens. La veille de Noël, sa mère chantait aussi. Aurore croyait au Père Noël, bon vieillard à barbe blanche « qui descendrait par le tuyau de la cheminée à minuit ». Minuit ; cette heure fantastique où l'enfant tentait de rester éveillée pour voir le féerique. Elle s'endormait, elle ne verrait pas cette fois encore le Père Noël. Au petit matin, elle courait vers le paquet blanc. Les Dupin n'étaient pas riches, dans le papier blanc Aurore trouvait une orange, un petit gâteau, une belle pomme rouge. Aurore, à l'imagination déjà débordante, croyait ces friandises trop précieuses pour être mangées. Aurore, vers six ans, s'aperçut seule que le Père Noël n'existait pas mais était sa mère. L'orange lui parut moins bonne, la pomme moins belle. Elle éprouva un grand regret. Aurore, déjà rebelle, se révolta contre la lettre *A* qu'il fallait mettre avant le *B*. Sa résistance dura longtemps. Elle butait contre ce *B* de l'alphabet. « Je ne connais pas le *B* », était son argument.

À trois ans et demi, Aurore remarquait la robe et le voile blancs de la fille du vitrier qui faisait sa première

10. *Ibid.* p. 532.

communion. L'appartement des Dupin était au troisième étage, le vitrier occupait la boutique d'en bas. Il avait plusieurs filles qui venaient jouer avec Aurore et Caroline. Elles jouaient au « pied de bœuf », à « la main chaude ». Aurore adorait simuler des batailles. Plus d'une fois, elle fut l'empereur et commanda le champ de bataille. On lui reprochait ses jeux de garçon.

« Il est certain que ma cousine et moi avions l'esprit avide d'émotions viriles [11]. »

Aurore laissait traîner dans sa chambre ses poupées en lambeaux suite à un combat. Maurice supportait mal cette vision des poupées démembrées qui lui rappelaient trop d'horreurs vécues. Il priait sa femme de tout balayer. « Cela me fait mal, disait-il, de voir par terre ces bras, ces jambes et toutes ces guenilles rouges. »

La robe blanche et le voile de la fille du vitrier avaient laissé Aurore béate d'admiration. Sa mère flétrit d'une réflexion désagréable l'attendrissement de sa fille. Ce blanc était jaune, cette robe froissée. Sophie était-elle jalouse de l'admiration d'Aurore pour une autre qu'elle ? Sophie était-elle soudain ravagée d'amertume du dédain de la famille paternelle de son enfant ? Pressentait-elle une séparation possible ? *« Les lauriers sont coupés. »* La gaieté reprenait la petite quand on dansait la ronde avec les filles du vitrier en chantant *Giroflée, girofla*.

Sophie écarta la peur de l'éducation de sa fille. Point de croyance au diable ni aux fantômes. La peur n'était jamais utilisée en châtiment. Aurore n'eut jamais peur de rien, dès l'enfance. Ni du noir, ni des cimetières, ni des cadavres, ni des ombres et leurs chimères. Son père lui avait offert un Polichinelle doré et écarlate. Aurore le craignit d'abord à cause de ses yeux d'émail qui semblaient vivants, en comparaison avec ceux de sa poupée. Elle demanda à ce que le Polichinelle passât la

11. *Ibid.*, p. 543.

nuit sur son petit poêle et ne fût pas enfermé dans l'armoire. Ce fut une belle victoire personnelle sur son angoisse. Le poêle séparait les deux lits. Il était entouré de cartons peints, rectangulaires. Un appartement si simple dont Aurore, à quatre ans, avait remarqué tous les détails. L'alcôve était un cabinet fermé par des portes à grillage de laiton. Le fond était une toile verte. L'antichambre servait de salle à manger, la cuisine était petite. Point d'autre pièce que cette chambre à coucher qui le jour devenait le salon. Le lit d'Aurore était placé le soir en dehors de l'alcôve. Lorsque Caroline sortait de pension, on arrangeait un canapé près du lit de sa sœur. Aurore, avant de s'endormir, promenait ses doigts le long du grillage en laiton. Elle en tirait un petit son qui la ravissait. « Voilà Aurore qui joue du grillage », disait sa mère.

Elle préférait à tous les jeux de garçon, la guerre. Galoper sur des coursiers invisibles, pourfendre l'ennemi. À Chaillot, elle s'en donnait tout son soûl. Trop paresseuse pour marcher, elle profitait de la complaisance de Pierret pour voyager sur ses épaules. Elle n'avait pas peur de ses tics nerveux qui lui arrachaient d'affreuses grimaces. Pierret était gros, il avait un nez épaté, une frisure blondasse, une peau trop rose. Louis-Mammès Pierret était une belle âme et cela, Aurore le sentait. La future George Sand se moquait des apparences de la beauté, jamais des sentiments sincères. Pierret, fils de Champenois, avait vingt-trois ans à la naissance d'Aurore. Il rendait visite à une cousine qui habitait le même palier. Sophie avait autrefois aidé cette cousine lors de ses couches. Pierret rendit le même service à Sophie épuisée après la naissance. Il vint s'occuper d'Aurore avec les attentions d'une nounou aimante. Il lavait, habillait Aurore, la promenait, lui donnait sa bouillie quand elle fut sevrée. Après sa journée de travail, le bonheur de Pierret, employé au Trésor, était de monter voir Aurore. Parfois, il la gardait chez lui la nuit, quand une permission ramenait Maurice au petit logis. Ce vieux garçon s'attacha passionnément aux Dupin. Il avait des plaisirs innocents. Le billard, le domino, sa pipe, sa bière au *Cheval Blanc*, un estaminet de la rue du Faubourg-Poissonnière. Nerveux, susceptible, dévoué, il fut l'ami indispensable de cette famille où la guerre emportait au loin Maurice. Il aidait Maurice dans toutes ses affaires.

« Mon père ne partait jamais pour une campagne sans lui dire : "Pierret, je te recommande ma femme et mes enfants, et si je ne reviens pas, songe que c'est pour toute ta vie [12]." »

Pierret, trente ans d'affilée, jusqu'à sa mort, leur resta fidèle. Il épousa sur le tard la fille d'un général ruiné et traitait Aurore âgée de quarante ans « comme si elle eût été un marmot ».

Pierret consola Aurore quand une allumeuse de réverbères, sur le chemin de Chaillot, l'avait menacée de l'enlever si elle était méchante. Aurore appelait Pierret « l'ami Pierrot », « le Vicomte », « Pierrotard ». La présence de Pierret ne manqua pas de faire jaser jusqu'à Nohant. « Il n'était pas assez séduisant pour rendre ma mère infidèle même par la pensée », rétorquait vertement Aurore.

En 1808, Aurore quittera pour toujours son paradis d'enfance et celui de la petite maison de Chaillot.

Elle adora la maison de Chaillot, modeste, lotie d'un jardin, d'une charmille verte, d'une terrasse avec des pots de fleurs. Aurore y vit pour la première fois « les fils de la Vierge, brillants et blancs à l'automne ». Le jardin était long, entouré de murs, avec des fleurs, des légumes. Aurore y admirait les papillons, les grandes fleurs jaunes des tournesols. Sur la terrasse avaient lieu les jeux guerriers des fillettes. Quand Aurore taquinait Clotilde, cette dernière se vengeait sur les syllabes de son nom et la surnommait *Horreur*. Un jour, derrière le mur, elles entendirent crier « Vive l'Empereur ! ». C'était en décembre 1807. Une revue passait sur le bou-

12. *Ibid.*, p. 552.

levard avec l'Empereur. Pierret leva Aurore très haut dans ses bras pour qu'elle pût apercevoir Napoléon Ier. Aurore resta persuadée que l'Empereur l'avait remarquée. Elle se souvenait qu'il était gras, son chapeau à la main, un visage pâle, si sévère. Il avait une redingote sur son habit et (crut-elle) il avait adouci son regard quand il croisa les yeux ardents de la fillette.

Tout ce qu'elle apprenait par le regard allait à son cerveau, jusqu'à, dit-elle, « l'ébullition ». Debout sur une chaufferette éteinte, entourée de quatre chaises pour ne point choir, elle inventait pour sa mère des histoires palpitantes. Elles étaient déjà si longues qu'il eût fallu des centaines de pages pour les faire aboutir. Sa mère fut son premier et impitoyable public.

« Ma mère les déclarait souverainement ennuyeuses à cause de leur longueur et du développement que je donnais aux digressions [...]. Mes histoires étaient une sorte de pastiche de tout ce dont ma petite cervelle était obsédée. [...]. Il y avait toujours une bonne fée, un bon prince et une belle princesse [...], peu de méchants [...] et jamais de grands malheurs [13]. »

La musique l'enchanta. Elle lui parvenait de la lucarne, des toits environnants. Qui jouait du mirliton, du flageolet, de l'orgue de rue ? Elle adorait toute mélodie. Pierret fut d'une aide inestimable quand s'annoncèrent les préparatifs du voyage en Espagne. Rejoindre Maurice à Madrid. Sophie n'en pouvait plus des séparations. Grosse de sept mois, elle emmenait Aurore, totalement inconsciente des risques d'une telle équipée. Maurice l'aimait ; il accepta. Ils n'avaient pas revu Mme Dupin.

Le premier bonheur d'Aurore, si essentiel, où elle engrangea tant de forces aimantes, s'achevait.

Il y aurait l'Espagne, et au bout de cette route insensée : Nohant.

---

13. *Ibid.*, p. 542.

Aurore conserve très peu de souvenirs de son père avant la campagne d'Espagne. Il passa avec sa famille l'hiver 1807. Aurore se souvient d'un dessert, des vermicelles cuits dans du lait sucré. Son père, pour la faire rire, nouait sa serviette de façon à obtenir des figures de moines, des lapins. Maurice était heureux entre cette femme aimée et cette petite fille si gaie qu'il n'hésitait pas à promener en grand habit militaire, dans ses bras, sur les boulevards.

Le voyage en Espagne, la grossesse avancée de Sophie, la grande jeunesse d'Aurore, les chemins horribles... Sophie avait trente-quatre ans, elle craignait qu'on lui volât son fringant jeune mari. Accoucherait-elle au hasard d'un chemin, quitte à mourir ? Elle suivait son homme, elle ne s'attardait pas sur le sort des enfants ni le sien. On ignore si Maurice, à Madrid, ne fut pas effaré d'un tel encombrement familial. Pierret trouva un moyen de locomotion. La femme d'un fournisseur de l'armée s'en allait à Madrid et offrait deux places dans sa calèche.

Pourquoi la campagne d'Espagne ? Bonaparte avait pourtant juré de ne jamais toucher à l'Espagne.

« J'ai assez fait le métier de général, je vais reprendre celui de Premier ministre », avait déclaré Napoléon à son retour à Paris, l'été 1807.

Il était rentré en triomphateur. Il reprenait son pays en maître. Il supprimait le Tribunat, épurait la magistrature, organisait l'Université impériale, surveillait la presse. Pie VII refusa de rompre avec l'Angleterre : Napoléon le fit garder à vue au Quirinal.

Le roi d'Espagne, Charles IV – l'allié de l'Empereur –, son ministre Godoy, amant de la reine, Marie-Louise de Parme, visaient le Portugal. Les troupes de Junot occupèrent Lisbonne. Le prince Jean s'enfuyait au Brésil. Cette invasion du Portugal mènerait les troupes de l'Empereur dans le désastre du guêpier espagnol. Napoléon méprisait cette débile famille d'Espagne. En mars 1808, Murat franchit la Bidassoa avec cinquante mille hommes (dont Maurice Dupin) en direction de

Madrid. À Aranjuez, une émeute provoqua l'incarcération de Godoy, le ministre haï. Paniqué, le faible roi abdiqua en faveur de son fils Ferdinand VII. Napoléon convainquit Charles IV de le déposséder en faveur « de son ami Napoléon ».

À Madrid, le départ des Infants avait provoqué des émeutes sanglantes. Napoléon avait nommé Joseph roi d'Espagne, Murat le remplaçait sur le trône de Naples. Les souverains déchus trouvaient asile dans différents palais impériaux – prisonniers de l'Empereur.

À la fin du mois de mai 1808, toute l'Espagne prenait feu. Un incendie gigantesque, des insurrections généralisées. Les peintures et les croquis de Goya dont *Les Désastres de la guerre* montrent les tortures infligées aux prisonniers. Chaque Français capturé était démembré, pendu aux arbres, éviscéré, crucifié, décapité.

Le général Dupont capitulait à Bailén, en Andalousie. Joseph s'enfuit de Madrid. Les Anglais, galvanisés par Wellington, envahirent le Portugal. Décidé à vaincre l'Espagne, Napoléon se rapprocha du tsar. L'Espagne était irréductible. Ce fut « une guerre au couteau ». Tout le peuple espagnol y participa mené par des moines fanatiques. La haine contre la France était à son comble. Napoléon fit bombarder le Retiro, seule enceinte fortifiée de Madrid. Le siège de Saragosse prouva l'héroïsme espagnol. Rue par rue, maison par maison, les habitants, y compris les femmes menées par Augustina, sorte de Jeanne d'Arc, se battirent farouchement. Tout sautait, tout flambait. Augustina faisait voler à la hache les têtes ennemies. Napoléon regagna la France.

L'Espagne, déchirée, torturée, en feu, en sang, avait vaincu.

De quoi se souviendrait Aurore de quatre ans, d'une telle aventure, dans la calèche de Mme Fontanier, près de sa mère au ventre rond ? Elle avait pris soin de sa poupée avant de s'en aller. Elle la coiffa, lui mit sa chemise de nuit, la coucha dans son lit et l'embrassa. Elle estimait imprudent d'emmener sa poupée, son enfant, à la guerre. On arriva aux montagnes des Asturies qui l'effrayèrent. La route tournait, l'horizon se fermait. Allaient-elles être enfermées dans ces montagnes sans issue ? Des liserons sur la route, du côté de Pancorbo, ces clochettes roses, rayées de blanc, encore jamais vues, ravirent son regard. Sophie encourageait sa fille à remarquer toute beauté, quelle que soit la situation. Les liserons, une eau vive, un ciel bleu. Mme Fontanier s'exclamait : « Mon Dieu, Mme Dupin, que vous êtes drôle avec votre petite fille ! »

Sophie fit arrêter la voiture pour qu'Aurore respirât les liserons.

« Respire-les, cela sent bon le miel ; et ne les oublie pas [14] ! »

Ce fut le premier contact d'Aurore avec la puissance de l'odorat, lié si profondément à la mémoire.

On roulait le jour et la nuit. La nuit était claire, la petite, assise sur le siège près du jockey. La chaleur était étouffante, en ce début de mai. Aurore connut une seconde peur. Le postillon retint brusquement ses chevaux. Sophie, de la portière, crut que ces ombres sur le chemin étaient des bandits. « Je vois leurs fusils, dit-elle, retournez, n'avancez pas ! » Le postillon accéléra. Les « trois bandits » étaient trois grands ours de la montagne. Sophie frémissait. Elle craignait davantage les bêtes féroces que les hommes. Il y eut la première rencontre d'Aurore avec la mort. À l'arrêt dans une auberge, elle vit sa mère trembler devant une pièce inondée de sang. Ce sang était, en fait, celui de porcs égorgés. Aurore fut saisie d'angoisse à cause d'un pigeon avec lequel elle jouait dans la cour. Aurore, inconsciente de la réalité de la mort, demanda par jeu que l'on tuât ce pigeon, comme on avait tué, paraît-il, ses amis pigeons. Sa mère l'emmena dans la cuisine

14. *Ibid.*, p. 558.

où on égorgeait une série de pigeons. On saisit celui d'Aurore. Elle éclata en larmes devant la convulsion de l'oiseau dont on ouvrait la gorge au couteau. Elle refusa d'en manger. Elle revoyait les plumes bleues et douces, le confiant regard. Son chemin initiatique avait commencé. Elle traversa des villages pillés, aux ruines fumantes. Il n'y avait soudain plus rien à manger excepté des oignons crus. Quand il était possible de s'arrêter dans une auberge, Aurore dormait sur la table où sa mère disposait pour elle les coussins de la calèche.

Vers Burgos ou Vitoria, Aurore fut frappée de la fuite de la reine d'Étrurie.

C'était un village avec une auberge, un relais de poste. Dans une cage, une pie criait « *Muera, muera* » ce qui signifiait peut-être « Mort à Godoy », haine de tout un peuple. Au fond de la cour, les tournesols rappelaient ceux du jardin de Chaillot. Une rumeur agitait les villageois : « *¡ La reina ! ¡ La reina !* (la reine) » Un vaste carrosse était entré dans la cour. Aurore était stupéfaite. Quoi, cette pauvre femme en blanc était la reine, une reine ? Une taille mesquine, une robe étriquée, couverte de poussière. Où étaient la couronne, les joyaux ? Sa fille âgée de huit ans était mal vêtue, empoussiérée. « Voyez la reine », disait une fille de l'auberge. Dans les interminables « romans » que bâtissait Aurore, les reines étaient magnifiques.

« Toutes les deux me parurent très brunes et assez laides [15]. »

Sophie commentait avec insouciance : « C'est encore une reine qui se sauve. » Cette fille de Charles IV, infante d'Espagne, avait épousé son vieux cousin, le duc de Parme. Elle fuyait à Bayonne, sous la prétendue protection de l'Empereur – à savoir la déchéance politique. « Il faut laver son linge sale en famille », avait dit Napoléon. L'Espagne était lasse de ses souverains

15. *Ibid.*, p. 565.

imbéciles mais détestait davantage l'empereur de France.

À la mi-mai, les voyageuses arrivèrent à Madrid. Elles avaient suivi les chemins de l'armée française. Elles avaient souffert de la faim, de la soif, de la saleté. Sophie « portant un enfant dans son sein, l'autre dans ses bras », oublia ses terreurs quand elle revit Maurice.

On les logea dans le plus beau palais de la ville. Aurore entrait dans un conte de fées. Murat occupait l'étage inférieur, les Dupin le troisième étage. Il régnait un luxe royal. Corniches, lits, rideaux, tapis, tout était de velours et d'or. Des tableaux gigantesques, reproduisant des têtes austères à fraises, effrayaient la petite. Une merveille la remit dans la féerie : une psyché où elle se voyait de la tête aux pieds. Un palais magnifique et dégoûtant où couraient les animaux domestiques et des lapins. Une odeur de crotte, d'urine. Aurore adopta un lapin blanc qui logea contre son lit. Elle lui racontait des histoires quand il dormait sur ses genoux. Aurore avait à sa disposition les jouets des infants d'Espagne, abandonnés. Des poupées, des chevaux, des ménagères, d'or fin. Maurice ramena en France un petit personnage en bois peint et doré, qu'il offrit à sa mère. Aurore s'intéressa assez peu à ces jouets. L'extérieur l'éblouissait davantage. Le prince Murat lui donna un faon vivant rescapé d'une chasse. Le faon dormit une nuit avec Aurore et disparut. Sa mère lui confectionna un équipement semblable à celui du prince et de son père. La petite s'adorait vêtue en garçon prestigieux, le dolman en cachemire blanc, la pelisse en fourrure et tant de boutons en or ! Les bottes étaient en maroquin rouge, elle traînait un sabre au côté, rattaché au ceinturon ceignant le premier pantalon que portait fièrement Aurore Dupin. Elle raffolait de la sabretache avec une aigle brodée en perles fines. Le prince Murat la présentait en riant à son entourage : « Voici mon aide de camp. » Elle l'appelait « son prince Fanfarinet ». Elle avait chaud dans cet uniforme et se sentait soulagée de remettre l'autre tenue cousue par l'habile Sophie.

« Le costume espagnol du temps, la robe de soie noire, bordée d'un grand réseau de soie, qui prenait au genou et tombait en franges sur la cheville, et la mantille plate en crêpe noir bordée d'une large bande de velours noir [16]. »

Elle se souvenait de la beauté de sa mère vêtue de la même toilette.

Le prince Murat tomba malade de dysenterie ainsi qu'une partie de l'armée. Il hurlait, se croyant empoisonné. Maurice bondit une nuit à son secours, pensant qu'on l'assassinait. Aurore eut aussi peur qu'à la mort de son pigeon. « On tue mon prince Fanfarinet ! » criait la future romancière.

Il n'avait qu'un affreux dévoiement d'entrailles.

Les Dupin restèrent deux mois à Madrid. Le temps paraissait très long à la petite souvent seule, confiée à une servante madrilène, Teresa. Son père avait un domestique allemand, le brave Weber. Aurore aimait la solitude. *« Weber, je t'aime bien, va-t'en »*, disait-elle au docile Allemand qui obéissait. Elle éprouvait un immense plaisir à danser seule avec son lapin devant la psyché. Elle découvrit, non sans frayeur, l'écho. Sur la terrasse déserte elle appela Weber. Une voix semblable à la sienne répondit : « Weber ! » Elle revint dans l'appartement, curieuse de voir qui contrefaisait sa voix. Personne.

« Je grossis ma voix, j'appelai mon propre nom, qui me fut rendu aussitôt mais plus confusément [...] ; j'étudiais ce prodige avec un plaisir extrême. [...] Il me vint à l'esprit que j'étais double, et qu'il y avait autour de moi un autre *moi* que je ne pouvais pas voir mais qui me voyait toujours puisqu'il me répondait toujours [...]. J'en conclus que toutes choses et toutes gens avaient leur reflet, leur double, leur autre *moi*. [...] Ma

---

16. *Ibid.*, p. 569.

mère, à qui je demandais où était le quelqu'un qui répétait toutes mes paroles me dit *c'est l'écho*[17]. »

L'écho ; « *une voix qui était dans l'air* ». Sophie aussi avait sa poésie personnelle et sa fille engrangera cette féerie avec les autres.

Une voix multiple. Écrire, ou capter « une voix qui est dans l'air », en soi, en ses différents « moi ». Dans cette perception de l'écho, on retrouve les caractéristiques de l'univers sandien. Des personnages à voix multiples, auxquelles répond toujours l'écho de la romancière. L'écho ou les transpositions, les renversements du même rôle. La mère est aussi l'enfant et l'enfant devient le père, le père disparaît, l'écho (l'écrit) le recompose. Écrire a peut-être commencé en Espagne, sur la terrasse où, à l'âge de quatre ans, l'écho lui répondait. Écrire a été pour Sand la quête permanente de l'écho, à l'infini. Écrire ou restituer l'écho dans sa case originelle : le solide narcissisme d'Aurore George Sand.

Un jour étouffant de juin, on éloigna Aurore sur la terrasse, on ferma les fenêtres. Sophie accouchait. Elle souffrit longtemps, sa fille s'épouvantait d'entendre ses plaintes. Les cris se turent, on ouvrit la terrasse, Maurice vint la chercher. Il lui montra un petit garçon, Auguste, mais elle n'avait d'yeux que pour sa mère, pâle, les yeux fermés, les traits si bouleversés « qu'elle eut du mal à la reconnaître ». Aurore courut l'embrasser. Elle voulait tant que son grand objet d'amour, sa mère, lui parlât, ouvrît les yeux ! Elle la crut morte. Aurore endurait cette peur-là tel un tourment sans remède. Elle étouffait. On l'avait encore éloignée sur la terrasse. Elle sanglotait. L'écho sanglotait. Elle avait oublié le nouveau-né. Sa mère vivait mais resta longtemps alitée. Aurore avait vécu sur la terrasse le deuil anticipé, le plus grand chagrin que puisse endurer un enfant : la perte de la mère. Sophie revint à elle ; elle

17. *Ibid.*, p. 574.

avait été « l'écho » de la pire déchirure. Ce nouveau-né au faible regard presque blanc était aveugle. Sophie se désolait, Maurice espérait que le cristallin allait se former. Sophie ne demandait qu'à croire au miracle et allaitait son petit garçon. Il avait quinze jours quand ils partirent. Sophie était persuadée que le médecin qui l'avait accouchée, détestant les Français, avait exprès appuyé ses pouces sur les prunelles du bébé. Elle l'avait entendu jurer : « Cet enfant ne verra pas le soleil d'Espagne ! »

Comment traverser à nouveau un tel pays vers la France ?

Maurice écrivit, le 12 juin 1808, sa dernière lettre à sa mère. Dès qu'ils seraient en état de voyager, ils partiraient dans la calèche que Maurice venait d'acquérir. Il espérait arriver à Nohant avant le 20 juillet.

« Je réserve le baptême de mon nouveau-né pour les fêtes de Nohant. Belle occasion pour sonner les cloches et faire danser le village ! Le maire inscrira mon fils au nombre des Français, car je ne veux point qu'il ait jamais rien à démêler avec les notaires et les prêtres castillans. [...] Aurore veut partir à l'instant même, et s'il était possible, nous serions déjà en route [18]. »

Deschartres pourrait peut-être guérir son fils de sa cécité. Maurice monterait lui-même, accompagnant la calèche, le bel étalon andalou, sauvage, Leopardo, que lui avait donné Ferdinand VII. Présent funeste dont s'effarait Sophie. Elle était convaincue que Ferdinand le lui avait offert afin qu'il se tue. Maurice s'était entiché de ce cheval magnifique et dangereux. Il refusa de s'en séparer.

Ils partirent début juillet. Murat s'en allait prendre possession du trône de Naples.

Le retour fut un cauchemar. La calèche suivit un moment les équipages de Murat. Aurore n'oublierait jamais la soif, la chaleur dévorante, la fièvre. Elle souf-

18. *Ibid.*, p. 578.

frait de partout, la tête, les membres, le ventre. Ils avançaient très lentement parmi les colonnes militaires. Sur un chemin étroit se dressa soudain un serpent venimeux. Maurice, domptant Leopardo affolé, le tua d'un coup de son sabre dont il ne se séparait jamais. La fièvre engourdissait la petite. Le bébé vivait-il encore, au sein de Sophie ? Toujours primesautière, elle s'écriait à Aurore, à peine vivante : « Regarde, c'est une bataille », comme si ce fût un spectacle de cirque. « Ton père y est peut-être », ajoutait-elle. Aurore apercevait des torsades rougeâtres, du feu, elle entendait le son du canon. Elle croquait une pomme verte. C'était peut-être la prise de Torquemada. On réquisitionna pour les blessés la belle calèche des Dupin. Sophie et les enfants firent un bout de chemin en charrette, parmi les vivandières, des soldats estropiés, de lourds bagages. Le bébé pleurait, Aurore avait soif. Cette plaine couverte de débris humains ressemblait aux champs de bataille de ses poupées, quand elle jouait avec Clotilde et Caroline ou les filles du vitrier. Sophie cachait brusquement son visage entre ses mains : l'air empestait la charogne. La charrette heurta un cadavre. Une masse molle, qui secoua tout le monde. Sophie prit Aurore contre elle. La petite était si malade, qu'elle regardait avec indifférence ces corps dénudés, couverts de mouches, un gros trou rouge à la place du crâne.

Aurore endurait la faim. Une faim féroce, farouche. Un supplice complet. La faim, on ne pense qu'à ça. Elle eût avalé des racines, des cailloux, des cadavres.

« Une faim maladive, presque animale » ; les soldats riaient : « Bah ! Ma petite dame [...]. C'est pour vos enfants le véritable *baptême de la giberne* [19]. »

Un autre mal dévora Aurore : la gale. Elle se communiqua au bébé et à sa mère. Ils se grattaient, les poux, la vermine avaient envahi leurs chevelures. Fini le palais de Madrid ! Ils étaient réduits à cette char-

19. *Ibid.*, p. 581.

rette, ces maux infects, cette pestilence. Ils dépassaient des villes bombardées, des villages calcinés. Quand ils croyaient apercevoir une source d'eau, des caillots de sang surnageaient. Sophie n'arrivait pas à manger la seule pitance trouvée : les oignons crus, le citron vert et les grains de tournesol. Traversant un camp militaire français, Sophie poussa Aurore à demander aux soldats de leur soupe. Ils s'attendrirent et servirent la petite. Au milieu du pain dur nageaient des bouts de chandelle. Elle trouva ce brouet délicieux. À Burgos, elle fut frappée par la beauté d'une cathédrale devant laquelle des hommes à genoux priaient. Vitoria annonçait la frontière espagnole où la famille connut deux jours de bien-être et put récupérer sa calèche. Dans une auberge à Fontarabie, Aurore dévora du fromage, des gâteaux, dormit dans un lit. Sophie soigna ses enfants tant bien que mal. Elle les lava, enduisit de soufre Aurore de la tête aux pieds, lui fit avaler des boulettes de soufre dans du sucre et du pain. Brisée de fatigue, Sophie pria Maurice de les ramener par mer jusqu'à Bordeaux. Leurs malheurs continuèrent. L'embarcation où étaient garés la calèche, Leopardo, les voyageurs, fit naufrage. Sophie prit ses enfants contre elle, et réussit à monter dans la calèche. L'embarcation coulait lentement. Par miracle, l'équipage heurta de la pierre sèche, la terre. Il était temps ; la chaloupe et la calèche s'enfonçaient. Maurice, voyant sa femme et les enfants à l'abri, sauva Leopardo et replongea pour récupérer son sabre. Aurore et le bébé étaient deux paquets brûlants et inertes.

« Je repris mes sens en entrant dans la cour de Nohant. [...]. Ma grand-mère me parut très grande, quoiqu'elle n'eût que cinq pieds, et sa figure blanche et rosée, son air imposant, son invariable costume composé d'une robe de soie brune à taille longue et à manches plates selon les exigences de la mode de l'Empire, sa perruque blonde et crêpée en touffe sur le front, son petit bonnet rond avec une cocarde de dentelles au milieu, firent d'elle pour moi un être à part et qui ne ressemblait en rien à ce que j'avais vu[20]. »

C'était la première fois qu'Aurore allait à Nohant, Sophie aussi. Mme Dupin embrassa Maurice en premier. Sophie n'embrassa pas Mme Dupin. « Nous sommes tous malades », dit-elle.

« Gale ou non, dit Mme Dupin en serrant Aurore contre elle, je me charge de celui-là [...]. Ma fille, allez vite vous reposer avec votre fils, car vous avez fait là une campagne au-dessus des forces humaines ; moi je soignerai la petite[21]. »

Mme Dupin de Francueil s'était emparée d'Aurore. Elle laissa Sophie, sans la regarder ni l'autre enfant.

20. *Ibid.*, p. 585.
21. *Ibid.*, p. 586.

Chapitre 4

DÉCHIRURES

Bonne-Maman, ravie, emmena Aurore dans sa chambre. La petite avait beau être couverte de traces rouges le long du corps, Mme Dupin la portait tel un précieux fardeau. Elle la déposa sur son lit. Les murs étaient tendus de toile de Perse à grands ramages. Les meubles étaient de style Louis XV. Aurore fut frappée par la forme du lit. Une sorte de corbillard orné de plumets noirs aux quatre coins, entouré de rideaux, couvert de coussins en dentelles. Aurore se crut au paradis. Bonne-Maman caressait ses cheveux, baisait ses joues. On allait la soigner. Aurore, dans son lit de reine, reçut une première visite. Un solide garçon de neuf ans loti d'un bouquet de fleurs qu'il jeta en riant au visage de la nouvelle venue.

« C'est Hippolyte, dit la grand-mère. Embrassez-vous mes enfants [1]. »

Il faudra des années pour qu'Aurore apprît qu'Hippolyte était aussi le fils de Maurice. L'enfant de « la petite maison ». Maurice l'avait pris dans ses bras et mené à Sophie. Elle le considéra, dit-elle, comme Caroline et sa fille. Bonne-Maman manda Deschartres pour soigner Aurore. Il vint, l'habit noisette, la culotte courte, les bas blancs, les guêtres de nankin, une casquette à soufflets. Aurore avait la gale, dit-il, mais était

1. George Sand, *Histoire de ma vie*, tome I, p. 586.

presque guérie. Il ne fallait pas affoler la maison par cette nouvelle. Les pastilles de soufre avaient fait leur effet. Sophie avait bien soigné la petite : la gale avait régressé à l'état d'éruption. Quand aux futurs maux d'entrailles dont souffrit George Sand, Sophie ignorait que le soufre mal dosé est ravageur aux intestins. Il fallait à Aurore surtout du repos. Le merveilleux lit eut raison de la fièvre et de la fatigue. Deux heures plus tard, grâce à cette paix, cette fraîcheur, Aurore se sentit si bien qu'elle courait au jardin avec Hippolyte. Il la tenait par la main avec un soin extrême et elle se sentait un peu humiliée. Elle lui montra « qu'elle était un garçon très résolu ».

Hippolyte était enchanté d'une telle compagnie. Ils jouèrent aux pâtés à la crotte. Ils pétrissaient du sable et du terreau dans de l'eau. Ces pâtés séchaient sur des ardoises, Hippolyte les portait ensuite à cuire dans le four de la cuisine. Il riait de la colère des servantes. Hippolyte était devenu le compagnon de jeu d'Aurore. Il la taquinait durement en enterrant ses poupées, il l'obligeait à les déterrer. Il les pendait aux branches, la tête en bas. Aurore s'épanouissait à tant de jeux extérieurs, où elle dépensait son énergie débordante. Cette gale n'avait pas eu que du mauvais. Une sorte de purge généralisée. À moins que ce ne fussent les boules de soufre ? Depuis cette gale, George Sand avouera n'avoir jamais attrapé de maladie contagieuse. Les maladies vénériennes de Musset, la tuberculose de Chopin ou celle de Manceau (entre autres), le choléra en 1832, George en effet n'attrapa rien. Avait-elle vécu en Espagne son définitif *baptême de la giberne* ?

Le bébé dépérissait gravement. La gale avait disparu, mais la fièvre persistait. Il faisait doux, Sophie passait ses journées avec lui, au grand air, dans l'espoir de reconstituer son lait pour le sauver. Sophie aimait tout autant qu'Aurore les jeux d'extérieur. Le bébé enveloppé dans un châle et couché dans un panier, elle entreprit de bêcher un petit jardin au pied d'un gros poirier, au ravissement d'Aurore et d'Hippolyte.

Le bébé se mourait. Il agonisa tout au long du vendredi 8 septembre sur les genoux de sa mère. Deschartres constata son décès, Sophie sanglotait. Le lendemain, on l'enterra au matin dans le coin réservé en cimetière. Sophie n'acceptait pas ce décès. Maurice pleurait avec elle. Il était minuit. Sophie entra dans un fantasme effrayant : *on avait enterré vivant son enfant*. Elle supplia Maurice de l'exhumer, de le mener secrètement à sa chambre, de constater sa mort. Elle frôlait un désespoir hors toute raison. Elle voulait revoir son enfant « mort ou vivant ». Cette exaltation morbide troublait Maurice, mal remis de la mort de son fils. Il prit une bêche et sans lanterne commença sa lugubre besogne. Il creusa longtemps, trop loin de la petite bière. La bêche heurta violemment un cercueil qui était celui d'un paysan de Nohant inhumé là. La bière se dressa, malmenée par la bêche, et entraîna Maurice dans la fosse. Il fut saisi d'angoisse. Il tâtonna vers une caisse minuscule : celle de son fils. Il n'était ni superstitieux, ni poltron, mais quand il ramena le cercueil de l'enfant dans la chambre, il était couvert de sueur froide. Il ôta le couvercle ; l'enfant était glacé et bien mort. Sophie le saisit contre elle, le berça de mots d'amour, lui refit une toilette, le frotta de parfums, le plaça dans son berceau. « Il n'est pas mort ! » disait-elle. Elle le garda ainsi dans sa chambre une journée entière. Le lendemain à la nuit, cette douleur exaltée devait prendre fin. Maurice écrivit avec soin le nom de son fils, sa date de naissance et de mort sur un papier glissé entre deux vitres, posé sur la poitrine de l'enfant. Il le remit dans sa bière. Sophie couvrit la dépouille de pétales de roses. Ils l'inhumèrent au pied du vieux poirier où Sophie avait commencé le jardin pour les enfants. Ici, son bébé serait moins seul.

Les jours suivants, Sophie aidée de Maurice achevait ce jardinet. Seuls, ils savaient ce secret que Sophie révéla à sa fille des années plus tard. Le secret de leur amour dans un jardin radieux où leurs larmes coulaient. Ils plantèrent des reines-marguerites, l'embellirent étrangement pendant une semaine. Nul ne savait que c'était là un tombeau. Hippolyte et Aurore admiraient un aussi joli jardin. Quinze années plus tard, le jardin délaissé, on planta des figuiers. Le jardinier de Nohant, d'un coup de bêche, découvrit le cercueil. Il contenait des ossements minuscules. Aurore était mariée. On garda le secret. On laissa le cercueil sous le poirier. L'inscription de l'identité de l'enfant, intacte sous la double vitre, ce qu'en dit Sophie, écartèrent le soupçon d'un infanticide.

Maurice s'activait physiquement, sans relâche. Il pria sa mère de lui laisser abattre les grands murs qui entouraient le jardin. Aurore gardait l'image du dos de son père, une pioche levée.

Elle ne voyait plus son visage.

Elle ne le reverrait plus jamais.

Le vendredi 16 septembre, Maurice était allé à La Châtre, avec Leopardo, afin de voir ses amis Duvernet. Charles Nicolas Duvernet était receveur particulier à La Châtre. Il avait un fils, né en 1807, Charles-Robin Duvernet, qui deviendra un des grands amis de George Sand, de trois ans son cadet. Leurs pères avaient fait ensemble de la musique, jouée sous le Directoire, *Robert, chef des brigands*. Ils s'étaient vus une dernière fois le 16 septembre 1808.

Maurice se remettait mal de la mort de son fils, des secousses de son étrange inhumation. Il avait besoin de galoper, de voir ses amis ; seul. Sophie se sentait délaissée sans Maurice, évitant la compagnie souvent blessante de Mme Dupin. Elle pleurait son enfant ; elle voyait l'heure passer, la jalousie la reprenait. Quoi, Maurice prenait du bon temps sans elle, si seule, dans ce manoir où elle sentait le mépris de sa belle-mère, le mépris de Deschartres ! Maurice avait-il eu honte de l'emmener ? Elle descendit au salon et laissa éclater sa jalousie. Mme Dupin la prit de haut et tourmenta finement sa bru détestée.

« Si vous tourmentez ainsi mon fils, il se dégoûtera de vous, et cherchera peut-être ailleurs le bonheur que vous en aurez chassé. »

Bonne-Maman, assise, chevrotait à Sophie, debout, les mots qui désespèrent. Sophie ravalait ses larmes, redressait sa taille. *Cette vieille comtesse* voulait l'abattre davantage ?

« Puisque c'est ainsi, cria-t-elle, je vais sur le chemin à la rencontre de Maurice ! »

Mme Dupin, indignée de *tant de vulgarité,* se leva à demi. Sophie, la sauvage chevelure noire, la peau blanche et brune à la fois, l'œil ardent, la jupe espagnole, ressemblait à ces femmes qui avaient ramené le roi Louis XVI de Versailles aux Tuileries en chantant « Vive le son du canon ». Sophie monta dans sa chambre, épuisée de tensions et d'une soudaine montée de lait, qui ne nourrirait personne. Porter les doigts à ce sein et ce lait qui n'est pas blanc, goûter ce lait, le lait de l'enfant perdu.

À minuit, Mme Dupin s'inquiétait à son tour. Elle avait joué au piquet avec Deschartres. Elle n'arrivait pas à dormir dans son beau catafalque. Elle entendit soudain une rumeur, des voix. Le domestique Saint-Jean avertissait Deschartres qu'un accident était arrivé à « Monsieur Maurice ». Mme Dupin, qui jamais ne marchait, excepté quelques pas dans le jardin, fut saisie, en cette nuit pluvieuse et sombre, d'un pressentiment qui la jeta hors de sa chambre. Elle clopinait, en petits souliers couleur prunelle, sur le chemin, hors du manoir. Elle courait, sans châle, comme Sophie eût pu courir, poussée par sa passion. Sous le peuplier du chemin, des hommes brandissaient une lanterne. Qui l'emmena dans cette chambre à l'auberge du Lion d'Or où son fils d'amour gisait, le cou rompu ? Deschartres ?

Leopardo s'était emballé. Maurice n'avait pu le maîtriser et il avait jeté à bas son maître au pied du treizième peuplier, au sortir de la ville. Weber suivait Maurice, il n'avait pas vu un tas de pierres qui affolèrent le cheval. Il se cabra en arrière. Maurice cria : « À moi, Weber, je suis mort ! »

Weber fit transporter Maurice au Lion d'Or, la première auberge venue. Il courut chercher Deschartres. Quand Deschartres et Mme Dupin arrivèrent, Maurice venait d'expirer, les vertèbres rompues. Il avait trente ans. Elle se jeta avec des sanglots sur le corps du fils tant aimé, elle râla de désespoir le reste de la nuit.

À l'aube, la voiture de Mme Dupin ramena le cadavre de Maurice, la tête sur les genoux de sa mère. Deschartres, effondré, ne montrait rien. Il se chargeait d'annoncer à Sophie ce malheur. Deschartres se courba devant le grand escalier qui menait à la chambre de Sophie et d'Aurore. Sur le mur, il y avait l'ombre du précepteur, sa casquette à soufflets, démesurée. Il frappa à la porte.

« Maurice, s'écria Sophie, blême, où est Maurice ? »

Deschartres éclata d'un rire convulsif, au bord de la démence. Il articula : « Il est mort. » Il répéta pour s'en convaincre, « il est mort ». Il fondit brusquement en larmes.

« Ma mère tomba sur une chaise. [...] Je vois sa figure livide, ses grands cheveux noirs épars sur sa poitrine, ses bras nus que je couvrais de baisers. J'entends ses cris déchirants. Elle était sourde aux miens et ne sentait pas mes caresses [2]. »

Elle n'entendait pas Deschartres qui disait « vivez pour cette enfant ».

La maison tout entière prit le deuil. Ce noir marqua Aurore profondément. Les bas noirs lui causèrent une grande terreur ; elle se croyait « des jambes de mort ». Elle répétait à sa mère : « Mon papa est donc encore mort aujourd'hui ? »

Au deuil se mêlait la superstition. Une vieille servante prétendit à Hippolyte avoir vu l'ombre de M. Dupin se promener à Nohant. Une autre l'avait vu, tout en noir, errer dans l'antichambre. On l'avait enterré à l'endroit

2. *Ibid.*, p. 597.

où il avait exhumé son fils et s'était heurté à une bière. Son fantôme se promenait dans le jardin, dans la salle de billard. Deschartres tira au fusil contre cette prétendue ombre et tout rentra dans l'ordre. Les caquets se turent, les vieilles femmes enfouirent leurs funèbres convictions.

Aurore, muette, trop tranquille, en état de choc, se tenait auprès de sa mère, sur un tabouret. Son mutisme inquiétait Bonne-Maman qui s'attaqua à Sophie. Cette petite, ainsi statufiée, avait l'air stupide, dans sa rêverie qui ne mènerait à rien. Elle avait vu autrefois Maurice dans ces extases funestes. Il était temps de reprendre de l'exercice. À Sophie de donner l'exemple, de se ressaisir, reprendre une activité, sortir l'enfant ! Sophie rétorquait que sa fille, rêveuse, n'avait jamais eu l'air bête. Elle avait tant pleuré qu'elle souffrait de migraines sans répit. Le remords la torturait. Elle s'en voulait de sa crise de jalousie. Mme Dupin s'attachait passionnément à Aurore et la voulait toute à elle. Elle la marquait sans le vouloir de sa douleur. Mme Dupin l'appelait parfois « mon fils » tellement la ressemblance avec Maurice la frappait. Hippolyte frôlait des crises nerveuses et de violence. Les enfants étaient les otages de la névrose des adultes.

Il sembla à Aurore que ce deuil dura des années. Bonne-Maman fit des efforts pour elle. Elle lui trouva une petite compagne de jeux. Mademoiselle Julie, sa femme de chambre (qui détestait Sophie), avait une nièce à La Châtre, Ursule, de l'âge d'Aurore. On l'habilla de noir, ce qui ne l'enchantait guère, et on la mena à Nohant. Une bonne amie cette Ursule, surnommée « Caquet-bon-bec » ! George Sand, qui avait le génie de l'amitié, restera en excellents termes avec elle. Aurore n'était pourtant pas facile, à ce moment crucial de sa vie. Bonne-Maman et Sophie la gâtaient outrageusement, croyant adoucir sa peine. Ursule craignait cette « petite princesse » qui exerçait sa tyrannie. Le voyage en Espagne, la maladie, ce flottement permanent de la mort, de l'absence, avaient rendu Aurore excitée, irritable. Aurore voulait qu'on lui donnât les oiseaux du jardin et, devant le refus d'Ursule, elle se roulait par terre. Aurore l'obligeait à changer le sens de tous leurs jeux, à rester immobile et à *méditer*. Aurore fut d'abord une compagnie détestable. Ursule était intelligente, enjouée, plus têtue qu'elle. Elle lui résista pour son plus grand bien. Elle lui envoya des coups de pied en pleine figure quand Aurore lui lançait des gifles. Elles se battirent avec violence. Elles avaient des traces de sang sur le visage. Elles devinrent alors les meilleures amies du monde. Elles se réconcilièrent, s'embrassèrent, la rancune s'effaça. Aurore était calmée, rassurée. Ursule mangeait à leur table et couchait dans la chambre de Sophie et d'Aurore. Les deux enfants préféraient dormir ensemble.

Une autre bataille, des plus sérieuses, allait se jouer : la garde d'Aurore.

Sept mois avaient passé. Mme Dupin ne démordait pas de garder Aurore, de la séparer de cette mère dont les douteuses attaches parisiennes et plébéiennes détruiraient la fille de Maurice. Elle mit en place sa ruse. Caroline, disait-elle, ne pouvait rester si longtemps sans sa mère, même en pension. L'antipathie instinctive des deux femmes se réveillait. Le deuil les avait provisoirement anesthésiées. Mme Dupin écrivit à l'abbé de Beaumont de venir à Nohant. Il l'aiderait à convaincre Sophie de lui laisser Aurore. La mort de Maurice avait laissé à sa veuve une rente de deux mille cinq cents francs annuels et des dettes. C'était un revenu bien mince pour élever deux enfants. Mme Dupin était prête à élever Aurore… entièrement. L'abbé de Beaumont fut une visite agréable. Le frère de Mme Dupin était un charmant vieillard, aussi rose qu'elle. Il était vêtu de soie, de velours, de satin noir. Il portait des souliers à boucles, une queue poudrée, à la prussienne, et par-dessus son habit une « douillette » en soie violette. Sa gaieté, son esprit, son absence de préjugés sur les femmes, adoucirent l'austère maison. Il aimait bien Sophie, il aimait bien qu'une femme fût jolie. Il la défendait tout en appuyant habilement le projet de sa sœur. L'abbé éprouvait de l'affection pour la mère d'Aurore. Il la reçut à Paris, dans son appartement douillet, avec sa fille, les années suivantes. L'abbé encouragea tout le monde à se distraire et à oublier non Maurice, mais le deuil. Il fit jouer une comédie pour la fête de sa sœur. On dressa dans l'antichambre des planches sur des tréteaux. Hippolyte, Ursule et Aurore étaient les acteurs. L'abbé fit le souffleur, Deschartres joua du flageolet. Aurore dansa un *bolero* espagnol avec un tel brio que Mme Dupin éclata de rire, épouvantée de cet accès trop gai. L'abbé ne perdait pas de vue sa mission : convaincre la mère de laisser l'enfant à Nohant. Aurore entendit des propos qui la dégoûtèrent à jamais de l'argent, primant sur les sentiments élevés. L'abbé exposait à Sophie qu'à Nohant, Aurore serait riche. Elle-même jouirait d'une pension confortable. Sa fille serait l'unique héritière de Mme Dupin. Douze mille francs de rente, Nohant et ses terres, la possibilité d'un beau mariage. Aurore se mit à trembler ; sa mère allait-elle l'abandonner pour de l'argent ? Elle la couvrait de caresses, elle la suppliait « de ne pas la donner pour de l'argent » Le paradis était bien fini. Aurore était devenue la victime, « la pomme de discorde », entre ces deux femmes qui se la disputaient âprement. Tout le monde, à Nohant, se mêlait de cette affaire. Ursule employait le terme d'« âge d'or » pour qualifier l'existence promise par Mme Dupin. Quand elle voyait Aurore en larmes à l'idée de quitter sa mère, Ursule, au solide bon sens paysan, commentait :

« C'est pourtant gentil d'avoir une grande maison et un grand jardin [...] et des voitures, et des robes et des bonnes choses à manger tous les jours ; qu'est-ce qui donne ça ? *C'est le richement*[3]. »

Mademoiselle Julie était la plus féroce. Elle dardait

3. *Ibid.*, p. 605.

sur la petite, qu'elle n'aimait pas plus que sa mère, un œil aigu où dansait une lueur mauvaise :

« Vous voulez donc retourner dans votre petit grenier manger des haricots ? »

Les servantes de Nohant, Deschartres, s'occupaient sans la moindre discrétion de cette querelle. Les mots sifflaient entre Mme Dupin et Sophie. « C'est un démon, une folle », éclatait Mme Dupin devant Aurore. Elle dépassa toute mesure :

« Elle n'a jamais été aimée de mon fils, elle le dominait ! »

Sophie rétorquait que sa belle-mère « était une prude, hypocrite ». Mme Dupin l'humiliait en présence de ses amies que Sophie appelait avec dédain « les vieilles comtesses ». Les mots atteignaient Aurore comme des coups. Le petit grenier, les haricots, sa mère à elle toute seule, étaient le comble du bonheur et de la dignité.

Comment pouvait-on attaquer ainsi sa mère ? Elle la voyait si complaisante, si habile de ses mains, toujours prête à rendre service à sa rivale. Bonne-Maman cassait sa boîte à ouvrage ? Sophie, qui valait dix ouvrières à elle seule, lui réparait sa boîte avec une telle adresse, coupée, collée, rebrodée, qu'elle la lui rendait aussi belle qu'une neuve. Le clavecin était dérangé ? Sans rien connaître à la musique ni aux instruments, Sophie accordait tout. Elle broda rapidement une robe entière en percale pour Mme Dupin. Sophie faisait toutes leurs robes, leurs chapeaux. Avare pour elle-même, prodigue pour les autres, rusée et naïve comme une enfant. « Vous êtes une fée », reconnaissait avec aigreur Mme Dupin. Elle lui reprocha son orthographe. Sophie lut, s'appliqua, apprit à écrire correctement. Elle dessinait avec talent, elle qui n'avait de sa vie touché un crayon. Elle faisait des portraits réussis, à la plume, à la gouache. Elle chantait d'une voix si exquise qu'elle charmait son ennemie. « Ma mère était une grande artiste manquée faute de développement », affirme sa fille. Elle savait merveilleusement distraire les enfants. Elle avait aidé Hippolyte et Aurore à construire « une grotte enchantée », destinée à la Belle au bois dormant qui s'appelait « Aurore ». La grotte fut tapissée de pierres colorées, rutilantes, venues du fond d'un ruisseau voisin. Elle brouettait ces pierres avec les enfants. Ils voulaient une petite cascade. Sophie trouva un système ingénieux avec un broc de cuisine et une cuvette. L'effet était ravissant. Mme Dupin, qu'Aurore avait menée fièrement à la grotte enchantée, méprisa la cascade dont elle dévoila, avec méchanceté, l'astuce. Aurore eut un grand chagrin : Bonne-Maman lui volait sa joie, anéantissait l'illusion.

Sourdement, avec des moments de violence, la bataille continuait entre ces deux femmes, l'une âgée, l'autre encore jeune, totalement antinomiques :

« C'étaient vraiment les deux types extrêmes de notre sexe : l'une blanche, blonde, grave, calme et digne dans ses manières, une véritable Saxonne, de noble race, aux grands airs plein d'aisance et de bonté protectrice ; l'autre brune, pâle, ardente, gauche et timide devant les gens du beau monde mais toujours prête à éclater [...], une nature d'Espagnole, jalouse, passionnée, colère et faible, méchante et bonne en même temps. Ce n'était pas sans une mortelle répugnance que ces deux êtres si opposés par nature et par situation s'étaient acceptés l'un l'autre. [...] pour ne pas se haïr un peu[4]. »

Elles se haïssaient au-delà de la haine, devant l'enjeu : une enfant au grand regard noir, insondable, qui entendait trop de choses : Amantine Aurore Lucile Dupin.

Le soir, Bonne-Maman, Sophie et Deschartres jouaient aux cartes. Deschartres était toujours maussade, Sophie le taquinait. Le jeu tournait mal. Sophie gagnait d'instinct, ce qui déplaisait à Deschartres. Il la

---

4. *Ibid.*, p. 605-606.

traitait de tricheuse. Sophie se levait brusquement, prête à on ne sait quelle bagarre. Mme Dupin menaça Deschartres « d'un grand soufflet ». On se calma. Deschartres soignait la famille avec une potion d'émétique qui provoquait chez Aurore des convulsions sans vomissements. Bon chirurgien, Deschartres n'entendait rien aux drogues. Il administrait à tour de bras des vermifuges et de la rhubarbe. Il mêlait à nouveau le soufre aux aliments d'Aurore. Soigner Aurore, l'éduquer, tout tournait, à Nohant, autour de l'héritière de Maurice À condition que *disparaisse sa mère*.

Aurore avait plus de cinq ans, sa mère lui apprit à écrire. Aurore commença par des grands bâtons et des jambages, des pleins, des déliés. Elle écrivit longtemps en lettres d'imprimerie. Elle faisait comme sa mère : copier le mieux possible ce qu'elle déchiffrait, se souvenir de la manière dont le mot imprimé était composé. Par un instinct très sûr du langage écrit, la future George Sand retenait les règles de grammaire. Quand Deschartres lui enseigna la grammaire, un trimestre suffit. Son bonheur fut la bibliothèque de Nohant. Elle puisa de grands délices dans les *Contes* de Mme d'Aulnoy, ceux de Perrault. À huit ans, elle lisait un abrégé de la mythologie grecque.

L'imagination d'Aurore continuait à se développer. Le papier vert de sa chambre, sa bordure en feuilles de vigne, la suite de médaillons représentant chacun une figurine, ouvraient pour elle la contrée merveilleuse d'une Flore dansante, vivante et gaie.

Bonne-Maman lui enseigna la musique. La musique comblait Aurore. Elle s'asseyait sous le clavecin avec Brillant, son chien favori. Elle écoutait sa grand-mère jouer et chanter. La voix était bien un peu chevrotante, l'épinette un peu fausse, les doigts de l'aïeule à demi paralysés, mais Aurore s'enivrait du concert. Bonne-Maman avait connu Gluck et Piccinni, elle savait par cœur les extraits de Hasse et de Durante. Son goût était classique, pur, austère. Elle n'aimait pas le rococo. Elle inculqua à sa petite-fille les principes de la musique si clairement qu'Aurore fit des progrès surprenants et n'eut jamais de meilleur maître.

Peut-être laisserait-on sa mère et elle vivre ici, pour toujours, ensemble. On se promènerait le dimanche à dos d'âne, autre bonheur, jusqu'aux ruines médiévales de Saint-Chartier pour un grand pique-nique. Mais Bonne-Maman n'avait pas abandonné le combat. Le 3 février 1809, Sophie, de guerre lasse, peut-être par amour maternel, vaincue par le *richement* et ceux qui en font leur loi, acceptait de signer l'accord qui abandonnait l'éducation d'Aurore à sa grand-mère.

Aurore sombrait à nouveau. Pour l'habituer à la séparation, sa mère, sous prétexte de revoir Caroline, retourna à Paris. « Dans quinze jours, tu me rejoindras avec ta grand-mère », promit-elle.

Le sang de la petite se glaça. On la trahissait. Quand la voiture s'en alla, du côté du treizième peuplier où était mort son papa, elle hurla. Le *richement* avait chassé sa mère. Elle avait regardé à la fenêtre, longtemps, la silhouette fragile de cette femme seule, enfermée dans la voiture qui allait si vite, loin, où il n'y a que la poussière du chemin. On lui avait volé sa mère. Elle ne croyait plus en personne. Bonne-Maman disait qu'à Paris, elle habiterait tout près de sa mère, qui désormais logeait rue Duphot. Quoi, la rue Grange-Batelière aussi avait disparu ? Tout était donc destiné à se dissoudre, trahir, mourir ? Et Pierret ? Reverrait-elle son bon Pierret, Caroline, la tante et l'oncle Maréchal, Clotilde ? Elle se tordait les mains. Sans sa mère, la maison était un tombeau vide. Mme Dupin reprenait de la hauteur. La rue Duphot, disait-elle, n'était pas loin de la rue Neuve-des-Mathurins. Ces quinze jours de séparation parurent à Aurore de longues années lugubres. Les secondes pesaient d'un poids de plomb dans sa gorge.

Elle attendait.

Elle attendait sa mère, de la revoir, l'embrasser, la toucher, la caresser. Bonne-Maman tenta de consoler Aurore. Elle lui donna plus de bonbons que de coutume et, avec une grande douceur, ses leçons. Aurore trouvait ces jours sinistres, sa grand-mère sévère et sa mère, pourtant brusque, véhémente, lui semblait le comble de la tendresse. Bonne-Maman l'éduquait en jeune fille accomplie.

« Il ne fallait plus se rouler par terre, rire bruyamment, parler berrichon. Il fallait se tenir droite, porter des gants, faire silence [...]. On ne me grondait pas, mais on me disait *vous [...]. Ma fille, vous vous tenez comme une bossue ; ma fille, vous marchez comme une paysanne ; ma fille, vous avez encore perdu vos gants ! Ma fille vous êtes trop grande pour faire de pareilles choses*[5]. »

Aurore avait six ans. Bonne-Maman l'obligeait à lui dire « vous », à ne plus tutoyer personne à Nohant, à faire la révérence. De turbulente, elle était devenue pétrifiée, d'une sagesse terrible. Mme Dupin obligeait Aurore à rester près d'elle dans sa chambre mortifère. Bonne-Maman détestait l'extérieur, l'agitation, la marche à pied. « *Amusez-vous tranquillement* », disait-elle à la petite qui étouffait des bâillements nerveux. Aurore avait le vertige, des fourmis dans les mollets. L'aboiement d'un chien, le chant des oiseaux la faisaient bondir vers la porte. Fuir ; s'enfuir. Aboyer avec le chien, s'envoler avec les merles. Cesser d'être enchaînée à cette vieille femme d'une nonchalance de paralytique.

« J'avais une peur effroyable de devenir comme elle, et quand elle m'ordonnait de n'être à ses côtés ni agitée ni bruyante, il me semblait qu'elle me commandait d'être morte[6]. »

Enfin, au commencement de l'hiver 1810, Aurore et sa grand-mère partirent pour Paris.

L'Empereur vivait une tension familiale. Joséphine ne lui avait pas donné d'héritier. Le 30 novembre 1809, à l'issue d'un dîner en tête à tête, il annonça sa volonté

---

5. *Ibid.*, p. 638.
6. *Ibid.*, p. 640.

de divorcer. Joséphine s'évanouit mais Napoléon fut inébranlable. Il l'avait aimée mais sa gloire et sa postérité comptaient avant tout. Il choisit d'épouser la fille de l'empereur d'Autriche : l'archiduchesse Marie-Louise. La nièce de Marie-Antoinette était une jeune fille de dix-huit ans. Napoléon en avait quarante-quatre. Elle avait un teint de rose, de grands yeux noisette, des boucles châtain clair. « Une belle génisse livrée au Minautore », commentait le duc de Ligne. Le mariage eut lieu avec faste, le 2 avril 1810, au salon Carré du Louvre. Le 20 mars 1811 naissait leur fils, le roi de Rome ou l'Aiglon. Il ne connaîtrait jamais le pouvoir ni l'amour passionné de son père dont il fut séparé pour toujours à l'âge de trois ans. Il mourut à Vienne, à vingt ans, de la tuberculose. Marie-Louise n'avait rien choisi. Aurore n'avait rien choisi. Les filles du siècle et de tant de siècles étaient les esclaves des hommes.

Aurore Dupin avait vécu quatre années de bonheur et de liberté. Dans le *richement*, de Bonne-Maman, elle frôlait une sorte de mort. Chez Bonne-Maman, « les lauriers étaient coupés ».

Sa petite mère allait-elle lui redonner la joie de vivre, la liberté des grands chemins où les tournesols ressemblent à des soleils et à des flammes ?

Chapitre 5

CORAMBÉ

Mme Dupin rejoignait la capitale en un complet équipage. On était en hiver, Mme Dupin tenait à ses aises. On équipa la grosse berline, si close qu'on eût dit « une maison roulante ». Aurore eût volontiers emmené Hippolyte. Il fallait quatre grandes journées pour rallier Paris. Mme Dupin n'avait pas la force de passer la nuit dans la voiture ni de dépasser vingt-cinq lieues par jour. Aurore n'avait jamais voyagé dans de telles conditions, installée sur la banquette avant :

« Les innombrables poches de ce véhicule étaient remplies de provisions de bouche, de friandises, de parfums, de jeux de cartes, de livres, d'itinéraires, d'argent [1]. »

Bonne-Maman emmenait Mlle Julie, sa femme de chambre. Le fond de la berline était garni d'oreillers, de couvertures. Aurore, galvanisée à l'idée de revoir sa mère, ne s'ennuyait pas. En dépit de la monotonie du trajet de Châteauroux à Orléans, Aurore se souviendrait de tout : les arbres rabougris, les flaques d'eau verdâtres, l'effrayant récit de Bonne-Maman à Mlle Julie quand on traversa la forêt d'Orléans. Avant la Révolution, on voyait des brigands pendus aux arbres, aux lieux de leurs larcins.

« Si l'on voyageait beaucoup, on pouvait compter à

1. George Sand, *Histoire de ma vie*, tome I, p. 644.

chaque saison les nouveaux pendus [...]. Je me rappelle d'y avoir vu un hiver, disait la voix en épinette de Bonne-Maman, une grande femme qui est restée entière fort longtemps, et dont les longs cheveux noirs flottaient au vent, tandis que les corbeaux volaient tout autour pour se disputer sa chair[2]. »

Mme Dupin croyait que la petite dormait. Jusqu'à l'âge de seize ans, Aurore crut voir des pendus décomposés se balancer au-dessus de la voiture qui la menait de Paris à Nohant.

L'appartement de Mme Dupin était vaste et agréable, près de l'Opéra. Sophie vint dès le premier jour chercher sa fille qui ne vivait que pour ce moment-là. « Je la dévorais de caresses », dit-elle. Quel bonheur de se retrouver toutes les deux, sans Mme Dupin ni Mlle Julie, myope et sans le moindre sens de l'orientation. Sophie promenait sa fille sur les boulevards qui enchantaient Aurore avec leurs foires, leurs chiens dressés, les bains chinois, baroques et colorés, les boutiques de joujoux, les marchands d'estampes et les oiseliers. Tout ravissait la petite, la main ferme de sa mère, son parfum de muguet et de savon noir. Sophie avait une âme d'enfant, non formée à ce que Mme Dupin nommait « le beau style » : elle se plaisait à ces spectacles de rue. Le soir, Bonne-Maman s'empressait de lui faire remarquer la vulgarité de ces distractions. *Les défauts et la vulgarité de sa mère*. Elle continuait son impitoyable travail d'anéantissement. Mme Dupin ne pouvait, hélas, empêcher ces visites quotidiennes et maudissait tout bas le choix désastreux de son fils. La guerre recommençait entre les deux mères. Sophie avait détesté la manière de « petite vieille » dont était affublée Aurore. Mme Dupin en était restée à la mode Directoire. Elle faisait tailler à sa petite-fille des douillettes dans celles, usagées, qu'elle possédait. Aurore était vêtue de couleurs sombres, la taille plate et lon-

2. *Ibid.*, p. 646-647.

gue. La mode était aux ceintures sous les aisselles. La chevelure d'Aurore était longue, noire, bouclée. Sophie obtint de la coiffer selon la vogue, « à la chinoise ». On tirait la chevelure en contresens, on la tortillait en fouet sur le sommet du crâne on en faisait une boule, ce qui tirait les yeux vers les tempes. Aurore était désolée d'être si laide mais ravie de complaire à sa mère. « On ressemblait ainsi, dit-elle, à une brioche ou à une gourde de pèlerin. » Sophie respectait les engagements convenus avec Mme Dupin. Elle promenait sa fille, dînait avec elle, la raccompagnait le soir. Elle venait la chercher sans Caroline. Aurore n'avait pas revu Caroline depuis le voyage en Espagne. Elle ne comprenait pas l'aversion de sa grand-mère pour sa sœur. Elles avaient la même mère, les mêmes ancêtres Delaborde et Cloquard. Mme Dupin était intransigeante sur ce point. Un jour éclata la catastrophe.

Aurore demandait à Sophie de la mener voir sa chère Caroline, la pauvre femme éludait, tenue par ses serments d'où dépendaient les intérêts de sa fille. Que dire à une enfant de six ans des différences sociales ?

Mme Dupin avait exigé que Caroline devînt une étrangère. Caroline avait douze ans. Elle sortait une fois par semaine de pension et suppliait sa mère de revoir Aurore. Caroline ne comprenait rien à ce rejet et provoqua une scène familiale « effroyable » à Aurore.

C'était un soir. Sophie dînait chez l'abbé de Beaumont. Caroline persuada la portière de la rue Duphot de l'accompagner chez Mme Dupin. Celle-ci sommeillait dans son grand fauteuil. Il était huit heures du soir. Aurore jouait seule sur le tapis, quand Rose, sa bonne, entrouvrit la porte. Rose était une brave fille que Sophie avait engagée du temps de Maurice. Rose était rousse, forte, active, bâtie comme un garçon. « Une véritable charretière de la Brie. » Aurore s'éloigna sur la pointe des pieds mais Mme Dupin s'éveilla. « Où allez-vous ma fille ? » Soupçonneuse, elle harcelait Rose de questions, qui finit par souffler que « Mademoiselle Caroline était là ». Jamais Aurore n'avait vu sa grand-mère soudain aussi agile et dure. Elle exigea que l'on chassât Caroline, menaça Rose de renvoi si jamais cette Caroline osait se représenter. Aurore avait le cœur dans la gorge, Rose avait peur. Un long sanglot éclata derrière la portière. C'était Caroline, chassée, bafouée. Aurore fondit en larmes et refusa les genoux de sa grand-mère. Aurore sentit revenir tous ses deuils. Une affreuse solitude. Elle se roulait par terre, elle revoyait le doux visage de Caroline, leurs jeux avec les filles du vitrier, leur complicité.

Elle déteste cette vieille femme, cette voleuse de joie qui lui interdit ceux qu'elle aime. Elle veut sa mère, elle veut sa sœur, elle veut le paradis de la rue Grange-Batelière, et que son papa cesse d'être mort.

« Je veux retourner avec ma mère, je ne veux pas rester ici [3]. »

Mlle Julie soulignait, venimeuse, le mal que l'ingrate faisait à sa Bonne-Maman. Aurore criait de plus belle. Elle s'agita, elle eut la fièvre et passa une très mauvaise nuit.

Mme Dupin passa aussi une mauvaise nuit. Elle ne trouvait pas d'autre moyen que les cadeaux pour tenter de calmer cette révolte. Le lendemain, Aurore, malade, trouvait dans son lit une poupée neuve. Une poupée négresse, vêtue de belles couleurs. Elle la serra contre elle, mais des vomissements la saisissaient, la poupée roula sur le sol. Aurore avait la rougeole. Elle se réfugiait dans la maladie qui peut-être lui redonnerait sa mère, Caroline et tous ceux qu'elle avait aimés. Elle eut du délire, des visions nocturnes où un géant noir dansait sur la veilleuse. Elle entendait les voix des adultes. Leur malveillance. Elle entendait les propos échangés entre Rose qui l'aimait bien et Mlle Julie qui la détestait. Rose adorait Aurore mais avait un défaut : la violence, parfois la brutalité avec elle. Mme Dupin ne se rendait pas toujours compte à quel point l'enfant était

3. *Ibid.*, p. 653.

livrée à ces deux domestiques et à leur joug. Mlle Julie était doucereuse et fourbe. Intelligente, instruite, elle fit souffrir Aurore par ses constants rapports de police auprès de Mme Dupin. Mlle Julie haïssait Sophie, d'un rang moins élevé que le sien. Il y avait chez Mme Dupin « le parti de Sophie », représenté par Ursule, Rose et Aurore, et « le parti de la grand-mère » : Deschartres et Mlle Julie. On appelait Sophie « madame Maurice » pour lui refuser le nom de « Dupin ».

Rose et Julie étaient dans la chambre d'Aurore. Elle entendait ce qui désole, ce qui effraie.

« Voyez comme cette petite est folle d'adorer sa mère, sifflait Mlle Julie, sa mère ne l'aime point du tout. Elle n'est pas venue une seule fois depuis qu'elle est malade.

– Vous vous trompez Julie, répliquait Rose. Sa mère est venue tous les jours savoir de ses nouvelles, mais elle n'a pas voulu monter parce qu'elle est fâchée contre Madame à cause de Caroline.

– C'est égal, s'échauffait Julie, elle aurait pu voir sa fille, sans entrer chez Madame ; mais elle a dit à M. de Beaumont qu'elle avait peur d'attraper la rougeole. Elle craint pour sa peau[4]. »

La fièvre remontait, pourtant Rose la défendait avec violence. Sa mère n'était pas venue, disait-elle, pour ne pas ramener la rougeole à Caroline. Un matin, Aurore eut une belle surprise. Sa mère était là et lui disait bonjour à travers la porte. La petite, enrouée de larmes, lui cria de s'en aller afin de ne pas avoir la rougeole, ni elle, ni Caroline. Quel plaisir d'entendre sa mère répliquer vertement à Mlle Julie « que son enfant ne doutait jamais d'elle, et qu'on ne l'empêcherait jamais de l'aimer ».

Mme Dupin avait bon cœur et de l'élévation naturelle. Elle regrettait sa vivacité désastreuse. Elle adoucit la vie de Sophie et d'Aurore. Dès que la petite alla

---

4. *Ibid.*, p. 657.

mieux, chaudement enveloppée de couvertures, sa grand-mère la mena elle-même rue Duphot. L'appartement était plus modeste que celui de la Grange-Batelière. Il y flottait une bonne odeur de pot-au-feu. Caroline avait ouvert la porte. Aurore la trouva jolie avec son petit nez retroussé, sa fine silhouette. Caroline n'avait pas peur. Elle était chez elle. La rencontre avec Mme Dupin se passa bien. Caroline n'avait pas de rancune. Elle fit mille caresses à Aurore et avança un fauteuil à Mme Dupin. Elle la pria, avec une politesse désarmante, de s'asseoir. Sa mère allait revenir de suite. Mme Dupin, devant la grâce d'une enfant innocente qu'elle avait insultée et qui lui souriait, se mit à priser d'une main nerveuse. Mme Dupin de Francueil avait honte. Quand Sophie revint, Mme Dupin lui présenta des excuses. Elle accordait aux fillettes de se voir, mais chez Sophie. Elle ne voulait pas séparer les deux sœurs, mais il lui était impossible de faire davantage. Elle maintenait, les joues trop roses, son refus de recevoir Caroline chez elle. Elle se leva, Pierret entrait et lui présenta son bras pour l'aider à descendre. Mme Dupin laissa Aurore cet après-midi-là chez sa mère et Caroline.

Quel bon après-midi avec ces êtres pleins de bonté pour elle, son Pierret, le pot-au-feu, la chaufferette retrouvée ! Elle explora tous les coins de l'appartement. Elle retrouvait d'humbles objets de son enfance, les fleurs de papier confectionnées par Caroline. « Je suis chez nous ! » s'écriait Aurore. Pierret, fou de joie, disait « Sac à papier ! ». Sophie répétait « Comme on s'amuse chez nous ! », d'un ton mi-attendri, mi-moqueur. Caroline joua avec Aurore aux fils entrecroisés entre leurs doigts, dessinant ainsi des figures. Aurore avait faim. *Chez nous*, chez les gens modestes, on ne prend pas le thé, mais on dîne à cinq heures, du pot-au-feu :

« Avec quel plaisir je retrouvais mon assiette de terre de pipe ! Jamais je ne mangeais de meilleur cœur.

J'étais comme un voyageur qui rentre chez lui après de longues tribulations [5]. »

Quand Mme Dupin revint la chercher, son cœur se serra. Elle sentit, pour préserver ces moments si précieux, qu'elle devait taire ses regrets. Mme Dupin accorda qu'elle revît les Maréchal et Clotilde. Ils avaient aussi déménagé. Aurore fut frappée de la distance glacée de sa grand-mère à leur encontre. Celle-ci détestait les trop franches allures de la tante Maréchal.

Le dimanche, Sophie recevait chez elle Aurore puisque c'était le jour de sortie de Caroline. À cinq heures, Caroline partait chez les Maréchal et Sophie allait avec sa fille chez l'abbé de Beaumont.

Aurore aimait ces dîners chez l'abbé. Gourmand, il avait une excellente cuisinière et toujours autant d'esprit. Il déambulait parmi ses meubles de style Louis XIV, signés Boulle. Sophie et Aurore trouvaient l'abbé dans un grand fauteuil face à celui de Mme Dupin. Mme de La Marlière était là, les pieds allongés sur les chenets, la jupe relevée sur des souliers pointus.

Mme de La Marlière *parlait haut*, fait admis chez les dames âgées. On dînait, on jouait aux cartes, Mme de La Marlière trichait beaucoup. Il y avait parmi les habitués du dimanche soir le chevalier de Vinci, la perruque de travers, l'abbé d'Andrezel, en spencer sur son habit. Une gaieté un peu cynique marquait ces soirées si différentes des réunions rue Duphot. On appréciait l'esprit si précoce d'Aurore qui demandait à l'abbé d'Andrezel :

« Si tu n'es pas curé, où donc est ta femme ? Et si tu es curé, où donc est ta messe [6] ? »

Tout un ancien monde se retrouvait chez l'abbé de Beaumont. Des dames que Sophie nommait « les vieilles comtesses ». Des propos haut perchés, des perru-

---

5. *Ibid.*, p. 661.
6. *Ibid.*, p. 674.

ques poudrées. Sophie était bien seule parmi ces rescapés de l'Ancien Régime, mais l'abbé l'aimait bien et elle avait sa fille près d'elle. Chez l'abbé, Sophie n'endurait pas d'humiliations comme à Nohant. On se tenait bien, les répliques étaient fines et désuètes. L'hiver, la rougeole, les secousses morales avaient amaigri Aurore. Sa grand-mère décida le retour à Nohant. L'angoisse de la séparation fut telle que Bonne-Maman, craignant une rechute, emmena Sophie à Nohant.

On voyagea en deux voitures. Aurore, sa mère et Rose dans l'une, Mme Dupin et Mlle Julie dans l'autre. On avait vendu la formidable berline, par besoin financier. Les deux voitures étaient plus modestes. L'Empereur, en ce printemps 1811, était au faîte de sa gloire. Le Tribunat n'existait plus, le Sénat était la docilité même, le Conseil d'État aussi. Des grands travaux avaient été effectués. Les ponts d'Austerlitz et d'Iéna, le tunnel du Simplon, la Madeleine, la Bourse. La cour se tenait à Saint-Cloud. L'agriculture et l'industrie se portaient bien, la vigne aussi, les paysans adoraient l'Empereur.

Cet été à Nohant fut heureux. Sophie avait moins de migraines, la mésentente entre « les deux mères » était mieux contrôlée. Ursule passait ses journées avec Aurore. Sa mère et Bonne-Maman pleuraient toujours Maurice, mais avec des larmes moins amères. On apprécia la visite de l'excentrique Mme de La Marlière. Elle appelait Deschartres « *mon petit père* ». Sa sympathie pour Sophie rassurait Aurore. Mme de La Marlière avait un caquet terrible. Elle faisait des jeux de mots sans répit. Ignorante, légère, bonne, éclatant d'un rire communicatif, elle répandait un entrain étourdissant. Ce ne furent que jeux au jardin, et des promenades. Sophie partageait ces distractions champêtres avec les enfants. Aurore tomba la tête la première dans un tonneau d'arrosage, Ursule la sortit de là. On mangeait tous ensemble. La table se couvrait de gibiers, de tartes aux prunes, de crèmes fouettées. L'Empereur se promenait sans escorte au milieu de la foule. La Russie, pourtant, préparait les armes et Bernadotte sa trahison. Des signes inquiétants se faisaient jour. Le sucre atteignait six francs la livre, le blocus continental provoquait la cherté des vivres. Les petites gens avaient peur. Les grands ports périclitaient, Nantes, La Rochelle, Bordeaux. Les ouvriers, les cultivateurs et les bourgeois redoutaient la conscription. Napoléon tenait par-dessus tout à sa « Grande Armée ». La France était lasse des guerres. Mme Dupin méprisait cet empereur qu'elle jugeait responsable de la mort de Maurice. L'infanterie restait l'arme la plus importante avec ses voltigeurs et ses falqueurs, la cavalerie – les charges de Murat – demeurait célèbre. L'artillerie prenait une toute première place. Si la Grande Armée fit des prodiges de bravoure, elle s'irritait de ses soldes en retard, du ravitaillement médiocre. Mme Dupin était convaincue que Maurice eût péri à Waterloo, à cause de cet empereur « tueur d'hommes ». Elle déplorait que la presse fût muselée. L'empereur était la bête noire de Deschartres. Sophie suivait les idées du peuple : elle adorait l'Empereur.

Hippolyte fit sa première communion à Saint-Chartier. On l'avait habillé de bas blancs, d'une culotte courte, d'un habit « vert billard ». Le curé était un brave paysan, le maire avait une femme obèse qui avait eu une vie scandaleuse avant la Révolution. Le curé de Saint-Chartier aimait beaucoup Aurore. Sa vie durant, il dînera après vêpres chez George Sand. Il dînait d'abondance, buvait davantage et ronflait dans son fauteuil. Il appelait George Sand « l'Aurore ».

« L'Aurore » allait sur ses sept ans. Deschartres entreprit son éducation. Il était patient avec Aurore qui apprenait vite et bien. Les leçons se donnaient en même temps que celles d'Hippolyte. Hippolyte était un bon élève, mais infernal avec Deschartres qui le frappait avec violence. La lenteur des leçons exaspérait Hippolyte qui lançait des tisons enflammés à la volée, de quoi brûler Nohant. Il fit exploser une bûche avec de la poudre. Hippolyte adorait briser, persécuter, mettre à bout son monde. Il renversa un pot-au-feu au milieu de la cuisine, pour, disait-il, « étudier la théorie des volcans » Deschartres le fouettait, le cognait, mais le garçon recommençait. Il entraînait Aurore et Ursule. Il entreprit de vider avec elles tous les concombres du jardin de la manière dont il avait vu égorger le cochon. Le jardinier porta plainte. Ursule et Aurore prenaient goût aux bêtises. Mélanger les sachets de graines destinées aux expériences agronomiques de Deschartres. Deschartres observait ses graines afin d'écrire des articles à la Société d'agriculture. Les graines étaient rangées dans la bibliothèque. Sa stupéfaction devant les étranges résultats de germination ravissait Aurore et Ursule. Il enseignait à Aurore la grammaire, l'arithmétique. Bonne-Maman lui donnait toujours ses leçons de musique, Sophie la faisait lire et écrire. Hippolyte entreprit un nouveau jeu. Il jouait « au grand Satan et au prêtre Colchas ». Il déclarait aux fillettes avoir trouvé des formules magiques qui feraient surgir Satan qui emporterait à jamais Deschartres. Hippolyte et Aurore traçaient dans ce but des cercles, des losanges, des triangles, les signes du zodiaque qui épouvantèrent Ursule. Elle s'enfuit ; en bonne Berrichonne, elle craignait le diable que l'on appelait, dans le pays, *Georgeon*. Il n'apparut pas, mais les enfants s'amusaient follement. Sophie était toujours là, d'où la joie de vivre d'Aurore. Mme Dupin s'étonnait de voir prier Sophie avec une telle ferveur. Elle mangeait pourtant gras le vendredi, n'allait jamais à confesse mais priait le dimanche. « Je ne peux pas souffrir les prêtres, disait-elle à sa belle-mère, mais j'aime Dieu d'un cœur sincère. »

Dieu, pour Sophie était partout, dans tout. Elle priait comme elle avait aimé : avec sincérité, sans faire intervenir les intérêts ou la froide raison. Mme Dupin détestait la dévotion, le catholicisme.

« Elle se disait déiste et repoussait avec un égal dédain tous les dogmes [...]. Elle tenait Jésus-Christ en grande estime [...], admirant l'Évangile comme une excellente philosophie [...] entourée d'une fabulation plus ou moins ridicule[7]. »

Aurore aimait le merveilleux. Elle lisait les prodiges de l'Antiquité païenne ou juive. Mme Dupin, sèchement, en appelait à sa raison. George Sand détestera les dévots et les hypocrites et se taillera une religion bien à elle, entre celles de sa mère et de sa grand-mère. Deschartres enseigna le latin et le grec à Aurore au détriment du français. Les leçons avaient lieu dans la chambre du précepteur. Il y régnait une odeur nauséabonde de savonnette et de lavande surie. Il obligeait Hippolyte à faire ses devoirs sous ses yeux. Il lui enseignait à jouer du flageolet, de buis et d'ivoire, dont Deschartres ne se privait pas de le frapper sur les doigts et le dos. Ursule assistait aux leçons. Deschartres l'aimait bien, ses vives réparties, son côté « caquet-bon-bec » lui plaisaient. Quand Deschartres s'absentait, Hippolyte mimait le précepteur jouant du flageolet. La gaieté des fillettes le vengeait. Il les poussait à mélanger les graines de colza, de sarrasin et de millet, à perturber les classements botaniques du vieux garçon.

Au début de l'automne, Sophie repartit à Paris. Elle expliqua à Aurore désolée qu'il y avait Caroline. Elle devait partager au mieux sa vie entre ses deux enfants. Elles se reverraient cet hiver à Paris. Nohant ou Paris, Sophie jurait de revoir toujours Aurore. Sophie n'avait pas menti. Deux mois plus tard, Aurore quittait Nohant avec Bonne-Maman, Deschartres et Hippolyte, qu'on avait décidé de mettre en pension. On lui fit faire un trousseau et Deschartres se chargea de le conduire. Ils traverseraient ensemble la Brande, ces dames dans la voiture, Deschartres et Hippolyte sur les juments de la ferme. Hippolyte vécut une grande joie. Il lui fallait des bottes pour monter à cheval, il en rêvait depuis toujours. Il avait même essayé de s'en confectionner. Quel bonheur quand le cordonnier de Nohant lui livra une

7. *Ibid.*, p. 707.

vraie paire de bottes avec fer au talon et des courroies pour les éperons ! Des bottes à la hussarde, par-dessus le pantalon collant. Hippolyte, de joie, dormit à Paris, le premier soir, avec ses bottes.

Mme Dupin avait pris du pouvoir sur Aurore qui affirme que, cet hiver 1811-1812, « elle vit un peu moins sa mère ». Elles n'habitaient plus la rue Neuve-des-Mathurins, mais occupaient un bel appartement, au n° 8 de la rue Thiroux. Mme Dupin entourait Aurore d'amies à elle, Mme de Pontcarré, sa fille Pauline, Mme de Pardaillan, les de Villeneuve. Pauline fut associée aux leçons d'Aurore. Pauline de Pontcarré distrayait Aurore. Excellente musicienne, Mme de Pontcarré leur donnait les leçons de musique et de chant. On sortait Aurore et Pauline dans des mondes raffinés. Aurore voyait bien de temps à autre Caroline et Clotilde, mais le charme de la rue Duphot s'était atténué. Pauline fascinait davantage Aurore. Hippolyte, demi-pensionnaire, prenait avec elles les leçons de danse. Deschartres y assistait et distillait ses conseils au maître d'écriture et de danse, M. Gogault. Une Mlle Greuze, qui se disait la fille du peintre, donnait les leçons de dessin. Cette instruction d'arts d'agrément était destinée à faire d'Aurore une jeune fille à marier dans le meilleur monde possible. Mme Dupin rêvait de la fiancer au fils de son cousin Auguste, Léonce de Villeneuve. Les de Villeneuve méprisaient Sophie et refusaient de la recevoir. Aurore grandissait, cette attitude provoqua son rejet. Elle ne supportait pas ceux qui excluaient sa mère. Mme René de Villeneuve était gentille avec Aurore. Elle était dame d'honneur de la reine Hortense, son époux, chambellan du roi Louis. Hippolyte ne tarda pas à se faire renvoyer du pensionnat et Mme Dupin le ramena à Nohant.

Cet hiver 1812, l'annonce de la nouvelle campagne contre la Russie effraya la France. Napoléon craignait secrètement ce pays mystérieux et glacial. La tension était grande entre l'Empereur et le tsar Alexandre. Napoléon lui reprochait de l'avoir laissé seul dans « le blocus ». Alexandre avait encouragé ses sujets à reprendre les relations commerciales avec les Anglais. Napoléon traita le tsar de « Grec de Bas-Empire ». La guerre était inévitable. Alexandre conclut une alliance avec Bernadotte, prince héritier de Suède à qui il promit la Norvège. François d'Autriche fut obligé de laisser une armée à son gendre qui leva de son côté sept cent mille hommes.

La guerre fut déclarée le 22 juin 1812.

La famille avait regagné Nohant sans Sophie, qui, selon Mme Dupin, s'ennuyait à la campagne. Cela était vrai mais Mme Dupin faisait feu de tout bois pour séparer Aurore de Sophie. Aurore retrouva Ursule fâcheusement changée. Envieuse du *richement*, elle adorait Nohant, plus sensible qu'Aurore à la richesse. Elle prenait avec sa tante Julie des leçons de couture. Elle redoutait de retourner dans sa famille à La Châtre, où la vie, l'espace lui semblaient mesquins. Son père, chapelier, était dans une certaine aisance, mais Ursule avait trop de frères et de sœurs, le *richement* lui tournait la tête. Aurore avait du mal à retrouver leur complicité. Mme Dupin décida qu'Ursule retournerait dans sa famille à l'automne mais n'en dit rien aux fillettes. Cet été-là, les trois sœurs d'Ursule passaient le dimanche à Nohant. La maison, le jardin retentissaient de rires mais Aurore avait changé. Sa bibliothèque, ses études lui manquaient.

« J'avais déjà pris l'habitude du travail, et je souffrais d'une sorte d'ennui indéfinissable au milieu de mes amusements. Pour rien au monde, je ne me serais avoué à moi-même que je regrettais ma leçon de musique ou d'histoire [...]. J'aurais désiré, le dimanche soir, que les sœurs d'Ursule ne revinssent pas le dimanche suivant [8]. »

---

8. *Ibid.*, p. 733.

Aurore aimait s'occuper de jeunes enfants. Elle eut ce goût jusqu'à la fin de sa vie. Sa mère lui manquait ; un instinct maternel s'épanouissait en elle aux visites des amis de La Châtre, les Duvernet, les Papet, les Fleury. Ils avaient de jeunes enfants. Gustave Papet, qu'Aurore connut « en petit jupon et en bourrelets » (en 1812, il avait quelques mois), fit plus tard partie des amis fidèles. Il habitait le château d'Ars, à deux kilomètres de Nohant. Il devint étudiant en médecine, et sera le confident, le complice de la jeune baronne Dudevant. Mêlé aux événements de sa vie, il soignera ses enfants, les familiers de Nohant dont Chopin. L'été 1812, Aurore berçait dans ses bras le gentil bébé Papet dont elle eût bien aimé être « la petite maman ». Alphonse Fleury fera partie des indéfectibles amis berrichons. En 1812, il avait trois ans. Né à La Châtre, fils d'un officier de cuirassiers, il fut lié doublement à Aurore quand il épousa sa meilleure amie, Laure Decerfz. Alphonse Fleury devint avocat. George Sand le surnommait « le Gaulois » à cause de ses formidables moustaches. Gustave Papet, Charles Duvernet (cinq ans), et Alphonse Fleury furent, cet été-là, « les bébés » d'Aurore reprise par l'angoisse de ne pas revoir sa mère.

Les nouvelles de la campagne de Russie furent effarantes. Le 14 septembre, Napoléon entrait dans Moscou en flammes, désertée de ses habitants. Attisés par le gouverneur de la ville, le comte Fedor Rostopchine, père de la future comtesse de Ségur, ils avaient brûlé leur ville plutôt que de la livrer. Napoléon incrimina « la barbarie scythe ». Il avait été joué. Ses malheurs commençaient. Tout sera dit sur la souffrance de la Grande Armée, cernée par Koutouzof, crevant de froid, de faim, ses colonnes décimées. La neige tomba tôt, la neige aussi brûle. Trois cent mille hommes y périrent. Napoléon devenait désormais le symbole du désastre. Aurore fut frappée par l'incendie de Moscou. Elle le ressentit comme un grand acte de patriotisme. L'hiver suivant, des soldats allemands rôdaient, affamés, autour de Nohant. Aurore faisait des rêves virils et grandioses. Elle sauvait la Grande Armée. Elle volait à son secours, elle se substituait au père disparu. Aurore n'avait pas revu sa mère de tout l'hiver. Mme Dupin comptait sur le temps, sa force d'oubli. Elle exigea d'Ursule qu'elle vouvoie Aurore. Le « vous » d'Ursule était le résultat du *richement*. L'été 1813 fut le dernier où Aurore revit sa mère à Nohant. Elle avait neuf ans.

Sophie dormait dans le grand lit jaune où son père était né. Aurore le trouvait suffisamment large pour le partager avec « sa petite mère ».

« J'allais me blottir dans les bras de ma petite mère, qui n'avait pas le courage de me renvoyer, et qui elle-même était heureuse de s'endormir avec ma tête sur son épaule [9]. »

Mlle Julie faisait son rapport à Mme Dupin. Une scène éclata. Bonne-Maman interdit sévèrement à la petite de dormir dans le lit de sa mère. Elle lança à Sophie empourprée que ce n'était ni sain, ni *chaste* de dormir ensemble. Ulcérée, la fille des oiseliers se mit à crier, penchée sur la rampe de l'étage, « qu'il [fallait] drôlement manquer de chasteté pour avoir des idées pareilles » Aurore tremblait ; elle ne comprenait rien au mot « chasteté ». La querelle était revenue, avec ses hydres.

« Mes caresses sont plus honnêtes que vos pensées ! » criait Sophie.

Aurore pleura toute la nuit, seule sur son canapé.

« Il me semblait être attachée physiquement et moralement à ma mère par une chaîne de diamants que ma grand-mère voulait en vain s'efforcer de rompre, et qui ne faisait que se resserrer autour de ma poitrine jusqu'à m'étouffer [10]. »

Une réconciliation fut tentée entre les deux femmes et Aurore déchirée, sur la tombe de Maurice Il avait

---

9. *Ibid.*, p. 743.
10. *Ibid.*, p. 743.

été inhumé dans un petit caveau, la tête du côté du jardin, le reste du corps dans la terre consacrée. La tombe était marquée par deux cyprès, des rosiers, un laurier. Mme Dupin reposerait à son tour dans cette sépulture. En attendant, Mme Dupin, Sophie et la pauvre Aurore juraient devant cette tombe de ne plus se disputer. On pleura, on s'embrassa.

Aurore ne se souvient plus de sa mère à Nohant, et si peu à Paris. Un Paris, en janvier 1814, envahi d'étrangers. Talleyrand avait lancé son nouveau mot : « C'est le commencement de la fin. » Les cosaques avaient franchi le Rhin. On avait peur. Alexandre menait une guerre sans merci contre « l'Antéchrist corse ». Les défections continuaient. Murat se repliait à Naples, les Russes occupaient Varsovie, il fallait la médiation de l'Autriche. Il restait, de la Grande Armée, dix mille hommes. À Saint-Cloud, lugubre, l'Empereur disait au Sénat : « Toute l'Europe marchait avec nous il y a un an, toute l'Europe marche aujourd'hui contre nous. »

Si Napoléon préparait son abdication, Sophie, découragée, désabusée, avait bien signé la sienne. Aurore crut périr de chagrin. Elle avait dix ans. La famille était revenue à Nohant et Mme Dupin sombra dans un coma. Elle avait sur le corps une plaie gangreneuse. Deschartres, Julie et Rose la soignèrent pendant deux mois. Aurore se prit à aimer sa grand-mère pendant ces jours et ces nuits. Sa maladie l'avait laissée exsangue, inquiète du sort de sa petite-fille. Bonne-Maman se rétablit au moment où Napoléon préparait son exil. Le tsar et les princes alliés avaient fait leur entrée solennelle dans Paris, le 31 mars 1814. À Fontainebleau, Napoléon était poussé à l'abdication par ses maréchaux, Ney et Caulaincourt.

On était le 6 avril, Mme Dupin faisait quelques pas chancelants dans sa chambre. Le tsar avait offert à l'empereur déchu la souveraineté de l'île d'Elbe et une rente de deux millions (qui ne fut jamais versée). Le souverain déchu n'était plus qu'un proscrit. Après vingt-trois années d'exil, Louis XVIII quittait l'Angleterre et débarquait à Calais.

Les Bourbons étaient de retour. Louis XVIII et sa famille prirent le chemin des Tuileries. L'accueil fut un mélange d'ironie et d'enthousiasme. Aux Champs-Élysées, les cosaques du tsar bivouaquaient. Mme Dupin reçut ces nouvelles par un courrier de Mme de Pardaillan. Le frère de Louis XVI allait remonter sur le trône.

« Ce doit être, dit Bonne-Maman, celui qu'on appelait *Monsieur*. C'était un bien mauvais homme ; quand au comte d'Artois, c'était un vaurien détestable ; allons, ma fille, voilà *nos cousins* sur le trône et il n'y a pas de quoi nous vanter [11]. »

Aurore était plongée dans son souci. Bonne-Maman vivrait-elle ? Sa mère reviendrait-elle ? La présence de la dure Mme de Béranger, amie de Mme Dupin, n'arrangeait rien. Elle avait fait faire à Aurore un corset pour qu'elle se tienne droite et ce corset l'étouffait. Elle faisait abattre des arbres, elle voulait faire arracher la charmille. Mme Dupin était si faible qu'elle lui avait donné les pleins pouvoirs. Aurore détruisit le corset dans la cave et le jeta.

Elle reçut une lettre de sa mère qui avait eu une grande peur avec Caroline. Un boulet avait défoncé le toit de leur maison. Par miracle, l'appartement ne fut pas touché. C'était un de ces boulets lancés contre la colonne Vendôme. Sophie vint passer un mois à Nohant. Bonne-Maman, encore faible, affirmait qu'elle passerait cette année tout entière à Nohant. Aurore avait le cœur serré. Comment affronter un nouvel hiver de solitude sans sa mère ? Sophie tentait de remonter le moral de sa fille mais elles savaient que sans l'admission de Caroline à Nohant, la séparation était inévitable. Bonne-Maman déchirait son monde pour mieux le gouverner. La maladie avait raidi son carac-

11. *Ibid.*, p. 752.

tère. Les humiliations pleuvaient sur Sophie qui fit brusquement ses bagages. Mlle Julie distillait ses venins. Caroline devenait jalouse d'Aurore. Mme Dupin prenait ouvertement de l'humeur quand Aurore affirmait préférer « sa petite mère » à tous. Tout le monde était malheureux à Nohant et la faute rejaillissait sur Sophie. Quand Aurore vit sa mère faire ses bagages, pâle, les lèvres serrées, les mouvements brusques, elle fut saisie de terreur. Elle la supplia de l'emmener, sinon elle s'enfuirait à pied jusqu'à Paris, chez sa petite mère ! Sophie la prit sur ses genoux et opta pour la vérité. Mme Dupin la réduirait à une pension de quinze cents francs si elle emmenait Aurore.

« C'est bien assez pour être heureuses ensemble ! » s'écria Aurore.

Non, disait sa mère, ce n'était pas assez pour les faire vivre toutes les trois. « Si je t'emmène, et qu'on me retire mille francs par an, nous serons si pauvres, si pauvres, que tu ne pourras pas le supporter, et que tu me redemanderas ton Nohant et tes quinze mille livres de rente. »

« Jamais, m'écriai-je ; nous serons pauvres mais nous serons ensemble... Nous ne nous quitterons jamais[12]. »

Le dialogue déchirant, le dialogue de sourdes continuait. Sophie durcissait le ton car son cœur s'affolait. Emmener sa petite sans demander son reste, être pauvre, vivre de haricots dans leur grenier ! Elle se ressaisit, elle songeait à Aurore. Qu'elle ne lui reproche pas un jour de l'avoir privée d'aisance et d'une belle éducation. La petite éclatait de colère et de pleurs.

« Oui, oui, une éducation où on va faire de moi une poupée en bois ! »

De désespoir, elle tenait des propos au-dessus de son âge. On la mariera à un beau monsieur qui méprisera sa mère, elle ne veut pas d'une grand-mère pareille !

---

12. *Ibid.*, p. 756.

Que l'on donne ses biens à Hippolyte, à Ursule, Rose, ou au chien, elle veut sa mère ou elle mourra de chagrin ! Sophie tremblait, agitée. Elle ne voulait pas, disait-elle, que ses filles connaissent la misère qu'elle avait endurée à l'âge de quatorze ans. Non, non, pas de cette souffrance-là ! Et si elle venait à mourir ? Peut-être Mme Dupin reprendrait-elle Aurore mais jamais Caroline qui perdrait cette pension qui la mettait à l'abri. Sophie, à bout d'arguments, tenta d'élaborer avec Aurore un projet auquel elle croyait peut-être et qui consolerait sa fille. Elle monterait à Orléans une boutique de modiste. Elle gagnerait de l'argent, elle était habile ouvrière. Sa sœur l'aiderait, elles seraient ensemble, Caroline, Clotilde, Aurore et elle. Elles vivraient de leur petit commerce. « Garde bien ce secret-là », chuchota Sophie en embrassant ses joues fiévreuses. Il y aurait avec elles le bon Pierret, tous ceux de la Grange-Batelière. À Orléans, dans la boutique de modiste.

« Nous partirons d'ici pour prendre possession de notre petite boutique et quand [ta grand-mère] passera dans son carrosse par la grande rue d'Orléans, elle verra en lettres longues comme le bras : “Madame veuve Dupin ; marchande de modes” [13]. »

Sophie était prête à croire à ce projet. Aurore, de joie, avait une attaque de nerfs. Elle criait, elle riait aux éclats. Elle aida sa mère à faire ses bagages, convaincue que ce n'était qu'une question de jours pour se retrouver et ne plus se quitter. Elle écrivit la nuit une longue lettre à sa mère.

« Place ta réponse derrière ce même portrait du vieux Dupin. Je la trouverai demain quand tu seras partie. » Dans le bonnet de nuit de sa mère, elle avait écrit un billet au crayon : « Secoue le portrait [14]. »

Les mots étaient dilués par les larmes, écrits sur du

13. *Ibid.*, p. 757.
14. George Sand, *Correspondance*, tome I, p. 14.

papier couleur paille à petite bordure à dessins. Une lettre d'amour, dissimulée, pour éviter la curiosité des gens de la maison, derrière le portrait de son arrière-grand-père, en grand habit carré. Aurore n'avait pas dormi. Sa mère avait fini par lui révéler que la boutique de mode n'était qu'un rêve pour l'aider à tenir son mal en patience. La petite sentit « le froid de la mort » la glacer.

Sophie pleurait mais se durcissait pour puiser le courage de partir. Aurore recevait ses mots tels « des coups de poignard froid dans [son] pauvre cœur ». Aurore la suppliait de ne pas s'en aller sans lui laisser au moins une réponse à sa lettre. Sophie promit, n'osa la coucher près d'elle et la renvoya dans sa chambre. Sophie, humiliée, désolée, impuissante-*pauvre*. Maudite Dupin, Maudite vieille comtesse ! Aurore, dans son lit, claquait des dents, elle voulait mourir. C'était trop dur, cette fois-ci c'étaient les adieux, ceux de l'Empereur à la France, ceux de l'enfant à sa mère. Sophie, la proscrite, coupable de n'être pas née dans « le *richement* ». À l'aube, elle s'était levée, avec le moins de bruit possible. Mais tout à coup une enfant, en larmes, s'accrochait à ses jambes, entravait de son corps l'escalier.

« Emmène-moi ! Maman ! Emmène-moi ! »

Aurore se roulait au sol de chagrin. Sophie la releva, la supplia de ne pas lui rendre la tâche impossible. Aurore tituba vers sa chambre, poussa des cris déchirants quand la voiture roula dans l'allée, du côté du treizième peuplier.

Elle criait si fort que Rose accourut. Elle mêla ses larmes à celles d'Aurore, elle aimait bien « madame Maurice ». Elle prit la petite dans ses bras, et la berça longtemps. Rose, si versatile, au cœur simple, empêcha Aurore de se jeter dans n'importe quelle mare. Le désespoir de l'enfant était à son comble ; elle venait de vivre l'abandon, la trahison. Elle courut à la chambre de sa mère, elle baisa l'oreiller qui portait encore sa trace. La lettre, la réponse à la lettre, derrière le portrait… Rien ! Sa mère n'avait rien laissé. Elle se sentit mourir. Les jours passèrent, Sophie ne donnait aucun signe de vie. George Sand conclura que sa mère avait trop souffert, elle avait préféré une sorte d'amnésie. Comment survivre à l'enfant perdue ? Comment vivre tout court, rabrouée, méprisée, veuve de l'homme aimé et de leur enfant ? Le voyage de Sophie vers Paris avait eu le goût de la cendre.

Aurore se réfugia dans les champs. Elle ne supportait pas l'enfermement de Nohant. Elle rencontra Liset, un petit paysan dont Sophie s'était occupé. Il pleurait le départ de « madame Maurice ». Aurore l'adopta et lui apprit à lire. Elle continuait l'œuvre de sa mère avec Liset. Aurore n'avait pas renoncé à son idée de fuite à Paris. Elle thésaurisait sa bonbonnière, sa bague, ses menus biens. Ils pourvoiraient à la dépense du trajet à pied. Elle n'avait pas peur d'une telle aventure. Retrouver sa mère lui procurait une force inouïe. Peut-être Aurore se fût-elle enfuie si Mme Dupin n'avait pas rechuté. Au milieu du dîner, peu de temps après le départ de Sophie, elle eut un malaise. Elle semblait pétrifiée, livide, les yeux clos. C'était le début de la paralysie qui devait l'emporter. Deschartres trouva cette seconde attaque très grave. Il en parla franchement à Aurore. Elle retrouva sa tendresse pour Bonne-Maman. Elle ne fuirait pas, tout au moins tant qu'elle serait malade. Elle la veilla, la soigna dans la crainte sincère de la perdre. Mme Dupin eut encore six attaques de ce genre avant la dernière.

Sa mère lui écrivait rarement :

« *Cours*, joue, marche, grandis, reprends tes bonnes joues roses, ne pense à rien que de gai, porte-toi bien et deviens forte, si tu veux que je sois tranquille, et que je me console un peu d'être loin de toi [15]. »

Aurore cristallisait son besoin d'amour sur Bonne-Maman Ne pas la tuer d'une violente contrariété, renoncer à sa fugue. La maladie avait porté atteinte à

15. George Sand, *Histoire de ma vie*, tome I, p. 764.

la fermeté de caractère de Mme Dupin. Elle avait soixante-six ans et désormais le tapage de l'enfance lui était insupportable. Elle somnolait la journée ; la nuit, son sommeil était léger. Elle ne trouvait de repos qu'en dormant un peu le jour. Mlle Julie s'enfermait avec elle pour la soigner de bains de pieds et de frictions. Aurore ne la voyait qu'au dîner.

Aurore était livrée à elle-même, sa grand-mère avait à peine la force d'examiner son cahier d'écriture. Deschartres continuait à lui enseigner le latin, l'arithmétique, la botanique sous forme de classifications, passant sous silence « le mystère de la reproduction des espèces ». Hippolyte était au comble de l'insupportable. Il avait quatorze ans. Il aimait bien Aurore mais la rudoyait souvent. Il se moqua de son chagrin en la traitant de « mauvais caractère » Il se moquait de n'importe quel visiteur qui venait à Nohant. Il ricanait de tout et de tous. Rose, de son côté, tourmentait Aurore. L'impétuosité maladive de son caractère prenait le dessus. « Madame Maurice » n'était plus là pour surveiller, et protéger sa fille. Rose s'emparait d'Aurore. Rose la brutalisait de coups et d'injures si elle ne lui obéissait pas. Rose prenait des colères terribles pour les choses les plus simples. Si Aurore sortait tête nue sous la pluie, déchirait sa robe, Rose la frappait en aveugle. N'importe où, sur la tête, au ventre. Pour un rien, elle l'eût piétinée « Je ne veux pas être tenue pour négligente auprès de votre grand-mère ! » hurlait-elle à chaque coup. Si Aurore pleurait, Rose frappait encore plus fort. Rose « avait le sang si chaud », qu'elle dormait en plein hiver la fenêtre ouverte. Un jour, sous les coups, Aurore sentit le sang couler de son ventre. L'avait-on tuée ? C'était son premier sang.

« Si j'avais eu le malheur de crier, je crois qu'elle m'aurait tuée », affirme George Sand.

Aurore était devenue cette enfant livrée à un personnel frustre, déséquilibré, mal géré par une vieille femme affaiblie, qui avait perdu l'énergie de les surveiller. Aurore eut le stoïcisme des enfants battus. Elle était devenue une enfant battue comme Hippolyte. Elle ne dénonça jamais Rose à sa grand-mère car une partie d'elle aimait Rose : la Rose qui avait toujours respecté et défendu sa mère. En souvenir de sa mère, Aurore qui se sentait coupable de l'abandon de cette dernière acceptait l'absurde châtiment de cette rousse à demi folle. Rose aussi avait un amour sauvage pour Aurore : elle se fût jetée au feu pour elle avec la même possessivité qui déclenchait sa maltraitance.

« Nous serons battus ce soir ! » ironisait Hippolyte couvert de bleus.

Mme Dupin était devenue non pas royaliste mais « partisan de l'Ancien Régime ». Le désordre qui suivit la Restauration ressemblait à la liberté en comparaison avec l'impérialisme. On rêvait d'un État constitutionnel. Louis XVIII constitua son ministère composé d'ardents royalistes. Le traité de Paris signa la paix avec l'Europe et la Russie. Louis XVIII « octroya » une charte, dont le préambule précisait que l'autorité reposait sur le roi. On préserva les libertés individuelles, la liberté des cultes – bien que le catholicisme fût promulgué religion d'État. Le roi possédait le pouvoir exécutif, avait le choix des ministres, l'initiative des lois. Aucun régicide ne fut poursuivi. Louis XVIII pratiqua la mansuétude. Mais les difficultés s'accumulaient. La dernière guerre avait creusé un trou énorme dans les budgets. La cour et ses coteries commettaient maladresse sur maladresse. Le général Exelmans fut jeté en prison pour avoir manifesté sa fidélité à l'Empereur. Il y eut des complots bonapartistes. Il y eut alors les Cent Jours, l'évasion de Napoléon de l'île d'Elbe, son bref retour au pouvoir, sa harangue galvanisante :

« Soldats… Foulez aux pieds la cocarde blanche, elle est le signe de la honte. L'aigle volera de clocher en clocher jusqu'aux tours de Notre-Dame. »

Le 20 mars 1815, le vieux roi repartait en exil en Belgique avec sa famille, Napoléon s'installait aux Tuileries dans le triomphe. Il donna au pays une Constitution libérale. Sa gloire retrouvée allait correspondre à sa chute définitive : Waterloo.

Waterloo, morne plaine ; en Belgique. Les ennemis de toujours : l'Anglais Wellington et le Prussien Blücher. Wellington installa ses troupes dans un village au sud de Bruxelles : Waterloo. Les charges du maréchal Ney manquaient de force, sous une pluie affreuse, Napoléon assista au sacrifice de sa dernière garde. Il y eut le mot de Cambronne refusant de se rendre. On sonna la retraite, Napoléon devenait pour toujours le proscrit. Il gagna l'île de Sainte-Hélène, le 14 octobre 1815, à bord du *Northumberland* sous bonne garde anglaise. Six années de solitude mortelle commençaient. L'aigle agonisait, les ailes rognées. Louis XVIII était revenu. Le drapeau blanc allait ensanglanter le drapeau tricolore.

Aurore vivait sa solitude, ses angoisses, loin de tout. Nohant était aussi une forme d'exil. Mlle Julie jubilait de la savoir maltraitée et Bonne-Maman s'affaiblissait. Aurore traversait une douloureuse puberté, submergée de mélancolie. Elle écrivait à sa mère des lettres ferventes.

« Nohant, 24 février 1815

« Oh ! Oui, chère maman, je t'embrasse, je t'attends, je te désire et je meurs d'impatience de te voir ici. Mon Dieu ! Comme tu es inquiète de moi ! Rassure-toi, chère petite maman. Je me porte à merveille. Je profite du beau temps, je me promène, je cours, je vas, je viens, je m'amuse... Je t'embrasse de tout mon cœur [16]. »

Aurore mentait farouchement pour ne pas inquiéter sa mère. Non, elle ne s'amusait guère entre la solitude, les brutalités de Rose et la mortifère aïeule. Il y eut la visite du cousin René de Villeneuve qui s'occupa de

---

16. George Sand, *Correspondance*, tome I, p. 14-15.

faire entrer Hippolyte dans un régiment de cavalerie de hussards. Il avait seize ans et Deschartres n'osait plus l'affronter. Au début de l'année 1816, Aurore se retrouvait absolument seule à Nohant avec sa grand-mère, Deschartres, Rose et Julie. Ainsi commencèrent pour elle deux longues, riches et mélancoliques années. On était sous la seconde Restauration et la Terreur blanche régnait. Les exactions avaient changé de camp. On fusilla, à l'indignation presque générale, le maréchal Ney, « le Brave entre les Braves », et La Bédoyère. Des royalistes frénétiques assassinèrent, à Avignon, le maréchal Brune. On fit passer en conseil de guerre Cambronne, on exécuta Mouton-Duvernet. Louis XVIII s'inquiétait, à juste titre, des envahisseurs prussiens commandés par Blücher. N'ayant pas d'enfants, il frémissait sur l'avenir de la dynastie. Il accueillit avec empressement, à Fontainebleau, en juin 1816, Marie-Caroline de Bourbon-Sicile. Cette excentrique petite princesse allait épouser son neveu Charles, second fils du comte d'Artois. Les constitutionnels s'affirmaient contre les ultras dont les excès haineux levaient la méfiance. Les libéraux, anciens bonapartistes et républicains, étaient un groupe minoritaire. Hippolyte Chatiron aimait sa vie militaire au 3e hussard. Ces nouvelles parvenaient avec lenteur à Nohant où Aurore se passionnait pour l'histoire. Elle se mit à écrire ses pensées. Personne ne la surveillait, elle profitait de cette liberté morale pour écrire. Le temps passait agréablement grâce au libre cours de son imagination à travers les mots écrits. Elle brodait des histoires, elle faisait intervenir le ciel, l'orage, le soleil, les fleurs, les ruines, les coursiers, les monuments : elle devenait sans le savoir le prototype de l'auteur romantique. Elle s'investit dans la musique. Elle interprétait autour des sèches études enseignées par sa grand-mère et inventait des mélodies. Son nouveau professeur, l'organiste de La Châtre, M. Gayard, ne sentait nullement la musique. Habillé style Ancien Régime, il arrivait à midi pour déjeuner, accordait le clavecin et le piano, faisait jouer à Aurore devant Bonne-Maman un petit morceau qu'il lui avait seriné. M. Gayard frappait plus qu'il ne jouait sur le piano et le clavecin. Aurore, seule, se mettait à Mozart, Clementi, Pleyel. Elle improvisait et chantait ses compositions ; toutes inspirées de la séparation maternelle.

Papillons jolis, venez sur mes fleurs... Ma mère m'entends-tu ? Je pleure, je soupire [17].

Elle se remettait à écrire, ou plutôt à décrire. Une longue description de la vallée Noire. Bonne-Maman admirait ses textes, elle avait envoyé à sa mère une de ses descriptions. Sophie lui fit beaucoup de peine en se moquant d'elle. « Tes belles phrases m'ont bien fait rire, j'espère que tu ne vas pas te mettre à parler comme ça. » Aurore retenait ses larmes, soit, elle n'écrirait plus jamais. La seule admiration qu'elle attendait était celle de sa mère. Aurore lui répondit : « Sois tranquille, ma petite mère, je ne deviendrai pas une pédante. » Elle cessa donc d'*écrire*. Mais le besoin de composer un monde imaginaire ne la lâchait plus. Elle avait lu l'*Iliade* et *La Jérusalem délivrée*. Elle se sentit malade de chagrin à ces lectures. Comment enchaîner, hors les mots, dans ce puissant imaginaire sans lequel elle ne pouvait vivre ? Ni ses lectures, ni le déisme voltairien de sa grand-mère ne comblaient le vide d'une absence de religion. Elle fit sa première communion à La Châtre, le 23 mars 1817, mais si bâclée, si décevante qu'elle n'en retira rien. L'enseignement du prêtre de Saint-Chartier la laissa indifférente. Elle décida alors de se créer un dieu à elle : Corambé.

Corambé fut la divinité intérieure, née de ses promenades solitaires dans les bois autour de Nohant. Corambé ou le dieu d'Aurore, ou le dieu Écriture, mais, cela, elle ne le savait pas.

Corambé lui était venu une nuit, dans ses rêves. Le nom était un assemblage poétique de ses lectures et de

17. George Sand, *Histoire de ma vie*, tome I, p. 805-806.

sa puissante imagination. Corambé, ou son premier roman inspiré.

« Corambé devint le titre de mon roman et le dieu de ma religion. [...] Il se créa tout seul dans mon cerveau. Il était pur et charitable comme Jésus, rayonnant et beau comme Gabriel, mais il lui fallait un peu de la grâce des nymphes et de la poésie d'Orphée [18]. »

Corambé et son cortège de déesses païennes, Corambé vêtu en femme, car Corambé c'était encore, c'était toujours sa mère. La déesse Mère ; la tourmenteuse sans fin, la passion sans issue. Elle éleva un autel à Corambé. Elle refit les gestes de Sophie quand elle construisait pour elle l'antre enchanté de « la Belle au bois dormant ». Aurore alla dans le petit bois où sa mère avait partagé leurs jeux et avec des cailloux colorés, ramassés à même le ruisseau, composa un autel à Corambé. Elle l'orna de coquillages, de fougères, de fleurs. Corambé fut à la fois un offertoire et une tombe de la déchirure inavouée. Elle lui offrait des sacrifices, libérant pour lui des papillons, des oiseaux. Un jour Liset la surprit devant ce catafalque de mousse et de feuillages. Il s'écria « Ah, ma'zelle, quel joli petit reposoir pour la Fête-Dieu ! » On avait réveillé la somnambule. Aurore sut qu'il fallait cacher Corambé aux yeux des hommes. Elle détruisit l'autel, enterra les coquillages, dispersa les fleurs. Le sanctuaire était cette ruine de mousse et de cailloux. Heureusement, Aurore était une nature robuste qui aimait la campagne et la parcourir en tous sens avec les petits paysans. Fanchon, Liline, Liset et Sylvain. Elle sautait par la fenêtre pour s'ébrouer dehors. La campagne fut un puissant enseignement. Elle connut tout du secret austère de la procréation que le pudique Deschartres lui avait dissimulé. Elle vit la taure menée au taureau, le coq se hisser sur la poule, le porc enserrer la truie de deux pattes furibondes. Le matou étreindre la chatte immo-

18. *Ibid.*, p. 812.

bilisée d'un croc impérieux. La femelle avait apparemment le dessous et endurait en un long feulement le joug du mâle. De ces étreintes naissaient des veaux, des œufs, des porcelets, des chatons, des chiots. Le lait gonflait les mamelles des femelles. Aurore assistait à l'accouchement des bêtes. D'elles jaillissait le même cri qu'elle entendait parfois aux chaumières quand une jeune épousée, trois saisons après ses noces, le ventre lourd, mettait au monde un enfant. Aurore saisissait le point unique de toute espèce vivante. Elle comprit le jeu des pollens, et la floraison qui précède le fruit. Elle dénichait les œufs au poulailler, les gobait tout chauds. Elle aimait ramasser les fruits, les légumes, s'occuper des animaux de la ferme. Elle devenait sans le savoir la future maîtresse de Nohant, au courant de son domaine. Elle puisait dans ces odeurs, ces spectacles, ces couleurs, le terreau de ses futurs romans champêtres. Elle approfondit ses connaissances du monde paysan, de ce Berry avec ses finesses, ses ruses, ses silences, ses violences. On appelait « champis » les enfants trouvés aux champs, abandonnés. Il y avait le grand rituel des noces, celui des funérailles et ceux des malédictions. Les légendes de la mare au diable, les apparitions de la « *grand'bête* », de « *Georgeon* » ou le diable, certaines nuits de brouillard, dans la vallée Noire. À la veillée, les chanvreurs racontaient les histoires des laveuses de nuit qui vous transforment en statue de sel, celles du *Garou* qui enlève les nouveau-nés la nuit de la Saint-Jean. La sorcellerie, la religion, les nymphes et Corambé faisaient bon ménage dans l'esprit d'Aurore.

Sa grand-mère avait admis que la santé d'Aurore dépendait de sa liberté physique. Elle la laissait courir la campagne, pourvu qu'elle revînt dîner correctement lavée et sans accrocs aux vêtements. Rose s'était calmée, et n'osait plus lever la main sur cette forte fille capable de l'assommer à son tour. Rose était occupée à se disputer avec Deschartres. Acariâtres et violents tous les deux, privés de leurs « pupilles », ils puisaient dans la querelle un plaisir pervers. L'intérieur de Mme Dupin n'était que criailleries.

Aurore était reprise par le besoin si fort de revoir sa mère, de fuir à Paris. Elle se rebella contre l'argent (le *richement*), l'instruction, tout ce que lui offrait Bonne-Maman. Rien ne cautérisait sa lancinante douleur et l'interdiction tacite d'en parler. Un jour que sa grand-mère l'avait réprimandée, se croyant seule, elle entra en fureur. Elle jeta dans sa chambre, à la volée, livres et cahiers, saisit sa tête entre ses mains en criant « je n'étudie pas parce que je ne veux pas ; j'ai mes raisons ». Mlle Julie était derrière elle et la traita de « mauvaise enfant ». Elle eut l'imprudence d'ajouter « vous mériteriez que l'on vous renvoyât chez votre mère ». Aurore-Corambé éclata. Sa mère ! « Mais c'est tout ce que je désire, tout ce que je demande ! » Julie alla tout répéter à Mme Dupin qui fut bouleversée. Aurore fut punie. Pendant trois jours, sa grand-mère ne voulut pas la voir. Elle descendait prendre ses repas quand Mme Dupin était sortie de table. Plus de leçons, plus de musique, des robes déchirées. Fini les coups de Rose. *L'abandon* Il restait à Aurore la bibliothèque et le tête-à-tête avec Corambé. Le troisième jour enfin, Bonne-Maman consentit à recevoir sa petite-fille dans sa chambre. Elle se mit à genoux contre le grand lit catafalque. Aurore pensait de bonne foi qu'elles allaient faire la paix, mais Mme Dupin avait ourdi le plus funeste des projets. Salir à jamais l'image de Sophie dans l'esprit de sa fille. Elle conta, en préambule, sa propre vie et tout à coup celle de Sophie, l'aspect le plus avilissant qu'ignorait l'enfant. Sophie Delaborde, une fille courant les armées et les hommes. À mesure que la bouche mignarde distillait de telles images, l'enfant se glaçait. Mme Dupin méprisait Sophie mais ne l'avait jamais souillée. Ces trois jours de brouille, les ragots de Julie, de Deschartres, de Rose, la maladie, la lassitude, avaient entraîné Mme Dupin dans cet assassinat : dire à l'enfant que sa mère avait été une prostituée, « une fille perdue ».

« Ce fut pour moi comme un cauchemar ; j'avais la gorge serrée ; chaque parole me faisait mourir, je sentais la sueur couler de mon front, je voulais interrompre, je voulais me lever, m'en aller, repousser cette effroyable confidence. [...] Mes mains glacées ne tenaient plus celles de ma grand-mère [...]. Je les avais repoussées de mes lèvres avec terreur [19]. »

Dans sa chambre, Aurore sanglotait. Allait-elle rougir d'être la fille d'une « créature » ? Non ; elle l'aimait davantage. Pleurer était douloureux à Aurore. Rose ne supportait pas sa souffrance. Elle berça Aurore, la supplia de ne pas écouter « les menteries » sur sa mère. Décidée à ne pas tomber malade, à résister, revoir sa mère, Aurore se força à manger, à étudier à nouveau (on lui avait redonné ses cahiers).

Une tristesse noire la tourmentait que seule calmait la dépense dans les champs. Sa grand-mère la morigénait sur son teint hâlé, ses mains gercées, ses pieds déformés par les sabots. Elle avait quatorze ans.

« Vous avez été une charmante petite-fille, il ne faut pas devenir une jeune personne absurde [...]. J'ai donc résolu de vous mettre au couvent », conclut la voix flûtée.

Aurore ne fut qu'un cri : « Je vais donc revoir ma mère ? »

Mme Dupin lui jeta un fin regard méprisant.

« Au couvent, vous serez séparée de votre grand-mère et de votre mère... Oui, oui, vous verrez votre mère... »

Dehors, les merles chantaient.

Corambé était mort.

19. *Ibid.*, p. 856-857.

Chapitre 6

De la diablerie à sainte Aurore

À quatorze ans, Aurore Dupin allait entrer au couvent et y rester jusqu'au 12 avril 1820.

« Je vais voir ma mère ! » avait été son seul cri, de quoi froisser sombrement Mme Dupin qui avait écrit au couvent des Dames Augustines anglaises. Là où elle avait été emprisonnée pendant la Révolution (Sophie aussi), là où elle avait reçu de si belles lettres d'amour de son fils. Mme Dupin accompagna Aurore à Paris. Un trajet mélancolique, où chacune s'abîmait dans ses pensées. Nouvelle déception pour Aurore. Sa mère se révéla plus empressée de la voir entrer au couvent que de la garder avec elle.

« Elle me prêcha l'avantage des richesses… d'une manière qui m'étonna et me blessa. […] Elle me dit que le couvent me serait utile [1]. »

Aux Augustines anglaises entraient les filles de la meilleure société. Sophie le savait. Aurore y continuerait ce chemin, sans elle, *la fille perdue*. Elle se vengeait de la perte de sa fille en la repoussant vers les retranchements de Mme Dupin. Aurore, mortifiée, entra donc au couvent « sans crainte, sans regret et sans répugnance ». Le couvent serait « un terrain neutre », un repos pour sa santé morale. Le couvent des Dames Augustines anglaises, rue des Fossés-Saint-

1. George Sand, *Histoire de ma vie*, tome I, p. 862.

Victor, était en vogue dans « le beau monde », en concurrence avec le Sacré-Cœur et l'Abbaye-aux-Bois. Mme Dupin accompagna Aurore le 12 janvier 1818. Elle avait le trousseau exigé, dont l'uniforme de sergette amarante. La porte se referma lourdement. Aurore était cloîtrée.

Ce couvent datait de loin. Il faisait partie des quelques communautés britanniques établies en France pendant les persécutions religieuses sous Cromwell. La communauté des augustines anglaises résista aux diverses persécutions, y compris sous la Révolution. Henriette de France, l'épouse du malheureux Charles Ier, s'y était réfugiée avec son fils Jacques II. Ce couvent était construit comme un village. Un mur mitoyen le séparait du collège des Écossais, à quatre portes des Irlandais. Les religieuses et les prêtres qui officiaient étaient tous anglais ou irlandais. On y parlait le plus souvent l'anglais. Mme Dupin en signala à Aurore l'utilité. Une ombre funèbre régnait dans l'église et le cloître, pavés de dalles, sous lesquelles reposaient des ossements catholiques. Les épitaphes étaient en anglais. Aurore allait passer là trois années de sa vie, dont deux sans sortir, excepté une fois l'an, puis deux fois par mois. Les usages étaient anglais. Les religieuses prenaient le thé trois fois par jour et admettaient à leur thé, en récompense, les élèves les plus sages. Le couvent était un dédale de corridors, de cours, de pavillons, de jardins. La façade, en contrebas sur la rue, était une « grande bâtisse assez laide ». On entrait par une petite porte cintrée ouvrant sur un escalier. En haut, la cour pavée de dalles, entourée de pavillons. Il y avait quatre parloirs grillés. Le premier destiné aux religieuses, le second aux leçons particulières, le troisième pour les visites des parents, le quatrième, cossu, quand la supérieure recevait « les personnes du monde ». Le cloître, vaste, quadrangulaire, s'ouvrait sur l'église et le jardin. Les bâtiments neufs rassemblaient les élèves de la grande classe. À l'entresol, l'ouvroir des religieuses, au premier étage et au second, leurs cellules. Au troisième étage, le dortoir des pensionnaires de la petite classe. Un des angles du cloître descendait aux cuisines, aux caves, du côté de la petite classe. Les escaliers étaient tortueux, les logements, petits, reliés par des paliers estropiés. Aucune harmonie dans cette construction de bric et de broc où s'ouvrait soudain une large pièce inattendue, contre la lingerie. On y donnait les leçons de piano. Le jardin était planté de beaux marronniers, flanqué d'un potager. Le couvent louait des maisons vétustes qui ajoutaient à cette impression de village. Le potager, également planté de fleurs, était interdit aux pensionnaires. Il servait à la consommation des religieuses. Il y avait aussi le cimetière où reposaient les sœurs défuntes. Aurore pénétrait dans un univers de cent trente personnes en comptant les pensionnaires, les religieuses, les sœurs converses, les maîtresses séculières, quelques locataires, et les servantes. Parfois les poules entraient dans la classe des petites élèves. On déjeunait dans l'arrière-classe. Les cellules des nonnes étaient « d'une propreté charmante ». La vigne vierge, le jasmin et le chèvrefeuille embellissaient les murs.

Mme Dupin et Aurore avaient été reçues par la supérieure, la cubique et mondaine Madame Canning. L'instruction des jeunes filles était divisée en deux classes. La petite classe et la grande classe. La petite classe comptait des élèves de six ans à quatorze ans. Aurore y fut donc inscrite, quoique sa culture personnelle eût largement dépassé même la seconde classe. Aucun ordre, aucune méthode d'étude cohérente. C'était l'heure de la récréation. Aurore s'intéressa aussitôt aux visages, aux lieux, et fut invitée à une partie de barres. Les adieux avec sa grand-mère furent froids. Mme Dupin pleurait, Aurore croyait soutenir son courage en restant de glace. Mme Dupin s'écria : « Insensible cœur, vous me quittez sans aucun regret, je le vois bien ! » C'était un malentendu. Avant de quitter Paris, Mme Dupin écrivit à sa petite-fille des conseils affectueux :

« Je pense à toi ma chère petite et je veux te dire adieu, avant de partir : pour me prouver que tu es sensible à mes soins, et à ma tendresse pour toi, travaille de toute manière [...]. Sois droite de corps et d'esprit, franche et douce, profite des énormes dépenses que je fais pour toi [...]. Si je l'obtiens, je t'enverrai aussitôt ton piano, crois, ma chère petite [...], l'absence ne me fera pas oublier ma chère enfant [2]. »

La sœur économe, la mère Alipe, consola Aurore, désolée d'avoir laissé partir froidement sa grand-mère. Aurore ressentait « l'impérieux besoin de se reposer de tous ces déchirements ». Elle était peut-être la seule des pensionnaires à aimer sa vie recluse. Mme Dupin quitta Paris, non sans avoir exigé de Sophie qu'elle renonçât à faire sortir Aurore. Celle-ci ne vit Caroline que trois fois en trois ans. Les de Villeneuve s'offrirent à la faire sortir mais Aurore, au courant du nouvel interdit contre sa mère, préféra y renoncer. Elle s'engloutit dans cette nouvelle existence où même la rue était impossible à voir : de larges bandes de toile aveuglaient les fenêtres sur la rue des Fossés-Saint-Victor.

Mme Dupin, de Nohant, continuait sa correspondance avec Aurore.

« Bientôt un mois que je suis séparée de toi, ma chère petite ! [...] Je ne saurais trop te recommander, quand tu seras aux contredanses, de te forcer à tenir la tête haute, à ne jamais quitter de vue ton danseur, c'est avec sa tête et ses bras que l'on danse, les jambes ne sont qu'un accessoire. [...] Tu as choisi la patronne de Nohant, pour ton nom de confirmation, c'est donc vrai que tu aimes Nohant [3] ? »

Le professeur de danse au couvent, M. Abraham, avait été maître de danse de Marie-Antoinette. À quatre-vingts ans, il portait beau un corps mince, une tête élégante « veinée de rouge et de bleu ». Il apprenait à

2. George Sand, *Correspondance*, tome I, p. 15-16 (11 mai 1818).
3. *Ibid.*, p. 17-18-19 (Nohant, 8 juin 1818).

ces demoiselles à faire la révérence, mais Aurore se jugeait gauche et garçonnière. Elle se tenait toujours aussi voûtée, avait horreur de porter des gants et de faire des courbettes.

Aurore avait traîné cet hiver-là un rhume, soigné avec tendresse par sœur Mary Alicia Spiring, « la perle du couvent ». Celle-ci devint pour elle un point d'appui, une confidente éclairée. Cet été 1818, les Parisiens acclamèrent le rétablissement sur le Pont-Neuf de la statue équestre de Henri IV. Le 30 novembre, l'occupation du territoire national par les Prussiens prenait fin. Le commandant Blücher avait menacé de faire sauter le pont d'Iéna. Louis XVIII avait proposé qu'on l'y menât et de sauter avec le pont. Il avait fallu verser aux vainqueurs une indemnité de guerre de sept cents millions, emprunter auprès de banques anglaises et hollandaises.

Aurore ne savait rien de l'extérieur et concentrait ses passions au couvent. Ces années marquèrent trois étapes psychiques. La première année, elle s'embrigada au camp des élèves les plus insupportables, que l'on nommait *les diables*. La seconde année, à quinze ans, elle s'enflamma d'une crise mystique et voulut entrer en religion. La troisième année, la dévotion persista mais plus calme.

Son premier jour de classe fut maussade. Une trentaine de fillettes de six à quatorze ans étaient entassées dans une salle sans lumière, tapissée d'un papier jaunâtre. La maîtresse de classe, grasse, sale, bigote, de méchante humeur, mademoiselle D., détesta Aurore du premier regard. Elle adorait humilier. Elle faisait baiser le sol à toute élève lui ayant déplu. Elle avait pour souffre-douleur une Anglaise de six ans, Mary Eyre, chétive, qu'elle frappait et enfermait. Mademoiselle D. houspilla Aurore aussitôt :

« Vous me paraissez une personne dissipée. »

Mère Alipe la remplaçait pour l'instruction religieuse. Elle s'effarait qu'Aurore ne sache pas faire le signe de la croix ; et confonde « les limbes » avec « l'Olympe ». Aurore regimbait.

« Je m'enrégimentai résolument dans *le camp des diables*[4]. »

Elles appelaient ainsi les non-dévotes. Les dévotes étaient surnommées *les sages* et la variété intermédiaire, sans personnalité, *les bêtes*. À la tête des *bêtes* régnait une terreur, Mary Gillibrand, puissante Irlandaise de treize ans, à l'allure d'un garçon belliqueux. *Les sages* tentèrent de mettre en garde Aurore contre le chef des *bêtes*. On chuchotait, avec un effroi ravi, que c'était un gars camouflé en fille. Le poil roux, les poings formidables, elle frappait à la moindre contradiction. « Je l'attendais avec une sorte d'anxiété », souligne Aurore. L'Irlandaise ne manquait pas d'esprit et apostrophait Aurore : *Mme du Pain ? Some bread ?* Les *bêtes* riaient, les *sages* s'amusaient de voir deux *diables* aux prises. Elles devinrent amies quand Mary Gillibrand eut donné une grande claque à l'épaule d'Aurore qui répliqua avec violence. Le garçon manqué fut saisie de respect pour ce nouveau diable. Mary Gillibrand lui fit partager avec les autres *diables* leur jeu favori. La nuit, elles arpentaient, à la terreur des *bêtes* et des *sages*, les caves du couvent afin de « délivrer la victime », une femme qui aurait été emmurée deux siècles auparavant. De bien beaux jeux, vraiment, de superbes souterrains, de quoi exalter des fillettes enfermées. Les *diables* assuraient que les caves allaient jusqu'à Vincennes. Elles allaient, la nuit, vers ces ombres, ces portes verrouillées sans raison, ces souterrains humides, où *l'écho* des *diables* allait de la voûte à leurs bouches roses. Au risque de se casser le cou, elles rampaient sur des corniches, collaient l'oreille au mur, appelaient « la victime ». Nul ne répondait jamais et elles se mirent à creuser la muraille. Aurore palpitait, au plaisir absolu de l'imagination débridée. Elle se fit

4. George Sand, *Histoire de ma vie*, tome I, p. 879.

d'autres amies. Les sœurs Aimée, Chérie et Jane Bazouin – pauvre Chérie qui mourra si jeune, en 1822 ! La vive Émilie de Wismes, « plus gentille qu'un cœur », la fidèle Apollonie de Bruges. Aurore correspondit longtemps avec Jane, Émilie et Apollonie quand elle sortit du couvent. Elle avait un faible pour Sophie et Isabelle, deux gracieuses figures.

Ces échappées romanesques permettaient à Aurore de supporter le régime du couvent. Habituée à Nohant à se coucher tard, à lire la nuit si cela lui chantait, elle avait du mal à s'endormir dans ce dortoir où les lits se côtoyaient sans l'intimité d'un rideau. Elles étaient réveillées à six heures par deux servantes à la voix rude. Il fallait casser la glace pour se laver, souffrir d'engelures dans les chaussures trop étroites, grelotter, aller à la première messe le ventre vide, à la lueur d'un cierge. À sept heures, on déjeunait d'un morceau de pain et d'une tasse de thé pâle. Le jour *diable*, Aurore, la nuit, était sage. « Une eau qui dort », commentait la supérieure à Mme Dupin. Être diable, être bête, être sage, Aurore puisait une telle distraction dans cette vie en commun que sa première sortie chez sa grand-mère (elle vit sa mère) la laissa indifférente. Elle craignait ce qui ne manqua pas d'arriver : l'excès d'amour des deux mères, leur possession, la tension d'autrefois. Elle préférait son couvent – son refuge.

« J'avais déjà pris l'habitude de la vie en commun, habitude si douce aux caractères mélancoliques, et mon caractère était à la fois le plus triste et le plus enjoué du couvent[5]. »

Sa mélancolie n'échappait pas à ses amies qui se moquaient gentiment d'elle.

« *You are low-spirited today ?* (vous semblez abattue aujourd'hui ?) »

Les amitiés, ou le pain chaud et favori d'Aurore. Elle s'attacha à deux petites filles, Valentine de Gouy et

5. *Ibid.*, p. 895.

Louise de la Rochejaquelein. Valentine, dix ans, avait son lit au dortoir près de celui d'Aurore. « J'aimais la soigner comme si elle fût ma fille. » Valentine, souffreteuse, était d'une intelligence au-dessus de son âge. Louise avait un grand courage. Aurore aima aussi Suzanne, si délicate de santé. Elle prit sous sa protection Héléna, toujours victime des *diables*. Aurore la protégeait des vivacités de la terrible Mary. Ses amies lui avaient trouvé des surnoms. Héléna l'appelait tendrement « calepin » car, dit-elle, « j'avais la manie des tablettes de poche ». La sœur Thérèse lui disait *madcap* et *mischievous* (tête folle, espiègle). Pour les filles de la grande classe, elle devint « ma tante » et même, par son style chevaleresque et garçonnier, « le marquis de Sainte-Lucie ». Les affinités d'Aurore avaient élu par ordre de préférence Isabelle, Sophie, Fannelly et Anna. Elle les rassemblait sur son calepin en un seul sigle mystérieux, *ISFA*, composé de l'initiale de chaque prénom.

La grande classe n'était pas plus gaie ni éclairée. La nouvelle maîtresse, dite « la comtesse » à cause de ses grands airs, possédait un vieux perroquet dans son appartement, à la joie moqueuse des *diables*, des *bêtes* et même des *sages*. La seconde surveillante était une religieuse âgée et sévère, Mme Anne-Françoise. On la soupçonnait d'être philosophe car elle s'occupait d'astronomie. Elle criait trop, pour des riens. La maîtresse en chef, l'antique Maria-Eugénia Stonor, rose et ridée, était d'un emportement colérique rare. On la nommait *féroce abat-jour*. Heureusement, il y avait « Poulette » ou mère Mary Austin, infirmière, et gaie. Parmi les religieuses jouait aussi la hiérarchie. Les « dames du chœur » vivaient en aristocrates, robes blanches, linges fins, propos distingués. Les pauvres converses avaient l'existence des prolétaires, vouées aux cuisines et à la lessive.

« La perle du couvent », qu'Aurore a le plus aimée, était Mary Alicia Spiring. Elle avait trente ans, elle était belle, les yeux bleus, l'âme généreuse. La religion l'avait épanouie et non glacée comme les autres. Née en France, de mère française, la voix exquise, elle ne grondait jamais, ne blessait personne. Elle fut pour Aurore une sorte de mère. La coutume permettait qu'une religieuse « adoptât » une fille. Un jour, Aurore alla la voir. L'air embaumait la menthe distillée. « J'ai besoin d'une mère, lui dit-elle ; j'en ai deux qui m'aiment trop (c'est-à-dire mal). » Mère Alicia sourit et promit de l'aider. Corambé prenait dans les nuits d'Aurore les traits de mère Alicia. Aurore traversa des peines. Isabelle quittait pour toujours le couvent. Fannelly s'attachait de plus en plus à Aurore, sa « tante », comme elle disait. Anna Vié, laide, pauvre, spirituelle, fut une nouvelle amie. Pendant une année, Sophie, Fannelly, Anna et Aurore furent inséparables. Elle partageait avec elles les friandises que lui donnait mère Alicia. Aurore écrivit son premier essai en alexandrins. Elle y développait un roman dans un style gothique, aux pieuses intentions. Un roman dévot, d'une centaine de pages, où l'héroïne prenait le voile et le héros, Fitz Gerald, devenait prêtre. Sophie et Anna trouvèrent ce texte *« bien écrit »*, mais jugèrent assommants les héros, surtout ce Fitz Gérald ! Aurore, point découragée, se lança dans un roman pastoral qu'elle finit par brûler dans le poêle. Elle continuait en cachette son long poème sur Corambé. Elle fut enchantée d'avoir enfin une chambre à elle. Une cellule, un *chez-soi*, même si « la vie en commun est l'idéal du bonheur entre gens qui s'aiment », Aurore souffrait du manque de solitude. On lui donna la cellule la plus mal lotie du couvent. Elle l'adora.

« Ma cellule avait environ dix pieds de long sur six de large. De mon lit, je touchais avec ma tête le plafond en soupente. La porte, s'ouvrant, rasait la commode. […] Pour [la] refermer il fallait entrer dans l'embrasure de [la] fenêtre, composée de quatre petits carreaux, donnant sur une gouttière […] mais j'avais un horizon magnifique. Je dominais une partie de Paris par-dessus la cime des grands marronniers [...]. Mon mobilier se composait d'un lit en bois peint, d'une vieille commode, d'une chaise de paille, d'un méchant tapis de pied et d'une petite harpe Louis XV. [...] Les moineaux [...] venaient manger mon pain jusque sur mon lit ; quoique cette pauvre cellule fût un four en été et littéralement une glacière en hiver, je l'ai aimée avec passion[6]... »

La première chambre d'écriture, liée à la bienheureuse solitude, à la vue du ciel, des arbres, au chant des oiseaux. Peu de sommeil ; elle avait besoin de si peu de sommeil. La nuit faisait d'elle cette somnambule qui tissait des liens ardents avec Corambé.

Mais Aurore – coup de tonnerre dans son ciel bleu – fut frappée par la foi.

« Je deviens dévote », s'étonnait-elle. La diablesse devenait sainte Aurore. La foi la foudroya d'un seul coup, « comme une passion ». C'était sa seconde année au couvent. Même pendant les vacances, elle avait voulu rester aux Anglaises. Sa grande passion douloureuse, sa mère, l'avait brisée. Mère Alicia conservait une prudente distance. Corambé ne répondait plus. Aurore avait quinze ans et le besoin dévorant d'une passion sans limite. Elle n'avait jamais cherché Dieu et il vint à elle, sans prévenir. Un coup de foudre. Aux sermons des nonnes, elle somnolait. À la messe du matin, elle bâillait. Les études, très en dessous de sa culture, l'assommaient. Aurore lut *La Vie des saints*. Elle tomba sur la vie de saint Siméon le Stylite dont Voltaire s'était moqué. Aurore cessa de sourire et lut une autre vie de saint puis encore une autre. Elle lisait sur un banc, à l'église ; sans pouvoir quitter sa lecture. Elle fut frappée, en levant les yeux, par le tableau au fond du chœur. Il était signé Le Titien et représentait Jésus au jardin des Oliviers, dans les bras de l'ange. C'était l'été, les larmes lui vinrent aux yeux. Un autre

---

6. *Ibid.*, p. 945.

tableau la toucha aussi profondément. Saint Augustin sous le figuier, éclairé d'un rayon sur lequel était écrit *Tolle, lege*. Aurore dévora la vie de saint Augustin, les Évangiles. Ce soir-là, elle suivit quelques religieuses qui allaient prier, émue d'une grave émotion. Il y avait un parfum de chèvrefeuille, les oiseaux chantaient.

« L'heure s'avançait, la prière était sonnée, on allait fermer l'église. J'avais tout oublié. Je respirais une atmosphère d'une suavité indicible. [...] Tout à coup je ne sais quel ébranlement se produisit dans tout mon être, un vertige passe devant mes yeux comme une lueur blanche dont je me sens enveloppée. Je crois entendre une voix murmurer à mon oreille : *Tolle, lege*. Je me retourne, croyant que c'est mère Alicia qui me parle. J'étais seule. [...] Un torrent de larmes inonda mon visage. [...] J'aimais Dieu. [...] Je voyais un chemin vaste, immense, sans bornes, s'ouvrir devant moi. [...] J'acceptai tout, je crus à tout [7]... »

Une veillée d'extase, Corambé, Dieu, un seul et même feu. Cette exaltation la ravit pendant des jours. Anna, Sophie et Fannelly ne prenaient pas au sérieux sa dévotion et la diablerie était passé de mode. Louise, seule, semblait la comprendre. Aurore, toute à sa conversion, songeait moins à ses amies qui la surnommèrent « sainte Aurore ». Elle avait hâte de se confier à l'abbé de Prémord, le confesseur des pensionnaires, jésuite âgé et de bon sens. Il eut la sagesse de l'écouter et de lui faire raconter sa vie « simplement » depuis le début. Il eut la prudence de calmer cette ardeur et de ne pas y accorder une importance fâcheuse.

« Sans lui, reconnaît George Sand, je crois bien que je serais un peu folle ou cloîtrée à l'heure qu'il est. Il m'a guérie d'une passion délirante pour l'idéal chrétien. »

L'abbé avait décelé chez Aurore le besoin éperdu d'aimer et d'être aimée. Elle se mit à communier avec

7. *Ibid.*, p. 954-955.

ardeur, elle brûlait intérieurement « comme une sainte ». Elle portait en guise de silice au cou un chapelet en filigrane râpeux qui l'écorchait. Elle vivait avec extase la vue du sang sur son cou. « Cette maladie sacrée dura plusieurs semaines. » Elle était devenue sage, active, d'une douceur d'agneau. Les *diables* et les *bêtes* ricanaient. Mère Alicia était attentive à Aurore avec la même sagesse que celle de l'abbé de Prémord. Aurore qui voulait la sainteté prit sous son aile une sœur converse malade, sister Helen, qui exécutait les tâches les plus repoussantes. Aurore partagea tout avec elle, balaya, lava, cira les planchers, récura les lieux d'aisance. Sister Helen sentait mauvais et « sainte Aurore » l'en aimait davantage. Elle portait les seaux à sa place, sa vocation se précisait : elle serait sœur converse, porteuse d'immondices, immolée au divin amour. Dans la Joie totale.

Elle se confia à mère Alicia. Elle voulait entrer en religion. À son étonnement, mère Alicia la détourna doucement de son projet. La souffrance était partout dans le monde, elle ne suffisait pas à inspirer la vocation. Il faudrait attendre pour savoir si cet élan serait le plus fort. Mère Alicia permit à Aurore, d'abord froissée, de ne pas s'aventurer dans des serments qu'elle eût regrettés. Aurore passa des mois de béatitude. L'abbé de Prémord et mère Alicia patientaient. Aurore faisait du jardinage. Les religieuses l'invitaient à prendre le thé. Aurore adorait les promenades au cimetière du couvent où elle choisissait avec délice la place de sa tombe. Quelques événements ébranlèrent sa confiance aveugle. La crise de nerfs de sister Helen à la mort de mère Alipe. Rien n'était clair chez les sœurs. Elles n'étaient donc pas paisibles devant la mort, passage essentiel à la Grande Communication divine ? Dieu ne leur suffisait donc pas ? « Il y a beaucoup d'appelés et peu d'élus », songeait Aurore avec angoisse.

Elle retourna se confesser. Elle s'accusait de tous les péchés, de froideur, d'impiété. Elle pleurait, elle s'agitait. L'abbé de Prémord lui fit remarquer qu'elle ne mangeait plus, était pâle, peut-être malade. Il serait bon d'avertir la supérieure qui avait charge d'elle. Aurore s'indigna, l'abbé gronda doucement. Elle inquiétait ses parents, ses camarades ne la reconnaissaient plus, se plaignaient. Si elle continuait à manifester une telle exaltation, elle risquait de leur faire prendre en horreur la religion.

« J'exige, dit l'abbé, que vous sortiez de cette exagération. Plus elle est sincère plus elle est dangereuse. Je veux que vous viviez pleinement et librement de corps et d'esprit. [...] Dans la maladie du *scrupule* que vous avez, il entre beaucoup d'orgueil à votre insu sous forme d'humilité. Je vous donne pour pénitence de retourner aux jeux et aux amusements innocents de votre âge [8]. »

Qu'elle saute à la corde, qu'elle joue aux barres ! Il lui donna une semaine pour retrouver sa gaieté, sa santé. L'abbé avait bien semé. Aurore, au fond d'elle, n'attendait que cela : reprendre la vie active. Avec la même passion qu'elle avait adoré Dieu dans ses tourments, elle reprit goût aux jeux et à ses amies. Fannelly, Anna, Sophie, Jane, Apollonie, Émilie, les *diables*, les *bêtes* et même les *sages* se réjouirent de la retrouver. On organisa un théâtre. Aurore mit au programme *Le Malade imaginaire*, inventa les costumes. Molière était mal vu au couvent mais Aurore organisa si bien la troupe, les rôles, les ballets, les lumières et le violon, que les religieuses et tout le monde savoura le spectacle. Cette année-là, une révolte générale avait éclaté dans tous les établissements scolaires. Dans la classe d'Aurore, Aurore en tête, on cria longtemps « Révolte ! Révolte ! ».

On était en février 1820. L'assassinat du duc de Berry consterna le couvent et une partie de la France. Troisième héritier du trône, il était, à quarante-deux

8. *Ibid.*, p. 995.

ans, le seul à pouvoir assurer la dynastie des Bourbons. Le duc d'Angoulême, époux de Madame Royale, était impuissant. Dans la soirée du 13 février, un ouvrier sellier, Louvel, poignardait le duc qui se rendait à l'Opéra. Louvel espérait par son geste éteindre cette dynastie qu'il haïssait. Il ignorait – et la France l'apprit ce soir-là – que Marie-Caroline était enceinte de « l'enfant du miracle ». Cet enfant, le duc de Bordeaux, futur comte de Chambord, naîtrait le 29 septembre, au pavillon de Marsan. Louvel avait été guillotiné et la liberté individuelle était suspendue. La gauche n'avait plus d'espoir d'obtenir une majorité à l'Assemblée.

Le couvent prit part au deuil royal. « Moi seule étais restée bonapartiste », confie Aurore. Elle persistait dans sa vocation religieuse. Mme Dupin, à Paris, ce printemps 1820, en conçut une grande alarme. Elle trouva excessive la simplicité de la tenue d'Aurore, une jeune fille de seize ans bientôt, *qu'il s'agirait de marier.* Mme de Pontcarré avait écrit à Nohant qu'Aurore était « toute confite en religion ». Mme Dupin en avait eu des hauts-le-cœur et prit la brusque décision de lui faire quitter le couvent, de la ramener à Nohant et d'accélérer les projets de mariage.

« Cette nouvelle tomba sur moi comme un coup de foudre, déplorait Aurore, au milieu du plus parfait bonheur que j'eusse goûté de ma vie. »

Décidément, ces « mères » lui volaient toujours sa joie. Tout le monde au couvent finissait par croire à sa vocation – excepté les perspicaces abbé de Prémord et mère Alicia. L'abbé lui conseilla de garder cette idée en elle, ne pas s'engager dans des vœux imprudents.

« L'intention de votre grand-mère est de vous marier. Si dans deux ou trois ans vous ne l'êtes pas et que vous n'avez pas envie de l'être, nous reparlerons de vos projets [9]. »

9. *Ibid.*, p. 1007.

Aurore était plongée dans un profond chagrin. Elle allait quitter son cher couvent, ses amies, cette foi ailée, mystérieuse. Mme Canning, la supérieure, mourut brusquement. Un monde finissait, un autre commençait.

Du côté de Nohant.

Chapitre 7

DU CÔTÉ DE NOHANT

Aurore avait trouvé Mme Dupin changée, amaigrie. Elle lui parlait mariage, elle jugeait sa fin imminente.

« Ma fille, il faut que je te marie bien vite, car je m'en vas. [...] Tu dois faire un effort pour accepter cette idée-là. Songe que je finirais épouvantée et désespérée, si je te laissais sans guide et sans appui dans la vie [1]. »

Aurore avait peur. « Quel était ce mari, ce maître, cet ennemi de mes vœux et de mes espérances ? » Chacun se mêla de lui trouver un prétendant. Mme de Pontcarré, Sophie, l'abbé de Beaumont, proposaient des noms. Aurore déclara à Mme de Pontcarré « fort laid » le premier prétendant aperçu. Sa grand-mère lui accorda une année d'attente. On préparait les paquets pour Nohant. Aurore demanda vivement si sa « petite mère les accompagnait ». Sophie éclata qu'elle n'irait jamais à Nohant tant que sa belle-mère vivrait. Elle ajouta : « Je déteste la campagne. » Caroline était une demoiselle dont elle tenait beaucoup à s'occuper. Aurore se désolait. Sa mère s'aigrissait avec le temps, le souvenir des humiliations subies à Nohant, des affreux chagrins qu'elle y avait endurés, écorchaient cette âme ardente, rancunière. Sophie éclatait de jalousie et s'emportait contre Mme Dupin, la cause de leur malheur.

1. George Sand, *Histoire de ma vie*, tome I, p. 1011.

« Tu l'aimes mieux que moi, tant mieux pour toi puisque tu lui appartiens à présent corps et âme. »

Aurore, consternée, lui jurait qu'elle n'épouserait jamais un homme qui refuserait de la recevoir. Elle décelait chez sa mère une fureur inconnue. Elle fixait sa fille avec un sourire nouveau, rusé, les yeux fous. « On ne peut te marier sans mon consentement, lui lança-t-elle. Tu m'appartiens ! »

« Je commençais à pressentir quelque chose d'étrange dans ce caractère généreux [...]. Il y avait dans ses beaux yeux noirs quelque chose de terrible, qui pour la première fois, me frappa d'une secrète épouvante [2]. »

Mme Dupin, pour consoler Aurore effondrée, l'emmena aux Italiens où elle entendit la grande cantatrice Mme Catalani.

Rose était mariée. Elle devait quitter ces dames pour suivre son mari à La Châtre. « Votre tour viendra bientôt ! » lança-t-elle à Aurore. Celle-ci revit une dernière fois ses amies du couvent. Elle eut le cœur serré tout au long du trajet. Elle n'aimait pas cette route où l'on pendait autrefois les manants, elle n'aimait pas le sec adieu de sa mère. On était aux premiers jours du printemps, la calèche bleue de Mme Dupin allait aussi vite que possible. Mme Dupin lui faisait préparer sa nouvelle chambre de jeune fille au papier lilas. En attendant, elle occupa la vaste chambre de sa mère. Quel délice de dormir dans le grand lit à grenades dorées, où elles s'étaient serrées si fort l'une contre l'autre, quand elle était petite ! Les rossignols chantaient et, ce premier matin, elle ouvrit ses volets sur la ritournelle des laboureurs. Ils se répondaient d'un champ à l'autre, c'était l'usage, jusqu'aux côtes de Vicq.

« Allons, vins don'là, mon Cadet, mon Brunet, mon Roussiau, mon Charbougnaud ! Eh lâ lâ lâ lâ lâl hée [3] ! »

2. *Ibid.*, p. 1013.

3. *À Nohant chez la dame*, J.-L. Boncœur, p. 51, Éd. de la Nouvelle République, 1995.

On appelait ces chants *les briolages*. Les arbres, l'odeur de la terre, la vie à pleine sève la hélaient. Sa grand-mère la gâtait. Elle trouva dans son armoire une jolie robe de guingan rose. Le déjeuner débordait de friandises. Le jardin était une symphonie de fleurs. Aurore fut fêtée par les *bonnes femmes* du coin. Ses vieux chiens lui léchaient les mains, Deschartres était ivre d'émotion, intimidé par cette jeune fille en rose. Ses camarades d'autrefois avaient changé. Le pauvre Liset était sur le point de mourir, Cadet lui servait de petit valet. Fanchon était bergère, Marie Aucante, reine de beauté, Ursule bien grandie aussi. On fit comme Deschartres, on donna du « Mademoiselle » à Aurore. À la première joie de courir à nouveau la campagne, se substitua vite l'ennui de ne rien faire. Aurore se traça rapidement « une règle », comme au couvent. Elle inscrivit sur un tableau son emploi du temps. L'étude de l'anglais, l'italien, l'histoire, et de la musique. Elle se mit à composer un long poème en anglais. Elle écrivait à Jane Bazouin (Chérie Bazouin) « qu'elle pleurait et souffrait ». Mme Dupin invita pour la distraire Mme de Pontcarré, sanguine et replète, et sa fille, l'indifférente et belle Pauline. Mme Dupin, fatiguée, restait souvent dans le fauteuil de sa chambre, écoutant la lecture que lui faisait Mlle Julie. Sa surdité croissante la rendait parfois injuste. Elle reprocha à Aurore de la négliger. Aurore l'embrassa, elles s'attendrirent. Aurore lui prépara une comédie pour sa fête. Mlle Julie jetait de froids regards à la jeune fille. Mme Dupin fut mortifiée quand la comédie eut lieu. Son Aurore était trop brune, trop garçon, en comparaison du teint de lys de Pauline de Pontcarré, qui, déguisée en villageoise, était la féminité même. Aurore s'était travestie en Colin. Le théâtre était arrangé de feuillages naturels. Deschartres s'était joint aux jeunes filles. Il jouait mal, Pauline pleurait de trac et ressemblait à une rose, Aurore, le teint « couleur tabac », l'œil noir, inquiétait sa grand-mère qui jalousait la grâce distinguée de la très mariable Pauline. On dansa la bourrée. On chanta la romance avec

Mme de Pontcarré au piano. En octobre, Pauline et sa mère quittèrent Nohant. M. de Lacoux, ami de Mme Dupin, donnait à Aurore des leçons de harpe. Elle l'écrivait à Émilie de Wismes :

« M. de Lacoux [...] est un homme *precious* à la campagne. [...] Il a sa harpe... qu'il me prête sans cesse, il m'a fait faire assez de progrès et si ma santé (mauvaise à présent) m'avait laissé le courage d'étudier davantage [...] j'aurais des doigts parfaits. Il me donne aussi des cours d'anglais. [...] Il me montre tous les boléros espagnols sur une assez mauvaise guitare. [...] [J'ai] une espèce de dégoût pour tout [4]... »

Il y eut le tonique retour en permission, de l'école de Saumur, d'Hippolyte. Le beau hussard était splendide dans son costume de sergent, le bonnet sur l'oreille. Il apprit à Aurore à monter à cheval, ce qui devint pour elle une puissante distraction. Ses cours n'étaient pas longs. « Tout se réduit à deux choses, dit-il, tomber ou ne pas tomber. » Il chercha un pré à l'herbe épaisse. Il fit monter Aurore sur la jument Colette Il caracolait sur le général Pépé, rejeton du terrible Leopardo. Aurore l'avait nommé « Pépé » dans son enthousiasme pour les carbonari et leur chef. Aurore s'accorda si bien avec Colette, qu'elle la monta pendant quatorze années. Colette, à cette première leçon, pourtant, s'emballa. « Accroche-toi bien, criait Hippolyte, tout est là, tomber ou ne pas tomber. » Colette était maigre, grande, dégingandée. Aurore s'accrocha à son crin, galopa en serrant les dents et ne tomba pas. Elle fit de tels progrès qu'elle monta même Pépé. Il donnait de terribles coups de reins, elle tomba à la place exacte où était mort son père – sans se faire de mal. En huit jours, Aurore et Hippolyte sautaient ensemble les haies, riaient, galopaient. Hippolyte, que Deschartres désormais n'osait contrarier, était resté turbulent. Il faisait

4. George Sand, *Correspondance*, tome I, p. 36-37.

la lecture à Aurore quand le temps ne permettait pas de sorties. Leur société se réduisit à Mme Dupin, Deschartres, M. de Lacoux, son épouse. Mme Dupin, pourtant éprouvée par la mort de Maurice, était fière des prouesses cavalières de sa petite-fille. Aurore s'attachait à elle et l'appelait « Maman ». Sa grand-mère exprimait tant d'idées fines, dans un français si élégant, qu'Aurore était charmée. Elle fit la lecture à Mme Dupin. Elles échangèrent leurs opinions sur *Le Génie du christianisme* de Chateaubriand. Ce livre émouvait Aurore, aiguisait la critique de Mme Dupin. Elle n'aimait pas cette forme et trouvait faux le fond. Aurore, troublée par la lecture de *L'Imitation de Jésus-Christ* que lui avait donnée mère Alicia, avait été séduite par la conception de Chateaubriand. Aimer le Christ passait par la réconciliation avec l'homme. *L'Imitation de Jésus-Christ* prônait le renoncement à toute affection humaine, tout bien, tout lien afin de suivre le Christ. Chateaubriand exaltait l'élan de l'amour entre les créatures. Elle écrivait son trouble à l'abbé de Prémord dont les lettres l'apaisaient :

« Mon cher casuiste [lui disait-il], si vous craignez l'orgueil, vous avez donc déjà de l'amour-propre ? [...] Laissez donc la crainte de l'orgueil aux imbéciles [...]. Lisez les poètes. Tous sont religieux. Ne craignez pas les philosophes, tous sont impuissants contre la foi. Et si quelque doute, quelque peur s'élève dans votre esprit, fermez ces pauvres livres, relisez un ou deux versets de l'Évangile, et vous vous sentirez docteur à tous ces docteurs [5]. »

Mme Dupin somnolait, parfois elle s'éveillait en sursaut, en proie à un mauvais songe. « Ne me parle pas de tombeau », disait-elle à Aurore. Mais elle se reprenait et souriait. Aurore lui proposait une partie de grabuge. Un soir de février, Mme Dupin lui parla d'un

5. George Sand, *Histoire de ma vie*, tome I, p. 1050.

prétendant : un général d'Empire avec une immense fortune, cinquante ans et un coup de sabre sur la figure. Aurore frémit. Mme Dupin lui fit lire la lettre de son cousin René de Villeneuve qui plaidait en faveur de ce mariage. « L'âge vous offusque, écrivait-il, mais la personne de cinquante ans a l'air presque aussi jeune que moi. » M. de Villeneuve insistait pour qu'Aurore et sa grand-mère vinssent à Paris en mars afin d'organiser la rencontre. Ce général avait aperçu Aurore au parloir du couvent et en était, paraît-il, tombé amoureux. Mme Dupin, les mains raidies, les jambes mortes, le teint si pâle sous sa poudre, développa les exigences du prétendant : il refusait de voir la mère d'Aurore. Le cœur de l'enfant battait.

« Vous avez dit non, n'est-ce pas, Maman ?

– Naturellement, dit sèchement Mme Dupin. »

Aurore l'embrassa et se distrait à sa toilette du soir. Mme Dupin tenait à sa cérémonie du grand coucher. Il fallait deux heures pour l'apprêter, la vêtir de camisoles de satin piqué, de bonnets en dentelle, de cocardes et de rubans. Elle choisissait longuement son parfum, ses bagues pour la nuit, plus légères que celles du jour, sa tabatière. Aurore s'émerveillait de l'édifice des oreillers aux dentelles éblouissantes.

« Elle dormait assise. [...] On eût dit que chaque soir elle se préparait à une réception d'apparat, et cela avait quelque chose de bizarre et de solennel[6]... »

L'élégance suprême de Mme Dupin : ne pas laisser la mort s'emparer sordidement d'un corps mal toiletté. La décence et la grâce jusqu'au dernier passage. Il faudrait pourtant marier Aurore, la mort approche, elle la sent dans ses membres entravés par des liens invisibles.

Aurore se confiait à Apollonie de Bruges :

« Nous sommes absolument seules, ma grand-mère et moi, si ce n'est que nous avons le tiers de M. Des-

6. George Sand, *Histoire de ma vie*, tome I, p. 1028.

chartres. [...] Assise au coin de mon feu, je crache sur mes tisons, je repasse dans ma pensée. [...] Le passé, le présent, l'avenir... Je fais des réflexions d'anachorète [...]. Quand je sens le bâillement qui me gagne, je m'occupe ; la harpe, la guitare, le dessin, mes livres surtout ; et je commence à penser qu'on peut mener une existence monotone et tranquille sans se plaindre[7]. »

Elle explora davantage la bibliothèque de sa grand-mère et découvrit Locke, Montaigne, Leibniz, Bacon, Aristote, très éloignés du Dieu chrétien de Chateaubriand. Ces auteurs étaient interdits par l'Église. Aristote l'éblouit. Sa préférence allait à Rousseau qu'elle comparait à Mozart. Elle lisait Milton, Shakespeare et Dante. Elle ne dormait guère plus de quatre heures. À l'aube elle galopait seule jusqu'à dix lieues, s'arrêtait dans quelque hameau boire une tasse de lait. Elle revenait avant huit heures afin de passer ses journées avec sa grand-mère.

Un matin à sept heures, Deschartres entra sans frapper chez Aurore. Mme Dupin était tombée dans sa chambre, paralysée. « Elle est perdue », dit-il. Il l'avait saignée, la paralysie venait d'une crise d'apoplexie. Couchée, un peu réchauffée, elle avait sombré dans le coma. Deschartres avait envoyé chercher le docteur Decerfz, l'ami et le médecin de Mme Dupin. Decerfz estimait la mère d'Aurore et lui écrivait les faits et gestes de sa fille sans qu'elle le sût.

Aurore passa la journée et la nuit à la soigner. Elle revint lentement à elle, se souvint de sa chute. Elle sentait tout un côté mort en elle, « de l'épaule au talon ». Le soir, elle entra dans un délire confus. « Ce n'est pas un délire, conclut cliniquement et froidement Deschartres, mais *de l'enfance*. » Deschartres cachait son désespoir sous ses airs bourrus. Aurore se précipita dans le

7. George Sand, *Correspondance*, tome I, p. 46 (lettre à Apollonie de Bruges, 31 décembre 1820).

jardin pour pleurer et prier sans témoin. Deschartres poussa la jeune fille à faire beaucoup de cheval. Elle galopait avec Colette et parfois Pépé. Deschartres la faisait accompagner du jeune Cadet. Le précepteur tint, ces moments-là, un rôle de père auprès d'Aurore. Mme Dupin était perdue, il fallait former au plus vite la future héritière aux comptes du domaine, dont il avait été chargé. Il lui apprit à calculer, régler les dépenses de la propriété, comprendre sa gestion. Elle l'appelait toujours son « grand homme ». Il lui donna des cours de philosophie et lui expliqua avec la plus grande clarté Descartes et sa logique. Il devenait le meilleur des maîtres, le plus sûr des guides. Il boudait le catholicisme de son élève qui se rendait tantôt à la paroisse de Saint-Chartier, tantôt à celle de La Châtre. Les bonnes femmes ronflant sur leurs chapelets l'écœuraient. Elle ne quittait guère sa grand-mère. La nuit, pour mieux la veiller, elle buvait du café noir sans sucre et puisait dans la tabatière de Mme Dupin. Elle sursautait quand Mme Dupin s'affolait qu'on eût fait, croyait-elle, du jour la nuit. Celle-ci alla mieux au printemps. Elle passait ses journées dans son fauteuil, se traînait au bras d'Aurore pour déjeuner avec elle et Deschartres. On l'asseyait au jardin. Aurore admirait le fin visage renversé sous le rayon de soleil. Le 29 mai 1821, elle fit son testament mystique. Elle lui parla encore de sa mère. Une véritable mise en garde.

« Ta mère, dit-elle fermement, est plus bizarre que tu ne penses, et tu ne la connais pas du tout. Elle est si inculte qu'elle aime ses petits à la manière des oiseaux, avec des grands soins [...] pour la première enfance ; mais quand ils ont des ailes [...] elle vole sur un autre arbre et les chasse à coups de bec. Tu ne vivrais pas à présent trois jours avec elle sans te sentir horriblement malheureuse. [...] Consens à aller habiter avec la famille de ton père [8]. »

8. G. Sand, *Histoire de ma vie*, tome I, p. 1111.

Mme Dupin avait fait venir son cousin René de Villeneuve afin qu'il devînt le tuteur d'Aurore. Il passa quinze jours à Nohant où son esprit conquit Aurore. Il avait quarante-quatre ans et se sentit charmé par la culture et la conversation de sa future pupille. Il aimait la campagne, les promenades, les échanges d'idées sur la littérature, la musique. Elle serait heureuse à Chenonceaux, elle s'entendrait avec son épouse à condition de « mettre un peu de soumission dans son maintien ». Elle aimerait leur fille, Emma de La Roche-Guyon. Il fut plein de tact mais de fermeté au sujet de Sophie. Il serait mieux pour Aurore de maintenir des relations espacées. Il détournait la conversation ; les yeux noirs s'embuaient. Il encouragea Aurore à écrire, il lui trouvait une jolie plume et lui présagea même un avenir en littérature. Il revenait sur le sujet qui préoccupait Mme Dupin : écarter Sophie de sa fille.

Ces mots peinaient Aurore, d'autant plus qu'elle devinait qu'ils avaient hélas un sens. Sa mère avait refusé de venir à Nohant pour l'aider, la soutenir. Aurore continuait d'écrire *Corambé* et sa volumineuse correspondance. Sa mère lui envoyait des lettres acerbes au sujet de ragots qui lui étaient parvenus sur la tenue « scandaleuse » de sa fille. Sa fille, lui avait-on rapporté, montait à cheval en pantalons – idée de Deschartres afin de lui éviter de graves chutes. Elle portait une casquette, des bottes, une chemise bourrue. Elle galopait avec ses amis, les garçons de La Châtre, Papet, Fleury, Duvernet, et Stéphane Ajasson de Grandsagne, le plus dangereux, pour sa vertu. Ils traversaient à toute allure le bourg et les bourgeois, derrière les rideaux, étaient horrifiés. La servante Lucie, qui radotait à la cuisine rutilante de beaux cuivres roses, s'effrayait des commérages de La Châtre. Aurore, disait-on, déterrait les morts et les faisait causer. Elle chevauchait la nuit pour tuer des gens et les faire dévorer par ses chiens. Elle aurait même tiré dans une hostie consacrée et pénétré à cheval dans l'église. La demoiselle d'un château voisin l'avait prise pour un jeune homme alors qu'Aurore lisait, assise près de son cheval. La demoiselle lui fit un œil langoureux auquel la dévergondée Aurore répondit sans la détromper. Elle se sentait libre, vêtue en garçon. Libre, à cheval, où l'on quittait enfin l'humiliante condition féminine, qui consistait à aller les yeux baissés au sol. À cheval, le regard bien droit à l'horizon, on domine les espaces, les êtres. Ni homme, ni femme mais une force vive, aussi exaltante que le vent sifflant aux oreilles. Mme Dupin avait eu les larmes aux yeux en voyant sa petite-fille vêtue en garçon. « Tu ressembles trop à ton père ! » Aurore tirait au pistolet, Hippolyte le lui avait enseigné et surtout le nouvel ami, Stéphane Ajasson de Grandsagne, fils du maire de La Châtre. D'une famille de plusieurs enfants, de deux ans l'aîné d'Aurore, il venait la voir tous les jours. On jasait quand elle accompagnait Deschartres dans ses tournées de chirurgien. Elle l'aidait avec habileté à panser des doigts coupés, des jambes estropiées. Deschartres lui avait enseigné à surmonter ses répugnances devant le sang. Stéphane, qu'elle nomme « Claudius » dans *Histoire de ma vie*, était amoureux d'Aurore. Il se destinait à la médecine. Il souffrait de l'avarice de sa mère, de solitude et de phtisie. Les deux jeunes gens s'entendaient à ravir. Il apprit à Aurore à se passionner d'ostéologie. Elle souhaitait apprendre un peu de chirurgie. Stéphane lui apportait les « outils » de ses études. Des fémurs, des crânes, des côtes humaines que la jeune fille reproduisait avec succès sur un cahier. Aucune fille à cette époque, et bien longtemps après, n'avait le droit de toucher d'aussi près à l'anatomie du corps humain. Un médecin de La Châtre avait prêté au jeune homme le squelette entier d'une fillette. Il le donna à Aurore qui l'étendit sur sa commode, dans sa chambre.

« Des os de chrétien ! Oui, mes petites, affirmait la Lucie aux gamines de la ferme, apeurées [...]. Dans la chambre de Mademoiselle... Y a une “esqualette” qui est pendue, j'ai manqué *déplâmir*, ce matin en voyant ça... Hou !... Cet Ajansson, ce petit *d'ajasse* je m'en méfie de son plumage noir et blanc [9] ! »

On prétendait qu'avec le petit *d'ajasse*, ils déterraient des os de morts. Stéphane avait de l'humour, une belle figure pâle de phtisique. La vitalité d'Aurore l'attirait. Le squelette de la petite fille traversa quelques-uns de ses songes, mais elle s'y accoutuma. Elle écrivit à Émilie de Wismes son bonheur de tirer au pistolet :

« ... Il faut viser à balle dans un blanc. La première fois que j'ai essayé, comme j'avais peur du coup qui allait partir, j'ai spirituellement fermé les yeux en tirant la gâchette [...]. Maintenant je tire comme un hussard [10]. »

Mme Dupin éprouva pendant l'été un « mieux sensible ». Elle reprit, par moments, sa gaieté ravissante. Elle dictait sa correspondance à Aurore. À l'automne, les troubles la reprirent. Mère Alicia avait écrit à Aurore de profiter de ces abattements pour l'amener doucement à faire acte de religion. Aurore s'effarait, elle ne voulait pas « trahir » sa grand-mère. Elle fut aidée malgré elle par la venue intempestive d'un parent de Mme Dupin, d'une rare vulgarité : l'archevêque d'Arles. Il était le fils naturel (encore un bâtard) de M. Dupin de Francueil et de la belle Mme d'Épinay. Né au Blanc, élevé à Beaulieu, l'archevêque se nommait Leblanc-Beaulieu. Il était gras, goinfre, intolérant, avec « l'expression d'une grenouille qui digère ». Il pria rondement Aurore de l'aider à convertir la voltairienne aïeule. « Je veux sauver votre âme », dit-il tout de go à Mme Dupin. Elle rit un peu, s'émut aussi. Elle finit par accepter ce rituel, à la joie bruyante de « gros Jean Le Blanc », comme elle nommait l'archevêque joufflu. Il pleura d'émotion. Mme Dupin, quoique ayant passé « une fort mauvaise nuit », avait repris son autorité de

---

9. J.-L. Boncœur, *À Nohant chez la dame*, *op. cit.*, p. 55.
10. George Sand, *Correspondance*, tome I, p. 66 (lettre à Émilie de Wismes, 28 mai 1821).

chef de famille. Soit, elle s'en irait munie des sacrements. Elle était trop courtoise pour quitter ce monde sans le rituel d'usage. Deschartres voulut flanquer à la porte gros Jean Le Blanc. Mme Dupin lui jeta un sec « Tenez-vous tranquille, Deschartres ».

Elle ne voulut point d'autre confesseur que le curé de Saint-Chartier Elle tenait les mains d'Aurore dans les siennes, elle demanda à ce que toute sa maison fût présente dans sa chambre. Elle avoua qu'elle aimait Dieu mais ne s'était jamais soumise à sa volonté de lui avoir ôté son fils adoré. Elle demanda pardon à ceux qu'elle avait peut-être offensés sans le vouloir. On pleurait, on s'était agenouillé. « Je veux mourir en paix ici avec tout le monde. »

Elle reçut l'hostie. Pendant quelques jours, elle fut dans un accablement complet. L'archevêque en profitait pour morigéner Aurore. Elle osait porter l'habit d'homme à cheval, tirer au pistolet, chanter de l'italien. Il était temps qu'elle se confessât ! Aurore refusa, l'archevêque s'enferma dans la bibliothèque. Il brûla et mutila des ouvrages qu'il estimait impies. Deschartres arriva à temps pour l'empêcher de continuer son vandalisme imbécile. Aurore était indignée des insinuations de sa mère. Stéphane était retourné à Paris pour ses études. Il était allé voir Sophie en toute innocence. Elle était alors occupée du mariage de Caroline. Il avait donné des nouvelles d'Aurore, conté leurs chevauchées, le tir au pistolet, sans se douter que tout serait interprété de travers. Il avait remis à Sophie les livres que sa fille souhaitait étudier afin qu'elle les envoyât à Nohant. Il écrivit à Aurore quelques lettres d'amour. Sophie vivait seule, dans une amertume dangereuse, faite de soupçons, de crises de haine incontrôlées contre Mme Dupin et contre sa fille. Elle avait reçu une lettre du docteur Decerfz qui soignait Mme Dupin, critiquant la conduite trop libre d'Aurore. Elle écrivit de violents reproches à sa fille qui répondit avec une vigueur indignée. On était fin novembre. Mme Dupin allait très mal.

« Ma chère Mère,

« [...] Ma grand-mère étant si malade, dites-vous, *je la quitte pour courir les champs*, je crois, ma chère mère, que si depuis huit mois que ma grand-mère est dans le même état de langueur, je ne fusse point sortie, je serais moi-même presque aussi malade qu'elle.

« Ma grand-mère est mille fois trop bonne pour l'avoir souffert. Elle me rend la justice de sentir que ma situation est des plus tristes, qu'une jeune fille de dix-sept ans ne peut passer constamment sa vie auprès d'une malade, elle sait aussi que cet âge a besoin d'exercice, et que ma présence continuelle ne lui serait d'aucune utilité. [...] Je ne sais quelle est la personne qui vous a dit que je négligeais de remplir le devoir cher et sacré de soigner celle qui m'a élevée avec tant de bonté et de tendresse. [...] M. Deschartres, dites-vous, ma mère, est très répréhensible de me laisser livrée à moi-même, je prendrai la liberté de vous observer que M. Deschartres n'a, ni ne peut avoir aucune espèce d'autorité sur moi [...]. Il a une assez bonne opinion de moi pour savoir que je n'ai pas besoin de cette surveillance, que la meilleure garde d'une jeune fille sont les sentiments de vertu et d'honneur qui sont dans son cœur. [...] Vous me reprochez aussi, ma mère, d'avoir ni timidité, ni modestie, ni douceur, [...] M. de Grandsagne vous a dit que j'avais le *caractère guerrier* ; pour ajouter foi à une pareille assurance, il vous a fallu croire, ma chère mère, que M. de Grandsagne connaissait à fond mon caractère et je ne crois pas être assez *intimement liée* avec lui, pour qu'il puisse savoir quels sont mes qualités ou mes défauts. Il a peut-être voulu dire que je n'étais point poltronne et en cela il m'a rendu justice, je serais fâchée de l'être [...]. Il vous a dit la vérité en vous disant qu'il m'avait donné des leçons dans ma chambre, où voudriez-vous que je reçusse les personnes qui me viennent voir ? Il me semble que ma grand-mère dans ses souffrances ou dans son sommeil serait très importunée par une visite [...]. C'est une sottise, dites-vous, ma chère mère, que d'apprendre le latin. [...] Pourquoi faut-il qu'une femme soit ignorante ? Ne peut-elle être instruite sans s'en prévaloir et sans être pédante ? [...] Il faut être marié et je ne trouverai, dites-vous, qu'un géant ou un poltron, et en ce cas il se pourrait bien faire que je ne fusse point mariée [...]. L'homme qui m'épouserait par peur serait un sot. [...] Je ne chercherai point un homme capable de devenir l'esclave de sa femme, parce qu'il serait un imbécile mais je ne crois pas qu'un homme d'esprit pût trouver bon que sa femme fît la timide ou la peureuse lorsqu'elle ne le serait point ; [...] le mari qui trouverait bon que je fusse ridicule à ce point serait très ridicule lui-même.

« ... Adieu, ma chère mère, dans cette lettre j'ai pris un ton plus respectueux que de coutume, mais il y a longtemps que je me fais reproche de vous tutoyer familièrement comme lorsque j'étais enfant [11]. »

Sophie envoya au docteur Decerfz une lettre amère au sujet « des mots durs et piquants de sa fille ». Le fossé se creusait. Sophie basculait dans une phobie contre la future héritière de Nohant. N'était-elle pas, veuve de Maurice Dupin, la vraie tutrice de cette enfant que son horrible belle-mère lui avait volée ? Elle maria Caroline, le 11 décembre à l'église de Saint-Germain-des-Prés, à Pierre Cazamajou, contrôleur d'armes des manufactures de l'État. Un mariage sans Aurore.

La mélancolie d'Aurore s'accentuait à mesure de l'état aggravé de sa grand-mère, du rejet maternel. La tentation du suicide l'effleura. « Elle prenait la forme d'une idée fixe et frisait par moments la monomanie. »

« C'était l'eau qui m'attirait par un charme mystérieux. Je ne me promenais plus qu'au bord de la rivière. [...] Au beau milieu du gué, le vertige de la mort s'empare de moi, mon cœur bondit, ma vue se trouble,

11. *Ibid.*, p. 74-80 (lettre à Mme Maurice Dupin, 18 novembre 1821).

je pousse brusquement mon cheval à droite, et me voilà dans l'eau profonde, saisie d'un rire nerveux et d'une joie délirante [12]. »

Colette était une bête merveilleuse qui recula ; les cris de Deschartres réveillèrent la somnambule de son rêve du grand repos.

Le 22 décembre, Mme Dupin fit appeler Aurore. Elle lui donna son couteau en nacre et lui dit « *Tu perds ta meilleure amie.* » Elle s'éteignit. Elle avait soixante-quinze ans. Les cloches de Noël sonnaient.

« Julie lui fit une dernière toilette [...]. Elle lui mit son bonnet de dentelles, ses rubans, ses bagues. L'usage chez nous est d'enterrer les morts avec un crucifix et un livre de religion. J'apportai ceux que j'avais préférés au couvent. Quand elle fut parée pour la tombe, elle était encore belle [13]. »

Pendant la nuit, Deschartres frappa chez Aurore. Il avait un air exalté, presque fou. Il dit à la jeune fille que, veillant à l'ouverture du caveau familial, il avait aperçu le cercueil de son père. Le couvercle était ouvert. Deschartres fit l'innommable. Il s'en était voulu de n'avoir pas embrassé son cher Maurice à son décès. Dans le cercueil gisait un squelette en uniforme délabré. « La tête s'était détachée d'elle-même », précisait le scientifique pédagogue à Aurore plus curieuse qu'effrayée. Il avait pris cette tête et l'avait baisée au front. Il priait Aurore de le suivre au cimetière et d'en faire autant. « Là où il est maintenant, il vous verra et vous bénira. » Émue, exaltée à son tour, Aurore le suivit dans la nuit froide et claire. Il était minuit. Elle avait conscience d'exécuter une marque d'amour indicible. La lune éclairait le caveau ouvert où elle dormirait un jour. Elle descendit dans la fosse, saisit le crâne et « baisa cette relique » avec passion. Un goût de terre, un bonheur étrange, plus savoureux que le suicide.

---

12. George Sand, *Histoire de ma vie*, tome I, p. 1094-1096.
13. *Ibid.*, p. 1106.

Tous les amis et les habitants du village furent présents à l'inhumation de Mme Dupin de Francueil Aurore passa la nuit dans la chambre vide de l'aïeule. Il flottait dans l'air son parfum préféré, le benjoin, que jadis M. Dupin lui avait offert scellé dans une noix de coco. L'acte incroyable de Deschartres, ce secret entre eux, au lieu d'exciter une angoisse de spectre, avait pénétré Aurore de la douce désespérance : nous ne revoyons *jamais* nos morts aimés. Ils sont ailleurs, inaccessibles. La pendule sonna, Aurore sursauta. Elle s'était endormie dans le fauteuil de sa grand-mère. Qui jamais ne lui apparaîtrait. Que jamais elle n'oublierait. On mit les scellés sur la porte.

Aurore Dupin allait affronter les réalités des notaires, des familles, et d'un mari.

Chapitre 8

« Tiens ! Voilà Casimir ! »

Les bonapartistes apprenaient le décès de l'Empereur, à Sainte-Hélène, le 5 mai 1821, d'un cancer au pylore. Il était devenu obèse. Son testament tentait d'assurer à son fils l'avènement au trône impérial. Il agonisa les yeux fixés sur son buste, entouré de ses rares fidèles. Son valet de chambre Marchand le revêtit de son habit vert et or de colonel des chasseurs de la garde. Le 10 mai, à onze heures du matin, la garnison de Sainte-Hélène rendit à Longwood les honneurs à Napoléon inhumé dans la vallée du Géranium. À Paris, Talleyrand persiflait : « Ce n'est plus un événement, c'est une nouvelle. » Mais le culte napoléonien était né.

Après l'enterrement de Mme Dupin, le comte et la comtesse de Villeneuve arrivèrent à Nohant, pour l'ouverture du testament. Sophie arriva le jour suivant avec sa sœur Lucie et l'oncle Maréchal. Incapable de se contenir, irritée de la présence des Villeneuve, de Deschartres, saisie de douloureux souvenirs, Sophie, après l'ardeur des retrouvailles avec sa fille, éclata contre la défunte. Aurore se glaçait. « L'ouverture du testament amena de nouvelles tempêtes. » Il eut lieu le 2 janvier, devant le tribunal de première instance, à La Châtre. Tout revenait à Aurore ; excepté quelques legs à Mlle Julie, douze cents francs de rente à Deschartres, ainsi qu'une canne à pommeau d'or, la jument Cocotte, un étalon, Coco, et la jouissance de son mobilier pendant quatre ans. Aurore héritait de Nohant, ses meubles, ses terres et ses fermes, et de l'hôtel de Narbonne, situé rue de la Harpe à Paris. Le tuteur nommé était René de Villeneuve, ce qui déchaîna la colère de Sophie. Aurore se fût volontiers réfugiée aux Anglaises jusqu'à sa majorité. Aucune chambre n'y était alors disponible. Elle se heurtait en tout à sa tutrice légale qui devint son tyran : sa mère. Sophie s'opposa à tout le monde et décida d'emmener sa fille à Paris. René de Villeneuve prit congé d'Aurore, il lui promit de lui trouver une place au Sacré-Cœur. Sophie écumait d'une malveillance proche de la folie. Elles habiteraient, trancha-t-elle, l'appartement rue Neuve-des-Mathurins. Sophie jetait à Deschartres, et même à sa fille, des regards de haine. Elle, l'humiliée, *la fille perdue* avait le pouvoir sur *leur* Aurore ! Ils verraient ! Elle interdit à la jeune fille d'emporter ses livres, sauf quelques-uns. « Je déteste *votre originalité* », criait-elle, lui disant « vous ». Elle consentit à emmener la femme de chambre et le chien Pluchon.

« Je quittais Nohant avec un serrement de cœur pareil à celui que j'avais éprouvé en quittant les Anglaises. J'y laissais toutes mes habitudes studieuses, tous mes souvenirs de cœur et mon pauvre Deschartres seul et comme abruti de tristesse [1]. »

Elle s'en alla avec un bagage pas plus lourd « qu'un mouchoir de poche », une robe usée sur elle. À Paris, elles n'occupèrent pas l'appartement de la rue Neuve-des-Mathurins, sous scellés, mais le 40, rue de Bourgogne, chez les Maréchal. Elles y restèrent un mois. Aurore retrouvait, par bonheur, Clotilde, avec qui elle jouait du piano, et Pierret. Le délire maternel devint son tourment quotidien. L'oncle Maréchal, poussé par Sophie, fit convoquer Deschartres accusé d'avoir *détourné* dix-huit mille francs de l'héritage d'Aurore. Le pauvre « grand homme » fut accusé par Sophie d'avoir

1. George Sand, *Histoire de ma vie*, tome I, p. 1118.

mal géré Nohant et sommé d'en rendre compte à l'avoué Marcellin Froidure, conseil de Mme Dupin, et au notaire Denis. Le malheureux Deschartres, par insouciance et conviction de tout faire prospérer, devait, en effet, un arriéré de dix-huit mille francs sur le paiement des fermages. Sophie grinçait qu'elle « le ferait mettre en prison pour dettes ». Deschartres s'effarait, il ne pouvait régler ces quittances. Sophie triomphait, elle tenait sa vengeance. Aurore, indignée, vola au secours de son cher pédagogue, à la rage de Sophie. Elle affirma avoir disposé elle-même, à son gré, de cette somme. Avec sang-froid, elle demanda à l'avoué si, étant seule héritière, elle disposait de cette somme sans rendre de comptes. L'avoué, mal à l'aise, remarqua qu'Aurore étant mineure, cette somme, dans son intérêt, devait être remise à sa tutrice. La « tutrice », les yeux enflammés, le teint échauffé, se mit à hurler : « Qu'on le jette en prison ! » Maître Froidure vint au secours d'Aurore. Il avait compris la situation. Était-elle prête à donner sa parole d'honneur d'avoir disposé à son gré de la somme restituée ? Sophie houspillait sa fille ; qu'elle jure ! Qu'elle soit parjure ! Aurore donna sa parole et sauva ainsi son pauvre grand homme. Sophie frôlait l'hystérie :

« Elle a menti ! Elle ment ! Une dévote ! Une philosophailleuse ! [...] Je la conduirai avec son Deschartres jusque chez le juge de paix, je lui ferai faire serment sur le Christ ! Sur l'Évangile [2] ! »

Aurore raccompagna Deschartres qui avait les larmes aux yeux : elle le croyait. Il promit de la rembourser « dans trois ans ».

L'existence devint insupportable à Aurore dès qu'elle quitta avec sa mère les Maréchal pour la rue Neuve-des-Mathurins. Sophie semblait être devenue une furie. Elle la laissa aller une seule fois à son cher couvent. Elle renvoya brusquement sa femme de chambre,

2. *Ibid.*, p. 1112.

chassa jusqu'au chien d'un coup de pied. Aurore pleurait. René de Villeneuve vint un soir la chercher afin qu'elle dînât chez eux. Sophie barra la porte. Ce n'était pas à lui de venir ici mais à son épouse. Le cousin de Chenonceaux perdit patience. Jamais sa femme ne mettrait les pieds chez elle. Sophie lui claqua la porte au nez. Aurore ne le revit que vingt ans plus tard ! Sophie était si ébranlée qu'il était aisé aux Villeneuve, conservateurs, peu soucieux de s'encombrer de la fille d'une telle femme, de laisser Aurore à ses violences. Cette porte claquée, au fond, les arrangeait. C'était eux qui avaient coupé les ponts. Le cousin Auguste de Villeneuve fut plus franc. Il vint une unique et dernière fois voir Aurore. Sans tact, il appuyait sur toutes les blessures et rendait Aurore responsable de son avenir. À elle d'abandonner cette harpie qui lui servait de mère. Elle avait refusé d'entrer au couvent, elle sortait avec sa mère, les Maréchal, Pierret.

« On t'a vue dans la rue avec tout ce monde-là. C'est une société impossible [...]. Je te conseille de te marier toi-même comme tu pourras [...]. Or donc à revoir, dans ce temps-là ! Car je vois que ta mère tourne autour de nous, et qu'elle va me flanquer à la porte [3] ! »

Il était parti avec arrogance. « Adieu ma tante ! » avait-il lancé à Sophie comme une insulte. La paranoïa de Sophie augmentait. Elle sentait, avec désespoir, impuissance, le mépris de ces gens-là, leur pouvoir de lui arracher encore une fois l'enfant de son grand amour. Sophie vivait au plus mal ce meurtre social. Son angoisse retombait sur sa fille, éternelle « pomme de discorde ». Elle lui mena une vie d'enfer. Quand elle lisait, elle lui arrachait le livre des mains en la traitant de « créature perverse, vicieuse ». Jamais, hurlait-elle, elle ne voudrait de la noblesse comme parti matrimonial. Elle avait aussi claqué la porte au nez de

3. *Ibid.*, p. 1124-1125.

Mme de Pontcarré qui proposait un beau parti. Pas de beau mariage ! Pas de couvent !

« Je me sentis libre, par la force des choses, de rompre le vœu de ma grand-mère. »

Sa mère la harcelait. Elle avait découvert « ses turpitudes ». Sa fille la prenait pour une folle ? Elle lui jeta à la tête les lettres du docteur Decerfz. À la lecture de ces calomnies venues de La Châtre, petite ville assotée par les ragots, Aurore se mit à trembler de tous ses membres. Sa mère triomphait : elle l'avait *écrasée*. Dans sa chambre, Aurore passa la nuit sur une chaise « sentant mourir tout ensemble son âme et son corps ». Qui pouvait l'aimer, l'aider, la comprendre ? Les Maréchal, Pierret se découragèrent devant l'obstination de Sophie. Elle vivait enfermée avec sa fille. Elle allait quelquefois chez l'abbé de Beaumont, devenu avec l'âge d'un fol égoïsme jusqu'à prendre le parti de Sophie. Les plaintes d'Aurore le dérangèrent, elle avait tort, elle l'embêtait, sa mère avait raison. Elle n'avait pas à fréquenter cet Ajasson de Grandsagne. Stéphane était à Paris et Sophie s'opposa à leur rencontre. Sa tyrannie s'accentuait à mesure de son délire. « Elle était malade », reconnaît George. Elle lui interdit même de revoir l'abbé de Prémord. D'une extrême agitation, elle ne se reposait jamais. Elle déménageait de lieu, déplaçait ses meubles, changeait de restaurant. Elle défaisait ses chapeaux, les recousait à sa façon, les jetait. Rien ne lui plaisait. Elle avait encore de beaux cheveux noirs, elle se voulut blonde, acheta des perruques, se trouva *filasse*, porta du roux, du châtain. Un bref moment, elle se trouvait charmante, la seconde d'après, affreuse. Elle prenait parfois avec emportement sa fille dans ses bras. « Je t'adore. » Elle s'attendrissait sur elle-même : son drame était « d'avoir aimé ». Elle aimait Dieu, elle haïssait l'humanité qui la meurtrissait, elle, l'innocente. Elle digérait mal ? Elle accusait Aurore de l'empoisonner. Elle passait de la violence extrême à la douceur abattue. Sa grande aventure amoureuse avait été son malheur, son agonie. Elle se débattait dans cette agonie mentale, elle détestait Aurore et elle adorait en elle l'image de Maurice. Elle avait sombré dans les plus funestes confusions. Sa fille la manœuvrait ? Elle la réduirait ! Au printemps, sa crise s'aggrava. Elle voulut imposer à Aurore un mariage odieux. Elle surnomma sa fille, qui restait calme en apparence devant ses fureurs, « sainte Tranquille ». Elle tenta de la boucler dans un couvent geôle, éloigné de la ville. Trois ans plus tard, Aurore écrivait à ce sujet ces informations navrantes à son ami Aurélien de Sèze :

« Mon visage était flétri, ma santé détruite, mes cheveux tombés, ma volonté subsistait [...]. Depuis longtemps on me menaçait de la captivité. [...] On espéra m'effrayer en me menant jusque sur le seuil de la prison, par un temps d'épais brouillard [...]. Pendant près de deux heures on nous promena dans des quartiers perdus que je ne connais point. On me fit descendre à une petite porte. Des religieuses vinrent nous ouvrir une grille [...]. On ouvrit la porte d'une cellule [...]. Apprêtez-vous à passer dans cette cellule les trois ans et demi de votre minorité ; n'espérez pas implorer le secours des lois, personne n'entendra vos plaintes. Vous y serez si bien gardée à vue que jamais un billet ne sortira même de votre plume[4]. »

« Sainte Tranquille » eut la force de répondre froidement à la mère folle que cet arrangement était parfait, le piano serait de bon aloi, malheureusement ses touches ne sonnaient pas. Ne plus sortir, ne plus être en contact avec ses « défenseurs » ? Qu'on lui envoie ses livres, cela suffirait. Sophie ne poussa pas son ignominie plus loin. Elle ramena Aurore, la menaça de l'enfermer la semaine suivante, oublia, cria encore. L'idée de la mener dans des lieux pour filles perdues l'effleura. Le roman de George Sand *Les Beaux Mes-*

---

4. George Sand, *Correspondance*, tome I, p. 198 (lettre à Aurélien de Sèze, 18 octobre 1825).

sieurs de Bois-Doré (1858) traite d'une mère abusive qui mène sa fille à la prostitution par folie et intérêt. La romancière eut peut-être une réminiscence douloureuse de cette époque où elle était livrée à une mère qui frôlait l'aliénation. Aurore souffrait de cruels maux. Elle vomissait, ne mangeait plus. Elle allait vêtue en pauvresse. L'envie du suicide la reprenait. Se laisser mourir de faim. Mourir... Le souvenir du baiser au crâne de son père lui arrachait des larmes exaltées. Le rejoindre, rejoindre sa grand-mère. *Sa meilleure amie*. Le paradoxe de sa liberté vint de Sophie. Le mariage hâtif d'Aurore fut l'œuvre, malgré elle, de Sophie.

Elle allait encore, par miracle, chez l'abbé de Beaumont avec sa triste orpheline. Elle y rencontrait parfois un officier qui avait connu Maurice. James du Plessis, ancien officier de cavalerie, voyait Aurore pour la première fois. Il devina le drame qui se jouait entre la mère et la fille et la dangereuse exaltation de la veuve de Maurice Dupin. Il lui proposa un séjour chez lui, au Plessis. Sa femme et lui-même recevaient au Plessis beaucoup de jeunes officiers. Peut-être se trouverait-il, chez eux, un époux pour la fille de son ami ? Soudain lasse de sa fille, de cette charge et des émotions terribles, qu'elle suscitait, voulant être seule, Sophie accepta. Elle accompagna Aurore au Plessis-Picard, chez Mme Roëttiers du Plessis. Aurore devait y séjourner une semaine : elle la laissa cinq mois. Les Roëttiers du Plessis furent la providence qui sauva Aurore de sa prison. Une famille heureuse, charmante, qui allait redonner la joie, la santé à la pauvre Aurore. La famille Roëttiers de Montaleau, dite Roëttiers du Plessis, devint la famille d'accueil et de cœur d'Aurore. James, âgé de quarante-deux ans, du 21e régiment de chasseurs à cheval, avait rencontré Maurice Dupin lors de la campagne d'Italie, à Turin ou à Milan. En 1815, il avait été nommé capitaine à la première compagnie des mousquetaires du roi. Il avait épousé Ange-Justine Melin, de quinze ans sa cadette, « madame Angèle », selon Aurore. Elle avait vingt-sept ans, les cheveux gris,

« la pétulance et la franchise d'un garçon », une gentillesse innée. James avait bien le front dégarni mais ses yeux bleus pétillaient d'esprit. Ils avaient cinq petites filles toutes habillées en garçon : Alexandrine, Antoinette, Henriette (adoptée), Delphine, Justine. Elles portaient des pantalons et des jaquettes rouges garnies de boutons d'argent. Le château, au Plessis-Picard, à huit kilomètres de Melun, vers Lieusaint, en Brie, redonnait à Aurore le goût de sa vie à Nohant. C'était une grande villa du temps de Louis XVI. La vue des champs tout autour, la route, manquaient de grâce mais le vaste parc ravissait l'œil avec ses fleurs et ses pelouses. La ferme avoisinante regorgeait de bestiaux. Madame Angèle aima aussitôt Aurore et ce fut réciproque. Sophie était partie, reprise de l'ennui qui la saisissait à la campagne. James eut une conversation sérieuse avec Aurore. Il connaissait le dilemme de cette famille et s'intéressait au sort de la jeune fille. Il avait deviné qu'Aurore perturbait sa mère, pressée de la marier. Sophie avait confiance en cette famille honorable et y avait laissé sa fille. Elle l'avait quittée avec ces mots mi-aigres, mi-désolés :

« Quand tu auras souffert comme moi, tu ne seras plus sainte Tranquille ! »

James la mit tout à fait à l'aise. Sa femme et lui l'aimeraient comme leur fille. Aurore les appela à partir de ce jour « mes bons parents du Plessis ». Toute la maison disait « votre père » à Aurore en parlant de James du Plessis. Madame Angèle s'empressa de la vêtir en entier, y compris la chaussure. Elle n'avait rien, qu'une pauvre robe, des chaussures éculées, pas de linge, elle, l'héritière d'une grande fortune. « J'étais en guenilles et en savates. » Elle eut à sa disposition la bibliothèque, un piano et un cheval excellent, Figaro. Le bonheur revenait après tant de peines. On lui fit la cour. On savait qu'une riche héritière faisait un long séjour chez les de Roëttiers. Aurore intéressait pour sa fortune, cela lui déplaisait. Elle repoussa un officier en retraite, Jean Garinet, fils de laboureur, et un dénommé Prosper Tessier, sous-lieutenant au 49e de ligne. L'oncle Maréchal, et même Pierret tâchaient de lui trouver des prétendants. Elle était arrivée au Plessis hébétée et malade. Le bon air des champs, la bonté de tous, l'excellente nourriture lui restituèrent sa fraîcheur, sa souplesse, sa gaieté naturelle. « J'aimais la campagne et combien elle m'était nécessaire ! » Elle aimait par-dessus tout « la sainte amitié ». Le Plessis devint son éden. Elle avait toujours aimé les enfants et s'occupa des petites filles du Plessis, auxquelles se joignaient trois autres fillettes, celles de la sœur d'Angèle, Mme Gondoüin Saint-Agnan. Aurore était l'aînée de la bande, qui comprenait quelques garçons. Elle les entraînait à des parties de barres et d'escarpolettes sur la pelouse.

Les du Plessis étaient bonapartistes et républicains. Le frère aîné de James était monarchiste. Ainsi était divisée la France en cette année 1822, où éclatait l'affaire des quatre sergents de La Rochelle. Affiliés à la Charbonnerie, Bories, Pommier, Raoulx et Goubin, du 45e régiment, furent coupables uniquement de paroles contre le régime. On les guillotina le 21 septembre 1822, à la grande émotion du peuple qui vit en eux les martyrs de la liberté.

Aurore avait dix-huit ans. Sa mère, sa sœur et Pierret ne vinrent la voir qu'une seule fois. Aurore frémissait d'une secrète terreur que sa mère la reprît. Au printemps, les du Plessis allèrent à Paris. Ils menèrent Aurore chez sa mère, par courtoisie. Elle passa tout son temps avec « ses bons parents ». Ils venaient la chercher le matin, pour « courir au cabaret » comme ils se plaisaient à dire, flâner sur les boulevards. Ce « cabaret » était le Café de Paris et la flânerie, l'Opéra. James et Angèle gâtaient Aurore. Ils invitaient Sophie à ces sorties mais elle laissait sa fille aller seule avec eux, à son grand soulagement. Un soir, après le spectacle à la porte Saint-Martin, ils prenaient des glaces chez Tortoni quand madame Angèle s'exclama : « Tiens ! Voilà Casimir ! »

« ... Un jeune homme mince, assez élégant, d'une figure gaie et d'une allure militaire, vint leur serrer la main et répondre aux questions empressées qu'on lui adressait sur son père, le colonel Dudevant. [...] Il s'assit auprès de madame Angèle et demanda tout bas qui j'étais. "C'est ma fille, répondit-elle tout haut.

– Alors, reprit-il tout bas, c'est donc ma femme, vous savez bien que vous m'avez promis la main de votre fille aînée [5]." »

Ce qui avait l'air d'un jeu deviendrait réalité. Qui était ce jeune homme de neuf ans plus âgé qu'Aurore Dupin ? François Casimir Dudevant était né le 17 messidor an II (5 juillet 1795) au lieu-dit « À Dudevant », commune de Pompierry dans le Lot-et-Garonne. Il était le fils naturel (encore une histoire de bâtard) d'une servante, Augustine Soulé, et du colonel baron Dudevant. Le colonel l'avait reconnu, poussé par un éclair de générosité de son épouse, Gabrielle de Laporte. La baronne était riche, sans enfant, et « regarda Casimir comme l'enfant de la maison ». Entré à l'école militaire de Saint-Cyr en 1813, sous-lieutenant en demi-solde en 1815, il fut affecté au 10e régiment de ligne. Il avait repris du service dans sa région natale, était en non-activité afin de faire son droit. Il avait obtenu son diplôme de licence au moment où il rencontra Aurore. Elle lui plaisait bien, sans passion, mais avec un intérêt réel d'où n'était pas exclue sa belle dot. Casimir s'empressa de passer quelques jours au Plessis. Le jeu continua entre eux. On courait dans le parc, « Délivre donc ma femme ! » riait Casimir. Tous se mirent, au Plessis, à adopter le ton. En parlant de Casimir à Angèle, James disait : « Votre gendre est un bon garçon. » On chuchotait des précisions notariales : Casimir aurait un jour

5. G. Sand, *Histoire de ma vie*, tome II, p. 25.

Aurore Dupin enfant.

George Sand
d'après Delacroix.

Maurice Dudevant,
dit Casimir,
mari de George Sand.

Sophie Delaborde,
mère de George Sand.

Aurore (à 18 ans, puis à 12 ans), petite-fille de George Sand.

Gabrielle (à 8 ans, puis à 16 ans), petite-fille de George Sand.

Jeanne Clésinger, dite Nini, petite-fille de George Sand.

Croquis de Musset
le représentant
en compagnie
de George Sand.

Théophile Gautier,
Gustave Flaubert,
Sainte-Beuve,
Charles Edmond,
Alexandre Dumas fils
et George Sand
au restaurant Magny,
par E. Loevy.

Nohant.

Le bureau de George Sand à Nohant.

La chambre de George Sand à Nohant.

Le bureau de Musset et de Sand à Venise.

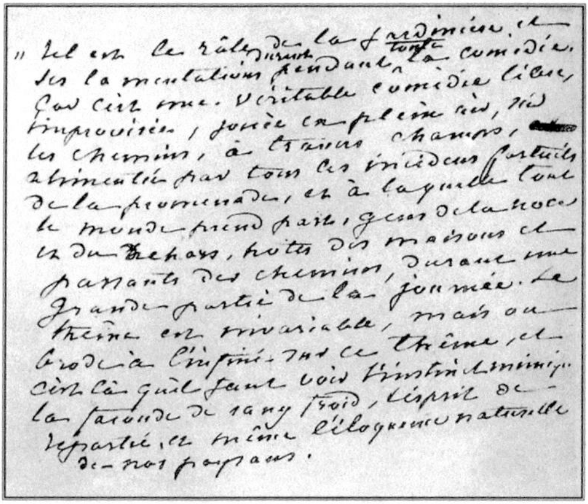

« Tel est le rôle de la [illegible] durant toute la comédie. Ses lamentations pendant la comédie libre, car c'est une véritable comédie libre, improvisée, jouée en plein air, sur les chemins, à travers champs, alimentée par tous les incidents fortuits de la promenade, et à laquelle tout le monde prend part, gens de la noce et du dehors, hôtes des maisons et passants des chemins, durant une grande partie de la journée. Le thème est invariable, mais on brode à l'infini sur ce thème, et c'est là qu'il faut voir l'instinct mimique, la faconde de sang froid, l'esprit de repartie, et même l'éloquence naturelle de nos paysans.

Page extraite de *La Mare au diable*. © Bibliothèque nationale de France, Paris.

Frédéric Chopin. © Bibliothèque nationale de France, Paris.

George Sand.

quatre-vingt mille francs de rente. Aurore connaissait l'histoire du jeune homme ; une histoire assez semblable à la sienne. Décidément, les bâtards abondaient dans sa vie. Sur le plan des dots, Casimir et elle étaient assez égaux. Elle se rassurait ; elle ne l'attirait pas pour son argent. Le domaine du Guillery, du baron Dudevant, n'avait rien à envier à Nohant. Chacun crut voir dans l'autre ce qu'il cherchait : la fin d'une espèce d'orphelinat. Casimir avait son franc-parler, et cette franchise (qui devint plus tard de la balourdise) séduisait Aurore au lieu de la rebuter. « Il ne parlait point d'amour [...] mais d'une amitié à toute épreuve. » Amitié était le mot clef qui dilatait le cœur d'Aurore. Casimir l'abordait sans détour, *en garçon*, et cette manière la conquit définitivement.

« J'ai été frappé, lui dit-il, à la première vue, de votre air bon et raisonnable. Je ne vous ai trouvée ni belle ni jolie ; cependant lorsque j'ai dit à madame Angèle que vous seriez ma femme, j'ai senti tout à coup en moi la pensée que si une telle chose arrivait, j'en serais bien heureux [6]. »

Une passion ravageuse l'eût épouvantée. Elle aspirait au calme, à une union amicale et confiante. Ni belle ni jolie ? Elle était la première à se juger ainsi ! Un mètre et cinquante-cinq centimètres, cinquante kilos, le teint un peu jaune, la chevelure très noire, les yeux splendides, il est vrai, la bouche petite sur un menton trop rond, le nez... Oh, ce nez, ce *piffoël* impossible ! Le corps souple, puissant, les mains et les bras charmants, la jambe de cavalière, un peu épaisse, bien tournée, le pied mignon... Il avait raison, il était honnête, elle n'était « ni belle ni jolie ». D'une grande propreté corporelle, elle fait des ablutions complètes chaque matin. Le broc d'eau chaude, le broc d'eau

6. *Ibid.*, p. 27.

froide, un savon à odeur de soufre et de rose, un certain coursier pour certaine toilette, le cold-cream de la marque Arrau sur le visage jamais poudré. Elle eût détesté un flatteur qui n'en eût voulu qu'à sa dot. Aurore allait passer des jours heureux jusqu'à la fin du mois de mai. Le jeu « c'est ma femme, c'est mon mari », prenait un sens si fort qu'elle envisageait l'avenir enfin riant, avec cet excellent compagnon. Elle écrivit à Hippolyte, en mai. « J'ai ici un camarade que j'aime beaucoup, avec qui je saute et je ris comme avec toi. » Un frère, un ami. Un mari fraternel : le bonheur. La querelle revint aussitôt que Sophie fut au courant. Elle tomba au Plessis « comme une bombe ». Elle avait pris ses renseignements. Casimir avait été, lui avait-on dit, garçon de café. On rit, elle se mit en colère. Son délire la reprenait. Casimir eut beau protester avec humour qu'il n'avait jamais été garçon de café, quoique trouvant sympathiques les garçons de café, elle écumait de rage. Elle entraîna dehors Aurore, éclata en invectives contre les du Plessis, contre tout le monde. Le ciel s'assombrissait. Sans son consentement, Aurore ne pouvait rien. Aurore alla chez elle à Paris, rue Saint-Lazare, dans un appartement petit et laid qu'elle louait. Hippolyte, dégoûté de l'armée où il n'avait guère d'avancement, reçut avec plaisir la proposition d'Aurore de s'installer à Nohant. Il vivotait d'une petite pension de l'armée, l'hospitalité généreuse d'Aurore arrangeait sa vie. Sophie aimait beaucoup Hippolyte. Il savait calmer l'esprit soupçonneux de Sophie. Il lui parla avec faveur du projet de Casimir. Sophie fut flattée quand la baronne Dudevant se déplaça jusqu'à chez elle. Enfin, on la consultait, *une comtesse* avait besoin de son accord : elle existait. Elle ne s'apercevait pas des airs de « grande dame » qu'affichait la baronne chez la veuve Dupin. Aurore n'aima pas l'air doucereux, hypocrite de la baronne. Pourquoi sa mère détestait-elle autant Casimir ? « Son nez ne me plaît pas », dit-elle. Le 2 juin 1822, Sophie donna enfin son consentement. Aurore nota dans son calepin à cette date : « 7 ou 8 heures du soir bonheur inouï[7]. »

Sophie consentait à la marier mais sous le régime dotal. M. Dudevant père se sentit froissé de cette méfiance. Casimir dut céder devant cette ultime résistance de Sophie qui voulait le dernier mot. La signature du contrat de mariage eut lieu le 24 août, par-devant maître Tourin et maître Lambert. Aurore conserverait, sans pouvoir le contrôler, son héritage de cinq cent mille francs. Casimir aurait le contrôle et la gestion des biens de sa femme. Il percevrait les rentes de sa fortune mais lui verserait trois mille francs par an pour ses besoins personnels. Cette volonté de Sophie, qui peinait tant sa fille, la protégeait malgré elle. Sophie connaissait la vie, les turpitudes du « grand monde ». Ce Casimir, décidément, avait un bien vilain nez... Il se pourrait bien qu'il rendît malheureuse sa sainte Tranquille. Le mariage, modeste, eut lieu à la mairie du Ier arrondissement et à l'église Saint-Louis d'Antin. L'oncle Maréchal et Pierret furent les témoins d'Aurore. Ceux de Casimir étaient un lieutenant général, Ambert, et un négociant, Arnaud Barbeguière. Le maire, M. Lecordier, signa l'acte de mariage à la suite des époux, des témoins, de Sophie et du baron Dudevant. Aurore portait une simple toilette en moire, les manches « gigot », une capote ornée de fleurs sur ses cheveux en boucles. Un mariage hâtif, où elle allait au bras – et au lit – d'un inconnu.

Après quelques visites de noces, un bref retour au Plessis, les jeunes mariés prenaient la route de Nohant où Hippolyte les reçut joyeusement, près d'un Deschartres impassible.

Madame la baronne Amantine, Aurore, Lucile Dudevant échappait enfin à sa mère.

---

7. George Sand, *Correspondance*, tome I, chronologie annotée de G. Lubin, p. 88.

Chapitre 9

UN MARIAGE

« J'ai reçu ta lettre qui m'apprend ton mariage », lui écrivit Émilie de Wismes. À Nohant, Les Berrichons n'appelaient pas Aurore « madame la baronne », mais « madame la comtesse ». C'était l'hiver. Un rude hiver tout blanc, il neigeait. Aurore était malade d'un début de grossesse. Elle était couchée dans le lit de sa grand-mère dont elle avait fait ôter les plumets. Un mois après ses noces, elle était enceinte. Qu'en fut-il de cette fameuse nuit de noces qui orienta plus d'une biographie dans le sens de la frigidité de George Sand ? Vingt ans après son mariage, elle avait écrit à Hippolyte, quand il mariait sa fille Léontine, une lettre qui pouvait faire croire que sa première nuit avait été un viol. André Maurois concentra sa biographie autour de cette lettre. « Aurore prenait en horreur l'union charnelle. » La frigidité de la romancière, d'après André Maurois, eût daté de cette première nuit conjugale.

« Empêche, écrivait-elle à son frère, que ton gendre ne brutalise ta fille, la première nuit de ses noces, car bien des faiblesses d'organes et des couches pénibles n'ont pas d'autre cause chez les femmes délicates. Les hommes ne savent pas assez que cet amusement est un martyre pour nous. Dis-lui donc de ménager un peu son plaisir et d'attendre que sa femme soit peu à peu amenée par lui à le comprendre et à y répondre. Rien n'est affreux comme l'épouvante, la souffrance, et le dégoût d'une pauvre enfant qui ne sait rien et qui se voit violée par une brute. Nous les élevons tant que nous pouvons comme des saintes et puis nous les livrons comme des pouliches [1]. »

Aucune lettre d'Aurore à ses amies, à Casimir, ne permet d'affirmer que sa lune de miel fut un calvaire, loin de là. Elle appelle son mari « mon ange », « mon amour ». Aucune aversion du lit conjugal n'est décelée dans ses correspondances. Elles trahissent une entente, une camaraderie sensuelle, voire le plaisir à vivre (et coucher) avec Casimir. Il se montrait généreux avec elle. Il n'était, à cette époque, ni brutal ni désagréable. Il était un mari ordinaire, un brave homme sans vertu particulière. Voilà la faille véritable de ce mariage qui devint pour la jeune baronne, ardente, exaltée, littéraire, musicienne, l'ennui. L'ennui au sens où Flaubert décrira celui de Mme Bovary. Aurore va « bovariser » avant l'heure. Casimir eût même été un « bon mari » en ces années si Aurore avait été une femme ordinaire, sans se poser la moindre question, satisfaite de son intérieur, des travaux d'aiguille, de la maternité. Mais un souffle immense ne demandait qu'à croître en cette âme passionnée, insoumise et créative. Casimir était plus ennuyeux qu'un long jour de neige à Nohant. Il l'aimait bien, son Aurore, il aimait faire l'amour avec elle et probablement avait-il de la chaleur, de l'instinct, de l'adresse. Elle ne fut pas une pouliche violée ni une femme frigide. De ses noces, elle vécut certainement plus de connivence, d'ardeur vraie que ses amies de pension mariées à la même époque.

Ces premières semaines de grossesse l'accablaient de nausées. Elle était allongée, après une chute et une perte de sang. Deschartres avait exigé six semaines de repos complet. Elle avait trouvé une distraction pour

1. George Sand, *Correspondance*, tome VI (lettre à Hippolyte Chatiron, février 1843).

supporter cette immobilité. Elle avait fait arranger son lit en une sorte de bosquet afin d'y recueillir les oiseaux transis de froid et de faim. Elle avait fait tendre une toile verte sur le lit, accrocher des branches de sapin aux quatre coins. La neige était telle que les oiseaux se laissaient prendre à la main. Casimir lui en apportait de toutes espèces. Des pinsons, des rouges-gorges, des verdiers, des moineaux. Elle les apprivoisait avec une extrême facilité. Ils volaient dans la chambre, elle riait, Casimir aussi. Les oiseaux repartaient par la fenêtre ouverte, certains revenaient. C'était charmant. Un rouge-gorge ne voulut plus la quitter et resta près d'elle jusqu'au printemps. Deschartres montait la voir, Ursule aussi. Ursule lui apprit à coudre, le point de feston et de surjet. Aurore se passionna pour la couture et entreprit de confectionner la layette de son futur bébé. Elle brodait de minuscules bonnets, des chaussons. Elle se révéla très habile de ses mains, comme sa mère. Elle parlait à Émilie du « bonheur maternel » quand remuait l'enfant. Coudre, broder, se divertir des oiseaux, lire, paresser, être aimée : elle était heureuse. Deschartres faisait bon ménage avec Casimir, qu'il appréciait. Le baron trouva un meilleur compagnon en Hippolyte. Il chassait et buvait avec lui, s'occupait de Nohant, connaissait des bonheurs frustres et virils. Deschartres les quitta à la fin de son bail, « pour faire fortune ». Le spectacle du bonheur conjugal de « son » Aurore l'assombrissait. Dans une lettre du 24 novembre 1822 à M. de Scévole, maire d'Argenton, grand ami de Mme Dupin, Deschartres exprimait sa peine particulière.

« Je n'ai point varié dans le projet que j'ai conçu de quitter Nohant. [...] Ce dégoût, cet ennui profond n'a point pour cause l'arrivée, la présence des jeunes propriétaires [...]. J'ai au contraire à me louer du jeune baron dont le caractère est très doux ; il a un peu la pétulance gasconne sans en avoir la jactance, il aime sa jolie femme comme il en est aimé [...]. Eh bien, le spectacle de leur bonheur augmente ma tristesse [...]. Il me faut de la solitude[2]. »

Casimir gâtait sa jeune femme, bien que leurs revenus ne fussent que de sept mille francs. Nicolas Caron était son commissionnaire à Paris. Les Dudevant avaient connu ce receveur de rentes, homme d'affaires, chez les Roëttiers, au Plessis. Il fera quelques séjours à Nohant. Caron fut chargé par Casimir d'acheter à Aurore les partitions de piano qu'elle désirait, des bonbons, des chocolats. « C'est une envie de femme grosse », écrivait-il à son homme d'affaires. Aurore, de son côté, lui commandait du tissu pour faire des chemises à Casimir, du café de Moka, des fruits confits, des chandelles, des quinquets. Casimir lui offrit, via Caron, un collier en torsade d'or, et des boucles d'oreilles « dans un écrin en maroquin rouge », afin de ménager sa parure de perles et de diamants. L'orfèvre se trouvait passage des Panoramas, boulevard Montmartre. Chez la modiste Mme Lapostole, à la même adresse, on commandait les fichus et les coupons de toile indienne. Aurore n'hésitait pas à demander à sa mère de l'aider dans ces courses. Sophie, calmée, le faisait volontiers. Ils vivaient au-dessus de leurs moyens.

« Pour satisfaire à tous mes caprices, reconnaît Aurore dans une lettre à Casimir (novembre 1825), tu mangeas trente mille francs, la moitié de ta dot. »

Elle écrivait à Émilie de Wismes la douceur de son état, mais s'épanchait déjà sur les incompatibilités conjugales.

« Il est *absolument impossible* de rencontrer une personne dont l'humeur, les goûts soient en tout semblables aux siens propres [...]. Il faut, je crois, que l'un des deux en se mariant renonce entièrement à soi-même, et fasse abnégation de sa volonté, non seulement, mais même de son opinion, qu'il prenne le parti de voir par les yeux de l'autre, d'aimer ce qu'il aime,

---

2. George Sand, *Histoire de ma vie*, tome II, notes p. 1312.

etc. […]. Quelle source inépuisable de bonheur quand on obéit ainsi à ce qu'on aime ! […] On sacrifie en même temps à Dieu et à l'amour… »

Mais Aurore s'agace, dans la même lettre, de la soumission inévitable de la femme : « Comme *du côté de la barbe est la toute-puissance* […] c'est nécessairement à nous qu'il appartient de fléchir à l'obéissance […]. Il faut aimer […] beaucoup son mari […] pour savoir faire durer toujours *la lune de miel*[3]. »

La lune de miel n'était pas encore devenue celle du fiel. Casimir, tout aux bons soins de la jeune femme dont les malaises avaient cessé, l'emmena à Paris afin de la distraire – et pour qu'elle fasse ses couches mieux entourée qu'à Nohant. Ils passèrent quelques jours au Plessis. À Paris, ils louèrent un meublé, hôtel de Florence, rue Neuve-des-Mathurins, à M. Gallyot, ancien rôtisseur de l'empereur Napoléon qui voulait que l'ont tînt toujours à sa disposition, de jour comme de nuit, une volaille rôtie. Le pavillon avait une cour ombragée et le 30 juin 1823 son fils Maurice vint au monde.

« Ce fut le plus beau moment de ma vie que celui où après une heure de profond sommeil qui succéda aux douleurs terribles de cette crise, je vis en m'éveillant ce petit être endormi sur mon oreiller[4]. »

Forte des principes de Rousseau, elle nourrit elle-même son fils. Casimir l'avait emmené pour le déclarer à la mairie où ils s'étaient mariés. Sophie, apaisée, émue, fut la marraine de l'enfant et le père de Casimir, le parrain. Deschartres vint solennellement voir le nouveau-né, vêtu en provincial, à l'ancienne, « dans son antique habit bleu à boutons d'or ». Il démaillota le bébé avec gravité, l'examina de tous côtés pour s'assurer que rien ne clochait. Il ne le caressa pas, jamais Deschartres n'avait caressé quiconque, mais il le tint

3. George Sand, *Correspondance*, tome I, p. 104 (lettre à Émilie de Wismes, janvier 1823).

4. George Sand, *Histoire de ma vie*, tome II, p. 37.

longtemps avec émotion sur ses genoux. Le 24 juillet, Maurice fut baptisé à Saint-Louis d'Antin. Le 15 août, Deschartres après un bref retour à Nohant quittait le Berry pour toujours. Casimir retourna à Nohant sans Aurore pour veiller à la propriété. Les lettres qu'Aurore lui écrivit cet été-là révèlent une jeune femme amoureuse de *leur accord physique* dont le résultat était son bel enfant.

« Comme c'est triste, mon bon petit ange, mon cher amour de t'écrire au lieu de te parler [...], j'espère que tu ne me quitteras pas souvent, car cela me fait bien mal et je ne m'y accoutumerai jamais. [...] Bonsoir mon amour, mon cher petit mimi, je vais me coucher et pleurer toute seule dans mon lit. [...] Je te répéterai seulement que je t'adore, que je t'aime autant qu'on peut aimer sur terre [5]. »

Casimir s'occupait activement de la propriété laissée à l'abandon depuis la maladie et le décès de Mme Dupin. Il agit trop militairement, sans ménager les souvenirs d'Aurore. Elle était muette pendant ces travaux. Casimir fit redresser les allées mal tracées, abattre et couper les arbres morts, détruire certains corridors trop étroits, ce décor qui avait enchanté la petite fille d'hier. Que de souvenirs, dans ces corridors et ces allées mal tracées ! Il fit tuer les vieux chiens, dont son antique Phanor aux pattes crottées. Aurore frémit à certain coup de fusil accompagné du cri affreux d'une bête fidèle assassinée. Il avait fallu tirer le vieux chien par les oreilles jusque dans la cour. Il tremblait, il agitait la queue, il vouait à son meurtrier l'amour résigné, le cœur indéfectible des bêtes. Casimir continuait son épuration. Il vendit les chevaux trop anciens. Aurore était pétrifiée quand il fit étrangler le vieux paon qui mangeait des fraises dans la main de

5. George Sand, *Correspondance*, tome I, p. 108-109 (lettre à Casimir Dudevant, juillet 1823).

sa grand-mère. Le nouveau maître anéantissait son Nohant bien-aimé.

« Au printemps 1824, je fus prise d'un grand spleen. [...] Je me sentis écrasée d'un nouveau dégoût de la vie. [...] Un matin, en déjeunant, je me trouvai subitement étouffée par les larmes[6]. »

Elle avait tenté de noyer cet ennui en écrivant beaucoup à Émilie devenue vicomtesse de Cornulier. Elle s'occupait sans relâche et avec amour de Maurice. Rien n'y faisait. La modification de Nohant, la brutalité des initiatives de Casimir, l'avaient désespérée. Casimir s'émut de ses larmes sans les comprendre. Elle prétendit qu'elle avait « le cerveau faible » ; son époux s'empressa d'acquiescer. Ils conclurent ensemble que la solitude de Nohant leur était néfaste. Il leur fallait un entourage jeune, de la gaieté. Pourtant, elle semblait l'aimer, cette solitude ! Lors du bal à Melun, au Plessis, on avait surnommé la jeune baronne « la muette » à cause de sa sauvagerie. Son mal mélancolique la reprenait, plus vif qu'une attaque de fièvre. Une vérité apparaissait que ni Casimir ni elle ne pouvaient alors reconnaître : être seuls tous les deux à Nohant constituait la véritable solitude, faisait naître le pire des maux : l'ennui. Leurs natures, si différentes, déclenchaient ce processus qui allait jusqu'à la panique chez Aurore. Nohant n'en était pas la cause, mais les défaillances de leur couple. Aurore était au bord d'une dépression, avec *ce mari-là*. Même les livres, le piano, l'enfant ne la hissaient pas hors de ce gouffre noir. Elle relisait Montaigne, admettait avec morosité sa résignation à sa conception du mariage qui se doit d'être une alliance, jamais une passion. Quel désert, cette absence de passion... L'ennui d'Aurore était celui de centaines de femmes de sa condition et de son époque. Casimir finissait, à sa manière, par être touché par l'angoisse, il ne savait quel nom lui donner. Cette épouse désta-

6. George Sand, *Histoire de ma vie*, tome II, p. 38-39.

bilisait sa nature simple. Il lui avoua « qu'il ne se plaisait pas du tout en Berry ». Il ressentait, sans se l'avouer, sa sourde demande, à laquelle il était incapable de répondre. Il se sentait humilié. La séduire, la distraire, l'entraîner au sommet d'une ivresse passionnée. Il eût été « fort bien en Berry » avec une épouse ravie de son sort. Il avait épousé une femme inquiétante d'exigences quand il s'était cru lié à une épouse normale, soumise. La future George, à sa manière, le mettait à mort, ce baron sans prétention, sans grandes idées. Elle l'affaiblissait par ses crises, ses larmes. Il se sentait de plus en plus *impuissant* à la rendre heureuse. Elle devenait parfois insensible au lit. Que lui avait-il fait ? Il n'aimait ni les mots ni les grands discours. Le soir, il somnolait dans son fauteuil. Il se levait tôt pour chasser. Parler de Montaigne, qu'il n'avait pas lu, l'assommait. L'écouter jouer du piano lui crispait les mâchoires. Manger, boire avec Hippolyte, rire de bonnes grosses plaisanteries, dormir, lui faire l'amour, aimer leur fils, tracer de belles allées, faire rebâtir le poulailler, le rendaient heureux. La nuit, il recherchait son corps brun et souple. Elle n'aimait plus beaucoup l'amour, seule chose qu'il pensait partager avec aisance et plaisir. Elle avait un tel naturel dans l'amour, elle semblait être née pour l'éprouver et l'accomplir en gestes chaleureux, ardents. Elle était ardente *telle une fille*. Il s'irritait de ses pleurs, elle avait réussi à lui ôter Nohant où il eût pu être si heureux. Prendre Nohant en grippe, n'était-ce pas déjà la détester sans se l'avouer, elle, l'insatisfaite ? « En bien, partons », dit-il. Ils convinrent de se rendre au Plessis. Le baron, plus faible qu'elle, sans autre avenir que sa médiocre condition de petit propriétaire, était peut-être le plus lésé dans ce mariage. Il s'ennuyait férocement des volontés d'Aurore à modifier ses goûts. Elle l'humiliait en soulignant son ignorance musicale et littéraire.

« Je vis que tu n'aimais point la musique et je cessai de m'en occuper parce que le son du piano te faisait fuir. Tu lisais par complaisance et au bout de quelques lignes le livre te tombait des mains, d'ennui et de sommeil. Quand nous causions [...] littérature, poésie ou morale, ou tu ne connaissais pas les auteurs dont je te parlais, ou tu traitais mes idées de folie. [...] Jamais il ne pourrait exister le moindre rapport dans nos goûts. Je résolus de prendre tes goûts. [...] En vivant comme toi sans rien faire, je m'ennuyais à périr [...], un vide affreux se faisait sentir[7]. »

Casimir la regardait de ses yeux bleus, « inexpressifs ». Son soutien était Hippolyte, son compagnon de chasse et de boisson – ce qui déplaisait à Aurore. Hippolyte avait fait un beau mariage, en mars 1823. Il avait épousé, à Saint-Étienne-du-Mont, Émilie Devilleneuve (qui n'avait rien à voir avec la famille de Villeneuve). Il s'était installé au château de Montgivray, dot de sa femme. Caroline avait mis au monde un gros garçon, Oscar. Aurore se battait encore pour croire qu'elle pouvait être heureuse avec ce mari « simple, bon et franc ». Elle s'investit dans la maternité, dans sa correspondance. Elle se souciait de sa mère qui, malade, refusait de la rejoindre à Nohant. Aurore et Casimir quittèrent donc Nohant. Il y avait beaucoup de monde aimable, comme toujours, au Plessis. Casimir prenait de l'humeur de voir sa femme devenir gaie et pleine d'entrain. On jouait la comédie, on chassait dans le parc, on s'amusait. Casimir voulut rendre Aurore jalouse en courtisant la femme du notaire Lambert. Aurore riait, entourée des jeunes filles et des jeunes gens invités. Elle n'était pas la plus âgée mais sa qualité de femme mariée lui donnait un certain prestige. On la courtisait, elle était beaucoup plus agréable qu'à Nohant, les joues roses, le rire frais. Casimir s'exaspérait et ce fut au Plessis, devant tout le monde, qu'Aurore vécut sa première humiliation conjugale : Casimir la gifla. Elle l'agaçait d'être malheureuse seule avec lui, et de faire

7. George Sand, *Correspondance*, tome I, p. 268-269 (lettre à Casimir, novembre 1825).

la folle et l'enfant avec une bande de jeunes filles dont Clarisse et Félicie.

« C'était au Plessis, en 1824 [...], j'avais vingt ans à peu près. Nous étions très folles [...]. Clarisse jouait avec nous. Nous nous jetions du sable dans les cheveux et dans le dos. C'était après le dîner, dans le salon. On prenait du café. Il en tomba un peu dans la tasse du père James qui nous pria de finir. Nous n'écoutions guère. M. Dudevant me le commanda très brutalement, me menaça et me frappa[8]. »

Une gifle qui sonna haut et clair, un regard bleuâtre, un regard de mari tout-puissant. *Du côté de la barbe est la toute-puissance*. Aurore recula, effarée, rouge de honte. Elle s'enfuit avec Clarisse et Félicie au fond du parc. Elle éclata en larmes. Casimir l'avait perdue. « Depuis ce jour, je ne l'aimai guère », affirme-t-elle.

Casimir s'en retourna fin juin à Nohant, sans elle. « Nous avions peur de Nohant, écrit-elle, peur probablement de nous retrouver vis-à-vis l'un de l'autre. » Elle était retombée dans la tristesse. La gifle cheminait en elle, à la manière d'un mortel lichen. Elle ne se doutait pas de sa modification et prolongeait son illusion. Elle écrivait à Casimir, qui avait oublié « l'incident », des lettres d'amour où apparaissent une clairvoyance ironique sur les aventures extraconjugales de son mari. Il aimait coucher avec des servantes. Elle écrivit, cet été 1824, au maître de Nohant :

« Je suis dans mon lit, cher ange, et j'y suis avec toi [...]. Je te presse dans mes bras, contre mon cœur ; comme je te baiserai à ton retour ! [...] Adieu ! Je t'adore tu le sais, tu n'en doutes pas [...]. Parle-moi de toi, tout et en détail, repose-toi bien et *couche seul*[9]. »

Elle ne recevait pas de lettres. Elle s'impatientait, elle ne tenait plus en place, elle brûlait d'une passion

---

8. *Ibid.*, tome III, p. 135 (lettre à Félicie Gondoüin Saint-Agnan, novembre 1835).

9. *Ibid.*, tome I, p. 138-139 (lettre à Casimir Dudevant, 25 juin 1824).

vide. Casimir était loin d'éprouver ce feu plus épistolaire que réel. Il allait, Casimir, il venait à son gré. Elle restait à la maison, elle donnait ses soins à Maurice. Casimir finit par lui répondre avec chaleur.

« Je te presse contre mon cœur et te baise un million de fois sur chacune de tes petites joues pour te récompenser des petites larmes qui sortent de tes yeux adorés [...]. À mon retour, je serai si gentil que je te dédommagerai de tes peines oui, mon petit ange [10]. »

La dédommager... Ils avaient trouvé à louer une maisonnette, à Ormesson, du côté d'Enghien. Le jardin était beau et sinistre avec un faux tombeau. Les Maréchal et Clotilde vinrent passer quelques jours avec eux et ce début d'automne fut doux à Aurore. Casimir sortait beaucoup à Paris, seul, elle se promenait avec Maurice et sa famille au jardin. Casimir parfois ne rentrait pas de la nuit. Sophie, dûment invitée, ne vint pas. Elle avait toujours la même aversion pour son gendre qui lui en voulait et le lui rendait bien.

Louis XVIII mourut le 16 septembre 1824, dévoré d'une gangrène des deux jambes. Il mourut avec courage et amertume. « Un roi peut être mort, disait-il, il ne peut être malade. » Il fut le dernier roi de France à mourir sur son trône. Le service funèbre à la basilique Saint-Denis fut d'une grande pompe. Aurore y assista. L'intérieur de la basilique était tendu de draps noirs, et des frises de bougies ardentes se consumaient. La cour avait pris le deuil en violet, ils portaient des costumes rappelant les Valois. Le colossal cercueil de plomb fut descendu dans le caveau ouvert et les cordes se rompirent. Personne ne tomba dans la fosse mais il y eut des crises de nerfs. À quatre heures du soir, Aurore sortit de la basilique. Elle y était depuis huit heures du matin ! « Jamais la vue du jour et la sensation de l'air ne me parurent plus agréables. » La France prit le deuil mais le noir devint une coqueluche et fit

10. Joseph Barry, *George Sand*, Éd. du Seuil, 1982, p. 119.

la mode. Le comte d'Artois, devenu Charles X, avait regagné Saint-Cloud. Il rétablit les rituels de l'Ancien Régime. Les cheveux argent, mince et élégant, il avait belle allure. On le savait bienveillant. Il fut le dernier roi de France et de Navarre. Il se fit sacrer à Reims, le 28 mai 1825. Il arriva dans le carrosse doré du sacre, vêtu de la tunique aux huit ouvertures afin d'être oint des huiles de la Sainte Ampoule. La cérémonie dura huit heures, il portait la couronne, le sceptre, la main de justice, la cape violette, fleurdelisée, bordée d'hermine. Il pensait que l'onction de Reims rétablirait l'Ancien Régime et effacerait ces trente-six années d'histoire. Le peuple vivait mal la résurrection de l'Ancien Régime. La famille royale se composait de la duchesse d'Angoulême, revêche et cérémonieuse à l'excès, de son époux, le duc d'Angoulême, et de sa belle-sœur, Marie-Caroline de Bourbon-Sicile, veuve du duc de Berry, mère d'une petite Marie-Thérèse et du jeune duc de Bordeaux. Les cousins des Bourbons, tenus à l'écart par Louis XVIII, reçus par Charles X, les d'Orléans, habitaient le Palais-Royal. « Si la couronne tombe je m'empresserai de la ramasser », avait dit Louis-Philippe, le fils de Philippe Égalité qui avait voté la mort de son cousin Louis XVI.

La vie s'assombrissait dans le pavillon isolé à Ormesson. Casimir se prit de querelle avec le jardinier qui avait grondé Maurice pour jouer sur ses pelouses. Ils louèrent à Paris un petit meublé, rue du Faubourg-Saint-Honoré. La tristesse reprenait Aurore. Elle alla voir l'abbé de Prémord. Il ne parvint pas à la consoler. Il lui conseilla de passer quelques jours avec eux aux Anglaises. Aurore demanda « la permission » à son mari d'entrer en retraite quelques jours dans son cher couvent. Il lui accorda sa demande, pas fâché de « coucher seul ». Nullement religieux, il trouvait commode que sa femme le fût. Elle fut reçue avec beaucoup de tendresse aux Anglaises mais les charmes d'autrefois avaient disparu – les amies aussi. Sa mère Alicia lui tenait le discours d'usage : qu'elle se consacre à son enfant. C'était le seul bonheur sur terre. Pas de chimères, pas de rêves. Aurore rêvait d'une vie romanesque, justement. Aurore pria le couvent de lui laisser prendre Maurice avec elle. « Un garçon chez les nonnes ! » plaisanta sœur Poulette. Mère Alicia autorisa Aurore à garder Maurice. Il pénétra solennellement dans le couvent par le tour, sorte de cylindre creux qui servait à laisser passer les colis. À la vue des religieuses en coiffes blanches, vêtues de noir, il s'écria « Lapins ! Lapins ! ». On le gâtait beaucoup, mère Alicia l'appelait « son petit-fils ». La nuit, les cellules, les corridors étaient glacials. Aurore trouva mieux de ne pas prolonger ce séjour. Maurice toussait un peu. Sœur Hélène, confite en dévotion, l'avait déçue. Elle était devenue d'une grande dureté sur « le bonheur terrestre » qu'elle reprocha à son ancienne amie. Elle toisa Maurice, le trouva trop rose et conclut qu'il était « phtisique ». Aurore eut peur pour sa santé, elle ne pouvait l'avoir auprès d'elle la nuit. Une page était tournée, plus de sainte Aurore, plus de diablerie, plus de folles courses dans les souterrains, plus de béatitudes extatiques. Elle était une femme mariée, à un homme ordinaire qui l'avait déjà frappée, moins de deux ans après leurs noces.

Elle quitta les Anglaises et reprit la route de Nohant avec le taciturne baron. La route était longue, Maurice riait, « Han ! » disait-il – ce qui signifiait « Nohant ». Un grand chagrin attendait Aurore au printemps : la disparition de Deschartres. Casimir lui annonça la mort de « l'homme en noir », ainsi nommait-il Deschartres. Il mourut en fait en 1828 mais les souvenirs d'Aurore, sa tristesse profonde marquent en elle ce décès en 1825. Le malheureux pédagogue était probablement mort de chagrin et d'une bonne dose de « remèdes » pour en finir plus vite. Il ne fit jamais fortune. Il brouilla les pistes pour qu'on ne le retrouvât jamais. Il s'éteignit le 1er mars 1828 à Paris, à la Maison royale de santé – plus tard Maison Dubois – au 112 rue du Faubourg-Saint-Denis. « On y paye 2,50 F par jour pour être dans les salles communes, 3,50 F et 6 F pour les chambres particulières *(Almanach des 25 000 adresses... pour 1828)* [11]. » Deschartres avait été malade quelques semaines, et ait pris ses « remèdes » pour en finir. Il avait souvent parlé de son suicide avec Aurore. Il avait songé à « se brûler la cervelle » quand Maurice était mort. À la manière des anciens stoïciens, il préférait en finir que de devenir une charge à lui-même et aux autres. Il avait tout perdu et légué son misérable mobilier à une blanchisseuse qui s'était occupée de lui. Il avait voulu qu'on l'oublie, pas un mot, pas un appel, rien ne vint de lui : sa mort fut apprise par hasard. Avait-il secrètement aimé Aurore Dupin ? Le spectacle d'Aurore mariée lui avait été intolérable. Elle éprouva un immense chagrin à ce décès, que personne ne partagea. Sa mère s'écria : « Enfin Deschartres n'est plus de ce monde ! » Aurore était seule à pleurer « le grand homme ». « Je sentis que j'étais un peu plus orpheline qu'auparavant. »

Hippolyte la décevait. À trente ans il était empâté, bouffi, et alcoolique. Il s'endettait, et noyait ses soucis dans l'ivresse. Les soucis le rendaient méchant. « Cette fureur de sauvage à l'endroit du vin et des liqueurs fortes vint jeter une grosse pierre au milieu de mon repos domestique [12]. »

Hippolyte avait une petite fille, Léontine, qu'il emmenait souvent à Nohant. Elle fut élevée en bonne partie avec Maurice. La deuxième quinzaine de juin, Aimée et Jane Bazouin, en deuil de leur sœur Chérie, vinrent passer quelques jours à Nohant. Elles invitèrent Aurore et son mari à les rejoindre aux eaux, à Caute-

---

11. George Sand, *Correspondance*, tome I, p. 20, note 2 de Georges Lubin.

12. George Sand, *Histoire de ma vie*, tome II, p. 57.

rets. Casimir trouva l'occasion excellente. Aurore toussait, crachait du sang, se croyait tuberculeuse, elle avait des palpitations. Aurore somatisait avec violence leur incompatibilité. Un voyage à Cauterets, dans les Pyrénées, était un dérivatif. La Gascogne n'était pas loin, ils passeraient l'hiver à Guillery-Pompierry, près de Nérac, où habitaient les parents de Casimir. Casimir comptait sur ce voyage pour se divertir, peut-être divertir cette ombrageuse jeune femme qui avait, lugubre, fêté ses vingt et un ans. Elle écrivit à sa mère qu'ils passeraient deux mois à Cauteret et de là iraient chez le baron, en Gascogne. On emmènerait le jeune domestique Vincent et Fanchon, la bonne, et la jument Colette. Vincent et Fanchon pleuraient et Aurore aussi pleurait. Ils allaient faire un voyage de six cents kilomètres, reverrait-elle Nohant ?

Nohant et les feuilles du cerisier, que dévorent les hannetons. Les fruits tombent et la treille rutile. Cette année, il y aura beaucoup de prunes, des abricots et des melons en quantité. Aurore ne sera pas là pour les goûter ni cuire les confitures.

Dans son journal, elle écrit le 5 juillet, jour du départ et de sa fête :

« 5 juillet 1825 : voyage aux Pyrénées.

« Dans dix minutes, j'aurai quitté Nohant. Je n'y laisse rien qui puisse m'inspirer de véritables regrets, si ce n'est mon frère. Mais que cette amitié d'autrefois s'est donc refroidie ! Il rit, il est gai, à l'heure de mon départ lui ! Allons, adieu Nohant, je ne te reverrai peut-être plus [13]. »

Enfoncée dans son mal de vivre, ses maux physiques, une angoisse sans nom en longeant le treizième peuplier, vers la grande route, elle ne voit pas la moue

13. *Ibid.*, p. 58-59.

exaspérée de Casimir. C'en est déjà fait de leur mariage d'amitié. Casimir aussi est entré dans l'ennui. « Décidément, songe-t-il, elle n'est ni belle, ni jolie. » Il préféra voyager sur le siège avant, à côté du petit domestique.

Chapitre 10

LE ROMAN AURÉLIEN

L'itinéraire était long. Châteauroux, Lotiers, Argenton-sur-Creuse, Le Fay, La Ville-au-Brun, Morterol, Chanteloube, La Maison-Rouge, Limoges, Aixe-sur-Vienne, Châlus où ils couchèrent, La Coquille, Thiviers, Les Palissons, Périgueux (où ils se disputèrent), Saint-Mametz, Bergerac, Castillones, Cancon, Villeneuve-sur-Lot, La Croix-Blanche (où Aurore but une mauvaise bière), Agen, Astaffort, Lectoure, Montastruc, Auch, Vichau, Mirande, Miélan, Rabastens-de-Bigorre, Tarbes, Lourdes, Pierrefitte-Nestales et enfin Cauterets.

Dans les romans de George Sand, on retrouve les Pyrénées dans *Rose et Blanche*, *Lavinia* et *Lélia* [1].

Huit cents kilomètres en chaise de poste, le *spleen* d'Aurore. À Périgueux, Casimir éclata. Aurore arpenta la ville : « Je suis triste à mort. J'ai beaucoup pleuré en marchant. » Elle trouva Tarbes riante mais la mauvaise humeur du baron ne cédait pas. Ils arrivèrent enfin à Cauterets et Aurore fut reprise d'enthousiasme devant la majesté du paysage, « jusqu'à l'étouffement ». Il faisait chaud, la beauté sauvage du gave, sa chute d'eau, les précipices, la bouleversaient. La végétation l'étonnait, des tilleuls à courtes feuilles, des fleurs sauvages.

---

1. Ces renseignements ont été trouvés dans les notes de G. Lubin, cf. G. Sand, *Correspondance*, tome I, p. 162.

« J'étais ivre et j'avais envie de crier. » À Cauterets, à l'hôtel, Aurore aperçut Aimée Bazouin à une croisée. On s'embrassa, on s'aimait, on riait. La chambre était simple mais tout était cher dans ce petit bourg à la mode où quelques grands bourgeois venaient prendre les eaux. Aurore trouva l'hôtel sans beauté et « fort laid tout ce beau monde ». Le premier matin fut un bonheur. Cauterets se situe dans une cuvette, on entendait le grelot des troupeaux. Un espace suspendu et pur. Aurore était seule dans la chambre. Casimir était parti chasser.

« Monsieur chasse avec passion. Il tue des chamois, et des aigles. Il se lève à deux heures du matin et rentre à la nuit. Sa femme s'en plaint. Il n'a pas l'air de prévoir qu'un temps peut venir où elle s'en réjouira [2]. »

Maurice avait la fièvre, elle aussi. Elle s'inquiétait pour son fils. Sa terreur de le perdre rejoignait son angoisse chronique. Maurice souffrait de la gorge, un mal qui le suivra toute sa vie. Des aphtes, une enflure des amygdales qui parfois devenait un abcès. Bain de pieds chaud, sirop de miel, badigeon, une légère saignée et une purge : elle soignait son fils aussi bien que le médecin du coin. Il se laissait faire avec une confiance absolue. Elle fusionnait avec Maurice, son unique passion maternelle. Ses amies Bazouin la persuadèrent de prendre les eaux avec elles. Aurore vit à son tour le médecin, mais elle s'ennuya de boire ces eaux ferrugineuses, des bains chauds, de l'immobilité forcée sous les couvertures. Quelques personnes illustres se soignaient à Cauterets. La princesse de Condé, le général Foy, Mme de Rumford Les sœurs Bazouin se plaisaient à ce rythme de curistes qui ne convenait pas à la vitalité d'Aurore. Il y eut un froid entre les amies. Aurore préférait à leur compagnie – ce qui piqua au vif Aimée – celle d'une jeune femme plus âgée qu'elle, Zoé Leroy, originaire de Bordeaux, fille d'un

2. George Sand, *Histoire de ma vie*, tome II, p. 61.

négociant en vins des Chartrons. Zoé était l'amie d'un jeune homme qui allait bouleverser la jeune baronne : Aurélien de Sèze, également en villégiature. Zoé servira d'intermédiaire complaisante dans « le roman » qui liera les jeunes gens. Zoé adorait les excursions et montait bien à cheval. Aimée voulut séparer Aurore de Zoé. Zoé était trop gaie, trop libre – « comme moi » remarquait Aurore. Aimée eût apprécié que la baronne Dudevant chantât le soir au salon, ce qui assommait Aurore. Aimée se vexa, lui dit des « choses assez dures » Aurore grillait de courir la montagne avec Zoé et Casimir. Ils partirent tous les trois au cirque de Gavarnie, inconscients du danger, du froid glacial, des chevaux qui s'affolaient. De Luz à Gavarnie, il y avait des cirques de neige, des crevasses soudaines. Casimir s'irritait quand son épouse, audacieuse, franchissait aussi bien que lui, sur sa monture, des chemins périlleux. Il lança à Aurore « qu'elle se singularise ». Aurore s'écriait à son tour à Zoé qui la suivait de près « qu'elle se singularise ». Le baron s'emportait contre ces femmes qui n'avaient peur de rien, ni besoin de son aide. Il boudait, Zoé riait. Les querelles cessaient devant le paysage somptueux, la pluie des cataractes. Arrivée à un escarpement du chemin, Zoé éperonna son cheval, cria à Aurore « singularisons-nous ». Elles dépassèrent le baron au galop. L'amitié entre les deux jeunes femmes s'approfondissait, au grand dépit d'Aimée. Aurore se confiait librement à son amie, sur tous les sujets, sur les déceptions du mariage. Zoé estimait qu'elles avaient toutes les deux plus de réflexion et d'intelligence que beaucoup d'autres « qui ne pensent à rien ». C'était d'ailleurs « tant pis pour elles ». Penser, réfléchir, quel handicap pour une femme ! Elles se grisaient d'équitation. Aurore revivait :

« Il semble qu'à cheval on renaisse, on reprenne à la vie. C'est alors […] que vous voyez la nature, car à pied, […] on ne peut fixer ses yeux, les attacher sur l'horizon. […] C'est à cheval, c'est au pas, que l'on domine davantage sur la campagne et qu'elle vous paraît plus belle ;

c'est au galop que toutes les pensées quittent leur cours ordinaire et changent de place pour ainsi dire. En fendant l'air d'une course rapide, on ne souffre plus, on ne pense plus. On respire. L'esprit est comme en suspens et comme ravi du bien-être que le corps éprouve [...]. Je déteste à m'entourer de chiens et de chats. [...] Je place [le cheval] au-dessus de tous les animaux, immédiatement après l'homme [3]. »

Seule, à pied, Aurore souffrait. Elle toussait, elle étouffait, en proie à des crampes d'estomac « si abominables » qu'elle était obligée de se coucher sur l'herbe. La solitude ne lui vaut rien, Casimir est à la chasse, il lui faut Zoé, il lui faut les autres, les chers autres ; il lui faudrait l'amour. L'amour ! Elle va le rencontrer – ou son reflet parfait – en Aurélien de Sèze. Un « roman » va naître, platonique, ardent. Aurore ne demandait qu'à brûler, Aurélien s'ennuyait de son mariage organisé. Sa fiancée, Laure Le Hoult, était là avec sa famille. Elle était belle, froide, de médiocre intelligence et richissime. Aurélien trouva l'amie de Zoé piquante, adorable et si vivante sous ses cheveux noirs, avec ses yeux de braise, sa conversation pleine d'intérêt. Il tomba amoureux. Aurore aussi, ce qui galvanisa sa ferveur épistolaire. Elle avait cessé de s'ennuyer. L'amour portait un nom : Aurélien.

Jean-Pierre Aurélien de Sèze était un jeune magistrat de vingt-six ans, substitut auprès du tribunal de Bordeaux. Il était grand, brun, mince, beau. Casimir, quelque peu empâté, perdait ses attraits en comparaison du bel Aurélien. « Je lui trouvai une figure d'épicier parfaitement insignifiante », dira de lui Henri Heine qui le rencontra en 1840. Aurélien était littéraire, romantique, sensible, disponible quoique encombré de Laure Le Hoult. Aurélien était le neveu de Romain de Sèze, qui avait défendu devant la Convention en

3. George Sand, *Correspondance*, tome I, p. 212-213 (lettre à Aurélien de Sèze, octobre 1825).

décembre 1792 le roi Louis XVI. Aurélien, monarchiste et légitimiste (il dut démissionner de sa charge en 1830), était né au château d'Eyran près de Bordeaux. Son père était recteur de l'université de Bordeaux. En 1848, Aurélien représentera la Gironde à l'Assemblée législative, du côté de l'extrême droite. À Cauterets, en 1825, il ne songeait guère à la politique mais à son morose projet de mariage avec Laure Le Hoult. Les deux jeunes gens recherchèrent le tête-à-tête. Les sœurs Bazouin étaient outrées, Casimir agacé. Zoé se délectait. Elle ne croyait pas aux amours romantiques et cette idylle l'épatait. Aurore et Aurélien se promenaient sur la route de Luz à Pierrefitte. Aurélien confiait à la jeune baronne que sa fiancée était belle mais sans intérêt. Il se sentait si bien avec Aurore !

« Outre que je suis heureux, lui dit-il, je suis encore content. Non seulement vous m'avez ravi, mais encore vous me plaisez, vous me convenez [4]. »

Elle le trouvait sublime avec ses cheveux noirs, sa taille élégante, sa sensibilité et son intellectualité. Enfin un homme avec qui parler et se sentir si bien ! Il aimait sa silhouette souple, son regard, ses joues roses, son sourire, ses mots si vifs et bien tournés. Leurs deux prénoms commençaient romantiquement de la même manière. AURélien/AURore, signe dont tous les amants sont avides. Lors d'une promenade sur le lac de Gaube, Aurélien grava au canif sur le rebord de la barque : AUR. Aurore faisait semblant de ne rien voir mais son cœur bondissait. Elle osa passer sa main dans les doux cheveux de son ami, ce qui était à l'époque le comble de l'érotisme. Elle feignit aussitôt la froideur, Aurélien, froissé, cessa de lui parler pendant trois jours. Trois jours de feu intérieur, de tempêtes secrètes où l'idylle reprenait de plus belle. On partit en groupe à Gavarnie, mari et fiancée compris. Aurore émergeait de ces trois jours d'insomnie où Casimir la

4. *Ibid.*, p. 240.

brusquait. Il ne voulait pas aller à Gavarnie. La famille Le Hoult murmurait son mécontentement. Aurore palpitait d'anxiété. Allait-on la priver de son cher Aurélien ? Devinait-il, le mari, qu'elle lui échappait ? Jane Bazouin faisait remarquer à Aurore que son attitude – courir après le beau magistrat fiancé – était scandaleuse. L'excursion eut lieu, Laure Le Hoult retomba dans l'ombre et Casimir dans la bouderie.

Un bal, à Saint-Sauveur, clôturait la saison. L'été battait son plein, la nuit était délicieuse, Aurore portait une robe blanche, la taille serrée d'une ceinture à grosse boucle, des fleurs dans les cheveux. Elle avait ouvert à Aurélien « son âme en entier ». Au bal, Aurélien et Aurore se retrouvèrent seuls dans le parc. Ils tentèrent d'éclaircir leur lien, d'y échapper, mais « le plus honnête des hommes n'est pas un Dieu »

« Aurélien était seul avec moi. Un temps délicieux, une retraite sombre échauffaient son imagination. J'étais si émue que je pleurais en lui parlant. Il ne fut plus maître de lui, il me prit dans ses bras et me pressa avec ardeur[5]. »

Casimir ronflait en attendant la chasse, Aurélien et Aurore brûlaient sans faire l'amour. Il l'appelait « ma sœur chérie », sa pureté, disait-il, l'avait enchanté.

Aurore avait réussi sa première conquête : la rupture d'Aurélien avec sa fiancée. La famille Le Hoult, outragée, quitta brusquement Cauterets. On jasait. Les sœurs Bazouin étaient prêtes à se brouiller avec la trop pétulante baronne. Zoé souriait. Aurélien, obsédé d'Aurore, rejoignit les Dudevant à Bagnères. Une excursion difficile où Casimir et le bel amant hissèrent ensemble d'une crevasse, avec des foulards liés, Aurore enchantée. Le guide menaçait de les abandonner. Les corniches étaient étroites, tout manquait, ils pouvaient être

5. George Sand, *Correspondance*, tome I, p. 277 (lettre confession à Casimir Dudevant, novembre 1825).

précipités dans le vide. Aurore admirait l'intelligence des chevaux de montagne. Ils rentrèrent de leur équipée à deux heures du matin. « Les Pyrénées m'avaient exaltée », conclura Aurore. Elle faisait des rêves de chute, de vide que Freud eût trouvés liés à la frustration. « Je me réveillais baignée de sueurs froides. » Elle désirait Aurélien, prise dans un système d'interdits qui l'exaspéraient. « Continue à me résister », lui avait soufflé Aurélien, saisi des mêmes affres. Le brusque tutoiement était éloquent. Aurore ne ressentait plus de maux physiques. Elle oubliait son chasseur de baron. Au bord du gave, appuyée au bras d'Aurélien, elle escalada un énorme granit. « Il passa son bras autour de moi pour m'aider. » Au moment d'atteindre le sommet, il la supplia de l'embrasser, elle faiblit, elle se laissa baiser la joue d'« un baiser brûlant ». Elle s'enfuit et elle se heurta... à Casimir, pas si sot, qui avait flairé l'imposture. Il l'agonit d'invectives, il la bouscula. Avait-il vu le « baiser brûlant », si haut perché ? Aurore feignit de s'évanouir afin de mettre un terme à la scène conjugale. Écœuré, Casimir l'abandonna dans leur chambre et retourna à la chasse. « Pendant que tu étais à la chasse, confessera l'innocente, je me trouvai plusieurs fois seule avec lui. »

Les adieux des amants eurent lieu à la sauvage grotte de Lourdes où nulle Vierge n'était encore apparue. Ces paysages de gouffres et de cavernes seront chers aux futurs romans de George Sand.

« C'est à la face de cette nature imposante, avoua l'incomparable Aurélien, que je veux en te disant adieu te faire le serment solennel de t'aimer toute ma vie comme ma mère, comme ma sœur et de te respecter comme elles[6]. »

Le baron rapetissait son œil bleuâtre d'homme à filles et à beuveries. Il haussait les épaules, il savait

6. *Ibid.*, p. 279.

bien à quoi songe un homme quand il « presse » une femme contre lui ! Il reprochait à Aurore de le compromettre et de le rendre ridicule. Le 28 août, les Dudevant quittaient les Pyrénées pour le Guillery, chez le baron Dudevant. Aurore abandonnait son idylle. Une épaisse correspondance qu'elle n'envoya pas prit le relais. Elle « écrivait » ses rêves d'amour, son fantasme unique, un roman qui eût pu s'intituler, très sandien, *Aurélien*. La consolation de Casimir fut d'avoir tué force aigles et chamois. Il était temps d'aller chasser tout son soûl au Guillery, chez son père. L'automne, d'or et de gibiers, commençait en Gascogne. Le baron se souvenait à peine des servantes qu'il avait troussées aux auberges. Les malaises reprenaient Aurore.

Au Guillery, le *château* du baron Dudevant était une maison basse avec cinq fenêtres de front, meublée modestement, telle une bastide. Aurore n'aima d'abord pas le paysage gascon. Elle s'habitua aux genêts épineux, aux chênes-lièges. Un pays isolé où les loups hurlaient et s'avançaient jusque sous la fenêtre. Une nuit, Aurore faillit ouvrir au loup qu'elle prit pour un chien. Pas de clôture, une construction à même le sable et le sol. C'était la saison de la chasse à courre et Aurore y participa avec plaisir sur sa jument Colette. Amis, voisins, une convivialité gasconne égayait le séjour. Aurore aimait bien son jovial beau-père, « *mousu le varon* », d'après les paysans du coin. Elle ne supportait guère sa belle-mère qui le lui rendait. Elle se trouvait dans un pays de Cocagne avec ses oies, ses canards obèses, ses jambons et ses poulardes farcies. Ce régime la rendait malade. Les mets en sauce tourmentaient son estomac. Elle écrivit à Zoé : « Mon mari chasse et moi je vieillis. » Aurélien lui manquait. Elle lui écrivit chaque jour. Casimir finira par tomber sur cette liasse d'écriture nerveuse. Elle se détachait de Casimir au point de mal supporter ses étreintes. Bons camarades dans la vie, ils l'avaient aussi été au lit. Aurore changeait.

« Tes caresses me faisaient mal. Je craignais d'être fausse en te les rendant et tu me croyais froide[7]. »

Casimir s'endormait lourdement. Elle le regardait dormir, rongée de solitude, de remords, d'une folle envie d'être avec Aurélien. Les lettres d'Aurélien ! Les cacher, les savourer, y répondre, s'enivrer de ses propres mots d'amour. Sa correspondance avec l'amant si éthéré prenait un tour ténébreux, elle parlait de mort, de pressentiments. Elle l'appelait « mon ange, mon amour adoré ». Elle redevenait insomniaque, fiévreuse, elle lui écrivait : « Viens, viens me trouver durant mon sommeil, laisse-moi appuyer ma tête sur ton épaule, la cacher dans ton sein. »

Zoé avait invité les Dudevant à la Brède où sa famille avait une maison. Ils s'arrêteraient tout naturellement à Bordeaux. Aurore, tout aussi naturellement, reverrait Aurélien. Sa seule inquiétude était la santé de Maurice et de le laisser seul au Guillery. Mais, plus fort que tout, elle ressentit « un extrême désir d'aller à Bordeaux ». À Bordeaux, M. Dudevant père avait confié à son fils une petite affaire auprès d'une société d'armateurs. Casimir avait des raisons de s'y rendre. Emmener son épouse ferait taire les ragots. Les Dudevant descendirent dans un hôtel de la ville, où Aurélien, averti par Zoé, s'empressa de se rendre. Casimir était là, impassible. Par un jeu un peu pervers, il s'éclipsa ; peut-être pour mieux confondre Aurore. Aurore éclata en larmes et de confusions diverses. Elle se laissa aller à poser sa tête sur l'épaule d'Aurélien, à s'évanouir un peu. Aurélien la retint dans ses bras quand surgit le mari. Les éclats ranimèrent promptement la baronne. Elle se jeta aux pieds de Casimir. Elle lui demanda pardon, et les époux regagnèrent leur chambre laissant Aurélien livide et bouleversé. Le baron se moquait des malaises de sa femme et l'agonit de vigoureux reproches. Aurore, au bord d'une crise nerveuse, sanglotait

7. *Ibid.*, p. 280.

avec violence. À deux heures du matin, Aurélien rôdait sous les fenêtres d'Aurore. Il supputait aux lumières les chances de la trouver éveillée. Il glissa sous la fenêtre un billet la suppliant de rejeter tous les torts sur lui. Casimir, sûr de contrôler la situation, ronflait tranquillement. À l'aube, il alla chasser la perdrix. Aurore n'avait pas dormi. Elle se sentait si faible que lorsque Zoé vint la rejoindre, celle-ci l'aida à s'habiller. Aurore se disait « mourante », Aurélien ne valait guère mieux mais dans la matinée tout le monde se retrouva pour se rendre à la Brède : Casimir, Aurélien, Zoé et la baronne.

« Nous serons heureux tous ensemble », répétait la bonne Zoé.

« Casimir aimera Aurélien comme un frère », renchérissait Aurore dont le cœur vibrait d'étonnantes amplitudes.

Assise entre Casimir et Aurélien, elle en concevait un plaisir très grand. Le soir, Aurore ne put s'empêcher de continuer ses justifications d'innocence auprès du mari qui l'interrompit d'un geste agacé. Elle l'ennuyait, peu lui importait qu'elle écrivît à son éphèbe, pourvu qu'il chasse, qu'il n'y ait pas de scandale. Il lui avait fait jurer formellement que si elle retournait voir Aurélien à Bordeaux, ce serait sans amour. Cette passion troublait un peu Casimir. Sa baronne avait peut-être couché avec ce bellâtre de sous-préfecture. Aurélien, de son côté, avait la fièvre et traversait un grand trouble de conscience. Il ne voulait pas décevoir « le bon et généreux Casimir ». On était bel et bien dans un ménage à trois où la frustration triomphait car personne ne couchait avec personne. Aurore manifestait le besoin de dormir (de veiller) seule, le baron chassait, Aurélien rêvassait. Le retour de Bordeaux avait fait d'elle une amoureuse exaltée et frustrée. Guillery et ses loups ne la consolaient guère. Certaines nuits, en sueur, elle sortait, elle étouffait dans la chambre. Elle supportait mal son corps, sa vie, Casimir et ses ronflements. Elle s'hypnotisait des mots qu'elle écrivait à

Aurélien. « Mon amour adoré », « notre baiser brûlant ». Elle avait besoin du vent de la nuit pour apaiser « sa tête brûlante ». Toutes ses frustrations depuis l'enfance se retrouvaient au moment de cette passion non consommée, faite de séparation, de silence, d'absence. Casimir souffrait à sa manière, de l'amour conjugal que lui imposait cette épouse trop fantasque, audacieuse, menteuse peut-être. Elle refusait ses caresses. Leurs nuits devenaient un méchant pugilat d'où Casimir ressortait dérouté. Aurore l'offensait dans sa virilité. Jusqu'à Aurélien, Casimir n'avait jamais remis en question sa virilité, il avait partagé avec Aurore un accord plaisant dont peu d'épouses de leur milieu pouvaient se vanter. Voilà qu'elle le repoussait, si froide. Il renonçait, il n'avait jamais *violé* quiconque. Elle avait été reconnaissante lors de leur nuit de noces de sa patience, elle aimait bien dormir avec lui. Pendant son accouchement, il ne l'avait pas quittée. Il aimait leur fils, il aimait bien sa baronne et il n'aimait pas du tout se sentir si malheureux. Il chassait de plus belle. Il avait deviné qu'il ne materait jamais ce caractère de femme auquel il ne s'attendait pas quand, au Plessis, elle jouait de si bon cœur avec lui « au mari et à la femme ».

Casimir était floué.

Il retourna à Nohant début novembre pour s'occuper de la propriété. Il revint fin novembre. Aurore passa tout l'hiver au Guillery, jusqu'à la fin de janvier 1826. Elle écrivait longuement à Casimir qui, éloigné, lui redevenait cher. Maurice avait souffert à nouveau de la gorge, elle l'avait soigné au sirop et au miel. Quand on lui demande où est son père, Maurice dit *Han* (Nohant) et *papa dada* (papa à cheval).

« Ô mon ami ! L'idée de ton chagrin, du mal que je t'ai fait éprouver est la plus cuisante et la seule [pensée] pour ainsi dire qui se présente à moi. [...] Ta conduite t'a rendu tous tes droits sur mon cœur[8]. »

8. *Ibid.*, p. 229 (lettre à Casimir Dudevant, 7 novembre 1825).

L'idée de fuir avec Aurélien l'avait frôlée. Aurélien, soucieux des conventions, l'en avait dissuadée avec effroi. Son confort était qu'elle reste « loyale avec le bon Casimir ». Les lettres écrites à Casimir et simultanément à Aurélien prêtent à Aurore un rôle d'« homme » pris entre deux amours. Aurore était d'une aisance confondante avec ses serments et ses protestations à chacun. Casimir était devenu « mon bon ami », Aurélien remportait la palme plus brûlante (autrefois adressée à Casimir) de « mon ange adoré ». Elle rusait sans se l'avouer, elle se persuadait à mesure de sa pureté absolue.

Aurore arriva même à ébranler le baron qui écrivit quelques lettres suppliantes où il était (enfin) question d'amour, non de leurs affaires. « Aime-moi un peu », plaidait Casimir qui se sentait étrangement abandonné, spolié par une épouse qui avait adopté le comportement d'une maîtresse. Casimir avait pour la première fois de sa vie des maux de tête, des cauchemars. Il alla jusqu'à lire Pascal pour faire plaisir à l'exigeante. Il avait confié son « malheur » à Hippolyte, dont le feuilleton Aurélien. Elle lui avait volé sa paix rustre et amicale. Hippolyte n'entendit pas de la même manière les confidences de son beau-frère. Une vieille rancune l'avait repris contre l'héritière de Nohant. Elle avait hérité de justesse parce que leur père *commun* avait épousé sa mère. Lui, l'aîné de cinq années, dont la mère qu'Aurore méprisait un peu n'était pas plus gênante à fréquenter que Sophie. Lui, le mâle, n'avait pas eu Nohant. Elle osait se comporter en gourgandine ! Pris de vin autant que d'amertume, il envoya une lettre très dure à Aurore. Il la traitait, entre autres, de « femme sans honneur ». Aurore répondit aussitôt avec indignation. Qui lui avait conté de si vilaines choses sur son compte ? « Ce n'est pas Casimir, j'en suis sûre. » Si on avait osé salir ainsi son frère, elle l'aurait défendu férocement. Comment osait-il la juger ainsi, la maudire presque ? Avait-il oublié que le même sang coulait dans leurs veines ? Comment pouvait-il l'écraser ainsi alors qu'elle proposait tant d'arrangements aimables avec « ce pauvre Casimir, fatigué, peiné, seul » ? « Je sais que je peux aller à Bordeaux sans le trahir. » Son mari était doux, tolérant, le contraire de ce frère brutal, injuste. Elle lui interdit de récidiver à son encontre des injures de la sorte. Hippolyte se mit à préférer Casimir à sa sœur. Dans la foulée, le 25 novembre, Aurore écrivit à Casimir sa fameuse lettre confession de dix-huit pages. À son retour, Casimir parcourra ce document qui dévoilait les détails de « l'affaire Aurélien » et les griefs d'Aurore. Elle parlait de son ennui, de ses peines, du désir de partager avec Casimir une vie plus intellectuelle. Elle proposait au baron huit articles d'un mode de vie qu'ils devraient s'imposer. Le « plan » d'Aurore était long à lire et le baron, fatigué de sa route, eut du mal à déchiffrer en entier ce système impensable, né du rêve d'Aurore Dudevant au sujet de la vie à deux. Elle avait pour excuse sa jeunesse (vingt et un ans) et son peu d'expérience. Elle n'avait encore rien compris à l'homme.

« Article 1 – Nous n'irons point à Bordeaux cet hiver. [...] Nous irons où tu voudras et tu arrangeras notre hiver soit à Paris, soit à Nohant. Je m'y soumettrai sans regret.

« 2 – Je te jure [...] de ne jamais écrire en secret à Aurélien. Mais tu me permettras de lui écrire une fois par mois. [...] Tu verras toutes mes lettres et toutes ses réponses ; je m'engage devant Dieu à ne pas cacher une ligne.

« 3 – Si nous allons à Paris nous prendrons des leçons de langue ensemble (!). Tu veux t'instruire [...], cela me fera un plaisir extrême. Pendant que je dessinerai ou que je travaillerai tu me feras la lecture. [...] La musique [...] j'en ferai pendant que tu iras te promener.

« 4 – Tu me laisseras écrire à Zoé souvent mais je m'engage solennellement à te laisser voir toutes mes lettres. [...] Je parlerai (à Aurélien) de ma santé, de toi, de mon fils, de mes occupations.

« 5 – [...] Nous lirons beaucoup d'ouvrages qui sont dans ta bibliothèque et que tu ne connais pas. [...] Tu me feras part de tes réflexions, moi des miennes ; toutes nos pensées, nos plaisirs seront en commun.

« 6 – Jamais de fâcherie, de colère de ta part ; de chagrin de la mienne. [...]

« 7 – Enfin nous serons heureux, paisibles. [...] Tu me permettras de te parler quelquefois d'Aurélien, de Zoé. [...] Tu me permettras de dire (à Aurélien) quelque chose d'aimable de ta part. Il en sera si heureux.

« Dernier article – Une autre année [...] nous irons passer l'hiver à Bordeaux. [...] Tu me permettras de compter dessus un jour ou l'autre. »

« Voilà mon plan », concluait l'ingénue.

Il échouera d'un bout à l'autre. Casimir détestait ces contraintes, cette vie de pensionnaire des Anglaises. Aurore, amoureuse de son éternel absent, aux prises avec son « bon Casimir », pensait de bonne foi que son « plan » était lumineux.

« Lis [mon plan] attentivement, réfléchis-en, réponds-moi ; je ne crois pas qu'il puisse te blesser. J'attends ta décision avec anxiété. [...] Le bonheur que j'avais rêvé à la Brède sera complet. [...] Il nous manquait la voix de quelqu'un dans ce conseil. C'était la tienne. Notre grand tort fut de ne pas oser te la demander dès lors. Donne-la aujourd'hui et que tout soit réparé [9]. »

Qu'allait penser Casimir le juriste de cette série d'articles ? Il retenait surtout que le bilan de leurs trois années de mariage était décevant, injurieux pour lui. Il avait eu la patience de lui laisser vivre son roman adultérin, même si elle jurait de sa chasteté. Elle avait l'aplomb de poser ses propres lois conjugales où, à mesure, son rôle à lui devenait dérisoire. Elle exprimait sa bonne volonté de vivre avec lui mais sans renoncer à ses amours contingentes, fussent-elles « fraternelles »

9. *Ibid.*, p. 291-292 (lettre confession à Casimir Dudevant, novembre 1825).

Au Guillery, il avait bien vu qu'elle se laissait courtiser avec plaisir par les jeunes gens du cru et se moquait en public de ses balourdises. « Laissez ! Ce pauvre Casimir n'a rien compris ! » Le « plan » de son épouse finira aux oubliettes.

Aurore tentait de se distraire en dépit de ses maux de tête, de ses maux de gorge. La famille de Beaumont l'avait invitée à séjourner au grand manoir de Xaintrailles. Aurore avait du succès. En décembre, Casimir, devant ses malaises, partit seul à Bordeaux. Il n'était guère pressé de la satisfaire sur le chapitre « dernier article ». Aurore écrivit à Zoé pour s'épancher sur Aurélien. « Je fais des rêves délicieux. » Casimir était à Bordeaux pour Noël où il écrivait à sa femme qu'il ne s'amusait guère. Il était content que sa réputation fût intacte.

« Tu jouis ici d'une réputation brillante, on ne parle que de ton esprit extraordinaire, de femme pas ordinaire, de tes talents. Ceux qui ne te connaissent pas brûlent du plus grand désir de te voir. Juge comme je suis fier et c'est à moi qu'on vient conter tout ça ; je fais jabot, comme tu penses [10]. »

Aurore écrivait à sa mère qu'au carnaval, en février, elle irait avec son mari à Bordeaux. Bordeaux (Aurélien) devenait l'obsession d'Aurore. Elle ne pensait plus à Nohant. En janvier, elle souffrit d'une si forte angine qu'on dut lui poser vingt-six sangsues sur le cou. Elle était enfin à Bordeaux en février avec Casimir. Elle transposera quelques descriptions du port de la ville dans son roman *Indiana*. Une profonde déception l'attendait. Aurélien se montra distant, glacé. Un amour par lettres n'existe pas. Elle avait rêvé et non vécu cet amour-là. La distance, le manque de vrais contacts, bâtissaient une chimère. Elle savait, au fond d'elle-même, que tout cela n'était qu'un vent brûlant relié à

10. Bibliothèque de l'Institut, coll. Spoelberch de Lovenjoul, E 868, fol. 226-227.

de l'écriture. Elle dissimula sa mélancolie. Elle était vêtue d'une robe en mérinos noir, à plis, sans garnitures, avec une pèlerine. Elle dissimula sa mélancolie « jusqu'à ce que la colère s'empare de moi », dira Lélia. Revoir Aurélien à Bordeaux, sans être amants, devenait enfin « la mort douce d'une idée fixe » :

« Un être absent avec lequel je m'entretenais sans cesse, un être [...] que je parais de toutes les perfections que ne comporte pas l'humaine nature, un homme enfin qui m'apparaissait [...] quelquefois quelques heures dans l'année [...] romanesque auprès de moi autant que moi-même [...]. L'être absent, *l'invisible* [...] était fatigué de cette aspiration surhumaine à l'amour sublime [11]. »

Les lettres d'Aurélien se feront de plus en plus rares, et froides. « Ses passions avaient besoin d'un autre aliment que l'amitié enthousiaste ou la vie épistolaire. » Elle lui devenait pesante, gênante. « Je l'aimai encore longtemps dans le silence et l'abattement. » Ce séjour à Bordeaux, un autre qui suivit, marquèrent les étapes de ce que George Sand appelle dans *Histoire de ma vie* « un divorce tranquille, mais sans retour ».

Il lui fut agréable de retrouver Zoé, les sœurs Bazouin, sans rancune, quelques jeunes gens qui la courtisaient. Le roman Aurélien s'achevait. Elle en fut réveillée violemment par Casimir qui surgit un jour qu'elle était seule avec Zoé. « Il est mort ! » s'écria Casimir. Hantée de vagues remords, Aurore se jeta à genoux convaincue qu'il s'agissait de Maurice. Le baron Dudevant père venait de mourir « d'une attaque de goutte à l'estomac ». Aurore se releva avec « un violent mouvement de joie » car « les entrailles maternelles sont féroces ». Ils repartirent à Nérac. Le baron était étendu sur son lit. Après les funérailles, sa veuve ne quitta pas la chambre aux lits jumeaux, où il avait expiré. Un mince sourire flottait sous ses voiles noirs.

---

11. George Sand, *Histoire de ma vie*, tome II, p. 94 et 99.

Elle écartait avec indifférence les effusions d'Aurore. Elle avait hérité de tout, excepté un legs à Casimir de quarante mille francs. La baronne, précise Aurore, n'aimait personne qu'elle-même. Aigrie, sans enfants, lassée d'une vie assez rude, elle n'avait puisé de consolation que dans l'argent. Elle s'était habilement assuré cette succession au détriment de Casimir. Le jeune couple restait pauvre relativement. Ils ne comptaient que sur Nohant et la petite affaire de Bordeaux. Casimir ne jouirait de la totalité des biens qu'à la mort de sa belle-mère.

On était au printemps 1826 quand ils retrouvèrent Nohant. Charles X, à Paris, bénissait la première pierre d'un monument, place de la Concorde, à l'endroit où avaient été décapités son frère et sa belle-sœur. Les messes en souvenir de la mort de Louis XVI et de Marie-Antoinette étaient célébrées à la chapelle expiatoire, sur l'ancien cimetière de la Madeleine. En peinture, on admirait le tableau d'Eugène Delacroix représentant les massacres de Chio. Villèle avait en vain essayé de lutter contre le règne des ultras. L'opposition gagnait sourdement du terrain. Charles X avait la maladresse de ne recevoir aux Tuileries que des aristocrates. Les membres de la garde nationale, ulcérés d'être renvoyés chez eux, avaient gardé leurs armes : 1830 se préparait.

Chapitre 11

AUTOUR DE SOLANGE

Aurore intériorisa Nohant comme sa terre, son refuge, et elle s'y comporta aussitôt en « châtelaine ». Elle n'était plus une épouse soumise, mais cette jeune femme de vingt-deux ans, qui, selon ses dires, avait déjà « beaucoup vécu ». La désaffection de sa mère, les deuils, le mariage, la maternité, l'élan amoureux... La route vers Nohant était aussi longue et pénible qu'à l'aller. Bordeaux, Libourne, Mussidan, Périgueux, Thiviers, Châlus, Limoges, Bourganeuf, Guéret, Genouillac, La Châtre et enfin, au bout de l'allée des treize peupliers : Nohant.

Trois jours après son arrivée Aurore écrivait à Zoé le bonheur d'être chez elle où tout lui rappelait son enfance :

« Il y a un plaisir réel à se retrouver sous son toit, au milieu de ses gens, de ses animaux, de ses meubles [1]. »

C'est déjà le ton de la future « bonne dame de Nohant » même si Casimir avait tous les droits de se comporter en maître de Nohant. Elle se consacra à soigner « ses » paysans.

« J'exerce en outre la médecine, la chirurgie, la pharmacie, etc. Je raccommode des nez cassés, je remets

1. G. Sand, *Corr.*, tome I, p. 329 (lettre à Zoé Leroy, Nohant 9 avril 1826).

des doigts coupés, je fais des potions et des *juleps* pour le rhume, je prépare des emplâtres, voire des clystères [2]. »

Elle fabriquait les sirops d'après les herbes qu'elle ramassait ; elle se souvenait des leçons de Deschartres. Elle cuisait ses confitures, des liqueurs, faisait des courses à La Châtre, les jours passaient rapidement. Elle était reprise de malaises. Elle écrivait à sa belle-mère qu'elle souffrait de douleurs diffuses, « des reins à l'estomac », et « d'un mal opiniâtre à la tête, qui est mon inséparable ». Elle soignait Maurice de sa toux et d'une inflammation des yeux avec de l'eau de gomme et de la décoction de mauve. Elle voulut administrer Nohant. Elle dépassa de quatre mille francs la rente annuelle de dix mille francs que lui accordait Casimir. Elle « rendit son tablier » au mari, ravi de reprendre la gestion de Nohant. Ce n'était pas sa place de femme, *elle n'y connaissait rien*. Elle avait auprès d'elle Léontine, la fille d'Hippolyte alors à Paris pour surveiller les travaux de son appartement. Il lui plaisait de s'occuper d'un enfant de plus même si la petite était difficile. Hippolyte avait envoyé à Maurice une girafe en peluche. Cet animal extraordinaire, encore jamais vu en France, déchaînait la curiosité et la coqueluche de Paris. Le pacha d'Égypte avait offert une girafe à Charles X. Elle alla au jardin des Plantes et les Parisiens s'en entichèrent jusqu'à l'introduire dans la mode. C'était à qui porterait un foulard, une robe, un chapeau « peau de girafe » (un fond de tissu jaune avec des pois marron).

« Maurice est amoureux de sa girafe et la fait coucher avec lui. Et en même temps je suis fort aise de connaître une girafe car Hippolyte dit qu'elle est parfaitement ressemblante [3]. »

Elle se préoccupait de la santé d'Oscar, son neveu.

---

2. *Ibid.*, p. 388 (lettre à Mme Maurice Dupin, juin 1827).
3. *Ibid.*, p. 400 (lettre à Mme Maurice Dupin, octobre 1827).

Caroline n'avait guère envie de le confier à Aurore qui proposait « le bon air de Nohant ». Caroline ne se sentait à l'aise qu'avec sa mère et les Maréchal. Une gêne persistait vis-à-vis de Nohant où on avait tant méprisé Sophie qui fuyait Aurore. Sophie lui faisait ses commissions mais elle se dérobait à ses invitations. Elle préférait toucher sa pension des mains de Caron plutôt que d'avoir affaire à Nohant. Elle multipliait ses voyages à Charleville, chez Caroline, chez les Maréchal où Clotilde, au mois de mai, épousait Auguste Dacher, un brigadier des gardes du corps du roi. Les lettres d'Aurore ne cessent d'inviter sa mère, de lui confier ses soucis de santé. Sophie ne manifestait aucune chaleur maternelle. À Paris, les fêtes solennelles du XIXe jubilé étaient ouvertes à Notre-Dame par le pape, en présence de la duchesse d'Angoulême et la duchesse de Berry. Cette France ultracatholique irritait celle du drapeau tricolore.

Aurore aimait la société. La solitude de Nohant, quoiqu'elle en dît, lui pesait. Elle s'entoura d'amis anciens et nouveaux. « Je retrouvais mes compagnons d'enfance, qui, en général, ne plurent pas à M. Dudevant. » Casimir s'en allait de son côté. Il rentrait à sa guise et à son heure, titubait de vin et de sommeil. Aurore reprenait sa vie en main. James et Angèle de Roëttiers passèrent l'hiver à Nohant avec Mme de Saint-Agnan, sa fille Félicie et les Malus. Ursule, fiancée à un garçon de La Châtre, était revenue auprès d'elle en qualité de femme de chambre. Casimir tenta-t-il sa chance auprès d'elle ? Une dispute éclata ; le baron se fâcha et Ursule s'en alla.

En juillet, Casimir repartait à Bordeaux pour ses affaires. Aurore alla au théâtre de La Châtre écouter Mlle Georges dans *Sémiramis* et *Jeanne d'Arc* avec ses compagnons de jeunesse, « la bande de La Châtre ». Ils faisaient allégrement scandale, encouragés par leur égérie, la baronne Dudevant. Elle avait retrouvé Charles Duvernet, blond jeune homme aux grandes crises de spleen. Elle aimait la gaieté inventive d'Alphonse

Fleury, « le Gaulois » comme elle l'appelait à cause de ses formidables moustaches tombantes. Alexis Duteil était le plus âgé de la bande. Il était avocat, marié, défiguré par la petite vérole, et faisait rire Aurore par ses farces. Elle reprenait sa gaieté et la mentalité d'un potache en liberté. Plus de baronne, de femme mariée, mère de surcroît, mais une jeune femme délurée. Elle adorait réveiller Duteil à n'importe quelle heure de la nuit afin de « faire des blagues » aux bourgeois endormis. Duteil fut de toutes les plaisanteries qu'ils ne manquèrent pas d'inventer pour scandaliser La Châtre. Jules Néraud était le préféré d'Aurore. Jules ne manqua pas (toute la bande, d'ailleurs) de s'éprendre de la baronne. Jules Néraud, surnommé le *Bédouin* ou le *Malgache* car il avait voyagé longtemps outre-mer. Il était juge de paix, et adjoint au maire de La Châtre. Le Malgache était un botaniste passionné. Leur grand plaisir était de courir la campagne, Maurice sur les épaules d'Aurore, Jules une boîte en fer-blanc sous le bras, et de chercher les herbes rares. Dans *Les Lettres d'un voyageur*, George Sand décrira avec affection son Malgache. Elle écrira, en 1847, la préface de son livre de botanique.

Ses amis berrichons aidèrent Aurore à avancer à grands pas vers la liberté. À l'aube, elle écoutait parfois avec eux le chant des rossignols. Casimir feignait de ne rien entendre du raffut des amis rassemblés sous les fenêtres de sa femme. Tout comme elle feignait d'ignorer les soupirs des servantes dans son lit. On se tenait mal, à Nohant, au sens des codes de la société bourgeoise. Le baron courait, la baronne aussi. De ces libertés conjointes se traçait, sans qu'Aurore s'en doutât, le râpeux et éblouissant chemin de la romancière. Il fallait passer par ces audaces pour engager l'inouï processus de partir, coucher librement, voyager, écrire. On jasait à La Châtre sur les mœurs de la baronne. Les épouses Duteil et Néraud firent des scènes féroces à leurs maris. Aurore régressait vers son adolescence. Hippolyte était redevenu le bon compagnon de jeux qu'elle avait tant aimé en dépit de ses brutalités. Il s'épanchait avec elle lors de leurs escapades. Il n'avait pas encore trouvé la femme de ses rêves, il était disposé « à toutes les extravagances » mais se raisonnait. Ils firent une escapade par une nuit d'hiver. Aurore déguisée en ouvrier, casaque et casquette, Hippolyte en paysanne, quittèrent Nohant à cheval pendant le sommeil épais de Casimir. Il y avait un bal populaire à La Châtre. Ils y dansèrent la bourrée, ils se rendirent sous les fenêtres de Duteil. Celui-ci s'empressa, sans réveiller sa femme, de se joindre à eux. Ils se livrèrent à toutes les frasques. Ils réveillèrent les chiens, ils firent un grand tapage sous les fenêtres des bourgeois, qui s'entrouvrirent. « Pourquoi nous dérangez-vous ? » sifflaient des ombres en bonnet de nuit. « C'est pour savoir si vous n'étiez pas morts ! » lançait Hippolyte. Ils philosophèrent dans les rues désertes jusqu'au petit matin. Derrière les fenêtres closes, les bourgeois savaient parfaitement que « le Don Juan femelle et sa bande » se divertissaient à leurs dépens. Quel plaisir d'herboriser avec Jules Néraud ! Ils s'en allaient le long de l'Indre ou dans les prés humides de la vallée Noire. Le Malgache s'éprenait d'Aurore et lui faisait parvenir des bouquets, un papillon rare, une coquille. Elle le rabroua gentiment, lui avoua « qu'elle aimait un peu ailleurs ».

« Voilà [Le Malgache] encore une fois en route ; à pied, avec sa boîte de fer blanc, sa pipe et sa loupe, un peu amoureux, assez malheureux [...] mais se sauvant de tout par le calembour[4]. »

Aurore et ses camarades étaient en plein dans la révolution romantique, première ébauche du socialisme si cher à George Sand. Ils aimaient les idées du comte de Saint-Simon qui, avec ses disciples, se souciait d'améliorer le sort des travailleurs. Fourier et ses

---

4. G. Sand, *Lettres d'un voyageur* (*Histoire de ma vie*, tome II), p. 802.

amis préconisaient le partage des richesses et la formation de « phalanstères », groupes familiaux et agricoles. Les disciples de Saint-Simon, Enfantin et Bazard, avaient fondé le « monastère de Ménilmontant ». Vêtus de bleu, les « apôtres » partageaient le travail quotidien. Traduits en cour d'assises en 1832, ils durent se disperser. Aurore et ses amis avaient lu Rousseau, Obermann, Chateaubriand. L'auteur de *René* cultivait le mal de vivre. On s'engouait des ruines, des clairs de lune, des tombeaux, du Moyen Âge réhabilité. Alexandre Dumas faisait couler le sang dans ses drames romantiques. On récitait les *Méditations* de Lamartine, on pleurait aux poèmes de Vigny, aux *Odes et Ballades* de Victor Hugo, véritable chef de file du nouveau mouvement qui prônait la révolte. La préface de *Cromwell* de Victor Hugo éclata tel un manifeste en faveur du libéralisme. Le 25 février 1830, la bataille d'Hernani provoqua le déchaînement des idées nouvelles contre les anciennes. On rêvait à nouveau de la République. En peinture, Eugène Delacroix était le maître. On raffolait de *La Mort de Sadarnapale*, on n'oubliait pas son inspirateur, le peintre Géricault et *Le Radeau de la Méduse* (1820). La musique connaissait des bouleversements. On s'engouait du pianiste et compositeur hongrois Franz Liszt, le jeune Hector Berlioz époustoufla en 1830 avec sa *Symphonie fantastique*.

Aurore entretenait ce spleen à la mode avec le souvenir de « l'absent ». Sa solitude conjugale était quasi totale. Elle se gardait bien de parler du plus étrange de ses amis retrouvés : Stéphane Ajasson de Grandsagne. Il tenait dans sa vie une place à part, celle du premier amant « consommé ». Elle parla de Stéphane à Zoé qui ne s'attendait pas à ce personnage dont son amie, obsédée d'Aurélien, n'avait jamais touché mot. Zoé avait soigneusement découpé aux ciseaux tous les passages compromettants des lettres d'Aurore. Zoé avait su lire entre les lignes qu'il n'y avait pas tant d'innocence dans les retrouvailles avec ce Stéphane. La lettre comportait un P.S. où Aurore priait son amie de garder le secret :

« *Un ami,* [...] le jeune Stéphane, [...] vient d'être bien dangereusement malade. [...] Moitié poitrinaire, moitié fou, il est venu passer quelque temps de sa convalescence ici. Ses joues creuses, ses yeux égarés, sa taille voûtée... *(ici coupure de la lettre)*... a jeté dans mes idées un noir et une mélancolie inconcevables. Quand il est parti et qu'il pressait ma main dans sa main décharnée [...] il m'a semblé qu'il me donnait rendez-vous dans l'autre monde. [...] Quand vous m'écrivez, ne me parlez point des bêtises que je dis [5]. »

À partir de ce mois d'octobre (1827), le nom de Stéphane va paraître régulièrement dans la correspondance. Il était revenu de Paris à La Châtre. Les lettres qu'il écrivit à Aurore ont disparu, sans doute par ses soins. Le visage émacié, le regard de feu, l'aspect maladif et la vivacité d'esprit de Stéphane troublaient Aurore. Elle se souvenait de leur attirance quand il lui donnait des leçons d'anatomie dans sa chambre. Du vivant de sa grand-mère, cette amitié avait fait scandale. Il était phtisique, ce *mal de langueur* qui séduisait l'époque. Il devint amoureux de cette Aurore plus belle, aux formes sensuelles, au regard troublant. Aurore en avait assez du roman Aurélien. Au diable l'absent et ses absences ! Stéphane prenait la place si vive du présent, de l'élan pressenti des corps. Le mariage d'Aurore avec le baron n'avait nullement affecté le jeune homme. Le mariage, cet usage, n'avait rien à voir avec l'amour. Libre, il la voulait (il *l'aimait*) libre. Aurore adorait sa conversation originale, ses projets « socialistes ». Il voulait créer une bibliothèque populaire de trois cents volumes. Cette ardeur à faire le bien, à cultiver l'intellect, décuplait la tendresse de la baronne pour ce cadet au beau visage. Son côté maternel et

5. G. Sand, *Corr.*, tome I, p. 363-364 (lettre à Zoé Leroy, octobre 1826).

infirmière l'emportait. Elle aimait soigner un homme plus faible et passionné. Stéphane restituait sa jeunesse, sa mère, leurs rencontres à Nohant. Stéphane avait choisi une voie royale et difficile d'érudit. Il était reparti à Paris ainsi que tous les amis, et Hippolyte – d'où cette lettre à Zoé. Cette main décharnée qui avait pressé la sienne éveillait le désir. Aurore chargea son frère de lui donner des nouvelles de « Steny ». Elle se sentait aussi mal en point que son ami « poitrinaire ». Elle écrivit à sa mère, dans le but de l'affoler, de l'attirer, que « ses maux de poitrine l'épuisaient ». Tout la dégoûtait, elle n'avait plus d'appétit, elle ne dormait pas. « La nuit, j'ai des oppressions insupportables. » Mais Sophie ne viendrait pas et partit à Charleville, chez Caroline. Les nouvelles de Stéphane qu'Hippolyte envoyait à sa sœur n'étaient pas réjouissantes. Le caractère difficile du jeune homme dégradait sa santé et l'isolait.

« Ce que tu me dis de Steny me fait beaucoup de peine. Il ne veut soigner ni sa santé, ni ses affaires et n'épargne ni son corps, ni sa bourse [...]. Il se fâche des bons conseils [...]. Je ne m'en suis jamais fâchée parce que je sais que son caractère est ainsi fait [...]. On doit aimer ses amis jusqu'au bout quoi qu'ils fassent. St... [...] me sera toujours cher quelque malheureux qu'il soit. [...] Il me trouvera quand tous les autres lui auront tourné le dos. [...] Si j'étais homme, avec la volonté que j'ai de servir, je répondrais de lui. Mais femme, ce que je saurai obtenir de lui devient presque nul[6]. »

Steny, St., Sten. L'amoureuse vibrait à mesure de ses propres mots. Elle écrivait jusqu'à l'imprudence et la bonne Zoé découpait aux ciseaux ce qui eût été utile à la postérité. À sa mère, installée médiocrement rue du Montblanc, Aurore envoyait des bulletins de santé

6. *Ibid.*, p. 383-384-385 (lettre à Hippolyte Chatiron, 20 avril 1826).

alarmants. « J'ai toussé tout l'hiver. » C'était un temps où la tuberculose ne pardonnait pas. Aurélien était devenu cette vapeur, cet ami lointain, à qui elle envoyait encore des lettres qui n'étaient qu'un monologue avec elle-même. Elle y exprimait naïvement (?) son admiration pour Stéphane. Elle sentait la différence entre la promesse d'ardence de Stéphane et l'évanescence aristocrate d'Aurélien. Écrire devenait un plaisir étonnant, nécessaire, au point d'entreprendre son journal, sous le titre *Voyage en Auvergne*. Au mois d'août 1827, Casimir la menait quinze jours au Mont-Dore avec Maurice. Sa santé fléchissait encore, elle était en pleine somatisation. Elle avait fait une chute, elle souffrait d'une entorse. « L'Auvergne me sembla un pays adorable. » Elle reprenait vie en observant cette nature nouvelle. L'Auvergne était moins austère que les Pyrénées. À qui écrire ? Stéphane ? « Un fou, un vrai pédant... » Elle n'aimait plus Casimir, sans se l'avouer... Sa mère ?

« Ô ma mère, que vous ai-je fait ? Pourquoi ne m'aimez-vous pas ? Vous m'avez trahie, vous m'avez menti. »

« Mont-Dore, dimanche 12 août.

« Je suis exténuée ! Que suis-je venue faire ici ? Chercher la santé ? Où est-elle la santé ? Je suis d'une humeur de chien [7]. »

La baronne Dudevant se mit alors à écrire et en oublia son projet de se tuer. La cloche du dîner sonnait, elle écrivait encore, le feu aux joues. Elle séduisit un curiste et joua de coquetterie avec lui. Elle trouvait dans ces jeux un plaisir moins grand que celui d'écrire son « journal ». Casimir devenait le mari complice, point fâché des succès de sa femme. Même si un jour il fit reculer exprès son cheval avec violence pour la heurter. Elle ne fit aucune scène : elle pensait à

7. « Voyage en Auvergne » (*Lettres d'un voyageur, Histoire de ma vie*, tome II), p. 503-504.

Stéphane. Elle prenait d'une certaine manière déjà le large. Casimir n'était plus dans aucun « article » de son « plan » de vie conjugale parfaite. Il est difficile d'affirmer qu'ils se détestaient. Une complicité était née après la lettre confession. Casimir était soulagé qu'elle le laissât agir à sa guise sans plus de reproches. Il la laissait libre de rejoindre et d'inviter ses amis, il était indulgent de ses petits scandales. Ils partageaient bien des choses, dont leur lit. Ils partageaient Maurice, le quotidien, leurs affaires. Les lettres d'Aurore à Casimir, quand il était loin d'elle, débordent de chaleur. Elle l'appelle « mon ami » (plus jamais « mon ange », c'est vrai), elle lui parle librement de Stéphane, d'Aurélien. Le baron la gâtait encore de bijoux, de chocolats, de tissus en dépit de la brèche dans leurs finances. Ils partageaient les mêmes idées politiques. Aurélien, royaliste, conservateur, agaçait secrètement Aurore, libérale comme Casimir. Aux élections de 1827, les libéraux et les bonapartistes formaient un seul groupe d'opposition aux monarchistes dévoués à Charles X. Les Dudevant faisaient partie de l'opposition. Ils organisèrent à La Châtre une campagne politique pour défendre leur candidat, Duris-Dufresne. La haine du ministère Villèle avait formé cette fusion des libéraux avec les bonapartistes. François Duris-Dufresne fut élu le 17 novembre à La Châtre grâce au soutien de Casimir et d'Aurore qui avaient loué un appartement afin de donner des bals et des réceptions en son honneur. Duris-Dufresne vota avec la gauche et fera partie des deux cent vingt et un députés hostiles à la monarchie. Il était le beau-frère du général Bertrand, républicain de vieille souche. Droiture, belles idées, boucles d'oreilles et perruque rase, il plaisait à Aurore. Ce lien-là (la politique) n'était pas négligeable entre les époux Dudevant. Ces réceptions irritèrent La Châtre qui ouvrait ses salons monarchistes. Duteil chanta des couplets composés par Aurore contre les bourgeois monarchistes. On jasa de plus belle sur la baronne. L'existence d'Aurore se divisait désormais en deux grands courants qui marquèrent sa vie : la politique, dont elle prit le goût cet automne 1827 avec son mari – et la passion d'amour. L'écriture marquera le lien constant entre les deux.

La passion s'appellerait, cette année-là, Stéphane Ajasson de Grandsagne. Il était à La Châtre pendant cette campagne politique. Aurore lui envoya un billet pressant.

« Demain, le cabriolet sera à votre porte, je vous attends pour déjeuner à dix heures. Merci de votre billet et de votre présence [8]. »

Cela ne l'empêchait pas d'écrire à Casimir, à Paris, avec sa belle sincérité : « Je suis bien aise que tu prennes des distractions. [...] Ta meilleure amie qui t'aime de toute son âme. » Elle ne s'attendait peut-être pas à avoir *un enfant de Stéphane*.

George Sand insistera beaucoup sur le fait que sa fille Solange était née « avant terme ». Georges Lubin souligne que « malgré les mots "avant terme" ou à cause d'eux, notre conviction est faite ». On ne peut attribuer la paternité de Solange qu'à Stéphane Ajasson de Grandsagne. L'itinéraire des futurs amants (la conception de l'enfant) se mit en place, véritable scénario dont on suit les étapes par la correspondance précise d'Aurore... à son mari. Elle traînait toujours ses malaises. Elle se résolut à consulter des spécialistes à Paris. Elle avait des accès de fièvre et des frissons violents, des maux de gorge, des palpitations, des étouffements, des migraines, une toux permanente. Aurait-elle les poumons atteints ? Le 6 décembre 1827, Aurore arrivera à Paris, après trente-trois heures de diligence, flanquée du frère de Stéphane, Jules Ajasson de Grandsagne. Elle décrit les détails de son voyage à Casimir. Elle était descendue à l'hôtel de Florence, rue Neuve-des-Mathurins où Maurice était né. La visite de

8. G. Sand, *Corr.*, tome I, p. 399 (lettre à Stéphane Ajasson de Grandsagne).

Stéphane est aussitôt notée au mari. « Voici Stéphane qui me conseille [de consulter] Landré-Beauvais (doyen de la faculté de médecine). » Aurore se lassera de ces diverses consultations. Elle se heurtera à des portes closes et ses amygdales « redeviennent douloureuses ».

Samedi 8 décembre : elle est reçue par Rostan, suppléant de la Salpétrière. Stéphane apparaît tel l'ami fidèle, et Aurore « pleure d'être séparée » de Casimir et de son fils, ses amours, ses seuls biens... Elle reprend sa lettre le soir même. Elle a déjeuné chez sa mère avec Hippolyte et Stéphane. « Hippolyte et lui sont comme deux ânes. Ils passent leur journée à s'appeler *mon fils* ou *mon chien*, à se donner des coups de poings ou à s'embrasser. Ils vont bien ensemble. Jules au milieu de tout cela garde le sérieux, caresse la bouteille. »

Aurore espère-t-elle rassurer Casimir par cette ambiance de potaches qui lui est familière ?

Lundi 10 décembre : elle s'indigne du scandale qu'a fait Mme Néraud à son sujet. Elle jure à Casimir, qui ne lui demande rien, d'avoir éconduit le malheureux « monsieur Jules » (Néraud).

Mercredi 12 décembre : elle rend compte des médecins qu'elle a vus et qui se contredisent dans leurs diagnostics. Husson estime qu'elle a « un peu d'anévrisme mais rien de précis, rien de sérieux, *le temps* la guérira ». Est-elle aussi malade qu'elle le prétend ? Elle va au vaudeville, elle dîne chez sa belle-mère, toujours entourée de ses compagnons. « Je prends ton enfant et toi sur mon cœur », conclut-elle à Casimir. Elle a revu Mme de Pardaillan, Mme de Saint-Agnan, « les vieilles comtesses » et son cher couvent. On arrive à la date fatidique du 13 décembre. Elle est fatiguée de courir après tant de médecins. « J'ai vu Broussais hier qui m'a trouvé une irritation de l'estomac. » Broussais semble avoir été le seul à saisir sa fragilité dangereuse : l'estomac. Elle précise qu'elle va rentrer à Nohant le jeudi suivant. Manque de chance, il n'y avait pas de place dans la diligence à la date du 17 décembre. « Toutes les places pour Châteauroux sont prises. » Elle repartirait le 21 décembre.

« Comme Stéphane vient ce matin [...] j'enverrai peut-être promener mes courses. »

Et Stéphane vint la voir ce matin du 13 décembre. Il n'y eut pas beaucoup de mots mais ces baisers et cette étreinte silencieuse et brûlante. Stéphane n'était pas Aurélien, la liberté se vivait, aimer se vivait, la vie était brève. Aurore attendait cet amour enfin de chair, non de mots. Des mots, elle n'en avait que trop écrit, trop donné à ces êtres qui ne la comprenaient pas !

À midi, toujours ce 13 décembre 1827, elle reprenait sa lettre à Casimir :

« Jules et Stéphane sont forcés de passer ici la journée de lundi. Ils me prient en grâce de ne partir que mardi. »

Est-ce la nuit du 13 décembre, si noire, chargée de froides étoiles, et non le matin que Stéphane dormit tout contre Aurore ?

Neuf mois plus tard, jour pour jour (13 septembre 1828) elle accouchait de Solange.

Aurore Dudevant avait franchi le pas le plus hasardeux d'une vie de femme mariée. Elle portait l'enfant d'un autre.

On ignore si les époux, le 22 décembre, date du retour d'Aurore, refirent chambre commune. Après la naissance de Solange, il y eut des commérages sans fin. Quand Stéphane allait à Nohant, ses amis le taquinaient. « Eh bien quoi ? Je vais voir ma fille [9] ! » disait-il. Quand le baron tenta d'enlever sa fille en plein divorce, George s'était exclamée : « Ce qu'il y a de plus curieux c'est qu'il revendique un enfant qui n'est pas de lui ! » (lettre de G. Sand, 1837).

La famille de Grandsagne revendiqua la paternité de Stéphane. Son fils, Paul-Émile, prétendait avoir bien

9. J.-L. Douchin, *George Sand l'amoureuse*, Éd. Ramsay/Pauvert, 1992, p. 49.

connu « sa demi-sœur ». André Maurois, dans sa biographie, souligne la ressemblance frappante qui existait entre la fille légitime de Stéphane et le portrait de Solange par Charpentier. La fille de Stéphane n'avait pas de sourcils. Solange non plus. Delacroix lui avait appris à se peindre des faux sourcils au crayon. Ces présomptions plaident pour la paternité de Stéphane – même si la petite fille avait une écriture identique à celle de Casimir. Sait-on jamais ? Une recherche des ADN donnerait la vraie réponse. Paix à ces quelques os, ces mânes et ces drames : Solange, peu aimée de sa mère, ne fut l'enfant de personne.

Aurore n'aima pas sa grossesse. Elle avait composé son phalanstère personnel avec Casimir, Hippolyte, la bande de La Châtre (Stéphane), les paysans qu'elle soignait. La nouvelle de cette grossesse gênait ; on n'en parlait presque pas, ou mal. Elle s'irrita qu'Aurélien fût au courant. Elle ne dit rien à Zoé, qui lui écrivait le 10 mai :

« Georgette m'écrit que Frédérique Salles qu'elle a vue à Paris lui a dit que vous êtes grosse et souffrante. Je ne le savais pas. Aurélien qu'on ne peut ordinairement accuser de taciturnité ne m'en a point parlé quoiqu'il soutienne le contraire [10]. »

Aurore se taisait, se terrait. La certitude d'être grosse l'avait peut-être affolée. Elle seule savait (et le baron aussi) à quel moment ils avaient repris le lit commun. Elle passera toute l'année 1828 à Nohant. À l'annonce de son état, Hippolyte s'était exclamé :

« Ma chère amie, tu es donc toujours enceinte ? Et c'est pour de bon cette fois-ci [11]... »

Avait-elle fait plusieurs fausses couches, d'où ces malaises permanents ? Hippolyte s'esclaffait peut-être

10. Bibliothèque de l'Institut, coll. Spoelberch de Lovenjoul, E 902, fol. 107-108.

11. Lettre inédite, Bibliothèque historique de Paris, G 459.

ainsi pour souligner l'attitude peu vertueuse de sa sœur. On était loin de la paix heureuse de sa première grossesse. Zoé, en février, lui annonçait la mort de son père, Aurore avait tardé à répondre. Elle exprimait une tristesse mêlée de culpabilité :

« Je devrais penser que tout pardon m'est interdit, je m'accuse trop moi-même. [...] Je suis une malheureuse qui n'ai plus ni tête ni cœur. [...] Je ne vous demande plus de m'aimer comme auparavant. Je ne mérite plus l'amitié de personne [12]. »

Elle avait envoyé à Aurélien, pour Noël, une « délicieuse boîte à tabac », peinte par elle. Il la remercia avec froideur. Fin janvier, Aurore avait donné un bal à La Châtre et Aurélien ironisait : « Mes compliments à Casimir ; des bals à La Châtre ! Qui l'eût dit et comment nier les progrès de la civilisation. »

La correspondance avec Aurélien avait repris bien qu'il lui conseillât, pour ménager sa santé, « n'écrivez que peu ». Elle sentait chez Aurélien la jalousie. Elle lui avait trop parlé de ce Stéphane. Même effarée, troublée, elle interrogeait, elle philosophait, elle parlait de Dieu – c'est-à-dire à elle-même. Aurélien lui rétorquait, pour la vexer, *lui qui n'avait pas couché avec elle* : « Les trois quarts de ma vie se sont écoulés sans penser à rien. »

Du côté de sa mère, point de recours. Sophie lui reprochait son silence égoïste, Clotilde venait de perdre son premier bébé, une fille, et Caroline était malade.

« Vous me traitez bien sévèrement ma chère maman [...]. Vous me prêtez une foule de motifs d'indifférence [...]. Je suis moi-même continuellement malade, ne pouvant dormir, souffrant beaucoup de l'estomac et d'un battement de cœur [13]... »

Elle ajoute, oubliant qu'elle porte un nouvel enfant,

---

12. G. Sand, *Corr.*, tome I, p. 438-439 (lettre à Zoé Leroy, 2 février 1828).

13. *Ibid.*, p. 442-443 (lettre à Mme Maurice Dupin, 7 avril 1828).

que si jamais elle perdait Maurice, « rien sur la terre ne [lui] offrirait de consolation ». Les mois avaient passé, elle avait « fort engraissé ». Aurélien, qui avait annoncé sa visite début septembre, ne s'attendait pas au spectacle de son « idole », grosse comme une tour, aux prises avec les premières douleurs. C'était le comble de la trivialité pour le sensible et dégoûté avocat général. La nuit du 12 septembre, elle avait été réveillée par un cauchemar. Léontine sa filleule était tombée dans les escaliers. C'étaient en fait les premières contractions. Aurore se leva, c'était l'aube, elle descendit au salon et prépara la layette. Aurélien frappa à la porte du salon. Il vit son idole qui alignait les bonnets, les petites brassières.

« Je me souviens de l'étonnement d'un de nos amis de Bordeaux [Aurélien] qui était venu nous voir, quand il me trouva de grand matin, seule au salon, dépliant et arrangeant la layette, qui était encore en partie dans ma boîte à ouvrage.

"Que faites-vous là ? me dit-il.

– Ma foi vous le voyez, répondis-je, je me dépêche pour quelqu'un qui arrive plus tôt que je ne le pensais [14]." »

À dix heures du matin naissait Solange, nommée ainsi en l'honneur de la patronne du Berry. L'accouchement fut très dur, le médecin, Charles Delavau, n'arriva qu'après la délivrance d'Aurore. Casimir aidait la sage-femme, tandis qu'au salon Aurélien et Hippolyte étaient anxieux à mesure des cris de l'accouchée. Hippolyte alla chercher une bouteille, puis une autre. L'ami Duteil était là. Il conta à un ami qu'il avait vu « Chatiron et l'avocat général s'embrasser comme deux pauvres et se tutoyer [15] »

Ils étaient totalement ivres quand la petite, dans un grand cri, vint au monde. Aurélien s'était enivré

14. G. Sand, *Histoire de ma vie*, tome II p. 90.
15. *Ibid.*, note de G. Lubin, p. 1326.

d'écœurement, de défaite personnelle. Elle n'accouchait pas de lui, celle qui avait attisé ses désirs. Il se sentait dépossédé, humilié. Chatiron sanglotait de joie, titubant contre le lit d'Aurore à peine remise. Cette naissance tournait au vaudeville. Rédigé le lendemain, le 14 septembre, l'acte de naissance de Solange Dudevant, relevé sur le registre d'état civil de Nohant, porte trois signatures : « Aurélien de Sèze, Chatiron, Dudevant ».

Solange était née ; Aurore Dudevant Sand n'avait pas prévu cet enfer-là. La petite non plus.

Elle n'aimait guère cette enfant et sera la première étonnée de s'en faire détester.

« Elle est bête comme une oie et a fait mille grimaces... Elle est aussi grosse que Saint-Agnan », disait-elle de la petite deux ans après sa naissance (lettre à Mme de Saint-Agnan, 1830). Sa vie durant, elle appellera Solange « ma grosse » Elle l'humiliait sur son comportement, sa silhouette, ses bizarreries, sa paresse. Peu d'indulgence, rien de la folle tendresse qui l'unissait à Maurice.

Après la naissance, Casimir en prit davantage à son aise. Il se tenait mal, il rotait, il pétait, il ronflait, bâfrait et buvait plus que de coutume. Il couchait ouvertement avec Pépita, la petite bonne qui s'occupait de Solange. Aurore entendait derrière la cloison de la chambre les ébats de Pépita et de Casimir. Elle nourrissait sa fille « blanche et grasse », mais elle avait peu de lait. Pour Maurice elle débordait de lait, d'amour. Casimir partit à Paris en octobre. Solange tomba malade. Aurore était avec elle à La Châtre, chez ses amis de Périgny, quand la petite fut secouée d'une fièvre soudaine, raidie au point qu'Aurore la crut (l'espéra ?) morte. Charles Delavau accourut et la frictionna d'eau de Cologne. L'enfant revint à elle. « J'ai revu Stéphane à La Châtre à peu près cinq minutes », écrivait Aurore à son mari. Elle lui en voulait d'avoir, sans sa permission, averti Casimir du malaise de sa fille.

« Stéphane est un imbécile de se charger des mauvaises nouvelles [...]. Je t'ai écrit lorsqu'elle était hors d'affaire, ce qui valait mieux, si ce corbeau de malheur n'eût été te porter le chagrin et l'inquiétude [16]. »

Les relations avec Stéphane, « ce corbeau de malheur », se refroidirent. Elles durèrent, bon an mal an, jusqu'en 1832.

Elle ne se cachait pas d'avoir revu tous ses amis. Elle les recevait en fumant. Elle priait Casimir de lui raporter du tabac. « Choisis-le-moi bien fin et à odeur de rose. » Au moment où elle avait failli perdre sa fille, sa passion maternelle était décuplée vis-à-vis de Maurice :

« Maurice est bien sage et bien gentil. Il me tient fidèle compagnie, sort avec moi, couche avec moi. C'est mon chaperon et mon mari [17]. »

La fillette toute neuve, « ronde comme une caille », ne comptait guère, face à l'amour dévorant pour le fils. Elle avait reçu à Nohant le drapier Blavoyer, connu à Cauterets, et qu'elle retrouvera au cours de sa vie. Blavoyer était un grand voyageur. Elle le trouvait « charmant » et déjà un flirt s'engageait. L'intrépidité sexuelle de George Sand pose une réflexion. Stéphane l'avait engrossée, mais plus jamais elle ne retombera enceinte. Nulle trace de fausses couches dans sa correspondance. Le milieu d'artistes où elle allait évoluer, les amis de La Châtre si libres en propos, férus de botanique, de médecine, lui avaient-ils enseigné les précautions pour ne pas tomber enceinte ? Les préservatifs existaient depuis 1795 sous forme de boyaux atrocement malcommodes. Il y avait les bains au mercure. Aurore, passionnée de médecine, d'anatomie, s'était peut-être procuré ces nécessités. Il fallait compter sur l'adresse de ses amants, cultivés dans les sciences

---

16. G. Sand, *Corr.*, tome I, p. 466 (lettre à Casimir Duvevant, 28 octobre 1828).

17. G. Sand, *Corr.*, tome I, p. 470 (lettre à Casimir Dudevant, 1er novembre 1828).

amoureuses, et sa propre habileté de femme avertie : éviter l'introduction des spermatozoïdes. Caresses habiles, différées, Aurore aimait l'amour, non les grossesses répétées. Ses amants aussi. Aurore Dudevant Sand se comportait exactement comme l'Église l'interdisait. Elle faisait l'amour pour l'amour et non pour la procréation. Il faut compter aussi sur sa chance, y compris sous forme d'une immunité troublante. George Sand *n'attrapa jamais rien* : ni bâtards en série, ni syphilis, ni tuberculose, ni même le choléra qui ravageait Paris ou Nohant. Musset était dévoré de maladies vénériennes, Chopin et Manceau moururent de la tuberculose. George les soignait, jamais malade du bacille qui détruisait ses amants. Les soins si frustes de Sophie lors de la campagne d'Espagne l'avaient-ils immunisée ? « Son baptême de guerre » était-il devenu un baptême de santé ? Souvent souffrante, elle cohabita sans le savoir avec un cancer à l'estomac, des intestins détraqués, des maux divers, mais elle survivait à ceux qui, mortellement atteints, l'approchaient.

La vie des époux Dudevant reprenait. Elle persuada Casimir, en janvier 1829, de donner une soirée à la sous-préfecture de La Châtre pour scandaliser ouvertement les bourgeois. Aurore, dans ses invitations, mélangea exprès les genres. Elle invita, ensemble, des libéraux, des monarchistes, le maître de musique et sa femme, ce qui choqua, en ces milieux très cloisonnés. Avec l'ami Duteil, qui au piano, qui au violon, elle osa chanter des couplets qu'elle avait composés sur l'air de *Tous les bourgeois de Chartres*.

Voilà que dans la ville
Plus d'un original
Tranche de l'homme habile
Et se dit libéral. Etc. Etc. [18]

---

18. *Ibid.*, p. 505 (lettre à Louis-Nicolas Caron, janvier 1829).

La provocation réussit admirablement mais la réputation de « la baronne » n'y résista plus. Elle était la goule, la révolutionnaire, une furie femelle à fuir. Elle paya son attitude par la rumeur qui la blessait le plus : « Tout le monde avait nommé le père de Solange. » Un homme pouvait sans déchoir semer des bâtards, elle était femme, la proie des plus bas commérages. Dans une lettre à Charles Meure, Aurore Dudevant se définissait ainsi :

« Aurore D., noble, libérale, canaille, démocrate, hérétique, schismatique, quakeresse, pamphlétaire, jacobine, émigrée, partisan du despotisme de la République, dévote, athée, etc. Etc. Etc. Etc. [19]. »

De mai à fin juillet, les Dudevant et leurs enfants partirent pour le Sud-Ouest. Ils s'arrêtèrent à Bordeaux, Aurore avait la fièvre. Elle revit Aurélien, « l'avaulka gainairalle » comme elle l'appelait avec humour. Elle le reconquit sans peine. Son aventure avec Stéphane avait modifié son attitude. Elle ironisait, fini les larmes et les vapeurs. Les Dudevant passèrent quinze jours au Guillery. Casimir affichait la complicité. Il endurait une femme brillante, délurée, qui fumait et parlait sans crainte. Il ne détestait pas ses succès, et vivait selon ses goûts. Un indicible fossé se creusait cependant entre eux à grande vitesse. En août, ils étaient à Nohant qu'Aurore reprit en main. Maurice avait six ans et elle lui chercha un précepteur. Elle ne voulait pas qu'il ingurgitât n'importe comment l'alphabet. Elle engagea, début octobre, un jeune précepteur de vingt et un ans, Jules Boucoiran, protestant nîmois. Saurait-il remplacer son pauvre Deschartres ? Deschartres dormait dans son cœur, au velours sombre de ses deuils. Jules Boucoiran deviendra son confident, avec « une familiarité galopante » d'après Georges Lubin. Elle lui écrivait deux mois après son arrivée à Nohant :

---

19. *Ibid.*, p. 510 (lettre à Charles Meure, février 1829).

« Mon petit Jules, comment vont mes enfants ? »

La spontanéité si vive d'Aurore explique ce langage qui créa bien des malentendus. « Mon petit Jules » ne signifiait pas qu'elle eût déniaisé Boucoiran dès son arrivée comme le bruit en courut dans le pays. Elle n'en resta cependant pas là avec lui. L'enseignement de Boucoiran était brillant. Maurice sut lire en trois mois. Hippolyte, dans une mauvaise passe financière, était installé à Nohant avec sa femme Émilie et sa fille. Tout ce monde pesait sur Aurore. Hippolyte avait le vin sentimental et s'épanchait auprès de sa sœur, à n'importe quelle heure de son ivresse. Il sanglotait bruyamment contre son épaule, elle voulait que tout cela cesse, y compris les soupirs éloquents de Pépita au lit de Casimir. Aurore avait besoin d'« une chambre à elle ». Le mal de vivre la reprenait. Elle avait écrit à Stéphane de lui procurer un poison afin de mettre fin à ses jours. Elle s'installa au rez-de-chaussée, dans l'ancien boudoir de sa grand-mère. Les enfants occupaient la pièce attenante. Le boudoir était si petit qu'elle accrocha un hamac pour dormir. Dans un placard, elle organisa son repaire d'écriture. Elle arrangea dans ce bureau minuscule son encrier, ses plumes, ses fleurs séchées. C'est à cette époque (1829) qu'elle eut un criquet apprivoisé. Ce « cricri » venait la voir quand elle écrivait, de onze heures du soir à deux heures du matin. Il logeait dans un tiroir. Un soir, il ne vint pas, elle le trouva écrasé contre la porte. Elle en eut vif chagrin. D'autres « cricris » vinrent la voir mais celui-là avait été unique dans sa vie au point qu'elle composa un petit livre à son sujet, *La Marraine*. Aurore s'était mise à écrire. Elle n'avait pas encore l'intention de publier, mais écrire était un puissant moyen d'échapper à son mal de vivre. Cette passion la tenait éveillée une partie de la nuit. Elle se libérait de ses angoisses en écrivant d'une seule traite, pour elle et ses amis, *Le Voyage de M. Blaise* (il ne paraîtra qu'après sa mort, en 1877). Elle écrivit dans son placard, avec son cricri,

« la suite du *Voyage en Auvergne* » et, quand le cricri mourut, *La Marraine*, destiné à Jane Bazouin.

« La mort du grillon marqua donc, comme d'une manière symbolique, la fin de mon séjour à Nohant [20]. »

Sa mère vint enfin séjourner à Nohant en compagnie de Charles Meure. Le 25 novembre, Aurore grillait de voyager seule, « le petit Jules » devint un rassurant baby-sitter pour ses enfants. Elle quitta Nohant pour Périgueux. Elle était reçue chez les amis de Duteil, les Molliet, dont la fille Félicie, avec qui Aurore s'entendait bien, était, disait-on, sa demi-sœur (lointaine frasque de Maurice Dupin). Casimir se rendit de son côté à Paris où, encore complaisant, il porta le manuscrit *La Marraine* à Jane Bazouin. C'était la première fois qu'Aurore osait voyager ainsi, sans ses enfants. Boucoiran devenait son confident. Elle avait des griefs contre Casimir. Les affaires du couple périclitaient. Casimir relançait mal son affaire, à Bordeaux. Son associé, Degrange, préparait une belle escroquerie. Aurore s'en doutait. L'escroquerie était la copropriété d'un navire fantôme. Degrange empocha les vingt-cinq mille francs du baron et disparut. Point de navire, plus de ressources. Casimir avait signé, laissé aller la chose sans rien contrôler, entre deux vins. Degrange avait profité de ce compagnon de beuverie pour obtenir les signatures. Aurore écrivit au baron une lettre furieuse, le 20 décembre 1829 :

« Mon cher ami, je vois clair comme le jour que M. Degrange se moque de toi. [...] Il te fait donner des rendez-vous. Il t'endort par des promesses. [...] On ne doit pas conclure d'affaires à la suite d'un repas quand on a le malheur de ne pas être sobre, et je suis persuadée que tu as fait celle-là, le verre à la main. [...] Ne te fâche pas de ce que je te dis. Le droit de dire la vérité est réciproque autrement il est tyrannique. [...] Avec

20. G. Sand, *Histoire de ma vie*, tome II, p. 100.

les hommes, dans des parties de garçons tu veux être le plus bruyant et tu es le plus absurde[21]. »

Est-ce à cause de cette ingérence qu'elle quitta brusquement Périgueux pour Bordeaux ? Elle s'installa à l'hôtel de Richelieu où elle fit venir Aurélien. Aurore était déjà la puissante amoureuse, celle qui décidait librement de son corps. Mais l'inconsciente avait toujours besoin de se confier. Elle écrivit à Boucoiran sans se douter qu'elle choquait ce protestant déjà amoureux d'elle :

« Ma santé se maintient bonne et d'ailleurs je suis en humeur de chanter le *Nunc demittis*. Vous ne savez pas, hérétique, ce que cela signifie ? Je vous le dirai... Bonsoir... Soignez toujours mon Maurice[22]. »

Dans l'Évangile de Luc, *Nunc demittis* est le mot du vieillard Siméon radieux d'avoir vu au Temple l'enfant Jésus. *Nunc demittis* signifie un grand cri de victoire glorieuse. *Aurélien et Aurore enfin dans un lit*. Aurore écrira à son cher « Casi », comme elle appelait son mari, qu'elle avait trouvé Aurélien « bien vieilli, bien changé et bien triste ». Le 14 décembre, elle était à Nohant. Elle se brouilla avec Boucoiran et écrivit le même jour à son mari pour le congédier : « Maurice lit couramment [...]. Ainsi mande-moi ce qu'il faut donner à M. Boucoiran et je le congédierai. [...] Je ne veux pas garder ce jeune homme éternellement ; il ne se plaît pas beaucoup ici d'ailleurs et je présume qu'il ne sera pas fâché de s'en aller. »

Jules Boucoiran quittera Nohant le 21 décembre. La brouille dura jusqu'en mars. Aurore le rappela, Jules accourut. Aurore manifesta une insolite « bienveillance » à son encontre ; elle ne détestait pas du tout le charmant petit huguenot.

« Vous convenez que vous avez eu tort et vous me

21. G. Sand, *Corr.*, tome I, p. 584-585-586 (lettre à Casimir Dudevant, décembre 1829).

22. *Ibid.*, p. 572 (lettre à Jules Boucoiran, 8 décembre 1829).

proposez de changer cette bienveillance outrée en une douceur plus noble et dont on sentira le prix davantage. [...] Adieu, mon cher enfant, venez le plus tôt que vous pourrez. [...] Comptez toujours sur votre vieille amie. Avez-vous reçu votre gilet [23] ? »

Elle renvoya Pépita du jour au lendemain. Aurore souffrait d'ophtalmie. Casimir remplaça la servante par Claire Mathelin, la femme de chambre d'Émilie. Aurore se consolait en écrivant mais elle songeait sérieusement à s'émanciper en gagnant de l'argent. Quels étaient ses talents ? Elle écrivait bien, ses amis adoraient ses lettres et le lui disaient.

« Je reconnus que j'écrivais vite, facilement, longtemps, sans fatigue ; que mes idées engourdies dans mon cerveau, s'éveillaient et s'enchaînaient [...] au courant de la plume [24]... »

« Fuir le bien-être par le travail » l'obsédait. Elle avait hérité de l'habileté manuelle et artistique de sa mère. Elle peignit des éventails, des étuis à cigares en bois de Spa (du châtaignier), des boîtes à thé avec des fleurs et des oiseaux. C'était joli, affirmait le vernisseur, mais le matériel coûtait plus cher que sa production. Elle proposa ses œuvres, à Paris, au bimbelotier à la mode, Alphonse Giroux. Il trouva ses ouvrages jolis, tenta de les vendre sans grand succès. Elle renonça à orner des boîtes. « Malgré moi, je me sentais artiste », dit-elle. Elle persévérait, elle retourna en juin à Paris avec Maurice, chez les Gondoüin Saint-Agnan. Elle visita le Louvre. Elle eut le coup de foudre pour Le Titien, Rubens, le Tintoret. Elle se sentit « transportée dans un monde sublime ». Était-elle peintre ? Elle faisait, au crayon, de jolis portraits, des aquarelles. Le 22 juin elle revenait à Nohant, les cerisiers abondaient. Elle reprenait ses crayons, trouvait Solange « aussi grasse que les fessiers des Saint-Agnan ». Elle

23. *Ibid.*, p. 615, (22 mars 1830).
24. G. Sand, *Histoire de ma vie*, tome II, p. 101.

envoya à sa mère un pot de confiture au melon vert fait par elle. Duris-Dufresne avait été réélu député du IIe arrondissement de l'Indre (La Châtre). À Paris, la révolution éclatait, sous le nom de « Trois Glorieuses ». En trois jours, Paris avait reconquis sa liberté, le drapeau tricolore, et chassait définitivement les Bourbons hors de France. « La chambre introuvable » avait été dissoute par Charles X. Il avait ordonné de nouvelles élections et misait sur la campagne d'Alger pour retrouver sa popularité. Les 3 et 4 juillet la flotte française bombarda les défenses d'Alger. Les difficultés entre Alger et Paris venaient d'une vieille dette non réglée du temps du Directoire. Le 5 juillet, le dey Hussein capitula, et le drapeau fleurdelisé flotta sur la casbah. Le roi fit tirer cent coups de canon aux Invalides. Le résultat des scrutins fut un désastre pour lui. Deux cent deux signataires libéraux avaient été réélus sur deux cent vingt et un. Les quatre ordonnances royales du 25 juillet tentèrent de lui redonner le pouvoir. Il s'agissait d'ôter de force aux journalistes et aux imprimeurs le droit de s'exprimer. Les premières émeutes éclataient le 27 juillet au centre de la capitale. Le 28 juillet, le peuple de Paris attaquait l'Hôtel de Ville aux cris de « À bas les Bourbons ! ». Paris fut hérissé de barricades. Le drapeau tricolore flotta aux tours de Notre-Dame. Du haut de la porte Saint-Denis, les insurgés écrasèrent de pavés le 3e régiment de la garde royale. À Saint-Cloud, le roi refusait toujours de retirer ses ordonnances. Le 29 juillet, ouvriers et soldats firent alliance. On attaquait les Tuileries, les femmes montaient aux barricades. Talleyrand, avec ironie, suivait ces mouvements de son hôtel. Il sortit sa montre de son gousset : « À midi cinq, la branche aînée des Bourbons a cessé de régner. »

À l'Hôtel de Ville, les pouvoirs civils et militaires furent pris en main par Laffitte, Casimir Périer, La Fayette et le général Gérard. Le 30 juillet au matin, les Parisiens lisaient sur tous les murs un placard, dû à la plume de Thiers et de Mignet :

« Le duc d'Orléans est dévoué à la révolution.

« Le duc d'Orléans a porté au feu les couleurs tricolores.

« Le duc d'Orléans accepte la Charte comme nous l'avons voulue. »

Le 31 juillet, au balcon de l'Hôtel de Ville, La Fayette embrassait le duc d'Orléans qu'il présentait au peuple.

Le 1er août, Charles X nomma le duc « premier lieutenant du royaume ». Il signa son acte d'abdication en faveur du duc de Bordeaux (le duc d'Angoulême avait aussi renoncé à sa succession). Charles X demandait à son « lieutenant » de proclamer l'avènement de Henri V et de prendre la régence au nom de l'enfant de dix ans. Le duc d'Orléans, pour seule réponse, s'écria : « Il faut absolument qu'il parte ! Il faut l'effrayer ! »

Charles X se résigna à l'exil. Il prit avec sa famille la route pour l'Angleterre. Il ne reverrait jamais la France.

Le 7 août, au Palais-Royal, Louis-Philippe était élu par la chambre des députés « Louis-Philippe Ier, roi des Français par la grâce de Dieu et la volonté nationale ». Le 9 août, il prêtait serment d'observer la Charte constitutionnelle.

« Les Trois Glorieuses » avaient abattu la monarchie restaurée, ramené le drapeau tricolore avec l'espoir de la liberté. (*La Liberté guidant le peuple* par Delacroix.)

Chapitre 12

« NOTRE DEVISE EST LIBERTÉ [1] ! »

Ces événements marquaient aussi les étapes initiatiques d'Aurore vers la liberté. Elle fonçait à cheval à La Châtre prendre des nouvelles de cette révolution attendue. Elle s'enquérait de ses amis (dont Stéphane) restés à Paris. Casimir aussi s'activait. Avec Jules Néraud, Hippolyte, il avait constitué une compagnie de gardes nationaux de cent vingt hommes. Ils arboraient la cocarde tricolore, prêts à affronter un régiment royaliste de Bourges qui, disait-on, marchait sur la ville. Le drapeau tricolore flottait sur la maison des Périgny. À Bordeaux où « les événements [s'étaient] déroulés à l'amiable », Aurélien avait donné sa démission.

Les « Trois Glorieuses » furent aussi celles d'Aurore. Le 30 juillet, elle rencontrait chez Duvernet Jules Sandeau, « dans l'épouvante générale ». Jules, pour qui elle eut une attirance impérieuse, avait dix-neuf ans. Ce jeune homme, de sept ans son cadet, aux longues boucles blondes, à la minceur de sylphe, avait l'allure prisée des romantiques. Fini les perruques, les faux cils, la cravate Directoire qui étranglait. Sandeau était loti de la courte barbe taillée en rond, de la moustache fine,

1. G. Sand, *Corr.*, tome I, p. 818 (lettre à Jules Boucoiran, mars 1831).

d'un chapeau haut à galon rouge, de bottes, et gardait son flegme. On entrait dans la France bourgeoise, nivelée, c'était la fin des grandes parades et de l'étiquette aristocrate. Sandeau était le type même du « dandy » qu'on appellait aussi *le lion* (le féminin de dandy étant *la lionne*). Jules Sandeau se nommait en réalité Léonard Sylvain Julien. « Jules » fut le prénom choisi pour sa vie d'écrivain. Il se destinait à écrire. Né en 1811 à Aubusson, il était le fils d'un contrôleur ambulant des droits réunis, nommé aux environs de La Châtre. Jules Sandeau fit des études à Bourges, d'où son amitié avec Émile Regnault, qui avait le même âge et étudiait la médecine à Paris. Quand il rencontra Aurore Dudevant, Jules faisait mollement son droit à Paris. Un dandy se devait d'être nonchalant. Cet été mémorable, Jules était chez son père. Casimir, comme souvent, était absent, quand Aurore se rendit au château de Coudray, seule, à cheval, chez Charles Duvernet. Rien que des hommes à cette soirée, ce qui l'épanouissait. Les femmes l'agaçaient.

« Je ne supporte pas longtemps la société des femmes ; non pas que je les sente inférieures à moi en intelligence [...] mais la femme est en général, un être nerveux et inquiet qui me communique [...] son trouble éternel à propos de tout. [...] D'autres sont vaines [...], celles qui ne sont pas artistes de profession arrivent souvent à un orgueil démesuré dès qu'elles sortent de la région des caquets et de la préoccupation exagérée des petites choses. C'est là le résultat d'une éducation incomplète. [...] Il resterait toujours à la femme une sorte d'excitation maladive qui tient à son organisation... J'aime donc mieux les hommes que les femmes [2]. »

Il y avait, chez Charles Duvernet, Fleury le Gaulois, « homme aux pattes immenses, à la barbe effrayante »,

2. G. Sand, *Histoire de ma vie*, tome II, p. 223-224.

Gustave Papet, éternel étudiant en médecine, Regnault que Balzac surnommait « le Pélican » en raison de sa complaisance, Décaudin, Gabriel Planet, Émile Paultre et le gracieux Sandeau. Ils passaient leurs vacances en Berry, excités des événements de Paris. Elle arriva, fraîche et brune dans son costume d'amazone, le chapeau masculin à court voile, la cravache au poing ganté, le regard si chaud, couleur café, la taille mince et l'aisance d'un joli garçon. Elle avait vingt-six ans. Elle était, si jeune encore, la femme « mûre » de Balzac. Jules fut aussitôt conquis. Il avait beaucoup entendu parler d'elle. Sandeau la connaissait par ses lettres. On lisait volontiers à haute voix, en cercle amical, une jolie correspondance. Les amis berrichons appréciaient son style, ses idées, son originalité. Dès que Sandeau la vit dans l'allée du jardin, il se retira sur un banc avec un livre et feignit de lire. Il l'observait à la manière des chats – et de l'amant pour qui le silence, le repli sont la première stratégie de la capture. La soirée fut animée. Aurore bavardait, d'une bouche trop enfiévrée, exposée, déjà éprise du jeune dandy. Avant de quitter Coudray, elle lança à la ronde une invitation générale. Elle comptait sur ses amis, à Nohant, pour dîner. Son geste était celui d'une ravisseuse quand il désigna Sandeau.

Il était onze heures du soir quand elle revint à Nohant sur sa jument Lanska. La nuit la mettait dans cet état créatif, somnambulesque, extra-lucide, amoureux. Elle s'enferma dans son cagibi d'écriture, et écrivit à Boucoiran. Son « sang bouillait ». Elle avait lu, disait-elle à Boucoiran, sa lettre à ses amis, « à toute la ville ». Cette révolution ressemblait à celle qui la bouleversait des pieds à la tête. L'amour bousculait tout sur son passage, écartait les murs, ouvrait les portes, les toits, abolissait les clôtures. La révolution, la liberté et l'amour, elle se sentait habitée d'une force à rompre les entraves.

« Je me sens une énergie que je ne croyais pas avoir.

[...] Ah ! Que j'envie votre sort ! [...] Vous êtes heureux d'être un homme [3]. »

Elle s'inquiétait des Maréchal, survivaient-ils aux violences de ces journées ? Elle priait Boucoiran de rendre visite à sa mère, qui avait tendance « à prendre tous les gens qu'elle ne connaît pas pour des voleurs ». Paris en révolution était la suprême tentation d'Aurore, confondue à l'énergie terrible que le jeune Sandeau avait éveillée. L'amour ; tout entier relié au mouvement romantique déchaîné. La bataille d'*Hernani* avait divisé autant les arts que la révolution les opinions. Aurore et ses amis signaient désormais leurs lettres « Hugolâtre ». L'aboutissement des Trois Glorieuses en monarchie bourgeoise allait profondément décevoir Aurore et les libéraux. Le roi Philippe d'Orléans détestait l'Empire, les rites de l'Ancien Régime, et se méfiait des arts. Il prisait les bourgeois, confondus, à juste titre, avec la propriété, le goût feutré, meurtrier de l'ordre et l'ignorance du peuple. Louis-Philippe tenait beaucoup à sa garde nationale qu'il passait souvent en revue, accompagné de ses fils aînés. Elle était composée de gens imposables, c'est-à-dire riches. Une garde bourgeoise à laquelle l'homme du peuple n'avait pas accès, incapable de payer seulement le costume nécessaire pour en faire partie. On entrait dans le règne des banquiers. Le peuple, d'où descendait Aurore, ce peuple pour qui la pauvreté c'est la misère, ce peuple refoulé, y compris dans le tableau de Delacroix, continuait à crever de silence et de faim. Le 12 août 1830, le ton de la France était donné. *Le Journal des débats* écrivait : « Le roi est sorti ce matin à pied dans Paris, son parapluie à la main. » Le parapluie remplaçait l'épée. Le parapluie devenait l'accessoire symbolique du bon père de famille et du fidèle époux. Descendant de Henri IV, Louis-Philippe avait choisi l'hypocrisie bon enfant. Il recevait trop simplement aux Tuileries une bourgeoisie

3. *Ibid.*, p. 683-685 (lettre à Jules Boucoiran 31 juillet 1830).

gavée, satisfaite, issue du quartier des affaires. La royauté, si longtemps de droit divin, était désormais élective. Les bonapartistes allaient rejoindre les républicains. Les fidèles du duc de Bordeaux (les carlistes) remâchaient leur rancune contre « l'usurpateur » au parapluie. Aurore Dudevant était exactement le contraire de la reine Marie-Amélie, la tant parfaite épouse et mère. Aurore Dudevant, femme mariée, allait, cet été-là, braver tous les tabous.

Il faisait chaud, on vivait dehors, on dansait sous la charmille. Elle revoyait Sandeau. Il brûlait pour cette femme étrange, dévorée de générosités diverses, de tourments profonds. Son visage, sans finesse réelle, atteignait par ses expressions un éclat sans rival. Il résistait, le jeune Jules. Il avait peur de ce brasier féminin, cette force femelle, cette puissance qu'il devinait sous la robe en soie indienne. Il se sentait délicieusement sans force en sa présence. *Il s'abandonnait*. Il était le garçon-fille-fleur qu'elle allait cueillir entre ses dents carnassières et blanches, ses lèvres que le tabac colorait en orange. Les amants de George Sand ressemblent à ce prototype d'éphèbe. Elle répétera ce choix : Musset, Chopin – de saison passionnée en saison mortelle. Qu'avait donc ressenti pour Sandeau la fougueuse baronne ? Le confident sera Émile Regnault.

« Je voyais Jules, j'entendais sa voix [...] et mon cœur brûlait d'amour sans qu'il me fût venu à l'esprit de m'y livrer ou de m'en préserver. L'avenir, le lendemain, je ne savais pas ce que c'était. [...] Tout d'un coup, une voix frappe mon oreille et me fait frissonner de la tête aux pieds. Je me retourne, c'était lui [4]. »

À Nohant, un rituel s'installait entre les amants. Jules retardait, plaisir aigu, le moment de l'approcher. Il s'asseyait sous le vieux poirier, sur le banc qu'elle aimait, du côté du petit bois. Il ramassait le foulard, le livre qu'elle avait laissés là, exprès.

---

4. *Ibid.*, p. 877-878 (lettre à Émile Regnault, 25 mai 1831).

« C'est là que pour la première fois nos cœurs se réveillèrent tout haut l'un à l'autre. »

Il se cachait dans l'allée, il savourait son apparition. Brune, ardente, souple, féminine dans sa robe blanche qui effleure le gravier et lui donne un aspect de Créole. Elle a roulé sa chevelure en nattes brillantes, où se glisse une fleur d'hibiscus. Rouge ; offerte. Il avait manifesté sa présence en déposant sa canne et son chapeau sur le banc.

« Il n'y avait pas jusqu'au lacet rouge qui serrait la coiffe de ce chapeau gris, qui ne me fît tressaillir de joie. »

Ses amis avaient tous ce chapeau-là, mais orné d'un lacet bleu ; ce lacet rouge l'hypnotisait, troublante frontière de leur amour. « Si vous saviez comme je l'aime ce pauvre enfant ! » Elle mêlait sans cesse un élan maternel à ses passions. Qu'aimait-elle en ce jeune homme encore adolescent ?

« Son regard expressif, ses manières brusques et franches, sa gaucherie timide avec moi » (même lettre à Regnault).

Il avait su, *féminin*, se faire attendre, désirer. Elle ne savait ni se protéger, ni feindre, ni résister. Elle l'aime, elle le croit, elle veut aimer. Elle savoure l'attente, seule, assise sur les marches du perron, un livre à la main. Elle ne lit pas, hantée du désir d'être aimée. Elle fut souvent la proie, la tourterelle qu'il suffisait de cueillir entre deux mains un peu trop délicates pour un homme. Elle prit l'initiative du lieu où faire ce bel amour qu'elle trouvait « pur et saint » quand il était sincère. Elle entraîna Jules dans un petit pavillon, loin de la maison, dont les fenêtres donnaient sur la route de Châteauroux. Il pouvait la rejoindre sans passer par la grille et éviter le regard de Mélanie la servante, de Lucie, de la Fernande du moulin, de Marguerite, la femme du vieux jardinier, éviter le regard de Maurice, si semblable à celui de sa mère, le regard de Solange, gênant de fixité lucide – le regard de Casimir. Aurore allait à l'amour avec l'intrépidité d'une conquérante et d'une condamnée. Elle allait à l'amour comme jadis sa mère, follement, avait suivi ses hommes, sur des routes dévastées. Ni le canon ni la foudre n'avaient détourné Sophie de rejoindre sa passion. Ni le mariage ni les conventions n'empêchaient Aurore de courir au pavillon sous les arbres.

Casimir, moins bête qu'elle ne l'avait cru, savait. Le vent, les feuilles, le treizième peuplier, le banc, le poirier, tant de bouches invisibles avaient parlé. Une colère d'impuissance humiliée le saisit. En tant que mari, il pouvait la faire surprendre et condamner à la prison pour adultère. Il fracassa son verre plein contre le mur. Outragé, malheureux à sa façon, il s'assit lourdement à son secrétaire débordant de factures en retard, de prospectus et de catalogues vantant toute espèce de marchandises qu'elle commandait à Caron. Comme il l'avait gâtée, ce démon qui couchait à sa barbe et à sa porte ! Il a du mal à écrire, il souffle, il a besoin de vin : il écrit son testament. Il n'ose éclater de son vivant, elle l'a rendu lâche. Il s'est tu à la naissance de Solange que bizarrement il ne déteste pas. Il se détache à mesure de son fils qu'elle adore, qui lui ressemble, trait pour trait. Il est bien plus à elle qu'à lui. Mais Solange… Il a bien vu qu'elle s'irritait de la petite. Elle s'en moque comme elle se moque de lui. Il consigne tout ce qu'il pense d'une telle compagne. À mesure des mots, il s'échauffe, la hait franchement. Il a plié les feuillets dans une enveloppe. « À ouvrir après ma mort. » Sa mort ! Voilà qui l'arrangerait ! Il retourne à son vin, quelle servante couchera avec lui ? Il chassera à l'aube. Il se confiera à Hippolyte qu'elle bafoue avec ses airs de châtelaine. Aurore dite Dudevant a été son enfer.

Les ragots se déchaînaient, elle s'en indignait avec une ingénuité confondante auprès de Boucoiran : « Les cancans vont bon train à La Châtre […]. Ceux qui ne m'aiment guère disent que j'aime *Sandot* (vous comprenez la portée de ce mot), ceux qui ne m'aiment pas du tout disent que *j'aime* Sandot et Fleury à la fois ;

ceux qui me détestent disent que Duvernet et vous par-dessus le marché ne me font pas peur. Ainsi, j'ai quatre amants à la fois[5]. »

Sa réputation est faite ou plutôt défaite non sans raison. « Les méchants ! Les imbéciles ! » Parmi les imbéciles, il y a le mari qui a ourdi son testament. Aurore est amoureuse, elle oscille entre la révolte, la passion mêlée à son sens cannibalesque de l'amitié. Elle rassemble dans une épître très jolie tous ses amis. Elle dit un mot charmant de chacun, elle les « aime tous », ils sont « un bataillon sacré » dont elle s'entoure et qui la protège. « Absents comme présents mes amis remplissent mon âme tout entière. » Amante, amie, mère, elle ne distingue guère les frontières. Pour Aurore (comme pour l'écrivain Colette), en amour, il n'existe pas de « pur » et d'« impur » mais « une seule et même bête » (Colette), un seul et même élan où le bien et le mal sont inintelligibles. Le mal, la romancière George Sand en trace une esquisse très nette : l'injustice sociale, le sort d'esclave des femmes, le joug absurde des maris, la misère. L'amour n'est pas le mal, le faire, c'est accomplir l'amitié par la suprême caresse.

Octobre ramenait le spleen chez Aurore. Les amis repartis à Paris, elle se retrouvait seule avec Casimir et les enfants. Dans le cagibi d'écriture, elle dessinait à l'excès, souffrit de migraines ophtalmiques. Heureusement il y avait le courrier. Dans la nuit déjà froide, elle allait d'une lettre à son roman, *Aimée*, à un dessin en cours. Quelle solitude, Nohant ! Le mari éructe, grogne dans son sommeil. Où sont les belles conversations ? Où est Paris, ses théâtres, ses artistes, ses clubs et ses révolutions, l'une après l'autre éclatées en somptueux feux d'artifice ? Aurore a besoin d'une révolution personnelle, d'un grand festin de liberté auquel elle n'ose donner encore le nom en bruissement de couleuvre qui disparaît dans les herbes : la fuite.

5. *Ibid.*, p. 722 (lettre à Jules Boucoiran, 27 octobre 1830).

Casimir et son testament vont lui fournir l'occasion rêvée. Casimir qu'elle ne supporte plus physiquement. Elle est soulagée de constater qu'elle n'est pas enceinte de son Jules chéri. Leurs ardeurs étaient exquises. Le plaisir était exquis. Elle adore le plaisir de la chair, confondu aux extases du cœur. Ah, vivre, chaque jour contre cette peau d'homme-fille, mince, paresseux, ce gentil Sandeau, « aimable et léger comme le colibri des savanes parfumées, gracieux et piquant comme l'ortie », vivre à Paris, au milieu de ces hommes, écrire, comme eux, aller, vêtue en garçon : libre.

La décision s'est nourrie de ces nuits plus claires que ses aubes noires. La décision était si grave qu'elle la paya d'abord de son corps. En décembre, alors que s'ouvre le procès des ministres de Charles X, une maladie non identifiée la cloua quinze jours au lit. À peine remise, elle découvrait le testament du malheureux Casimir qui enfin exprimait son horreur et peut-être sa terreur d'une telle épouse. Boucoiran fut mis au courant de tous les détails. Sand avait le talent de s'innocenter de tout et de tous. Simone de Beauvoir ne lui pardonne pas cette « falsification de son langage intérieur ».

« Sachez [...] que je viens de prendre *un parti violent*. [...] J'ai simplement trouvé un paquet à mon adresse, en cherchant quelque chose dans le secrétaire de mon mari. *On y lisait* : ne l'ouvrez qu'après ma mort. Je n'ai pas eu la patience d'attendre que je fusse veuve. [...] D'ailleurs j'ai supposé que mon mari était mort et j'ai été bien aise de voir ce qu'il pensait de moi durant sa vie. [...] Vive Dieu ! Quel testament ! Des malédictions et c'est tout ! Il avait rassemblé là tous ses mouvements d'humeur et de colère contre moi, toutes ses réflexions sur ma *perversité*, tous ses sentiments de mépris sur mon caractère, et il me laissait cela comme gage de ma tendresse ! [...] Cette lecture m'a enfin tirée de mon sommeil. Je me suis dit que vivre avec un homme qui n'avait pour sa femme ni estime, ni confiance, c'était vouloir rendre la vie aux morts. Mon parti été pris. [...] *Irrévocablement*[6]. »

En trois jours, Aurore Dudevant va mener la danse au baron. Il n'en reviendra pas et prendra peur. On est loin du « plan » de la vie conjugale qu'elle lui avait offert, palpitante, soumise, émue, « vierge » en quelque sorte, n'ayant couché qu'avec lui.

Le baron avait devant lui une femme dure et décidée qui osait affirmer, frappant son poing menu sur la table de la salle à manger : « Je veux une pension et j'irai à Paris pour toujours, mes enfants resteront à Nohant. »

Elle avait l'audace de lui lancer au visage la carte dont usent tant de maris pour coincer les épouses : les enfants. Elle s'en va ! Seule, sans eux ! Du moins, elle le fait croire dans le premier « arrangement ». Casimir, éberlué, dominé, accepta une défaite qu'il ne lui pardonnera jamais. Elle le mènera à ployer le genou, à pleurer et à la supplier de rester.

« Il est devenu doux comme un mouton et aujourd'hui il pleure. »

Elle exige une pension de trois mille francs, somme stipulée sur son contrat de mariage pour son entretien. Elle n'oublie rien, Aurore ; ni son dû, ni que Nohant est à elle, même si des lois machistes détournent les biens de l'épouse en faveur du mari. Casimir, chancelant, la gorge sèche, en manque de vin, parle de « fermer Nohant », de s'en aller seul, de mettre Maurice en pension à Paris, de lui laisser Solange. Elle éclate en une colère qui enfièvre l'ourlet charnel de ses lèvres. Elle se met à hurler tout ce qui blesse, tout ce qui atterre le mari stupéfait. Non ! Elle ne veut pas de lui à Paris ! Non ! Elle ne veut pas que l'on abandonne « sa » terre. Elle vivra à Paris *et* à Nohant. Depuis huit ans, elle a été sans cesse humiliée. Elle exige, à défaut d'amour (quel amour ?), le respect, d'être recherchée

6. *Ibid.*, p. 736-737 (lettre à Jules Boucoiran, décembre 1830).

« d'égal à égal » et non « supportée comme un fardeau ».

Elle supplie Boucoiran de l'aider à assurer son plan. Elle n'a aucune confiance en Casimir au sujet de ses enfants.

« Si vous êtes à Nohant, je puis respirer et dormir tranquille. Mon enfant sera en de bonnes mains, son éducation marchera, sa santé surveillée, son caractère ne sera gâté ni par l'abandon, ni par la rigueur outrée [...]. Si je laisse mon fils livré à son père, il sera gâté aujourd'hui, battu demain [7]... »

Caressante, habile, elle exprime une reconnaissance « éternelle » à Boucoiran – et Boucoiran accepta. De cette aide, peut-être, a découlé le destin de George Sand. Elle fût partie sans doute, mais dans quelles conditions ? Boucoiran arrivera à Nohant le 20 janvier. Pendant six mois, il sera seul avec Maurice et le baron. Aurore emmènera sa fille.

Hippolyte prit très mal le projet de sa sœur. Cette décision froissait en lui le mâle. Il oscillait ; il se sentait, dira George Sand dans *Histoire de ma vie*, « un peu coupable du dégoût que m'inspirait ma maison ». Il s'obstinait à la décourager :

« Tu t'imagines vivre à Paris avec un enfant monnayant deux cent cinquante francs par mois ! C'est trop risible, toi qui ne sais même pas ce que coûte un poulet ! Tu vas revenir avant quinze jours les mains vides, car ton mari est bien décidé à être sourd à toute demande de nouvelles *(sic)* subsides [8] ! »

« J'essaierai », dit-elle à son frère. Deux cent cinquante francs par mois... Elle sut manœuvrer Hippolyte afin qu'il lui prête son appartement au 31, rue de Seine-Saint-Germain. Il lui plairait, elle le savait, de se croire le maître de Nohant avec son compagnon de boisson, Casimir. Rien ne l'ébranlait ; pas même les

7. *Ibid.*, p. 738-739.
8. G. Sand, *Histoire de ma vie*, tome II, p. 108.

pleurs de Maurice, ou le regard insondable de Solange qui « ne comprenait rien ». Le baron accorda une saison. Trois mois seule à Paris, selon les conventions établies avec Casimir, c'était déjà ça, le reste suivrait. Un modeste bagage, trois dindes farcies pour ses amis berrichons, son roman *Aimée* inachevé, elle voyagea en chaise de poste, le 4 janvier 1831. Le 6, elle s'installait rue de Seine. L'odeur de la poudre s'exhalait encore des pavés de Paris. Une odeur qui l'enivrait, si proche de celle de l'encre noire, flammèche de ses nuits et de ses espoirs.

Elle avait quitté son mari. C'était une démone aux regards de tous.

Chapitre 13

PROMENADE D'UNE FEMME SEULE AU DÉSERT DES HOMMES

Sa première lettre sera pour Maurice. Dans la cour des diligences, Jules Sandeau l'attendait avec son ami de collège, Félix Pyat Né en 1810, fils d'un avocat royaliste, Pyat était journaliste au *Figaro*, et auteur dramatique. Il faisait partie du groupe des Berrichons autour d'Aurore. Elle sentit une excitation extraordinaire l'envahir, en accord avec l'agitation de la capitale. Aurore débarquait à Paris alors que l'on criait encore « Mort aux ministres ! ». Aurore trouvait tout adorable, ses amis, son petit Jules, la rue de Seine. Elle leur donna ses dindes farcies qui lui avaient servi d'oreiller pendant son voyage. Elle ne restera pas longtemps rue de Seine où, déjà, une lettre de Boucoiran l'attendait. Maurice avait été malade d'un excès de chocolat. Aurore écrivit à Casimir. Elle l'instaurait tranquillement dans un rôle de « bon camarade » que le baron accepta. Elle lui narrait, comme si rien ne s'était passé, ce qu'elle faisait à Paris – omettant son installation avec Sandeau. Elle lui raconta ses visites chez Mme Dudevant mère, à qui elle avait offert un chapeau. « Adieu mon ami, je t'embrasse de tout mon cœur. » Le ton est donné, imposé : la bonne amitié. Aurore déménagea vite de l'appartement de son frère. Elle se méfiait d'une visite intempestive. Elle partagea avec Sandeau trois mansardes, au 21, quai des Grands-

Augustins. De sa fenêtre, au cinquième étage, elle s'émerveillait du spectacle de Notre-Dame. Dans son roman *Horace*, George Sand décrit cet appartement :

« Mon petit appartement situé sur le quai des Augustins était composé de trois pièces et ne me coûtait pas moins de trois cents francs de loyer. [...] Mon balcon couronnait le dernier étage de la maison [...]. Nous embrassions d'un seul coup d'œil la plus belle partie du cours de la Seine, toute la longueur du Louvre, [...] tous les ponts et tous les quais jusqu'à l'Hôtel-Dieu. [...] La maison avait une porte de derrière sur la rue Gît-le-Cœur [1]. »

Les jours passent vite au rythme d'une existence qui enchante Aurore. Quelle aide précieuse, les amis berrichons, tous plus ou moins littérateurs et journalistes ! Paris, dont elle devenait boulimique, en cet hiver 1831, n'était guère séduisant, sorte de vaste caserne, aux silhouettes couleur muraille. Paris comptait alors huit cent dix mille six cents habitants. Quelques noms y triomphent, Buisson est le grand tailleur, Pinet le chausseur de qualité, Tortoni le glacier, Christofle représente l'orfèvrerie, les bronzes viennent de chez Denière et les livres de la librairie Mame. Laugier est le parfumeur en vogue, Dablin le célèbre quincaillier. On dîne chez Pinson, rue de l'Ancienne-Comédie, en face du café Procope. Paris, une ville également puante, mal bâtie avec ses ruelles et ses mansardes. Aurore montera par tous les temps, quelle que soit sa fatigue, l'escalier sombre et disjoint vers le petit appartement sous les toits. Paris ; c'est aussi l'affluence des idées, le mouvement romantique bat son plein. Aurore s'enivre de théâtre, dont *Antony* d'Alexandre Dumas où triomphe l'actrice Marie Dorval. Elle ne craint ni la bousculade, ni les mauvaises rencontres nocturnes, grâce à ses amis. « Je me plaçais toujours au centre de mon

1. G. Sand, *Histoire de ma vie*, tome II, note de Georges Lubin, p. 1331.

petit bataillon d'amis berrichons. » Victor Hugo achevait *Notre-Dame de Paris*, Stendhal écrivait *Le Rouge et le Noir*. Balzac publiait *La Peau de chagrin*.

Sandeau se confondait avec sa passion d'un Paris littéraire, fief unique où épauler son immense projet : écrire. La liberté d'œuvrer passait par le sacrifice de prendre distance avec ses anciennes attaches, de se créer de nouvelles alliances. Plus de place à la nostalgie, « le plus horrible mal » d'après Balzac, ni aux témoins d'un passé de jeune femme soumise. Ses visites ressemblèrent à une élimination psychologique. Elle revit une dernière fois son cher et déjà lointain couvent, elle faisait ses adieux non formulés à mère Alicia. Même processus avec les sœurs Bazouin, dûment mariées à un milieu conformiste. Elle esquivait sa mère. Sophie, désagréable, lui reprochait d'être jalouse de Caroline. Elle avait dîné chez les Maréchal, chez Caroline, elle avait revu Pierret mais le cœur d'avant n'y était plus. Sa visite au député Duris-Dufresne lui sembla plus importante que ces nids de discussions stériles. Elle se tournait résolument vers les amitiés nouvelles. Émile Regnault, Pyat, Gabriel Planet, le patron du *Figaro*, alors petit journal, Hyacinthe de Latouche, Émile Paultre fondateur du Club des Berrichons à Paris. C'était un endroit convivial, moins glacial que la bibliothèque Mazarine. Pour une somme modique, on se rencontrait au chaud, on lisait la presse, on pouvait écrire. Le « Gaulois » Fleury était de l'équipe, Aurore suivait ses amis partout dans le monde artistique. Ils présentèrent leur égérie à Balzac qui les invitait chez lui, rue Cassini, près de l'Observatoire, à prendre des glaces « dans ses murs tendus de soie et bordés de dentelles ». Balzac se privait du nécessaire, même de café, pour garder ses bibelots et ses porcelaines de Chine. Elle le trouva « très expansif, très bon et très fou [...]. Toujours envieux d'un bibelot, jamais d'une gloire ». Un soir, il leur offrit à dîner du melon, du champagne, du bœuf bouilli. Il les reçut dans une robe de chambre neuve sur son gros ventre. Ainsi costumé, une bougie allumée dans un flambeau en vermeil à la main, il les raccompagna jusqu'à la grille du Luxembourg. On niait alors le génie de Balzac. Latouche, depuis sa rupture avec le romancier, l'avait pris en aversion. Latouche aidera Aurore dans ses débuts. Il lui en voudra férocement de fréquenter Balzac et d'être devenue célèbre. Balzac l'avait mise en garde : « Vous verrez qu'un beau matin, sans vous en douter, sans savoir pourquoi, vous trouverez en lui un ennemi mortel [2]. »

De jour, de nuit, Aurore faisait son apprentissage. Elle se « déprovincialisait ». Elle avait inspiré à Balzac *La Muse du département*, Regnault le médecin Horace Bianchon de *La Comédie humaine* et Sandeau, le journaliste Lousteau. Sa première entrave était son vêtement de femme. Il fallait le teinturier pour nettoyer la boue sur les ourlets.

« Les fines chaussures craquaient en deux jours, les socques me faisaient tomber [...]. J'étais crottée, fatiguée, enrhumée... sans compter les petits chapeaux en velours arrosés par les gouttières. »

Tout est fait pour interdire les rues, cette merveille, aux femmes. En Orient, on les voile, en Chine, on leur broie les pieds.

Sa mère lui vint curieusement en aide. Elle lui proposa de se vêtir en garçon. Elle l'avait déjà fait à Nohant. Les hommes portaient de longues redingotes dites « à la propriétaire », qui tombaient jusqu'aux pieds. D'après Hippolyte, le tailleur prenait ses mesures sur une guérite.

« Je me fis donc faire une *redingote-guérite* en gros drap gris, pantalon et gilet pareils. Avec un chapeau gris et une grosse cravate en laine, j'étais absolument un petit étudiant en première année [3]. »

Que dire de son bonheur de porter des bottes aux

2. *Ibid.*, p. 156.
3. *Ibid.*, p. 117.

talons ferrés ! « Je voltigeais d'un bout de Paris à l'autre. » Personne ne lui prêtait attention, c'était le contraire de La Châtre. Elle avait relevé sa chevelure dans son chapeau. Quand elle dînait chez Pinson, invitée par Planet, elle mettait une robe. Elle séduisit Paultre qui la prenait pour la sœur d'un *jeune homme* entrevu au club. Elle atteignait son idéal, se promener ainsi *« dans le désert des hommes »* :

« Je portais [mon idéal] dans la rue, les pieds sur le verglas, les épaules couvertes de neige, les mains dans mes poches, l'estomac un peu creux quelquefois, mais la tête remplie de songes, de mélodies. [...] Je n'étais plus *une dame*, je n'étais pas non plus *un monsieur*. »

Elle ne peindra ni ne décorera des tabatières : elle écrira. Elle avait dans son portefeuille une précieuse lettre de Mme Duvernet, la mère de son ami, qui la recommandait à son cousin Hyacinthe Latouche. Né à La Châtre en 1785, Latouche fut un médiocre romancier et dramaturge, mais un éditeur perspicace. Sa pièce *Fragoletta*, une histoire d'hermaphrodites, avait connu du succès. Il vivait seul, au milieu des bois, dans une gentilhommière au sud de Paris. Il apprendra à Aurore les premiers rudiments de son métier. Mauvais caractère, il se brouillait au fur et à mesure avec les écrivains dont il avait été le mentor. Aurore lui avait écrit dès son arrivée. Il lui avait répondu avec une gentillesse amère :

« Madame, je fais profession de plaindre ceux qui demandent aux arts autre chose que le bonheur qu'ils donnent à les cultiver. [...] Vous subissez, je crois, la fatalité du talent [4]. »

Il se montrera « sévère » sur tout ce qu'il lira d'elle. « La bienveillance, disait-il, n'est que trop souvent la paresse de l'amitié. » Il avait pris la direction du *Figaro* après la démission de Victor Bohain, dont le ton républicain charmait Aurore. Elle n'oubliera jamais leur

4. G. Sand, *Corr.*, tome I, p. 779-780 (note de G. Lubin).

première rencontre. « Je suis charmante, je fais la révérence, je prends du tabac à petites prises. » Elle vit un homme de quarante-cinq ans, corpulent et tôt vieilli, courtois. Il avait un œil crevé depuis son enfance, l'autre brillait d'acuité. « Une sorte de feu rouge s'échappait de sa prunelle. » Elle lui lut des extraits d'*Aimée*.

« Il a écouté patiemment la lecture de mes œuvres légères [...]. Il m'a dit que c'était charmant mais que cela n'avait pas le sens commun. À quoi j'ai répondu "c'est juste". Qu'il fallait tout recommencer ; à quoi j'ai répondu "ça se peut" [5]. »

Il lui conseilla, non sans fiel, de retourner sous « le toit conjugal ». Son roman était « détestable ».

« Ne vous faites pas d'illusion, dit-il, la littérature est une ressource illusoire. [...] Il faut vivre et connaître la vie. Le roman, c'est la vie racontée avec art. Vous êtes une nature d'artiste mais vous ignorez la réalité [6]. »

La veille, Aurore avait rencontré le désagréable M. de Kératry, un député qui se piquait de littérature, collègue de chambre de M. Duris-Dufresne. M. de Kératry était très fier de son roman *Le Dernier des Beaumanoir*, qu'Aurore avait trouvé déplorable. Il daigna la recevoir tôt le matin. Elle avait les yeux bouffis de sommeil, « l'air complètement stupide ». M. de Kératry, les cheveux blancs, la reçut dans une chambre où gisait sur un divan une « jolie créature » qui semblait sa fille. Elle jeta un regard méprisant sur Aurore, sa robe de stoff, ses souliers crottés. La jeune femme était son épouse, non sa fille. Après une grande théorie sur « l'infériorité des femmes », M. de Kératry lui lança le conseil suprême :

« En deux mots, dit-il, je serai franc. Une femme ne doit pas écrire [...]. Croyez-moi, ne faites pas des livres, faites des enfants.

---

5. *Ibid.*, p. 783 (lettre à Charles Duvernet, janvier 1831).
6. G. Sand, *Histoire de ma vie*, tome II, p. 151.

– Ma foi, monsieur... Gardez le précepte pour vous-même si bon vous semble[7]. »

Grossièrement ou subtilement, on voulait la décourager. Elle songea au journalisme. Latouche lui accorda de collaborer au *Figaro* pour cinquante francs par mois. Véron, le directeur de *La Revue de Paris*, détestait les femmes. Il acceptait ses articles à condition qu'ils fussent signés Jules Sandeau. Aurore, toute rage avalée, accepta ces semi-offres. Elles marquaient le début rémunéré de son projet. Associée avec Sandeau et Pyat à ce journal, elle apprendrait à travailler. Latouche lui conseillait le laconisme. Aurore était prolixe, elle apprit à corriger sans relâche. Latouche faisait tout lui-même, chez lui, rue Cassini, au coin de son feu. Il recevait ses collaborateurs et admettait Aurore parmi ses « rédacteurs ». « J'avais ma petite table et mon petit tapis auprès de la cheminée. » Elle faisait de gros efforts. Le journalisme ne lui plaisait guère, Latouche lui enseignait sans pitié le métier. Il la forçait à se rasseoir. Il lui donnait un sujet qui devait tenir dans une seule page alors qu'elle en avait écrit une dizaine. Il l'obligeait à concevoir le plus d'informations possibles avec le moins de mots possibles. Elle apprit à jeter au feu ses premières copies, recommencer, avancer ainsi au rude désert des hommes. Elle gagnait péniblement sa part de collaboration. Latouche était sensible à cette jeune femme, la seule dans ce groupe d'hommes. Il s'épanchait : son vrai chagrin était de vieillir. Irascible, exigeant, malade, il la menait durement et la gâtait : il était amoureux d'elle. Aurore s'en plaignait à Casimir : « Je n'aime guère Latouche et je ne veux pas lui avoir de grandes obligations » (lettre à Casimir, 28 janvier 1831). Elle rencontra chez lui Emmanuel Arago, le fils du physicien. Optimiste, elle refusait de croire au malheur de la vie d'écrivain. Elle était entraînée à écrire depuis *Corambé* et ces

7. *Ibid.*, p. 149-150.

années de correspondances, de romans, d'essais, de poèmes, à Nohant. Sous la férule de Latouche, elle se sentait motivée :

« Je suis plus que jamais résolue à suivre la carrière littéraire, malgré les dégoûts que j'y trouve parfois, malgré les jours de paresse et de fatigue. [...] J'ai un but, une tâche, disons le mot, *une passion*. Le métier d'écrire en est une violente et presque indestructible, quand elle s'est emparée d'une pauvre tête ; elle ne peut plus s'arrêter[8]. »

Le matin, elle déjeunait seule au café, et relisait son article. Elle se fit connaître des autres journaux. *La Mode*, fondé par Émile de Girardin sous le patronage de la duchesse de Berry, *L'Artiste*, création d'Achille Ricourt. On l'agréa dans *La Revue de Paris* mais « on [la] fait languir ». Elle n'avait que *le Figaro* où elle se sentait *ouvrier-journaliste, garçon rédacteur*. Elle travaillait aisément avec Sandeau. Face à face, sur l'unique table branlante de la mansarde. Elle le dominait, il ne se révoltait pas de son joug, de sa puissance de travail. Elle aimait obscurément sa nonchalance. Il était toujours son « gentil colibri des savanes ». Qu'il la caresse, qu'il la cajole, à elle la dure tâche d'écrire ! Le meilleur de leur liaison était les sorties au théâtre avec les amis grâce aux billets de faveur de Latouche. Articles, sorties, jeux amoureux, son vrai bonheur était celui de l'encrier. Elle était dans la passion d'écrire plus que dans celle de l'amour. Un « colibri » ne saurait l'enivrer à ce sommet qu'elle devinait confusément et n'avait encore jamais atteint. *La Revue de Paris* avait accepté leur collaboration mais seul Jules signait. Mme Dudevant mère ne souhaitait pas leurs noms juxtaposés. Aurore signait donc ses articles « Jules Sand » et s'en épanchait à Duvernet :

« Jules peut réussir et j'ai décidé que je l'associerai

8. G. Sand, *Corr.*, tome I, p. 817-818 (lettre à Jules Boucoiran, mars 1831).

à mes travaux. [...] Tant qu'il me prête son nom car je ne veux pas paraître [...]. Gardez-nous le secret sur cette *association littéraire* [...]. On m'habille si cruellement à La Châtre [...] qu'il ne manquerait plus que cela pour m'achever[9]. »

En mars, elle rédigea une satire, son premier article avoué, « Molinara ». C'était un jeu de mots sur la persécution de l'opposition par le nouveau régime. Louis-Philippe s'en froissa, ce qui ravit Aurore. Elle jubila auprès de Duvernet :

« C'est moi qui ai fait ce coup-là ! [...] Je m'en déclare l'auteur et je me fais mettre en prison. Vive Dieu ! Quel scandale à La Châtre ! Quelle horreur et quel désespoir dans ma famille ! Mais aussi ma réputation est faite et je trouve un éditeur pour acheter mes platitudes et des sots pour les lire. Je donnerais neuf francs cinquante pour avoir le bonheur d'être condamnée[10]. »

Il n'y eut point de procès, Aurore retombait dans sa provisoire obscurité. Casimir Périer, despotique homme d'affaires, devenait l'homme fort du régime. Le roi le surnommait « Casimir Ier ». Il brava l'impopularité pour affirmer le régime, l'armée, et la police. Il approuva les nouvelles lois qui satisfaisaient la classe moyenne, dont l'abolition de l'hérédité de la paierie, la loi sur l'organisation municipale et la réorganisation de la garde nationale.

Qu'en était-il de Casimir Dudevant ?

On doit reconnaître sa tolérance. Aurore avait diabolisé son caractère au moment de la rupture. Casimir n'était pas un mauvais père. Il admettait à son semblant de foyer Boucoiran aux sentiments troubles pour la baronne en goguette. Il acceptait le ton de la camaraderie imposé par son épouse. Casimir aussi voulait sa paix et la liberté d'aller à sa guise. Ils avaient admis, l'un et l'autre, qu'ils ne s'aimaient pas de passion folle.

---

9. *Ibid.*, p. 783 (lettre à Charles Duvernet, janvier 1831).
10. *Ibid.*, p. 823 (lettre à Charles Duvernet, mars 1831).

Il tenait aux avantages du titre de mari. Il demeurait le père de ses enfants et le propriétaire de Nohant. Pas un mot sur le rôle où le relègue Aurore : gardien de sa maison, nourrice à l'occasion, banquier dans la mesure du possible, commissionnaire. Le ton des lettres de la baronne a pris l'autorité d'un *homme* qui s'adresse à une femme soumise :

« Je pars dans huit jours. [...] Écris tout de suite à M. Salmon qu'il me fasse remettre trois cents francs [...]. Je te prie de m'envoyer le cabriolet avec Vincent... »

Elle reviendra à Nohant avec des cadeaux pour chacun, à la façon d'un mari qui s'est absenté et retrouve sa famille. Elle avait même acheté une culotte et un gilet à Boucoiran ! Sophie détestait cette situation. Sa fille avait brisé les entraves, au risque de tout perdre. Sophie la boudait et la couvrait de reproches. En mai, après son retour à Nohant, Aurore enverra vigoureusement sa mère au diable avec ses griefs.

« Pour moi, ma chère maman, la liberté de penser et d'agir est le premier des biens. [...] On vous a dit que *je portais culotte*, on vous a bien trompée ; en revanche, je ne veux point que mon mari porte mes jupes. Chacun son vêtement, chacun sa liberté. Mon mari fait tout ce qu'il veut, il a des maîtresses ou n'en a pas, suivant son appétit, il boit du vin ou de l'eau claire selon sa soif ; il entasse ou il dépense selon son goût ; il est bien juste que cette grande liberté dont jouit mon mari soit réciproque. [...] Je suis donc entièrement indépendante. Je me couche quand il se lève. [...] Je rentre à minuit ou à 6 heures. [...] J'irai à Paris cet été [11]. »

Sa mère continuait ses critiques ? Soit ; elle cessera de la voir. Elle ne supporta pas plus la sommation de son frère : si elle continue cette existence « extravagante, elle perdra l'amour de son fils ».

11. *Ibid.*, p. 888-889 (lettre à Mme Maurice Dupin, mai 1831).

Cette première saison à Paris s'achevait. Son retour, prévu au printemps, fut retardé par un accès de fièvre. Nohant, c'étaient les obstacles insidieux, le chantage affectif, sa condition inévitable d'épouse qui avait osé fuir vers le lit d'un autre pour infamie la vie d'artiste. Nul ne se doutait, sauf peut-être Latouche, qu'elle ne laisserait personne entraver ce chemin si durement tracé afin de devenir un jour George Sand.

Chapitre 14

TRIBULATIONS

Avait-elle espéré que Casimir tue le veau gras à son retour ? Le printemps éclatait, Aurore retrouvait Nohant, le goût de sa terre mais Casimir fuyait. Elle eut du mal à rapprivoiser ses enfants.

« Mes enfants se portent bien, écrivait-elle à sa mère. Ma fille est belle et mauvaise, Maurice est maigre et bon. Je suis contente de son caractère et de son travail. Je gâte un peu ma grosse fille [1]. »

Sa tendresse pour son fils reprenait le dessus. Sa froideur pour Solange, « sa grosse fille », avait du mal à se modifier même si elle évoquait la douceur « de lys et de rose » de son teint. Elle voulait se persuader que rien n'avait changé à son égard. « J'ai retrouvé mes enfants gentils à croquer. [...] Je les embrasse du matin au soir », écrit-elle à Charles Meure. Sa solitude était grande. Hippolyte, complice du baron, lui battait froid. Nul n'avait aimé une telle escapade. Émile Regnault deviendra le principal correspondant de cette période. Elle écrivait aussi chaque jour à Sandeau mais leur correspondance a disparu. Ses lettres à Regnault sont un chant d'amour exalté pour Sandeau son colibri, sa « lune de miel adorable ». Elle confie à Regnault, jeune carabin, le soin de veiller sur son petit Jules :

« Ah ! Si vous saviez comme je l'aime ! Il a réchauffé

1. G. Sand, *Corr.*, tome I, p. 889 (lettre à Mme Maurice Dupin).

mon cœur glacé, il a ranimé ma vie prête à s'éteindre. [...] Je vous vois, Jules en redingote d'artiste crasseuse et déguenillée, sa cravate sous son derrière et sa chemise débraillée, étalé sur trois chaises. [...] Le Gaulois dans un coin tramant une grande conspiration et vous sur une table faisant votre éloge à votre manière. [...] Ah ! Maudits soient ceux qui nous empêchent de vivre à Nohant comme à Paris ! Faisons des romans et tâchons surtout de les vendre [2]. »

Elle avait repris ses habitudes nocturnes d'œuvrer dans son cagibi-écritoire. Elle croquait aussi des portraits qu'elle espérait vendre. La *Revue de Paris* publiait en avril *La Prima donna,* signée Jules Sand, écrite en grande partie par elle. Jules était un authentique paresseux. Elle tentait d'échapper au spleen qui rôdait, au mépris et à l'ivresse de Casimir, aux blâmes moralisateurs de son frère. Elle écrivait *Jean Cauvin,* qui sera publié après sa mort. Retrouver la nature l'enchantait mais, sans Jules et ses amis, l'ennui était féroce. Elle s'effrayait d'admettre que les enfants ne suffisent pas à combler l'appétit d'écrire, d'aimer. Elle avait besoin de tout : les enfants, la campagne, Paris, l'écriture, les amis – les amours. Elle était reconnaissante à Casimir de lui laisser une paix royale. Chacun évitait de gêner l'autre, ce qui la rassurait sur l'avenir. Que lui importaient les ragots de La Châtre et les blâmes de sa mère ! Son grand souci était l'argent à gagner : la liberté, c'était la bourse. La pension octroyée par le mari était trop médiocre. Balzac avait félicité Sandeau pour *La Prima donna*. Il était prêt à l'engager à collaborer. Aurore oscillait entre la jalousie littéraire et l'espoir que Sandeau, peut-être, pourrait gagner leur vie. L'absence engendrait des fantasmes, des doutes. Regnault s'était dépêché de lui écrire que son colibri flirtait avec une Allemande. Elle répondit « les affections sont libres », mais elle était irritée et, dès juin, veut retrou-

2. *Ibid.*, p. 855 (lettre à Émile Regnault).

ver Paris. Son frère va contrarier son projet. Hippolyte quittait Nohant en mai avec sa famille et s'installait rue de Seine. Aurore avait besoin de Regnault pour lui trouver en toute hâte une autre adresse « postale ». Elle ne tenait pas à divulguer la mansarde partagée avec le petit Jules. Aurore était légalement une femme mariée, donc adultère. Il suffirait d'une dénonciation à Casimir de la part d'Hippolyte, ou de sa mère, venus la surprendre, et les droits du mari pouvaient la détruire. Elle devait se cacher pour aimer, trouver un nouvel endroit, pour éviter « le flagrant délit » toujours en vigueur au détriment de l'épouse prise en faute. « Je voudrais une sortie pour laisser échapper Jules à quelque heure que ce fût. » Si Casimir débarquait sans prévenir, elle redoutait sa violence. À son tour, elle devenait violente : « Je tuerai celui qui porterait la main sur [Jules] écrit-elle à Regnault, fût-ce mon mari, fût-ce mon frère. » Regnault contint sa jalousie et lui trouva un modeste appartement, près du sien, au 25, quai Saint-Michel.

« Va pour le quai Saint-Michel. J'en adore la position, le voisinage du Gaulois qui prendra notre ancienne chambre et que nous verrons de notre balcon. J'adore les trois pièces... Je voudrais dans le salon un petit canapé, une table appuyée au mur pour... mon attirail, une autre qui me servira de bureau, quelques fauteuils et chaises propres. Je veux... qu'aucun de mes excellents parents ne puisse venir *m'embêter*[3]. »

Elle insiste pour qu'il y ait une porte dérobée au fond de l'appartement. Casimir avait le droit de forcer la porte de son épouse. Son mari, sa mère, son frère... Elle veut leur faire perdre à tous « l'habitude de monter les étages sans la prévenir ».

À Nohant, Aurore mettait au point toutes les stratégies pour s'émanciper. Elle arrangeait ses affaires avec de chaleureuses pirouettes quand elle sentait qu'elle

3. *Ibid.*, p. 883 *(id.)*.

abusait de ses amis. Leur amitié à eux tous, dit-elle, n'est-ce pas un seul amour fusionné ? Leurs pensées ne sont-elles pas toutes mises en commun ? Aurore se vivait la reine d'un phalanstère de mâles dont l'un d'eux partageait sa couche. Trois mois sans Jules, c'était long. Elle convint de le rejoindre, avec Regnault, à Étampes en passant par Orléans. « Je partirai le vendredi 1er juillet. » Nulle réticence du baron. Maurice avait sangloté, chacun de ses départs le déchirait. Il adorait sa mère au point qu'il resterait sa vie entière incapable de vivre à part entière hors de sa présence. Solange s'endurcissait. Elle traversait, si jeune encore, sa particulière solitude, son semi-abandon. Un jeune compagnon, un père souvent ivre ou à la chasse, le personnel frustre de Nohant, Boucoiran en guise de nourrice. Une fillette ronde et rose, aux yeux d'encre sombre. Une bouche sérieuse, un regard perçant, un orgueil désolé, une apparente insensibilité. Point de larmes, point de cris. Aurore pleurait de quitter Maurice tombé malade à l'idée de la voir partir. Elle le veilla, frémit – et elle partit.

« Je me sens bien le courage de supporter la privation de mes enfants, ce qui me fait mal, ce qui me déchire, c'est l'idée du chagrin qu'ils puissent ressentir. Ce sont les larmes que Maurice va verser qui me brisent le cœur… Ah ! que cette situation est douloureuse [4] ! »

L'envie de rejoindre l'amant est la plus forte. Dans la même lettre, elle priait Regnault de le soigner de sa grippe : « Cette grippe m'effraie ! Cher et bon ami, calmez-le, donnez-lui de l'opium, des clystères… mais rendez-le-moi bien portant ! »

Le 2 juillet, Aurore, Jules, transparent comme un coquillage, Regnault et Fleury se retrouvèrent à Étampes. Ils séjournèrent dans une auberge. Le correspondant sera Duvernet. Aurore ne peut vivre sans

4. *Ibid.*, p. 906 *(id.)*.

s'épancher. Elle se sentait « heureuse, trop heureuse ». Elle se méfiait de son frère, et lui fit croire qu'à Étampes elle logeait « chez une femme de ses amis » (l'aubergiste) et qu'il pouvait faire parvenir son courrier poste restante à Étampes. De là, elle rejoindrait Latouche dans sa maison de campagne. Hippolyte, agacé qu'elle le prît pour un imbécile, écrivait à Casimir :

« Ta femme veut sa liberté, veut de la dissipation, du mouvement. Tu n'as pas été trop mauvais mari pour elle, et c'est une justice que l'on te rend [5]. »

Casimir, soulignait Hippolyte, était chez lui à Nohant, et soignait bien ses enfants. Aurore n'en faisait qu'à sa tête ? Il restait au mari la solution d'en « prendre son parti et avaler sa langue ». Aurore n'épargnait aucun détail à Duvernet de sa lune de miel avec Jules. « Nous étions Jules et moi dans cet état parfait d'imbécillité qui ne permet même pas la parole. » Ils se sont amusés à écouter un banquet patriotique, en se gavant de macarons et de pâtés. Elle était arrivée à Paris « les pieds enflés, la tête malade, mais le cœur plein et léger ». Duris-Dufresne avait été élu député. Regnault avait dépassé sa crise de mélancolie. Quai Saint-Michel, le loyer était de trois cents francs par an. Le plus difficile fut d'acheter des meubles. Elle emprunta deux cents francs à Sophie, autant à Latouche et cinq cents francs à Duris-Dufresne. Trois pièces très propres, au cinquième étage, un balcon d'où elle contemplait Notre-Dame, les oiseaux, l'air pur du soir.

« Je n'avais pas de servante ; ma portière [...] m'aida à faire mon ménage pour quinze francs par mois ; je me fis apporter mon repas de chez un gargotier... deux francs par jour ; je savonnais et je repassais moi-même *le fin* [6]. »

Aurore et Jules avaient arrangé la chambre « secrète »

5. Bibliothèque de l'Institut, collection Spoelberch de Lovenjoul, E 868, fol. 236, cité par André Maurois, *Lélia...*, p. 137.

6. G. Sand, *Histoire de ma vie*, tome II, p. 115.

et un divan au cas où Duvernet logerait à Paris. Elle écrivait à Boucoiran que « ce gredin de gouvernement » était déplorable : la police est toute puissante et « les couleurs nationales sont proscrites ».

Les ennuis d'argent s'installèrent. Aurore se tourna en toute ingénuité vers Casimir dont elle avait essuyé un refus. « Je cherche un gagne-pain... je n'ai pas un sou », disait-elle à Duvernet. Papet et Regnault payaient, le baron faisait la sourde oreille. Elle lui exposa ses dettes. « Je ne sais pas avec quoi je dînerai demain. » Elle développait ses arguments : il serait bien content de trouver un pied-à-terre à Paris moins cher que l'hôtel ! Casimir ne répondait pas, content de la voir se débattre et demander son aide. Elle avait largement dépassé les trois mille francs de ses revenus. Hippolyte faisait son rapport à Casimir :

« J'ai été voir Aurore plusieurs fois [...]. Elle montre une grande injustice à mon égard, elle fait tout ce qu'elle peut pour tenir les siens loin d'elle, elle m'accuse ensuite d'égoïsme, [...] elle m'a dit qu'elle a souffert de la faim pendant trois jours quand ma femme et moi l'avons invitée vingt fois [...]. Elle est étonnée des privations auxquelles elle se soumet volontairement, elle croyait gagner de l'argent dans la littérature [...] elle a emprunté [...] elle n'a pas le sou [...]. Elle me dit que si je m'entends avec toi pour la rendre malheureuse, la priver de ses enfants... elle se jettera à l'eau. [...] J'ai été la raisonner [...] elle me regardait comme un espion... J'ai pris sur moi de lui faire avancer cinq cents francs [...] je lui ai dit que si elle te témoignait de l'amitié, de la confiance [...] elle obtiendrait de son mari plus qu'elle ne voudrait, tout cela l'a fait pleurer et moi aussi car enfin, malgré sa diable de tête, on ne peut s'empêcher de l'aimer. [...] Elle m'a promis de retourner à Nohant en septembre [7]. »

---

7. G. Sand, *Corr.*, tome I, note de George Lubin restituant cette lettre d'Hippolyte, p. 930.

Aurore faisait du chantage, farouchement décidée à vivre de sa plume. Elle devint nègre avec Sandeau pour le roman *Le Commissionnaire*, signé d'un auteur décédé. Balzac montait péniblement leurs cinq étages et les encourageait. Il offrit à Aurore *La Peau de chagrin*, paru chez Gosselin en deux volumes. « Il est impossible de la lâcher quand on la tient », disait Aurore.

Les tourtereaux travaillèrent tout l'automne à un roman, *Rose et Blanche*, l'histoire d'une actrice et d'une religieuse. Ils signeraient d'un seul pseudonyme, Jules Sand, dont l'idée venait de Latouche. Aurore avait promis de rejoindre Nohant. Sandeau, de son côté, irait à Niort dans sa famille. En septembre, elle était à Nohant où, dans la fièvre, elle achevait en une semaine un volume de *Rose et Blanche*. Le petit Jules était déjà dépassé, sa nonchalance irritera la future George plus rapidement que la lassitude d'aimer. Elle travaillait seule et sentait se décupler cette force créatrice, où, larvée, se pose la question de la collaboration : va-t-elle écrire sa vie entière avec un paresseux enfant qui pond une page quand elle en a déjà écrit trente ? Nohant, ses enfants – sont toujours aussi décevants. « Nohant est toujours tranquille et La Châtre toujours bête. » Elle écrivait à sa mère que Maurice était toujours maigre et sa « sœur toujours énorme ». La petite engraissait pour tenir enfin de la place aux yeux de sa mère. Elle dévorait pour colmater un manque essentiel. Aurore avait-elle déversé sur Solange la maltraitance de Sophie à son égard ? Les mères, les filles : une répétition à l'infini de l'impossible amour. Boucoiran était parti, Aurore servait de précepteur à Maurice pour le français et la géographie. Casimir, moins sot qu'elle ne le fait croire, enseignait à son fils le latin et le calcul. À La Châtre, une rumeur courait qu'elle « serait partie pour l'Italie avec Stéphane depuis six mois ». « On me croit très coupable », écrit-elle à Sophie.

Elle devenait d'une mauvaise foi éclatante. Le 18 septembre, Jules, qui se languissait d'elle, avait débarqué chez Gustave Papet au château d'Ars. Les deux compères se rendirent de nuit à Nohant. Aurore ouvrit bien grand la fenêtre de sa chambre. Papet joua un singulier rôle de vigile. Il fit le guet toute la nuit sous la fenêtre d'Aurore au cas où le mari se réveillerait. Les amants s'offrirent des ébats exceptionnels, excités à l'idée de Papet dans son fossé et de la proximité du mari qui ronflait. La sémillante baronne remercia, non sans perversité, son ami d'avoir tenu cette étrange chandelle :

« Cher Gustave, comme vous êtes bon ! Comme vous aimez Jules et comme mon cœur vous le rend. Vous avez donc passé la nuit dans un fossé, au bivouac, comme un pauvre soldat tandis que nous, égoïstes de bonheur, nous ne pouvions pas nous arracher des bras l'un de l'autre. Ah ! ce n'est pas faute d'avoir dit trente fois : Allons ! il le faut ! Gustave est là [...], au milieu de nos transports les plus fous, nous vous bénissions, votre nom se mêlait à nos baisers [...]. Votre sollicitude à veiller sur notre bonheur le rendait plus suave encore [...]. Pardonne-nous ! Aime-moi [8] ! »

Aurore s'empressa de relater cet exploit à Émile Regnault. On est sceptique, à ces récits, sur la prétendue frigidité de George Sand.

« Cher Émile ! [...] Gustave a bivouaqué dans le fossé de mon jardin tout le temps que Jules a passé dans ma chambre. [...] Je couche [...] dans un bon petit cabinet bien fermé, bien sourd avec une armoire admirable. J'avais tout calculé, tout prévu. Jules ne risquait que d'être salé d'un coup de fusil en grimpant à ma fenêtre [...]. Cette nuit il était là, dans mes bras, heureux, battu, embrassé, grognant, pleurant, riant... Dans quelques jours [...] nous serons trois sur le canapé de crin noir [...]. Cette nuit je veux encore

8. *Ibid.*, p. 944 (lettre à Gustave Papet).

qu'il vienne. Deux fois ce n'est pas trop [...]. Jusqu'ici [mon mari] ne le sait pas. Il fait ses vendanges. La nuit, il dort comme un cochon. [...] Je suis imbécile, je suis abîmée de morsures et de coups... Je suis dans une joie frénétique [9]. »

Elle signe ces lettres, à Émile comme à Gustave, « Aime-moi ». Avant de si fougueuses retrouvailles, Jules et Aurore s'étaient disputés. Elle avait attendu en vain Jules qui était malade. Duvernet et le Gaulois s'en mêlèrent, le sermonnèrent, le grisèrent de vin. Leurs retrouvailles avaient été ce mélange de passion et de morsures. Jules tombait souvent malade. Leurs amis, jaloux, accusaient Aurore d'excès de fougue sur ce délicat colibri. Aurore confiait à Regnault son anxiété au sujet de son amant.

« Il fait tout pour se tuer. Il ne dort pas. Le jour il est paresseux. [...] La nuit, il se prive de sommeil pour réparer le temps perdu. [...] Tout La Châtre n'a qu'un cri sur son compte. On le regarde comme poitrinaire. Son estomac est pitoyable [...], les privations, l'absence l'irritent et le rendent malade, mon retour le rend fou. [...] Donnez-lui des calmants [10]. »

En octobre, elle reprenait *Rose et Blanche* qui sera mis en vente le 17 décembre. Sa liaison avec Jules se délabrait. Elle n'aimait pas être la responsable de sa fatigue. Lui aussi la fatiguait avec cette paresse chronique, ce subtil rapt de son talent signé de son pseudonyme à lui. L'influence de Latouche au *Figaro* aidera au lancement de *Rose et Blanche*. La critique lui sera favorable, les portes s'ouvriront. Latouche devint jaloux. Il crut à tort que « son élève » avait pris conseil pour ce roman auprès de Balzac. Balzac devenait célèbre, Latouche vieillissait. Il boudait Aurore. Le 5 novembre, il l'avait invitée à voir, à la Comédie-Française, sa pièce, *La Reine d'Espagne*, dont le sujet

9. *Ibid.*, p. 945-946.
10. *Ibid.*, p. 955 (lettre à Émile Regnault).

était un roi impuissant, une vierge et un moine fumeux. La pièce fut retirée pour insuccès notoire en dépit de « la claque » d'Aurore et ses amis. Latouche, amer, se réfugia dans sa campagne.

En novembre, Aurore tomba brutalement malade. Elle a été empoisonnée, écrit-elle à Maurice, « par quelque ragoût fait dans une casserole où il y avait du vert-de-gris ». Un mal de tête et d'entrailles affreux, elle crut mourir. On l'avait saignée, mais les sueurs, les étouffements, la migraine et les frissons persistaient… « Mon éditeur paye mal », écrit-elle à Boucoiran. Un scandale « qui la fait crever de rire » éclaboussait le pauvre Boucoiran. La femme de chambre de Mme Chatiron, Claire, était enceinte. Les ragots attribuaient la paternité à Boucoiran.

« Pauvre enfant, vous verrez qu'on vous fera *scélérat* sans que vous vous en doutiez. […] Quand vous auriez fait trois enfants à Claire, il est probable que sa vertu n'en aurait pas souffert. […] Que mon mari et mon frère soient les coupables, que Dutheil, Jules [Ajasson] de Grandsagne, ou Charles Duvernet soient leurs collaborateurs, je m'en moque. Ils sont tous assez ladres pour ne pas vouloir payer les violons qui les font danser. Qu'ils ouvrent donc une souscription [11]. »

Quelle désinvolture pour ses amis ! Elle menait le jeu. Casimir, prudent, lui annonçait, fin novembre, sa venue à Paris. Il était loin d'être le mari qui veut « surprendre » et malmener l'épouse. La porte du fond pour laisser fuir l'amant se révéla inutile.

« Je descendrai chez Hippolyte, parce que je ne veux te gêner nullement ni par conséquent être gêné […]. Tes enfants se portent bien et nous tous aussi, adieu, je t'embrasse de tout mon cœur. »

Peut-on rêver plus grande complaisance maritale ? Casimir invita Aurore au restaurant, au théâtre. Il lui offrit une belle robe. Elle lui donna un exemplaire de

---

11. *Ibid.*, p. 980 (lettre à Jules Boucoiran).

Rose et Blanche. La critique fut ambiguë, *L'Artiste* ne l'aimait guère. Sa mère non plus.

« Je vous ai dit, écrit-elle à Sophie, que je n'avais pas fait seule cet ouvrage. Il y a beaucoup de farces que je désapprouve [...]. Je n'aime pas non plus les polissonneries et *il n'y en a pas une seule dans le livre que j'écris maintenant* [12]. »

Casimir repartit pour Nohant la veille de Noël. Il rapportait aux enfants les cadeaux de leur mère : un canon, un ballon pour Maurice, un ménage et une poupée pour Solange. Des bonbons pour tous les deux. Elle s'enquérait de sa santé, ils étaient décidément de bons camarades. Son mal de tête l'avait repris. Elle promit de les rejoindre pour leurs étrennes. Mais « si cette chienne de douleur persiste, écrivait-elle à Casimir, il me sera impossible de bouger ». Elle sera à Nohant le 14 janvier.

1831 s'achevait sur la révolte des ouvriers canuts à Lyon, tragédie de la misère. L'émeute des canuts fut terrassée dans le sang par le maréchal Soult et ses troupes. L'affaire de Lyon prit un caractère politique. La gauche républicaine, l'extrême droite ourdissaient des complots. Toute la presse invectivait le roi. Honoré Daumier, dans le journal *Charivari*, publiait une caricature du roi sous l'aspect d'une poire, en costume bourgeois, brandissant un parapluie. On lisait sous le dessin : « Monsieur Chose, premier saltimbanque d'Europe. » Aurore sentait venir le temps de signer seule ses futurs ouvrages. L'indolence de Sandeau lui pesait. À Nohant, le spleen l'avait reprise. Ses enfants étaient malades. Il lui restait mille francs en poche, une mansarde à Paris, point de chambre à elle mais une armoire pour écrire. Elle tomba malade.

---

12. G. Sand, *Corr.*, tome II, p. 41-42 (lettre à Mme Maurice Dupin).

Chapitre 15

INDIANA OU LA NAISSANCE DE GEORGE SAND

À Nohant, réfugiée dans son « armoire à écrire », elle veut écrire seule, ne plus collaborer avec Sandeau – rompre. Une nuit, en écrivant la nouvelle *Personna*, elle est saisie de maux diffus. Elle écrit à Regnault, à l'hôpital des enfants, rue de Sèvres, « de ne pas la laisser mourir » :

« J'ai peur. Le mal va vite, mon pauvre Émile, [...] depuis que je suis ici je suis tout à fait mal. [...] J'étouffe continuellement, je ne peux pas faire le tour de ma chambre sans défaillir [...]. L'estomac me brûle... cette faiblesse, ce malaise, cette suffocation continuelle m'effrayent plus que de vives souffrances. [...] Je prends de la teinture éthérée de digitale [...]. Brûlez cette lettre [1]. »

Regnault a pensé venir mais elle refuse : son mari et son frère lui feraient « une mine de chien ». Il lui conseille en fumigation l'eau distillée de laurier-cerise, du sirop aux pointes d'asperge. Elle tousse, son mal, psychosomatique, tourne à la dépression. « J'éprouve une fatigue, un ennui, un dégoût de tout. Je ne peux pas travailler, j'ai mal à la tête. » Casimir et Hippolyte la traitent de malade imaginaire. La guérison débuta

1. G. Sand, *Corr.*, tome II, p. 12-13 (lettre à Émile Regnault, 23 janvier 1832).

quand elle eut la force de se remettre à écrire, sa première grande œuvre : *Indiana*. On est en février, Latouche avait quitté la rédaction en chef du *Figaro*. « Vous êtes un cerveau creux ! » lui avait-il lancé, devinant qu'elle voulait prendre un essor personnel. Et il y eut *Indiana*.

« Je commençais *Indiana* sans projet et sans espoir, sans aucun plan [...]. On n'a pas manqué de dire qu'*Indiana* était ma personne et mon histoire ; il n'en est rien. [...] Mon *moi*, me revenant face à face, m'eût toujours refroidie[2]. »

Écrire d'une traite, nuit après nuit, cautérise à mesure ses maux. Elle songe à emmener Solange à Paris lors de son prochain séjour ! Pourquoi Solange et non Maurice ? À cette époque, les filles appartenaient à la mère jusqu'à l'âge de sept ans. Le garçon était sous le contrôle du père. Casimir ne leva aucune objection. Éprouvait-il l'envie d'être à son tour libre, allégé de la charge d'enfants si jeunes ? Aurore écrivait à sa mère, le 22 février : « Solange est plus rose que jamais. J'espère vous la conduire ce printemps. Elle est assez raisonnable pour faire un tour à Paris avec moi. [...] Vous serez effrayée de sa grosseur ». Elle avait écrit à Regnault son intention d'emmener Solange. Il l'avait blâmée. Sa vie libre, artiste, cette mansarde, l'amant, était-ce bon pour la moralité d'une enfant ? Aurore ne s'en laissa pas conter.

« Je ne crains nullement pour [Solange] les inconvénients de ma vie de garçon. [...] Jules ne pleurera pas non plus le spectacle. [...] Nous irons tous les jours passer deux ou trois heures au jardin du Luxembourg avec un livre et notre enfant, nous dînerons chez nous comme à l'ordinaire. Elle couchera sur notre canapé avec un petit matelas. Nous nous lèverons comme elle à 9 heures et comme elle a trois ans et demi, elle ne fera ni remarques ni commentaires [...]. Que votre

2. G. Sand, *Histoire de ma vie*, tome II, p. 160.

moralité ne se scandalise pas... Quand à sa santé elle est de force à résister à l'air de Paris [...]. J'emmène Solange pour Jules et pour moi et surtout pour elle-même [...]. D'abord elle est bête comme une oie et si je voulais lui persuader de se coucher à midi et de se lever à minuit pour jouer, elle le ferait en riant comme une grosse dinde. [...] Jules l'adorera [...]. Ils joueront ensemble toute la journée et nous travaillerons le soir depuis 8 heures (moment où elle s'endort) jusqu'à minuit, heure à laquelle le sommeil me prend *invinciblement*[3]... »

Elle achevait *Indiana*, roman qui rompait avec son époque : le goût du merveilleux, du gothique, du rêve. Elle se méfiait de l'inspiration, *Corambé* était bien mort, elle avait voulu écrire « un roman ennuyeux comme la vie ».

« Je sentis en commençant d'écrire *Indiana* une émotion... plus pénible qu'agréable. J'écrivis tout d'un jet [...], j'avais en moi l'horreur de l'esclavage brutal et bête. [...] *Indiana*... c'était une protestation contre la tyrannie en général [...], je n'avais pas l'ambition de faire autre chose qu'un roman de mœurs[4]. »

Indiana, dit-elle à Regnault, « c'est de la vie ordinaire, c'est de la ressemblance bourgeoise ».

Son héroïne était une femme. On avait l'habitude que le héros fût un homme. « Le malheur de la femme, écrivait-elle dans sa préface, entraîne celui de l'homme comme celui de l'esclave entraîne celui du maître. [...] J'ai écrit *Indiana*, avec le sentiment non raisonné, mais profond et légitime, de l'injustice et de la barbarie des lois qui régissent encore l'existence de la femme dans le mariage, dans la famille et dans la société. »

Elle eut un mal terrible à écrire ce livre. Le récit se bloquait, les portraits s'évanouissaient, elle avait des

---

3. G. Sand, *Corr.*, tome II, p. 45-46 (lettre à Émile Regnault, 23 février).

4. G. Sand, *Histoire de ma vie*, tome II, p. 164.

maux d'estomac. On dut la saigner. Le thème principal du livre était le malheur des femmes dans le mariage et avec leur amant. Il est intéressant de savoir qu'Aurélien de Sèze, qui inspira le personnage de Raymon de Ramière, avait une sœur malheureuse, du nom d'Indiana. Aurore s'était inspirée de son vécu. Indiana est une belle Créole âgée de dix-neuf ans. Son dur mari, le colonel en demi-solde Delmare, a quarante ans de plus qu'elle. Il ressemble à Casimir. Jadis il avait été beau, il était devenu chauve, despote. Le cousin d'Indiana, Sir Ralph Brown, a vingt-neuf ans. Sa mère était la sœur de celle d'Indiana. Des mères anglaises. Un clin d'œil à son couvent des Anglaises ? L'amant, le libertin et bel aristocrate, Raymon de Ramière, vingt-cinq ans, était installé dans le voisinage. Il escalada le mur des Delmare pour coucher avec la séduisante servante, Noun. Delmare tire au fusil et blesse l'amant. Indiana et Ralph bandent sa blessure, au salon, sous le regard soupçonneux du colonel. Indiana va rencontrer à nouveau Raymon, à Paris, dans le monde. Ils tombent amoureux. Ils se voient chastement (Aurélien et Aurore dans les Pyrénées ?). De retour dans son château voisin des Delmare, Raymon rejoint Noun et couche avec elle, dans le lit d'Indiana absente (les habitudes ancillaires du baron Dudevant ?). Noun comprend que son amant se joue d'elle et convoite sa maîtresse. Elle se suicide par la noyade (thème récurrent de l'eau/suicide). Indiana ne cédera à Raymon que s'il accepte de tout sacrifier pour elle : fortune, réputation, devoir. Indiana (George Sand) veut que « la balance soit égale » entre le sacrifice d'une femme et celui d'un homme. Raymon est trop lâche (Aurélien ?), il épousera une autre femme. Veuve, Indiana est touchée des qualités de Ralph : elle se met à l'aimer. Par un truchement peu réussi du roman, l'auteur les entraîne à l'île Bourbon. Ils ont choisi le suicide, se précipiter ensemble dans une cascade. George Sand adoucit l'épilogue : au dernier moment Ralph sauve Indiana. Ils mèneront une vie austère et bucolique dans « une chaumière » de l'île, à la manière des romans de Rousseau.

En mars, elle avait achevé son roman et tenait à emmener Solange. Les préparatifs l'exaspèrent, sa santé est ébranlée. Elle parle de Solange à Regnault, avec une dure moquerie :

« Elle engraisse à faire peur. Je ne sais pas si vous pourrez la porter. Elle a les joues rouges et luisantes comme des cerises, elle a un derrière effroyable et un ventre scandaleux. Je voudrais bien la faire maigrir... Sinon... elle ressemblera à... Gargantuelle... Qu'en ferons-nous ? L'empêcherons-nous de manger ? La fesserons-nous soir et matin ? Elle a un derrière si bien empaillé qu'elle ne le sentira pas. Tâchez de... la rendre amoureuse de vous, c'est un bon moyen [5]. »

Elle signe ses lettres « Je vous embrasse de toute mon âme... Bientôt je serai dans vos bras », ce qui provoqua la jalousie de Sandeau et de la future Mme Regnault. Aurore fut-elle la maîtresse de Regnault ? Elle avait l'habitude des excès épistolaires et lors de la rupture avec Sandeau, Regnault prit le parti de Jules. Ses relations avec Aurore se refroidirent sensiblement.

En avril, la mère et la fille partirent. Maurice sanglotait. Solange ne fera qu'un somme de Châteauroux à la capitale. Elle était si gentille qu'elle connut un grand succès dans la communauté berrichonne. Jules l'aimait beaucoup et la promenait au jardin du Luxembourg où elle jouait avec une pelle et une petite charrette. Elle alla, au jardin des Plantes, voir la girafe, les poneys du Tibet, les grues. Elle s'amuse de tout, écrit Aurore à Maurice, et embrasse tous les soirs le portrait de son frère. Elle jouait sur le balcon garni de fleurs en pots. Elle se faisait des amis avec les enfants des voisins. Elle était devenue « l'enfant » des amis d'Aurore qui prenait l'habitude de dire, même à Latouche,

---

5. G. Sand, *Corr.*, tome II, p. 57 (lettre à Émile Regnault, 20 mars 1832).

« votre fille » en parlant de la petite. Pierret fut choqué, lors d'une visite matinale où il monta chez Aurore sans prévenir, de trouver l'appartement encombré par les amis. Ils avaient passé la nuit chez elle. Pierret enjamba, outré, des garçons endormis dans l'entrée et s'en alla répéter tout cela à Sophie. Aurore s'irritait d'avoir à se justifier :

« J'ai été très malade cette nuit, ma chère maman, à tel point que mes amis et mes portiers épouvantés ont décidé que j'avais le choléra... Deux de mes plus dévoués sont couchés dans mon salon [6]... »

Quant à l'alibi de ce prétendu choléra, « il avait suffi, dit-elle, d'une tasse de thé et de couvertures » pour en venir à bout.

Elle avait tort de prendre à la légère l'épidémie de choléra : le choléra, venu d'Orient, allait faire rage pendant le carnaval, foudroyant la capitale et la province. On dénombra dix-huit mille victimes dont le ministre Casimir Périer. De son balcon, Aurore voyait passer les charrettes débordant de cadavres, les grandes voitures de déménagement dites « tapissières » qui servaient de corbillard aux plus pauvres.

« C'était un horrible spectacle [...]. Le choléra enveloppa en premier les quartiers qui nous entouraient ; il approcha rapidement, il monta, d'étage en étage, la maison que nous habitions. Il y emporta six personnes et s'arrêta à la porte de notre mansarde [7]. »

La panique se généralisait, les ouvriers croyaient à un complot d'empoisonnement contre eux et « levaient leurs poings fermés contre le ciel ». « Je suis en train de te faire une paire de pantoufles », écrit-elle à Casimir. Avoir chaud aux pieds détourne le choléra. Elle rassurait son fils : « Le choléra ne s'attaque presque jamais aux enfants. » Solange n'avait rien, Jules allait bien mais elle eut quelques symptômes, qu'en effet du

6. *Ibid.*, p. 65 (lettre à Mme Maurice Dupin, 14 avril 1832).
7. G. Sand, *Histoire de ma vie*, tome II, p. 141.

thé combattit. Il est étonnant de constater une fois de plus que George Sand n'attrapa *jamais* de maladie grave. Le 1er mai 1832 elle écrivait à sa mère « le choléra s'en va » et priait Casimir de « lui envoyer un jambon ».

Le 19 mai, la *Bibliographie de la France* annonçait *Indiana*.

Il était signé « G. Sand ».

Jules Sandeau avait lu *Indiana*. Il avait été impressionné par le talent de sa compagne. De quel nom signer ce livre ? Aurore se souvenait à quel point sa belle-mère était offusquée à l'idée que son nom pût être *imprimé sur des couvertures de livres*. Elle eût volontiers signé « Jules Sand ». L'éditeur la pressait en ce sens : *Rose et Blanche*, signé « Jules Sand », s'était bien vendu, il fallait cultiver cette veine. Sandeau, par honnêteté intellectuelle, refusa. « Il ne voulut pas accepter la paternité d'un livre auquel il était complètement étranger », écrit-elle. Latouche, consulté, aida Aurore à trancher la question. Il proposa de garder « Sand » (on prononce le « d ») et de choisir un prénom.

« Je pris vite celui de George qui me paraissait synonyme de berrichon. Jules et Georges, inconnus au public, passeraient pour frères ou cousins [8]. »

George ; ou *georgicus*, l'homme de la terre (les *Géorgiques*), Georgeon, le diable, George, à la manière anglaise… Aurore aimait ce prénom d'homme, qu'elle écrivit d'abord avec un « *s* ». Elle se délectait de cet anonymat ambigu. Aurore était devenue « George » y compris pour ses amis. « À Paris, écrit-elle à Laure Decerfz, Mme Dudevant est morte. Mais G. Sand est connu pour un vigoureux gaillard. » Latouche monta ses cinq étages dans le but de l'humilier. Il trouva dans la mansarde le premier exemplaire d'*Indiana* qu'avait fait parvenir l'éditeur Dupuy. Aurore était sur le bal-

8. *Ibid.*, p. 138-139.

con, Latouche prit l'exemplaire, le flaira, se mit à lire en raillant à haute voix. « C'est un pastiche ; école de Balzac ! » Il la quitta brusquement. Le lendemain, elle reçut un mot de lui comme jamais de sa vie il ne lui en avait écrit :

« George, je viens faire amende honorable ; je suis à vos genoux. [...] J'ai passé la nuit à vous lire. Balzac et Mérimée sont morts sous *Indiana*. Ô mon enfant, que je suis heureux [9] ! »

Le succès fut immense et rapide. Balzac, piqué qu'elle n'eût pas aimé ses *Contes drôlatiques* (elle l'avait traité « de gros indécent » et lui de « prude »), fit amende honorable dans *La Caricature* du 31 mai 1832 : « Je ne connais rien de plus simplement écrit, de plus délicieusement conçu. » Latouche exprimait son enthousiasme dans *Le Figaro*. Félix Pyat, dans *L'Artiste*, n'était qu'éloges : « Le livre de George Sand décalque notre époque. » Le *Cabinet de lecture* du 24 juin renchérissait : « *Indiana* c'est notre histoire... *Indiana* est une déclaration de guerre au code napoléonien. » L'article était signé de Henri Boussuge. *La France littéraire* ne tarissait pas de louanges. Victor Charlier, dans *Le Journal des débats*, parle d'un chef-d'œuvre. Alfred de Musset écrivit dans *Le Temps* du 14 juin :

« Le mérite particulier d'*Indiana* [...] réside surtout dans un sentiment profondément vrai des douleurs et des turpitudes morales de notre époque [10]. »

La *Revue des Deux Mondes* lui accorda un grand article. Il était signé du plus cruel des critiques : Gustave Planche, dit « la malédiction des écrivains ». Il consacra plusieurs pages à *Indiana*, déplorant le suicide des héros. Il eût préféré que le roman s'achevât sur le mariage désolant de Raymon. Sainte-Beuve envisageait déjà le piège d'un tel succès. Le public ne cesserait de réclamer d'autres romans à George Sand. Elle

9. *Ibid.*, p. 173-174.
10. *George Sand, ou le scandale de la liberté, op. cit.*, p. 187.

ne demandait pas mieux. Elle avait signé avec Dupuy un contrat pour son second roman : *Valentine*. Elle mettra trois mois à l'écrire. Son rythme forcené, nocturne, recommençait. La « somnambule » ne quitterait la plume que pour mourir.

Chapitre 16

LA FIN D'UNE LIAISON

Le 28 juillet, George quittait Paris avec Solange pour Nohant. Le succès d'*Indiana* ne suffisait pas à lui faire oublier la révolte de juin. Le choléra sévissait encore quand éclatèrent les tueries.

« *Le 6 juin a tué Indiana* pour un mois et m'a jetée si brutalement dans la vie réelle, qu'il m'a semblé impossible *à présent de jamais rêver à des romans* [1]. »

Le 5 juin 1832 avaient eu lieu les funérailles du général Lamarque Derrière son convoi, la foule hurlait « Vive la République ! ». La troupe épaulée par la garde nationale tira. La fusillade dura plusieurs jours, le roi revint de Saint-Cloud. Les insurgés, réfugiés dans le cloître de Saint-Merri, résistèrent en vain : huit cents victimes. Le roi organisa un nouveau triumvirat. Le duc de Broglie aux Affaires étrangères, Thiers à l'Intérieur, Guizot à l'Instruction publique. Soult fut nommé président du Conseil. Les émeutes avaient pris source dans celles des canuts. Cette France bourgeoise comptait trois millions de privilégiés dans une masse diffuse de trente-cinq millions de mécontents. Le mal de vivre était général. La France s'était indignée du massacre des patriotes polonais par le général russe Paskeïvitch. La Pologne était à la mode, chantée des romantiques. Horace Vernet illustra de façon poi-

1. G. Sand, *Corr.*, tome II, p. 105 (lettre à Laure Decerfz).

gnante l'aigle russe déchiquetant le corps sanglant de la Pologne. Tout se mélangeait, on détestait le pouvoir en place. « À bas les Bourbons ! » criait la foule. On avait pillé les armuriers et on dressa des barricades. Le drapeau rouge flottait. L'après-midi du 5 juin, la chaleur était étouffante. George était au jardin du Luxembourg avec Solange. Elle entendit soudain battre la charge. Elle saisit la petite à pleins bras et s'enfuit par les ruelles jusque chez elle. La troupe s'organisait pour tirer. Solange hurlait de peur.

« J'imaginai de lui dire qu'il ne s'agissait sur le quai que d'une chasse aux chauves-souris comme elle l'avait vu faire sur la terrasse de Nohant à son père et à son oncle Hippolyte[2]. »

Pendant quinze jours George ne put rien avaler. Paris était en état de siège. Le 6 juin, « on s'est battu sous ma fenêtre, écrit-elle à Maurice, depuis huit heures du soir jusqu'à minuit ». La ville semblait morte, on avait interdit la circulation, les soldats gardaient les ponts, les barrières. La peur régnait, entre le « silence féroce et les soudaines fusillades ». Le canon, à son tour, tonna. De son balcon George apercevait un spectacle plus affreux que celui du choléra :

« Pendant quelques jours [...] la Morgue encombrée de cadavres dont les têtes superposées faisaient devant les fenêtres comme un massif de hideuse maçonnerie, suinta un ruisseau rouge... » (même lettre).

« Je suis malade de chagrin », écrit-elle à Casimir. Au cloître Saint-Merri, cent personnes avaient été tuées. Tant de sang éprouva George au point que longtemps elle ne put supporter la vision d'une boucherie et de la viande rouge. George ne démêlait pas encore les réalités politiques. Elle s'émouvait de l'homme abattu par l'homme. Sa pitié ne prenait pas source dans un engagement. La boucherie humaine la révoltait, que l'on fût l'opprimé ou l'oppresseur. Le choléra traînait

2. *Ibid.*, p. 97 et 98 (notes de G. Lubin).

encore à Châteauroux. Elle conseillait à Maurice de ne manger ni fruits ni salade. Elle était lasse. « Je vais tâcher, écrit-elle le 26 juillet à Charles Meure, d'oublier les uns et les autres à Nohant. » Elle félicitait son cher Duvernet de se marier. Elle était reprise de crises d'étouffement, Solange avait un gros rhume. Le succès de son roman « l'épouvante un peu », confie-t-elle à Laure Decerfz. On veut la connaître, « des faiseurs d'esprit, des quémandeurs, des curieux » grimpent ses étages. Le succès d'*Indiana*, souligné par Jules Janin, avait mis en rage Victor Hugo :

« Comment polisson, s'écria-t-il à Janin, tu prétends qu'*Indiana* est le meilleur des livres ? Et le mien, donc ? Prends-tu *Notre-Dame de Paris* pour une putain [3] ? »

Le succès, ce sont ces billets que tous les amoureux signent « Ralph » ou « Indiana ». L'identification avec ses héros se faisait. Le succès, ce furent ces saint-simoniens qui vinrent solennellement lui proposer le titre de « papesse », *Indiana* épousait, disaient-ils, leur doctrine. Son petit Jules était moins réjouissant à voir et à vivre. Sa barbe poussait, il prenait du poids, sa paresse s'accentuait. Quand elle avait signé, fin juillet, le contrat de *Valentine*, elle avait exigé une clause assurant auprès d'une agence de remplacement militaire la somme nécessaire pour protéger Sandeau de la conscription. La protectrice tuait l'amante. Elle était à Nohant avec Solange mal remise de sa bronchite, Jules, dans sa famille de Niort. George se faisait un nouvel ami : François Rollinat, le frère de Charles. François, musicien, avait une voix magnifique. Il lui sera d'une gracieuse utilité pour lui trouver des partitions musicales. Jules l'agaçait. Elle espérait, confiait-elle à Regnault, « qu'il aurait plus de courage ». À Nohant, les soucis lui tombaient dessus, Jules ne l'aidait en rien. Casimir se vengeait sourdement. Il lui jetait à la figure la paresse de Maurice, sa décision de

3. *Ibid.*, p. 119-120 (lettre à Laure Decerfz, 3, 6 et 7 juillet 1832).

le mettre en pension à la rentrée. Son fils avait été mal soigné pendant son absence. À elle de tout résoudre. Elle essayait, illusion d'amour, de se convaincre qu'elle souffrait d'être séparée de Jules. Elle soignait la toux de Solange avec de l'extrait de belladone. Elle décelait avec humeur un trait du caractère de Solange :

« Elle apprend à lire, écrit-elle à Regnault et, chose fantasque et bien digne d'elle, depuis que Boucoiran la gronde et la contrarie et la domine, elle l'adore. Elle le détestait auparavant ; ô fille ! fille[4] ! »

À la fin d'août, elle était à la moitié de *Valentine*. Sans Jules, elle vivait une espèce de délivrance. Jules se confiait à Émile Paultre. Cet été-là, il le devinait amèrement, point besoin ne serait de faire le guet dans les fossés de Nohant ! « L'ennui se glissait dans notre intimité », écrivait-il dans son roman *Marianna*. Lui aussi s'ennuyait. Il n'arrivait plus à suivre le rythme vertigineux de la trop féconde romancière. Il s'ennuyait sans sa collaboration. Travailler seul était pour lui le plus grave des efforts. George pardonnait bien des choses mais elle détestait la paresse. Sa puissance de travail, cette puissance tout court paralysaient le petit amant. George se refroidissait à mesure de l'ampleur de sa tâche. Elle en voulait à Latouche et Sandeau de leurs plaintes continuelles sur « l'effort d'écrire », cette horreur d'écrire que Latouche nommait « la cartophobie ». Elle confiait à Regnault :

« Je suis toujours sous le poids de… la *cartophobie*… Je gronde Jules de vouloir ressembler à Latouche […]. J'ai pour cette maladie une excuse qu'ils n'ont ni l'un ni l'autre, c'est de travailler comme un bœuf[5]… »

Valentine jouait sur le thème de la mélancolie au sujet de l'amour. C'était, comme *Indiana*, l'histoire d'un mariage malheureux. Valentine s'éprend d'un jeune amant, fils d'un pauvre paysan, Benedict. George prône

4. *Ibid.*, p. 142-143 (lettre à Émile Regnault).
5. *Ibid.*, p. 161 (lettre à Émile Regnault, 16 septembre 1832).

l'amour libre, les mariages tournent mal à cause des conventions. L'amant, de basse extraction, est inépousable. La sexualité est effleurée, dès que l'on passe à l'acte, la mort s'ensuit. Le roman s'achève sur l'évocation d'une double tombe : celle de Valentine et de Benedict. Le roman touchait à sa fin, son amour pour Jules refroidissait, George était reprise du spleen. « Je suis écrasée de fatigue, de dégoût, de mauvaise humeur et d'ennui », écrit-elle en septembre à Charles Meure. Elle incrimine l'écriture, « le plus infâme de tous les métiers », mais les souvenirs affluent, sombres, négatifs. L'abandon de sa mère, ses intimes désillusions. Elle avait bien songé à rejoindre Jules à Niort, mais éluda. « Nous serions logés trop à l'étroit. » En octobre, elle était toujours aussi « cartophobe », avec des migraines. Latouche lui envoya une lettre amoureuse :

« Ne me parlez jamais de moi et, ne me dites pas que nous sympathisons : pauvre enfant ! J'ai vécu mort depuis longtemps déjà… Si j'eusse vécu… je vous eusse aimée trop : je relisais hier les autres lettres de Rousseau à Sara pour m'applaudir d'avoir fait mon temps et d'avoir donné ma démission [6]. »

Cet aveu la touchait et éteignait davantage ses sentiments pour Jules. Elle lui écrivait à peine, la rupture s'amorçait avec son protocole de rechutes amoureuses. Le 25 octobre, de retour à Paris (sans Solange), George est reprise d'un élan passionné. « Jules va bien, nous nous aimons mieux que jamais », écrit-elle à Gustave Papet, « nous nous guérissons mutuellement de nos douleurs » Quelles douleurs ? Jamais George n'avait autant travaillé, écrasée de soucis financiers, du poids de Nohant, de l'indifférence de Casimir, du sort de ses enfants. Jamais Jules n'avait été aussi nonchalant. Le bruit courait qu'il l'avait trahie avec une blanchisseuse. L'équipée de la duchesse de Berry la distrait à peine. Depuis 1830, Charles X et les siens étaient installés en

6. *Ibid.*, p. 167.

Écosse. La petite duchesse n'avait qu'une obsession : rétablir son fils, le duc de Bordeaux, sur le trône. Elle se lança dans une folle et puérile équipée. Elle avait filé en Italie, en Provence et en Vendée déguisée en garçon, aidée par quelques fanatiques. Elle allait ainsi, de village en village, lire cette proclamation : « Henri V vous appelle, sa mère régente de France se voue déjà à votre bonheur. » La police la découvrit à Nantes, cachée dans une cheminée. Très embêté, le roi la fit conduire à la forteresse de Blaye, sous la garde de Bugeaud. L'excentrique était enceinte et accoucha d'une petite fille ! Elle s'était mariée secrètement en Italie au comte Lucchesi Palli. Elle rejoignit Palerme avec l'enfant, à la grande honte de sa famille. La France se gaussait du roi à travers cette folle aventure.

George allait encore déménager. La générosité Latouche lui abandonnait son appartement, au 19, quai Malaquais, là où elle avait écrit, sous sa férule, ses premiers articles. En comparaison avec sa mansarde, « elle se crut dans un palais ». La vue donnait sur de grands arbres, où chantaient les oiseaux. Cet appartement était un refuge, un lieu idéal pour écrire et… pour aimer. La célèbre « mansarde bleue » allait voir défiler bien des célébrités. Elle avait remis le manuscrit *Valentine* à Dupuy, « très propre et sans rature ». Il se trouvait qu'un chapitre, à la fin du roman, ne comptait qu'une ligne d'impression. Dupuy lui écrivit d'ajouter quelque chose. Elle lui avait retourné le feuillet avec ces mots :

« Ajoutez tout ce que vous voudrez, mon cher éditeur, et allez vous faire F. [7]. »

Les curieux et les quémandeurs gravissaient ses étages, elle dépensait plus qu'elle ne gagnait. Les dissensions avec son amant jouaient dans l'esprit de ses amis. Ils devenaient possessifs, moralisateurs. Ils étaient, à

7. *Ibid.*, p. 176 (note de G. Lubin, lettre à Henry Dupuy, octobre 1832).

son grand agacement, un seul « corps » oppressant, lourd de blâme. Ils se comportaient en une sorte de « mari » monstrueux. « Voilà le malheur des amitiés, écrit-elle à Regnault en novembre, où il y a disproportion d'âge et d'expérience. » Le 5 décembre, elle avait ramené de Nohant Solange avec une bonne, une fille de la campagne, Marie Moreau. Sa liaison avec Jules tournait à la violence. Marie Moreau sera témoin d'une dispute si vive qu'elle fut suivie de coups. Sainte-Beuve, qui adorait les confidences féminines, grimpa souvent les étages du quai Malaquais. Il témoigne avoir vu les amants à cette adresse :

« Je dois l'avoir connue au commencement de 1833. Elle était alors seule, au quai Malaquais, encore liée à Jules Sandeau mais près de rompre [8]. »

Aux disputes succédaient les plus bas reproches. « Tu as été une mauvaise amante ! » s'enrouait le petit Jules. En janvier, la rupture n'était pas encore consommée. Jules écrivait à Balzac : « Venez donc ce soir chez Madame Dudevant, quai Malaquais n° 19. Nous vous attendons. Tout à vous, Jules [9]. » Il la quitta pour emménager rue de l'Université. Ils se voyaient encore, la pitié, chez George, avait relayé l'amour. Elle s'épuisait, elle souffrait d'un mélange de tendresse, de dégoût, de dépendance. Le jugement dépréciateur de ses amis, du bord de Jules *comme un seul homme*, l'affaiblissait. 1833 débutait dans la grisaille, la fatigue, mais allait lui apporter bien des récompenses. Les nouveaux amis montaient les étages de la mansarde bleue. *Valentine* était paru en novembre, le temps d'un très court séjour de George à Nohant. Charles Rabou, du journal *Le Nouvelliste*, lui consacrait un grand article. *L'Artiste, Le Journal des débats*, Sainte-Beuve dans *Le National*, Granier de Cassagnac dans *La Revue de Paris*,

---

8. *Ibid.*, p. 179 (notes de G. Lubin).

9. Bibliothèque de l'Institut, collection Spoelberch de Lovenjoul, A 316, fol. 101.

Le Temps, ne tarissaient plus d'éloges sur *Valentine*. Gustave Planche, enfin séduit par l'auteur d'*Indiana*, lui rendit visite avec un bel article à sa louange, intitulé « Indiana et Valentine », prévu pour *La Revue des Deux Mondes*. Planche, ce fils d'apothicaire (il haïssait son père), avait vingt-quatre ans. Intransigeant, conservateur, pédant, prônant la tradition, il détestait l'école romantique. La première fois qu'il vit George, il resta sans voix. Il en tomba amoureux. Ce phénomène allait se reproduire souvent. Plus d'un homme qui approchait George, sans beauté réelle ni artifice, s'en éprenait. Elle hélait en chacun les obscurs et souverains méandres de l'homosexualité latente. Elle les affaiblissait d'une envie éperdue de se faire materner. Elle jouait sans le vouloir sur les originelles fragilités. D'un regard, d'un mot, elle menait l'autre au frémissement d'une attente. Chacun devenait le sensuel nourrisson qui rêvait de ses bras, de ses seins, de sa peau nourricière. Elle était Lélio, elle était Lélia, elle était à la fois le garçon et la fille. Le donjuanisme de George jouait sur la régression virile. Elle les dominait ; elle atteignait l'authentique secret de leur plaisir. Elle était « leur homme », elle les soulageait de la femme soumise, la servante dont Stendhal parlerait comme l'idéal de tout mâle. Planche coucha-t-il avec George ? George détestait la saleté. Planche se faisait remarquer par une saleté légendaire. Il ne manquait pas de beauté, blond, un profil de camée, mais son incurie anéantissait ses charmes. Jules Janin confiera en 1844, à ces deux commères qu'étaient les frères Goncourt, que lorsque Planche allait au théâtre, les deux loges voisines étaient vides à cause de son odeur repoussante. Sur le boulevard, on remarquait son vêtement graisseux, ses souliers éculés. Était-il pensable que George, si soignée de sa personne, eût couché avec ce clochard puant ? Les venimeux Goncourt prétendaient qu'il était impuissant. L'actrice Marie Dorval s'était plainte de « son manque d'organe viril ». Il mourra pauvre et haï en 1857. En 1832, il était ce chroniqueur virulent de

La Revue des Deux Mondes. Il était allé voir George, chargé d'une ambassade par François Buloz, directeur de la revue : Buloz souhaitait sa collaboration régulière. *La Revue de Paris*, de Dupuy, venait de publier une nouvelle de George, *La Marquise*, et lui avait fait la même offre. Un aspect du caractère de George Sand se faisait jour : la femme d'affaires. Elle choisit le plus offrant, François Buloz qui pourtant avait refusé sa nouvelle, *Trenmor*. François Buloz offrait la sécurité matérielle. Quatre mille francs par an pour trente-deux pages toutes les six semaines. Il finira par publier *Trenmor*. Elle gagnait sur tous les plans. Début décembre, Gustave Planche, peut-être lavé et rasé de frais, présentait à George le contrat de Buloz. Elle le signa le 11 décembre. Gustave Planche s'irritait d'être resté « muet » devant la jeune femme de quatre années son aînée. Il lui écrivit une lettre pleine de charme. George était donc tirée des ennuis matériels, elle avait signé le 8 janvier une suite avec Dupuy : *Lélia*. Gustave Planche lui avait présenté Sainte-Beuve qui était alors l'amoureux réservé d'Adèle Foucher, la femme de Victor Hugo. Né la même année que George, critique le plus remarqué de son temps, il admirait les livres de George. Elle le prit pour conseiller littéraire et confesseur. Il fut sans arrêt sur la défensive ; elle l'attirait et l'effrayait vaguement. Elle écrivait à Sainte-Beuve, le 6 mars, qu'elle se trouvait « dans des affreux chagrins et un redoublement de douleurs ». Jules n'avait pas supporté qu'elle le « jetât dehors avec ses hardes ». Il avait avalé de l'acétate de morphine pour s'empoisonner. Le 7 mars, George était auprès de lui, rue de l'Université. Le 10 mars elle confiait à Sainte-Beuve qu'il avait pris « du contrepoison ». Il s'en irait en Italie, George paierait son dernier loyer. Balzac allait récupérer le petit Jules dont il espérait faire un collaborateur actif. C'était mal calculer. Balzac aussi était un bourreau de travail. Jules montra vite ses faiblesses, ses caprices, sa vanité, son arrogance – surtout son indolence. Balzac était fasciné par ce jeune homme, sorte de fils adoptif qu'il jugeait aussi durement qu'une femme, « plein de tendresse dans le cœur et de lâcheté dans le caractère ». Il lui trouvait un sourire de fille, des hanches « conformées comme celles d'une femme ». Jules lui écrivait des lettres enjôleuses, de la façon dont il avait su enjôler la puissante nature de George. Balzac, au fond aussi misogyne que les amis berrichons, en voulait à George d'avoir osé ce geste de mâle : la rupture. George écrivait dans son « journal intime » :

« Où est l'ami qui ferait pour moi ce que je fais pour le premier passant qui frappe à la porte ? [...] Pendant ces tristes nuits, pas une voix, pas une ombre dans les ténèbres où je m'égare [10]. »

10. G. Sand, *Journal intime*, Le Seuil, « L'École des lettres », 1995, p. 16-17.

Chapitre 17

Passion de femmes

Elle était loin d'être seule en écartant Sandeau. On était à la mi-janvier, Jules était encore avec elle. Elle travaillait à deux nouvelles, *Cora* et *Lavinia*, quand elle fit la connaissance de Marie Dorval. Gustave Planche avait mis George en garde contre Marie Dorval. George détestait qu'on lui indiquât une marche à suivre, elle avait écarté les préventions de Planche de manière « toute virile ». Planche s'obstinait :

« Un de mes amis qui par l'intimité de ses relations avec Juliette Drouet [...] m'a certifié que Mme A. [A, pour actrice] Dorval avait eu pour elle une passion de même nature que celle de Sapho pour les jeunes lesbiennes [1]. »

Marie jouait dans *Jeanne Vauberdier*, à l'Odéon. La comédienne et George s'étaient déjà vues, Marie Dorval plaisait follement à George.

« Croyez-vous que vous pourrez me supporter ? Vous n'en savez rien encore ni moi non plus ; je suis si ours, si bête, si lente à penser tout haut [...]. Je sens que je vous aime d'un cœur tout rajeuni, tout refait à neuf par vous [2]. »

Marie l'avait invitée à souper chez elle. Cet hiver-là, elle triomphait dans plusieurs pièces dont *Marion*

1. G. Sand, *Corr.*, tome II, p. 241 (note 2).
2. *Ibid.*, p. 242 (lettre à Marie Dorval, 26 janvier 1833).

Delorme de Victor Hugo et *Antony* de Dumas. George Sand était allée l'écouter, attentive, bouleversée. Marie incarnait son admiration pour le théâtre, Marie ressemblait à son héroïne « la marquise ». Le destin de ces deux femmes allait se nouer à travers la complémentarité de leur art. L'histoire de *La Marquise* évoquait une jeune femme rendue frigide par son mari, veuve depuis peu, amoureuse d'un acteur, Lélio. Chaque soir elle se glissait au théâtre, vêtue en homme, pour le voir jouer. Lélio, à la façon de George Sand, appuyait son menton sur le fauteuil face à lui.

Marie Dorval incarnait le fantasme de son texte. Théâtre, écriture, une jonction mystérieuse se faisait entre ces deux femmes – une attirance que Planche avait évoquée sous le terme plus cru de « lesbienne ». Avec Lélio et la marquise, un peu plus tard avec *Lélia*, George atteignait l'identification de ses propres dilemmes. Son écriture prenait soudain les traits de Marie Dorval. George avait dépassé les premières entraves de sa condition de femme. Elle agissait désormais à sa guise : quand elle désirait, elle prenait. Pour la première fois de sa vie, elle allait vivre un amour sans hypocrisie. L'amour interdit, le « secret » si lourd passait par la réelle liberté de s'exprimer.

Marie et George établirent entre elles un protocole de franchise passionnée. À la lettre de George, Marie, déjà fascinée, devança son invitation. Elle se rendit directement quai Malaquais, entra sans frapper, ignora le petit Jules encore dans les lieux, se jeta avec effusion au cou de George : « *Me voilà, Moi !* »

« Elle était mieux que jolie, elle était charmante. [...] Elle était encore mince et sa taille était un souple roseau qui semblait toujours balancé par quelque souffle mystérieux [3]. »

Jules Sandeau, lui aussi sous le charme, comparait Marie Dorval « à la plume brisée qui ornait son cha-

3. G. Sand, *Histoire de ma vie*, tome II, p. 228.

peau »... « Je suis sûr, disait-il, que [...] cette plume légère et merveilleuse a volé vers elle par la loi des affinités [4]. »

Marie Dorval était née en 1798, enfant illégitime de deux comédiens ambulants. Elle avait appris très tôt la misère et ne posséda longtemps qu'une seule robe blanche pour jouer en scène. Elle était montée sur la scène tout enfant déjà. Elle rappelait Sophie à George. Marie s'était mariée à quinze ans avec un danseur de la troupe qui se faisait appeler Dorval. Il la laissa veuve à vingt et un ans, avec deux filles. Elle eut une troisième fille de Piccinni, neveu de Gluck. Maternelle, emportée, aimante, fanée et jolie à la fois, blonde aux yeux bleus, Marie eut la charge de toute une famille dont sa mère. À Paris, elle conquit la gloire au théâtre de la Porte-Saint-Martin. À trente-trois ans, elle se remariait avec un auteur de feuilletons, Jean Toussaint Merle. Il admettait chez lui les amants de sa femme dont le poète Alfred de Vigny. Ombrageux, Vigny fut le premier à s'émouvoir sombrement des relations étranges de Marie avec les femmes. Dans son journal, il l'appelait « ma Sapho ». Vigny allait détester George Sand. Marie avait invité chez elle, à dîner, George et Sandeau, « avec son mari et quelques amis » – dont Vigny. Avec une tristesse agacée, celui-ci notait dans son journal l'impression que lui avait fait George Sand :

« Ses cheveux noirs et bouclés [tombent] sur son col à la façon des anges de Raphaël. Ses yeux sont grands et noirs, formés comme les modèles des mystiques et des plus magnifiques têtes italiennes [...], elle est [...] sans grâce dans le maintien, rude de parler, homme dans la tournure, le langage, le son de la voix et la hardiesse des expressions [5]. »

4. *Ibid.*

5. Alfred de Vigny, *Le Journal d'un poète*, Éd. Conard, Paris, 1935, p. 223.

George était amoureuse de Marie, actrice de génie en dépit d'une voix éraillée, et qui « savait creuser l'émotion jusqu'à l'épouvante ». Elle gagnait en tout « quinze mille francs en ne se reposant jamais ». George était émue par cette situation semblable à la sienne. Elles se reconnurent dans une « sororité » que George cherchait au plus haut point. Le 17 février, dans *L'Artiste,* George signait un article sur « Mlle Mars et Mme Dorval ». Dans le même temps, Hortense Allart, femme de lettres que George n'aimait guère, lui présentait le journaliste Charles Didier, un futur amant. La correspondance tourne autour de Marie, George passe du « vous » au « tu », et signe ses lettres « Adieu chère Aimée ». Marie répond sur le même ton. Elle invite l'amie aux cheveux noirs à tous ses spectacles, « j'aurais besoin de sentir, lui dit-elle, qu'il y aura là quelqu'un qui m'aime ». Quand le spectacle est fini, George vêtue en homme la rejoint dans sa loge capitonnée, et fume ses cigarettes pendant qu'elle se change. Les lumières s'éteignent ; le théâtre est noir et vide, les deux amies chuchotent dans l'ombre, s'en vont après minuit « finir la soirée dans la mansarde bleue ». « J'en suis folle », écrit-elle à Laure Decerfz, l'amie d'enfance. À Marie, le 18 mars : « Au théâtre ou dans votre lit, il faudra que j'aille vous embrasser, *madame,* ou que je fasse quelque folie ! » Les amies en sont aux caresses, aux baisers, au lit partagé. George travaillait à *Lélia.* « Je travaille comme un cheval », s'excuse-t-elle auprès de l'amie quand elle est privée d'elle. Elle reprenait au féminin le personnage de Lélio. La marquise qui enfin allait connaître ce plaisir-là, que George interrogeait anxieusement dans les yeux de Marie, sur la peau si blanche de Marie. Est-ce la quête du plaisir, le besoin de le vivre avec un homme aussi intensément qu'avec Marie, qui mèneront George à son aventure avec Mérimée ? On était en avril, Casimir, le mari tant oublié, était à Paris. Il amenait Maurice, âgé de neuf ans, afin de le mettre en pension au lycée Henri-IV où Sainte-Beuve avait trouvé une place pour l'enfant.

George fut déchirée par cette séparation. Maurice pleurait, elle sanglotait. Maurice tomba malade, elle courut le voir à l'infirmerie avec sa mère. Solange logeait quai Malaquais. Quel impact eut sur elle l'amitié si particulière entre sa mère et Marie ? Elle avait cinq ans, « toujours rose et aussi grosse », elle lisait couramment, jouait chez les voisins du rez-de-chaussée. Boucoiran, revenu de Nohant avec Casimir, occupait une chambre quai Malaquais. Il serait le précepteur de Solange. « Il ferme les yeux le matin, affirme George, quand je passe ma chemise. » Casimir occupait l'appartement d'Hippolyte. On s'interroge sur son extraordinaire largesse d'esprit. Comment ignorait-il ce dont tout Paris se gaussait ? Non seulement l'aventure saphique de sa femme, mais celle, non moins scabreuse, avec Mérimée. Après un jeu compliqué de rendez-vous accordés et décommandés, George prétextait la présence de son mari et une névralgie pour repousser encore Mérimée. Prosper Mérimée, d'un an plus âgé que George, diplomate, écrivain, épicurien, archéologue, s'était fait ironique et plus pressant.

« Comme vous n'êtes pas diplomate, je crois à votre névralgie, je crois que vous êtes sortie maritalement avec M. Dudevant [...]. Je vous serais bien obligé de me dire [...] si j'aurais quelque chance de vous voir sans vous ennuyer[6]... »

George se rendit à l'Opéra avec lui voir *Robert le Diable*. Tout Paris vit Mérimée en haut du grand escalier avec Solange endormie sur son épaule. Ils passèrent une semaine ensemble, à la grande jalousie de Marie. L'affaire se corsa. Mérimée n'avait pas supporté, il l'écrira dans son roman *La Double Méprise*, la vision de sa compagne en robe de chambre, un foulard rouge sur les cheveux, en train d'allumer l'âtre afin de s'emparer au plus vite de sa plume et de ses papiers. Cette vision de la femme préférant à l'homme sa création

6. *Correspondance générale de Mérimée*, I, p. 228-229.

avait irrité Mérimée au point d'entraîner sa défaillance au lit. « J'ai eu Mérimée hier soir, ce n'est pas grand-chose », aurait-elle dit à Marie qui bêtement répéta ces mots à Dumas. Paris s'esclaffait, la rupture eut lieu. George jurera ses grands dieux à Sainte-Beuve qu'elle avait sincèrement aimé Mérimée et cherché en lui « une porte du bonheur ». Elle avait admiré en Mérimée son intrépidité, son ironie, tout comme elle enviait la nature extravertie de Marie. En fait, George doutait terriblement d'elle-même.

« Je commis la plus incroyable sottise de ma vie, je fus la maîtresse de Prosper Mérimée... L'expérience manqua complètement. Je pleurai de souffrance, de dégoût, de découragement [7]. »

Dans *La Double Méprise*, Mérimée se défendit avec brio et dérision de ce fiasco. George, à tout prendre, était la plus meurtrie des deux. *Lélia* prenait son sens profond. Ce serait un livre qui poserait l'interrogation métaphysique du plaisir, de la frigidité, du malentendu des sens. George avait pardonné le bavardage de Marie. Elle connaissait, disait-elle, « ses vices ». Leur liaison reprenait de plus belle. « Je voudrais que quelqu'un m'aimât comme je vous aime. » Marie, de son côté, endurait la mortelle jalousie de Vigny. Il la tourmentait de scènes, la jalousie portait pour lui le nom sulfureux de George Sand. « Vous m'avez fait une belle affaire avec Vigny », écrivait-elle à George. Né d'une famille noble ruinée, Vigny, officier qui avait troqué l'épée contre la plume, soulignait l'amertume de naître sans fortune. Profondément aristocrate, l'auteur de *La Mort du loup* pensait comme ceux de sa caste. On couchait (on jouissait) avec une actrice mais on se mariait dans son milieu. Il avait épousé la fille d'un lord anglais, Lydia Bunbury, qu'il qualifiait de « sainte ». Il eût été inconvenant que son épouse éprouvât le plaisir telle

7. G. Sand, *Corr.*, tome II, p. 374-375 (lettre à Sainte-Beuve, juillet 1833).

une courtisane. Elle se devait d'être froide comme une vierge et la maîtresse (Marie Dorval), « une belle harpe » dont il tirait, lui, le mâle, « des sons délicieux ». George Sand (Lélia) allait bousculer ces odieuses conventions. George savait bien qu'il méprisait Marie autant qu'il adorait faire l'amour avec elle. C'est ce point sensible, terrible, le sens d'une société hypocrite, bâtie sur le pouvoir de l'homme, que Lélia-George voulait briser avec éclat. Soumises aux rituels de l'homme, y compris leur « fiasco », révoltées ensemble, jouissant l'une de l'autre, Marie et George s'étaient retrouvées en un seul brûlant élan : *Me voilà, Moi !*

Ce « Moi » déchiré était celui de milliers de femmes, celui de Lélia.

La franchise de leur relation émouvait George. Une nuit de mars, le 27, à deux heures du matin, elle ouvrit son album personnel, *Sketches and Hints*, ce fourre-tout où elle compilait son journal intime, ses poèmes. Elle écrivit sa réflexion sur le secret de Lord Byron qu'elle reliait à son histoire avec Marie. Le secret d'un amour que la société dit « impur » alors que toute passion est « ce brûlant espace pur » dont parlera un jour l'écrivain Colette. George s'était aussi interrogée sur « le pur et l'impur ». Lord Byron avait commis l'inceste avec sa sœur adorée. De cet amour (ce secret) était née une fille, Merova.

« Ce crime a […] frappé d'une naïve superstition les poètes croyants… Aucun de nous n'est exempt d'une tache ou d'une entrave, d'une faute inconnue. […] La franchise, bien loin de nous laver aux yeux des hommes, serait une souillure de plus qu'ils se croiraient en droit de nous infliger[8]. »

George relisait « le secret de Byron » pendant qu'elle écrivait *Lélia*. De sa chair à celle de *Lélia*, à celle de Marie, surgissait le rouge fleuron de la liberté sensuelle. La jalousie menait âprement le jeu entre les

8. *Sketches and hints*, *Histoire de ma vie*, tome II, p. 598.

personnages. Vigny traitait George de « femme monstrueuse ». Vigny était jaloux de Marie, de son mari, de l'amant de sa fille, de son ombre – jaloux surtout de George. Dans son journal, il la couvrait d'opprobre. Il se gaussait des ragots de l'aventure ratée avec Mérimée. « Vous avez le ton d'une fille sans en avoir les avantages. » Marie devenait jalouse à son tour. La déchirure s'installait. On était dans la confusion des sentiments, où, sourdement, les deux femmes se blessaient à la flèche venimeuse de la misogynie. On prêtait à George des propos infâmes sur la virilité de Mérimée. « Cinq pieds, cinq pouces… » On frôlait des duels, des règlements de comptes. Dumas insulta Planche qui l'avait tancé de ses bavardages. Dumas somma bien haut Planche de prouver qu'il « n'était pas l'amant de Mme Dudevant ». Ces histoires fatiguaient George. Elle eut la grippe – le spleen. *Lélia* avançait sombrement. Connaissait-elle le cauchemar d'oser vivre pleinement la sexualité ? Le secret de Byron devenait sa propre douleur. Marie était *aussi* sa sœur.

Tout Paris observait les deux amies que l'on nommait « les inséparables ». Les amis berrichons s'étaient estompés, froissés, « trompés » par la fougueuse George. Boucoiran n'osait plus critiquer ouvertement « les liaisons dangereuses » de sa « maîtresse » qu'il voyait en chemise (avec Marie ?) chaque matin. « Chère âme, écrit-elle encore à Marie, je ne vaux pas une boucle de vos cheveux. »

George s'épanchait alors plus librement avec les femmes. Elle écrivit une très longue lettre à Laure Decerfz, avec une confiance et un enjouement presque amoureux. Laure devenait l'éphémère substitut de Marie et de tous les amis garçons. George avait du mal, à l'époque de *Lélia* et de la passion Marie, à se confier aux hommes (excepté Sainte-Beuve). « Ne me présentez pas Alfred de Musset, lui écrivait-elle, il est trop dandy pour moi. » Laure, la fille du médecin qui avait soigné sa grand-mère, Laure, la future épouse de Fleury le Gaulois, devenait sa confidente. Elle lui confiait, en avril, au sujet de Marie et elle, ces mots éloquents : « Nous vivons beaucoup en peu d'heures. »

George n'en avait pas fini avec Sandeau Il était revenu d'Italie, il s'était installé rue du Bac. On disait, non sans vérité, qu'il couchait avec Marie. On ajouta aux amants de Marie le nom de Planche et celui de Latouche. « Tâchez que Jules vive », avait écrit George à Regnault, quand il avait tenté de s'empoisonner. George se battait sur tous les fronts. Elle n'ignorait pas les hostilités de Balzac à son encontre. « Balzac m'ennuie trop », écrivait-elle à Laure. Hortense Allart était « hommasse, femme de lettres de tous les diables », Latouche était jaloux, « malade, bizarre, grognon ». Il ne lui pardonnait pas son succès, il ne lui pardonnait surtout pas Marie. Il la détestait de ne pas l'aimer, lui, exclusivement. George, en vivant sa passion « avec franchise », hors du « secret » à la Byron, avait dressé contre elle presque tous les hommes qu'elle connaissait. Planche l'avait mise en garde. Une lettre de Balzac à Mme Hanska résume les ragots que provoquait alors George :

« L'auteur d'*Indiana*, Mme Dudevant, s'est déshonorée, tout Paris s'intéressait à ces deux amants. Sandeau vient de partir pour l'Italie. Il est au désespoir, je l'ai cru fou. Mme Dudevant s'est donnée à un homme nommé Gustave Planche, un homme généralement méprisé mais qui l'avait encensée dans *La Revue des Deux Mondes*. Plaignez Sandeau, un noble cœur, et oubliez Mme Dudevant[9]. »

En 1836, Balzac, déçu par la paresse indécrottable de Jules, comprendra George. Ils renoueront une amitié assez solide.

De l'atelier de Balzac à l'Académie française, le petit

---

9. Honoré de Balzac, *Lettres à madame Hanska*, 4 vol. (Paris, 1967-1971), tome I, p. 52.

Jules avait peu à peu fait son chemin. Rue du Bac, il écrivait *Marianna*. Marie Dorval allait avoir quarante ans, elle aimait encore George quand paraissait *Marianna*. Elle explosa de jalousie à la lecture. Sandeau aussi aimait encore George ! Elle se rendit chez Sandeau et ils eurent une courte liaison. Marie quêtait sur la peau de Jules celle, couleur safran, de George. George marquait ceux qu'elle avait aimés. En 1840, Sandeau parlait d'elle sous les termes de « Christ femelle » ! Il avait été le « colibri » de ces deux puissantes natures féminines, il fut le seul à les respecter. « Toutes deux, écrivait-il, grandes par le talent et le malheur, l'une aigle, l'autre colombe. »

Chapitre 18

LÉLIA OU « L'ENNUI DE MON ENNUI... »

Elle atteignait la fin de ce noir printemps. L'agitation sociale persistait. De nombreux travailleurs adhéraient à la Société des droits de l'homme, dirigée par Blanqui, Barbès et Cavaignac. En avril, les ouvriers du Marais furent massacrés par la troupe, rue Transnonain. La bourgeoisie avait eu peur. Sainte-Beuve se moquait de M. Thiers surnommé « Mirabeau-mouche ». Nul ne prenait au sérieux Louis Napoléon Bonaparte, troisième fils d'Hortense de Beauharnais et de Louis Bonaparte. De la Suisse, il était allé en Angleterre. Il se prétendait l'héritier légitime de la couronne impériale depuis la mort du duc de Reichstadt (l'Aiglon) en 1832. Le parti bonapartiste semblait à jamais décapité. Les romantiques vivaient dans une sorte d'écœurement. Aucun idéal n'était résolu. La masse, immense, des femmes, survivait dans l'ombre et le silence. *Lélia* naissait dans ces tensions mêlées à celles, si personnelles, de George Sand. En treize mois, elle en était à sa troisième publication : *Lélia*. Elle l'avait écrit « à bâtons rompus ». Elle y traçait une synthèse de ses angoisses. *Lélia* paraîtrait en juillet 1833. Un soir, George lut à Sainte-Beuve quelques passages. Il frémit ; les révélations de *Lélia* (de George) lui faisaient peur. Elle eut de la peine.

« Ne confondez pas trop l'homme avec la souffrance... Ce livre [...], s'il pouvait me faire concevoir *l'ennui de mon ennui*, ce serait le seul bien dont il fût capable[1]. »

Sainte-Beuve prévoyait, disait-il, sa grande œuvre dans *Lélia*, réflexion philosophique qui la classerait très haut. « Allez, madame... Que *Lélia* continue. » George déversait tous ses doutes dans *Lélia* : sa passion avec Marie, la hantise du secret de Byron, le « fiasco » avec Mérimée, la jalousie, l'oppression. Ce qu'elle appelait *l'ennui de mon ennui* était la frigidité. *Lélia* analysait le mécanisme mental de cette souffrance, de cette « séparation de l'âme et du corps ». George allait avoir trente ans, l'angoisse la saisissait. Le plaisir des sens, elle l'avait certainement connu. Elle quêtait en vain la plénitude du plaisir, cet idéal qui effacerait ce goût de « trop peu » à chaque illusion d'amour. Sa passion pour Marie avait exaspéré toutes ses interrogations. Elle écrivait *Lélia*, nuit après nuit, entre les étreintes amoureuses et l'insoutenable solitude. Elle fut bouleversée de l'excès sulfureux que ce livre provoqua. Elle écrira deux préfaces et publiera le second *Lélia* en 1839.

« On voulut voir des portraits dans tous les personnages, des révélations personnelles dans toutes les situations ; on alla jusqu'à interpréter dans un sens vicieux et obscène des passages écrits avec la plus grande candeur[2]. »

La « candeur » de Sand est contestable. Elle est loin d'être une innocente. La critique avait retenu ce qui l'inquiétait : la frigidité et l'homosexualité avouées. Les caresses de Lélia et de son double, la courtisane Pulchérie, se traduisaient sans peine. On y lisait son aventure avec Marie Dorval. La presse fut aussi féroce que les lecteurs. On couvrit de boue *Lélia* et son auteur. Le critique Capo de Feuillide comparait George Sand à

---

1. G. Sand, *Corr.*, tome II, p. 277 (lettre à Sainte-Beuve, mars 1833).
2. G. Sand, *Histoire de ma vie*, tome II, p. 197.

Sade, il parlait d'une plume « au comble de l'abomination » Il y avait dans *Lélia*, disait-il, « une odeur de boue et de prostitution ». Louis Veuillot, chef de file des catholiques ultramontains, fulminait dans une lettre à la comtesse de Ségur : « Oh, la bête ! Oh ! la sale ! » George développait son obsession. La faute de la frigidité incombait à la grossièreté de l'homme, non à l'incompétence de la femme :

« Une femme n'est pas un instrument grossier que le premier rustre venu peut faire vibrer : c'est une lyre délicate qu'un souffle divin doit animer avant de lui demander l'hymne à l'amour. Il n'y a pas d'être bien organisé qui soit capable réellement de connaître le plaisir ; mais je crois qu'il y a beaucoup d'êtres mal organisés qui ne connaissent pas autre chose. (Chapitre XXXVI) Les voilà ces êtres si délicatement organisés, ces maîtres ès art de la volupté, ces prêtres à l'amour ! Ils nous accusent d'être de froides statues et eux, ils n'ont qu'un sens, celui qu'on ne peut pas nommer. (Chapitre XLII) »

La critique avait préféré voir dans ce livre une lamentable histoire de femme frigide plutôt qu'une remise en question de la société. Vigny parle aussi de « harpe » en évoquant le corps de la femme, où le plaisir n'est pensable que s'il s'agit d'une prostituée ou d'une actrice, deux mondes confondus chez les bien-pensants. Une « dame » respectable, respectée, se devait d'avoir « la froideur du marbre » – ce que Vigny, entre autres, appréciait chez son épouse. La monarchie bourgeoise compartimentait bien ces choses. *Lélia* jetait par terre cette opinion qui recoupait, par ce joug, le pouvoir de l'homme économique et social. La sensualité féminine épanouie devenait un dangereux pouvoir : le risque de voir les femmes, égales en amour, « jouir » *aussi* des privilèges sociaux. La frigidité était un bâillon sûr, infantilisant, pourvoyeur de l'effacement utile aux libertés des mâles. Un mariage d'amour anéantissait le souverain mariage d'argent. La « jouissance » des femmes risquait de briser l'économie. *Lélia* avait osé le dire.

La forme du roman ne suit pas la modernité de ses intentions. Sand a sacrifié au « pathos » romantique. Elle a campé un décor gothique, des ruines, des cascades, des tombeaux, un monastère, un lieu imprécis, peut-être l'Italie. Les personnages n'ont de valeur que dans leur discours. Le roman s'ouvre avec la plainte de Stenio, l'amant de Lélia, poète de vingt-quatre ans : « Qui es-tu ? Pourquoi ton amour fait-il tant de mal ?... Lélia, il y a en toi quelque chose d'infernal. »

Stenio a peur de cette belle et froide amante, âgée de trente ans, « aux cheveux de jais, au front bombé » (George ?). Stenio se plaint de sa « froideur de marbre ». Trenmore (George avait repris son personnage à sa nouvelle) est l'ami mystique qui conseille à Lélia de quitter Stenio ou elle le détruira. (George avait en partie dévasté ses jeunes amants, Aurélien, Stéphane, Boucoiran, Sandeau, peut-être Planche). Lélia aime Sténio de la façon maternelle dont George a aimé ses amants. Elle caresse ses cheveux bouclés (ce sera bientôt au tour de Musset), et l'appelle « mon enfant » (George les appellera *tous* « mon enfant »). Lélia a quitté Stenio, elle se retire dans un désert (?) pour méditer (quand George parle de Dieu c'est d'elle qu'elle parle). Elle avait lu Obermann, elle fait jouer ce rôle mystique à Lélia qui retrouve Pulchérie la courtisane, sa sœur, son double. Le double (l'écho ?) est la hantise de George en quête de sororité depuis la séparation d'avec sa mère. Pulchérie, c'est Marie Dorval, l'ardeur de leur relation. Ce qu'elle butine avec bonheur chez une autre femme, ni Lélia ni George ne le trouvent en l'homme. Les pages concernant l'« amour » de Lélia pour Pulchérie dépassent les scandales littéraires de cette époque. Lélia supplie Pulchérie de la mener au plaisir. « Sauvez-moi de la froideur. » Pulchérie accuse Lélia d'orgueil, « frein terrible » à tout épanouissement. Lélia convient « qu'elle a tout épuisé » mais « le rire de bacchante » de Pulchérie l'interrompt : « Oui, tout, sauf le plaisir ! » À Pulchérie, sans orgueil, le plaisir est bénin, facile : « J'ai la religion du plaisir. » À travers Pulchérie, George fait le procès du mariage : « Nulle femme n'échappe [à sa condition] qu'elle se vende par un marché de prostitution ou par un contrat de mariage. » Lélia et Pulchérie n'ont jamais oublié, dans leur jeunesse, s'être « réveillées dans les bras l'une de l'autre ». Un souvenir brûlant, exalté, qui au regard de la société était la honte. Marie et George devenues les inséparables aux yeux de tout Paris avaient sans doute rencontré le regard salace des autres. La honte, peut-être de Sophie évitant sa fille, reprise d'une grande et maternelle répulsion, la honte de Pierret montant les étages sans prévenir, le regard si noir de Solange qui ne comprend pas ce singulier lit maternel où dorment sa mère et cette dame à la peau si blanche. George/Lélia se révolte sur le mot « honte » :

« Ma sœur... c'est dans vos bras innocents, sur votre sein virginal que pour la première fois Dieu m'a révélé la puissance de la vie... Ô ma sœur ! que vous étiez belle ! »

Dieu est confondu avec le premier plaisir. Peut-être en effet avait-elle atteint la fin de l'ennui de son ennui « sur le sein virginal » (?) de Marie Dorval ? « Tu ressemblais à un homme », admire Pulchérie.

Le roman continue ainsi, lent, si loin du réel qu'il ne faut jamais perdre de vue qu'il s'agit d'une réflexion. Lélia raconte sa vie, son spleen, son âme malheureuse dans un corps absent. Dans son imagination, Lélia idéalisait sans cesse l'homme. On retrouve les accents de la jeune baronne Dudevant écrivant à Aurélien de Sèze. Un amour rêvé où l'exaltation de la pensée faisait oublier la réalité de l'amour. À mesure des années passées à Nohant, de la solitude, du mariage décevant, Aurore George Dudevant Sand avait créé un double d'elle-même ; un « moi » qu'elle avait trouvé au refuge d'un corps semblable au sien. Lélia tuait définitivement le petit Sandeau et ceux d'avant, non sans mauvaise foi. « Le premier sentiment qui succède à l'étreinte, c'est le dégoût, c'est la tristesse. » Lélia est devenue « froide comme le marbre », elle est marquée par la déception des premières étreintes (Stenio ou le baron Dudevant ?). « L'amant riait de ses larmes, dit-elle, et la prenait brutalement. » Il s'endormait insouciant et rude à ses côtés tandis qu'elle dévorait ses sanglots pour ne pas l'éveiller. Lélia récapitule l'effroi désolé de la jeune baronne. « L'ennui de mon ennui » avait sans doute continué dans l'étreinte trop brève, lourde d'une conséquence éternelle, avec Stéphane de Grandsagne. Il ne restait à Lélia/Aurore/George que l'unique issue de fuir en toute hâte la chambre, « ce sanctuaire de l'amour qui fut le cercueil où s'ensevelirent toutes mes illusions [3] ».

Lélia se réfugie dans une retraite religieuse, l'hiver, l'attente. Le printemps ravive les sens de Lélia. George Sand était toujours malade en hiver et attendait le printemps comme la fin de tous ses maux. Lélia, au comble de sa frustration, se met à rêver à des « étreintes démoniaques ». Des langues, du feu, des cornes, des poils, la masse velue et grognante d'un mâle non identifié qui saurait, qui sait, faire d'elle « cette harpe aux sons délicieux ». Elle en est à souhaiter les « éternelles damnations », tel Faust exigeant la jeunesse, au prix de son âme. Lélia-George est prête à tous les sacrifices pour cet autel si particulier. George s'est mise au ban de la (bonne) société avec ses liaisons dont celle, saphique, avec Dorval. Elle a traversé « une damnation sociale », en dépit (ou à cause) de la notoriété. Lélia-George ne peut plus reculer devant sa folle audace : le plaisir, la fin de « l'ennui de [son] ennui ». La société ne lui a fait endurer « qu'une vie misérable » dit-elle à Pulchérie. George et les interminables nuits d'écriture, le malaise, le spleen. Lélia-George a des amants, sans

3. Tous les extraits concernant *Lélia* ont été consultés dans les deux tomes de *Lélia* aux éditions de l'Aurore, 1987, texte établi, présenté et annoté par Béatrice Didier.

réponse à son dilemme excepté sa loyauté (sa candeur ?) de reconnaître son infidélité maladive. « Chaque lendemain me vit infidèle à l'homme que j'avais aimé la veille. »

C'en était trop pour les critiques, les hommes de son époque !! Fallait-il brûler *Lélia* ? Louis-Philippe et sa censure le mettrait-il au ban, l'auteur renvoyé à Nohant chez son triste époux ? Sand avait pris tous les risques. Femme mariée, mère de deux enfants, en rupture, elle avait lancé son « ennui » à la face hypocrite de la société. Elle n'en démordait plus ; elle enchaînait de plus belle, souffletant une nouvelle fois son mari, offensant ses amis et ses amants souvent imbriqués.

« L'ennui désole ma vie... L'ennui me tue... Parmi tous ces hommes, il n'en est pas un dont l'intelligence soit assez étendue pour comprendre que c'est un grand malheur de n'avoir pu s'attacher à rien. »

Rien : Casimir, Nohant, Maurice, Solange, les amis si chers, les amours, les livres.

Le roman tournait au drame. Lélia jette à son insu Stenio dans les bras de Pulchérie. Désespéré d'avoir été trompé, il se venge par la débauche. Trenmor tente de le sauver mais Stenio se suicide. Le moine Magnus devenu fou par son amour pour Lélia l'étrangle alors qu'elle pleure sur la tombe de Stenio.

Ainsi s'achevait ce roman noir, proche d'un pur délire, avec ses ruines, ses grottes, ses palais féeriques, ses orgies inouïes, la pulsion de mort si chère aux romantiques. On n'était pas loin de *Rolla* de Musset où sont chantés le désespoir et les ivresses fatales. Cet « autoportrait » est écrit par fragments, facettes hachées, allusions, détours. George allait très mal, dira-t-elle, quand elle écrivait *Lélia*. Ce sentiment « d'impuissance » tenait aussi au tournant psychologique de l'auteur. Avec *Lélia*, dira-t-elle, elle avait écrit « un cauchemar ». Une seconde version de *Lélia* parut en 1839. Le romantisme s'affaiblissait, George avait pris de la maîtrise dans son art (dans son corps). Elle fit de la seconde version de *Lélia* une fresque chatoyante, où le personnage de Trenmor était modifié. Le crime ne suffisait plus, Sand injectait l'énergie, le repentir, la survie. Lélia aussi avait évolué. Elle échappait à Stenio en devenant abbesse du couvent des Camaldules. Elle enseignait à de jeunes novices comment lutter contre l'asservissement. L'Italie, et ses fêtes fastueuses, était devenue celle des carbonari. Lélia avait pris sa vraie dimension, George Sand aussi. Le « cauchemar » de 1833 était dépassé. Le plaisir allait rompre « l'ennui de son ennui ». Il allait prendre les traits exquis de l'enfant chéri des Muses : Alfred de Musset.

Chapitre 19

LE BEL ÉTÉ

Solange supportait mal les allées et venues chez sa mère. « Elle a horreur des gens de lettres, écrivait George à Duvernet, elle les traite de polissons et de mâtins. » Elle ajoutait non sans méchanceté : « Ma fille est de la taille du plus jeune éléphant de la ménagerie royale. » Maurice, en pension, lui donnait de grandes satisfactions. La petite, ce témoin, « fort avancée pour son âge », sachant lire, un peu écrire, observant sa mère, l'irritait. Solange sentait cette aversion. Lorsque Casimir s'en était allé à Nohant – Casimir désormais sans voix devant une telle épouse –, la petite avait fait son bagage. Elle voulait partir à Nohant avec son père. Elle jouait parfois avec violence et cassait ses poupées. Elle avait souvent des maux de gorge, des rhumes sans fin. Elle prenait en grippe ces « écriveurs » qui montaient les étages de son domaine. À l'Opéra, ivre de fatigue, elle s'était endormie, peut-être révulsée, dans les bras de l'un d'eux (Mérimée). Elle aimait bien Sandeau, adieu le gentil Jules. Comment vivre avec sa mère tout entière à elle et son père aussi ? Sa mère l'aimait moins que tous ces « polissons » ; elle en était sûre. Il y avait Boucoiran mais il pensait bien plus à sa mère qu'à elle. Grand-mère Sophie disait des choses dures, éclatait parfois en mots inquiétants, incompréhensibles. Pierret la faisait rire mais elle le trouvait laid. Les oncles Hippolyte, Maréchal étaient gentils mais elle avait le cœur serré avec eux. Ils critiquaient sa mère. Solange était mal partout. Sa mère lui manquait constamment, elle la couvrait de baisers distraits, la fouettait aussi et lui lançait des mots qui font du mal. La petite détestait s'entendre appeler « ma grosse ». « Elle se trouvait laide et grosse. Elle fit semblant de se croire la plus belle. Elle calmait ses peurs en mangeant beaucoup. Elle vomissait de trop manger. » Elle vendrait son derrière pour une glace ! s'exclamait sa mère. Elle détestait écrire, les lettres la rebutaient. Quand donc sa mère la regarderait-elle avec la folle tendresse dont elle enveloppait Maurice ? À Nohant, elle était heureuse ; il y avait des cachettes, des jeux, le grand jardin. Personne ne l'appelait « ma grosse ». Un nouvel « écriveur » allait devenir un familier ardent de la mansarde bleue : Alfred de Musset. Solange, encore une fois, entrait en rivalité. Sa révolte, latente, grandissait sourdement jusqu'à l'irréversible.

Le mardi 19 juin, George avait été invitée à dîner par Buloz et son équipe. *La Revue des Deux Mondes* payait le dîner. George était, comme toujours, la seule femme à ce dîner. Elle s'y rendit en robe de soie, la chevelure dans une résille, un poignard serti de pierres précieuses à la ceinture. Elle était accompagnée de Gustave Planche que Paris lui attribuait comme amant. Parmi les convives, outre Buloz et son équipe, il y avait Auguste Barbier, Jouffroy, Alexandre Dumas, et le jeune Alfred de Musset. Par jeu, Buloz plaça Musset à la droite de George. « Une femme brune, pâle, olivâtre, avec des reflets de bronze et des yeux énormes, comme une Indienne », selon les mémoires du frère aîné d'Alfred, Paul de Musset.

Alfred de Musset avait vingt-trois ans. Il resplendissait en dandy, avec son pantalon bleu ciel aussi étroit que la veste ajustée au col de velours. Le grand chapeau ôté, il penchait vers sa compagne un visage délicat, aux lèvres charnues, les boucles et la barbe en collier d'un blond vénitien. Il abaissait de longs cils sur des prunelles bleu azur. Sa voix était lente, sourde et douce. Les Muses l'aimaient, la critique en raffolait ; Sainte-Beuve parlait à son sujet de miracle. Depuis l'âge de dix-sept ans, Musset charmait la France. Les étudiants le suivaient dans la rue et récitaient ses vers. Ses débuts furent éblouissants, sa vie de plus en plus solitaire et déchirée. Entre les deux, il y eut des péripéties mouvementées, dont George Sand.

« Il était, écrit Sainte-Beuve, le printemps même, tout un printemps de poésie qui éclatait à nos yeux. Il n'avait pas dix-huit ans. Le front mâle et fier, la joue en fleur et qui gardait encore les roses de l'enfance, la narine enflée du souffle du désir, il avançait le talon sonnant et l'œil au ciel[1]. »

Le vicomte Alfred de Musset était né en 1810, à Paris, dans un hôtel particulier du Quartier latin. Les Musset étaient des aristocrates originaires de la Sarthe. Ils vivaient sans fortune, épris de nostalgie et d'élégance. Alfred fut tendrement chéri de sa mère, de son père et de son frère de six ans son aîné, Paul. « Bienvenue au monde », dira-t-il de lui. Son père, au ministère de la Guerre, écrivait des essais sur Jean-Jacques Rousseau. Son grand-père avait été poète. Alfred souffrait du mal de vivre. Il partageait avec Vigny l'écartèlement entre un monde disparu, l'Ancien Régime, et les vulgarités bourgeoises. Au lycée Henri-IV, il souffrit des moqueries à cause de ses longues boucles dorées ; sa mère les coupa. Il détesta aller à la messe qu'il qualifia, tout jeune, de « comédie » Il se sentait dévoré du « mal du siècle », le spleen sans fin. Suicidaire, épileptique, sa personnalité comportait plusieurs facettes. Il adorait détruire ce qu'il avait adoré. Sa plume marquait une distance avec ses camarades de classe. Il excellait en composition française. Il regardait de haut ces compagnons obligés, l'épilepsie le torturait sans

1. Charles Augustin Sainte-Beuve, *Causeries du lundi,* 15 vol. (Paris, 1857-1872), vol. I, p. 278.

qu'il pût y mettre un nom. Il frôlait des hallucinations. Il recherchera les paradis artificiels, les filles et les bordels. L'opium devint le trouble compagnon de sa route amère, poétique, frénétique. Paul veillait sur lui. Ils passaient leurs vacances chez le marquis de Musset, leur oncle, du plus pur style Ancien Régime. Alfred s'était fait au château de son oncle un ami, Paul Foucher, le frère d'Adèle, qui avait épousé Hugo. Alfred avait seize ans et confiait à Foucher son envie ardente d'être poète. Perfectionniste, il voulait écrire des vers à condition, disait-il, « d'être Shakespeare ou Schiller ». L'amour serait le moteur de ses poèmes. « Je tombe amoureux comme je m'enrhume. » Son adolescence était dévorée de tourments, que l'opium et l'alcool calmaient mal. À dix-sept ans, il traversa le grand traumatisme viril : la première femme. Femme, bouche oblique, originelle différence, vouivre, délicate épouvante de périr de l'indicible. Il avait alors fermé les yeux comme dans la mort. Il savait qu'il reviendrait, à tâtons, vers cette peur-là, ce plaisir-là. Elle avait su, cette fille du bordel, nommée Lola ou Lélia, se faire aimer en petit garçon. Sa science de l'amour l'avait rassuré, sauvé. Il reconnaissait la souveraine et mâle homosexualité que cette savante avait su mener dans leurs jeux. Il écrivit ses premiers vers, qu'il s'en alla lire un matin à Sainte-Beuve. « Je fais des vers ! » Les bordels derrière Notre-Dame-de-Lorette, l'alcool, les douteux compagnons de la nuit furent son décor familier. Il aimait les filles couleur safran, couleur de l'Initiatrice, à la bouche en grenade fendue, les yeux noirs, lascives sous les voiles orientaux. Il aimait faire l'amour jusqu'à l'insanité, il était le vaincu et le vainqueur, perdu aux rets de longues chevelures noires. Il exigeait les mots inconnus et crus, les secrets enfin révélés de la chair houleuse. Il atteignait le brûlant espace de sa royauté unique. Il aimait les femmes « non pour être heureux mais pour les tourmenter jusqu'à la mort ». Il gisait nu sur des couches de moire et de satin floche.

Faire son droit l'assommait, la médecine l'écœurait. Il était doué pour le dessin, la musique, le chant. La poésie l'emportait. Il avait traduit avec une perfection originale et nonchalante *Les Confessions d'un opiomane anglais* de Thomas De Quincey. Il fréquentait les poètes en vogue, Lamartine, Hugo, Nodier, Vigny, mais aussi une jeunesse dorée, les dandys compagnons des mauvais lieux. Il montait en haut des tours de Notre-Dame, en redingote de velours serrée, un grand chapeau sur ses boucles, une badine à la main. Il contemplait le coucher du soleil. À minuit, il se retrouvait chez Tortoni avec ses dandys pour savourer une glace. On lui récitait ses premiers vers :

Mes premiers vers sont ceux d'un enfant,
Les seconds d'un adolescent,
Les derniers à peine d'un homme.

En 1830, il était devenu brusquement célèbre en publiant *Contes d'Espagne et d'Italie* dont « L'Andalouse », qui fut mise en musique et devint un immense succès populaire :

Avez-vous vu dans Barcelone,
Une Andalouse au sein bruni ?
Pâle comme un beau soir d'automne
C'est ma maîtresse, ma lionne...

Alfred avait déjà campé sans le savoir le portrait de George. Ce type de femme l'attirait. On fredonnait ses vers, « la lune comme un point sur un i » devenait une expression à la mode. On chantait l'Andalouse ; la femme typée, aux longs cheveux noirs, devenait une coqueluche. Le succès de George tenait en partie à ce poème. Lélia et l'Andalouse composaient la jonction du désir de Musset et du plaisir de George. La littérature se faisait chair. *Ce que l'on écrit, finit par arriver.* L'Andalouse, c'était l'imminente « maîtresse », George, qui dans les bras de Musset atteindrait « le beau désordre sensuel ».

Qu'elle est superbe en son désordre,
Quand elle tombe, les seins nus,
Qu'on la voit, béante, se tordre,
Dans un baiser de rage ; et mordre
En criant des mots inconnus[2] *!*

Il écrivait comme il vivait. Avec insolence, désinvolture, épris de trouvailles, de scandales, de sulfureux crimes passionnels sur fond vénitien et andalou. La passion, le goût du plaisir, la jeunesse surtout, tout se mettait en place, dès ce dîner chez Buloz, pour le grand roman d'amour de George. Musset venait de publier dans *La Revue des Deux Mondes Les Caprices de Marianne*. Le libertin Célio, le romantique Octave, sont épris de Marianne, elle fuit, elle trompe, elle séduit. « Je n'ai pas su, écrira George dans *Elle et Lui*, qu'une femme si tiède et si lasse qu'elle soit, peut toujours troubler la cervelle d'un homme. »

George se méfiait un peu de son voisin le dandy. Il la taquinait sur le poignard à sa ceinture (le poignard de l'Andalouse ?). Elle l'ôta discrètement. Elle demeurait silencieuse, selon son habitude en public. Alfred disserta avec brio sur Galilée. Il était poli, prévenant. Il trouvait, dira-t-il à son frère, sa compagne de table « très belle ». Elle l'intriguait, il devinait une force sensuelle. Il promit de lui envoyer un fragment de *Rolla*, George lui ferait parvenir les épreuves de *Lélia*. Il lui écrivit la nuit même de ce dîner. C'était au moment où éclatait la lamentable querelle entre Planche et Dumas au sujet du « mot » de George contre Mérimée. Planche s'était obstiné à provoquer Dumas en duel, George avait tancé Marie Dorval pour ses bavardages. Le duel

2. Alfred de Musset, « L'Andalouse », *Itinéraires littéraires, XIXe siècle*, Hatier, 1990, p. 80.

n'eut pas lieu, « tout a été ridicule et un peu scandaleux au désavantage apparent de Planche », commentait Sainte-Beuve à Hugo. George écrivait à Musset. Il savait la charmer, il avait lu *Indiana*. La scène entre Noun et Raimon le comblait d'aise.

Sand, quand tu l'écrivais, où donc l'avais-tu vue,
Cette scène terrible où Noun, à demi nue,
Sur le lit d'Indiana s'enivre avec Raimon ?

Musset avait lu les épreuves de *Lélia* et la suite de son poème-lettre insistait sur la brûlance d'un tel livre :

Noun abandonnera Raimon qui la méprise ;
Et le cœur orgueilleux qui ne l'a pas comprise
Aimera l'autre *en vain. N'est-ce pas, Lélia ?*

Musset et George étaient dans le flirt épistolaire. *Lélia* intriguait Alfred. Rien ne pouvait davantage plaire à George, que de se sentir admirée à travers Lélia. Le 24 juin, elle écrivait à Musset :

« Je crains [...] que la gravité de mon intérieur vous effraie et vous ennuie. [...] Si vous étiez tenté d'entrer dans la cellule d'une recluse, vous y seriez reçu avec reconnaissance et cordialité [3]. »

George reçut Musset, « cet enfant de vingt ans », en robe d'intérieur et pantalons turcs, babouches marocaines, chevelure en nappe sombre. Un narguilé distillait son souffle de rose et de tabac fin. George avait mis en scène l'Andalouse. Elle était assise sur un gros coussin oriental, le jeune homme à ses pieds. Il fit l'enfant, l'audacieux, l'adorable. Il caressa les babouches, la cheville, le pied. Le pied, péage de toute frénésie des sens. Elle le regardait, cet enfant-homme si blond, doré comme un fruit. Elle abandonnait à ses mains délicates d'homme à filles ses chevilles faites pour le galop, la marche, entraver un doux corps d'homme contre le sien. Elle regardait ce qu'elle pré-

3. G. Sand, *Corr.*, tome II, p. 341.

férait chez un homme : l'enfant dangereusement désarmé, la fille-fleur-garçon. Il cambriolait sciemment sa fragilité maternelle. Elle était perdue. La mâle amante devenait la plus soumise des filles.

Elle tentait encore de donner le change. Elle félicita Mérimée d'avoir été nommé à l'ambassade de France à Madrid. Elle reçut un bel exilé napolitain, Alessandro Poerio, changea de robe et de chemise devant lui avec sa simplicité « de bon garçon ». Elle écrivait à Marie Dorval une lettre enflammée.

« Où es-tu ? Que deviens-tu ? Pourquoi es-tu partie, méchante, sans me dire adieu, sans me donner l'itinéraire de tes courses afin que je pusse courir après toi ? [...] Je me suis figuré que tu ne m'aimais pas. J'ai pleuré comme un âne... *Viens !* Je partirai, eussé-je le choléra ou un amant[4]. »

Un amant ! Justement, elle allait avoir un amant. Un désir l'agite, plus fort que les autres, plus fort que Marie, tout se confond avec l'éphèbe aux boucles dorées. Alfred exalte en elle cette androgynie que Marie, seule, ne peut satisfaire. Lélia veut désormais la plénitude, George, une fois de plus, d'un ton mâle et dominateur est vaincue par le besoin d'aimer. Les obstacles entre Marie et elle à la longue l'humiliaient. Vigny ne cessait de l'insulter. « Sa bouche est mal faite », disait-il. Les lettres de Musset la réconfortent : il aime *Lélia.* « Il y a dans *Lélia* des vingtaines de pages qui vont droit au cœur. » De telles louanges enchantaient George, peu sûre d'elle et de la critique. Elle savait Musset difficile à convaincre. L'admiration pour *Lélia* déclenchait sa tendresse, cautérisait ses blessures récentes et de toujours. Elle débordait soudain de vitalité, de projets, y compris celui de voyager en Italie avec Musset qui se défendait encore. « Je ne crois pas plus à l'amitié qu'à l'amour entre un homme et une femme. » Elle lui répondait qu'elle avait pour lui « de

4. *Ibid.*, p. 370-371 (lettre à Marie Dorval, juillet 1833).

l'intérêt et de l'affection ». Il la dessina au crayon, s'excusant d'avoir, croyait-il, raté ce portrait. « Mon cher George, vos beaux yeux noirs que j'ai outragés hier, m'ont trotté dans la tête. » Le 26 juillet, il avouait qu'il l'aimait.

« Mon cher George… je suis amoureux de vous. Je le suis depuis le premier jour où j'ai été chez vous [5]. »

« Adieu George, je vous aime comme un enfant », eut-il la délicate rouerie de souligner. Il touchait le point sensible, la fatale fragilité de George. Il avouait sa difficulté inouïe d'écrire. « J'accouche de cinq vers à coups de forceps. » Il confiait au « sûr camarade » George ses effrois, son envie de mourir, ses larmes, ses rires, ses fantasmes. « Je puis embrasser une fille galeuse et ivre morte, je ne puis embrasser ma mère. » Elle lui donna rendez-vous le 29 juillet « à minuit ».

À minuit, elle l'attendait en haut des marches. Elle tremblait, si totalement féminine, elle se jetait dans ses bras. « Comme un enfant, balbutiait-elle, mon Dieu, il m'aime comme un enfant. » Des années plus tard ce contexte « d'enfant » la bouleversait encore. Elle répondit à son attente et, telle une mère amante, elle referma sur eux la chambre bleue. Elle et Lui, ensemble ; le paradis ; et si vite encore : l'enfer.

Le lendemain, elle commençait un nouveau roman, *Le Secrétaire intime*, et achevait une nouvelle, *Métella*. Le 31 juillet, *Lélia* était mis en vente. L'été était brûlant. Ils avaient passé sept jours ensemble. Les amants décidèrent d'aller à Fontainebleau. Ils partiraient le 5 août, à quatre heures du matin, et reviendraient le 13 août George publiera son histoire avec Musset, en mars 1859, deux ans après la mort du poète, sous le titre *Elle et Lui*. Elle y nomme les amants Thérèse et Laurent. Le voyage à Fontainebleau respecte l'autobiographie :

« La chaleur était écrasante à Paris, il (Laurent) fit

5. *Ibid.*, p. 380 (lettre de Musset, 26 juillet 1833).

à Thérèse la proposition d'aller passer quarante-huit heures à la campagne, dans les bois. C'était le septième jour. »

Que faire de Maurice et Solange ? Elle confia à Planche le soin de faire sortir Maurice du collège. Solange resterait à Paris avec sa nouvelle bonne, Julie Dorville. Le portier aussi veillerait. Rien ne parle des questions de la petite fille dont la mère s'en est allée avec le nouvel « écriveur ». Ils descendirent à Fontainebleau, en bateau. Ils logèrent rue de France, à l'hôtel Britannique, au carrefour de la Fourche, à une heure de marche de Franchard. Le soir était doré, ils allèrent se promener. Le clair de lune se levait, ils atteignirent les rochers de Franchard, où la forêt se fait fantastique et belle. La nature exaltait George, vêtue d'un pantalon de toile, de chaussures lacées, d'une veste légère, d'un foulard et d'un chapeau. Ils escaladèrent ces rochers, promenade qu'avait autrefois prisée Louis XIV et sa première maîtresse. La nature comblait George, Alfred la ressentait comme « un puissant aphrodisiaque [6] ». Ils allèrent ainsi régulièrement à cheval jusqu'aux rochers, s'enivrer du clair de lune, des ombres fantastiques. Ils laissèrent leurs montures au guide et revinrent à pied, à l'aube, à l'auberge. Ils s'aimaient. Alfred prenait des croquis des rochers, George aussi dessinait. Elle avait emporté son travail. Elle lisait des pages du *Secrétaire intime* à son amant. Il lui lisait ses poèmes. Elle s'apaisait dans un accord aussi délicieux. Mais il y eut un soir plus lourd que les autres, à Franchard. Le ciel d'août rougeoyait, ils marchaient parmi les rochers. Depuis le matin Musset était pâle, fermé. Ses mains tremblaient. Soudain, il se retourna vers elle. Elle reconnaissait mal le gracieux enfant de ses nuits, de ses confidences. Il la fixait sans la voir, un sourire étrange déformait sa bouche, son regard était couleur

6. Alfred de Musset, *La Confession d'un enfant du siècle* (Paris, 1968), p. 34.

de lune malade. Il s'acharna à la blesser. Il avait emmené, ici même, criait-il, une femme qu'il aimait, plus jeune et plus belle. Il disparut brusquement parmi les rochers. La nuit était venue, l'angoisse saisissait George, elle se repérait mal. Elle entendit soudain le cri déchiré de son amant. Elle eut du mal à tâtonner vers ce cri. Elle courait au hasard et le retrouva. Il fixait le vide, il tremblait de tout son corps. Elle le prit dans ses bras, le consola en mère qui réveille son enfant d'un cauchemar. Elle l'avait pris par la main, elle l'entraînait avec des mots apaisants, au hasard de ces chemins. La forêt était profonde, de quel côté se trouvait la route de l'auberge ? Elle le tirait plus qu'elle ne marchait. Les ombres, les carrefours bleuâtres, une plaine aux herbes hostiles, et soudain la grille et les croix embrumées d'un cimetière. Musset hurlait, l'épouvante le saisissait, il bascula dans une crise d'hallucinations. Il avait sombré dans une crise si terrible que sa solide compagne s'effrayait. Il s'effondrait, se roulait, hurlait. Il avait vu un homme qui courait dans les bruyères, les cheveux dressés, les vêtements en lambeaux. Cet homme l'avait dépassé et s'était retourné vers lui. Cet homme, c'était lui-même. Horrifié, « il s'était jeté la face contre terre ». Dans le déchirant poème *Nuit de décembre* (1835) Musset exprimera cette détresse :

Partout où j'ai voulu dormir
Partout où j'ai voulu mourir
Partout où j'ai touché la terre,
Sur ma route est venu s'asseoir
Un malheureux vêtu de noir,
Qui me ressemblait comme un frère.

Musset supplie cette ombre de se dévoiler :

Qui es-tu, toi que dans cette vie
Je vois toujours sur mon chemin ?

Il se calma à l'hôtel. George resta fortement impressionnée. Le lendemain, il avait repris son insouciance. La gouvernante-infirmière qui s'occupera de Musset pendant ses dix dernières années décrira dans ses mémoires les crises terribles du poète. Il voyait son double échevelé, effrayant, qui lui arrachait des cris de terreur. Entre ses crises, il était charmant. À Paris, il voulut rassurer George en croquant pour elle une caricature de la scène à Franchard. Elle ne rit pas : elle avait eu peur.

Elle manquait d'argent. Elle avait, selon son habitude, trop dépensé. Elle demanda cent francs à Charles Didier qu'elle devinait épris d'elle. « Lélia me demande cent francs », s'agitait Didier. Il alla les lui porter chez elle, quai Malaquais. On était le 14 août, il faisait lourd, Musset semblait gai, il achevait un autre dessin pour amuser George, « Lune de miel dans un cimetière ». Il avait emménagé quai Malaquais. Solange se faisait à ce « polisson »-là qui était joli à voir, gentil avec elle. La mansarde bleue était souvent très animée. George recevait ses amis, accrus de Didier. George régnait sur eux dont certains étaient ses amants – ou le deviendraient. Elle était flattée de la lettre de Chateaubriand qui exprimait son « admiration prodigieusement accrue » à la lecture de *Lélia*. Une partie de la critique avait aimé le livre. Charles Gosselin lui proposait une collaboration à *La Revue des Deux Mondes* avec Hortense Allart. *Lélia* avait plongé ses amis berrichons dans la perplexité. Jules Néraud, son Malgache, estimait le talent de *Lélia* mais il préférait « son » Aurore faisant des confitures, et sa franche gaieté. Duvernet aussi s'inquiétait et George répondait « Lélia n'y fait rien, je suis toujours Aurore de Nohant-Vic. » Dans la mansarde bleue, elle recevait, charmante, coiffée d'un turban, « espèce de flammemum des Italo-Albanais » d'après Didier ébloui. Alfred invitait ses amis personnels, la mansarde débordait de chaleur et de rires. Alfred ne parlait pas de sa mère. Mme de Musset, veuve depuis peu, semblait admettre la liaison notoire de son fils. Paul de Musset prétendit dans ses mémoires que George serait allée discuter âprement le « rapt » d'Alfred chez elle. Mme de Musset voyait surtout en George une solide aînée, sécurisante pour son fils trop fragile. George le mettait à l'abri des filles et des mauvais lieux. Une mûre et sûre maîtresse était le meilleur moyen pour attendre un bon mariage. George et Mme de Musset s'étaient rencontrées plus en mères inquiètes qu'en rivales. Paul de Musset venait souvent au quai Malaquais. Il y avait dans l'air de la jalousie, de la complicité, un trouble et joyeux esprit de famille. L'entente était parfaite dès que l'on parlait musique et littérature. On bavardait tard dans la nuit, on se faisait des farces, Musset se déguisait en soubrette bretonne. Les enfants du siècle croquaient la vie à pleines dents, à pleins mots. À l'aube, Musset s'endormait dans le grand lit qu'évitait Solange. George allumait un court cigare et s'attelait à son roman. La critique sur *Lélia* occupait cette fin d'été. Capo de Feuillide n'en démordait pas : « Le jour où vous ouvrirez *Lélia*, renfermez-vous dans votre cabinet pour ne contaminer personne. » (*Europe littéraire*, 9 et 22 août 1833). Cet Antillais détestait George Sand, peut-être parce que son père était originaire de Nérac, famille du baron ? « La prostitution de l'âme et du corps, c'est *Lélia* ». Il traitait George de « bas-bleu », la noircissait ainsi que Planche. Gustave Planche vola au secours de George-Lélia en provoquant en duel Capo de Feuillide. Le duel eut lieu au bois de Boulogne ; le communiqué disait ceci :

« M. Feuillide a déclaré à M. Planche qu'il ne reconnaissait à personne le droit de demander l'interprétation de sa rédaction ; et il a ajouté que M. Planche était libre de faire cette interprétation comme il l'entendait et que du moment qu'il se croyait personnellement offensé, lui M. Feuillide consentait à lui donner la satisfaction demandée. »

Feuillide avait deux témoins ; MM. Lefèvre et Lautour-Mézeray, collaborateurs de l'*Europe littéraire* ;

Planche était accompagné de Buloz et de Regnault[7]. Le duel fut ridicule, on tira au hasard et mal ; on ne blessa pas même un oiseau. Le pauvre Planche perdait la face. Il en faisait trop et agaçait George qui avait confié à Sainte-Beuve : « Je me suis énamourée et cette fois très sérieusement d'Alfred de Musset » (lettre du 25 août 1833). Elle le priait, non sans vigueur, de détruire le bruit que Planche eût été son amant. Sans scrupule, George se débarrassait d'un ami fidèle (un amant ?) qui se serait fait tuer pour elle. « Alfred est jaloux… Vous comprenez, ajoutait-elle, je ne puis vivre dans l'intimité avec deux hommes qui passeraient pour avoir avec moi des rapports de même nature. » Paul de Musset était inquiet de la liaison de son frère. Il n'aimait pas George et son passé dont Paris se gaussait. Sandeau, Planche, Latouche, Marie Dorval, qui encore ? Alfred ne bougeait plus du quai Malaquais. Paresseux, il était la glorieuse réplique de Sandeau. Il tenta de montrer à George qu'il travaillait mais se rebella vite, entre son goût pour l'alcool, sa souveraine nonchalance, l'amour de la chute, de la poésie. La poésie, disait-il à George, est une lyre qui ne se brusque pas. Il méprisait cette laborieuse, qui écrivait des heures d'affilée, à lui donner l'envie de fuir, de vomir. Elle écrivait vingt pages, il pondait quelques vers, avalait de l'alcool. Il est vrai que trois vers de Musset valaient largement cent pages de Sand. Il lui contestait le génie. Sa vie avec elle prenait un tour amer. Sandeau avait aussi détesté, au point de sombrer dans des crises de somnolence, de voir George travailler, selon son expression, « comme un bœuf ». Les scènes éclataient, quai Malaquais. D'une jalousie maladive, Musset devenait violent, il se torturait et la torturait de questions sur son passé. Les questions se pressaient, crues, brutales, la nuit avançait, les disputes grondaient. Solange feignait de dormir. *Le Secrétaire intime*

7. G. Sand, *Corr.*, tome II, p. 411, note 1.

relate les aspects de cette relation. Le roman paraîtra dans *La Revue des Deux Mondes*, en avril 1834. Les boucles blondes et les soupçons injurieux du héros, Saint-Julien, « noble enfant désargenté », ressemblent beaucoup à Musset. Saint-Julien est engagé comme secrétaire intime de la princesse Quintillia, brune et dangereuse aînée qui « ramasse les jeunes gens ». Saint-Julien finira par se marier mais restera « mélancolique », ravagé au souvenir de la brune maîtresse.

L'argent du *Secrétaire intime* sera utile au voyage projeté en Italie. George courait sans cesse après l'argent. Elle n'avait que sa plume pour en gagner. Elle écrivit en toute hâte une nouvelle, *Garnier*, histoire d'un Narcisse (Musset ?) qui se prend pour Byron. Le 2 octobre, à sept heures du matin, elle écrivait à François Buloz : « *Métella* est finie... Alfred dort comme un loir à l'heure qu'il est. » Elle comptait sur les mille francs promis par Buloz. Le travail ne l'effrayait pas et elle connaissait un « bonheur sublime » avec son jeune poète. L'Italie se profilait. Les amants partiraient en décembre. Musset ne s'inquiétait guère des soucis d'organisation de George. Tout régler, caser les enfants, écrire à son mari – elle était obligée de rendre compte d'une aussi longue absence. Ce voyage allait durer sept mois.

« Mon ami [...] je vais en Italie dans quelques jours [...] essayer de guérir les rhumatismes dont je suis abîmée cette année. Je craindrai d'emmener Solange aussi loin et je te la déposerai à Nohant [...] pour quelques mois. Au printemps [...] elle entrera en pension... En mon absence je prierai Gustave Papet de faire sortir [Maurice]... Je ferai porter chez lui le petit lit en fer de Solange. Papet demeurant rue de Seine, tout près d'Hippolyte, il serait à même de le voir à tout instant... Je t'embrasse et la grosse aussi. »

On ignore la réaction de Casimir à cette lettre, à ces « rhumatismes » qu'elle allait soigner en Italie flanquée d'Alfred de Musset. On ignore ce qu'il avait pensé de *Lélia*, follement injurieux pour lui. Casimir refusa net l'arrangement avec Papet au sujet de son fils. Embêtée, agacée, Sand fit une pirouette. Elle demanderait à sa belle-mère de recevoir Maurice. Elle réclamait à Casimir cent soixante francs pour les gages de Julie et lui signalait quelques dettes au cas où « elle se casserait le cou ». Elle engagea avec Buloz un contrat sur un roman, *Jacques*, qui lui assurait cinq mille francs dont « quatre mille comptant » lors du départ pour l'Italie. Sa belle-mère refusa de recevoir Maurice. Peu importe, Maurice irait chez sa mère – qui pourtant lui battait froid.

« C'est ma mère qui fera sortir Maurice, je suis réconciliée avec elle. [...] Boucoiran ira le voir chez elle... Ma mère vient d'envoyer chercher son lit pour le coucher chez elle, Pierret aussi le promènera [8]. »

Casimir finira par lui souhaiter un bon voyage « dans un pays où le soleil a la propriété de guérir les rhumes et les fièvres ». Solange le retrouva à Nohant. « Elle me marque des serviettes et fait des petits ouvrages assez jolis pour son âge. » Casimir écrivait cette lettre de Nohant, le 28 décembre. George la reçut à Florence où les amants avaient fait escale. Près de son père, Solange avait de la santé, de l'application. À Paris, Maurice travaillait bien et Hippolyte le faisait régulièrement sortir. « Pour moi, je me porte trop bien », concluait Casimir. Au baron, Nohant, le vin, les servantes et, à l'occasion ses enfants. Son épouse était décidément un fléau. Plus elle était loin, mieux, en effet, il se portait. Solange apprenait à nouveau la séparation.

---

8. *Ibid.*, p. 457-458.

Chapitre 20

C'ÉTAIT VENISE LA ROUGE !

George et Alfred avaient joué dix fois une pièce à pile ou face. Rome ou Venise ? Venise, côté face, tomba dix fois sur le plancher. Ils partirent le 12 décembre 1833, en passant par Lyon. Le voyage allait durer une vingtaine de jours. De Lyon, ils embarquaient par eau pour Avignon. Ils s'arrêtèrent à Marseille. Ils en partirent le 20 décembre sur *Le Sully* qui les débarqua à Gênes.

Gênes, Livourne, Pise, Florence, Bologne, Ferrare, Rovigo, Mestre et enfin Venise. « C'était Venise la rouge ! » s'écriera Musset. George était partie en tenue sportive. Un pantalon gris clair, une casquette et des bottes en cuir de Russie. Un long manteau boutonné la protégeait du froid. Paul de Musset les avait accompagnés jusqu'à la malle à destination de Lyon. La voiture, haute et lourde, heurta une borne. Ce fut un voyage tout entier de heurts et de secousses. Sur le Rhône, à bord du bateau à vapeur, George fumait un cigare. Elle remarqua Stendhal parmi les passagers. Stendhal ne l'aimait guère et ironisait sur son enthousiasme, ses illusions d'amour. Elle fut soulagée quand le romancier prit son chemin de son côté. À Marseille, George qui se méfiait de Casimir écrivit à Boucoiran de cacher chez lui ses papiers personnels. On fit voile vers l'Italie. George se sentait bien, la mer secouait le bateau, elle fumait, elle s'enivrait des embruns. Alfred se mit à la détester : il avait mal au cœur, il enviait sa solide compagne. Il la dessina, dans son long manteau, en chapeau, la cigarette à la bouche. Il l'avait souvent croquée dans ses attitudes familières, en train d'écrire, entre ses deux enfants, au jardin du Luxembourg. C'était là « l'album secret de Mme Sand ». On lui doit les ravissants croquis d'elle à Venise. Vaincu par le mal de mer, il rejoignit sa cabine. Il composa une comptine ironique :

George est sur le tillac
Fumant sa cigarette
Musset, comme une bête,
A mal à l'estomac.

À Gênes, George à son tour était malade. Le voyage ressemblait à un sourd rapport de force. Musset était le plus égoïste des compagnons de voyage. Il abandonna George à l'hôtel, trouva un bordel, de l'alcool et des filles. À Florence ce fut pire. George avait attrapé un virus intestinal doublé d'une grippe. Abrutie de fièvre, elle traversa cette partie de l'Italie comme dans un mauvais rêve. Devant la tombe des Médicis, elle se sentait devenir « statue » à son tour. Son petit amant ne l'aidait en rien. Florence fut le début de leur cauchemar. Un huis clos désastreux. George se traînait, il honnissait ce visage trop jaune, ce nez trop grand. Elle avait bien raison de se surnommer « Piffoël » ! Il devenait odieux tel un enfant gâté. La fatigue, le dégoût faisaient de George une piètre amante. Elle était retombée dans « l'ennui de son ennui ». Alfred la cinglait des plus bas reproches. Il l'atterrait comme à Franchard. Il la traitait de mauvaise amante, incapable de donner le plaisir que savent offrir les filles du bordel. Il claquait la porte, il s'anéantissait dans la nuit, il revenait, dépenaillé, à l'aube. Elle l'aimait, elle ne pouvait lui donner ce plaisir de prostituée, elle grelottait de tristesse, de complexes. « Nous pleurions, dit-elle, tous deux sur moi. » Elle se réfugiait dans le travail. En six mois de ce lamentable séjour, elle écrivit les trois premières *Lettres d'un voyageur*, *Leone Leoni*, *Jacques*, *André*, la préface du *Secrétaire intime* – plus de mille cinq cents pages. De quoi tuer un poète fragile et génial à qui un seul vers coûtait des heures d'affres hallucinées. Alfred avait le projet d'une pièce de théâtre, *Lorenzaccio*. La dure travailleuse le poussait à prendre des notes, à visiter Florence. Elle l'irritait ; elle ne comprenait rien à ses muses personnelles. Il eût sans doute partagé alors l'opinion de Nietzsche qui la traitera plus tard de « vache à écrire ». Il se jetait dans Florence pour se rassurer dans la débauche. Il revenait à n'importe quelle heure, la somnambule travaillait encore. La dispute recommençait. « Tu ne sais pas donner la griserie qu'on trouve chez toutes les filles. » Hélas, elle ne savait aimer « qu'avec la tête et le cœur ». Il détestait la trivialité de ses malaises, les feuilles accumulées couvertes de sa belle écriture sans défaillance. Des centaines de pages alors qu'il se mourait devant la page si blanche où il traçait le sulfure étincelant d'un chant inoubliable.

> LORENZO : « Suis-je Satan ? Lumière du ciel ! Je m'en souviens encore ; j'aurais pleuré avec la première fille que j'ai séduite, si elle ne s'était mise à rire » (*Lorenzaccio*).

Il la trouvait terne, dans sa robe de chambre turque, en babouches. Elle avait bu un litre de lait, il avalait de l'alcool mêlé d'opium. Si elle n'avait été si lasse, elle l'eût planté là. Noël ne fut que secousse et tristesse nerveuses. Ils arrivèrent à Venise par un noir 31 décembre. C'était la nuit, le Grand Canal suintait une odeur glauque d'étang. La gondole était tendue de rideaux noirs, George lui trouvait une allure de cercueil. Tout était pluie, humidité, rythme mortifère dans la nuit rougeâtre. George s'endormit, en proie à un accablement sans nom. Quand elle ouvrit les yeux, « c'était Venise la rouge », la belle, l'inaltérable perle des lagunes. Musset poussa un cri de joie. Elle vit les merveilles et les intégra d'un seul coup. La place San Marco, la lune qui se reflétait sur les dômes, la tour de la Piazza, les éclats des marbres et le satin étrange de l'eau. On était arrivé à destination, au n° 13 de l'*albergo Reale* (l'hôtel Dianieli). L'hôtel donnait sur le Grand Canal, le quai des Esclavons. La chambre et sa suite étaient belles, le balcon avait des fleurs, des cages avec des rossignols. George ne vit pas aussitôt ces charmes-là. Le 5 janvier, elle fut prise d'une crise de diarrhée qui révulsa le susceptible dandy. Il déplorait la vision des seaux hygiéniques, cette femme fiévreuse, que la maladie vieillissait et avilissait, ces odeurs repoussantes. Il n'avait pas l'endurance maternelle et indulgente des femmes. Il s'enfuit dans la ville, furieux contre elle, contre lui, il maudit le sort, il se maudit et la maudit. Il l'abandonna aux soins d'un jeune médecin, Pietro Pagello. De la rue montaient des sérénades. Le carnaval allait battre son plein. George ne quittait pas son lit, Pagello lui avait fait une saignée. Elle se désolait, abandonnée à trois cents lieues de la France. Musset était allé voir le consul de France, flatté de recevoir deux figures littéraires connues du Tout-Paris. Musset se réfugia chez des Vénitiennes, dans des chambres closes. Il faisait l'amour, avalait de l'alcool mêlé à des drogues. Il revenait chez George, amer et révoltant, il s'avança vers son lit.

« George je m'étais trompé, je t'en demande pardon, mais je ne t'aime pas. »

Elle était accablée de mortelle tristesse, d'impuissance. Les portes de leurs chambres restèrent fermées. L'humiliation de son mal l'avait reprise. Elle lui proposa de rentrer en France. Ce voyage était un échec, le tremblement de terre de leur amour. Il s'irritait de la présence du beau médecin qui avait soigné George. Elle proposa à Alfred une relation de « bons camarades ». Musset abominait ce programme. Il devenait hystérique, elle voulut à son tour l'offenser.

« Nous ne nous aimons plus, nous ne nous sommes pas aimés. »

Ces scènes avaient lieu au milieu des convulsions intestinales ; c'était atroce ; mais elle guérit (elle guérissait toujours). À la fin de janvier, elle put enfin rejoindre le balcon, admirer les chèvrefeuilles, la ville. Pietro Pagello revenait la voir chaque jour. Quelque chose d'ineffable colorait ses joues, lui rendait le sourire, le goût de vivre : le regard de feu du bel Italien. Alfred ternissait son enthousiasme pour Venise. Il soulignait la misère épouvantable de ces palais. Il eût voulu louer le palais Mocenigo où avait vécu Byron. Il penchait vers tout ce qui blesse, alimente le spleen. George savourait la beauté de Venise et l'écrivait à son frère :

« Venise est la plus belle chose qu'il y ait au monde. Toute cette architecture mauresque en marbre blanc au milieu de l'eau limpide... Ce peuple si gai, si chantant, ces gondoles, ces églises, ces galeries de tableaux, toutes les femmes jolies et élégantes, la mer qui se brise à vos oreilles... Des cafés pleins de Turcs et d'Arméniens, de beaux et vastes théâtres où chantent Mmes Pasta et Donzelli... Les huîtres délicieuses, le vin de Chypre... des poulets excellents, des fleurs en plein hiver... J'ai vu le carnaval par ma fenêtre [1]. »

Du 31 janvier au 17 février, Alfred sombra dans une épouvantable crise. George, qui avait toujours aimé veiller un malade, passa dix-sept jours et autant de nuits à son chevet. Elle n'était pas seule. Pietro Pagello était devenu un familier indispensable dans l'existence – et la chambre – de George. Il soignait Musset en proie au délire. Celui-ci hurlait, persécuté par son double qui grimpait aux rideaux, sur les meubles, la cheminée. Il criait ses angoisses, des blasphèmes. George tremblait de le voir mourir. Musset traversa l'abattement. La

1. G. Sand, *Corr.*, tome II, p. 527 (lettre à Hippolyte Chatiron, 6 mars 1834).

fièvre montait ; Pagello diagnostiquait la typhoïde. Elle avait écrit au jeune médecin de soigner son ami, « le jeune poète... surmené par l'exaltation du travail cérébral, le vin, les fêtes, le jeu ». Elle avait écrit à Pagello en italien. Elle lui narrait l'incident de Fontainebleau, les hallucinations de son ami. On était le 5 février, Alfred était intransportable. Une étrange idylle se nouait au chevet du malade. George prenait-elle sa revanche des insultes endurées ? De Mérimée à Musset, ses risques étaient grands, son désenchantement immense. Elle souffrait encore de sa dysenterie ; elle souffrait d'entendre hurler son enfant terrible. Elle avait peur tout en refusant la peur. Chaque homme nouveau la ressuscitait et la perdait. Pagello avait trois ans de moins qu'elle. Il était viril, dévoué, compétent et calme. Il ne portait aucun jugement et montait régulièrement à la chambre de velours et de désastre. Quoique souffrante, George s'acharnait au travail. Il fallait absolument rendre copie à Buloz. L'argent manquait, dépensé en potions et visites. Les problèmes d'argent jouèrent dans l'épisode de Venise un rôle aussi lourd que les affres d'amour. Venise était une bourgade où claquait la botte autrichienne, le quai des Esclavons, un village. Tout le monde savait que « la *signora* Sand » logeait dans cet hôtel. Pietro Pagello l'avait déjà remarquée avant de la soigner. Elle était assise, si faible encore, sur le balcon de sa chambre, il l'avait trouvée jeune et belle. Il avait été frappé par cette chevelure noire serrée dans un turban. Le regard surtout l'avait fasciné. Noir, viril, profond. Elle ne quittait jamais cette grâce androgyne qui séduisait l'originelle homosexualité masculine. Une chevelure femelle, la lavallière d'un dandy, un court cigare à la bouche rouge. Elle parlait avec un jeune homme blond dont Pagello devinait la silhouette. Pagello était instruit, friand de poésie. Il avait lu et aimé les poèmes de Musset. Il aima peut-être autant George qu'Alfred.

Les accès de violence d'Alfred étaient terribles. « La nuit dernière, écrivait le 8 février George à Boucoiran, a été horrible. Six heures d'une frénésie telle que malgré deux hommes robustes, il courait nu dans la chambre ; des cris, des chants, des hurlements, des convulsions. Ô mon Dieu, mon Dieu, quel spectacle ! Il a failli m'étrangler en m'embrassant. Les deux hommes ne pouvaient lui faire lâcher le collet de ma robe. » Heureusement, il y avait « l'excellent Pagello ». Pagello était obligé de l'arracher à pleins bras des rideaux. Il grimpait ainsi tel un lézard furieux jusqu'au plafond. Il se débattait, il fallait une force inouïe pour le mater, lui faire boire des potions à base d'opium. Pagello rassurait George qui pâlissait, si brune et pourtant si blanche. Ce n'était qu'un délire, il n'était pas devenu fou. Pagello et George se tenaient de chaque côté du lit du malade. Dans ses fantasmes, des éclairs de lucidité le foudroyaient. Il fut convaincu d'avoir vu George et Pagello boire dans la même tasse de thé. Son esprit torturé engendrait tous les supplices de la jalousie. Entre deux crises, il persécutait George de questions. Épuisée, elle se remettait, morne, à écrire des pages flamboyantes, mortifères et sensuelles sur Venise.

« Pourquoi es-tu si belle, ô Venise, et pourquoi te fais-tu donc tant aimer de moi… Venise, folle cité toujours blanche, belle et rieuse au milieu des fers… À moi qui suis seul, sans ami, sans espoir, sans amour, à moi qui suis à Venise et qui vais mourir. »

Un texte où éclate aussi la douleur de vivre d'être si mal aimé(e). George parle toujours d'elle au masculin dans ses textes. Musset redoublait ses persécutions. Il flanqua à terre la table et le manuscrit. Il pouvait bien crever ! Elle écrivait toujours, cette espèce *d'homme* triste, incapable de lui donner le plaisir ! Il la hait, il l'adore, il a besoin d'elle, il ne l'aime pas. Elle repoussait ses questions harcelantes sur Pagello Il lui tordit le poignet. Il l'eût étranglée sur les pages éparpillées. Elle finit par avouer qu'elle avait seulement « tendu la main à un ami » et en revendiquait le droit. Depuis Gênes, il l'avait trompée, bafouée, précipitée dans les pires solitudes. Il y avait auprès d'elle cet homme

« simple et généreux » (Pagello) – « l'amour de la vie est-il donc un crime ? » (*Journal intime,* 1834). Elle criait, elle s'enrouait de larmes. Musset se sentait mieux, son délire calmé. Une nuit, il exigea de se reposer seul. George et Pietro Pagello s'installèrent, loin du lit, de part et d'autre d'une table. La veilleuse colorait en mauve la bouche de George. Ils bavardèrent jusqu'à l'aube d'un cœur libre, affectueux. Pagello s'enquérait, avec respect et le regard brûlant, si elle avait l'intention d'écrire un roman sur Venise. Que se passait-il alors en George-Lélia ? Elle couvrit soudain une page de mots. Elle pâlissait, agitée. Pagello pensait qu'elle travaillait et se taisait pour ne pas la déranger. Elle avait saisi sa tête entre ses mains, ses lourds cheveux noirs brillaient. Elle glissa la page dans une enveloppe. Fébrile, elle tendit l'enveloppe au médecin.

Il avait les reins d'un gondolier, la puissance taurine des gestes, la délicatesse du silence, une voix de velours. Il était l'objet mâle qui peut-être, si enfin elle se laissait traiter en fille, tirerait d'elle ce plaisir dont ils parlaient tous, dont elle quêtait en vain le trouble butin au rapt de tant d'éphèbes. Lélia-George tremblait trop souvent de dégoût, de solitude et de froid. Un froid de sépulture. Musset lui avait donné ce plaisir-là, Musset avait tout saccagé. Elle avait écrit une lettre d'homme. Elle proposait, à lui de disposer. Elle demandait franchement à Pagello de l'aimer. Au lit. Le plaisir se prenait, disait Musset, avec des corps faciles, sans identité, dans le silence magique des bordels. Elle voulait devenir le silence magique d'une fille, nue, malmenée délicatement aux rythmes de l'amant. Ni identité, ni paroles. Pietro Pagello était le mâle choisi. Comprendrait-il le sens purement sexuel de sa déclaration ? Il n'ouvrait pas la lettre. Elle s'impatientait. Elle griffonna sur l'enveloppe « Au stupide Pagello ». Il parlait assez bien le français. Il avait emporté la lettre chez lui. Il menait une vie aimable de beau garçon entouré de maîtresses. Il ouvrit la lettre. Nulle femme ne s'était ainsi adressée à lui. Elle le tutoyait d'emblée.

« Nés sous des cieux différents, nous n'avons ni les mêmes pensées, ni le même langage ; avons-nous au moins des cœurs semblables ?... Le généreux soleil qui a bruni ton front, quelles passions t'a-t-il données ? Je sais aimer et souffrir, et toi, comment aimes-tu ? Je sais aimer et souffrir ; l'ardeur de tes regards, l'étreinte violente de tes bras, l'audace de tes désirs me tentent et me font peur... Seras-tu pour moi un appui ou un maître ?... Serai-je ta compagne ou ton esclave ? Me désires-tu ou m'aimes-tu ?... Les plaisirs de l'amour te laissent-ils haletant et abruti, ou te jettent-ils dans une extase divine ?... Je t'aime parce que tu me plais... Ne suis-je à tes yeux qu'une femme semblable à celles qui engraissent dans les harems ?... Sais-tu ce que c'est que le désir d'une âme que n'assouvissent pas les sens ? Quand ta maîtresse s'endort dans tes bras, restes-tu éveillé à prier Dieu et à pleurer[2] ? »

Il espéra qu'elle lui avait confié le début d'un roman qu'elle écrivait. Eut-il peur à ce cri « je voudrais ne pas savoir ton nom ! » ? De culture latine, il commença, chez lui, à prier devant le portrait de sa défunte mère. Il avait perdu sa paix. Il pensait à sa vie de médecin désargenté mais bien coté dans la ville, à ses maîtresses, à l'honneur de son père, à sa mère. Il s'obsédait de ces deux terribles malades de l'hôtel. Il avait été attiré par cette belle Française à la réputation sulfureuse. Des détails lui revenaient pendant qu'ils avaient veillé Musset. Le frôlement de ses doigts sur les siens, la tasse de thé, en effet, bue en commun. Elle le fixait sans arrogance et avec hardiesse de ses yeux presque jaunes dans la nuit. Une chouette, une très belle chouette aux yeux d'or... Elle ressemblait aux filles de son pays. Quand elle parlait, elle enchantait. Le prestige de ses livres l'enivrait subtilement. Les vers

2. G. Sand, *Corr.*, tome II, p. 501-502 (lettre à Pietro Pagello, 1834).

de son amant aussi. Pagello passa une nuit blanche. Il retourna à l'hôtel. Elle l'attendait, tranquille, vêtue de soie rouge, une robe élégante, de goût parisien, aux manches larges, un volant frôlant les chevilles. Elle avait coiffé avec soin ses boucles, ornées d'un chapeau penché sur l'oreille, où était fichée une plume d'autruche. Un châle en cachemire sur ses épaules bien faites, elle avait enfilé des gants blancs. Ses mains étaient petites, admirables. Elle l'appelait « *signor* Pagello ». Il admirait cette bouche généreuse, cette grâce du langage, cette intrépidité. Elle le priait de l'accompagner en ville pour faire des courses. Pas un mot sur sa fougueuse proposition. La bouche amère, Musset leur fit signe de s'en aller. Ils devinrent amants dans une chambre blanche et rouge où logeait le bel Italien – quand il recevait la plus jalouse de ses maîtresses. Fin février George écrivait à Pagello : « Aurons-nous la prudence et assez de bonheur toi et moi, pour cacher (à Alfred) encore notre secret pendant un mois... Les amants n'ont pas de patience et ne savent pas se cacher. » Son impudence touchait à l'innocence : elle pensait de bonne foi plus commode de louer une chambre dans la même auberge de façon à veiller ensembles, entre deux étreintes, « leur enfant blessé » ! Musset avait écrit à Vigny son désespoir d'être trompé, oubliant qu'il l'avait trahie sans répit. Buloz avait noté les confidences de Musset à ce sujet :

« La confiance avait disparu entre les deux amants ; le soupçon tourmentait Alfred de Musset ; souvent il avait surpris des signes d'intelligence entre G. S. et le docteur, il devinait jusqu'au moindre mouvement [3]. »

« Je te vois grand comme Dieu ! » écrivait-elle à Pagello.

Était-il beau, ce Pagello, né en 1807 à Castelfranco Veneto ?

Les avis se contredisent. Louise Colet, en 1859, vou-

3. *Ibid.*, p. 508 (note 1 de G. Lubin).

lut en savoir plus. On lui fit le portrait d'un garçon lourd et un peu court, blond, l'air d'un Prussien. On a dit qu'il ressemblait à un garçon coiffeur. Il parut simple et viril à George épuisée par ses cruels éphèbes aux boucles blondes. « Pietro est un corps qui nous enterrera tous », avait-elle la naïveté perverse d'écrire à Musset le 26 juin 1834. Pietro se maria deux fois, il avait eu des maîtresses et supporté « la Sand ». Il aura huit enfants et mourra à Bellune, en 1898, à l'âge de quatre-vingt-onze ans, soit quarante et une années après Musset et vingt-deux ans après George Sand ! George ne s'était pas trompée sur la « puissance » de son amant. Elle venait de vivre un cauchemar, elle avait été malade, Buloz faisait traîner ses mandats. Pendant tous ces jours et ces nuits au chevet de Musset, ils se disaient « je t'aime ». La ville elle-même exaltait les sens. Elle savourait avec Pagello une harmonie sensuelle. Elle lui écrivait, fin février : « Oui, je peux encore aimer… Reste mon Pagello, avec ses gros baisers, son air simple, son sourire de jeune fille, ses caresses… son grand gilet, son air doux. Tu m'enfermeras dans ta chambre et tu emporteras la clef quand tu sortiras afin que je n'entende rien que toi [4]. »

Est-ce Musset, est-ce Pagello qui libéra Lélia-George de « son ennui » ? Rien n'était simple dans la sexualité complexe de George, déchirée entre deux hommes, dans la même ville, tous deux ses amants. Musset se rétablissait lentement. La jalousie le reprenait avec la force de ses crises et prenait le relais de l'amour disparu. Il faisait à nouveau des scènes terribles à George. « Une femme donne, disait-il, un homme prend. » George avait bel et bien « pris » Pagello. Musset la traitait de « catin ». Il brisa une cage à oiseaux, il piétina des fleurs, cassa un vase. Épuisée, elle n'en écrivait pas moins et en même temps, *Métella*, *Jacques*, où est à nouveau développée l'imposture du mariage,

4. *Ibid.*, p. 510 (lettre à Pietro Pagello, fin février 1834).

Leone Leoni, l'histoire d'une femme ardente qui sacrifie tout à un amant libertin, la première *Lettre d'un voyageur* – et son *Journal intime* :

« Je vous trompais et j'étais là entre deux hommes, l'un qui me disait "reviens avec moi, je réparerai mes torts, je t'aimerai, je mourrai sans toi !" – et l'autre qui disait tout bas, dans mon autre oreille "faites attention, vous êtes à moi". Ah ! Pauvre femme, pauvre femme ! C'est alors qu'il fallait mourir [5]. »

Les ennuis se multipliaient. Mme de Musset tremblait pour son fils. Les commentaires parisiens arrivaient à Venise. Ses enfants lui manquaient, l'argent aussi. Il y eut cette note trop lourde impayée à l'hôtel prêt à flanquer dehors ces encombrants Français. Les hurlements nocturnes de Musset avaient choqué la direction. George empruntait autour d'elle, elle écrivait sur plusieurs fronts à la fois. C'était l'enfer, la migraine, un métier de forçat où ses seules ressources étaient tirées de son cerveau épuisé.

Heureusement, un ami de Musset, Alfred de Tattet, jeune et riche, avait débarqué à Venise avec une de ses maîtresses – il couchait à Paris avec Mme Pleyel. Il fit diversion dans ce climat étouffant. Musset se confiait à lui. Tattet, de retour à Paris, rassura Mme de Musset. Venise se refermait sur le trio morbide. Musset s'était entiché de Pagello. George régnait et se déchirait à ces deux hommes. George avait hâte que Musset retourne à Paris. Elle étouffait, travaillait trop, n'aimait plus Alfred, elle se sentait physiquement bien avec Pagello. Elle voulait regagner le temps perdu, « l'argent âprement discuté » avec Buloz. La tension montait. Musset passait de l'affection larmoyante à la haine. Il voulut provoquer et tuer l'Italien en duel. Tattet l'en avait dissuadé. Musset insultait à nouveau George. « Une catin à qui il aurait dû laisser vingt francs sur sa cheminée. » Venise devenait irrespirable. Jamais un

5. « Journal intime », G. Sand, *Histoire de ma vie*, tome II, p. 957.

voyage n'avait été aussi odieux et détraqué. Il fallait à George un singulier et (viril ?) équilibre pour gérer, de loin, Nohant et les enfants. Elle écrivait à Boucoiran de trouver une pension pour Solange et de congédier une servante peu sûre. Elle lui avait envoyé un extrait du manuscrit *André*. Elle postait en même temps *Leone Leoni* à Buloz. L'écriture devenait la galère, la somnambule écrivait sans rien relire, de la nuit à l'aube ; quand ses amants lui laissaient quelque répit. Elle écrivait, la bouche amère, l'estomac douloureux, la tête lourde. La passion de mourir la reprenait, aussi tenace que celle de vivre. Écrire, c'était aussi cela. La vie et la mort en face. Musset s'enivrait dans les tavernes. Pagello le ramenait en crise de delirium. George avait quitté l'hôtel Danieli où elle devait une note. Elle s'installait avec son poète dans un modeste deux-pièces que leur trouva Pagello, rue de la Rasse. Les scènes furent si violentes que George n'avait plus qu'un désir : le voir partir. « Pour quelques heures d'absence, il me querelle pendant trois jours et trois nuits », disait-elle à Pagello. Il lui arrachait toute lettre des mains, persuadé qu'elle manœuvrait pour le faire enfermer dans une maison de fous. Elle le persuada de rentrer à Paris. Il l'aimait encore, il parlait de « la beauté de son sacrifice », à savoir confier la femme aimée au nouvel amant ! Il considérait Pagello « comme un frère ». C'était l'enfer. L'exaltation suspecte des trois amis prenait des proportions étranges. Musset parvint une nuit à « arracher » l'aveu de Pagello : oui, il était l'amant de George. La folie les frôlait.

« Vous vous aimez et vous m'aimez pourtant ; vous m'avez sauvée âme et corps [6] ! »

Le 29 mars, Musset s'en allait. La veille, il fit avec George une promenade mélancolique sous un ciel de brume. Elle avait enfin reçu un mandat de Buloz. Elle

6. G. Sand, *Corr.*, tome II, (lettre de George à Musset, le 7 septembre 1834).

avait trouvé un perruquier, un certain Antonio, pour accompagner Musset jusqu'à Paris. Antonio remplit sa mission mais coûta fort cher à Musset qui dut emprunter à Buloz le prix de son retour. Tout était un échec dans cette histoire d'amour où, dérision, les véritables amants de Venise avaient été George et Pietro Pagello. « Adieu mon enfant », écrivait Musset à George, pris de sensibilité et de l'effroi de la rupture. Elle l'accompagna en gondole jusqu'à Mestre. À son retour, elle écrivait aussitôt à Milan, poste restante, inquiète de son enfant terrible : « Un voyage si long et toi si faible encore !... Pauvre ange, comment auras-tu passé cette nuit ? Adieu, adieu mon ange, que Dieu te protège, te conduise et te ramène un jour ici si j'y suis. [...] Comme nous nous aimerons bien, n'est-ce pas, mon petit frère, mon enfant ?... Adieu mon petit oiseau. Aime toujours ton pauvre vieux : George[7]. » Elle pleurait et Pagello aussi pleurait avec elle la perte de « cet enfant » À Padoue, Alfred se sentit mourir : le manque de George, d'alcool, de drogue. « Écris-moi ! » Ils déliraient ensemble par lettres.

George et Pagello vivront ensemble jusqu'à la fin du mois de juillet. Avec Pagello, elle savourait les bonheurs du quotidien. Elle se reposait à des travaux manuels. Elle cousit des rideaux, recouvrit un sofa, un fauteuil qu'elle tapissa. Elle brodait des pantoufles, tricotait des chaussettes. Elle visitait avec Pietro des monuments, des jardins, il la présentait à ses amis musiciens, dont la Beppa. On buvait le vin de Chypre, tard le soir, aux terrasses des tavernes. Pietro avait vingt-sept ans et manquait aussi d'argent. Il débutait sa carrière. George, avec ses travaux manuels, arrangeait à peu de frais leur intérieur. Elle écrivait, entre deux coups de marteau, « avec une sorte de fureur », trente pages pliées et envoyées ainsi à Buloz. Pagello

7. G. Sand, *Corr.*, tome II, p. 552 (lettre à A. de Musset, 30 mars 1834).

lui demandait où elle puisait une telle inspiration. « En plantant des clous ! » riait-elle. Pagello avait à se défendre contre son impétueuse maîtresse, la Cattina, qui voulait arracher les yeux à « la Sand ». Elle la comparait à une sardine : « *la sardella francese* ». Elle s'accrochait de toutes ses forces au gilet de Pagello. Il défendit vertement George contre les attaques de sa famille. Il l'aimait.

L'amour de George pour Musset ressurgissait à travers la séparation. Musset devenait le confident de sa vie à Venise. Pagello, lui écrivait-elle, n'avait pas le moindre sou pour lui acheter des fleurs. Il se levait à l'aube pour lui cueillir un petit bouquet dans les jardins des faubourgs. Les ex-amants touchaient aux fibres essentielles de leur nature : la création littéraire. Une complicité de cristal. À Genève, Musset avait erré dans les rues. Il avait des cauchemars, elle lui manquait. Il rechutait dans ses démons. « Je me suis jeté à corps perdu dans mon ancienne vie. » Elle le suppliait de ne pas se livrer si vite au vin, à la débauche. « Que j'aie été ta maîtresse ou ta mère, peu m'importe, je sais que je t'aime, c'est tout. » Elle enchaînait sereinement sur sa vie quotidienne. Pagello lui avait offert un bel oiseau qui se perchait sur sa pipe, picorait son tabac, buvait son encre. Elle achevait une autre de ses *Lettres d'un voyageur*, qu'elle dédiait « à un poète » Elle l'envoya à Musset afin qu'il la donne à Buloz. Elle l'autorisait à y apporter les modifications qu'il souhaitait, même à la brûler ! Musset trouvait la lettre « sublime ». Elle parut en mai, dans *La Revue des Deux Mondes*. George cherchait inconsciemment à se tirer du mauvais pas qu'encourait sa réputation après une telle rupture. Elle jouait sur le lien littéraire qui l'unissait à Musset, le caractère « saint et sacré » de leur amitié. Elle parlait du « lien idéal » de leur histoire. Musset, trimballé pendant des jours dans de mauvaises pataches sur les routes d'Italie, de Suisse et de France, croyait en cette chimère. Paris allait dessiller l'enfant du siècle. La correspondance de Musset bascula alors dans la frénésie égarée. Musset avait perdu pied. George, plus forte, flanquée du paisible et taurin amant, écrivait la suite de ses *Lettres d'un voyageur* et à Musset : « notre embrassement était un inceste » Musset la traitait de « religieuse », de « rosière ». Elle s'empressait de tirer une sorte d'épingle de son jeu – Lélia réconciliée avec George. Elle jouait, avec sincérité, la chasteté dans les élans les plus fous.

« Tu m'as reproché dans un jour de fièvre et de délire de n'avoir jamais su te donner les plaisirs de l'amour. J'en ai pleuré et maintenant je suis bien aise [...] que ces plaisirs aient été plus austères [8]. »

À force de le traiter comme son enfant, son frère, elle avait fini par se prendre à ce jeu troublant. Elle vivait au mieux sa liaison avec Pagello. Sans remords. *Sainte Tranquille*. Le retour solitaire de Musset faisait jaser Paris. Planche, Regnault, Buloz et même Sandeau blâmaient Musset. Il aurait, prétendaient-ils, maltraité leur sultane. Sainte-Beuve était suspicieux, Mme de Musset se rassura quand Alfred lui conta les nuits que George avait passées à le veiller. Le 1er mai, il écrivait à George le plus beau des compliments qu'elle voulait entendre :

« Sois fière, mon grand et brave George, tu as fait un homme d'un enfant [9]. »

Dans Venise la rouge,
Pas un bateau qui bouge,
Pas un pêcheur dans l'eau
Pas un falot

... Et qui, dans l'Italie
N'a son grain de folie ?

---

8. *Ibid.*, p. 563 (lettre à Musset, 15 avril 1834).
9. Correspondance de G. Sand et A. de Musset, édition Évrard, Paris, 1956, p. 91.

Qui ne garde aux amours
Ses plus beaux jours ?

... Comptons plutôt, ma belle,
Sur ta bouche rebelle
Tant de baisers donnés...
Ou pardonnés.

Comptons plutôt tes charmes,
Comptons les douces larmes,
Qu'à nos yeux a coûté
La volupté !

Musset avait écrit ce poème en 1829. Il avait dix-neuf ans et ne connaissait ni George ni Venise. À Venise, George Sand et Alfred de Musset avaient traversé la douleur d'aimer, l'indicible puissance de restituer, par la poésie, « le lien sacré », celui des poètes.

Chapitre 21

« Tout cela était donc un roman ? »

(Lettre à Musset,
septembre 1834)

Elle avait chargé Musset de lui déposer quai Malaquais tous les poèmes qu'il avait écrits sur elle. Il monta à la mansarde bleue avec émotion. Il l'adorait à nouveau. Il ramassa un petit peigne sur sa toilette qu'il glissa telle une relique dans sa poche. Il fuma ses cigarettes. Il se mit péniblement à son roman, *La Confession d'un enfant du siècle*. Il serait question d'elle et encore d'elle. Sublimée, adorée ; un amour déchiré. George écrivait à ses amis et à Casimir qu'elle rentrait en France avant l'automne. Une sourde angoisse l'étreignait. Comment les uns et les autres (ses enfants) allaient-ils réagir après sa longue absence ? Elle quitta Venise le 27 juillet accompagnée de Pagello. Il portait un mince bagage dont quatre petits tableaux à l'huile de Zuccarelli, qu'il espérait vendre en France. Ils choisirent un long itinéraire. La chaleur était écrasante. Ils s'arrêtèrent à Vérone, à Milan, à Brigue, à Chamonix. Ils restèrent quelques jours à Genève. Ils mirent trois semaines à rejoindre Paris. Elle avait prévu quelques cadeaux pour ses enfants dont des colliers pour Solange. À mesure du voyage, Pagello notait son refroidissement. Elle devenait distante, préoccupée. Elle ne lui pardonnait pas de ne pas être Musset. Il manquait à cet amour les folles ardences qu'elle avait connues avec Alfred. Elle se heurtait à chaque fois aux limites ordinaires de l'homme. Insatiable, insatisfaite, elle recommençait sa quête d'amour – ses erreurs. Pagello, déjà, l'ennuyait.

À Paris, Boucoiran et Maurice l'attendaient. Elle embrassa son fils avec une extrême tendresse. Il avait grandi, pâle, effilé, les yeux enfiévrés. Il se raidissait devant cet étranger. Elle n'installa pas Pagello au quai Malaquais. Elle lui loua une modeste chambre d'hôtel, au troisième étage, à côté de chez elle. On était le 14 août, Paris était désert. On parlait beaucoup du faux dauphin, cet horloger de Spandau du nom de Naundorff. Il prétendait être Louis XVII et intentait un procès au comte de Chambord – le faux dauphin sera débouté en 1836. George avait vaguement promis à Pagello de retourner avec lui à Venise. Elle ne pensait qu'à Musset. Ils étaient convenus de se retrouver chez elle le 17 août. Que faire de Pagello qui excitait une curiosité railleuse ? Elle mesurait son erreur et tenta de rehausser l'image de son amant étranger. Il n'était qu'un modeste médecin italien, on se demandait ce qui avait pris à la Sand de lâcher Musset pour un brave garçon si terne. La curiosité blessante l'emportait. Pagello était-il un comte, un don Juan ? Buloz frétillait de curiosité. Il organisa un dîner sans Musset. George présenta Pagello au cercle parisien comme un médecin fou d'archéologie. Elle était gênée, mécontente de lui, d'elle, de tous. Elle n'arrivait ni à le faire briller ni à se convaincre de passion. Pagello, blessé, répliquait aux perfidies de ce dîner qu'il était « *l'amico, il servitor e il cavaliere de la carissima e illustra signora* [1] ». Elle lui jetait des regards farouches. Elle aurait dû revenir seule, mais elle avait eu peur d'un aussi long voyage sans compagnon, de retrouver un Paris désert – et peur de Musset. Ils se revirent le 17 août, le soir, quai Malaquais. Elle utilisait Pagello

1. Louise Colet, *Lui* (Paris 1860, 2e édition), p. 288-289.

pour mieux résister à Musset. Elle invita le médecin à rester. Elle eut les larmes aux yeux dès qu'apparut « son enfant blond ». Un chagrin sans nom, un désir obscur, Lui, Elle et Lui... Elle le pria de s'en aller. Ils ne se verraient désormais qu'en amis. Musset descendit en larmes ces marches cent fois gravies au nom de l'amour fou. Désespéré, il alla chez sa mère lui demander l'argent nécessaire pour aller en Espagne. Il finira par se décider pour Baden-Baden, station allemande prisée des snobs. George ouvrit sa lettre en tremblant :

« Georgette, hier en te quittant, j'ai demandé à ma mère de quoi aller dans les Pyrénées... Si Dieu le permet je reverrai ma mère, mais je ne reverrai jamais la France... Je te demande une heure et un dernier baiser[2]. »

Le 24 août, ils se revirent. « Échangeons un cri de douleur avant de nous séparer pour l'éternité », suppliait Alfred. Épuisée, elle partit à Nohant où jamais n'ira Musset. En route pour l'Allemagne, il oscillait entre l'envie de mourir et le serment qu'il se fit : « J'en jure par ma jeunesse et mon génie, il ne poussera sur ma tombe que des lys sans tache... La postérité répétera nos noms comme ceux de ces amants immortels qui n'en ont qu'un à eux deux, comme Roméo et Juliette, comme Héloïse et Abélard... On ne parlera jamais de l'un sans parler de l'autre. »

George avait confié Pagello à Boucoiran. Elle emportait dans ses bagages *Volupté*, le dernier roman de Sainte-Beuve. Sa mère était du voyage. Elle avait su la convaincre, effrayée d'être seule et mal reçue par Casimir. Elle retrouva Solange, « son gros enfant », propre, fraîche, mais si soumise qu'elle se souvint de Rose qui la battait, autrefois. Elle découvrit un paquet de verges chez Julie la bonne. Solange avait en effet

---

2. G. Sand, *Corr.*, tome II, notes de G. Lubin (p. 677). Tous les extraits à suivre des lettres de Musset ou des paroles de Pagello lors de cette ultime rupture ont été consultés dans les notes de G. Lubin dans cet ouvrage.

été maltraitée depuis des mois. George frémit, jeta un œil noir à Casimir. Assurément, il s'était vengé ainsi. La petite n'était plus en sûreté chez son père. Elle brûla les verges et renvoya la bonne qui s'en alla, la rage au cœur, la bouche pleine de ragots. George s'aperçut qu'elle était de connivence avec son époux. Sophie plissait une bouche amère. Elle se détournait de sa fille comme d'un scandale trop violent. George recouvrait un peu de joie à retrouver Nohant et ses amis. Fleury, marié à sa chère Laure Decerfz, Planet, Duvernet, marié, Duteil et sa femme, Jules Néraud son Malgache sans son épouse trop jalouse, Gustave Papet, le cher Rollinat dont le frère, François, s'était enamouré d'elle. George le découragea fermement mais sans résultat. La petite bande se promenait gaiement à Valençay. George écrivait *Le Prince*, nouvelle polémiste qui fâcha, dit-on, Talleyrand. Elle s'inquiétait *maternellement* de Pagello, qui ne vendait pas ses tableaux et manquait d'argent. Casimir, lui écrivait-elle, l'invitait à Nohant, qu'il vienne se retaper au bon air ! Il eut la prudence de refuser. Elle lui fit parvenir mille cinq cents francs. Elle avait toujours payé ses amants, par une culpabilité non avouée. Elle avait aussi besoin de leur faiblesse, fût-elle financière. Elle avait eu trente ans. Elle pensait au suicide, à se noyer dans la rivière. Les lettres de Musset précipitaient son mal de vivre. La froideur de sa mère l'accablait ; Sophie n'avait qu'une hâte, rejoindre Caroline à Châtellerault.

« Je suis perdu, vois-tu, lui écrivait Musset, début septembre. Je suis noyé, inondé, d'amour... Ils me disent que tu as un autre amant... J'en meurs, mais j'aime, j'aime, j'aime !... Dis-moi que tu me donnes tes lèvres, tes cheveux, tout cela, cette tête que j'ai eue, et que tu m'embrasses, toi, moi !... Mes yeux se troublent, mes genoux chancellent. Ô mon George, ma belle maîtresse, mon premier, mon dernier amour ! »

George s'effarait. Elle le tançait, maternellement, de ne pas « l'aimer trop ». Pagello, disait-elle, était jaloux. Elle se promenait dans les bois, torturée par ses deux amants. Elle s'épanchait avec François Rollinat. Elle ne se doutait pas que Casimir avait commencé à consigner ses griefs contre elle. Pagello, à Paris, s'ennuyait. Il acheta une petite trousse de chirurgie. Les tableaux n'étaient pas vendus. Pagello se distrayait en écoutant des conférences à l'École de médecine. Il sortait avec Tattet, avide de confidences. Pagello confia à Tattet, qui ne demandait pas mieux que de savoir tous les détails, qu'il avait été l'amant de « la Sand » dès février et non en avril, au moment du départ de Musset. Tattet le répéta à Musset ce qui provoqua un drame. Le poète, en effet, était revenu à Paris le 15 octobre en même temps que George. Il lui écrivait :

« Mon amour, me revoilà ici. Tu veux bien que nous nous voyions, et moi si je le veux !... Ton frère, Alfred [3]. »

Elle l'attendait comme la première fois, en haut de l'escalier. Les retrouvailles furent brûlantes : ils s'adoraient. Tattet avait bavardé. La jalousie reprit Musset avec une rare violence. George écrivait à Tattet « j'ai été la cause indirecte et très involontaire d'un différend entre vous et Alfred ». Quai Malaquais, les scènes recommençaient. Musset lui tordait les poignets, exigeait les détails de la trahison. Il hurlait de jalousie morbide et, à défaut de détails scabreux, il en inventait. La jalousie les malmenait ensemble jusqu'à leurs étreintes frénétiques.

« J'ai été assez folle pour vouloir te sauver, s'enrouait-elle, en larmes. Que faire, mon Dieu ! Ah ! J'en ai assez de la vie ! » Que restera-t-il de ce lien sacré ? « Ni amour ni amitié ! »

Le 23 octobre, lugubre, exaspéré, Pagello retournait définitivement à Venise.

« Nos adieux furent muets, dit-il de sa séparation. Je lui serrai la main sans pouvoir la regarder dans les

---

3. G. Sand, *Corr.*, tome II, p. 718 (lettre de Musset, début octobre 1834).

yeux. Elle était comme perplexe : je ne sais point si elle souffrait : ma présence l'embarrassait. Il l'ennuyait, cet Italien [4]. »

Il était parti, suppliant Boucoiran, Buloz, les uns et les autres de se taire sur ses relations avec George. Boucoiran, indiscret, avait dit à Buloz qu'en effet, Pagello avait été l'amant de George en février. « Je ne veux pas de vengeance avec la Sand », plaidait Pagello. Le bruit courait que Planche voulait se battre en duel avec Musset. L'Italien détestait avoir été impliqué dans un trio malsain. Il se souvenait, écœuré, du soir où George avait invité son amoureux transi, Charles Didier, avec lui et Musset. C'en était trop pour sa fondamentale simplicité. Il repartait, heureux de retrouver sa vraie vie, son pays, son père, ses maîtresses et bientôt, il l'espérait, une épouse et des enfants. George oubliait Pagello, ressaisie par Musset et la passion. Elle avait besoin de retrouver ses repères, le travail, des amis. Musset invita un soir le pianiste hongrois dont Paris s'entichait, Franz Liszt Il avait vingt-trois ans, du génie, il était beau. Il fut charmé par George mais il était amoureux de Marie d'Agoult. Cette même soirée, il y avait le poète allemand Heinrich Heine qui trouva George aussi belle « que la Vénus de Milo ». L'optimisme revenait. Le 9 novembre, elle mettait Solange en pension chez les demoiselles Martin, au n° 9 de l'avenue Lord-Byron, près de la barrière de l'Étoile. Solange y restera plusieurs années. Solange avait près de sept ans ; George écrivait à Casimir que la pension était une « délicieuse bonbonnière, toute fraîche, avec un jardin ». Pourquoi se séparait-elle de sa fille ?

« Elle s'ennuyait et ne se portait plus aussi bien, faute d'exercice [5]. »

---

4. Ananrosa Poli, *L'Italie dans la vie et l'œuvre de George Sand* (Paris, 1960), p. 147.

5. G. Sand, *Corr.*, tome II, p. 744 (lettre à Casimir Dudevant, mi-novembre 1834).

Casimir avait souligné cette phrase qui s'accumula au procès du divorce. La petite s'en était donc allée, avec sa timbale en argent, deux paires de petits draps et une atroce impression d'abandon.

En novembre, George tenta encore de rompre avec Musset. Elle ne dormait plus, éprouvée entre le plaisir qu'elle trouvait auprès de cet amant et les angoisses de ses scènes. Elle se sentait par moments devenir folle. Musset était jaloux ; de tout le monde dont Liszt, qu'elle dut écarter de sa vie, à son immense regret. Sainte-Beuve écrivait à un ami : « Les plus grands orages, que je sache, sont les ruptures de Lélia et de Rolla, qui ont passé ces derniers mois à se maudire, à se retrouver, à se déchirer, à souffrir [6]. »

La séparation les rendait fous. Musset écrivait à Tattet, le 12 novembre : « Tout est fini. » Tattet, qui détestait George, l'encourageait.

Il était parti et elle s'affolait. Désespérée, abdiquant toute fierté, elle courut à sa recherche. Elle suppliait Sainte-Beuve de l'aider. Elle confiait à son journal intime des pages déchirées sur l'amour. Sans lui, elle n'était plus rien ; Lélia anéantie d'avoir brûlé.

« Quel est ce feu qui dévore mes entrailles ? Il semble qu'un volcan gronde au-dedans de moi et que je vais éclater comme un cratère. [...] Ô mes yeux bleus, vous ne me regarderez plus ! Belle tête je ne te verrai plus t'incliner sur moi et te voiler d'une douce langueur ! Mon petit corps souple et chaud, vous ne vous étendrez plus sur moi [...]. Adieu mes cheveux blonds, adieu mes blanches épaules, adieu tout ce que j'aimais, tout ce qui était à moi. J'embrasserai maintenant dans mes nuits ardentes le tronc des sapins et des rochers dans la forêt en criant votre nom, et quand j'aurai rêvé le plaisir, je tomberai évanouie sur la terre humide [7]. »

---

6. Sainte-Beuve, *Correspondance générale* (Paris, 1935-1964), tome I, p. 478.

7. G. Sand, *Journal intime, Histoire de ma vie*, tome II, p. 963.

Elle frôlait l'hystérie, les cris les plus fous. L'écho de Musset répondra à cette page brûlante quand il écrira *La Nuit de mai* en juin 1835.

Rien ne nous rend si grands qu'une grande douleur.
Mais pour en être atteint, ne crois pas, ô poète,
Que ta voix ici-bas doive rester muette.
Les plus désespérés sont les chants les plus beaux
Et j'en sais d'immortels qui sont de purs sanglots.

George souffrait à en mourir. Elle coupa, en signe de deuil, ses cheveux. Elle les envoya à Musset avec une lettre. Il éclata en larmes ; ils se revirent. Ils firent l'amour avec frénésie, se querellèrent, se battirent. Sainte-Beuve dut les séparer. Encore une fois, ils se quittaient, ils se mouraient. Elle se trouvait laide avec les cheveux courts, taillés en carré au niveau des épaules. Ce n'était pas l'avis du peintre Delacroix qui lui demanda de poser pour lui. Buloz avait besoin de son portrait pour sa revue. George s'épanchait pendant les séances de pose. Delacroix tirait d'elle un portrait glorieux, magnifique et sombre. Elle lui montra en pleurant un album des dessins de Musset. Delacroix estimait qu'il eût pu devenir un grand peintre. Il lui donnait des conseils pour supporter sa peine : « Ne soyez pas courageuse ! » lui disait-il. Eugène Delacroix, né à Charenton, avait six ans de plus qu'elle. Il fut le plus grand peintre romantique. En littérature, il n'aimait que les classiques. Il fera plusieurs séjours à Nohant et devint le maître de Maurice en peinture. Elle l'admirait, elle le remerciait de son indulgence. « Je suis encore malade, disait-elle. » Ses malaises étaient revenus. Elle confiait au peintre son dégoût de vivre, qu'elle tentait d'analyser avec bon sens, incriminant « le mal du foie » dans ses affres :

« Il y avait une réalité bien profonde pour moi, le dégoût de la vie. C'était un vieux mal chronique, éprouvé et combattu dès ma première jeunesse et repris comme un fâcheux compagnon de voyage… Ce mal… le spleen… est causé par un engorgement du foie… Les vives douleurs au foie ont pour symptômes une tristesse profonde et l'envie de mourir[8]. »

Elle avait confiance en Delacroix, elle le trouvait enjoué, « *bon enfant* au possible ». « Je ne suis pas né *romain* », lui disait-il, prônant la simplicité dans la souffrance amoureuse. « Le désespoir finira par se lasser de lui-même. » Mais elle frôlait une zone rouge et noire, au-delà de la désolation. Elle acheta une tête de mort pour enfermer ses cheveux et les lettres de Musset Elle redoutait la solitude, la fin de l'amour. Elle se mit à attendre Musset des nuits entières. Il ne venait pas, la porte restait close, la chambre lugubre. Elle avait oublié Solange. Elle donnait rendez-vous à Sainte-Beuve au parloir du lycée, elle sortait Maurice et pleurait sur son amant. Elle confiait son déchirement au journal intime :

« De samedi à dimanche, nuit du 22 au 23, tu ne m'aimes plus, tu ne m'aimes plus ; c'est bien aisé à voir. Pas un mot. Je t'ai espéré et attendu minute par minute, depuis onze heures du matin jusqu'à minuit. »

Le 5 décembre, elle avait signé un nouveau contrat avec Buloz, et revoyait Marie Dorval dans sa loge. « Je suis toute à toi, lui écrivait-elle », mais tout en elle était à Musset. Liszt l'avait revue, ils avaient parlé une partie de la nuit. Il était frappé par sa souffrance. Heine, ses amis, tentaient aussi de la consoler. Elle frôlait le fond d'un gouffre.

« Liszt me disait, ce soir, qu'il n'y avait que Dieu qui méritât d'être aimé. C'est possible mais quand on a aimé un homme, il est bien difficile d'aimer Dieu… J'ai vu Heine, il m'a dit qu'on n'aimait qu'avec la tête et les sens et que le cœur n'était que pour bien peu dans l'amour. Mme Allart m'a dit qu'il fallait ruser avec les

8. G. Sand, *Histoire de ma vie*, tome II, p. 300-301.

hommes… Il n'y a que Sainte-Beuve qui ne m'ait pas fait de mal et qui ne m'ait pas dit de sottises… Je lui ai demandé ce que c'était que l'amour et il m'a répondu ce sont les larmes, vous pleurez, vous aimez[9]. »

Le 7 décembre, à bout de larmes, à bout de forces, elle s'enfuit à Nohant. Musset lui avait arraché plus de cris et de larmes que nul autre :

« Ô que je t'aime encore, assassin ! » (*Journal intime*, 1834).

Elle tremblait de solitude, sur la route froide, si longue. Elle allait traverser le pire : une panne d'écriture. À Nohant tout lui sembla mortel, glacial. Les enfants en pension, Casimir lourd d'ironie et d'alcool, l'hiver et ses brumes. La nuit tombait tôt. Elle écrivait à Boucoiran de lui envoyer du tabac. Maurice la suppliait de revenir pour Noël, de le sortir, lui et Solange. Elle avait mal à la tête. Musset aussi lui écrivait, elle se repaissait de ses mots. Il lui avait envoyé une boucle de ses cheveux, elle avait répondu par quelques feuilles du jardin. Elle brûlait davantage. L'écriture se bloquait, elle paniquait. Elle revint à Paris le 2 janvier. Maurice et Solange avaient passé Noël et les fêtes loin d'elle. Le 1er janvier, elle avait fait la route avec Rozanne Bourgoing et Charles Rollinat. La nouvelle année 1835 portait pour elle encore ce nom ravageur, de poudre d'or et de feu : Alfred de Musset. Elle envoya un mot bref et triomphant à Tattet : « Alfred est redevenu mon amant. »

Les retrouvailles furent paroxystiques mais brèves. Musset était le même : jaloux jusqu'à la fureur, du passé de George autant que de ses amis, convaincu que Liszt était son amant. Le 14 février, elle alla voir avec Musset *Chatterton*, la pièce de Vigny. À bout de nerfs, elle propose à son amant de se brûler la cervelle, tous les deux, à Franchard. Alfred, malade, était chez sa

9. *Journal intime*, *Histoire de ma vie*, tome II, p. 970.

mère. Il supplia George de venir le soigner. Elle avait un sens inné du théâtre. Elle se déguisa en soubrette et s'introduisit ainsi à son chevet. Repris de délire, il brandit un couteau pour la tuer. George eut l'ultime sursaut de décider seule de la rupture. Elle avait toujours besoin d'une certaine mise en scène. Le 6 mars, elle écrivait fiévreusement à Boucoiran de l'aider. Qu'il lui prenne un billet en malle-poste pour Nohant sans rien dire à Musset. Il arriverait quai Malaquais et dirait que Sophie était malade. Elle mettrait son chapeau, sortirait naturellement et s'enfuirait à Nohant. Musset était à bout de fièvre nerveuse ; qu'elle parte ! Il n'entraverait pas sa volonté.

Leur histoire s'achevait au printemps 1835. Alfred se tourna vers ses amantes, et une jeune fille fragile qui l'avait toujours aimé : Aimée d'Alton. George Sand tenait dans son espace vital, mental une place essentielle, fatale. Elle avait été la femme *et l'homme* de sa vie. Il publierait *La Confession d'un enfant du siècle* en 1836 et ses plus beaux poèmes. Il y avait eu *On ne badine pas avec l'amour* et le chatoyant et sombre *Lorenzaccio*. Il s'étiolait, vivait mal son mariage, ses souvenirs. Il revit George trois ans plus tard, dans le foyer d'un théâtre. Habité par son rêve, hanté d'elle, il lui sembla croiser une étrangère. Elle avait été trop puissante pour cette âme fragile. Torturé de souvenirs, d'alcool, de maladie, il n'oubliait rien de « la dame de Franchard ». Il niait le présent, il avait cessé de vivre. Il avait commis le plus grand des crimes contre lui-même : cesser d'écrire. Il mourut en 1856 et elle se rendit, la mort dans l'âme, sur sa tombe au Père-Lachaise.

En 1859, George Sand ne pouvait s'empêcher de pleurer en concluant *Elle et Lui* sur un hommage enfin libérateur, au poète plus éternel que l'amant disparu :

« Sois tranquille, va, Dieu te pardonnera de n'avoir pu aimer ! Il t'avait condamné à cette insatiable aspiration pour que ta jeunesse ne fût pas absorbée par une femme. Les femmes de l'avenir, celles qui contempleront ton œuvre de siècle en siècle, voilà tes sœurs et tes amantes [10]. »

10. G. Sand, *Elle et Lui* (Paris, Club du livre illustré, 1952), p. 255.

Chapitre 22

« MES AMIS, IL EST TEMPS DE POSER LA QUESTION SOCIALE ! »

(Histoire de ma vie, *chapitre VIII)*

George est à Nohant, sans ses enfants. L'amitié est sa ressource. Elle écrit à Boucoiran de lui faire parvenir un narguilé, le Coran, Platon, le théâtre grec, ainsi que celui de Shakespeare au complet. À Buloz de payer ! Elle a dîné avec Rollinat chez Duteil. La panne d'écriture a cessé et elle s'attelle à *Mauprat*, qui sera d'abord le projet d'une nouvelle. Elle reprendra *Mauprat* et le publiera en 1837 dans *La Revue de Deux Mondes*. C'est le destin d'une famille de hobereaux ruinés, rustres, avant la Révolution. Deux branches s'opposent dans cette famille, les indignes et les vertueux. Edmée, la cousine de Bernard de Mauprat, suscitera chez lui l'honneur et la passion. Elle sera l'image salvatrice de l'amour « éducateur ». Le mariage, pour une fois, est une réussite. George écrivait en même temps *Mattéa*. Le souvenir de Musset l'accablait. *Mauprat* l'entraînait dans la pure évasion romanesque de la nuit jusqu'à l'aube. Ses nuits avaient un goût de café, de fumée et d'encre. Et le goût de l'amour ?

« Bah ! écrit-elle à Sainte-Beuve, vive l'amour *quand même*, nos douleurs ne peuvent pas plus contre lui, que les nuages de la nuit contre l'existence et la beauté des étoiles [1]. »

---

1. G. Sand, *Corr.*, tome II, p. 825 (lettre à Sainte-Beuve, 10 mars 1835).

Sa liberté conjugale marquait un nouveau point. Elle avait signé avec Casimir, en février, un accord à l'amiable. Ils seraient officiellement séparés, elle aurait la garde complète de Solange et Nohant. L'éducation de Maurice restait à la charge de son père auquel elle verserait les revenus de l'hôtel de Narbonne (six mille francs annuels). Elle se donnait le beau rôle et affirmait à Hippolyte qu'elle ne laisserait pas son mari « tout peu mignon qu'il est finir sur la paille ». Elle ne se faisait aucune illusion dans la situation contraire : Casimir l'eût abandonnée à la misère. Ses enfants lui manquaient. Sa « grosse » avait été sa petite compagne pendant des mois. Elle avait été « l'enfant » gâtée par tous ses amis. Elle était gaie, drôle à vivre en dépit de son fichu caractère. Pour se faire porter dans ses bras, Solange jetait ses chaussures à travers la portière du fiacre. Elle surnommait Musset « Christobe ». Maurice ne vivait que pour sa mère. Casimir était d'une humeur détestable, de sourdes injures fusaient. Il lui en voulait, elle l'avait bafoué dans son orgueil de mâle, il ne pouvait souffrir sa présence. L'idée qu'elle lui reprenne Nohant l'ulcérait. Il tenait à rester le maître et regrettait son accord. Elle envisagea un voyage à Constantinople. Duteil lui conseilla de devenir la maîtresse de son mari afin de reprendre du pouvoir sur lui. Elle s'indigna.

« Les rapprochements sans amour sont quelque chose d'ignoble à envisager. Une femme qui recherche son mari dans le but de s'emparer de sa volonté fait quelque chose d'analogue à ce que font les prostituées [2]. »

Duteil insistait sur l'avenir de ses enfants. Elle était obligée de tenir compte de Casimir. Plus elle creusait cette idée de se soumettre par intérêt, plus la répulsion l'emportait. Heureusement, répliquait Duteil, l'humanité n'avait pas toujours ces sublimes pensées. Elle n'en

2. G. Sand, *Histoire de ma vie*, tome II, p. 294.

démordait pas : l'amour restait « un lien sacré ». Il lui fallait, même de loin, s'occuper de ses enfants. Elle chargea Adolphe Guéroult, journaliste saint-simonien convaincu, de l'âge de Musset, d'être le correspondant de Maurice et de Solange. George avait toujours su manœuvrer un aréopage impressionnant d'amis pour régler les urgences pratiques de sa vie. La plupart étaient amoureux d'elle, elle n'y voyait aucun inconvénient, tant que le lien restait « sacré ». Guéroult était sans doute fasciné par George quoique ayant autrefois éreinté *Lélia* dans un article. « Tu sécheras dans ton ennui », avait-il écrit sur elle. George, fine mouche, avait eu le pardon facile. La meilleure vengeance était de captiver Guéroult Le 27 mars, elle le grondait dans une lettre d'avoir négligé la sortie de ses enfants.

« C'est à vous que j'ai spécialement recommandé Solange et vous ne m'en rendez pas compte. C'est vous qui m'avez accompagnée plusieurs fois à sa pension, au point que Mlle Martin doit croire *in petto* que vous êtes le père mystérieux et clandestin de cette grosse pouponne [3]. »

Guéroult se moquait d'elle gentiment. Il la préférait habillée en femme. « En homme, je ne vous prends nullement au sérieux. » Une amourette, assez piquante, s'établissait entre eux. Furent-ils de restreints amants ? C'est possible ; elle l'aimait bien, elle ne l'aimait pas. Au mois d'avril, son vrai destin d'amoureuse allait une fois de plus éclater.

Elle désirait accélérer le processus de séparation avec Casimir. Elle se rendit à Bourges, avec Fleury et Planet, consulter un ami de Planet, le plus célèbre avocat de la région, maître Louis Chrysostome Michel. Michel avait trente-huit ans et proclamait son farouche républicanisme. Sa mère était enceinte de lui quand son père avait péri sous les baïonnettes de soldats

3. George Sand, *Correspondance*, p. 839 (lettre à Adolphe Guéroult, 27 mars 1835).

royalistes, lors de la Terreur blanche. D'une modeste famille paysanne, Michel *dit* de Bourges se jura de réussir dans la société afin de défendre la République. Il fit ses études de droit à Paris, sous la Restauration. Il appartenait à la société secrète de la Charbonnerie où il connut, entre autres, Thiers et Mignet. Devenu avocat en 1826, il rencontra ses premiers ennuis politiques en publiant des articles subversifs dans *La Revue du Cher* qu'il avait fondée. Lors des Trois Glorieuses, il avait pris la tête de l'insurrection du Berry. Il habitait Bourges, y plaidait, tout en défendant à Paris des causes difficiles. Il s'occupait surtout de procès politiques. Louis Blanc admirait son « éloquence sauvage », Émile Ollivier le comparait à « un fauve... au geste empreint d'une impérieuse trivialité ». George allait être subjuguée. Il était sept heures du soir, les trois amis attendaient Michel dans une auberge où l'avocat se précipita. Il avait lu avec une admiration troublée *Lélia*. George qui se passionnait pour les études phrénologiques fut frappée par le crâne de Michel – qu'elle appela « Éverard » dans sa prochaine *Lettre d'un voyageur*.

« Il semblait avoir deux crânes soudés l'un à l'autre, les signes des hautes facultés de l'âme [...]. Intelligence, vénération ; enthousiasme, subtilité et vastitude d'esprit. [...] L'amitié, la tendre domesticité, le courage physique. Éverard était une organisation admirable [4]. »

Outre ces qualités, il avait la fougue sensuelle du meilleur amant qu'elle eut de sa vie. Il était laid ; à trente-huit ans il en paraissait soixante. « Petit, grêle, chauve, voûté. » Elle sut voir son admirable regard à travers de vilains lorgnons. Un regard de myope, dominateur. Il lui sourit, il avait de belles dents et resplendissait d'une soudaine jeunesse. Tout en contrastes, né paysan, fier de ses origines, il s'attifait d'une houppelande sans forme et portait chez lui des sabots. Il avait

4. G. Sand, *Histoire de ma vie*, tome II, p. 315.

constamment froid et gardait en privé sa casquette, en public, il nouait un mouchoir sur sa calvitie. Il était composé de passions contradictoires, de manières brusques, d'une franchise acerbe. Il dissimulait son dévouement à une épouse acariâtre, jalouse, riche veuve flanquée d'enfants à laquelle, au contraire de Casimir, il ne voulait pas devoir son argent. Tyrannique en paroles, débonnaire en actions, il avait tout d'un despote. Il était en mauvaise santé. Il souffrait de la poitrine, du foie, de l'estomac. « Il était usé en dépit d'une vie austère. » Il traversait de violentes crises nerveuses, semblables à de l'épilepsie. Sans la moindre santé, il déployait une force mentale exceptionnelle.

« Ce fut précisément cette absence de vie physique qui me toucha profondément » (*Histoire de ma vie*).

On était la nuit du 7 avril quand elle reçut le choc du regard de Michel. Il inspirera le héros de son prochain roman, *Simon*. Simon, de modeste extraction, s'élève par sa force et son honnêteté intellectuelle. Simon (Michel de Bourges) séduira une jeune châtelaine. Michel fit dès cette nuit-là une cour âpre et passionnée à George. De sept heures du soir à quatre heures du matin, il ne fut qu'éloquence. Il s'adressait en principe à Fleury et Planet mais son discours, son ardeur, allaient à cette femme encore jeune, brune et pâle, dont les écrits et les scandales lui plaisaient. Elle représentait une sorte de « liberté » menant l'humanité à plus de confiance et de partage. Elle séduisait son farouche républicanisme. Il était laid, elle était loin de la beauté diaphane à la mode, le visage et les mains ravagés – quelle malchance – d'une éruption de boutons, la chevelure taillée aux épaules, mais elle lui plaisait. Un sourd élan sensuel passait de l'un à l'autre. Ils n'arrivaient pas à se quitter. Neuf fois de suite, dans la nuit, ils se raccompagnèrent à leurs logis respectifs. George admirait cette ambiance, cet élan, cette belle ville éclairée par la lune, la cathédrale, la maison de Jacques Cœur. Elle devinait en elle-même un élan bien connu qui serrait délicieusement sa gorge, son ventre atteignait une éloquence inouïe. Lui la provoquait avec feu. Il la bousculait de mots, il lui offrait, dans le grand vent, une sorte de nuit d'amour. Fleury et Planet étaient éberlués. Au petit matin, Fleury se fâcha. Les propos de Michel avaient « une influence funeste ». Il était irrité de la séduction menée par l'orateur. George, cette nuit-là, les mains dans les poches sous sa cape en laine, buvait les paroles de cet homme, à peine plus grand qu'elle et qui la dominait, fauve, intempestif. Michel s'était lancé dans une joute éblouissante en faveur de la guillotine. George se récriait et il lui avait promis en riant « de la faire guillotiner à la première occasion ». Fleury en avait fait un cauchemar affreux et l'enleva de force pour Nohant. George l'appelait en riant « mon cher coupe-tête ». Elle l'aimait déjà Que ce fût le 7 avril ou le 9 avril, l'amour frappait. Il y a au musée Carnavalet une bague offerte par Michel à George, avec la date du 9 avril inscrite à l'intérieur. Le 10 avril, il lui envoyait une lettre passionnée. Elle y répondit, à sa manière, en écrivant la sixième *Lettre d'un voyageur*, adressée à « ». D'une haute littérature et d'une rare habileté, elle montre sa passion pour Michel en se faisant délicatement railleuse. Cette lettre ouverte révèle à quel point « il » l'a éveillée à la conscience politique. Elle le provoque à son tour en le traitant de « sublime hypocrite ». Sa révolte républicaine dissimule une tyrannie authentique : Michel aimait surtout régner. Elle savourait, qui sait, l'idée de se donner (avec lui) un maître – un roi. Le roi Michel.

« Je sais que tu n'es pas de ceux qui observent des devoirs mais de ceux qui en imposent. Tu n'aimes pas les hommes, tu n'es pas leur frère, car tu n'es pas leur égal. Tu es une exception parmi eux, tu es né *roi*[5]. »

Enfin, elle rencontrait un homme fort. Mérimée avait été un échec absolu. Il y avait eu dans sa vie amoureuse, constamment, des éphèbes fragiles, mala-

5. *Ibid.*, *Lettres d'un voyageur*, VI, p. 780.

des, déséquilibrés, artistes. Michel de Bourges incarnait soudain cette puissance dévastatrice qui enivrait Lélia. George se sentait enfin délicieusement manœuvrée par ce tyran, qui n'avait rien d'un misérable tyran conjugal, mais qui était doué du verbe, et d'une volonté sauvage et noble. George, qui sortait de la maléfique passion avec Musset, était disponible pour ce joug-là. « Quand pourrais-je m'asseoir avec toi dans les longues herbes sur les rives d'un torrent ? » exigeait le passionné despote. « Jamais ! » disait-elle de la voix rauque, assourdie d'une femme touchée, à l'âme, au ventre. Elle allait céder sans la moindre réserve ni prudence à Michel de Bourges dont le rôle était de dénouer son difficile mariage. Elle basculait dans l'archétype de la femme soumise – c'était provisoire, sa forte nature le devinait, mais son incapacité à résister à l'amour, une fois de plus, l'emportait. George allait brûler et avec quels feux ! Ils devinrent amants un mois après leur rencontre. Cette liaison allait durer deux ans, George écrivait à Michel des pages d'extase amoureuse :

« Que peut-il y avoir dans mon âme, à côté d'un amour comme celui qui me dévore ? [...] Oui, je t'aime, je t'aime ! Que m'importe d'en vivre ou d'en mourir. [...] Sous tes ardentes caresses [je] fonds d'amour et de bonheur. [...] Que veux-tu, que dois-je faire ? [...] Faut-il que j'abandonne mon enfant, faut-il que je meure ? C'est toi que j'aime depuis le jour que je suis née [6]. »

Ce printemps-là, Michel de Bourges s'occupait avec passion du procès des canuts de Lyon. Elle admirait en lui son idéal de servir la cause humanitaire, elle émergeait de son spleen, et de son chagrin d'amour. Il redonnait un sens complet à sa vie, il éveillait chez elle la conscience d'appartenir à ce peuple qui souffrait et

6. G. Sand, *Corr.*, tome III, p. 820 (lettre à Michel de Bourges, avril 1837).

mourait en silence. Sous Louis-Philippe, des enfants de six ans descendaient dans les mines et travaillaient quinze heures par jour. La révolte des canuts de Lyon bouleversait Michel de Bourges et les républicains. George partageait cette indignation. Sous cette monarchie bourgeoise, tout syndicat, toute idée républicaine était illégale. Éverard l'avait initiée à un « plaisir » autrement plus large que celui des sens : la conscience politique.

« J'étais vierge par l'intelligence », lui dira-t-elle. Il lui avait montré les dures réalités sociales, engourdies chez elle au détriment des passions privées. Michel s'exaltait d'avoir mené Lélia à cet effort sur elle-même, à partager son idéal d'homme. Il avait été le premier en ce domaine et cela décuplait le bonheur de dormir ensemble. Paris serait le lieu idéal pour leur amour. À Bourges, il y avait l'épouse jalouse, à Nohant, Casimir qui enrageait sombrement ; partout, les ragots.

Ce ne fut pas un amour facile. Michel de Bourges était le contraire de la facilité et la maltraitait à l'occasion. George était repartie à Paris le 3 mai. Michel y plaidait le procès des Lyonnais. Il logeait quai Voltaire, près de chez elle. George ne renonçait pas pour autant à ses amitiés. Le 11 mai, elle rencontrait Lamennais, pour la première fois, chez Liszt.

« M. Lamennais, petit, maigre, et souffreteux n'avait qu'un faible souffle dans la poitrine. Mais quel rayon dans sa tête !... Sans son nez disproportionné, son visage eût été beau » (*Histoire de ma vie*).

Lamennais menait son combat contre la monarchie de l'Église. Il se fit l'apôtre du libéralisme religieux. Il réclama la séparation de l'Église et de l'État, fut condamné par une encyclique, « insulté jusque sur son lit de mort », dira Sand dont il fut l'ami. George avait aimé son livre *Paroles d'un croyant*. Liszt, religieux, passant des nuits en prières, était envoûté par Lamennais. Liszt avait rencontré en ce prêtre hors du commun un père spirituel unique. L'abbé s'intéressait au jeune pianiste dont l'art recoupait l'idéal nouveau.

George se défendit toujours d'avoir été la maîtresse de Liszt. Sa foi excessive, sa dévotion à la Sainte-Vierge, rebutaient subtilement la romancière. Chopin était alors à Paris le seul rival du grand pianiste hongrois. Il y avait surtout dans la vie de Liszt Marie d'Agoult. Entre George et Marie d'Agoult s'établit une amitié solide, étrange, faite de ruptures, de retrouvailles. Marie était la fille du comte de Flavigny, épouse du vieux marquis d'Agoult qu'elle avait abandonné pour Liszt. Marie était la mère de deux enfants. À cette époque, enceinte de Liszt, elle attendait Cosima, qui épousera Wagner. Marie aussi écrivait. Elle était célèbre sous le pseudonyme (masculin) de Daniel Stern. Plus belle et jeune que George, blonde et finement aristocrate, elle formait avec Liszt un couple qui entra aussi dans la légende des romantiques. En juin 1835, Marie d'Agoult partait pour la Suisse, où Litzst devait la rejoindre. Michel était flatté de rencontrer de telles célébrités. Dans son amour pour George entrait aussi cette part active et sociale. Il ne se fût pas contenté d'une simple dame de Nohant en plein divorce. George assista aux audiences, ce qui était interdit aux femmes. Elle s'habilla en garçon et admira « ce tribun du peuple », écrivait-elle à son frère, qui osa proclamer en plein prétoire (mai 1835) que « l'infamie des juges fait la gloire de l'accusé ». Michel fut condamné, le 4 juin, pour outrage à magistrat – soit une amende de dix mille francs et un mois de prison. George s'était fait établir un passeport pour voyager en France et à l'étranger. Le 15 juin, elle publiait *La Sixième Lettre d'un voyageur, à Éverard*, et Musset, *La Nuit de mai*. Elle se heurta au caractère tyrannique de Michel. Il l'emmenait dîner chaque soir au restaurant et ils se promenaient en bateau sur la Seine. Planet était avec eux, Michel était parfois saisi de crises nerveuses qui terrifiaient George et lui rappelaient fâcheusement les délires de Musset. Michel aussi croyait voir des spectres. Planet la rassurait. Michel avait l'habitude de ces crises issues de son agitation permanente. Il délirait et sombrait dans un bref abattement. Il en revenait charmant, dispos, actif. « Quelle était cette folle volonté, s'angoissait-elle, de dominer mes convictions et de m'imposer celles d'autrui ? »

Il avait mal pris qu'elle eût fait établir son passeport. « Va-t'en donc à la recherche, à la poursuite du néant, moi je me consolerai de ton départ [...] à la poursuite de quelque chose de vrai, lui lança-t-il[7]. »

Le ton montait. Elle s'atterrait, on ne prend jamais l'habitude de la violence. Ils étaient quai Malaquais, chez elle. Il s'en alla en claquant la porte. Elle entendit tourner la clef dans la serrure, elle crut à une distraction de sa part. Il ouvrit la porte quatre heures plus tard : il l'avait bel et bien enfermée ! Elle eut la gorge serrée, rien n'était donc possible, pensable, en fait de liberté, dès qu'un homme et une femme s'aimaient (ou ne s'aimaient plus) ? Elle partit à Nohant le 19 juin, laissant ses enfants en pension. Solange, toujours, se vivait abandonnée. Où était passé le gentil écriveur Musset, « Chrisbotte » ? Elle avait rencontré Michel chez sa mère, à Paris. Il était charmant avec la petite, elle l'aimait bien. Quelques mois plus tard, Solange adressait à Michel, de sa pension, une petite lettre bourrée de fautes d'orthographe. L'enfant tentait désespérément de rejoindre sa mère à travers ce Michel qui, peut-être, pourrait devenir son papa :

« Reviens toute suite dans une heure je m'ennuie de pas te voire entendu je tème come mons cœuour. Je t'embrassent je me suis mi de la peine pour écrire te lette tu me répondedra adieu chère Michel.

Solange Dudevant. »

« À remete à Monsieur Michel à bouge n° je ne ses pas[8]. »

7. G. Sand, *Histoire de ma vie*, tome II, p. 337.

8. Bernadette Chovelon, *George Sand et Solange, mère et fille*, Éd. Pirot, 1994, p. 57.

George écrivit de sa main l'adresse de Michel à Bourges. Michel était alors amoureux de George au point de ne pouvoir vivre longtemps sans elle. Le 24 juin, il la rejoignit tranquillement à Nohant où il passera trois jours – et autant de nuits. Casimir était considéré comme quantité négligeable ; il tomba malade. Les amants ne s'en soucièrent guère, Casimir notera cette indélicatesse dans ses griefs au procès. Casimir allait devenir menaçant. Il n'en pouvait plus de cette épouse qui outrageait la bienséance la plus élémentaire. Il regrettait leur accord de février. Elle l'avait déchiré et avait renvoyé les morceaux à Duteil qui lui servait aussi d'avocat avec Rollinat. Casimir avait fini par signer à nouveau l'accord qui laissait Nohant à son épouse. On entrait dans la valse des hésitations qui allait transformer provisoirement l'existence de la baronne Dudevant en un médiocre enfer. Toute la dépense, y compris celle de l'incapable époux, lui tombait sur le dos. La pension des enfants, celle, bientôt, de sa mère qui devenait bizarre, malade. Il lui fallait écrire jusqu'à l'écœurement. Écrire pour payer. Il lui faudrait aimer, à chaque fois, jusqu'au détestable dénouement. Écrire, aimer, payer, un seul et même dilemme. Elle était à Bourges avec son amant. Michel avait envisagé de vivre avec elle « dans un an », une fois les problèmes matrimoniaux écartés. Ce n'était qu'une illusion ; Éverard avait aussi de gros fils à la patte, une épouse, des enfants et sa réputation, en dépit de ses beaux discours libertaires. George écrivait *Mattéa* qui paraîtra en juillet. Le procès des canuts de Lyon s'achevait. Il y eut des sentences d'exil, des emprisonnements collectifs. On était au début du mois de juillet. George repartait à Paris où Michel la rejoindrait. C'est alors qu'éclata « la machine infernale » qui faillit tuer Louis-Philippe. Le 28 juillet 1835, pour commémorer l'anniversaire des Trois Glorieuses, le roi entouré de trois de ses cinq fils passa en revue la garde nationale de la rue Royale à la Bastille. Boulevard du Temple, à midi, une machine explosive mise au point, avec vingt-quatre fusils, par l'anarchiste Fieschi, éclata en face du jardin turc. Elle fit dix-huit morts dont le général Mortier. Fieschi sera guillotiné. George défendit avec intrépidité (l'influence de Michel) la cause du régicide. Buloz était consterné de publier sa septième *Lettre d'un voyageur* adressée à Franz Liszt, prônant les idées saint-simoniennes et prêchant l'abolition de la propriété privée. Elle développait des idées républicaines, voire communistes, à Adolphe Guéroult et Charles d'Aragon. Le 31 juillet, Michel était arrêté à Nantes où il venait d'assister à un banquet républicain. Le 6 août, George était à Nohant, où la rejoignait Michel, singulièrement pâle et faible, qui devrait purger sa peine à Bourges. Casimir était absent, les enfants en pension. Michel restera du 8 au 12 août à Nohant. Il grelottait de fièvre, mais leurs nuits étaient intenses. Nohant allait à la hue va dia. Les rares domestiques volaient, elle frémissait devant un tel abandon. La maison de sa grand-mère et de son enfance... Elle lutterait, elle sauverait le patrimoine de ses enfants. Elle ne resta pas longtemps à Nohant. Elle sentait rôder un danger sourd : Casimir Dudevant.

Chapitre 23

LES GRIEFS DE CASIMIR

Michel et George avaient passé le mois d'août ensemble. À Bourges, il l'avait logée dans une maison discrète, avec un patio fleuri. Un restaurateur lui portait ses repas « au guichet ». Elle vivait « monacalement ». et voluptueusement ses nuits. Ils étaient à Paris en septembre où, le 12, Michel tomba malade chez George. Le médecin attitré de la Chambre des pairs vint le soigner. Michel s'abandonnait à une réelle passion. Les théories jacobines de l'avocat, de transformer la Seine « en un bain de sang » si la République l'exigeait, à la fois révoltaient George et la subjuguaient. Ils étaient en pleine lune de miel.

« [J'ai pour vous] une âme pleine d'amour et des genoux tremblants de volupté... Je dois aller vers vous avec la soumission d'une odalisque [1]. »

Il était son « pacha », le premier de ses hommes pour qui la soumission participait à l'émoi sensuel.

George était revenue à Nohant le 1er octobre Michel purgeait sa fameuse peine, à Bourges, dans une prison-château confortable où il recevait ses amis. À Nohant, Casimir devenait un sourd ennemi prêt à éclater. Il avait grossi, il s'habillait mal, il buvait, il rotait, il lâchait des vents pour humilier sa femme. Il poussait

1. G. Sand, *Corr.*, tome III, p. 564-565 (lettre à Michel de Bourges, octobre 1836).

de grands bâillements quand elle recevait des amis. Une lueur malade dansait dans son regard ni bleu ni gris. Il savait, à sa rancœur totale, que Nohant lui appartiendrait s'il brandissait les grands droits du mari. Il se savait incapable de gagner sa vie et de faire prospérer les terres. Il manquait d'argent et ne pouvait plus assurer à son épouse la rente convenue. Si la table débordait de gibiers, la cave de bons vins, si le bois brûlait dans l'âtre et les enfants étaient logés dans de bonnes pensions, c'était à elle et à son talent maudit qu'il le devait. Il la haïssait davantage. Le lundi 19 octobre, la violence qui couvait depuis des mois éclata. George avait invité Duteil, Papet et Fleury. Casimir avait bu, il allait et venait, dépenaillé, irrité. Il lançait d'affreux regards à sa femme. On achevait le repas, on prenait le café. Maurice demanda de la crème. Casimir le rabroua.

« Il n'y en a plus. Va à la cuisine… Sors d'ici ! » hurla-t-il soudain.

L'enfant eut peur et courut se réfugier contre sa mère. Elle était d'un grand calme, attitude familière quand elle affrontait la folie profonde des hommes.

« Je t'ai dit de sortir », écumait Casimir.

« Sors, dit tranquillement George, puisque ton père le veut. »

Elle n'avait pas achevé sa phrase, Casimir abattit son poing sur la table et le brandit sous le nez de George.

« Fous le camp, toi aussi ! »

« Je n'en ferai rien. Je suis chez moi autant que chez vous. »

Casimir s'élança, prêt à l'étrangler. Fleury et Papet le retenaient. Il écumait :

« On va bien voir qui est le maître ici ! »

Il se précipita dans le corridor et décrocha son fusil. Il le pointa sur George. Fleury ne mésestimait pas ses violences d'alcoolique. Il l'avait suivi et réussit avec beaucoup de mal à le désarmer. Duteil et Papet le surveillaient de près. Casimir ricana qu'il était bel et bien le maître de Nohant. Qu'importait cette catin ! Il versa à boire, il se força à rire. Maurice pleurait, George, très pâle, se retira dans sa chambre. Solange pleurait-elle dans son lit ? Il y avait urgence : briser pour toujours cette situation étouffante, dangereuse. Hippolyte se rangeait du côté du baron. Dans l'intimité de cette maison-pétaudière, George était dans une terrible solitude. Le mot en tranchoir, bénéfique aux épouses persécutées, s'affirmait dans son esprit : le divorce.

La situation arrangeait Casimir tant qu'elle voyageait au loin. Il vivait en maître absolu avec l'argent de sa femme. « Les mauvais traitements recommençaient dès que je mettais les pieds dans le domicile conjugal », écrivait-elle à son frère, qui la trahissait au profit de Casimir. George supputait l'avantage à tirer de cette scène. Les témoins l'aimaient beaucoup. Cette scène servirait tristement sa cause. Michel de Bourges était bien le seul avocat qui puisse efficacement l'aider. C'était une prouesse, en 1835, pour une femme d'oser demander la totale séparation. Le divorce complet n'était pas encore admis, George était condamnée à s'appeler, même gagnante, « baronne Dudevant ». Exaspérée, amère, obligée à gagner son pain et celui de ses enfants sa vie entière, George Sand se lança posément dans l'inconnu. Casimir s'était calmé. Il reconduisit à Paris les enfants, dans leurs différentes pensions. George se précipita avec Papet à Châteauroux pour consulter Rollinat. Il fallait absolument l'avis de Michel. Les trois amis se rendirent à Bourges. Ils ne soupçonnaient pas que Casimir allait sortir de son apathie. Licencié en droit, il savait comment empoisonner au maximum cette épouse qu'il avait failli tuer à coups de fusil. Un mari outragé ne risquait pas grand-chose s'il tuait sa femme convaincue d'adultère (deux à cinq ans de prison et, en cas de flagrant délit, l'acquittement). La loi était du côté des hommes. George appelait cela « le droit de meurtre réel ».

Michel, dans son château-prison, portait sa houppelande, ses lunettes rondes. Un reste de fièvre éclairait son regard. Il désirait cette femme brune, à la fois farouche et si fragile. Il désirait plaider ce genre de procès unique. Elle aurait, grâce à lui, gain de cause. Il en tirait de l'ivresse, de la vanité (George était célèbre) ; de la générosité. Il serait une fois de plus le roi Michel, le roi du prétoire. Il appuyait l'avis de Rollinat. À George de déposer au plus vite, au tribunal de La Châtre, une demande en séparation. Michel soulignait le protocole juridique à respecter scrupuleusement. Elle jouait gros. Elle était une femme, à la réputation détestable dans les si nombreux milieux bien-pensants. Elle ne devait en aucun cas, le temps du procès, remettre les pieds à Nohant. Cela annulerait sa demande et signifierait qu'elle avait repris la vie conjugale. Il était hors de question de partager le toit avec un amant. Les yeux de Michel se faisaient alors petits et soupçonneux. Il prenait le ton-d'un-mari. Des ragots avaient couru jusqu'à Bourges qu'elle couchait avec Charles Didier, Musset peut-être ? Il y avait tellement d'hommes autour d'elle ! Sagement, elle accepta l'hospitalité, à La Châtre, de Duteil et de sa femme. Elle se retrouvait donc dans cette petite ville de commérages. Elle filait doux, profil bas, langage restreint. Elle écrivait à sa mère de se montrer prudente si son époux débarquait chez elle. Casimir avait tous les droits, y compris de s'installer quai Malaquais. Elle resserra davantage ses liens avec Maurice qui allait sur treize ans. Elle avait besoin de sentir l'approbation de son fils, de le lier à sa cause, de l'éloigner de son père qui ne manquerait pas de la souiller. Elle écrivait à son fils comme à un homme, des lettres de tendresse mais aussi de sagesse. Qu'il reste fidèle à la République et n'écoute aucun commérage sur elle ! Maurice, si jeune fût-il, avait fait son choix. Un des fils de Louis-Philippe, le prince de Montpensier, avait invité Maurice à Neuilly. George le mit en garde. « Quelque bon que puisse être l'enfant d'un roi, il est destiné à être tyran. » L'influence de Michel se faisait sentir en cette crise, où George confondait son indépendance avec celle du peuple. Une femme, un peuple, une seule et même oppression. L'oppresseur était en ce cas Casimir le mari. La procédure commença le 2 novembre au tribunal de La Châtre. Casimir fit défaut, le procès-verbal de non-conciliation était dressé. Le président avait officiellement attribué le domicile de George chez les Duteil. Le 12 novembre, les époux signaient un traité transactionnel, le 21 novembre, George déposait sa demande en séparation devant le tribunal de La Châtre, par-devant huissier. Le 1er décembre 1835, le jugement autorisait George Sand à faire la preuve et condamnait le baron à payer une provision. L'audition des témoins était fixée au 14 janvier 1836. Le 6 décembre, Buloz était passé à Nohant et elle avait signé un contrat pour ses *Œuvres complètes* et un roman, *Simon*. Ce furent des mois difficiles, où, pour gagner sa liberté, George avait perdu tout lieu personnel. Elle tremblait souvent de perdre ses enfants. « On m'arracherait plutôt le cœur de la poitrine, écrivait-elle à Maurice (janvier 1836) que mes enfants de mes bras. » Les commérages publics sur ces audiences, les échos dans les gazettes judiciaires, éclaboussaient son aîné. Elle fut partagée entre une immense fierté et une désolation profonde de ce que lui narrait son fils, insulté à travers sa mère. Il l'appelait « mon vieux George » afin de se hisser à la maturité virile d'un fils aimant, prêt à se battre à ses côtés :

« J'ai du courage pour mon âge. [...] Je ne voudrais pas que tu perdes, ma pauvre vieille. Si tu savais ce que c'est qu'un collège, je crois que tu ne voudrais pas que j'y sois. On me disait l'autre jour, un élève, que d'Arago (on voulait dire Arago), était mon père et ton mari, enfin ils m'ont dit toutes sortes de choses, parce que tu es une femme et que tu n'es pas une bégueule comme la plupart des mères des élèves qui sont au collège [...]. Ils te nomment, je ne pourrai pas te dire le mot parce qu'il est trop vilain, P... Merci, mon Dieu !

de m'avoir donné une mère comme celle que je possède[2]... »

Le divorce, sous Louis-Philippe, était la plus odieuse dérogation sociale qu'une femme osât exiger. George Sand fut la première femme en France à avoir rompu ces liens. Il eût été facile de la mener en prison, de lui confisquer ses enfants et ses biens, pour adultère. Son procès prenait une allure symbolique qui allait toucher bien des femmes. « Les enfants du siècle », une poignée d'intellectuels, dont Michel, la défendaient.

Elle travaillait d'arrache-pied. Elle remaniait *Lélia*, qu'elle détestait. Elle enrichit le livre d'un baroque rutilant. Casimir faisait appel. Hippolyte avait choisi le camp de son beau-frère au nom de son obscure rancœur. Réduire sa sœur ne lui déplaisait pas. Son machisme inné, sa situation de « bâtard » l'ulcéraient. Le procès en séparation, à La Châtre, avait été préparé avec soin par Michel. Le plaidoyer fut long ; répétitif, sur cette union mal ajustée. Michel lançait ses arguments, à mesure. Il parla des « coups » que la baronne, jeune mariée, avait autrefois reçus au Plessis (l'histoire du sable jeté dans le café, la gifle de Casimir). Michel s'échauffait tel un bon acteur et dénonça le concubinage de Casimir avec la servante Claire, ses beuveries et ses « orgies » en tout genre. La scène du fusil à Nohant était la pièce maîtresse qu'il développa, habilement, en dernier. Casimir n'était pas venu, ne se défendait pas. Le premier verdict était en faveur de George. Elle avait le droit d'occuper Nohant, et la garde de ses enfants. Elle se crut déjà libre, se précipita à Nohant. Elle eut un moment de joie absolue, elle fit place nette, renvoya les mauvais domestiques, la servante inique. Elle garderait Ursule et le vieux couple de jardiniers. Elle adora cette maison vide et calme, cette nuit où, de pièce en pièce, elle reprenait symboliquement possession de tout l'espace. Au rez-de-chaus-

2. *Ibid.*, p. 358-359 (lettre de Maurice Dudevant, mai 1836).

sée : l'office, la cuisine et le petit office, le vestibule, l'appartement de Monsieur, la bibliothèque, flanquée de ses trois petits cabinets dont son « armoire à écrire ». Elle s'attarda dans la chambre de Madame où les oiseaux venaient sur son lit quand elle était enceinte de Maurice, où sa grand-mère était morte. Elle traversa le salon, la salle de bains carrelée, la garde-robe. Elle ne négligea ni la boulangerie-buanderie, ni la chambre des domestiques. Par le grand escalier, elle monta au premier étage. Le quinquet et ses ombres roses éclairaient cinq belles chambres à coucher et les neuf cabinets-garde-robes. Une petite chouette hululait au-delà du grand grenier. Il faudrait surveiller l'état du toit. Elle se battrait pour conserver sa maison. Elle gagnerait !

« J'avais la maison de mes souvenirs pour abriter les futurs souvenirs de mes enfants[3]. »

L'hypocrisie de son frère allait tout perturber. Le baron faisait appel et George fut obligée de rejoindre son domicile provisoire chez les Duteil Elle aura du mal à pardonner à son frère qui avait écrit au baron : « Tu as *assez de preuves sans moi*. Je t'aiderai de quelques conseils *assez importants*. » Elle quitta Nohant, le cœur amer. Elle se réfugia un bref moment à Bourges, faisant croire dans sa correspondance qu'elle était à Nevers. Elle se replia à Paris, saisie d'une crise de spleen si violent qu'elle lia une passion brève avec Charles Didier. Était-ce un entracte avant des coups à venir, dont les infidélités de Michel ? Les demoiselles Martin, de la pension de Solange, lui écrivaient que la petite était souvent malade de rhume et d'engelures. Le plus étrange est que George, comme toujours, utilise « ses hommes ». Casimir accompagne sa fille à la pension et Charles Didier en règle la note ! Les très anglaises demoiselles Martin, impassibles, consignent les faits.

---

3. *George Sand et Solange, mère et fille, op. cit.*, p. 79.

« M. Dudevant a été très exact en ramenant [Solange] le lundi matin. [...] M. Dudevant me paraît avoir beaucoup de petits soins pour Solange et je crois qu'elle est bien gentille avec son papa. Monsieur Didier nous a montré la note [4]. »

Charles Didier ! Il lui avait prêté, on s'en souvient, cent francs lors de sa première équipée à Franchard avec Musset. Didier était un bel homme mélancolique, aux cheveux blanchis, au regard bleu-gris. « Elle a une tête singulière », écrivait-il dans son journal la première fois qu'il l'avait vue. Elle ne lui plaisait pas, il la trouvait au bord de la laideur, si peu liante, brusque. « Je ne la crois pas capable de passion. » C'était en 1833. Il la revit régulièrement mais ne tenait aucune importance dans sa vie. Les choses allaient évoluer. Elle le reçut une fois dans sa chambre, elle était alitée, malade. « Elle est belle et douce », s'émerveilla l'amoureux transi. La « tête singulière » avait fait place à la beauté, le manque de liant, à la douceur. Didier se mit à l'aimer et le confiait à son journal. Il devenait jaloux de Planche, de Musset, de tous. Il lui lut une page d'Obermann. Elle se mit à le recevoir quelquefois la nuit, à son rythme de labeur et de conversations intimes. Il l'émouvait mais elle n'était pas amoureuse. C'était au temps de la lamentable histoire avec Mérimée, de la passion saphique avec Dorval – et bientôt de Musset. Charles Didier s'offusquait, s'exaltait, s'excitait. Ce corps-là était-il à tout le monde, à personne ? Lélia était-elle frigide, George offerte ? Au printemps 1836, en plein dans son procès de séparation, elle reçut quai Malaquais (foin de la prudence !) Guéroult, d'Aragon, tous deux épris d'elle, et le brave Didier, réservé jusqu'à la détresse. Il la trouvait « mal entourée, ce qui était déplorable » dans la situation où elle se trouvait.

Cette nuit-là (mars), une fois les adorateurs partis,

4. *George Sand et Solange, mère et fille, op. cit.*, p. 60.

elle avait gardé Didier toute la nuit pour discuter. Elle lui permit de s'allonger parmi les coussins du divan. Ils burent du champagne, et refirent le monde. Quand elle prenait la parole, elle charmait. « Elle devint tendre, moi aussi », remarquait, palpitant, le journaliste. Au petit matin, ils échangèrent leurs foulards. Elle devenait audacieuse. Elle flirtait (devant Didier) avec Aragon et Guéroult. Elle prenait une revanche. Ce vilain Casimir si difficile à faire déguerpir, ce Michel qui la faisait trembler de désir, se lassait d'elle, ne lisait pas ses lettres jusqu'au bout, la reprenait, ferait pencher la balance de son divorce où cela lui plairait... Dépendre des hommes. Qu'ils dansent, les hommes ! Didier serait la proie provisoire de la lionne du Berry. Qui, à part Maurice, l'aimait vraiment ? Le 1er février, elle avait « pleuré comme une bête » en lisant le roman de Musset *Les Confessions d'un enfant du siècle*. Elle en avait assez de ce malentendu où on la croyait dure et décidée comme un gendarme. Qui devinait sa réelle timidité ?

« Mon plus grand supplice, c'est la timidité. [...] Tout le monde me croit l'esprit et le caractère fort audacieux. Mais on se trompe. J'ai l'esprit indifférent et le caractère *quinteux*... Ma vie est un malaise affreux quand je ne suis pas seule ou avec des gens avec lesquels je me gêne aussi peu qu'avec mes chiens [5]. »

Le 1er avril, un après-midi, elle était fiévreuse et au lit quand Didier monta la voir. Sans un mot elle prit sa tête entre ses mains et la baisa longuement. Il l'aimait seule ; entourée d'hommes, il la trouvait vulgaire, méchante. Il était fou de cette femme de trente-deux ans, dont les lourds cheveux noirs repoussaient lentement. Il se crut unique pour elle. Profondément femelle, amoureuse de l'amour, Aurore-George-Lélia avait toujours su jouer, et avec sincérité, de son *sex-appeal* et

5. G. Sand, *Corr.*, tome III, p. 224 (lettre à Marie d'Agoult, janvier 1836).

du mensonge originel. Elle jura à Didier que Michel n'était pas son amant, qu'elle n'avait aimé personne depuis sa rupture avec Musset. Elle jouait d'instinct avec l'enfantillage viril. Le 19 avril, elle quittait le quai Malaquais et emménageait chez Didier, 6, rue du Regard. Elle s'y sentait en sécurité. On pouvait la surprendre avec lui, quai Malaquais. Dudevant, en effet, avançait une opposition de fond appuyée sur une requête diffamatoire. Les ragots d'Hippolyte ? Avait-elle davantage calculé qu'aimé en devenant la maîtresse de Didier, profitant de son logement ? Elle le menait par le bout du nez. Elle sortait et rentrait à sa guise. Il l'attendait souvent à minuit passé. Quand Maurice avait congé, Didier lui servait de correspondant. Elle savait le séduire, féline, féminine. « Elle se couche à mes pieds, la tête sur mes genoux… Ô Syrène, que veux-tu de moi ? » écrivait le palpitant Didier[6].

Cela ne l'empêchait pas d'achever sa *Sixième Lettre d'un voyageur* adressée au mâle élu entre tous : Éverard-Michel.

Le 3 mai, elle quittait brusquement Didier pour Bourges et La Châtre où le procès rebondissait.

Casimir n'était pas aussi sot ou aveugle qu'elle le pensait. À Nohant, il rédigeait avec soin, dates et précisions ses rancœurs. Il intitula ce document remarquable « Griefs contre A. D. ». Son avocat, M. Thiot-Varennes, refusera de le lire à l'audience. Le document resta enfoui parmi les pièces du procès. Casimir avait récapitulé les « offenses conjugales de A. D. » (Aurore Dudevant) à son encontre :

GRIEFS CONTRE A. D.

1825 – Retraite faite aux Anglaises au mois de mars.

Août – Voyage aux Pyrénées. Entrevue et correspondance avec A. Desèze.

---

6. Les extraits du journal de C. Didier ont été consultés dans l'ouvrage de J.-L. Douchin, *George Sand l'amoureuse*, *op. cit.*

8 bre – Voyage à Bordeaux. Surprise de A. Desèze et A. Dudevant. Lettre de Aurélien Desèze.

1827 – En correspondance entre A. Dudevant et Stéphane Ajasson [de Grandsagne]... Novembre, voyage à Paris avec Stéphane sous prétexte de santé !

1829 – Lettre écrite par A. Dudevant à Stéphane Ajasson à Paris au mois de mars pour lui demander du poison, sous prétexte de vouloir en finir avec la vie.

Avril – Départ des deux époux pour Bordeaux avec engagement d'y passer trois semaines ou un mois au plus, et séjour de trois mois, visite tous les matins de Mme A. Dudevant chez M. A. Desèze alléguant prétexte de maladie et d'aller aux bains, départ obtenu pour éviter du scandale par intervention de M. A. Desèze. Emporté de Nohant 2 000 F, emprunté à Bordeaux 3 000.

9 bre – Visite faite de Nohant à Périgueux, pour la famille Molliet, prétexte pour aller à Bordeaux, hôtel de Richelieu. Abandon des enfants, M. Dudevant étant à Paris.

1830 – Voyage à Paris au mois de mai, avec Maurice, qu'on abandonne aux soins de Mme de Saint-Agnan pour aller à Bordeaux.

7 sept. – Connaissance faite par Mme A. Dudevant au Coudray chez M. Duvernet avec Jules Sandeau, et projets de se voir à Paris ce qui a été exécuté ; ... Mme Dudevant quitte la maison conjugale au mois d'octobre. Arrivée à Paris de Mme A. Dudevant chez son frère rue de Seine où elle a scandalisé par sa conduite toute la maison au dire de la portière... *Elle fait des romans*.

1831 – Retour à Nohant... Elle retourne à Paris avec... Marie Moreau, qu'elle prend pour bonne ; témoin d'une dispute très vive avec Sandeau suivie de coups etc. Etc.

1832 – M. Gustave Planche. Julie Dorville rend compte que Mme A. Dudevant a couché avec ce dernier, faisait venir sa fille âgée de 4 ans dans le même lit. Antipathie de Solange pour M. Planche.

1833 – Départ pour l'Italie avec M. Alfred de Musset, séjour de 8 mois… Brouille ; réconciliation.

1834 – Août : retour à Nohant avec sa mère craignant d'être mal reçue et départ de la mère pour cause de scandale. Paris. Pension de Solange, la mère et la fille âgée de 6 ans, ne pouvant vivre ensemble.

1835 – Antipathie entre les deux époux. Mme Dudevant affectant les manières d'un jeune homme, fumant, jurant, s'habillant en homme, et ayant perdu toutes les grâces du sexe féminin, ne connaissant pas le prix de l'argent. Auteur de *Lélia*.

NOTE SUR MICHEL ET A. D.

Juin 1835 – M. Michel est venu pour la première fois à Nohant, il y a passé deux ou trois jours.

M. Dudevant fut à La Châtre pour assister à la cérémonie et enterrement de M. Duvernet père, s'y étant trouvé malade, il est rentré à Nohant avec la fièvre et s'est mis au lit en arrivant.

M. Michel et Mme Dudevant étaient restés à Nohant et ils partirent le lendemain matin pour La Châtre et ensuite Bourges, Madame s'inquiétant fort peu de l'état de son mari.

Août 1835 – Mme Dudevant est revenue de Paris avec Michel et la petite Solange… M. Dudevant est parti pour aller chercher [son fils à Paris], et M. Michel est venu à l'insu de M. Dudevant s'installer à Nohant pendant son absence… M. Michel a passé une grande partie de son temps de prison… chez Mme Dudevant dans son appartement.

Janvier 1836 – M. Michel est arrivé à Nohant avec madame Dudevant vers les 7 ou 8 heures du matin, et s'est couché en arrivant, dans une chambre en haut et Madame s'est couchée aussi dans son cabinet en bas.

Avril 1836 – M. Michel installé à Paris. Chez Mme Dudevant… Il a été dit à M. Dudevant qu'on lui tendait un guet-apens. Mme Dudevant avait passé son logement sous le nom de M. Gustave Papet ou d'une autre personne [7]. »

Ces reproches eussent régalé des juges auxquels Casimir avait exigé de se séparer d'une telle épouse. Dans le but de la contrarier, il refusait la séparation. Ce document devenait absurde et servait la demande de George. L'avocat du baron l'avait deviné, d'où la non-présentation des griefs de Casimir. Le 11 mai 1836, les juges statuèrent sur la séparation de biens et de corps des époux. George Sand obtenait Nohant et la garde de ses enfants. Casimir craignit de tout perdre. Cette diablesse était la plus forte. Il fit appel auprès du tribunal de Bourges. Il voulait Nohant et l'argent, et entraver les démarches « diffamatoires » de son épouse. George voulait rompre avec Didier, cet amour mal noué, difficile à dénouer. Michel menait le jeu. Sa sensualité, sa jalousie, ses silences, ses retours, sa haute compétence juridique, faisaient du pauvre Didier une pâle copie de la passion. Rivée à son grand homme, George brûlait pour lui, abominait « la chasteté » obligée de ne plus coucher avec lui. Didier, comme Pagello, était la dernière roue de son char d'amoureuse, où dominait Michel de Bourges. Certes, elle aimait ses amis « jusqu'à l'engouement ». Le groupe des Berrichons, bien sûr, mais aussi d'Aragon, Guéroult, Planche, Buloz, Sainte-Beuve, Martineau, Delacroix, les frères Rollinat, Liszt et sa belle amante, Marie d'Agoult. Liszt et Marie connaissaient les tribulations conjugales et sentimentales de George. George saluait en Marie d'Agoult une provocatrice comme elle. Marie Dorval boudait. Didier souffrait, il l'adorait, elle devenait distante. Elle le blessait sciemment, elle lui lançait que son nom et sa liberté, elle ne les devait qu'à elle seule. « La jalousie en amitié » (elle ne parlait pas

7. *Ibid.*, appendice établi par Georges Lubin, p. 847 à 851 (« Griefs contre A. D. » et « Note sur Michel et A. D. »).

d'amour avec lui) était, disait-elle, « inqualifiable ». Elle le manœuvrait et le laissa venir à Nohant au mois de juin. Le jardin était ravissant, la maison paisible et elle lui offrit cinq tendres nuits d'amour. C'était pour elle le baptême de ses retrouvailles avec son bien si cher. Les rossignols chantaient, Didier s'affolait d'amour. Sentait-il à quel point le désir qu'elle avait de Michel le trahissait subtilement à chaque étreinte ? Elle le laissa partit le 23 juin.

« Ah mon amour adoré, tue-moi si tu veux, mais aime-moi en me tuant [8] », écrivait-elle à Michel.

Michel se lassait de tant de fougue, il aspirait à la paix dans son ménage. Il s'était effrayé qu'elle ait, par une nuit d'hiver, crevé un cheval, pour galoper jusqu'à Bourges et partager avec lui deux heures d'amour. Il était *aussi* un homme ordinaire.

Elle vivait à sa guise et avec quelle ivresse ! Elle se promenait à l'aube ou la nuit ; elle chassait les papillons. Le bonheur ressemblait à celui de ses jeunes années. Courir les bois, manger, dormir, fumer, veiller. Elle abattait des kilomètres à pied pour calmer son désir de Michel. Elle se baignait en jupons dans l'Indre fraîche et accrochait sa robe aux buissons. Il restait une ultime étape du procès. Elle avait besoin d'une femme pour confidente. Ce fut Marie d'Agoult dont elle s'entichait.

« J'ai *des grands hommes* plein le dos (passez-moi cette expression). Je voudrais les voir tous dans Plutarque [...]. Tant qu'ils vivent, ils sont méchants, persécutants, fantasques, despotiques, amers, soupçonneux. Dieu nous en garde [9] ! »

Cela s'appliquait à Michel mais aussi à Musset, Sandeau, aux uns et aux autres. Le pauvre Didier n'était qu'une ombre. *La Revue des Deux Mondes* lui avait

8. *Ibid.*, p. 822 (lettre à Michel de Bourges, avril 1836).
9. *Ibid.*, p. 479 (lettre à Marie d'Agoult, juillet 1836).

envoyé son portrait, gravé par Luigi Calamatta, d'après Delacroix.

Le 25 juillet 1836, elle partit à Bourges avec Solange. La chaleur était accablante. Toute la ville était accourue à l'audience. Il y avait beaucoup de femmes. On s'attendait à voir une virago masculine et arrogante, fumant le cigare. George Sand arriva vêtue d'une simple robe blanche, un châle fleuri sur les épaules, la chevelure serrée sous une capote en mousseline blanche dont la voilette était baissée. Elle tenait sa fille par la main. Les amis berrichons étaient au complet. Duteil, Fleury, Rollinat, Regnault, Duvernet, Planet, Papet. L'audience commença. Il y eut les témoins, quatre seulement défilèrent en faveur de Casimir. Boucoiran témoigna au sujet de la liaison du baron avec la servante Claire. Thiot-Varennes plaida avec les arguments étroits du XIXe siècle concernant l'unique attitude exigée des femmes. Il désignait George, qui se tenait modeste, blanche et silencieuse. Le rôle de la femme, nasillait-il, n'a de sens et de dignité qu'à son foyer conjugal : les soins à son mari, son ménage, ses enfants et de la décence en tout. Hors ces normes, point de salut. Il s'échauffait quant aux ouvrages signés George Sand. « Tous amers, frôlant le scandale ; les abîmes. » Qu'elle redevienne une épouse, une mère, et elle serait sauvée ! Le mari était prêt à pardonner. Il fut fait état du doute sur la paternité de Solange. Que pensait-elle, la petite, en robe et capote de percale rose, sur ce banc, tandis que des tronçons de mots affirmaient que son papa n'était pas son papa ? C'était au tour de Michel. Il répliqua avec une violence méprisante. Pourquoi Mme Dudevant retournerait-elle chez un mari qui la traitait de prostituée ? Que signifiait la reprise de la vie commune quand un mari avait exposé de tels griefs ? Mme Dudevant avait eu le courage de refuser les basses compromissions. Elle gagnait sa vie honorablement. Elle entretenait ses enfants, les biens dont profitait sans vergogne son époux qui n'avait rien fait pour les faire fructifier et nourrir les siens. Michel de Bourges plaida longtemps et avec feu. Des huées fusaient contre Casimir, qui transpirait, l'œil pâle et indéchiffrable, le sourire mou. On murmurait en faveur de la femme en blanc. Certaines femmes applaudissaient. George Sand représentait leur cause à toutes, ces muettes, ces sacrifiées au meurtrier rituel bourgeois. Le procès tournait au désavantage de Casimir qui crispait ses poings, détournait son regard de Solange, là-bas, sur le banc. Les juges s'étaient retirés pour délibérer. Le mouvement chaleureux en faveur de George Sand s'accentuait. On s'indignait pour elle, on admirait sa vaillance, on n'osait crier qu'on adorait ses livres. Des femmes avaient pleuré quand on avait lu des extraits touchants des lettres de son fils. Elle venait de conquérir, cette séductrice implacable, une foule qui pourtant avait espéré sa condamnation. À son arrivée, elle avait remarqué avec effroi « une coterie bigote contre elle ». Le 29 juillet eut lieu la dernière audience. Casimir, déconfit de la réaction populaire, battait en retraite. Il signait l'accord final de ce procès unique dans les annales de France. George avait gagné ; elle frôlait l'épuisement. Elle abandonnait au baron le revenu de l'hôtel de Narbonne, il paierait les études de Maurice et lui verserait une pension de cent louis à l'âge de vingt ans. Elle gardait Nohant et Solange, elle se chargeait des cinq cents francs de pension à sa mère. Elle aurait Maurice à volonté.

« Me voilà donc enfin libre ! » écrivait-elle à sa mère.

Elle rentrait le 31 juillet à Nohant avec Solange, accompagnée de Planet. D'amour avec Michel, point. Les tensions et les urgences étaient ailleurs. Au village, on fêtait sainte Anne, patronne de Nohant. On dansait sous les ormes et les cornemuses miaulaient. Il n'y aurait plus jamais de scènes et de cris dans la belle maison vide. Solange avait sa mère toute à elle. Une suavité se glissait dans son cœur jaloux, ardent, exclusif. Elle retrouvait sa chambre, ses affaires. C'étaient enfin de vraies vacances. Pour George aussi.

Chapitre 24

VOYAGE DES FELLOWS ET DES PIFFOËLLS

Fellows : surnom humoristique que Franz Liszt avait donné à son couple avec Marie d'Agoult.

Piffoëlls : surnom également humoristique de George Sand à son groupe familial, elle et ses enfants, en raison de leurs grands nez (Piffoël de « pif », le nez).

George avait cru, cet été-là, voyager avec Michel. Il n'en fut rien, l'avocat la fuyait. Charles d'Aragon allait se marier et George lui écrivit qu'elle aussi eût bien aimé se marier avec Michel. Elle avait profité de ses enfants de longues semaines. Ils ronflaient, disait-elle, tous les trois dans le même lit. L'amour maternel, chez George, procède du charnel, l'affectif passe par le corps – y compris chastement. Elle a toujours adoré ses enfants en dépit de sa préférence pour son fils. Solange ne l'avait pas encore malmenée. Maurice avait rejoint Henri-IV où il endurait les attaques contre sa mère. Le collège avait lu le compte rendu de l'audience dans *La Gazette des tribunaux*.

« Il y a une chose qui me chagrine, écrivait l'enfant, c'est que tout le collège le sait. Car il y avait dans *La Gazette des tribunaux* qu'un jour tu avais été à Bordeaux et qu'ayant fait connaissance avec des jeunes gens tu avais fait quelque chose qu'une femme honnête ne doit pas faire. De retour chez toi, tu avais tout dit à ton mari qui t'avait pardonné et que dernièrement en Italie, tu avais recommencé [1]. »

Il l'irritait. Qu'il refuse de telles discussions avec de faux amis ! Qu'il la croie, elle, et se détourne résolument des ragots. Elle lui envoya une plus équitable *Gazette du Berry*. Le proviseur ne la remit pas à Maurice. Il préférait envoyer le garçon chez sa mère pour les vacances. Casimir ne s'y opposait pas. Maurice et Solange, tout un été ! Elle écrivit à Zoé Leroy une véritable page d'amour (lucide) sur ses enfants :

« Vous n'avez pas d'idée combien je suis une heureuse mère. Maurice est un ange de grâce, de bonté, de tendresse. C'est mon ami, c'est mon amant. Il a quatorze ans. Son intelligence n'est pas extraordinaire sous le rapport de ses études mais il a de grandes dispositions pour les arts. Ma fille est d'une beauté majestueuse et son caractère est celui d'une impératrice absolue. Elle est fort dédaigneuse de l'espèce humaine en général et passionnée pour les rares objets de son affection. C'est une haute intelligence, à huit ans. [...] Elle est très supérieure à son frère mais moins aimable. »

George admirait l'intelligence et la beauté singulière de sa fille. Elle étudiait à sa pension, selon les usages, le piano, l'anglais, l'orthographe, le dessin. George continuait à écrire à Marie d'Agoult et Franz Liszt. Ils étaient en Suisse et l'invitèrent à les rejoindre avec ses enfants. L'idée de ce voyage l'enchantait. Elle emmènerait la bonne Ursule Josse. À la mi-août, elle prépara les bagages telle une fête. Elle se faisait aider de sa couturière et femme de confiance, Sophie Cramer, qu'elle appelait « ma vieille tortue ». Elle la chargea de toutes ses courses à Paris, de lui faire parvenir son trousseau et celui de Solange qu'elle habilla en garçon. George empila dans la malle ses chemises d'homme, de couleur, en jaconas, tous ses pantalons, sa redingote de

1. G. Sand, *Corr.*, tome II, p. 521 (note 2 de G. Lubin).

velours, des cigarettes en paille de maïs, deux briquets chimiques, deux mèches d'amadou, l'étui en argent et sa chaîne qui servait à éteindre l'amadou. Ne pas oublier « une paire de pantoufles très aisées pour mettre en voyage ». Deux robes suffiraient : celle en foulard aux manches plates, et l'autre, grise, à fleurs. Elle emporta ses dentelles et un voile, deux brosses à dents, du savon au miel. Elle demanda soixante francs à Buloz. Elle reviendrait en octobre. En voyage, elle se faisait nommer « M. Paul ».

Le 28 août 1836, elle partait donc pour Genève où elle arriva le 4 septembre. À Genève, Liszt menait une vie mondaine. Marie, complexée d'avoir tout quitté pour lui, se repliait. Elle venait d'accoucher discrètement d'une petite fille, Blandine, confiée à une nourrice. Elle se sentait à Genève « comme une carpe sur le gazon ». Sa situation ressemblait par certains aspects à celle de George. Elle était fascinée par la romancière, elle n'en était pas encore jalouse. Elle rêvait de publier ses livres. George connaissait si bien le monde de l'édition ! Toutes les deux étaient passionnées de musique. George l'avait séduite en lui dédicaçant personnellement *Simon* : « À Madame la comtesse de... Mystérieuse amie, soyez la patronne de ce petit conte. »

Le voyage avait été mouvementé. Ursule, qui n'avait jamais quitté Nohant, avait peur de tout. On s'arrêta à Nevers chez Charles Meure. George lui demanda, sans façon, l'hospitalité pour la nuit. « Un lit pour moi et mes deux mioches qui m'accompagnent. » Il était rare, à cette époque, qu'une mère partageât sa couche avec ses enfants, surtout avec un garçon de quatorze ans ! La seule « bienséance » pour George Sand, était l'amour, ce « lien sacré ». Avec ce voyage, elle offrait à ses enfants une magnifique éducation. Rejoindre Genève était, en 1836, une expédition. La diligence sans confort, le bateau sur la Saône, la traversée des Alpes sous un orage affreux, menés par un cocher ivre. Elle avait un rhume, la fièvre, la voiture frôlait les précipices, Solange était ravie. Ursule criait d'horreur.

À Genève, grande déception. Ils eurent du mal à retrouver l'hôtel de Liszt et de Marie qui étaient partis à Chamonix. George lut une lettre à son intention, signée « Arabella » (*alias* Marie d'Agoult) : « Nous t'avons attendu, tu n'es pas exact, tu nous ennuies. Cherche-nous ! Nous sommes partis. » Ils avaient abandonné George à leur ami commun, un très pittoresque ancien officier d'artillerie, le major Adolphe Pictet. Il avait « une figure de Méphistophélès et une capote de douanier ». Pictet était suisse et se révéla précieux pour rétablir les passeports et emmener les « Piffoëls » à Chamonix. À l'hôtel de l'Union, George décrivit ainsi Franz Liszt à l'aubergiste :

« Blouse étriquée, chevelure longue et désordonnée, chapeau d'écorce défoncé, cravate roulée en corde, momentanément boiteux, et fredonnant habituellement le *Dies Irae* d'une voix agréable[2]. »

Ils logeaient à la chambre 13. Elle ouvrit le registre de l'hôtel et lut la fiche de « M. Fellows » (Liszt) qui avait ainsi rédigé sa fiche de police :

Lieu de naissance : le Parnasse
Profession : musicien, philosophe
Venant : du doute
Allant : à la vérité

Dans le même esprit, George inscrivit sur ledit registre :

Famille Piffoël
Domicile : la Nature
D'où ils viennent : de Dieu
Où ils vont : au Ciel
Lieu de naissance : Europe
Qualité : flâneurs

2. G. Sand, *Histoire de ma vie*, tome II, p. 897 (*Lettres d'un voyageur*, note X).

Dates de leurs titres : toujours
Délivrés par qui : par l'opinion publique [3].

George et les enfants – et le major Pictet – se précipitèrent chambre 13, au grand scandale de la femme de chambre. M. Piffoël-Paul se ruait dans les bras de M. Fellows. Il y eut un joyeux brouhaha. Liszt avait emmené un élève à lui, Puzzi Cohen. Sa chevelure de fille, la douceur de sa peau continuaient à brouiller les identités. Solange était enchantée, Maurice aussi. Une gaieté bruyante éclatait. Ils hurlaient de joie, excepté le major Pictet et la pointilleuse Arabella. Le tapage était tel que l'aubergiste se demandait s'il fallait appeler la police. À la chambre 13, il y avait une étrange tribu « d'où il n'est pas question de reconnaître les hommes des femmes ». Pour l'aubergiste et son personnel, c'étaient là des histrions, des bohémiens de luxe. On ne savait pas que « M. Fellows » était le pianiste compositeur le plus célèbre d'Europe et « M. Piffoëlls », la plus scandaleuse romancière de France, toute fraîche séparée d'un mari. La tribu, toujours joyeuse, passa une semaine en excursions dans la montagne, à dos de mulet, ce qui n'amusait pas Marie. Elle était dolente, frileuse, redoutait la pluie, l'inconfort ; élégante, elle portait un long voile vert. George la nommait « la belle dame de Paris » ou « la Princesse ». Une subtile différence qui serait un jour une brouille se dessinait entre elle et la pétulante George. Celle-ci n'était jamais rassasiée de promenades, qu'importait le rhume, elle adorait discuter des nuits entières, rallumant ce cigare qui déplaisait à l'aristocrate amie de Liszt. Marie n'oubliait pas que Charles X avait été l'invité d'honneur de son mariage avec le comte d'Agoult. La belle éducation comptait pour elle. Ce voyage fut un grand élan entre George et sa fille. À Chamonix, elle eut le coup de foudre pour cette enfant à la fois trop et mal aimée :

3. *George Sand et Solange, mère et fille*, *op. cit.*, p. 89-90.

« Ce que j'ai vu de plus beau à Chamonix, c'est ma fille. Tu ne peux te figurer l'aplomb et la fierté de cette beauté de huit ans, en liberté dans les montagnes. Diane enfant [...]. La fraîcheur de Solange brave le hâle et le soleil. Sa chemise entrouverte laisse à nu sa forte poitrine dont rien ne peut ternir la blancheur immaculée. Sa longue chevelure blonde flotte en boucles légères jusqu'à ses reins vigoureux et souples que rien ne fatigue. [...] Sa joue se colore d'orgueil et de dépit quand on cherche à aider sa marche. Robuste comme un cèdre des montagnes et fraîche comme une fleur des vallées... Au glacier des Bossons, elle m'a dit : "Sois tranquille, mon George, quand je serai reine, je te donnerai tout le mont Blanc." [4] »

Cette lettre était adressée à Charles Didier. George y remarquait que Maurice était plus faible que sa sœur. « Solange te rendra fier, avait-il dit à sa mère, moi, je te rendrai heureux. »

George taquinait le major Pictet. « Rien n'est plus sot qu'une montagne. » Pictet répliquait que « l'art était une imitation ». On se provoquait, on riait, on était heureux. On se dirigea vers Vallorcine, on franchit le col de la Tête-Noire, on traversa Martigny où Ursule se crut « à la Martinique ». Elle éclatait en larmes, aux grands rires de la caravane. On gagna Fribourg en passant par Vevey. Ils menaient un tel tapage à l'auberge, que l'aubergiste alla chercher le curé pour bénir leur chambre. Arabella détestait ces déchaînements, vulgaires à son goût. Elle était peut-être jalouse de voir son bel amant aux yeux verts rire avec cette... Piffoëll qui s'esclaffait à se tordre. À Fribourg, ils visitèrent l'église Saint-Nicolas. Ils montèrent directement à l'orgue. Ils étaient trempés par un orage. Le vieil organiste fut stupéfait quand l'un de ces voyageurs à l'allure de

4. G. Sand, *Histoire de ma vie*, tome II (*Lettres d'un voyageur*, X), p. 902-903.

bohémien se mit à jouer avec une force majestueuse le *Dies Irae* de Mozart. George était bouleversée :

« Jamais le profil florentin de Franz ne s'était dessiné plus pâle et plus pur. [...] Il y avait une combinaison harmonique qui revenait sans cesse sous sa main. [...] Tout à coup, au lieu de m'abattre, cette menace de jugement [...] accéléra d'une joie inconnue les battements de mon cœur[5]. »

Les enfants étaient couchés sur le plancher comme des chiots, jamais Solange n'oublierait les grandes orgues de Fribourg et la clarté mystérieuse des vitraux. Sa mère semblait si heureuse, Arabella avait les blondes tresses d'une fée, la petite fille eût tout donné pour arrêter le temps. À Genève, les Fellows et les Piffoëlls, infatigables, firent la tournée des théâtres, des concerts et des salons. La gazette locale les avait reconnus. Ils étaient les héros d'une bohème magique, même si leur vie privée était décriée. La Malibran venait de mourir et un soir, Liszt composa un *Rondo fantastique* auquel George répondit par une nouvelle, *Le Contrebandier*. Chacun complétait la création de l'autre. Marie lançait quelques piques. Le rondo et le conte espagnol n'étaient pas ce qu'ils avaient fait de mieux. Liszt et George étaient les trop éclatants meneurs de leur caravane enchantée. Marie était mal à l'aise, George la troublait. Ses excès, son talent, son incroyable vitalité paralysaient la comtesse tout en l'attirant. Elle désirait l'amitié de George, elle ne savait comment y faire. « Pardieu, écrivez ! » lui suggérait avec générosité George. Marie surnommait tendrement Liszt : « le Crétin ». Il fallut pourtant se quitter. Les enfants devaient rejoindre leurs pensions respectives. Les Piffoëlls et les Fellows jurèrent de se revoir à Paris, à Nohant.

George était reprise par le tourment amoureux. Elle avait écrit plusieurs fois à Michel de la rejoindre à Genève, il ne répondait pas. Elle lui donnait rendez-

5. *Ibid.*, p. 914.

vous, sur le chemin du retour, à Lyon. Dans la diligence, elle avait eu un charmant compagnon de route, Gustave de Gevaudan, surnommé, bien sûr, « la Bête ». Il avait vingt-deux ans et s'éprit de « M. Paul ». À Lyon, Michel, excédé de sa torrentielle correspondance, ne vint pas. Michel tournait à la mauvaise foi et l'accusait d'infidélité à cause de « la Bête » (de Gévaudan). Elle s'indignait, ce jeune homme timide, insouciant, n'aimait que la chasse. Elle insupportait l'avocat qui déjà l'aimait moins. Elle l'irritait de reproches :

« Michel, vous êtes insensé ! [...] Si vous êtes encore à me prendre pour une femme galante, allez joindre vos sentiments pour moi à [...] la meute d'aboyeurs stupides. L'amour chez vous est une maladie, chez moi, c'est un sentiment, vous croyez pouvoir me cracher à la figure quand la bile vous vient à la bouche... À Paris. Ayez une chambre louée quelque part... Nous resterons quelques jours enfermés ensemble et nous serons heureux ensemble tous deux [6]. »

Dans cette lettre de plusieurs pages, elle soulignait avoir souffert de sa chasteté et eu « des rêves très énervants ». Le sang lui montait à la tête quand elle pensait à lui, à leurs étreintes. « Le sein d'un homme adoré est le seul oreiller qui reposerait à la fois l'âme et le corps », l'air des montagnes n'empêchait pas que, sans lui, « elle se réveillait trempée de sueur » À Paris, disait-elle, il la trouverait rue du Regard, chez Didier. Jouait-elle à le rendre jaloux ou était-elle naturelle jusqu'à la cruauté ? Elle alla à Paris, en effet, totalement « spleenitique », comme elle l'écrivait à Liszt. Elle avait le spleen par manque d'argent, lui avait lancé Michel. Elle avait, il est vrai, prié Buloz de payer une dette chez son épicier. Didier l'attendait avec un sombre émoi. Le 24 octobre il recevait un billet d'elle. Elle

---

6. G. Sand, *Corr.*, tome III, p. 561 à 567 (lettre à Michel de Bourges, octobre 1836).

n'irait pas chez lui mais logerait à l'hôtel de France, rue Laffite, au n° 23, où étaient déjà installés les Fellows. Didier souffrait de « sa nature bohémienne » Elle était pire qu'infidèle : imprévisible. Elle se trouvait bien à l'hôtel de France. Ce n'était pas trop cher pour une chambre et un salon « pompeux ». Que Didier la rejoigne ! Elle lui ferait son lit dans le salon. George, entichée de sa fille, lui consacra dans son *Journal intime* un poème ravissant :

Pour toi, Solange
Mes amours
Je chanterai toujours ;
Moi, la mésange
Des beaux jours
Au chapeau de velours
Je rêve à toi, petit ange,
Et vers toi j'accours
Solange mes amours.

Le relâchement de Michel déclenchait sans doute cet attendrissement. Didier souffrait autant qu'elle souffrait de l'abandon de Michel. La France était occupée de l'échauffourée de Strasbourg. Le prince Louis Napoléon Bonaparte, si terne qu'on le prenait pour un imbécile, tenta de soulever la garnison de Strasbourg en sa faveur, au mois d'octobre 1836. Il s'exila à Londres. Charles X mourait en novembre, Louis-Philippe aspirait à dominer. La politique était divisée. La « gauche dynastique », menée par Odilon Barrot, était écartée du pouvoir. Thiers s'exclamait « Le roi règne et ne gouverne pas ». Entre ces deux partis oscillait un troisième, mené par l'avocat Dupin, dont les membres étaient appelés « les Ventrus ». Louis-Philippe inaugurait sur la place de la Concorde l'obélisque de Louxor, don de Méhémet Ali. Le pouvoir semblait bien en place. George s'étourdissait avec ses « Fellows » retrouvés. Les relations de Marie d'Agoult composaient chez elle, à l'hôtel de France, un véritable salon. Elle y invitait Meyerbeer, Heine, Pierre Leroux, Eugène Sue, Lamennais. George ne manquait pas de les séduire. Ces soirées-là, elle s'habillait en femme, de soie rouge et noire, la chevelure dans une résille, une longue chaîne d'or au cou. Elle remarqua la comtesse Charlotte Marliani, de dix années son aînée. Son père avait été conseiller au parlement de Rouen. Charlotte de Folleville Marliani, veuve une première fois, s'était remariée avec Emmanuel Marliani, consul d'Espagne à Marseille. Pittoresque, toute ronde, Mme Marliani sera pour George une amie dévouée souvent encombrante et indiscrète. George la définit ainsi dans *Histoire de ma vie* :

« Tête passionnée, cœur maternel, destinée malheureuse parce qu'elle voulut trop faire plier la vie réelle devant l'idéal. »

Liszt aussi avait entraîné à l'hôtel de France ses amis personnels dont les Polonais à Paris, le comte Albert Grzymala, le poète Adam Mickiewicz et Frédéric Chopin. Chopin, mince jeune homme inhibé, était né en 1810 en Pologne. Il était le fils d'un Français vosgien, installé en Pologne, et de Justine Krzyzanowska. Dès l'âge de sept ans, ses dons exceptionnels se révélèrent. Il quitta Varsovie en 1830, à la veille de la révolution polonaise. Il ne retournera jamais en Pologne. De Prague à Vienne, il s'installait à Paris en 1831. Il avait commencé une carrière de professeur très recherché, ses concerts étaient célèbres quand il rencontra George en 1836. Silencieux, mélancolique, souffreteux, snob, distant, il sortait peu. George grillait de le connaître et Liszt tenta de l'inviter. Chopin se déroba. George Sand le dérangeait.

« Chopin n'avait jamais envisagé sans effroi, depuis plusieurs années, l'idée de quitter Paris, son médecin, ses relations, son appartement et même son piano. C'était l'homme des habitudes impérieuses, tout changement, si petit qu'il fût, était un événement terrible dans sa vie[7]. »

Chopin finit par inviter Liszt et George Sand chez lui où il donnait une soirée musicale. Elle l'écouta en silence, avec une grave émotion. Il était pâle, frêle, il jouait avec une force désespérée et délicate. Il l'émouvait plus profondément que Liszt. La discrétion de George rassura Chopin. (Ne savait-elle pas apprivoiser les oiseaux ?) Il finit par se rendre régulièrement aux soirées de l'hôtel de France. George adoptait un costume de femme turque, les babouches perlées, la chevelure ornée d'un foulard à sequins. Elle écoutait Chopin avec la même gravité silencieuse, fumant une longue pipe. Chopin et Liszt exécutèrent un quatre mains éblouissant. Chopin ne s'attardait jamais. Il rentrait chez lui, vite, harassé de l'épuisante présence humaine et de la femme brune à la longue pipe, aux yeux d'Indienne couleur de topaze brûlée.

George avait besoin d'argent. Quand la tension montait avec son éditeur, Buloz chargeait sa femme et associée, Christine, de répondre à George. Elle en profitait pour développer sa révolte, bien proche de celle d'une romancière d'aujourd'hui. « Ces Messieurs sont des spéculateurs méfiants. » En novembre, elle avait revu, amicalement, Sandeau. Didier supportait mal sa situation d'éternel éconduit. Les scènes se multipliaient, il l'ennuyait. Le 26 novembre, elle l'avait reçu à minuit. Les explications tournèrent en orage. « Ce qu'elle me dit me glace… Je reste mort auprès d'elle », frémissait le malheureux dans son journal. George Sand « n'avait pas de cœur » concluait-il. Michel manquait à George telle l'eau au brûlé vif. Elle lui écrivait que dans un couple celui qui aime est le vaincu. Elle finissait cette année à Paris. Elle traversa un remue-ménage affectif quand Musset lui réclama ses lettres. Elle consentait à les lui rendre, les lettres étaient en

7. G. Sand, *Histoire de ma vie*, tome II, p. 417.

lieu sûr, à La Châtre, chez Ursule Josse. « Je ne les croirais pas assez bien gardées chez moi. » Il pouvait les lui demander de sa part. Elle aussi souhaitait récupérer ses propres lettres. Ainsi finissaient donc les passions : en chicanes d'épiciers. Didier ressassait son amertume. George avait le don de passer d'une humeur sombre à la plus grande gaieté. L'art (la musique) la consolait de l'amour. Elle se régala d'un concert qui avait réuni Liszt et Berlioz. Franz avait joué au piano la *Grande Fantaisie symphonique* de Berlioz. George, assise à côté de Meyerbeer, lui tenait la main. Elle avait l'air recueilli et heureux, l'allure d'une jeune femme, la taille à peine épaissie, bien marquée, la cheville de cavalière, le teint d'une gitane de grands chemins, le bras et la main ravissants. Indulgente pour ses amis, elle n'était pas dupe des caprices de Liszt, à l'occasion grimacier, versatile, caractériel. Les critiques les plus acerbes parlaient de son « charlatanisme ». Elle haussait les épaules et le défendait. Elle avait aimé Musset. Elle savait à quel point ces jeunes génies sont ravagés du mal de vivre et du doute de soi. Seul, Didier l'agaçait, et Michel lui manquait.

1837 commença avec la maladie de Maurice. George était pour ses enfants le seul vrai refuge. La baronne Dudevant, sa belle-mère, se mourait. Casimir se replierait, seul héritier, à Nérac. À Paris, Hippolyte lui servait d'espion. Casimir tracassait George par son droit de veto concernant les enfants.

« Maurice tomba malade. La fatigue du collège redevint tout à coup mortelle pour lui, et après de petites indispositions qui paraissaient sans gravité, les médecins s'aperçurent d'un commencement d'hypertrophie au cœur. Je me hâtai de l'emmener chez moi ; je voulais l'emmener à Nohant. M. Dudevant alors à Paris, s'y opposa. [...] Ce fut très difficile pour [Maurice] et horriblement douloureux pour moi. [...] M. Dudevant ne voulut rien entendre ; il croyait à une conspiration de la tendresse maternelle... Je voyais bien qu'en se soumettant, l'enfant périssait [8]. »

Casimir garda l'enfant une nuit chez lui en dépit du diagnostic du médecin Gaubert. La fièvre augmentait, il finit par consentir à laisser George emmener leur fils à Nohant où il resta six mois. « Pendant six mois, nous ne nous quittâmes pas d'une heure. » Maurice eut un moment le délire. Sa maladie, assez mystérieuse, relevait d'un ébranlement psychologique. La séparation de ses parents, la malversation de ses camarades sur la réputation de sa mère, la terreur d'en être séparé par le joug de son père, avaient mené à une fièvre cérébrale.

« Dans ses songes agités, il criait, lui, *Nohant ! Nohant !* d'une voix déchirante. [...] Il croyait que tant qu'il ne serait pas là son père viendrait le reprendre. Cet enfant ne respire que par votre souffle, me disait Gaubert, *vous êtes son arbre de vie* [9]. »

Avait-elle oublié Solange ? Solange aussi sombrait, dans sa pension. George la laissa, en dépit de sa grippe et de sa fièvre. La petite, bien que plus robuste que son frère, séparée de ceux qu'elle aimait, souffrait. Elle écrivait à Nohant, avec moins de fautes d'orthographe :

« Paris, 12 février

« Mon cher petit frère, je sais que tu es malade, cela me fâche beaucoup et je serait bien plus heureuse si tu ne l'était pas. [...] J'ai eut la grippe mais ce n'est rien. Adieu mon frère chérie... Je t'embrasse deux mille fois adieu...

« Solange Dudevant

« Je t'envoie une image dans la lettre [10]. »

---

8. *Ibid.*, tome II, p. 391-392.
9. *Ibid.*, p. 393.
10. *George Sand et Solange, mère et fille, op. cit.*, p. 106.

La maladie de Maurice prenait toute la place dans le cœur maternel. Le besoin d'argent la pressait, il fallait assurer toutes les dépenses. Les œuvres complètes, soit vingt-quatre volumes en cinq années depuis *Indiana*, occupaient ses nuits ainsi que *Mauprat*. Un seul nom la ravageait : Michel. Elle était partie de Paris avec Maurice, par la diligence de Bourges. Scipion de Roure l'accompagnait, mais pas dans la diligence. Il allait faire le voyage dans « une horrible charrette », prêtée par l'ami berrichon Félix Tourangin. « C'est une drôle de partie que je vais vous faire faire », lui écrivait-elle le 5 janvier. Scipion l'aimait, il était chevaleresque, avait décidé de ne pas s'étonner d'aller la chercher au domicile de Charles Didier. Ainsi s'organisait George avec ses hommes. Scipion de Roure, originaire d'Arles, de quatre années son cadet, se dévouait à ses œuvres complètes. Un certain silence enveloppe cette discrète liaison. George l'avait provoquée quelques semaines auparavant. « J'ai envie de vous donner un *rendez-vous*. J'irai promener mon fils au Luxembourg [...] devant la façade du palais. Ayez à votre boutonnière un petit bouquet de violettes. » Scipion était jeune, élégant, Didier l'ennuyait, Michel ne la rendait pas heureuse et lui avait réclamé ses lettres. « Vous ne m'aimez plus, lui avait-elle écrit la veille de quitter Paris, vous n'y pouvez rien, ni moi non plus. » Elle attirait désormais sur sa couche ces jeunes gens comme autrefois elle attirait les oiseaux sur son lit. De gentils colibris qui lui tenaient chaud au corps et un peu à son cœur torturé. Elle avait reçu une lettre du jeune Eugène Pelletan, à qui elle avait proposé de servir de précepteur à son fils. Quelques mois auparavant, il lui avait demandé son avis sur ses poèmes. Scipion n'empêchait pas George de fêter le nouvel an à l'Opéra avec Didier, dont le journal s'assombrissait à mesure. « Elle me reproche d'avoir une corde grossière dans l'âme... Je lui reproche de n'avoir pas d'entrailles... Nuit déplorable, Réveil affreux. » Toute la pensée de George était absorbée par son fils et sa passion pour l'avocat dont l'épais silence et les trahisons notoires l'humiliaient.

« Vous êtes absorbé par une passion nouvelle, cachez-la, vous faites bien. [...] Je ne présume pas que vous ayez peur de moi autant que de Mme Michel [11]. »

Ils se virent deux jours à Bourges. La passion la reprenait, follement, suivie de reproches ordinaires. Il la trompait ? Il lui lança qu'elle avait couché avec ce Gevaudan. Elle pleurait, il s'irritait. Elle le bombardait de lettres d'un volume effarant. Elle attendait trop de lui. « Sois heureux », répétait-elle. Elle l'agaçait. À Nohant, George avait accueilli Pelletan qu'elle surnomma « le Pélican ». Il avait vingt-trois ans, ce Charentais, fils d'un notaire. Écrivain, journaliste, il avait été le secrétaire de Lamartine. Gourmé, solennel, il n'appréciait pas les plaisanteries de George ni celles de ses amis. Un soir, il trouva un squelette dans son lit. Blague des Fellows alors à Nohant ? Il resta trois mois à Nohant mais le bruit courut qu'il avait dormi un peu avec l'ex-baronne. George s'inquiétait pour Maurice, s'indignait du silence de Michel tandis que son fils était en danger. Elle rédigeait *Mauprat*, entre le café et les cigarettes, chaque nuit. Et Solange ? « J'ai laissé Solange toujours fraîche et superbe en pension », écrivait-elle à Duteil. La petite récidivait ses grippes. Quoi ! Tout le monde était à Nohant, sauf elle ! Certes, maman George lui écrivait tendrement :

« Penses-tu à nous, ma chérie ? Nous parlons de toi tous les jours, ton frère et moi ; à propos de tout nous nommons Solange et nous finissons toujours par nous dire : quand sera-t-elle là ? [...] Tout le monde est venu me voir et demander de tes nouvelles ; Mme d'Agoult est ici. [...] Je t'embrasse mille fois mon cher baron. Ta mignonne qui t'aime [12]. »

---

11. G. Sand, *Corr.*, tome III p. 642 (lettre à Michel de Bourges, janvier 1837).

12. *Ibid.*, p. 687-688 (lettre à Solange Dudevant, 15 février 1837).

Elle la surnomme « mon cher baron ». Sadisme inconscient contre son mari car la petite s'entendait bien avec lui ? Casimir s'occupait bien d'elle, la sortait le dimanche, la ramenait chez les demoiselles Martin « avec exactitude ». Solange se sentait injustement punie d'être plantée là. Elle avait neuf ans, l'orgueil de ne pas gémir. Elle avait des maux de gorge en dépit de la flanelle que son père ne manquait pas de nouer à son cou. Pourquoi n'aurait-elle pas, comme Maurice, étudié avec Pelletan et « bigé » (embrassé) ainsi tous les soirs sa « mignonne » (sa mère) ? Était-elle punie ? La baronne Dudevant était morte le 5 février. *Mauprat* avançait mais le livre s'assombrissait. La conclusion par un amour heureux manquait de justesse. Elle n'y croyait pas. Marie d'Agoult était venue seule à Nohant. Liszt menait sa carrière menacée par un pianiste à l'immense talent : l'Autrichien Thalberg. Marie confiait à George le conflit qu'elle vivait avec Liszt. Elle avait été malade, Liszt (« le Crétin ») aussi, il toussait encore. Il la rejoindrait dans trois semaines. Marie voulait voir Nohant, se réchauffer à son bois et à son amitié, manger ses perdrix, « se faire l'amie de ses chiens », « raviver sa pauvre machine amaigrie ». George s'occupa beaucoup d'elle. Elle emmenait Marie, toujours aussi princesse avec ses voiles, en de longues promenades à cheval. Quand la belle comtesse craignait de franchir un gué, très gentilhomme, George sautait à bas de sa monture, prenait les rênes et menait ainsi son amie en des chemins plus sûrs. Michel épaississait le silence. George écrivait à Liszt d'amener avec lui Chopin. Elle pressentait en Chopin cette attraction profonde qu'elle avait autrefois ressentie si fort auprès de Musset et Sandeau. Michel, si mâle et mal assuré dans l'inconfort d'une telle liaison, ne convenait pas à cette nature puissante, faite pour bercer ses amours d'une poigne maternelle. Michel avait perturbé le jeu de Lélia-Sand.

Elle écrivait, la nuit s'épaississait. Elle prenait ses véritables repères dans le papier craquant, blanc et bleu, l'encre au litre, les cigarettes et le café à goût de goudron et de foin. Elle entamait la seconde partie de *Mauprat* mais aussi les *Lettres à Marcie*. À cinq heures du matin, elle écrivait cinq ou six lettres. Elle descendait à la cuisine boire un café, manger une tartine de confitures faites par elle. Elle dormirait quelques heures et retrouverait Marie au déjeuner, à dix heures. La fatigue décolorait ses lèvres et le bord de ses paupières. Elle ne faisait aucun bruit dans ses chaussons en laine. Parfois une torsion de l'estomac la foudroyait brièvement. Elle attendait, patiente, sur un fauteuil que passe la douleur, ce tigre si connu des entrailles (des coliques néphrétiques). Son teint jaunissait, sa mère avait ce teint-là depuis quelques mois. Sa mère allait mal, le foie torturé. L'abbé Lamennais lui avait commandé les *Lettres à Marcie*. Il collaborait au journal *Le Monde*, l'avait convaincue d'écrire dans son journal. George avait inventé un dialogue fictif entre un homme et une jeune fille sans fortune. George en profitait pour défendre le divorce. Lamennais fut consterné. Le prêtre en lui se réveillait. Il fit ses remarques à George, si froissée qu'elle voulut cesser cette collaboration. Lamennais s'obstinait : il ne voulait pas entendre parler de divorce. George était déçue. L'abbé prit l'initiative d'interrompre leur collaboration en dépit de l'accueil favorable du public. George répliquait vivement à l'abbé :

« Pour vous dire en un mot toutes mes hardiesses, elles tiendraient à réclamer le divorce dans le mariage. J'ai beau chercher le remède aux injustices sanglantes qui troublent l'union des deux sexes, je n'y vois d'autre issue que la liberté de rompre et de réformer l'union conjugale. […] J'aimerais mieux passer le reste de ma vie dans un cachot que de me remarier [13]. »

Rien à faire, l'abbé ne veut pas de divorce mais « des

13. *Ibid.*, p. 713 (lettre à Lamennais, février 1837).

contes et des piffoëllades ». La *Troisième Lettre à Marcie* avait été expurgée par Lamennais sans son avis. Février s'achevait, Franz Liszt arriva à Nohant. Il était seul. Pas de Chopin parti à Londres, même si George avait écrit qu'elle « l'idolâtrait ». Liszt écumait de rancœur contre Thalberg. Ses caprices froissaient les amis berrichons. George le priait de jouer, il disait oui et ne jouait pas. Quand on ne s'y attendait plus, il jouait. Duvernet le traita de « poseur ». Il n'aimait pas qu'il plaque, exprès, des accords discordants, ni le fracas du couvercle de piano fermé à la volée. Sa capacité de bouder était singulière. Il savait redevenir charmant dès que la société s'en allait. Marie soupirait, vêtue de blanc. La passion pour Michel reprenait George, avec une rare violence. Elle avait appris que Michel la trompait encore, elle éclata :

« On t'accuse presque de bestialité ; on te suppose épris d'une grosse femme que j'ai vue et qui est d'une obésité repoussante. [...] Que fais-tu donc chez elle ? Elle est musicienne mais elle chante faux et avec une affectation insupportable, je le sais, je l'ai *entendue*. [...] Dis-moi donc Michel, [...] cette femme sert-elle à soulager tes reins comme ferait une fille publique ? [...] Ô mon Dieu, ce corps idolâtré serait-il souillé au contact d'un ventre infâme, d'une limace vendue à toutes les vanités ? Ta bouche aurait aspiré l'haleine d'une bouche qu'on dit prostituée ? [...] Insensé, prends au moins une belle et jeune concubine. [...] Michel, réponds-moi !... Sur la première question, *Non*, sur la seconde *Non*, et je ne parlerai plus jamais de l'une ni de l'autre de ces femmes [14]. »

Aimer, hélas, était son destin, disait-elle. La lettre s'égarait dans le mysticisme où « Dieu » se confondait avec l'ampleur de son désir contrarié. La somnambule Sand écrivait ainsi ses lettres d'amour. Un rêve éroti-

---

14. *Ibid.*, p. 734-738 (lettre à Michel de Bourges, mars 1837).

que éveillé, des nuits sans fin, la fin d'une passion. L'aube revenait, froide, lucide, blanche au carreau. Il fallait vivre et faire vivre, écrire encore, payer surtout, continuer ce métier « qu'elle prenait en grippe », échouer seule sur des rives inexplorées, hostiles, revenir à la source première : l'encre au bouillonnement proche du sang.

Elle pliait, encore une fois. Elle irait humblement à Bourges. Elle ferait tout ce que Michel voudrait. Elle l'appelait « son cher ange », l'amour était le plus monotone des chants à défaut du plus beau. Michel était las, malade, nerveux. Vivre avec la Sand. Il y avait bien songé mais il connaissait sa lionne ; il préférait le confort de sa vieille épouse et de son obèse lubrique. Le 28 avril, elle délirait presque :

« Je t'aime, je t'aime, j'en souffre et j'en jouis avec âpreté, mille serpents me dévorent, mille désirs me consument, mille transports me brûlent... J'ai envie de mordre ; mais où est la chair qui attire mes dents ? »

George retourna à Bourges le 2 mai et y resta jusqu'au 6. Le roi Michel s'était dit que lui faire l'amour sans relâche calmerait peut-être cet enfer très spécial. Cela ne sembla pas suffire. Le 8 mai, à Nohant, elle lui écrivait, après une nuit de cigare et de café :

« Mon corps est encore tout disloqué d'une autre fatigue terrible, mais délicieuse dont je porte les stigmates en mille endroits [...]. Il n'y a que toi, mon vieux lion, dont le souffle embrasé et dont les ongles féroces réveilleront mon énergie, et ton rugissement est plus doux à mon oreille que le chant du rossignol. Viens, viens, viens, viens... »

Elle bouleversait le confort d'une existence de petit-bourgeois qui était une vérité profonde du « vieux lion ». Exaspéré, il répondit la lettre classique de tout homme marié qui n'aime plus sa maîtresse et veut la paix :

« Je soutiens au foyer domestique une guerre de tous les jours et de toutes les heures, pour toi, à cause de toi [...]. Je trouvais un asile dans tes bras contre ces misères. Eh bien ! Non, tu exiges, tu veux que je combatte contre toi.

« Ennemi à droite, ennemi à gauche.

« Moi, je te dis que cette position n'est pas tenable.

« Je me serais fait trappiste depuis longtemps si j'avais la foi. [...] Il faut que je vive de repos. Toute lutte de femmes est ignoble... J'irai m'asseoir dans une cabane [15]... »

Elle répliquait que l'amour d'une femme n'est jamais *ignoble*. Elle allait mal, Maurice était rétabli, il y avait l'amitié de Marie mais George passait ses soirées en état de stupeur. Elle suppliait encore :

« Viens me voir, viens ; du moins toi, tu seras heureux, car tu es aimé autant qu'un homme peut souhaiter de l'être, et si je te vois heureux, j'oublierai que je ne le suis pas [16]. »

Ils se fixèrent un rendez-vous dans une auberge, près de Nohant. Au moment de partir, elle refusa. « Je suis malade », lui écrivait-elle. Elle l'était ; de dégoût, d'insomnie, de tristesse. Elle avait mal à la gorge. Elle avait perdu. Elle revit une dernière fois Michel à Bourges, en juin. Elle en revint avec un goût de cendre dans la bouche. George lui écrirait de moins en moins. Dans son *Journal intime*, à la date du 11 juin 1837, elle avouait enfin, avec ironie, la véritable impuissance de *Lélia* : réussir un couple.

« AU LEVER DU JOUR, MA CHAMBRE.

Piffoël, Piffoël, quel calme effroyable dans ton âme ! Le flambeau serait-il éteint ? Je te salue, Piffoël, plein de grâces, la sagesse est avec toi !... Sainte Fatigue, mère de tout repos, descends sur nous, pauvres rêveurs, maintenant et à l'heure de notre mort. Ainsi soit-il [17]. »

Cet amour n'avait plus même la consistance des

---

15. G. Sand, *Corr.*, tome IV, p. 86-87.
16. *Ibid.*, p. 111 (lettre à Michel de Bourges, juin 1837).
17. G. Sand, *Entretiens journaliers avec le très docte et très habile docteur Piffoël, Histoire de ma vie*, tome II, p. 987.

neiges sous le soleil. Les neiges de ce voyage dans les Alpes où Solange lui était apparue plus belle que le soleil.

Résolument, la somnambule se réveillait. On entendait rire Solange.

Chapitre 25

L'ÉTÉ DE SOLANGE

George, en avril, avait retiré Solange, souffrante, de sa pension où elle n'apprenait rien. Solange lui manquait. Le 13 avril, Pelletan la ramenait à Nohant. La petite eut la petite vérole, en dépit de la vaccine. George la veillait jour et nuit. Le 17 avril, Marie Dorval perdait à Paris sa fille Gabrielle et en eut un chagrin affreux. George confia l'éducation de Solange à Marie Rollinat, onzième enfant de la famille Rollinat. Maurice et Solange la surnommèrent « Miss Tempest ». Elle criait beaucoup. George se souciait des ragots dès qu'il s'agissait de ses enfants. Elle trouva bon de séparer Pelletan et Marie Rollinat, deux jeunes célibataires, quand elle était absente. Maurice et Pelletan s'installaient au château d'Ars, Solange et Miss Tempest restaient à Nohant. Près de sa mère, Solange reprenait ses belles couleurs. « Les Fellows » distrayaient George de la souffrance d'amour. De Paris à Nohant, il fallait trente heures de voyage. Un coupé des messageries royales partait à sept heures du soir, de la rue Notre-Dame-des-Victoires. On déjeunait à six heures du matin à Orléans. On dînait à Vierzon à quatre heures de l'après-midi, on repartait une heure plus tard pour atteindre Châteauroux à neuf heures. De Châteauroux à Nohant, la patache mettait quatre heures et le cabriolet envoyé par George, trois heures [1]. Vers minuit

1. Christiane Sand, *À la table de George Sand*, Flammarion, 1997, p. 77.

on atteignait Nohant où veillait la bonne hôtesse. (En 1854, le chemin de fer permettrait d'atteindre Châteauroux en huit heures.) Le cabriolet s'arrêtait sur la route, devant la grille. Les hôtes descendaient. L'odeur de la campagne était délicieuse. Les domestiques déchargeaient les bagages avec une lanterne et les chargeaient dans une brouette. Le postillon, dit « la Jeunesse », repartait au trot pour La Châtre. Marie et Franz traversaient le jardin odorant, précédés de la lanterne verte. La brouette suivait. George ouvrait tout grand la porte de la salle à manger. Marie et Franz (et tant d'autres) trouvaient la table mise, éclairée par deux candélabres armés de fortes bougies. On servait un en-cas de potage, viandes froides et pâtisseries. Une grande gaieté régnait. Le chien Fadet s'avançait. La maison embaumait le tilleul, la cire, la compote de pommes, le tabac fin. Marie et Liszt occupaient la chambre au rez-de-chaussée, au-dessous de la sienne, où se trouvait le piano. Quand Franz jouait, « même les rossignols, jaloux, se taisaient ». Liszt endurait ce « spleen » que George comprenait si bien. Il aimait Marie, mais au cœur de leur passion, il se sentait jaugé par elle. Se vengeait-elle, secrètement, de se sentir, à cause de lui, au ban de la bonne société ? Était-elle jalouse de George, qui sans avoir sa beauté régulière, captivait autant d'hommes ? Marie et Franz restèrent à Nohant jusqu'en juillet. George se rassérénait d'écouter Liszt.

« Quand Franz joue du piano, je suis soulagée. Toutes mes peines se poétisent, tous mes instincts s'exaltent. [...] J'aime ces phrases entrecoupées qu'il jette sur le piano et qui restent dans l'air, [...] les feuilles des tilleuls se chargent d'achever la mélodie [2]. »

Il confiait à George son mal de vivre avec « la blanche Arabella ». Elle s'indignait.

« Homme heureux, aimé d'une femme belle, géné-

2. G. Sand, *Histoire de ma vie*, tome II, p. 982.

reuse, intelligente et chaste. Que te faut-il, misérable ingrat ! Ah ! Si j'étais aimé, moi [3] ! »

Solange adora cet été-là. Marie d'Agoult observait avec finesse les enfants, surtout Solange :

« Solange est une belle fille admirablement proportionnée ; elle est alerte et vigoureuse, pleine de grâce dans sa force. [...] Âme aussi forte que son corps ; intelligence qui paraît propre aux sciences exactes ; cœur aimant, caractère passionné, indomptable, Solange est destinée à l'absolu dans le bien et le mal. Sa vie sera pleine de luttes et de combats. Elle ne se pliera pas aux règles communes ; il y aura de la grandeur dans ses fautes, de la sublimité dans ses vertus ; Maurice me paraît former avec sa sœur une antithèse vivante. Ce sera l'homme de bon sens, de la règle, des vertus commodes, [...] de la réflexion dans ses affections... en petit nombre. Il aura du goût pour les plaisirs tranquilles et la vie de propriétaire à moins qu'un talent transcendant ne le jette dans la vie artistique, ce qui est très possible [4]. »

Marie ravissait le regard. Elle se promenait sur la terrasse en robe de mousseline blanche, ses longues tresses d'or sous un voile blanc tombant à ses pieds. Ce romantique tableau séduisait George. Aimer n'était qu'un seul et pur élan. Elle ne voyait dans les plus audacieuses caresses que l'accomplissement « pur, saint », de l'amour vrai. Arabella levait en elle un tendre élan. Mais « la Princesse » se heurtait aux allures de son amie. Marie n'aimait pas que George et Liszt rient trop souvent ensemble. Elle traitait Franz de paresseux et lui suggérait de se remettre au travail. À Nohant, quand tout dormait, le travail empoignait Liszt au rez-de-chaussée et George à son étage. Se doutait-elle, la belle comtesse, à quel point le musicien et la roman-

---

3. *Ibid.*, p. 983.

4. Agoult (comtesse d'), *Mémoires, 1833-1854*, Paris, *op. cit.*, 1927, p. 86.

cière s'acharnaient jusqu'à l'épuisement sur leurs œuvres respectives ? Une nuit, George mit le dernier mot à *Mauprat*, saisit un paquet de feuilles et commença *aussitôt* un nouveau roman, *Les Maîtres mosaïstes*. Cette faculté d'enchaîner, à la minute, un nouveau texte, stupéfiait Liszt et tout le monde. George ne se troublait jamais de passer d'un héros à un autre, d'une époque à une autre. Elle enchaînait ; écrire c'était cela : l'enchaînement. Aimer, c'était cela : l'enchaînement. La somnambule s'accordait l'aube comme ponctuation. Les modestes génies fidèles, plus de cinquante années durant, seront le café noir et le tabac. Liszt œuvrait, cet été 1837, à la transcription pour deux pianos des symphonies de Beethoven. Il en acheva quatre ; dans l'impatience et le désespoir. La musique était une muse qui malmenait ses élus plus rudement que l'écriture. Vers midi, Liszt et George portaient le masque livide de cette particulière maltraitance. Le frivole goût de vivre reprenait.

Solange dévalait les escaliers, vêtue en garçon. On la choyait, elle riait, quelquefois elle s'emportait d'une colère sans âge. Marie d'Agoult la surprit lors d'une promenade, décapitant des roses avec un fouet. « Je suis le Robespierre des roses », disait-elle. Sa mère se moquait d'elle et la nommait « le baron » quand la petite se réfugiait dans le fol orgueil de se dire noble. Solange savait bien que « le baron » c'était son père et que maman détestait « le baron ». La sonorité des mots « le baron » claquait telle une insulte. Solange s'attristait du départ de Pelletan, « le Pélican » si dévoué et que Maurice aimait trop. Maman George avait été jalouse que son fils l'aimât à ce point ; adieu Pélican ! On s'était tant amusé à lui faire de bonnes blagues ! George retombait dans le surcroît de travail en assumant l'éducation de Maurice. Solange s'asseyait près d'eux et s'appliquait à sa page d'écriture. On entendait bourdonner les abeilles dans la glycine, les accords du piano. George écrivait à ses amis d'Aragon, Arago, et à la « bête » de Gevaudan qui était venu quelques jours à Nohant. Solange boudait le nouveau venu, l'acteur Bocage. Il avait débarqué le 8 juin. Pierre François Touzé Bocage avait interprété, entre autres pièces à la mode, *Antony* avec Marie Dorval. Il faisait beau, on dînait dehors. La table de George Sand était copieuse. Une terrine de lièvre cuite dans sa faïence dont le couvercle reproduisait un lièvre. Son garde champêtre l'avait bien fournie en gibier. Un jambon rôti, flanqué d'un risotto dont George avait ramené la recette de Venise.

Un risotto :

« Pour un plat de six personnes.

« Prendre un quart de moelle de bœuf, la faire fondre et la passer, y mettre six cuillerées de riz, le laisser cuire dix minutes à petit feu ; ajouter ensuite du bouillon de manière à ce que cela ne soit pas trop épais ni trop liquide, le laisser cuire à point avec un peu de sel. Avoir dans une casserole du bon jus dans lequel vous ferez mijoter cinq ou six champignons, du poulet et des truffes, le tout émincé [5]... »

Il y aurait en dessert un clafoutis aux cerises. Les vins d'ambre et de rose rutilaient dans les carafes.

Le soir, on dînerait d'un soufflé au pâté de volaille, de fricandeaux aux champignons, d'une pissaladière et d'une tarte au citron. La porcelaine fleurie et l'argenterie luisaient doucement à la lueur des bougies. La nappe blanche portait les discrètes armoiries du maréchal. On boirait du champagne. Buloz avait envoyé de l'argent. À quatre heures, on trouvait sur la desserte de la salle à manger les biscuits chauds et les fruits rafraîchis. Ce 15 juin, il faisait chaud. On avait entamé le pâté de lièvre et on riait sous les tilleuls. Il y avait George, les Fellows, les enfants, les amis berrichons et Bocage. On entendit grincer la grille et un pas sur le gravier. C'était Didier arrivé sans crier gare. Personne

5. *À la table de George Sand*, *op. cit.*, p. 159.

ne l'avait invité. George fut embarrassée, le malheureux tombait toujours mal. Elle finit par aller vers lui, le sourire aux lèvres, l'œil froid. Marie fut charmante avec lui, elle lui fit place. On ajoutait une assiette, un verre. Bocage pérorait. L'amoureux transi se désespérait dans son journal, en date du 17 juin :

« Je trouve tout le monde à table [...]. Elle ne se lève pas pour me recevoir : cependant elle m'embrasse affectueusement, elle évite visiblement de se retrouver seule avec moi. [...] Elle prend ce ton déplaisant et taquin qui m'irritait tant à Paris, [...] j'ai commis une énorme faute en venant ici [6]. »

Marie se dévouait non sans perversité. Elle se promenait à cheval avec ce mal-aimé, elle remarquait ses yeux embués de larmes derrière les lunettes cerclées d'or, ses palpitations. Dans ses cauchemars, il étranglait George. C'était à ne pas y tenir et il repartit brusquement... pour revenir le 14 juillet ! Il était tôt, elle s'apprêtait à aller dormir après sa nuit de travail, elle buvait du café dans la cuisine. Elle entendit entrer. Didier ! Allait-elle le chasser pour de bon ? Où était Michel ? Musset ? Ses vraies amours ? Elle comptait un nouvel admirateur, le Créole Félicien Mallefille, que Marie lui avait présenté pour servir de précepteur à Maurice. Elle fit bon visage à Didier dont le supplice continuait. À déjeuner, il endura la fatuité de Bocage, la familiarité de Mallefille, les plaisanteries de François Rollinat. Bocage, l'amant en titre, l'écœurait. « Cette rivalité avec un comédien me blesse et me dégoûte. » Il s'épancha auprès de Liszt qui lui conseilla, en effet, de s'en aller. Marie l'entretint, à part, non sans fiel, sur George. George entrerait, qui sait, dans le monde de la galanterie. Didier reprenait son mince bagage et, à nouveau, supportait trente heures de route. George courut vers lui. « Tu ne pars pas ? » Elle le serrait (sans

6. Extrait du journal de Didier dans *George Sand l'amoureuse*, *op. cit.*, p. 248-249-250.

amour) dans ses bras, soufflait contre sa bouche son haleine de tabac et de rose. Il baisa « ses grands yeux secs et impénétrables ». Il était à bout, il repartit.

Solange observait tout. Elle aussi avait de grands yeux secs quand, enfin, un « écriveur » s'en allait ! Comment chasser Bocage ? La fillette méprisait son air de grand oiseau des îles. Emplumé, englué de discours ampoulés, c'était un sot. Bon acteur, il jouera des pièces de George dont *Les Beaux Messieurs de Bois-Doré*. Après leur courte liaison, ils restèrent amis. Cet été 1837, sa mère le caressait du regard. Solange fouettait sauvagement les roses. Elle se consolait d'entendre Franz et Marie se moquer de Bocage. Cela fâchait George qui glissait un billet encoléré sous la porte des Fellows. Qu'ils cessent de plaisanter Bocage qui « n'avait peut-être pas l'esprit de tout comprendre » ! Marie était piquée du succès de George qui, ni belle ni éduquée, plaisait plus qu'elle, la princesse aux longues nattes. Les plaisanteries pouvaient entraîner la rupture avec Bocage. George voulait s'offrir, *en garçon*, une petite aventure sans conséquence. Ses amis soudain la gênaient. Elle n'était pas loin de lire dans les yeux de Marie le blâme des commères de La Châtre. Rire était excellent ; les grosses plaisanteries étaient de bons gros pansements sur les peines. Bocage, ce bon gros pansement. Marie d'indigna d'une lourde farce de Liszt, encouragée par George :

« Liszt a fait ce soir un pet qu'il a mis sur le compte de Solange. Miss Tempête en a vanté le parfum. Les bas de Mme d'Agoult se sont trouvés tout mouillés à la suite d'un rire immodéré. Je soupçonne [Bocage ?] de laisser la bonde des commodités ouverte quand il va aux lieux [7]... »

C'en était trop pour la divine comtesse.

Le 24 juillet, Franz et Marie quittaient Nohant. L'amitié des deux amies prendrait fin l'été suivant.

7. G. Sand, *Corr.*, tome IV, p. 103 (lettre à Duteil, juin 1837).

Marie s'en allait à son tour vers un destin célèbre. Elle signerait « Daniel Stern » ses ouvrages. Enchaînée à Liszt, elle souffrira de leur rupture : il lui volera leurs trois enfants, dont Cosima, la future épouse de Wagner. Marie d'Agoult écrivait dans ses mémoires ces réflexions sur la George Sand de l'été 1837 :

« Il ne m'a pas été inutile de voir, à côté de George le grand poète, George l'enfant indompté, George la femme faible jusque dans son audace, mobile dans ses sentiments, dans ses opinions, illogique dans sa vie, toujours influencée par le hasard des choses, rarement dirigée par la raison et l'expérience [8]. »

George avait engagé une action contre Casimir, héritier du Guillery, pour cesser de lui verser une pension. L'affaire reculait d'audience en audience. George avait achevé *Les Maîtres mosaïstes*, qui paraîtraient le 15 août, dans *La Revue des Deux Mondes*. Elle travaillait en même temps deux romans : *La Dernière Aldini* et *L'Uscoque*. *Mauprat* se vendait bien. Elle s'inquiétait pour sa mère malade. Félicien Mallefille devenait une sorte de « secrétaire intime ». Elle lui avait confié Maurice, ses commissions difficiles. Elle ne manquerait pas de traiter le nouveau précepteur comme Boucoiran et les autres : des « fils » incestueux sur lesquels elle s'accordait un aimable droit de cuissage. Elle les appelait « mon enfant », leur jeune fougue la reposait des grandes passions et charmait le corps safran de Lélia. Elle s'accorda Bocage aussitôt ses amis repartis. Juillet s'achevait ; foin de Didier, de Michel, de Marie, des uns et des autres ! Elle était fatiguée, Bocage était un amant léger, facile. Elle l'emmena à Fontainebleau. Ils logèrent à l'hôtel Britannique, sous le nom de « M. et Mme Gratiot ». Elle avait confié ses enfants et Nohant à Mallefille et Gustave Papet. Fontainebleau devenait son troublant pèlerinage. Elle n'oublierait jamais Franchard. Il lui fallait un amant inconséquent (Bocage)

8. Agoult (comtesse d'), *Mémoires, 1833-1854*, *op. cit.*, p. 97.

pour qu'elle savourât, *seule*, le trouble venin du fantôme d'amour (Musset).

Pierret lui écrivit que sa mère se mourait. George se rendit à Paris en toute hâte. Elle eut du mal à reconnaître sa mère en cette femme vieillie, dévorée d'un cancer du foie. Sophie avait été reprise de folie ; terrifiée par des voleurs imaginaires, elle logeait, à l'insu de sa fille, dans une chambre misérable. Elle avait glissé ses économies sous son oreiller. Caroline était près d'elle.

« Je la trouvai dans une affreuse petite chambre sans air, couchée sur un grabat. [...] Elle avait cent ans. Elle jeta ses bras à mon cou [...]. Ah ! Me voilà sauvée ! Tu m'apportes la vie [9] ! »

George la fit déménager dans une maison de santé, rue du Faubourg-Poissonnière. Le médecin Gaubert était pessimiste. Caroline et George l'avaient habillée et coiffée. Elles l'emmenèrent, à sa demande, faire une promenade en voiture, aux Champs-Élysées. Sophie trouvait tout beau, elle ne voulait pas mourir. « À Paris, on ne meurt pas ! » Ses filles l'installaient au jardin, dans un fauteuil. L'angoisse de George était à son comble. Hippolyte l'avait avertie que, fou de colère, Casimir était prêt à enlever Maurice. « Ne me trahis pas, disait le lâche à sa sœur, cela me brouillerait avec lui. » George s'était épuisée en va-et-vient entre Paris et Fontainebleau où Maurice était en sécurité, amené par Mallefille. Elle voyagea la nuit pour arriver le plus tôt possible à Paris. On était le 19 août. Sophie avait retrouvé sa lucidité. Elle disait à Caroline :

« Coiffe-moi, je voudrais être bien coiffée. » Elle se tourna vers George :

« Je vais mourir. [...] Je ne veux pas voir la figure d'un prêtre, entends-tu bien ? [...] J'ai toujours aimé Dieu. [...] Je veux, si je dois partir, que tout soit riant autour de moi. » Elle s'était regardée au miroir et elle

9. G. Sand, *Histoire de ma vie*, tome II, p. 398.

avait souri. [...] Sa main avait laissé retomber le miroir, son âme était envolée. [...] J'arrivais pour la trouver *guérie* en effet, guérie de l'effroyable fatigue et de la tâche cruelle de vivre en ce monde[10]. »

Pierret ne pleura pas, le choc était trop violent. Quand il revint l'année suivante voir George à Nohant, il éclata en sanglots dans le jardin. Sophie fut inhumée au cimetière de Montmartre. George se rendit seule sur sa tombe. Elle fut frappée, écrivait-elle à Marie d'Agoult, « de la gaieté de cette tombe où voltigeaient les papillons parmi les fleurs ». Elle ne comprenait pas pourquoi elle était inondée de larmes, une douleur sans fin, un malentendu sans réponse, la désolation où remonte toute désolation.

Le temps était magnifique.

Le 13 septembre, alors que George était encore sous le coup de ce deuil, Casimir enleva brutalement Solange de Nohant.

« En enlevant Solange, il n'avait pas d'autre intention [...] que celle de me la faire chercher. [...] La gouvernante avait été frappée, et ma pauvre petite, épouvantée, avait été emmenée de force en poussant des cris dont toute la maison était encore consternée. Pendant la lutte avec Marie-Louise Rollinat et madame Rollinat la mère, qui se trouvait là, elle s'était jetée aux genoux de son père en criant je t'aime, mon papa, je t'aime, ne m'emmène pas[11] ! »

Il l'avait emmenée au Guillery. Aussitôt, George mit en branle la police, les huissiers. Elle confia Maurice à son ami journaliste, Louis Viardot, et fonça à Paris chez le sous-préfet, le futur baron Haussmann. Le télégraphe s'activait, le ministre Barthe prévenait les autorités de Nérac. George, accompagnée de Mallefille, partit de Paris le 21 septembre, et récupéra l'enfant, au

10. *Ibid.*, p. 401.
11. *Ibid.*, p. 403.

Guillery, le 25 septembre. George écrivait à Duteil les détails de cette équipée :

« Je cajole le sous-préfet qui monte en voiture avec moi, le lieutenant de gendarmerie, l'huissier, le reste à cheval. Juge quelle escorte ! [...] La ville et les faubourgs sont sur pied [...]. Quant à moi, je suis une princesse espagnole. [...] Nous arrivons à Guillery. Dudevant était déjà prévenu, déjà des apprêts de sa fuite étaient faits. On cerne la maison [...]. Dudevant devient doux et poli, amène Solange par la main jusqu'au seuil de sa royale demeure, après m'avoir offert d'y entrer ce que je refuse *gracieusement*... Nous nous sommes séparés, charmés l'un de l'autre [12]... »

Le baron la menaça de reprendre son fils par voie de justice. Le procès-verbal fut dûment dressé, Dudevant était dans son tort. George, Mallefille et Solange reçurent l'hospitalité à la sous-préfecture. Le lendemain, George s'en allait aux Pyrénées, jusqu'au Marboré, à l'extrême frontière de la France. Solange était ravie, à cheval, riant, dans le vent. George, dans cette escapade pyrénéenne dont Gavarnie, Lourdes, refaisait le pélerinage Aurélien. Solange n'en savait rien. Elle écrivait à son frère, comblée d'être seule avec sa mère :

« Mon cher petit mignon, ne pleure pas, je suis retrouvé, ne te désole pas, pour me rende à maman, il y avait maman, trois jendarmes bien mignon un petit pavieu (pas vieux) Malfile, le sois-préfet, l'usier (l'huissier) et un bien bien vieux officier de gendarmerie, t'avais dis à malfille de nous ramené toute deux, il te tient promece car il nous amène toute deux, mon père était en colère quand il a vue les jendarmes ; j'ai aitait au piréné (Pyrénées), j'ai vue la brèche de rolan (Roland), j'ai était à cheval au galop, j'arrive en grand poste avec trois chechaux (chevaux) pour te voir et te

12. G. Sand, *Corr.*, tome IV, p. 219 (lettre à A. Duteil, octobre 1837).

bigé à mon aise, nes pas mon gros mignon, à loude (Lourdes) les maisons et les ponts sont batis en marbre. J'ai vu le Marboré et des gasgades de 12 à 6 pieds ;
« adieu mon mignon, porte-toi bien[13]. »

Cet événement était un authentique traumatisme. Elle avait vu son père traité en malfaiteur : la maison cernée de gendarmes. On l'avait arrachée du Guillery sans lui demander son avis – tout comme on l'avait enlevée de Nohant comme un paquet.

Mallefille la rassurait. Affectueux, doux, dévoué, doté d'une grande barbe noire et d'un œil borgne, Solange ne l'avait jamais surpris dans la chambre de sa mère. Il était allé chercher Maurice caché chez Mme Marliani pendant ces péripéties. Solange ignorait que sa mère, sans l'aimer vraiment, en avait fait son amant. George l'avait traité de « nabot » quand Liszt lui avait confié que le jeune Créole (il avait vingt-quatre ans) était amoureux d'elle. Mallefille écrivait de mauvaises pièces de théâtre, des nouvelles sans succès. Solange se rendait-elle compte que sa mère avait fait alterner deux petits amants, Bocage et Mallefille ? Mallefille faillit brouiller George avec la délicate Marie d'Agoult. Il avait, sans façon, glissé une lettre pour la comtesse dans la même enveloppe où George avait glissé son propre courrier à Marie. Elle prit la chose fort mal et George aussi se fâcha. Mallefille était « une belle âme », il ne fallait pas exiger de lui de belles manières, ni une veine épistolière raffinée.

George allait plus que jamais servir de père et de mère à ses enfants. Michel était toujours cet émoi douloureux. Cet automne-là, il avait été élu député à Niort. Curieusement, il commença à glisser dans l'anonymat. Une dernière fois, il « somma George » de le rejoindre, c'était en hiver, elle parcourut encore « huit lieues au galop par une nuit glacée » pour le rejoindre

13. *George Sand et Solange, mère et fille, op. cit.*, p. 117-118.

une heure. Il cessa de donner signe de vie. En 1842, il passa la voir à Nohant. Ils n'avaient plus rien à se dire. Sa dernière intervention comme avocat tourna au désastre. Il était malade. Il fit rejeter la proposition des questeurs qui aurait pu éviter le coup d'État du 2 décembre. Pour le roi Michel, un coup d'État – et la liberté farouche d'une femme – étaient impensables. Lélia avait payé le plaisir au prix fort. Michel mourut en 1853, à Montpellier, totalement oublié.

George amoureuse, George hardie et virile dans le danger, George austère et chaste, capable de long labeur, de silence, de privations, d'empire sur soi. Qui croisait-on, à l'aube, titubant de fatigue vers sa chambre ? Une femme sans âge, une somnambule secouant les flamboyances de son univers romanesque, tragique, un peu fou. Peut-être pleurait-elle au moment de sombrer dans le repos mérité, jamais suffisant, celui d'un soldat prêt aux batailles incessantes. George, jamais guérie de l'insupportable fatigue de vivre, d'écrire. Écrire à en vomir, vomir la bile d'un foie malade, qui, tel celui de sa mère, aurait sans doute raison d'elle. Elle ferait transporter sa mère au petit cimetière de Nohant. Qu'elle repose auprès de son Maurice, le seul homme qu'elle eût adoré ! À la vivante de songer aux morts qui étaient, elle le croyait fermement, dans un monde meilleur. Le 30 octobre, on repêchait dans la Seine le corps de son vieil ami, le député Duris-Dufresne « Que vienne la mort, car je suis fatiguée et l'ennui qui me ronge est un abîme sans fond », écrivait-elle au docteur Gaubert. C'était l'automne, les bois de Nohant regorgeaient de gibiers. George reçut Pierre Leroux. Il avait quarante ans. D'origine modeste, il avait réussi Polytechnique mais renoncé à cette grande école pour aider les siens. Il était correcteur et typographe. Il avait rencontré George quand il était journaliste au *Globe*. Philosophe, saint-simonien, il avait le grand projet de créer, avec Jean Reynaud, une encyclopédie nouvelle. Il publiera en 1840 ses idées philosophiques : *De l'humanité, de son principe et de son avenir*. Elle acceptera de fonder avec lui et Louis Viardot, collaborateur au *Siècle*, au *Globe* et au *National*, *La Revue indépendante*. George et Leroux bavardaient des nuits entières. Il la séduisait par son idéal socialiste qui recoupait le sien : promettre à l'homme l'égalité, dès ce monde. George l'aida financièrement y compris quelques années plus tard, à acquérir une magnifique et impensable machine à imprimer. Elle s'endettait pour ses amis. La visite de Leroux fut bénéfique à George. Elle put à nouveau écrire ses pages quotidiennes. Pierre Leroux lui avait redonné confiance. « Nous travaillons pour nos enfants », disait-il. Elle avait achevé *La Dernière Aldini* et un court roman, *L'Orco*, qui se passaient tous deux à Venise. Les juges s'occupaient de la liquidation de la société d'acquêts entre les époux Dudevant. Les difficultés d'argent continuaient. Maintenir Nohant, l'éducation des enfants, les domestiques, les jardiniers, Mallefille, soit une quinzaine de personnes à ses dépens. Buloz s'exaspérait quand elle demandait de l'argent pour Mallefille, sur son compte à elle, pour caser ses mauvais textes. Buloz commentait : « Décidément, Mallefille règne. Elle me demande une avance pour son *camarade* !! Pour cela, elle me fait entrevoir un manuscrit *un peu chouette...* » Il ne restera rien des œuvrettes de Mallefille. Sa gloire fut d'avoir couché avec George Sand. Elle avait repris avec plaisir l'éducation de sa fille. Elle l'instruisait, chaque jour, de midi à cinq heures. Solange travaillait bien, quand sa mère s'occupait d'elle. Loin de sa mère, elle devenait paresseuse, caractérielle. Son visage se fermait. Un portrait d'elle à l'âge de douze ans montre une enfant au visage trop rond, aux yeux graves, à la bouche triste. Solange souffrait souvent et beaucoup. Comment se hisser dans l'esprit de sa mère au premier rang d'amour ? George aimait Maurice et le gardait avec elle. Solange était sur un constant qui-vive : être enlevée à sa mère ou *chassée* en pension par elle. George n'avait guère bougé de Nohant. Casimir, en décembre, était à La Châtre pour la conclusion de leurs affaires. Elle sortait d'une crise de rhumatismes aigë, quand Balzac, en février 1838, vint à Nohant. Il restera chez « la lionne du Berry » jusqu'au 2 mars. Déçu par Sandeau, Balzac qui séjournait non loin de Nohant grillait de « voir le rossignol du Berry dans son nid ». Charmée de sa lettre, elle l'invita et ils se réconcilièrent. Ce fut une rencontre féconde, sur le plan littéraire. George ne plaisait pas à Balzac, en tant que femme. Balzac s'émouvait plus de Marie d'Agoult et de son amour déchiré pour Liszt. Balzac, inspiré de son séjour à Nohant, écrivit le roman *Béatrix*. George y tenait un rôle de personnage secondaire, mais magistral : Félicité des Touches. Marie était le modèle de *Béatrix*. Le romancier décrivit à Mme Hanska son séjour à Nohant :

« J'ai abordé le château de Nohant, le samedi gras, vers sept heures et demie du soir, j'ai trouvé le camarade George Sand dans sa robe de chambre, fumant un cigare après le dîner, au coin de son feu, dans une immense chambre solitaire. Elle avait de jolies pantoufles jaunes ornées d'effilés, des bas coquets et un pantalon rouge... »

Balzac était trop épris d'un stéréotype de femme très féminine pour être ému par George. Elle avait, d'après lui, tout ce qui anéantissait le désir d'un mâle. Elle écrivait trop, menait sans aide ni larmes sa dure barque surchargée. Elle osait rompre la première, avait su se défaire d'un mari. Elle faisait peur à Balzac. Il reconnaissait ses immenses qualités, mais son physique ne l'attirait pas. Il ne lui pardonnait pas de n'être pas séduit.

« Au physique, elle a doublé son menton, comme un chanoine. Elle n'a pas un seul cheveu blanc, malgré ses effroyables malheurs ; son teint bistré n'a pas varié, ses beaux yeux sont tout aussi éclatants, elle a l'air tout aussi bête quand elle pense. »

Ils discutèrent jusqu'à cinq heures du matin, sur le grand thème de leurs œuvres : le mariage et l'amour.

Ils divergeaient d'opinion. Balzac défendait la liberté de choix des jeunes filles mais une fois mariée, l'épouse était enchaînée, et se devait d'être fidèle. Point de divorce chez Balzac. À la jeune fille, encore libre, de soupeser son choix. La liberté de la femme disparaissait une fois celle-ci mariée. George s'échauffait, fumait sa longue pipe et répliquait que le divorce était une nécessité vitale. On avait élevé les femmes bêtement, pour servir les besoins de la société, les intérêts de l'homme. Un sot mari n'avait pas à mutiler une précieuse vie de femme. Ils parleront ainsi trois jours, toutes les nuits, rompant l'un et l'autre leurs terribles habitudes de travail. Il admirait en elle la dure travailleuse, il critiquait férocement la femme.

« Elle travaille énormément. Elle mène à peu près ma vie. Elle se couche à six heures du matin et se lève à midi ; moi je me couche à six heures du soir et je me lève à minuit. [...] La voilà dans une profonde retraite, condamnant à la fois le mariage et l'amour, parce que dans l'un et l'autre état, elle n'a eu que des déceptions. Son mâle est rare, voilà tout. Il le sera d'autant plus qu'elle n'est point aimable, et par conséquent, elle ne sera que très difficilement aimée. »

Elle était coupable, aux yeux de Balzac, d'un excès de qualités viriles.

« Elle est garçon, elle est artiste ; elle est grande, généreuse, dévouée, chaste ; elle a les grands traits de l'homme ; *ergo*, elle n'est pas femme. Je ne me suis pas plus senti qu'autrefois près d'elle [...] atteint de cette galanterie d'épiderme [...]. Je causais avec un camarade. »

Il appréciait avec des réserves son comportement maternel.

« Elle est une excellente mère, adorée de ses enfants ; mais elle met sa fille Solange en petit garçon, et ce n'est pas bien. Elle a laissé son fils Maurice goûter de trop bonne heure aux dissipations de Paris, il a une maladie de langueur à douze ans et son épine dorsale est malade, il est comme un homme de vingt ans *mora-*

lement car elle est intérieurement *chaste, prude*, et n'est artiste qu'à l'extérieur. Elle fume démesurément, elle joue peut-être un peu trop à la princesse. [...] Elle travaille beaucoup pour payer les dettes qu'elle a contractées pour *tutti quanti*, amis et amants... Elle aime [...] un homme qui lui est inférieur [...]. Il faut qu'une femme aime toujours un homme qui lui soit supérieur [14]. »

Balzac n'en démordait pas : George était un homme qui « joue à la princesse ». Il lui reconnaissait un style, mais une piètre conception de la langue française. Ils se trouvaient un point commun : modestes foncièrement, ils se moquaient de la gloire. Ils ne prenaient au sérieux que leur labeur. Elle l'émouvait aussi : peut-être était-elle ainsi d'avoir été si tôt orpheline, de s'être formée si seule, sans guide solide, couverte de charges ? Balzac se sentait envahi par sa nouvelle création, *Béatrix*. Il ne voulait pas traiter de façon directe le destin de Marie, Franz et George. Marie et Franz lui faisaient songer à Dante et Béatrice. Il contracta le nom de l'héroïne en *Béatrix*. Les amants, enchaînés, traînaient en Bretagne la célébrité de leur couple malheureux. La passion était usée, il restait entre eux un dur et amer orgueil. George Sand inspira Félicité des Touches. Balzac en faisait une romancière au pseudonyme masculin : Camille Maupin. Félicité avait quarante ans, belle, le teint mat, la chevelure noire, « une chute de reins magnifique ». Fière, indépendante, elle ne peut trouver l'âme sœur chez un homme, trop brillante intellectuellement, le regard brûlant. Elle fait peur aux hommes. Elle est dévorée d'une « épouvantable lucidité sur elle-même ». Jamais l'amant de Béatrix ne l'aimera. C'est un roman sombre, celui des illusions perdues. Les deux amants resteront rivés à la pire des solitudes, celle de ne plus s'aimer. Désespérée, Félicité

---

14. Honoré de Balzac, *Lettres à madame Hanska*, 5 vol. (Paris, 1967-1970), vol. I, p. 584-589.

des Touches entrera au couvent. Dans la version corrigée, Lélia entrait aussi au couvent.

Balzac et George Sand s'unissaient symboliquement dans un seul et même sommet. La solitude d'écrire, ce carmel qui ne cesserait qu'avec leur vie. L'amour n'était qu'un songe. Au couvent de Balzac et à celui de George, les prières sont ces mots arrachés à leurs nuits, à leurs jours, à leur épuisement. L'eau bénite est d'encre, le cilice est la plume. Là, ils se sont reconnus.

Mme Hanska se contenta de demander un autographe à « la lionne du Berry ». Les routes se séparaient, ils se reverraient peu. George commençait *Spiridion*.

Elle ne savait pas qu'un autre carmel l'attendait sous la forme d'un jeune homme souffrant, déchiré, au génie éclatant. Il allait l'enfermer toute vive dans une passion douloureuse pendant neuf années : Frédéric Chopin.

Chapitre 26

LES « NOCTURNES » DE GEORGE SAND

Le 6 avril, le peintre Auguste Charpentier était venu à Nohant. Il fit le portrait de George et de ses enfants.

« On mène ici l'existence la plus heureuse et la plus libre possible. [...] À 7, 8 heures du matin, un domestique vient vous allumer un énorme feu et vous demande ce que vous désirez déjeuner, chacun est servi chez soi. Après déjeuner on travaille ou on se rend mutuellement visite ou l'on fait une partie de billard pour se reposer. Dans le courant de la journée, Mme Sand reste chez elle à travailler et elle ne reçoit personne. À cinq heures, la cloche sonne, on s'habille et tout le monde se trouve réuni pour dîner [...] ; on vit en famille, on passe au salon, et là fume la cigarette qui veut. [...] À 11 heures [...] chacun trouve en rentrant dans sa chambre un feu superbe, sa couverture faite, des verres d'eau sucrée, etc. [1]. »

George devait regagner Paris. Elle laissa les enfants à l'utile Mallefille. Il lui faudrait trouver une institutrice pour Solange ou la remettre en pension. L'instruire prenait un trop large temps sur son travail. Elle avait bien aimé enseigner à Solange ses idées humanistes, puisées chez Leroux. « L'humanité [est] un être collectif qui se développe. » George débutait la leçon

1. G. Sand, *Corr.*, tome IV, p. 404 (note, lettre de A. Charpentier à sa tante).

par une lecture, ensuite venait une dictée tirée de cette lecture. Elle expliquait ce qui ne semblait pas clair. On passait à la géographie. Elle montrait à Solange une carte. Pour l'histoire, elle éclairait les étapes après avoir lu les faits. Elle s'occupera plus tard de cette manière des filles de Maurice.

« Il faut donc, avant d'entreprendre l'éducation d'un enfant, faire ou refaire sa propre éducation car c'est un apostolat et il faut s'en rendre digne[2]. »

Les urgences de sa vie d'écrivain l'éloignaient et ses enfants redevenaient paresseux. Solange, livrée aux bonnes, jouait avec les chiens. Maurice dessinait beaucoup. Il avait fait un bon croquis de Balzac en robe de chambre. Ils écrivaient à leur mère. Le père devenait cette ombre floue. Le 17 avril, George était à Paris chez Mme Marliani. Elle avait loué une chambre pour travailler tranquillement. La plaidoirie de son procès contre Casimir aurait lieu le 24 avril. Elle avait revu Marie Dorval. Une gaieté d'écolières les animait. Quel plaisir d'arpenter ces rues où en moins de dix années elle avait parcouru un tel chemin ! Tout la réjouissait. Amis, ex-amants, relations, Musset, pâle et mélancolique, le bureau de Buloz encombré de revues, Planche toujours aussi sale, Didier, Scipion de Roure, Sandeau le paresseux. Elle écrivait quotidiennement aux enfants et se réjouissait du concert chez le marquis de Custine. Elle avait été invitée avec Mme Marliani et sa chère Dorval – et sa moins chère Marie d'Agoult. La surprise était Chopin. Lui, si sauvage, avait accepté de jouer pour « ces dames ». George et Marie furent transportées d'admiration quand il joua, les douze *Études* opus 25. Il partit vite. George et Marie lui envoyèrent un billet qu'il conserva dans son album particulier et qu'on découvrit après sa mort :

On vous adore. George.

---

2. *George Sand et Solange, mère et fille*, *op. cit.*, p. 127.

Et moi aussi !! Et moi aussi !! Et moi aussi !! Marie Dorval [3].

Frédéric Chopin était une figure très à la mode en 1838. Paris adorait sa minceur, ses yeux gris-vert, ses cheveux blonds. Il s'habillait, tel Musset, en dandy, gants blancs, pantalons gris, cape noire. Il ravissait les comtesses et les duchesses qui prenaient des leçons de piano chez lui. Il leur rappelait l'Aiglon. Il était né le 1er mars 1810 dans le village de Zelazowa Wola, près de Varsovie. Sa mère, polonaise, d'humble origine, Justynia Krzyzanovska, eût aimé que son fils s'appelât « Chopinski », mais le père était français et imposa « Chopin ». C'était un enfant prodige, d'allure et de goûts aristocratiques. Il eut un professeur de piano tchèque. À douze ans, il savait tout de la musique. Génial autodidacte, il composait sans relâche. De son âme tourmentée, il avait exsudé les *Mazurkas*, les *Études*. À seize ans, il portait les marques définitives de son caractère et de son talent. Pétri d'une sensibilité hors du commun et d'ambiguïtés, il se prit de passion pour Titus Wojciechowski. Il était amoureux d'une élève de chant, Constance Gladowska. Il adorait sa sœur cadette, Emilia. Il souffrait d'angines, il crachait du sang. On n'osait diagnostiquer la tuberculose qui emporta sa sœur. À dix-sept ans, horrifié, il assista à l'agonie d'Emilia. Il ne s'en remit jamais. Sa musique prit ce tournant tragique, une tristesse hallucinée l'habitait et hantait ses morceaux. À dix-neuf ans, son pays était envahi par les Russes et il voyageait à Vienne. Son ami Titus se battit contre l'envahisseur. Chopin n'en avait pas la force. Il pleurait d'une mélancolie sans âge. Il pleurait Emilia. Il pleurait Constance dont la famille, trop bourgeoise, avait refusé toute union avec lui. Il pleurait sa patrie. La France devenait la terre d'exil des Polonais. Lorsqu'il arriva à Paris en 1831, il avait composé ses douze *Études*, des *Nocturnes*, deux concertos

3. *George Sand l'amoureuse*, *op. cit.*, p. 262.

pour piano et son *Trio*. Il signait ses lettres à Titus par des formules amoureuses : « Donne-moi ta bouche » ou « Laisse-moi baiser tes lèvres. » La passion, chez lui, n'était qu'un seul et brûlant élan, au-delà du sexe. Sa musique reflétait les tensions de cette âme tourmentée, frénétique, délicate. Ses plus grandes amours étaient faites d'absence. Titus ou la jeune fille interdite ou la sœur défunte, tout procédait des profondeurs en spirales de ses *Nocturnes*. Une angoisse sans nom, un amour sans nom. L'impossible et le sublime. L'abîme, en amour, suffisait à Chopin. Le passage à la chair le révoltait d'une répugnance compliquée. À Paris, il s'intégra au groupe des riches exilés polonais dont le comte Grzymala. À eux s'étaient joint Liszt, Berlioz qui fascinait le chanteur Nourrit. Le comte Grzymala était reçu dans les plus prestigieux salons dont celui des Rothschild. On s'émerveillait d'entendre jouer Chopin, ses leçons coûtaient vingt francs-or. Jouer en public lui était un supplice. Il rentrait chez lui, seul, dans son cabriolet personnel. Constance s'était mariée, Chopin était amoureux de la sœur d'un condisciple, Maria Widzińska. Elle avait seize ans et tout Paris les fiançait. La famille de Maria était riche. Il crachait à nouveau du sang, le bruit courait qu'il était mort à Varsovie. Maria fut obligée de lui écrire une lettre d'adieu. Il l'avait serrée dans cet album où quelques mois plus tard il glissait le joyeux billet signé George et Marie Dorval. George ignorait que Maria avait rompu avec Chopin. Elle l'avait écouté religieusement, vêtue de soie à ramages. Il n'aimait pas son visage, ni son allure. « Il y a en elle quelque chose qui m'éloigne [4] », écrivait-il à sa famille. George fut aussitôt attirée. Elle se retrouvait en pays d'amour connu : Musset – et ceux qui cambriolaient elle une maternité profonde, incestueuse, mystique. Chopin agitait en elle le besoin inhérent à sa riche

4. Frédéric Chopin, *Correspondance*, Éd. B.E. Sydow, 3 vol. (Paris, 1953-1957), vol. II, p. 208.

nature de donner, protéger, combler. Elle adora son génie mais tout autant sa faiblesse. Sa maladie avait de quoi repousser, effrayer : elle rêvait de le soigner, de le veiller. Elle rêvait d'un rapt délicat où elle lui offrirait son toit, sa vie, une famille. Elle l'aima immédiatement et se tenait silencieuse, retenue. Si elle aimait faire l'amour, elle frôlait souvent le besoin paradoxal d'un amour chaste, magnifié, loin des lourdes chaînes du plaisir. Elle n'était plus Lélia la frigide, mais Lélia prête au carmel, amoureuse de sublime. Elle s'était aperçue de la vague répulsion de Chopin. Chopin se comportait en *jeune fille* qui s'épouvante d'un désir de mâle trop puissant. George se fit discrète à la manière d'un gentilhomme. Le piège où se mettait George se trouvait toujours dans cette enclave. Attirée par des êtres faibles, qui vampirisaient sa force, elle devenait leur prisonnière, leur proie. Elle oubliait qu'en ces hommes, si fragiles fussent-ils, gîtait le mâle originel. Elle n'était qu'une femme et Chopin n'avait pas encore vécu pleinement une relation d'amour. Réservée à l'extrême, elle mena ainsi sa cour. Elle devinait chez ce répugné, ce difficile « élevé sur les genoux des princesses », une passion dévorante. Elle l'épiait, inquiète, décidée, désorientée. Le bonheur d'en être aimée serait à la mesure d'une indicible cruauté.

« J'avais de la tendresse et le besoin impérieux d'exercer cet instinct-là. Il me fallait chérir ou mourir. [...] [Chopin] n'était pas fait pour vivre longtemps dans ce monde. [...] Il ne voulut jamais transiger avec la nature humaine. [...] Il était donc à la fois doux et cruel d'être l'objet de sa préférence [...]. Il vous accablait de son désenchantement [...] à la plus petite ombre [5]. »

Chopin ne supportait que des auditoires restreints. George voulait ce jeune homme si mince dont elle avait autrefois ironisé « si ce n'est pas une jeune fille ». Elle écrivait le 12 mai à Eugène Delacroix, pour le décider

5. G. Sand, *Histoire de ma vie*, tome II, p. 440-443.

à venir écouter le pianiste : « Chopin joue en petit comité, les coudes sur le piano, et c'est alors qu'il est vraiment sublime. » À la fin de ses concerts, il partait sans se retourner. Elle l'avait revu seul, chez lui. Qui pouvait arrêter les désirs de George ? Sa chaleur, sa présence avaient fait ployer le jeune homme. Ils échangèrent « un premier baiser ». C'était une évanescence florale, un transport délicat, divin. George brûlait, Chopin se confondait aux ombres de son piano, de sa demeure. Le baiser de George avait été le frôlement des nuages, la sonorité en bémol de ses plus rares morceaux. Il s'enfiévrait de malaise et d'une sourde joie, il retenait le goût enfiévré des fraîches lèvres de cette femme brune, puissante, penchée sur lui et qui renversait son visage tel un fruit précieux. Elle tremblait d'un désir compliqué, d'une adoption sans fin. Elle avait envie d'enlever ce bijou d'homme, ce papillon rare, ce génie, ce malade, cet enfant qu'elle chérirait tel l'aîné des siens. Elle était repartie à Nohant. Mai s'achevait, elle avait retrouvé ses enfants, distraite par l'image obsédante : un jeune homme penché sur un clavier, un profil délicat, un éclat céleste dans les yeux, le souffle court. De ses doigts fins surgissait une musique qui la transportait au-delà de tous les deuils, de tous les bonheurs, hors les frontières rugueuses de la vie. George Sand organisa le rapt de Chopin. Elle écrivit la lettre la plus singulière qu'une femme eût osé. Elle écrivit avec la franchise d'un homme, au comte Grzymala. Elle lui demandait la permission d'aimer Chopin, de s'occuper de lui. Elle menait la plus intrépide des enquêtes. On eût dit un père prenant des renseignements sur une vierge à marier. Il avait vingt-huit ans et elle le nommait « notre petit ». Elle levait la question de la fiancée présumée. George restait avant tout « un honnête homme ».

« Écoutez-moi et répondez clairement. [...] Cette personne qu'il veut, ou doit ou croit devoir aimer, est-elle propre à faire son bonheur, ou bien doit-elle augmenter ses souffrances et ses tristesses ? [...] Je demande laquelle de *nous deux* il faut qu'il oublie ou abandonne pour son repos [6]. »

Une lettre de douze pages où elle soupesait honnêtement tous les aspects de son désir d'amour. Elle exposait ses difficultés personnelles. Elle n'était pas libre, il y avait Mallefille dont elle taisait le nom, il y avait « l'éducation de ses enfants ». Elle supputait ses risques avec une audace proche d'une innocence déconcertante. Mallefille, « cet être excellent, cette cire malléable », lui était bien utile à Nohant. Elle comptait le garder auprès d'elle ! Chopin et elle s'aimaient, ce ne serait pas une passion destructrice mais l'envie « d'une course dans les étoiles ». Elle promettait le calme, la douceur, le repos à Chopin ; mais il lui faudrait choisir. S'il ne pouvait ni ne savait partager ses amours, elle préférait s'éloigner. À Grzymala de juger si « leur enfant » était en danger ou non avec son amoureuse polonaise. Ce fut en effet une étrange commission pour le comte, mais George Sand était aussi une étrange femme qui passait outre les commérages. Qu'avait pensé Grzymala d'une telle demande ? Chopin était son ami, mais ni son fils ni son total confident. George était célèbre pour ses amours simultanées ou contingentes, elle jetait en avant un paradoxe : la fidélité.

« J'ai cru par-dessus tout à la fidélité. Je l'ai prêchée, je l'ai pratiquée, je l'ai exigée. On y a manqué et moi aussi. [...] J'ai connu plusieurs sortes d'amours [...]. Tout cela a été parfaitement sincère *(même lettre)*. »

Seuls les événements l'avaient contrainte parfois à « mentir comme les autres ». Elle détestait mentir, c'était la raison de cette lettre incroyable qui souleva longtemps le tollé ricanant de ses ennemis. On ne pouvait guère séparer l'âme du corps, en amour. Que

---

6. G. Sand, *Corr.*, tome IV, lettre à Albert Grzymala (les extraits de cette lettre vont de la page 428 à 431).

s'était-il passé pour que Chopin « ait l'air dégoûté de la chair » ?

« Il a donc eu une maîtresse indigne de lui ? Pauvre Ange ! »

Elle n'envisageait pas que peut-être, elle était la cause de cette répulsion. Il l'aimait, mais la fuyait. Elle n'avait passé aucune nuit avec lui. S'il acceptait de venir à Nohant, elle se chargerait de tout, y compris d'éloigner Mallefille « à Paris ou Genève ». Qu'il vienne ! Le reste, elle s'en chargerait.

On ignore la réaction et la réponse du comte et celle de Chopin. Le 4 juin, George avait écrit, à Grzymala :

« Je serai à Paris jeudi. Venez me voir et tâchez que le petit ne le sache pas. Nous lui ferons une surprise. »

Un billet de Chopin répondait à celui-ci, adressé à Grzymala :

« Mon âme, je ne puis pas être surpris, puisque j'ai vu hier Mme Marliani qui m'a annoncé son arrivée. Je resterai à la maison [...]. Que va-t-il advenir ? Dieu seul le sait. Moi, je ne me sens vraiment pas bien [7]. » Chopin craignait ce projet dont lui avait certainement parlé son ami. Une peur atroce et délicieuse de sa prédatrice. Elle logeait chez Mme Marliani, qui bien sûr le mit au courant de l'arrivée de George. Il se repliait, il souffrait de fièvre nerveuse, d'oppressions. On peut dater de ce mois le début de leur liaison discrète telle une brume. George songeait à un voyage avec lui et ses enfants. Cette fin de printemps avait été pluvieuse, Maurice souffrait de rhumatismes. La santé de Chopin exigeait le soleil et le repos. Il endurait mal les cancans parisiens qui ne manqueraient pas. Liszt et Marie d'Agoult étaient en Italie, Marie lui écrivait des lettres chaleureuses, ne sachant qui l'accompagnait dans ce nouveau voyage. « Je commence à croire (mon unique Piff), que nous sommes condamnés à nous aimer à perpétuité (juin 1838). » Le ton changera quand elle saura que

7. *Ibid.*, p. 445 et la note, p. 446.

son cher Piff lui avait *volé* « son » Chopin ! George Sand prit rapidement les décisions du voyage. Ses enfants ne connaissaient pas Chopin, mais ils avaient connu leur mère entourée d'hommes et souvent lotie d'un compagnon. Elle écartait l'Italie et songeait à l'île de Majorque. Elle ne prévoyait pas les conditions hasardeuses de cette Espagne de 1838. Elle évacuait les idées morbides, par exemple un accident à Chopin plus fragile qu'une rose transplantée. Ils se virent quotidiennement, ce mois de juin, et elle menait sa cour comme si elle eût abordé un précieux cristal. Ne rien briser, ne pas choquer, l'effleurer, le rassurer, le materner, l'amener à une étreinte de bonne nourrice plus que de fougueuse amante. Elle jouait du pouvoir de ses yeux sombres. Elle choisissait d'instinct le silence et non les mots qui l'eussent effrayé davantage. Les beaux soirs de clair de lune, elle l'emmenait promener avec lui. Ils revenaient en pleine nuit, il tremblait d'étrange faiblesse, d'amour frôlé, il pleurait, elle encourageait ses larmes, elle le berçait. Elle baisait sa bouche trop chaude. Elle n'avait peur d'aucune contagion : le pire des microbes était le manque d'amour. Elle aimait le mal délicat qu'elle lui faisait afin de mieux le chérir et le consoler. Il s'apaisait au geste maternel de son amante, il s'endormait, confiant, elle refermait sur lui son solide bras de femme. L'adoption était consommée. George n'en travaillait pas moins. Elle avait écrit rapidement, cet été-là, une mauvaise pièce de théâtre, *Les Sept Cordes de la lyre*. Chopin était l'esprit merveilleux de la « lyre » dont elle devait jouer avec une infinie délicatesse. Sa passion de cristal n'empêchait pas la lutteuse de suivre ses affaires. Le 2 juillet, le notaire Damaison, à Paris, recevait l'acte de liquidation de la société d'acquêts des époux Dudevant. George et Chopin se rendaient beaucoup chez Grzymala où George fit la connaissance du poète polonais Niemcewicz. Elle avait envoyé Maurice à Rouen et Étretat, prendre l'air marin, accompagné de Mallefille. Elle ne supportait plus Mallefille comme amant. Elle avait retrouvé ses caresses « avec tristesse » et s'était donné un grand mal féminin pour dissimuler sa froideur. Elle ne se doutait pas de la jalousie terrible qui allait s'emparer de cette « bonne pâte » de Mallefille. Elle était toute à sa lune de miel. Elle se faisait belle pour Chopin, soignait ses toilettes à ramages, très féminines, avec des manches en sabot ornées de dentelles, une résille rouge sur sa chevelure soyeuse. Elle portait des bracelets, une longue chaîne d'or, des pendentifs. Sa lettre à Delacroix, datée du 7 septembre, éclate de bonheur :

« Si Dieu m'envoyait la mort dans une heure, je ne m'en plaindrais pas du tout, car voilà trois mois d'ivresse sans mélange[8]. »

Peut-être sied-il de ne pas se fier aux apparences ? On dit qu'un amant tuberculeux atteint une frénésie des sens d'autant plus aiguë que le temps lui est compté. Elle s'était battue pour obtenir cet amour-là. Il y eut, dans cette idylle, deux gros nuages : Marie d'Agoult et Mallefille. Marie avait autrefois aimé Chopin, lors d'un séjour en Italie. Elle détesta que « son Piff unique » eût osé toucher à celui qu'elle croyait son soupirant. Marie était outrée, jalouse. George recevait aussi une encombrante déclaration de Henri Heine, prêt à devenir son amant. Elle fit semblant de n'avoir rien compris à sa demande. Le 27 août, Didier se mariait à Londres. Il y eut la fureur de Mallefille. Il se doutait qu'il était trompé en revenant de cette excursion avec Maurice. Ils avaient rencontré Delacroix à Rouen, un mot imprudent avait-il échappé au peintre ? Il se rendit à Paris ; il écumait de révolte et d'humiliation. Aveuglé, il se trompa de cible. Il crut que sa George couchait avec Alexandre Rey, jeune poète marseillais qui avait fait un court séjour à Nohant l'année précédente. Mallefille, moins placide et « cire malléable » que ne le jugeait trop commodément George,

8. *Ibid.*, p. 483 (lettre à Eugène Delacroix, 7 septembre 1838).

provoqua en duel le sensible Provençal qui n'y comprenait rien. George, de grande mauvaise foi, écrivait à Leroux, le 26 septembre, qu'elle jugeait « aberrante » la conduite de Mallefille.

« Dites-lui, que les femmes n'appartiennent pas à l'homme par droit de force brutale et qu'on ne raccommode rien en se coupant la gorge. »

Mallefille finit par connaître le nom du vrai rival. George pensait que peu de personnes connaissaient sa liaison excepté Grzymala, Mme Marliani et Delacroix. Il avait peint en juillet les deux amants. Chopin au piano, George debout derrière lui. On avait transporté le piano à l'atelier. Chopin s'éprenait profondément de George, elle l'enveloppait d'un bonheur unique, précieux, elle levait ses inhibitions. Mallefille rôdait. Marie d'Agoult, dans une lettre au major Pictet, se réjouissait de l'histoire dont Paris se gaussa. Une nuit, Mallefille faisait le guet devant la porte de Chopin. Dès qu'il aperçut les amants, il hurla, se jeta sur eux. Grzymala dut les séparer. La version de Paul Perret (*Le Gaulois*, septembre 1885) est plus vraisemblable. Mallefille avait aperçu George qui sortait de l'immeuble de Chopin. Il bondit, un couteau à la main. Heureusement, une grosse voiture de roulage permit à la bougresse de s'enfuir, de se jeter dans le premier fiacre et « fouette cocher ! », adieu Mallefille.

Il était temps de filer en Espagne.

Elle chargea Boucoiran de retenir la diligence, trois places de coupé dont une à l'intérieur. Qu'il prévienne l'administration qu'elle avait beaucoup de bagages. Qu'il « fasse mousser son importance » pour lui procurer les passeports et les dispenses de douane. Elle passerait l'hiver à Majorque. Ils partiraient le 18 octobre à l'aube, avec les deux enfants. Maurice, disait-elle à Duteil, avait besoin de changer d'air.

Chapitre 27

MAJORQUE OU UN ÉTRANGE HIVER

Mme Marliani avait tant vanté la douceur des îles espagnoles que George s'était décidée pour Majorque. Venise, c'était Musset, elle avait envie d'un autre décor à son nouvel amour. La toux de Chopin l'inquiétait. Avait-elle songé que ses enfants risquaient la tuberculose ? Indifférence et fatalisme secrets, égoïsme, intrépidité suicidaire, l'intime conviction d'être enchaînée à la même cordée que ceux qu'elle aimait, il est difficile de juger. Ils iraient tous à Majorque, ils en avaient d'ailleurs tous envie. Il ne se passait rien d'intéressant en France. Louis-Philippe avait péniblement marié son fils Ferdinand à une princesse née de Mecklenbourg-Schwerin. Le roi s'était heurté à un « blocus matrimonial » de toutes les grandes maisons d'Europe. L'émir Abd-el-Kader, sultan des Arabes, continuait la résistance contre l'occupation française en Algérie. L'essor de l'industrie lourde fondée sur le charbon augmentait la misère ouvrière. George était heureuse d'entraîner au loin sa belle histoire d'amour. Elle détestait Paris. « Je hais Paris au point de passer tout le temps que je suis forcée d'y demeurer à fermer mes yeux et mes oreilles. » Elle préparait son équipée avec sa promptitude si particulière. L'Espagne coûtait peu cher, George rêvait chaleur et douceur à Palma, qui était à l'époque un bourg arriéré. Palma était isolé dans une nature sauvage autant que ses habitants. George pensait trouver la douceur italienne. Elle partit à l'aube du 18 octobre 1838 avec ses enfants. Chopin la rejoindrait à Perpignan. Maurice avait quinze ans, Solange dix, une bonne les accompagnait. Chopin redoutait toute indiscrétion vis-à-vis de sa famille. Si discret fût ce départ, la célébrité des deux amants alimentait la rumeur. La gazette de Palma annonçait l'arrivée de « deux illustres artistes ». Le 26 octobre, dans la soirée, George et les enfants étaient à Nîmes. Le parcours depuis Paris, en diligence, était long. De Chalon-sur-Saône, le coche d'eau atteignait Lyon où l'on embarquait sur ce fameux bateau à roues jusqu'à Avignon. Encore de la route, et ce fut Nîmes. Elle se réjouit de revoir Boucoiran. La diligence partit le 29 octobre de Nîmes, on arriva à Perpigan le 30 où Chopin arrivait « frais comme une rose ». Il fallut une semaine pour parcourir neuf cents kilomètres. Les malles-postes, sans suspension, étaient rudes aux reins. Le changement de chevaux se faisait régulièrement, on n'avait le temps ni de se reposer ni de se restaurer. On se sustentait d'un gros panier à provisions, endurant les ornières, les cahots, le chaud, le froid, le grincement des roues. Maurice était ravi. Ce voyage à Majorque, dira-t-il dans sa vieillesse, fut un de ses plus beaux souvenirs. Solange était enchantée. Aller ainsi, avec sa mère, son frère, ce joli petit jeune homme avec eux, c'était charmant. Elle souriait, de belle humeur. On embarqua pour Barcelone à Port-Vendres sur le *Phénicien*. Ils logèrent tous à l'hôtel des Quatre Nations. Le 7 novembre au soir, on embarqua à bord du bateau à vapeur *El Mallorquín*. Personne ne fut malade. George et Chopin vivaient une trêve délicieuse. Le temps était magnifique, la mer était calme. Ils s'enchantaient d'écouter le timonier chanter un vieux chant local. Au petit matin, Solange courait sur le pont, ravie d'apercevoir la baie de Palma, les palmiers, la côte éblouissante. Il était rare, à cette époque, qu'une mère offrît à ses enfants l'éducation d'un voyage. L'illusion d'aborder un paradis terrestre l'emportait. George, si avisée, ne s'était pas occupée de leur logement à Palma. Elle pensait trouver sans peine une auberge. Quelle surprise de voir Palma bourré de réfugiés espagnols, plus une seule chambre de libre ! Les Espagnols fuyaient la guerre civile qui dévastait le continent. La première semaine fut pénible, ils finirent par s'entasser dans une médiocre pension de famille, au-dessus d'un fabricant de tonneaux. C'était sale, bruyant et triste, le quartier était douteux.

« Pourquoi j'allais dans cette galère ? […] C'est que j'avais envie de voyager[1]. »

Son énergie reprit le dessus. On lui indiqua une villa à louer, au village Establiments, à dix kilomètres de Palma, du nom de *So'n Vent* (« la Maison du Vent »). Le nom s'avéra bientôt justifié. Les vents à Majorque sont terribles. *So'n Vent* appartenait à un certain Gomez. Les malentendus commençaient. Ils étaient sûrs de l'hospitalité des Majorquins qui ont l'habitude de dire « la maison et tout ce qu'elle contient est à votre disposition ». Gare à qui osait y croire et se servir sans payer ! « Toute l'hospitalité se passe en paroles. » Pour cent francs par mois, ils s'installèrent.

« [La villa] était meublée […] de lits de sangle ou de bois peints en vert, quelques-uns composés de deux tréteaux sur lesquels on pose deux planches et un mince matelas ; les chaises de paille, les tables de bois brut ; les murailles nues bien blanchies à la chaux ; […] des vitres aux fenêtres (seul luxe)[2]. »

Chopin était heureux de la douceur du climat, des promenades ravissantes. Avec les enfants, ils allaient à travers les chemins bordés de végétation odorante. Cactus, amandiers, orangers… Solange aimait d'instinct Chopin, Maurice n'en était pas jaloux. Un lien profond s'établissait : Chopin faisait partie de la famille ;

1. G. Sand, *Histoire de ma vie*, tome II, *Un hiver à Majorque*, p. 1052.
2. *Ibid.*, p. 1059.

et avait évité la choquante image de l'amant de leur mère. Chopin était trop délicat et pudique pour révéler un intime désordre. George appréciait cette réserve qu'elle appelait « la chasteté ». Les enfants étaient rassurés. Chopin était une sorte de frère aîné idéal, profond, si gentil avec eux. Il jouait divinement du piano, il donnera des cours à Solange. Il vivait une rémission de son mal. Au fond, ils eussent bien passé leur vie entière ainsi. La villa était au pied des montagnes, dans une riche vallée. Les enfants ramassaient du bois pour faire du feu. Le ciel était bleu, la mer turquoise.

Ils ne se rendaient pas compte qu'ils devenaient le point d'observation sans bienveillance des habitants. C'étaient en majorité des paysans incultes, des religieux de couvents, tous catholiques jusqu'à la superstition. « Le naturel du pays est le type de la méfiance, de l'inhospitalité, de la mauvaise grâce et de l'égoïsme », écrivait-elle à Duteil. Une étrange solitude s'établit. En trois mois, ils ne reçurent qu'une visite du propriétaire. Chopin s'inquiétait pour son piano, son Pleyel, expédié par bateau depuis Marseille et qui n'arrivait toujours pas. Il se heurta à une administration des douanes hallucinante. Le prix pour le dédouaner équivalait quasiment à sa valeur. Ce piano resta longtemps bloqué au fond du navire ; il faudra quatre cents francs pour le débarquer, et le faire transporter par miracle jusqu'à la chartreuse de Valldemosa, seconde habitation des voyageurs. George disposait d'une somme de vingt mille francs que son jugement lui avait autorisé à emprunter. Elle avait trouvé, à quinze kilomètres au nord, un monastère abandonné, la chartreuse de Valldemosa. Elle y loua trois cellules et un jardin planté de citronniers. « C'est la plus poétique résidence de la terre », écrivait-elle à Charlotte Marliani. Ses liens avec ses enfants s'étaient encore resserrés. « Solange est un bloc de santé et son caractère s'améliore. » Elle avait emporté dans ses bagages tout ce qu'il fallait pour redevenir son institutrice. S'approvisionner était une expédition. On allait dans une rude charrette jusqu'à

Madame Dupin de Francueil, grand-mère paternelle de George Sand.

Maurice Sand. © PMVP.

Maurice Sand à 14 ans
par Auguste Charpentier.
© Centre des Monuments nationaux, Paris.

Solange Sand. © PMVP.

Solange Sand à 9 ans
par Auguste Charpentier.
© Centre des Monuments nationaux, Paris.

Pietro Pagello. © Bibliothèque nationale de France, Paris.

Alfred de Musset par Charles Landelle. © RMN/Gérard Blot.

Liszt au piano par Josef Danhauser, 1840. À gauche, Alexandre Dumas père ou Alfred de Musset, Victor Hugo, George Sand, Niccolo Paganini, Gioacchino Rossini, Liszt, Marie d'Agoult et le buste de Beethoven. © AKG Paris.

Liszt, photographie de E. Hanfstaengl, 1869. © AKG Paris.

Le maréchal de Saxe,
par Quentin de la Tour.
© PMVP.

Marie Dorval.
© RMN/J.G. Berizzi.

Marie d'Agoult,
par Henri Lehmann, écrivain
sous le pseudonyme de Daniel
Stern. et compagne de Liszt
© RMN/Bulloz.

Charles Marchal.

Michel de Bourges.

Alexandre Manceau,
photographie de Nadar.

Aurélien de Sèze.

éphane Ajasson de Grandsagne,
lithographie de Dévéria

Jules Sandeau,
dessin de George Sand

Jardin de la Chartreuse de Valdemosa, par Maurice Sand, 1839.
© collection Viollet.

La révolution de 1848, par H. Philippoteaux. © Eric Lessing, AKG Paris.

Palma, George payait tout très cher. Point de domestiques excepté Rosalie emmenée avec eux. George lavait et cuisinait elle-même. Elle accepta les services d'une servante qui survivait à la chartreuse. Elle s'aperçut que celle-ci la volait : argent, linge et nourriture. La nuit, comme toujours, George écrivait. Elle remaniait *Lélia*, commençait *Spiridion*. À l'aube, de la terrasse, elle respirait l'odeur des citrons du jardin.

« Les arbres, le ciel, la mer dépassent tous mes rêves. C'est la terre promise [...]. Chopin a fait hier trois lieues à pied avec Maurice et nous sur des cailloux tranchants. [...] Solange et moi engraissons [...]. Le consul de France est un excellent garçon qui s'est mis en quatre pour nous [3]. »

Les choses allèrent moins bien en décembre. Il y eut une pluie diluvienne. Ils ne s'attendaient pas à cette soudaine férocité du climat. Les fleurs disparaissaient sous l'eau, les cailloux étaient transportés avec violence. Ils étaient encore à la villa *So'n vent*. Les murs prenaient l'eau, la maison devenait une menace gelée sur leurs épaules : pas une seule cheminée ! Ils brûlèrent du charbon sur des braseros qui ne réchauffaient rien mais suffoquaient tout le monde. Chopin cracha du sang, ce qui se sut jusqu'à Palma.

« Notre malade commença à tousser, de ce moment nous devînmes un objet d'horreur et d'épouvante pour la population. Nous fûmes atteints et convaincus de phtisie pulmonaire, ce qui équivaut à la peste dans les préjugés contagionistes de la médecine espagnole [4]. »

Un médecin avait daigné venir et, pour quarante-cinq francs, il déclara que ce n'était rien et s'en alla en vitesse. La pharmacie de Palma était dans un éternel dénuement. Le 3 décembre, Chopin écrivait à son ami Fontana :

---

3. G. Sand, *Corr.*, tome IV, p. 522.

4. G. Sand, *Histoire de ma vie*, tome II, *Un hiver à Majorque*, p. 1067.

« Trois médecins, les plus célèbres de l'île m'ont examiné. [...] Le premier a dit que j'allais crever, le deuxième que j'étais en train de crever, le dernier que j'étais déjà crevé ; [...] ma maladie a fait tort aux *Préludes* [5]. »

Le propriétaire Gomez les pria de décamper car « une personne d'entre eux *tenait* une maladie redoutable et contagieuse ». Les villageois les regardaient avec horreur. George les méprisait mais ils étaient bel et bien prisonniers de l'île. Point de navigation avant le printemps, impossible de s'en aller ainsi. On a reproché à George Sand d'avoir entraîné Chopin dans cette équipée qui faillit lui coûter la vie. La difficulté des transports fut le grand obstacle. George avait misé sur le climat pour guérir son malade ; elle n'avait prévu ni le déluge ni la phobie arriérée des Majorquins. Gomez stipulait dans sa lettre que selon les lois du pays, elle devait payer la désinfection des lieux et les meubles qu'il serait obligé de brûler à cause de la contagion.

George, Chopin grelottant, les enfants et Rosalie regagnèrent Palma. On eût dit une équipée de bohémiens. Ils séjournèrent chez le consul de France. Ils eurent un mal terrible à trouver une charrette à louer pour se réfugier à la chartreuse de Valldemosa. « Une charrette met cinq heures pour faire trois lieues. » On les craignait tels des pestiférés. La terre promise devenait une terre de cauchemar. Ils resteront à Valldemosa du 1er janvier au 12 février. La chartreuse de Valldemosa avait une histoire. En 1835, elle avait abrité treize moines dont l'ordre avait été dissous. Le gouvernement les avait expulsés. La chartreuse oscillait entre le lieu fantasmagorique et le religieux. George trouvait là un décor digne de ses romans. Rien de riant à ce monastère situé à cinq cents mètres au-dessus de la mer, qu'on ne voyait pas. Les trois cellules de George

5. Frédéric Chopin, *Correspondance*, *op. cit.*, vol. II, p. 1119.

donnaient sur un jardin de citronniers. Une série de corridors, d'autres cellules où survivait un antique moine. Il vendait des décoctions de plantes que George lui achetait très cher afin de calmer la toux de son ami. Jour et nuit, la toux de Chopin. Une toux déchirante ; George soignait l'un, s'occupait des tâches matérielles, écrivait jusqu'à l'aube et instruisait les enfants. On attendait le piano toujours à la douane.

« Je suis plongée avec Maurice dans Thucydide et compagnie, avec Solange régime indirect et l'accord du participe. Chopin joue d'un pauvre piano majorquin. Ma nuit se passe à gribouiller comme toujours [6]. »

Quand elle levait les yeux, elle voyait une lune ronde, éblouie, dont l'éclat éclairait la croix du cimetière de la chartreuse.

À Valldemosa, le portier était un bel homme douteux, qui jetait des œillades à George. La nuit errait un moine presque fou qui hélait des défunts. Il y avait aussi la servante voleuse, « la Maria-Antonia ». Voilà l'ambiance de cet hiver qui atterra les amants mais aiguisa le génie des deux artistes. George écrivait *Spiridion*, roman mystique et socialiste où son héros (un moine) appelait Jésus-Christ « le sans-culotte Jésus ». Buloz s'affolait de recevoir aussi peu de texte. Chopin, à demi mort, composait les vingt-quatre *Préludes*, dont la mélancolie et la violence bouleversent toujours. Le *6e en si mineur* exalte l'âme. Chopin l'achèverait en janvier 1839, anéanti de souffrance. La tristesse régnait à Valldemosa. Les vols répétés de la Maria Antonia privaient les enfants du nécessaire. Ils eurent faim et froid pour la première fois de leur vie ouatée, préservée de petits châtelains. Leur éducation particulière continuait. Ils souffrirent les persécutions du village. Solange était habillée en garçon, George aussi. Aucun n'allait à la messe. On lança des pierres aux enfants lors d'une promenade.

6. G. Sand, *Corr.*, tome IV, p. 537 (lettre à Mme Marliani).

« Ils nous appelaient païens, mahométans et juifs ; ce qui est pire que tout, selon eux [...] ; la blouse et le pantalon de ma fille les scandalisaient beaucoup aussi. [...] Ils se liguèrent entre eux pour ne pas nous vendre leur poisson, leurs œufs et leurs légumes qu'à des prix exorbitants [7]. »

George s'approvisionnait à Palma par l'intermédiaire du cuisinier du consul. Mais les jours de pluie (il pleuvait souvent) personne ne s'aventurait jusqu'à la chartreuse. La famille ne mangea un moment que du pain. La toux de Chopin avait fait d'eux des parias. Un ancien usage voulait que les tuberculeux fussent étouffés entre deux matelas comme ceux qui avaient la rage. Chopin avait maigri à l'extrême, il pesait cinquante kilos. On grelottait autour de l'unique poêle. L'humidité était partout. Chopin appelait George « Aurore » et « mes anges ». Lui en voulait-il de l'avoir entraîné dans ce séjour mortel ? Sa musique atteignait la désespérance. Les vers de Musset aussi étaient désespérés. Il est difficile d'incriminer George ; ces génies-là étaient malheureux si violemment en eux-mêmes qu'un amour ne faisait qu'exalter cette tristesse effrayante. La tristesse finissait par s'emparer de George, à l'ombre mortelle des murs de Valldemosa. Tout amour était donc voué à cette désolation, cet effort inouï, ces larmes. On donne si peu au généreux... Un soir, Chopin composait le *6e Prélude en si mineur*. Il pleuvait, le vent mugissait. George revenait de ravitaillement à Palma, avec ses enfants. Elle s'épouvanta de la vision de son ami en larmes devant le piano. Tel Musset, il avait eu des hallucinations et cru voir des morts auxquels il se mêlait, noyé dans un lac. Il grelottait de fièvre, les poumons brûlés. George n'osait plus le quitter. Son caractère changeait.

« Chopin malade était désespérant dans l'intimité exclusive. Nulle âme n'était plus noble, plus délicate,

7. G. Sand, *Histoire de ma vie*, tome II, p. 1149 (*Un hiver à Majorque*).

plus désintéressée [...]. Mais en revanche, hélas ! nulle humeur n'était plus inégale, nulle imagination plus ombrageuse et plus délirante, nulle susceptibilité plus impossible à ne pas irriter [...]. Son esprit était écorché vif ; le pli d'une feuille de rose, l'ombre d'une mouche le faisaient saigner. [...] Il mourait de l'impatience du départ. [...] J'étais très malade moi-même de fatigue et de séquestration[8]. »

Chopin fut le tourment essentiel du séjour majorquin de George Sand. Elle soignait « son enfant tuberculeux ». Partir était devenu une question de vie ou de mort. Le départ, le 11 février, fut terrible au malade. Il dut supporter de Valldemosa à Palma une patache si rude, qu'il vomit à l'arrivée tant de sang qu'il semblait à l'agonie. George frémissait. Ils passèrent une nuit convenable à la résidence du consul de France. Le 13 février, ils embarquaient sur le *El Mallorquín* pour Barcelone. Le bateau transportait un troupeau de cochons que les Espagnols fouettaient pour les empêcher d'avoir le mal de mer. « L'odeur infecte et les cris féroces n'ont pas contribué à guérir Chopin », écrivait George à Mme Marliani Le capitaine avait donné à Chopin la plus vilaine des couchettes car il fallait ensuite la brûler. Chopin, à l'arrivée, « crachait des cuvettes de sang ». Il s'évanouissait ; on le transporta sur le brick *Le Méléagre* où un médecin français tenta quelques soins. Le 24 février, à bord du *Phénicien*, on arrivait à Marseille. Ils s'installèrent chez le docteur Cauvière, une connaissance parisienne de George, puis à l'hôtel de la Darse.

« Enfin ! Nous voici en France ! Oh ! Que je hais l'Espagne ! [...] Un mois de plus, et nous mourions en Espagne, Chopin et moi, lui, de mélancolie et de dégoût, moi de colère et d'indignation. [...] Jamais je ne leur pardonnerai, et si j'écris sur eux ce sera avec du fiel[9]. »

---

8. *Ibid.*, p. 423-424.
9. G. Sand, *Corr.*, tome IV, p. 577.

Chopin allait mieux, et « surtout il était en France ». Le docteur Cauvière était rassurant. Il fallait à Chopin du repos et du soleil. Les enfants éclataient de santé. Maurice avait enfin « des mollets développés ». Ils resteront à Marseille jusqu'au 3 mai. Les courriers arrivaient, Chopin se faisait adresser les siens à l'hôtel, George chez le docteur Cauvière. Une reconnaissance filiale s'installait dans l'amour de Chopin pour George. Il écrivait à Fontana à quel point il avait été sensible aux soins incessants de son amie. Le jour, la nuit, elle accourait, chauffait ses tisanes, calmait ses angoisses. On était loin de la passion torride qu'elle avait vécue avec Musset ou Michel, mais c'était aussi une passion. Le lien transcendant était la musique unique de cet homme voué à la mort. Un amour vibrant, hors du sexe, un amour de cristal aigu, indicible, aussi difficile à lier qu'à délier. George était dans son système singulier d'érotisation : soigner un jeune génie, dominer un mâle éprouvé dans son âme et sa chair, circuler librement entre ces échanges. À Marseille, on avait appris leur présence. George claquait sa porte aux curieux et pour garantir son protégé, elle fit croire que Chopin était mort. Elle méprisait Marseille, « cette ville d'épiciers où l'intelligence est un vain mot ». Elle devait travailler plus que jamais. L'argent manquait, des dettes s'accumulaient, elle avait trop dépensé. La réfection de l'hôtel de Narbonne l'endettait davantage. Elle avait besoin de soixante-dix mille francs. Elle souffrait de migraines. Elle écrivit à Hippolyte de l'aider en vendant une terre en vallée Noire. Elle tannait Buloz, qui, fâché, réclamait le texte en retard et n'aimait pas *Spiridion*, trop mystique à son gré et qui ne touchait pas ses lecteurs habituels. Sainte-Beuve était resté froid devant ce roman confus dédié à Pierre Leroux. Marie d'Agoult écrivait avec fiel à Mme Marliani que le talent de George avait baissé. « Elle prend des cailloux pour des diamants et des grenouilles pour des cygnes. » *Les Sept Cordes de la lyre* déplaisait à Buloz qui, en dépit du bel à-valoir, refusait de publier ce texte, à son goût mal pensé, mal ficelé. Elle péchait par excès de bons sentiments et de phrases confuses. George endurait le pire de son métier : le rejet de son éditeur. Elle se fâchait, s'acharnait à écrire, l'argent manquait. Mme Marliani lui en prêta. Elle écrivit d'une traite, à Marseille, *Gabriel* qui fut une réussite. Balzac trouvait ce court roman plein de finesses, Buloz se rassurait. Elle l'avait écrit dans des conditions de fatigue exaspérée. Chopin ne supportait pas la solitude, elle lui tenait compagnie trop souvent, rognant sur son précieux temps d'écriture. Elle n'avait plus le temps d'instruire ses enfants qui devenaient bruyants, indisciplinés. Elle avait, par chance, retrouvé à Marseille Alexandre Rey remis de son duel avec l'ineffable Mallefille. Rey accepta de donner des cours d'arithmétique à Maurice.

« J'ai trois enfants sur les bras et Chopin n'est pas celui qui m'occupe le moins, quoique sa santé s'améliore chaque jour. Mais il a encore besoin de mille petits soins, et je n'ai à la fin de la journée que quelques heures pour le travail [10]. »

Chopin avait heureusement reçu de l'argent et ils furent à peu près à flot. Souffrante, elle écrivait dans son lit et Chopin admirait « Aurore – mes anges ». « Mes anges », parce que plusieurs forces bénéfiques allaient d'elle à lui. Les nouvelles des amis arrivaient. Le chanteur Nourrit était mort à Naples, ce même mois. Didier était donc marié secrètement à une demoiselle Huguonet rencontrée chez Mme Marliani. George n'aimait pas cette sèche jeune femme, sans cœur, sorte de harpie qui prit Alexandre Rey pour amant. Didier, éternel malheureux, souffrit de ce mariage, sa vue baissait encore. À Châteauroux, Jean-Baptiste Rollinat était mort le 17 mars. Le 1er avril, George et les siens s'installaient à l'hôtel Beauvau. Le 19 avril, le corps de Nourrit arrivait à Marseille. George et Chopin organisèrent le service funèbre à Notre-

10. *Ibid.*, p. 615.

Dame-du-Mont. George avait une crise de rhumatismes. Il lui vint un lancinant désir d'aller en Italie. Elle menait les rênes de cette équipée, repoussait la maladie par l'intrépidité d'un projet. Quelques jours plus tard, ils étaient à Gênes. L'Italie c'était Musset et Chopin ; l'Espagne, sa mère, son père et Chopin. Tout menait à la folie lucide de créer. George écrivait, elle était dans le système de la répétition. Ses amours procédaient aussi de la répétition. Marie d'Agoult séjournait à Lucques, en Toscane, avec Liszt. George refusa son invitation. Elle avait appris par la bavarde Marliani les propos de « la Princesse » sur son compte. Marie d'Agoult ne pardonnait pas Chopin à George, et de le détourner de son salon parisien. Il y avait, décidément, quelque chose de pourri dans le royaume de cette amitié-là. Quant à la musique de Chopin, « elle sentait, disait George, le paradis à plein nez ».

Tous avaient envie de rentrer en France. Elle offrirait à « son ange » Nohant et sa paix.

Chapitre 28

Les engagements de George

Sa plus longue période de cohabitation avec un homme s'ouvrait pour George Sand. Chopin et elle resteraient ensemble jusqu'à leur rupture le 28 juillet 1847. George s'établissait dans une vie conjugale, d'où, peut-être, cette date – 19 juin 1839 – gravée au bord de la fenêtre de sa chambre, à Nohant. Ces huit années furent particulièrement fécondes à leurs œuvres. Les hivers se passaient à Paris où Chopin donnait ses leçons et George assurait sa vie sociale. Leur union fut bien accueillie par les amis et familles réciproques. Chopin tenait un vrai rôle dans la famille de George. Une sorte de père des enfants bien que George le tînt « pour un second Maurice ». Cet été 1839, l'amitié et la curiosité de connaître le nouvel élu de George attira Fleury, Duteil, Rollinat, Duvernet, Planet. Papet devint le médecin attitré. Il ausculta Chopin avec attention, ne déclara aucune infection aux poumons et prescrivit la plus grande tranquillité. Hippolyte avait fait à Chopin bon visage. Sa courtoisie, sa discrétion séduisaient. George et Chopin vivaient au rythme d'une tranquillité bourgeoise. Le matin, ils se promenaient dans les bois. Chopin revenait à la maison et travaillait son piano. Il écrivait à Grzymala et son ami Fontana que la campagne, à Nohant, était délicieuse, le chant des oiseaux, charmant. Il évoquait avec une pudeur émue « la maîtresse des lieux ». Il travaillait toujours à sa *Sonate en* si *bémol mineur* à laquelle il incorpora une composition précédente, la célèbre marche funèbre. Après dîner, on se retrouvait autour de la table du salon. Elle avait été fabriquée par Pierre Bonnin, le menuisier du village. Il y eut tant de soirées autour de cette table que George lui consacra un petit texte (*Autour de la table*) :

« C'est une table qui ne paie pas de mine mais c'est une honnête table. [...] Elle n'a jamais voulu tourner, elle ne parle pas, elle n'écrit pas, elle [...] cache ses opinions. [...] Elle a prêté son dos patient à tant de choses ! Écritures folles ou ingénieuses ; dessins charmants ou caricatures échevelées, maquettes de tout genre, étude de fleurs d'après nature, à la lampe [...]. Souvenirs de la promenade du matin, préparations entomologiques, cartonnage, copie de musique [...]. Amas de laines et de soie de toutes couleurs pour la broderie, [...] décors pour un théâtre de marionnettes. [...] Parties d'échecs ou de piquet, que sais-je ? Tout ce que l'on peut faire à la campagne, en famille, à travers [...] les longues veillées. »

En dépit de la vigilance de George à soigner Chopin, il se décourageait sans cesse.

« Il s'enfermait, écrit-elle, dans sa chambre des journées entières, pleurant, marchant, brisant ses plumes, répétant et changeant cent fois une mesure [...]. Il passait six semaines sur une page pour en revenir à l'écrire telle qu'il l'avait tracée du premier jet. »

Elle lui avait fait aménager, au-dessus de la salle à manger, la plus belle de ses chambres, tapissée de papier bleu et rouge d'inspiration chinoise, orientée vers le sud et le jardin. Un lit douillet, un épais tapis. Le matin, le domestique de Chopin, Alaphilippe, allumait le feu dans la cheminée. Sur le plateau du petit déjeuner embaumait le chocolat. George était attentive aux moindres détails du service de son ami. Le premier été, il souffrit – sans se plaindre – de la mauvaise odeur à l'étage de sa chambre. Était-ce la colle du tapissier Bahuet, de La Châtre, qui séchait mal ? George fit poser une nouvelle tapisserie, oubliant la dépense. En dépit de tels soins, Chopin, âme écorchée, corps douloureux, souffrait sans répit d'un mal de vivre profond.

« Il voulait toujours Nohant, écrivait George à Mme Marliani, et ne supportait pas Nohant. [...] Ses désirs campagnards étaient vite assouvis. Il se promenait un peu, s'installait sous un arbre ou cueillait quelques fleurs. Puis il retournait s'enfermer dans sa chambre. »

Il ne manquait pas d'humour. Il faisait rire avec ses dons d'imitateur. Il se transformait en Anglais flegmatique, il se déguisait en Anglaise sentimentale, en vieillard grincheux. Il improvisait au piano des pièces endiablées pour accompagner les pantomimes de ses amis. Le soir, souvent, George s'installait dans un fauteuil près de lui et l'écoutait jouer en brodant des pantoufles. Ce fut le meilleur de leur singulier amour. Le 1er juillet, *La Revue des Deux Mondes* publiait *Gabriel*. Fin août, Grzymala et Emmanuel Arago séjournèrent à Nohant. Le tribunal civil de première instance de la Seine autorisait Mme Dudevant à emprunter trente mille francs. Les soucis d'argent l'assombrissaient. Elle ne mettait pas le pied par terre, disait-elle, sans avoir conscience de nourrir dix bouches. Les revenus de Chopin, irréguliers, ne l'aidaient guère ; elle ne lui demandait rien. Il entreprenait le *Nocturne en sol majeur* et quatre mazurkas. Elle l'encourageait, *tel un bon mari l'épouse défaillante*, elle l'appelait « doigts de velours ». Elle le poussait à transfigurer en musique sa sensibilité à la belle nature de Nohant. Buloz et sa femme Christine avaient aussi passé quelques jours à Nohant. Buloz avait été nommé commissaire royal à la Comédie-Française. Il persuada George d'écrire une pièce de théâtre. Cette production, parallèle à ses romans, pouvait se révéler lucrative. La nuit, quand tout le monde dormait – Chopin ne veillait jamais –, elle écrivait *Cosima* Buloz se chargea de la faire accepter et monter au printemps suivant. On était en octobre, il fallait s'organiser à Paris. George bivouaqua avec les enfants chez Mme Marliani, le temps de trouver un logement conforme à leur style de vie. Chopin retrouvait son ancien appartement, rue Tronchet. George dénicha, 16 rue Pigalle, deux pavillons au fond d'un jardin, gorgé de verdure et d'arbres. Chopin donnait ses leçons jusqu'à quatre heures de l'après-midi et rejoignait « la famille ». George savait aménager ses nouveaux logis avec sa chaleur toute personnelle. Les pavillons de la rue Pigalle (l'actuel « Musée de la vie romantique »), étaient charmants. En novembre, on s'installa. George et Solange occupaient le pavillon du fond, Chopin et Maurice, celui sur la gauche. On accédait à l'appartement de George par une sorte d'escalier en spirale. Le mobilier était en chêne sculpté, le petit salon, couleur café au lait. On eût dit une maison bourgeoise, avec ces vases chinois, débordants de fleurs. Sur les murs tendus de toile verte, un portrait de George par Calamatta et des tableaux de Delacroix. Un piano droit, en palissandre, des fauteuils douillets, des guéridons. Dans la chambre à coucher de George aux murs en toile brune, deux matelas par terre, « à la turque ». Chopin avait fait une rechute, angoissé de préparer un concert prévu le 29 octobre à Saint-Cloud, devant la famille royale. George devait faire face à l'éducation de ses enfants. Elle procédait comme à Nohant. Elle organisait chaque soir leurs cours du lendemain, d'après l'*Encyclopédie* de Pierre Leroux. Elle faisait travailler Solange de midi à cinq heures, même le dimanche. Solange progressait. Elle avait lu tout le théâtre de Shakespeare, l'histoire du Bas-Empire. Sa paresse émergeait dès que sa mère ne pouvait assurer ses cours. Rue Pigalle, George écrivit une comédie, *Les Mississippiens*, elle allait aux dîners de Buloz, aux répétitions théâtrales, elle soignait Chopin. Elle avait revu Marie Dorval qui jouerait *Cosima* et Bocage. Elle trouva pour Solange un professeur privé, Mlle Suèze. Solange avait douze ans, la coquetterie de son âge, que sa mère détestait. Solange prenait des cours dans un manège. Elle excellait en équitation mais ne voulait plus travailler. Sa mère la punissait en la privant d'aller avec elle aux répétitions théâtrales. Rien n'y faisait, Solange se rebellait de plus en plus.

George et les enfants avaient surnommé Chopin « Chip-Chip », « Chopinet », « Chopino ». Un amour hors du temps, hors du sexe. Les courriers de George, au long de ces années, évoquent toujours la maladie de Chopin. La tuberculose entravait leur amour.

« Je crois bien que le pauvre enfant est destiné à une langueur perpétuelle » (lettre à Mme Marliani, juillet 1839).

« Sa *frélicatesse* est toujours la même » (lettre à Gzrymala, septembre 1839).

« Chopin est assez bien portant, dormant, mangeant et n'ayant pas eu d'indisposition de tout l'été, mais s'affectant toujours comme font tous les hommes maladifs et s'enterrant d'avance, à tout instant, avec un certain plaisir. [...] Papet [...] le croit porté à l'hypocondrie et destiné à s'alarmer toujours, jusqu'à ce qu'il ait quarante ans et que ses nerfs aient perdu leur sensibilité excessive » (lettre à Mme Marliani, mai 1845).

Chopin n'aura jamais quarante ans.

Maurice avait seize ans, il était devenu l'élève de Delacroix. Il passait ses journées à apprendre, avec talent, le dessin, la peinture. Le 13 novembre, dans le salon de Mme Marliani, George revit Marie d'Agoult. Il s'ensuivit des lettres « d'explications » sans fin sur leur rupture. La réconciliation était trop mêlée d'ombres, de rancœurs, de la part de Marie. Elles avaient perdu leur fraîche amitié d'antan, perturbée par la publication de *Béatrix*. Marie écrivit à George : « Si notre amitié doit mourir demain, faisons-lui au moins *un enterrement de première classe*[1]. » Marie, indiscrète, s'épancha sur George avec Didier, familier de son salon, qui notait dans son triste journal : « On dit que

1. G. Sand, *Corr.*, tome IV p. 807, note 1.

G. S. est grosse, de qui ? » George abhorrait l'épouse de Didier :

« Maigre, [...] bornée, envieuse, malveillante, [...] son esprit est aussi petit que son nez et son cœur aussi étriqué que son derrière [2]. »

George avait revu Latouche, Sainte-Beuve Dupuy, son premier éditeur, était mort. Alexandre Dumas épousait Ida Ferrier. George avait poussé Louis Viardot à épouser Pauline Garcia, la jeune sœur de la Malibran. George adorait Pauline :

« C'est la seule femme depuis Alicia la religieuse que j'ai aimée avec un enthousiasme sans mélange [...]. C'est une enfant de dix-neuf ans [...] que j'aime du même amour sacré que j'ai pour mon fils et ma fille [3]. »

Pauline, née en 1821, fille de Manuel Garcia, célèbre chanteur espagnol, avait une voix merveilleuse. Elle inspira à la romancière le personnage de *Consuelo*. Solange jalousait ces « filles » adoptives dont sa mère s'entoura à partir de Pauline.

Cosima allait mal tourner. Les répétitions eurent lieu en mars 1840 et la première, le 29 avril. Ce fut un échec retentissant. La pièce fut huée. Heine écrivit dans *La Gazette d'Augsbourg* :

« On voulait faire expier à l'auteur [...], qui par ses romans avait causé un égal déplaisir à l'aristocratie et à la bourgeoisie, [...] ses maximes irréligieuses et immorales. [...] Tous [ses] antagonistes s'étaient donné rendez-vous dans l'immense salle du Théâtre-Français [4]. »

Par orgueil, George avait refusé « la claque » d'usage. Elle consola Marie Dorval. « Nous en rirons », lui écrivit-elle. George se lançait dans une aventure plus profonde : l'engagement politique. Cet itinéraire avait commencé avec Michel de Bourges et avant lui avec

2. G. Sand, *Histoire de ma vie*, tome II, *Entretiens journaliers*, p. 1011.

3. *Ibid.*, p. 1014.

4. G. Sand, *Corr.*, tome V, p. 36, note 1.

Rousseau. La France ouvrière souffrait d'injustices sociales cruelles. Dans les grandes manufactures toute faute était durement sanctionnée. L'obligatoire livret individuel vassalisait l'ouvrier au chef d'entreprise. Quelques écrivains, philosophes, se penchaient sur la question. Victor Considérant établissait sa théorie sur le droit de l'individu au travail et l'association des travailleurs. Pierre Joseph Proudhon publiait son mémoire *Qu'est-ce que la propriété ?* où on lisait cette phrase qui enchantait la châtelaine de Nohant : « *La propriété, c'est le vol.* » Dans *Voyage en Icarie*, Cabet présentait une société communiste idéale. Louis Blanc développait ses idées dans *L'Organisation du travail*, Buchez, socialiste chrétien, défenseur des associations ouvrières, fondait *L'Atelier*, le seul journal consacré au monde ouvrier. George Sand allait devenir l'égérie de ce mouvement dans ses prochains romans. Elle avait déjà ébauché ses grandes idées, mais elle élargit sa réflexion. Son socialisme chrétien, son « communisme » tenaient davantage des idées de Rousseau que de celles de Karl Marx. Pierre Leroux parlait de « communionisme ». Cette utopie s'accentua quand elle lut *Le Livre du compagnonnage* d'Agricol Perdiguier. Agricol, dit « Avignonnais la Vertu », trente ans, était un ancien menuisier qui tentait d'établir l'union entre les ouvriers. George l'invita à dîner, le 20 mai, rue Pigalle. Il exposa ses luttes et leur sens, ses rêves de réforme pour une société plus juste. Elle l'écoutait, elle l'admirait. George avait mûri, le joug de ce régime bourgeois accélérait l'exaspération des opprimés et des intellectuels. Les forces de l'ordre frappaient rudement toute révolte ouvrière. George mit sa plume à leur service. Elle appuya de son soutien financier (Chopin aussi) Agricol Perdiguier et ses amis. George sentait naître en elle un roman engagé, *Le Compagnon du tour de France*. Le héros, un menuisier, était le portrait romancé d'Agricol. Cet été 1840, faute d'argent, George et les siens le passèrent à Paris. Il y eut une partie de campagne chez Adolphe de Custine, à Saint-Gratien, avec Chopin, Delacroix, les enfants. Suite à un conflit avec l'Égypte, Louis-Philippe « ami de la paix » accepta la démission de Thiers, qui voulait la guerre et fut remplacé par Guizot. Le 6 août, Louis-Napoléon Bonaparte tenta un second coup de main, à Boulogne. Il fut condamné par la Chambre des pairs à la prison perpétuelle, au fort de Ham où il écrivit *L'Extinction de paupérisme*. Thiers avait proposé de faire revenir en France les cendres de Napoléon afin de plaire à l'opinion. Guizot, alors ambassadeur à Londres, obtenait l'accord des Anglais. Le prince de Joinville fut chargé, à bord de *La Belle Poule*, de ramener les restes de l'Empereur. Le 15 décembre 1840 le cercueil de Napoléon débarquait à Courbevoie où les anciens grognards, en larmes, l'accueillirent. L'énorme char funèbre, tiré par seize chevaux caparaçonnés d'or, surmonté d'aigles dorées, remonta les Champs-Élysées jusqu'aux Invalides. Joinville conduisit le cercueil jusqu'à la crypte où l'attendait Louis-Philippe. « Sire, dit-il, je vous présente le corps de Napoléon. – Je le reçois au nom de la France », dit le roi. Il était midi, le soleil se leva. « L'effet est prodigieux », notait Victor Hugo. Un regain bonapartiste se levait. Dans les campagnes, on vendait la statuette en plâtre de l'empereur mythique.

George suivit Pauline, avec son mari Paul, à Cambrai où la cantatrice donnait des récitals. Elle laissa Chopin et ses enfants une quinzaine de jours. Elle envoyait des nouvelles « à ses trois enfants », Solange, Chip-Chip et Maurice surnommé « Bouli ». Solange avait été confiée à Mme Marliani, Maurice et Chopin restaient rue Pigalle. Solange se promenait aux Champs-Élysées avec Chopin. Ils se pesèrent. Solange écrit à sa mère qu'elle pesait 84 livres et Chopin, 97 livres (quarante-neuf kilos tout habillé). Les lettres de Maurice soulignent à quel point la présence de George était vitale tant à Chopin qu'à lui. À son retour, George fut aussitôt aux prises avec Solange. Elle écrivit à Papet que sa fille lui donnait toujours « du tintouin ». Elle avait eu ses règles, cette puberté trop précoce était-elle responsable d'un tel caractère ? Maurice partait trois semaines chez son père, Chopin renaissait à la chaleur de l'amante maternelle. Musset lui réclamait ses lettres. Il avait été malade, il avait enlaidi, le visage souillé d'une barbichette sans éclat. On le trouvait à minuit, au Divan Peletier, devant son absinthe. Il finissait la nuit au bordel, rue de Gramont. Son frère Paul veillait toujours mais le poète traînait sa déchéance. Il écrivait *Histoire d'un merle blanc*, conte autobiographique, rapportant les infortunes d'un « merle rare » rejeté par tous. Obsédé de George et de leur amour, il voulait ses lettres. Elle lui répondit qu'elle les tenait à sa disposition. Il n'osait aller chez elle. Cette affaire demeura confuse, sans issue. Musset s'était brûlé dans cet amour trop fort. Elle évitait de penser à lui. Elle achevait *Le Compagnon du tour de France*. Elle approfondissait avec Agricol Perdiguier l'engagement que son roman illustrait :

« C'est dans le peuple et dans la classe ouvrière surtout qu'est l'avenir du monde. [...] Avec le temps, la masse sortira de l'aveuglement et de l'ignorance grossière où les classes, dites éclairées, l'ont tenue enchaînée. [...] Le peuple [...] sera le maître du monde, l'initiateur à la civilisation, le nouveau messie [5]. »

Le Compagnon du tour de France paraîtra le 12 décembre 1840 chez l'éditeur Perrotin, dans une édition populaire. Buloz, en dépit du contrat, ne voulut jamais le publier. Sa romancière préférée l'inquiétait avec ses idées compromettantes. Buloz sympathisait avec la monarchie. George s'irritait. Elle détestait ce roi bourgeois. Il avait fait jeter pour un an en prison Lamennais (26 décembre 1840) avec une amende de deux mille francs pour sa brochure *Le Pays et le Gouvernement*. Lamennais critiquait ouvertement les méthodes policières du régime et la misère ouvrière croissante.

5. *Ibid.*, p. 103-104 (lettre à Agricol Perdiguier, août 1840).

George se heurtait de plus en plus à Solange. Maurice, au Guillery, se levait à six heures, et chassait le loup avec son père. Il jouait du cor de chasse, dessinait beaucoup. L'enfer de George, qui souffrait d'un rhumatisme aux genoux, devenait Solange. Elle s'épancha auprès de Chopin sur la décision de la mettre en pension :

« À la suite d'une nouvelle scène avec Solange [...] je [la] mettrai donc en pension. [...] Solange ne fait rien chez moi, et son institutrice a épuisé ses peines à vouloir la diriger comme je l'entendais. Quant à lui donner moi-même des leçons [...], je m'userais moi aussi. [...] L'esprit de Solange [est] devenu trop indépendant [...]. La discipline lui est inconnue[6]. »

Le 13 octobre 1840 Solange entrait à la pension Héreau, boulevard Monceau. L'endroit était gai, bien tenu, avec un jardin et une école de gymnastique. George écrivait à Maurice que sa sœur en avait pris gaiement son parti :

« Solange fait merveille à la pension. [...] Elle est comme le beau pioupiou du régiment, *estimée de ses chéfres, adorée de ses camarades*. Elle est charmante avec nous quand elle sort [...]. Elle est enragée de gymnastique, et tu t'amuserais beaucoup de la voir grimper aux cordages comme un mousse, gravir les murailles perpendiculaires[7]. »

George se souciait de ne pas l'écarter de sa famille mais la punissait au moindre relâchement. En novembre, Solange était en proie à « son humeur féroce ». Elle cessa ses cours de piano avec Marie de Rozière que Chopin détestait. Jalousie ? Les sentiments de Chopin envers Solange devenaient ambigus. Leurs deux sensibilités si sombres s'accordaient. Solange souffrait d'être séparée de sa mère. Son orthographe régressait, elle avait des palpitations, des maux de gorge. Elle

6. *Ibid.*, p. 153-154 (lettre à Frédéric Chopin, octobre 1840).
7. *Ibid.*, p. 165 (lettre à Maurice Dudevant, octobre 1840).

restait alitée à la maison, chez sa mère. Elle était victime de la rivalité de Mme Héreau, chef de pension, et de l'autorité de Marie de Rozière. George dut trancher. Les lettres de Solange à sa mère commencent par « Viens me voir ». Elle tentait de l'apitoyer en prétendant avoir des souliers percés. Elle avait lu *Simon* pour lui faire plaisir.

« Maman, viens me biger. Veux-tu me donner un gros foulard pour mettre à mon cou à la pension parce que j'ai mal à la gorge. [...] J'ai fini de lire [*Simon*], je le trouve très joli. [...] Adieu ma chérie. Bige-moi fort : je te bige bige bige 90 000 000 000 fois [8]. »

Des lettres passionnées, désespérées, mais George durcissait sa position. Les notes étaient mauvaises ; les privations de sortie continuaient, y compris l'été. La rébellion de Solange, âgée de douze ans et demi se transformait en dépression.

Juin, à Nohant. George commençait un roman, *Horace*, encore plus engagé que le précédent. Buloz détesta le radicalisme de son héros, le prolétaire Paul Arsène, aux antipodes du dilettante Horace Dumonter. L'action se déroulait lors de la révolution de 1832. George décrivait les cris d'agonie des ouvriers qu'elle avait entendus de son balcon. Son héros exhortait le prolétariat à l'union pour un nouvel ordre social plus juste. Buloz refusa *Horace* et commanda un article contre les actions de Proudhon et de Louis Blanc, auteur de *Pour une organisation socialiste des ouvriers*. Pierre Leroux s'indignait du joug d'un tel éditeur. George rompit avec lui le 1er octobre 1841. Pierre Leroux eût préféré, lui écrivait-il, le terme de « communionisme » à celui de « communisme ». George activa la création de *La Revue indépendante*, avec Leroux et Louis Viardot. George s'indignait de la réponse de Buloz, le 3 octobre 1841 :

« Mon cher George, [...] je vous demande de vous

8. *George Sand et Solange, mère et fille*, *op. cit.*, p. 159.

abstenir de parler contre la propriété et de trop proclamer les idées républicaines [...]. Vous n'êtes pas communiste, j'espère, du moins jusqu'à *Horace*, je n'en avais pas vu trace dans vos écrits [9]. »

Sainte-Beuve s'irritait de voir George s'enferrer avec Leroux. « Il fait, disait-il, de la philosophie comme un buffle patauge dans le marais [10]. » Elle avait pris de grands risques, y compris en abandonnant ses droits à Leroux sur *Horace*. Elle perdait de l'argent, peut-être son temps, le sens d'une œuvre très populaire. Elle était engagée follement dans cette utopie à la manière dont elle engageait un amour. Elle avait dépassé son rôle de porte-parole de la condition féminine. Elle défendait aussi tous les opprimés et sa popularité atteignait l'Europe et gagnait des lecteurs en Russie, dont Tourgueniev. George s'entourait d'un nouveau cercle de poètes et de romanciers prolétaires, aux modestes origines. Charles Poncy, vingt et un ans, jeune maçon toulonnais, Reboul, qui était boulanger, Magu, tisserand. Elle les recevait rue Pigalle, ils discutaient des nuits entières, ils l'adoraient. Charles Poncy s'éprit d'elle, elle le repoussa avec douceur. Son enthousiasme populiste faisait deux malheureux : Solange et Chopin. Chopin, délicat et snob, jaloux, détestait ces « ouvriers mal lavés », ces compagnons de son amie. Il s'en voulait de sa maladie, de son manque de force, de coucher aussi peu avec elle. Il se doutait qu'elle avait des aventures. Louis Blanc ? Gustave Planche avec qui elle avait renoué des liens dits amicaux ? Marie Dorval qu'elle fréquentait régulièrement ? Elle avait revu Sandeau, qui s'était marié avec Paule Portier, une femme au nez si vilain qu'elle devenait une caricature. Chopin jalousait jusqu'à Marie de Rozière qu'il accusait de « s'être immiscée dans l'intimité de Mme Sand ». Les idées

9. G. Sand, *Corr.*, tome V, p. 456-457 (lettre de François Buloz, octobre 1841).

10. Sainte-Beuve, *Correspondance générale*, *op. cit.*, tome IV, p. 180.

politiques de George étaient source de frictions permanentes. La jalousie de Chopin était ombrageuse, versatile. George, peut-être, le fuyait dans ces actions. Tout agaçait et écorchait le compositeur. À Nohant, George en gros pantalon et chemise de toile jardinait. Il l'apercevait de sa fenêtre, rassuré et offusqué par cette femme virile qui allait sur quarante ans, coiffée d'un chapeau de paille sans couleur définie.

« Je sème, je plante, je fume mes plates-bandes, écrivait-elle à Delacroix, je fais des massifs, j'enfonce des pieux, je relève des murs [...]. Je suis en sabots toute la journée et ne rentre que pour dîner [11]. »

Chopin se penchait farouchement sur son Pleyel, dégoûté et croyant empester s'il devinait quelque sueur sur son corps. Hippolyte le choquait avec ses manières si frustres, son teint rouge, occupé de ses vaches et de ses cochons. Chopin avait horreur de lire dans « les lieux » de Nohant un poème scatologique signé Emmanuel Arago. Il avait horreur des grands rires de George aux plaisanteries de ce genre. Dégoûté, jaloux, mortifié de ses éternels malaises, il distillait cette tristesse qui l'anéantira en 1849. D'après son ami Mickiewicz, Chopin, si génial fût-il, était, en dépit de son charme, sans cœur, « le vampire de George Sand », sa croix. Mais il y avait aussi les moments heureux, quand les amants se promenaient dans les bois, Chopin sur un petit âne à la selle en velours, mené par George, toujours protectrice. Delacroix était un hôte privilégié, on lui installa un atelier. Il peignait en écoutant les divines *Mazurkas* Pour la troisième fois, George avait changé Solange de pension. Elle échoua à la pension Bascans, 70, rue de Chaillot. Ferdinand Bascans, que Louis Viardot lui avait indiqué, était un ancien journaliste aux idées politiques engagées, ce qui plaisait à George. Bascans avait épousé une institutrice et fondé cette

---

11. G. Sand, *Corr.*, tome VI, p. 266 (lettre à Delacroix, 4 novembre 1843).

pension pour jeunes filles. Solange n'y sera pas plus heureuse. Elle voulait sa mère, Nohant, sa famille, Pistolet son chien. George tout en répondant attentivement à ses besoins lui écrivait toujours durement. « Tu m'écris une lettre passablement bête [...]. Tu as cinq robes d'été, c'est assez pour être propre. » Solange se plaignait de maux divers, de n'avoir pas une armoire personnelle. Sa mère ironisait. Elle la laissera deux grands mois d'été à Chaillot.

« Je ne veux pas que tu aies une armoire. [...] Je ne veux pas satisfaire tes goûts d'élégance [...]. Quand tu auras perdu ta coquetterie, je te laisserai faire comme tu voudras. [...] Bonjour, ma grosse, tâche de ne pas te casser la mâchoire à force de bâiller [12]. »

La petite répondait avec un désespoir réel. Elle avait treize ans.

« Viens me voir vite, vite, vite ; bige ! Adieu ma chérie nine, je te bige aussi fort que je le peux. Je m'ennuie à mourir, je ne sais que faire pour me désennuyer. Bige Maurice, Chip-Chip, et Pistolet de ma part. Bige-toi pour moi [...]. Adieu ma chère mère. Bige, bige, bige mille fois. Viens ! Vite ! Dépêche-toi !!... ne sois pas longue ! Vite la Dine ! Viens, viens, viens, vite, vite, vite, Adieu !!!... réponds-moi ou viens. Tu dors Brutus et Rome est dans les fers [13]. »

On croirait entendre les accents de George quand elle suppliait Musset ou Michel – ou sa mère, autrefois. Mais Solange n'était pas George. L'identification tournera en catastrophe. La petite pleurait ce nouvel été à Nohant sans elle dont profitaient les Viardot. Pauline que sa mère appelle « ma chérie fifille ». Un été où l'on dansait, le soir, au son de la cornemuse. Elle avait envie de brouter de l'herbe. De se laisser mourir de faim. Mourir tout court. Sa mère s'était-elle seulement

12. G. Sand, *Corr.*, tome V p. 306 (lettre à Solange Dudevant, 14 mai 1841).

13. *George Sand et Solange, mère et fille, op. cit.*, p. 167.

inquiétée du tremblement de terre qui, le 4 juillet, avait secoué un peu Paris et même Nohant ? Le 17 août, Maurice enfin vint la chercher à sa pension, pour la ramener à Nohant. Les Viardot étaient repartis. L'irréversible se passa sans doute à ce moment de l'adolescence. Elle se souvenait d'une phrase atroce que sa mère avait lancée à son père lors de son enlèvement : « *Il n'est même pas son vrai père.* » Solange Dudevant avait commencé à haïr celle qu'elle avait adorée pardessus tous. Elle se tournera vers celui qui semblait la comprendre : Chopin.

Chapitre 29

DIVISIONS

Le 8 juillet 1842 eut lieu à Paris une éclipse totale de soleil. Le 13 juillet, le duc d'Orléans, fils aîné de Louis-Philippe, se tuait dans un accident de voiture à Neuilly. Il laissait deux fils dont l'aîné avait quatre ans. Dans son testament, il avait nommé, non pas sa femme, trop libérale, mais l'aîné de ses frères, le conservateur duc de Nemours. La Chambre appuya Nemours afin d'assurer l'avenir de la monarchie. Louis-Philippe et sa famille se consolèrent en recevant la reine Victoria en 1843. Les Anglais détestaient les campagnes du « père Bugeaud » en Algérie. Abd el-Kader poursuivait (il le fera jusqu'en 1847) sa lutte contre les envahisseurs. George écrivait son plus grand roman, *Consuelo*, suivi de *La comtesse de Rudolstadt* (titre de Consuelo après son mariage). Pauline Viardot avait inspiré le personnage de Consuelo. Elle possédait, aux yeux de George, les qualités qu'elle eût aimé chez sa fille. Elle ne se privait pas d'en faire les louanges dans ses courriers à Solange. Pauline, adorée d'un mari plus âgé, alourdie d'une première grossesse, charmait Chopin qui l'accompagnait au piano quand elle chantait de vieux airs espagnols. Pauline, dont Maurice s'était épris. *Consuelo* est un très long roman d'aventures et de passion, qui débute à Venise. Consuelo, douée d'une voix extraordinaire, va conquérir le monde avec son talent, sa jeunesse, son charme et son indépendance forcenée. Sorte de troubadour, habillée à l'occasion en garçon, elle va rencontrer toutes sortes d'univers dont des révolutionnaires, des francs-maçons, et cet amour qui hante les romans de Sand. La musique est le somptueux fond sonore de *Consuelo*. L'Italie, la Bohême, Berlin, Vienne et la cour de Marie-Thérèse, en ces lieux s'épanouit un destin magnifié, modèle de l'humanité future. *Consuelo* est le plus grand hommage que George ait accordé à l'âme humaine. Le 14 décembre 1841 Pauline accouchait d'une petite Louise. Chopin avait composé son *Prélude en* do *dièse mineur*, édité chez Schlésinger. En janvier 1842, Balzac dédicaçait à George *Les Mémoires de deux jeunes mariés*. Un fils, Louis, naissait à Buloz. *Consuelo* commençait à paraître dans *La Revue indépendante*. En février, Chopin donnait, salle Pleyel, un concert avec Pauline Viardot. Solange y assistait, flanquée d'une vague parente, Augustine Brault, que George voulait adopter, l'arrachant à des parents mesquins et méchants. Solange détesta Augustine que George voulait doter et marier à Maurice. Chopin souffrait de rhumatismes. Stendhal mourait le 23 mars 1842 à Paris. En mai, on était à Nohant. Gustave Papet se mariait en juin. Le 29 septembre 1842, la famille avait déménagé de la rue Pigalle où Chopin ne se plaisait plus. On s'installa tout près, au square d'Orléans, où habitaient Mme Marliani et son mari. Le loyer était de trois mille francs et George s'émerveillait de créer en ces lieux son phalanstère fouriériste. Chopin logeait au n° 9, au rez-de-chaussée, George était au premier étage. À ce même numéro habitaient le sculpteur Dantan Jeune, le libraire Franck et, au n° 10, le pianiste Alkan. Au n° 2, la danseuse Marie-Sophie Taglioni, le pianiste et compositeur Kalkbrenner, au n° 4 *bis*, le pianiste Marmontel. Une amie de George, Mme d'Auribeau, vint habiter le n° 6. Maurice avait un atelier au n° 4, loué huit cents francs. Solange logeait chez sa mère. Mme Marliani avait organisé une vie de famille entre les habitants. On traversait une belle cour sablée, ornée d'une fontaine romantique, pour dîner les uns chez les autres, à frais communs.

« C'était, dit George, une très bonne association économique [...]. Chopin se réjouissait d'avoir un beau salon isolé, où il pouvait composer et rêver. [...] Maurice avait son appartement et son atelier au-dessus de moi. Solange avait près de moi une jolie chambrette où elle aimait *faire la dame* vis-à-vis d'Augustine les jours de sortie [1]. »

Les Viardot étaient sans cesse invités et le cercle des amis s'enrichissait de patriotes polonais. Henrich Heine devenait un familier des soirées, Delacroix était passé au rang d'intime. Solange avait quatorze ans. Elle avait enfin quitté la pension Bascans. George avait eu beau bourrer ses affaires de sirop à la violette, de chaussons en laine, de mille recommandations, rien n'y fit. Ses malaises perduraient, les palpitations et les angines se multipliaient ainsi que des crises nerveuses. George s'inquiétait. Solante avait grandi au point de ne plus entrer dans ses vêtements. Elle irait comme externe à Chaillot et coucherait au square d'Orléans. George l'emmena à Nohant, convaincue que le bon air et la maison natale guérissaient tous les maux. George ne cachait pas son mécontentement devant une fille aussi compliquée, ce qui peinait Solange et aggravait sa révolte. Elle entendait sa mère se plaindre d'elle à Chopin et à Maurice « Maman n'est pas contente de moi, écrivait-elle à Lucette son amie de Nohant, elle a dit que je devrais rester 4 ans à la pension pour me former le caractère [2]. » Son angoisse augmentait, quatre ans de pension ! Quelle était sa faute ? Sa mère régentait tout, craignait pour elle l'église et la messe. Elle n'avait pas même le recours de se laisser aller à la foi. Sa mère, sous l'influence anticléricale de Leroux, détestait « l'hypocrisie des génuflexions et des signes

1. G. Sand, *Corr.*, tome V, p. 852-853 (notes de G. Lubin).
2. *George Sand et Solange, mère et fille*, *op. cit.*, p. 251.

de croix ». Au square d'Orléans, comment rivaliser avec Pauline, avec cette Augustine, pas même bien née (Solange se renfrognait dans l'orgueil), et ceux que sa mère adorait ? Solange ne savait plus où situer sa place. Sa mère ne désirait jamais sa présence à part entière. À force d'entendre dire qu'elle était grosse, Solange souffrait de son corps. Elle assistait au spectacle d'une George particulièrement épanouie d'amitiés et d'échanges. George, qui avait toujours du temps pour bavarder avec Delacroix même si Chopin ne comprenait rien à cette peinture. On s'enflammait sur le concept de « reflet ». Delacroix, Maurice, Chopin et George s'enthousiasmaient. Dans sa chambrette, Solange ruminait sa solitude particulière. Elle entendait le rire de sa mère, de Maurice, le ton modéré de Chip-Chip, la voix grave de Delacroix. Quand sa mère la regardait, lui écrivait, c'était souvent avec reproche, humeur, et vexations. Elle veillait davantage sur Chopin que sur elle. Quand Chopin était seul à Paris, sa mère écrivait longuement à Mme Marliani ou à cette gourde de Marie de Rozière afin que son bouillon soit chaud, son chocolat prévu. En 1842, l'amour de George pour Chopin était à son point culminant. Indulgente à son caractère plus difficile que celui de sa fille, elle supportait qu'il soit mondain en société, malade chez elle. Elle adorait « jusqu'à sa toux déchirante ». Solange, elle, avait en vain tenté l'apitoiement par ses malaises. Tant de sollicitude, même discrète, apaisait Chopin mais l'irritait. Cette éternelle infirmière était l'éternel rappel d'un mal mortel. Un amour mortel. Il avait pitié de Solange, et de cette pitié, Solange allait tirer l'or noir de la vengeance.

Quand George était malade, Chopin se dévouait près d'elle. Cet amour ressemblait à un inceste délicat que George transposait, à mesure, dans ses romans, en particulier *Lucrezia Floriani*. Lucrezia ressemble à George. C'est une actrice d'une trentaine d'années, mère de quatre enfants, nés de pères différents. Elle s'éprend du prince Karol, vingt-quatre ans, blond, délicat, caractériel et charmeur. On est encore une fois en Italie. Lucrezia « adopte » comme son fils le prince Karol. George aura beau se défendre d'avoir campé Chopin dans ce personnage, on le reconnaît à sa délicatesse, sa jalousie morbide et cette filialité « sans âge ni sexe ». Un amour encore une fois impossible. « Vous êtes donc ma mère ? » s'exalte le prince Karol. L'inévitable rupture a lieu. George entrecroise ses passions maternelles : Chopin, Maurice, mère et fils. Chopin avait si peu de vie sexuelle avec elle qu'il est probable qu'il avait dû lui demander, tel le prince Karol : « Vous êtes donc ma mère ? » Il y avait aussi Maurice et sa passion pour Pauline Viardot – Maurice et Pauline auront une brève liaison en 1844. Maurice alors âgé de vingt-deux ans ne voyait plus Chopin de ses yeux d'enfant. Il s'était confié à sa mère au sujet de Pauline mais sentait monter en lui un sourd rejet de Chopin. Il comprenait désormais la signification de sa présence dans la vie de sa mère. Maurice, trop lié à sa mère, supportait moins, devenu homme, l'image de sa mère au lit de ce long homme si mince, si pâle, de ce fils d'amour, de cet intrus. Maurice et Solange n'étaient plus des enfants. George, comme tant de mères, ne s'en était pas aperçue. Les divisions éclataient. George n'avait plus « deux mioches », mais un homme et surtout une autre femme en rivalité directe avec elle : Solange. Solange avait été la plus renseignée sur les amours de sa mère. Elle avait partagé, à Paris, son intimité dès l'enfance, connu « les écriveurs et les polissons » qui fréquentaient la mansarde bleue. Maurice idolâtrait aveuglément sa mère mais Solange avait souffert. Vers quinze ans, cette réalité la bouleversait. Une image insoutenable se dessinait trop nettement dans ses angoisses : ces hommes, dont Chopin, au lit de sa mère. George ne pouvait donner à Solange ce qu'exigent tant d'enfants : être aimé inconditionnellement, exclusivement. Imiter sa mère, séduire à son tour... Solange allait créer une détestable réplique, une catastrophe en se posant en rivale de sa mère. Solange était blessée au plus vif de son être de l'éternelle conclusion de sa mère à son sujet : « La grosse est toujours méchante. » Solange avait lu *Mauprat* et fut saisie d'une amertume sans nom : « Edmonde, écrivait-elle à sa mère, est la plus belle de vos filles, moi, je suis la plus mal faite [3]. »

George répliquait vivement afin de repousser (peut-être) une culpabilité inconsciente :

« Ma chère grosse, [...] j'ai traduit cette déclaration dans ses véritables termes : "je ne suis pas disposée à t'aimer. Je suis résolue à te désobéir et à te déplaire [...]". Ton cœur n'est pas encore au niveau de ton esprit [4] ».

Solange affûtait sa coquetterie telle une arme mortelle, afin d'attirer l'attention de sa mère autrement que sur une petite fille trop grosse, expédiée en pension. Solange se replia vers Chopin, jusqu'à le troubler d'une véritable passion d'amour. Il en devenait amoureux sans se l'avouer, il ne la voyait plus comme une enfant garçonnière et turbulente. C'était une jeune fille ravissante, charnelle, à la fois lourde et légère, blonde et rose, grave et douce avec lui. George avait quarante ans quand elle s'aperçut de ce lien. Elle s'effraya du temps qui œuvrait désormais contre elle. Elle avait vieilli et se demandait à quel moment la trahison s'était mise en place. L'été 1842, à Nohant où Delacroix, invité, peignait *L'Éducation de la Vierge* ? Elle avait eu du fil à retordre, cet été-là avec Solange. Elle lui avait donné une parcelle de terrain à jardiner afin « qu'à force de s'éreinter [...] elle épuise sa rage ». Elle était redevenue son institutrice avec le goût de la mater. Elle l'obligeait « à lire plusieurs heures, à coudre ». Chopin lui donnait ses leçons de piano. La petite s'adoucissait, écoutait, progressait. Chopin, toujours d'une extrême politesse, la complimentait sur sa dextérité. Leurs regards se croisaient. Elle lui souriait,

3. G. Sand, *Corr.*, tome VI, p. 158.
4. *Ibid.*, p. 158-159 (lettre à Solange, juin 1843).

leurs mains se frôlaient, avec un reste d'innocence. Derrière eux montait la fumée du cigare de sa mère, l'ombre tutélaire, vaguement honnie. Chopin s'agaçait du tabac. Les relations mère-fille se durcissaient. George s'affolait secrètement, l'âge l'éprouvait, la jeunesse de Chopin l'effrayait, la maturité impérieuse de sa fille l'isolait dans une sorte de terreur. Elle souffrait de ses maux de toujours, rhumatismes, atroces migraines et crampes d'estomac auxquels s'ajoutaient une baisse de la vue et une légère surdité. La chevelure encore noire, elle tentait l'indifférence du sacrifice, le goût de s'oublier :

« Si vous aviez mes quarante ans, vous vous diriez qu'il est absolument indifférent d'être ici ou ailleurs [...]. Je me souviens de m'être tourmentée et agitée durant des années pour me trouver bien quelque part. Après des combats inouïs et des fatigues sans nombre [...] il n'est qu'une manière de faire mon devoir et de m'oublier parfaitement [5]. »

« La superbe Solange », comme elle disait d'elle, l'empêchait de « s'oublier », et d'être en paix. George avait même des réactions pudibondes, agaçantes. À Paris, en 1845, Marie de Rozière donnait des leçons de piano à Solange et était chargée de la surveiller. Marie était la maîtresse du frère de Maria Widzińska qui avait aimé Chopin. Cet amour tournait mal et George lui envoya une lettre assez brusque, lui interdisant d'afficher sa liaison devant sa fille ! Elle, George, qui avait reçu tant et tant d'amis au vu et au su de tous... La vue de cet épanouissement de femme et de sa douleur d'aimer, argumentait George, risquait de nuire davantage au caractère de Solange. Aux dix-sept ans de sa fille, George se heurtait à son propre dilemme. Un âge butoir, un repli sur soi. Elle avait franchi vaillamment des amours, les années et bien des luttes. La

5. G. Sand, *Corr.*, tome V, p. 184 (lettre à Éliza Tourangin, 19 juin 1843).

chasteté avec Chopin lui pesait à l'occasion. Elle avait eu une brève liaison avec Louis Blanc et Victor Borie, vingt-sept ans, qu'elle avait engagé comme rédacteur au journal *L'Éclaireur* fondé à La Châtre. Le caractère de sa fille, cette menace, perturbaient son jugement. « Ses accès d'humeur, écrivait-elle à Mme Bascans, sont l'indice d'un sang mal équilibré. » Le seul point où sa mère l'admirait était l'équitation. Solange devenait pour George l'obsession d'un amour sans arrêt contrarié, contradictoire. Elle avait tout tenté, croyait-elle, pour sa fille. Elle avait été l'éducatrice, l'institutrice, le médecin. Elle l'avait, affirmait-elle, « adorée, gâtée, fouettée ». Jusqu'où supporterait-elle cette fille, née d'une étreinte équivoque, adultérine, née d'une première et traumatisante révolte de femme mal mariée ? George était aussi entrée en « passion » avec sa fille, dans le sens de la souffrance. Elle s'adressait à Solange sans un flux de reproches : « Sois aimable et sincère… Fais-toi estimer et aimer comme une bonne enfant… Sois aimable et discrète… Arrange-toi pour être aimable… » Une gouttière sans fin distillant l'eau troublée d'un miroir impossible : mère et fille. Solange n'avait pas réussi à arracher du cœur de sa mère ses trop nombreuses « fifilles chéries ». Elle avait souffert, elle précipiterait à son tour le principal dilemme de toute sa vie : sa mère, George Sand. Solange aimait d'amitié sincère Chopin, il la comprenait et l'admirait. Dans ses yeux elle lisait qu'elle n'était ni la grosse, ni la méchante, ni la menteuse, ni la sotte, mais une charmante et belle jeune femme. Il la sauvait de son narcissisme malmené. La complicité s'établissait. Chopin était aussi un séducteur. Toute présence féminine, gracieuse, le passionnait. Solange attisait en lui une ardence compliquée où se mêlait une paternité délicate. Perturbé par ce sentiment blâmable à l'égard de George, il devenait agressif avec elle. Il lui reprochait non sans violence, lui si poli, sa dure attitude avec Solange. Maurice et Solange, grandis, séparèrent à leur manière George et Chopin. Leur amour s'usait à ces frictions. George avait précipité la cassure quand elle s'était engouée d'Augustine Brault. Elle l'installa définitivement à Nohant à l'automne 1845. George comparait sa jeunesse à la situation d'Augustine. En faire sa seconde fille, la marier à Maurice qui lui faisait la cour, la consolait de Solange. Elle n'avait pas deviné la désolation haineuse de Solange prête à tout pour anéantir Augustine. Chopin la comprenait de plus en plus, irrité des élans maternels de George envers tant de monde. Maurice aimait moins cet intrus de génie au foyer de sa mère : Chopin. Maurice voulait s'affirmer en tant qu'« homme » principal de la maison – l'homme symbolique de sa mère. La famille de Nohant, agrandie d'Augustine, se scinda en une profonde division. Deux « couples », deux groupes : Solange et Chopin contre George et Maurice et, sourdement, Maurice contre Chopin. Augustine fut le « déclencheur » de ces névroses. George payait de son travail pour les uns et les autres. En quatre jours d'hiver (novembre 1845), elle se réfugia dans l'écriture d'un petit roman destiné à la postérité : *La Mare au diable*. Les héros sont jeunes, les mœurs rustiques, le cadre est la campagne du Berry, ses bois, ses mares envoûtées, ses légendes. Tout s'achève par une belle et pure histoire d'amour, un mariage heureux du laboureur et de la petite Marie. Dans ces orages familiaux, cette impuissance confuse à retenir ceux qu'elle aimait, George se consolait dans une œuvre fraîche, charmante, où l'amour tenait enfin une place sacrée. Chopin cette année-là (1845) avait perdu son père. George avait écrit poliment à sa veuve qui avait répondu par des remerciements sincères de s'occuper si bien de leur fils. Chopin devenait difficile, sa jalousie maladive redoublait, transposée sur les jeunes gens qui tournaient autour de Solange. Il était jaloux avec passion, férocité, culpabilité. Il avait des malaises, des crises d'asthme. George mit des mois à comprendre le sens de son attitude, son ingratitude.

« Pourvu qu'il *la* voie, il ose tout et brise tout avec une tranquillité sublime [...], cette brusque volte-face, c'est de la passion pour une autre [...]. Il y a deux ans que je me dis et que je vois très clairement que son prétendu amour pour moi, est de la haine. [...] *Affriandé* sans cesse, sa passion pour moi se changeant en aversion déclarée au contact de Solange et de ses calomnies, il sera plus heureux et moins malade [6]. »

Solange l'avait *affriandé*. George soulignera férocement « qu'il est trop malade pour ne pas être réduit à l'amour platonique ». Cela n'empêche guère Chopin le chaste d'éprouver l'aigu tourment du désir pour la belle Solange. La mère et la fille étaient entrées dans le second cycle de leur enfer particulier.

---

6. G. Sand, *Corr.*, tome VIII, p. 47 (lettre à Emmanuel Arago, juillet 1847).

Chapitre 30

LE MARIAGE DE SOLANGE

Solange supportait mal les tiraillements de la vie en commun. L'été de ses seize ans (1845) n'avait pas eu la saveur de ceux de l'enfance. Elle s'ennuyait férocement et sa mère se moquait de « sa paresse ». Le piano et l'équitation la distrayaient mais elle s'en lassait aussi.

« Entre nous soit dit (comme dit Chopin), on ne s'amuse pas beaucoup ici. Décidément je préfère Paris à la campagne. À force de monter à cheval, cela ne me fait plus plaisir[1]. »

Solange était isolée moralement entre une mère qui écrivait à longueur de temps, et Chopin, silencieux, assis au soleil, n'osant l'approcher. Maurice était absorbé dans son portrait de Pauline Viardot, qui, précisait Solange, « se moque de moi toute la journée ». L'oncle Hippolyte rabâchait entre deux vins. Le temps passait, n'arrangeant rien entre la mère et la fille. L'été suivant, le règne d'Augustine Brault, que George appelait « Titine », révolta dangereusement Solange. Augustine était courtisée par un petit hobereau de vingt-quatre ans, Fernand de Preaulx. George écrivait *Lucrezia Floriani*. Elle jaugeait ainsi Fernand de Preaulx : « les yeux bleus, des sourcils noirs, le teint frais, la voix rauque, [...] pas très riche ni très intelli-

1. *George Sand et Solange, mère et fille, op. cit.*, p. 351.

gent [...], il s'est lancé après Titine ». Solange se vengea en séduisant le nobliau. George pensait à marier Solange tout en détestant cette idée d'établissement. L'atmosphère à Nohant était tendue, les conflits prêts à éclater. Chopin s'éprenait en silence de Solange qui méprisait Fernand, simple outil d'une vengeance. Augustine fut injustement maltraitée par Solange et Chopin. Ils la considéraient comme une intrigante, décidée à supplanter la vraie fille de la maison. Solange débita quelques calomnies sur elle. Chopin détestait franchement Augustine. George frémissait de l'hostilité de Solange et Chopin. George, souffrante, travaillait à ses romans dont *Le Péché de Monsieur Antoine*. Chopin l'irritait d'avoir honte de suer. Autour de George rôdait la trahison.

« Chopin est désolé [de suer]. Il prétend qu'il a beau se laver, qu'il empeste ! [...] Un être aussi *éthéré*, ne pas vouloir consentir à suer comme tout le monde [...] ! Il se fuit en courant dans sa chambre, comme poursuivi par sa propre *empestation* [2]. »

Un rien devenait un grief. Il la blâmait d'avoir renvoyé un vieux jardinier après des années de service. Il la volait, disait-elle. Chopin, écrivait-elle, « ne conçoit pas qu'on ne supporte pas toute sa vie ce qu'on a supporté vingt ans ». Elle aborda certains reproches. Son rejet, ses injustices, son goût pour Solange. « Chopin, écrivait-elle à Marie de Rozière, est admirable quand il n'est pas fou. » Un été tendu en dépit de bonnes visites : l'écrivain anglais Matthew Arnold, Grzymala, Delacroix et Emmanuel Arago. Solange, dépressive, « sans appétit et sans sommeil », inquiétait sa mère. Elle est « chlorotique », précisait George. Seul, Chopin avait le pouvoir de la tirer de sa mélancolie. Elle l'interrompait quand il jouait du piano pour une promenade et il se laissait entraîner avec plaisir. Il jouait aux échecs avec elle, un soir ils firent une vingtaine de

2. G. Sand, *Corr.*, tome II, p. 379.

parties. George, absorbée par son travail, n'en éprouvait pas moins une humiliation blessée. Elle achevait *Teverino*. Elle avait lu à Delacroix et Chopin le manuscrit de *Lucrezia Floriani*. Le portrait du prince Karol (Chopin) était si évident que Delacroix s'en indigna. Il ne comprenait pas l'aisance de George à lire ces mots et le détachement distingué de Chopin à cette lecture. Il refusait, c'était évident, de se voir dans le héros. Quel jeu jouaient ces amants, déjà détruits ? Quand *Lucrezia Floriani* fut publié, Mme Marliani, Balzac, Heine, Liszt furent révoltés d'un portrait de Chopin aussi ressemblant. Ils en voulurent à George qui niait farouchement toute ressemblance entre son héros et Chopin. Le petit vicomte fit sa demande en mariage. Solange n'aimait pas son fiancé. Elle appréciait le titre de vicomtesse, elle voulait s'affranchir, ravie d'évincer Augustine qui épousera en 1848 un professeur de dessin polonais, Charles de Bertholdi. Solange avait échoué sur l'essentiel : George chérissait davantage Augustine. À l'automne 1846, George achevait *Le Piccino* quand les fiançailles furent officielles. Elle en ressentait un secret désappointement. Solange n'avait que dix-sept ans et sa mère redoutait son caractère. Elle s'irritait d'un tel gendre, « simple comme la nature et habillé en garde-chasse », et de plus, royaliste. La Loire avait débordé à cause des pluies torrentielles, mais on fit des excursions dans les environs, on pêcha la truite. Chopin s'esquivait, jaloux du fiancé de Solange, malade, surtout. Il s'enfermait dans sa chambre et composait sa sonate pour violon et violoncelle. Il s'épanchait, en courriers, auprès des siens. Il n'aimait probablement plus George qu'il appelait toujours « Mme Sand ». Son énergie le fatiguait, ses soins l'irritaient, il n'avait pas la force d'oser conquérir Solange. Les pluies d'automne l'accablaient. Il se sentait mieux, le soir, quand George et la petite bande mettaient en route l'astucieux petit théâtre. Ils montaient des ballets, improvisaient des sketches que George écrivait en un quart d'heure avant le dîner. Maurice, Solange, Lambert le peintre, ami de

Maurice, Augustine, Fernand de Preaulx redevenaient des enfants – même Chopin :

« Imaginez-vous que pour remplir les longues soirées d'hiver, mes 5 enfants ont imaginé de jouer la comédie. Je suis forcée de leur faire tous les jours une pièce nouvelle, d'être auteur et acteur, directeur, aide-costumier [...] ; avec des paravents, des vieux rideaux, des feuillages d'arbres verts, des loques repêchées dans les greniers, du papier d'or et d'argent, nous arrivons à faire des décors, des costumes, des coulisses ; et tout cela portatif, installé dans le salon où il fait chaud et mis en place en 10 minutes. [...] Nous faisons avec de la filasse des perruques, [...] avec du papier, des fraises extravagantes [...] ma fille adoptive est une Elvire passionnée, ma fille Solange une Zerline très coquette, mon futur gendre une statue admirable [...]. Après la pièce, nous souperons [...] avec le gibier tué par mon gendre [3]... »

Solange ne fit pas durer cet esprit bon enfant. Sa coquetterie prenait le dessus, son angoisse aussi. Maurice courtisait Augustine, elle décida de nuire. Froide avec son fiancé, affectée, elle scandalisa sa mère quand elle susurra à qui voulait l'écouter, en particulier Chopin, que Maurice et Augustine étaient amants. Pourquoi son frère daignerait-il épouser une fille aussi facile ? Maurice avait vingt-quatre ans, il vivait aux crochets de sa mère. Adolescent prolongé et surprotégé, incapable de soutenir les nécessités d'argent, il exaspérait parfois George par ses inconséquences. Qu'il eût eu une liaison avec Augustine n'eût pas formalisé George Sand. Seules, les intentions malveillantes de Solange la terrifiaient. Chopin, sous l'influence de Solange, éclata, tança Maurice, frôla la grossièreté avec Augustine. Maurice parla de quitter Nohant. Augustine était effondrée. George cria que son fils n'avait pas à s'en aller, « cela ne pouvait et ne devait pas être ».

3. *Ibid.*, p. 571-573 (lettre à Pierre-Jules Hertzel, décembre 1846).

Solange se délectait. Elle avait déclenché la rupture de Chopin avec sa mère.

« Chopin ne supporta pas mon intervention légitime et nécessaire. Il baissa la tête et prononça que je ne l'aimais plus. Quel blasphème après ces huit années de dévouement maternel [4] ! »

Chopin prétexta cette querelle pour s'installer à Paris. Chopin se rendait souvent à Paris mais ce départ-là était une rupture. On était en novembre, il faisait froid, George allait traverser de longs mois désolés. Il y eut l'incroyable rebondissement du mariage de Solange. En février, George, Maurice, sa fille et Fernand allèrent à Paris. George devait s'occuper de ses livres mais aussi du trousseau de Solange et du contrat de mariage. Il fallait l'accord du baron Dudevant. Il avait répondu favorablement pourvu qu'on ne lui demande rien : il était grevé de dettes. Il critiquait la dot, le don de l'hôtel de Narbonne que George faisait à Solange. Il offrait à l'occasion l'hospitalité à sa fille et à son gendre. Quant aux sentiments de Solange envers Fernand, « la princesse règne et le gouverne », observait George. Ils avaient revu Chopin, mais quelque chose était fini. Chopin refusait de retourner à Nohant. « La campagne l'ennuie à mort au bout d'un certain temps. » George voulait quitter le square d'Orléans et passer l'année à Nohant. Le Tout-Paris ne clabauda pas trop sur cette rupture, on l'attendait depuis des années.

L'hiver 1847 entra en scène le sculpteur Auguste Clésinger. Fils d'un sculpteur de Besançon, Clésinger avait trente et un ans. Viveur, violent, talentueux, criblé de dettes, insolent, aimant les femmes et l'argent, il avait déjà écrit à George Sand, pour lui demander la permission de graver le nom de Consuelo sur un nu de femme. George avait accepté avec empressement. La sachant à Paris, il l'invita avec sa famille à visiter son

---

4. G. Sand, *Histoire de ma vie*, tome II, p. 448.

atelier. Le 18 février, il déploya tout son charme à les recevoir. Il eut le coup de foudre pour Solange – et la dot probable que lui ferait sa célèbre mère. Solange était fascinée, elle cherchait un maître. Il leur proposa de faire leur buste séparément. Lors des poses à l'atelier, Clésinger menait sa cour rondement. Il la pressait avec tant d'ardeur, il osait tant de baisers que Solange, à la veille du contrat, rendit sa parole au malheureux Fernand. Désespéré, il s'enfuit dans son Berry. George était soulagée ; elle craignait ce rustique garçon qui lui rappelait Casimir. George fut aussi conquise par l'intempestif Clésinger, son autorité à enlever Solange. George aimait cette volonté si mâle, promesse de passion, qu'elle n'avait connue que chez Michel de Bourges. George était ébranlée par un tel élan. En mars, elle prenait quelques renseignements sur Clésinger et refusa d'écouter le capitaine d'Arpentigny. Il lui dit le plus grand mal du sculpteur. George plaida sa cause. Il avait proposé, écrivait-elle à d'Arpentigny, de faire gratuitement leur buste à toutes les deux. Elle préféra écouter les éloges de Clésinger dans la bouche de ses amis artistes, Dupré et Rousseau, qui affirmaient sa loyauté. Chopin, atterré, trembla pour Solange. Le 8 juin, il confiait sa consternation à sa famille :

« Le secret dans lequel la maman de Solange a tenu ses intentions l'a privée de tous renseignements en dehors de ceux qu'il a plu au sculpteur de lui donner, alors que les amis Marliani, Delacroix, Arago et moi-même avions sur lui les précisions les plus déplorables. Nous savions qu'il était endetté, brutal, qu'il battait sa maîtresse et que pour se marier il allait l'abandonner alors qu'elle était enceinte [...]. Il boit[5]... »

George l'interrogea franchement. Avec un magnifique aplomb, Clésinger avait tout nié. Elle le crut. En avril, elle regagnait Nohant avec Solange. « À un

5. G. Sand, *Corr.*, tome VII, p. 626 (note 1, lettre de Chopin à sa famille).

mariage modeste et doux, écrivait-elle à Poncy, elle substitue un mariage brillant et brûlant. » Elle invita Clésinger, mais il s'était précipité à Nohant sans crier gare. Tant de passion enchantait la romanesque Sand. Le 16 avril, elle détaillait à Maurice l'intrépidité énergique du sculpteur :

« Cher Mauricot, voilà : Clésinger est arrivé ici comme César, avec une résolution, une volonté, et un entêtement qui ne souffraient ni indécision, ni retard. Il fallait dire *oui* ou *non* dans les vingt-quatre heures. C'était brusque, mais tout homme qui vous demande de le prendre ou de le laisser, a droit à une réponse. Solange a dit oui d'emblée. [...] Il est évident qu'avec un homme comme le sculpteur, il n'y a pas à en revenir. Il repart ce soir, il te voit, il te parle, car il veut te parler. Il part le lendemain pour Besançon, il prend son père et part de Besançon au bout de 24 heures pour se rendre chez ton père. Il persuade ton père et l'amène à Paris tout de suite. Je m'y rends avec mes filles, j'y passe les 15 jours nécessaires à la publication des bancs et à la rédaction du contrat. On s'y marie, ou on revient se marier à Nohant, à volonté. Une heure après, les nouveaux mariés [...] partent pour Rome [...]. Cela se fera car cet homme le veut, qu'il fait tout ce qu'il veut, à l'heure même, à la minute, sans avoir besoin de dormir ni de manger [...]. Cette tension de la volonté, sans fatigue ni défaillance, m'étonne et me plaît. [...] J'admire cette puissance et j'y vois le salut certain de l'âme inquiète de ta sœur... Pas un mot à Chopin [6]. »

« Le Rubicon est passé », disait encore George à son fils. La situation la dépassait. Elle traversa des malaises, des insomnies, jusqu'au mariage, le 19 mai 1847, devant le maire, dans la petite église de Nohant. Le baron Dudevant était présent. Elle écrivit, en proie à d'atroces migraines, *Le Château des Désertes*, son qua-

6. *Ibid.*, p. 659-661.

rante-troisième roman. La dot de Solange la déstabilisait. L'hôtel de Narbonne suffirait-il ? Chopin s'était indigné d'avoir été ainsi écarté. Il avait fait une grave rechute. Solange lui échappait pour un homme qu'il détestait. George sombrait dans les affres au point de songer au suicide. Elle tentait de se convaincre que Solange avait fait le bon choix. Elle avait peur, George avait fait une chute le matin du mariage. Solange qui avait ses règles ce jour-là s'était trempée selon son habitude dans de l'eau glacée pour couper à cette misère, « au risque d'en mourir », s'indignait sa mère. Quelques jours avant le mariage, George avait écrit au comte Gzrymala une longue lettre à la fois d'excuses et de justifications. Elle invitait Chopin à Nohant tant qu'il le voulait, mais pas au mariage, connaissant son antipathie pour Clésinger. Les querelles la brisaient. Elle avait toujours ménagé Chopin, c'était lui qui se repliait et la désespérait. Elle se consolait à l'idée d'un nouvel artiste dans sa famille et du sort de sa fille. « Il fera de ma fille une admirable femme », écrivait-elle à Théodore Rousseau. Chopin écrivit à Solange une petite lettre de félicitations. Il était à Ville-d'Avray, chez Thomas Albrecht. Solange et Clésinger avaient passé leur première nuit dans la grande chambre du rez-de-chaussée. Le lendemain du mariage, George écrivait à son éditeur Hetzel de lui faire parvenir deux mille cinq cents francs. « Je ne peux m'en passer ni les attendre. » La migraine de George n'avait plus de répit. Le couple s'installa à Paris, à grands frais, à l'hôtel de Narbonne. George concoctait de marier Augustine à Théodore Rousseau, peintre paysagiste, ami de Maurice. Il arriva le 23 mai à Nohant. George voulait doter Augustine, « sa seconde fille », en cachette de Solange dont elle redoutait la jalousie. De retour en juillet, les époux Clésinger, mis au fait, révélèrent leur véritable nature. Le 1er juillet, Clésinger exigea un gros emprunt. Il y eut la réunion d'un conseil de famille au greffe de la justice de paix, à La Châtre. George avait promis cent mille francs à Augustine, ce qui avait mis Clésinger et Solange hors d'eux. Solange anéantit ce projet de mariage. Elle écrivit une lettre anonyme à Rousseau où elle détaillait la conduite « scandaleuse » de sa cousine avec Maurice. Rousseau en éprouva un choc mortel et s'enfuit sans réponse. George lui écrivit une longue lettre pour disculper Augustine. Il ne répondit pas, la lassitude reprenait George avec son cortège de misères physiques. L'atmosphère de la maison était lourde à faire peur. Clésinger était en effet au bord de la ruine. George découvrait l'ampleur du désastre : en peu de jours, le couple s'était endetté de vingt-quatre mille francs en caprices divers, fleurs, vaisselle rare, domestiques et grand train de vie. Clésinger avait dépensé cinq mille francs chez son tailleur. Avec arrogance, il toisa sa belle-mère et exigea qu'elle hypothèque Nohant. George eut un hoquet indigné. Jamais on ne toucherait à *son* Nohant ! Elle pria son gendre de s'en aller. Solange, froidement, préparait ses bagages. Clésinger clouait ses caisses à grands coups de marteau furieux. On était le 11 juillet et la chaleur était torride. Clésinger s'échauffait, il arpentait la maison, insultait Augustine. George était à l'étage, essayant de protéger la jeune fille et de calmer cette rage. Il y avait Lambert, Borie, Maurice et le curé de Saint-Chartier, averti par Hippolyte que quelque chose de grave se passait au château. La colère de Clésinger augmentait et il accusa Lambert d'avoir outragé Solange. Une scène horrible éclata, que George narra en détail, en plusieurs jours, à Arago dans une lettre de soixante et onze pages :

« Clésinger menace [Lambert] de soufflets. Lambert l'en défie, [...] Solange étant là... Clésinger s'élance le poing levé sur le petit, qui esquive le coup et lui riposte par un terrible coup de pied dans le ventre. Maurice tombe entre eux [...] et tâche de calmer et de retenir Clésinger [...] qui [...] brandit un marteau sur leurs têtes. Avertie par les hurlements aigus de Clésinger, je descends l'escalier [...]. Je me place entre eux, j'étourdis tranquillement Clésinger d'un bon soufflet et je lui arrache son marteau... Clésinger me le reprend en criant qu'il veut en *tuer deux*. Je me remets devant lui et je le prends aux cheveux tandis que Maurice lui tient et lui tord les mains pour lui arracher le marteau... Je sens que le marteau lui échappe et que Clésinger le lève encore sur lui... Un second soufflet de moi appliqué sur les yeux le distrait pour la seconde fois. C'est alors qu'il me porta un coup de poing dans la poitrine et que Maurice [...] courut dans son atelier [...] pour prendre des pistolets. Il était, cette fois, résolu à le tuer comme un chien enragé [...] mais mon domestique Jean [...] se jeta sur Clésinger, lui tordit les bras [...] et l'accula à la muraille [...] malgré ses menaces et sa fureur [...]. Le curé et Borie avertis par les cris accouraient. Le curé prêtait main-forte à Jean. Borie désarmait Maurice qui revenait avec ses armes. Alors Solange daigna intervenir, et se posant avec beaucoup de grâce sur le sein de son époux, elle dit *Mon ami, rentrez chez vous, vous avez frappé ma mère, vous vous êtes mis dans votre tort*... C'est la dernière fois que je l'ai vue [7]...

Ils quittèrent Nohant le lendemain « après avoir dîné tranquillement dans leur chambre ». Ils partirent à Mongivray et La Châtre où ils déblatérèrent tant et plus contre George Sand. Solange s'écria en montant dans la voiture qui la ramenait à Paris : « Voilà le plus beau jour de ma vie. »

« Mon Dieu, écrivait George à Marie de Rozière, je n'avais rien fait pour avoir une telle fille [8] ! »

Elle écrivit à Chopin. Elle resta plusieurs jours sous le choc. Chopin ne lui répondait pas, son silence ressemblait à un blâme. Il prenait fait et cause pour Solange. Le 28 juillet, elle lui écrivit à sa dernière lettre :

« C'est bien, mon ami, faites ce que votre cœur vous dicte maintenant et prenez son instinct pour le langage

---

7. G. Sand, *Corr.*, tome VIII, p. 41-42.
8. *Ibid.*, p. 12 (lettre à Marie de Rozière, juillet 1847).

de votre conscience. [...] Ma fille aurait mauvaise grâce à dire qu'elle a besoin de l'amour d'une mère qu'elle déteste et calomnie. [...] J'aime mieux vous voir passer à l'ennemi que de me défendre d'un ennemi sorti de mon sein et nourri de mon lait. Soignez-la, puisque c'est à elle que vous croyez devoir vous consacrer... Adieu, mon ami [...]. Je remercierai Dieu de ce bizarre dénouement à neuf années d'amitié exclusive. – Donnez-moi quelquefois de vos nouvelles ; il est inutile de jamais revenir sur le reste[9]. »

Dans la si longue lettre à Emamnuel Arago, révoltée, elle lapidait ainsi Chopin :

« Voilà des années, que je suis liée à un cadavre. »

Elle avait quarante-trois ans. La mère et la fille s'étaient réciproquement jetées à la porte de leur vie.

9. *Ibid.*, p. 55 (lettre à Frédéric Chopin, 28 juillet 1847).

Chapitre 31

Les explosions : 1848

La France allait exploser. Le « enrichissez-vous » de Guizot était celui de la bourgeoisie triomphante. Dans les ateliers du Nord, des fillettes de dix ans travaillaient plus durement que des bêtes de somme. Les indigents s'accroissaient, le roi croyait à une crise passagère. Sa sœur, Mme Adélaïde, était morte en 1847 et il avait perdu sa meilleure conseillère. L'opposition montait. Ledru-Rollin proclamait que cette ruine des classes défavorisées venait d'un « système qui pèse si lourdement sur nous depuis quinze ans ». Il y avait eu également des scandales. L'assassinat à coups de couteau de la duchesse de Choiseul-Praslin par son mari, poussé par sa maîtresse, l'institutrice de leurs dix enfants. Le duc se suicida à l'arsenic pendant l'instruction et le peuple fut outré de ne pas voir monter un privilégié assassin à l'échafaud. L'effervescence antimonarchiste était alimentée par *L'Histoire des Girondins* de Lamartine qui faisait l'éloge de Robespierre. Louis Blanc avait publié *Histoire de la Révolution française*. On s'engouait de 1793. George Sand allait devenir la muse de ce nouveau mouvement, publiant bulletins et articles qui défendaient la République. Un mot de Lamartine, « La France s'ennuie », volait sur toutes les lèvres. À Paris, la mode des banquets politiques, où l'on parlait ouvertement de la République, s'essaima en province, jusqu'à La Châtre. On vilipendait le régime louisphilippard. En décembre, la reddition d'Abd el-Kader déposant ses armes devant le duc d'Aumale réjouissait le roi. « Pas de changement ! » répétait-il. George n'avait jamais été un écrivain réfugié dans sa tour d'ivoire. La politique lui chauffait le cœur et la plume. La politique cautérisait sa douleur maternelle. En novembre, Solange, enceinte, était venue la voir avec son époux. George avait repris le passe-temps du théâtre à Nohant. Avait-elle voulu abolir, symboliquement, toute trace de ce mariage ? Elle avait fait aménager le théâtre dans la chambre du rez-de-chaussée, celle des noces de Solange. Les Clésinger, presque ruinés, avaient logé à La Châtre. Solange se rendit seule à Nohant accompagnée des Duvernet. George désirait revoir sa fille dont elle espérait la « repentance » « Chopin et sa coterie, s'indignait-elle à Hetzel, lui ont tellement donné raison, qu'il est certain qu'elle me croit coupable. » Elle trouva sa fille « fraîche comme une rose, belle comme un ange, insouciante de sa mauvaise position. J'ai espéré longtemps qu'elle était un peu folle, hélas non, elle n'est pas folle du tout ». Solange détesta voir sa chambre détruite. Oubliait-elle que, lors de leur départ mémorable, Clésinger avait embarqué jusqu'au buste de sa belle-mère qu'il lui avait pourtant offert ? Elle écrivit à Chopin ses impressions :

« J'ai trouvé [ma mère] très changée mais froide comme la glace, même dure. Elle a commencé à me dire que si je me brouillais avec mon mari, je pourrais retourner à Nohant [...]. Maurice est venu au-devant de moi avec sa bouche égoïste [...]. Ma chambre est entièrement démeublée ; on a enlevé les rideaux, le lit, etc., on a séparé la chambre en deux parties, l'une est la salle, l'autre est la scène et on y joue la comédie. [...] Une mère qui installe un théâtre dans la chambre de noces de sa fille chérie [1] ! »

1. G. Sand, *Corr.*, tome VIII, p. 134 (note I, Lettre de Solange à Chopin, novembre 1847).

Les créanciers avaient hypothéqué l'hôtel de Narbonne de cinquante mille francs. Clésinger tentait de le vendre le plus vite possible, personne ne voulait lui prêter de l'argent. Solange allait être ruinée. Elle se réfugia à Besançon, dans sa belle-famille, et chez son père, au Guillery, pour accoucher. Chopin était son seul confident :

« J'ai plus vieilli en huit jours qu'en dix-huit ans. [...] Les soucis d'argent... une mère qui m'abandonne brusquement... un père plutôt dur qu'affectueux [...]. Heureusement que j'ai mon sculpteur qui me console de tout, qui me tient lieu de tout [2]. »

Les Viardot essayèrent de les réconcilier avec George. Pauline plaidait pour Chopin, son mari défendait l'inexpérience de Solange. Tout était de la faute à ce viveur de Clésinger, brutal avec Solange. George frémissait. Qui ferait vivre sa fille incapable de s'assumer seule ? « Toute mon ambition, écrivait-elle fin novembre à Marie de Rozière, est de réaliser assez de bénéfices sur mon travail pour faire une pension à Solange. » La visite de Hetzel à Nohant, ce même mois, lui fit du bien. Elle signa avec lui un livre charnière qui rassurait son narcissisme malmené : *Histoire de ma vie*. *François le Champi* paraissait en décembre dans *Le Journal des débats*. *Le Siècle* publiait son article élogieux sur le livre de Louis Blanc. On avait inauguré le chemin de fer de Vierzon à Châteauroux, il serait de plus en plus aisé de la rejoindre à Nohant. 1847 s'achevait. Le jour de Noël, au théâtre de Nohant, on joua *Barbe-Bleue*, mélodrame dont elle avait écrit le scénario. Chopin souffrait. Où était passée sa chère famille Sand ? George avait donné congé au square d'Orléans. Elle occupera l'appartement de Maurice, rue de Condé, pendant les événements de 1848. Elle voulait éviter Chopin qui demandait toujours à Solange des nouvelles de « Mme Sand ». Le 16 février 1848, il donnera

2. *George Sand et Solange, mère et fille*, *op. cit.*, p. 369.

son dernier concert à Pleyel. Solange allait accoucher quand éclata la révolution de février qui abolirait à jamais la royauté en France. L'Europe s'agitait, l'Italie se rebellait contre l'Autriche, Mazzini correspondait avec George Sand. La police de Louis-Philippe parlait de « conspiration socialiste » où se mêlaient les noms de Blanqui, Louis Blanc, George Sand. Karl Marx fut expulsé de Paris. L'anarchiste russe Mikhaïl Bakounine admirait George Sand dont la réputation touchait, hors frontières, les partisans de la liberté. Les banquets se multipliaient. L'opposition comptait des monarchistes constitutionnels et des républicains dont Lamartine. Le 22 février, les attaques contre Guizot furent le moteur principal des neuf cents adhérents au banquet monstre des opposants décidés à changer de régime. Le gouvernement interdit le banquet et envoya la troupe. L'opposition, exaspérée, dut reculer. George s'inquiétait pour Maurice qui était à Paris.

« M. Thiers contre M. Guizot [...]. Thiers vaut mieux à coup sûr, mais il ne donnera pas plus de pain aux pauvres qu'aux autres. Aussi je t'engage à ne pas aller flâner par là. [...] Se faire assommer pour Odilon Barrot et compagnie, ce serait trop bête[3]. »

Le 22 février, une foule d'opposants, sous la pluie, se massait à la Madeleine, hurlant « Vive la République ! ». À onze heures du matin, ils furent rejoints par une colonne d'étudiants qui chantaient *La Marseillaise*. La foule se grossit d'ouvriers et marcha vers la Chambre des députés. La garde nationale les repoussa ; ils reculèrent jusqu'à la Concorde. Une troupe à cheval arriva. La pluie redoublait, on commençait à monter des barricades. Il y eut des coups de feu, deux femmes furent tuées. Louis-Philippe fit appel à la garde nationale plutôt qu'à l'armée, effrayé d'une guerre civile. Il eut tort ; la garde nationale avait fait alliance avec les

3. G. Sand, *Corr.*, tome VIII, p. 299 (lettre à Maurice Dudevant-Sand).

opposants qu'elle protégea contre la troupe aux cris de « Vive la république ! À bas Guizot ! ». Le roi s'affolait, Guizot démissionna. Les étudiants sillonnaient la capitale au chant de *La Marseillaise*. Les barricades se renforçaient. Des hommes, des femmes, des enfants criaient « Vive la réforme ! » Au soir du 23 février, « la révolution ressemblait à une fête ». On descendit joyeusement de la Bastille au boulevard des Capucines avec des drapeaux rouges et des torches. Le drame éclata. La troupe arrêta ce défilé, un soldat tira suivi de tous les autres. Cinquante-deux manifestants étaient tués, la foule s'empara de charrettes, y entassa ses morts et, à la lueur des torches, défila ainsi dans Paris. De nouvelles barricades s'érigeaient. Bugeaud, impopulaire, ne put dominer les événements. Les insurgés attaquaient le Palais-Royal, le Château d'eau. Le 24 février, effondré, Louis-Philippe abdiquait en faveur de son petit-fils, le comte de Paris. Il s'enfuyait à Londres. Appuyé au bras de la reine, suivi de la duchesse de Nemours et de son fils, il sortit des Tuileries, honteusement, par le pont Tournant. Un régiment de grenadiers assurait leur protection. Ils montèrent dans une simple voiture. Un farceur claqua la portière en ricanant « Monte en fiacre, fils de Saint Louis ! ». La Chambre refusa le petit-fils de Louis-Philippe. Paris et son peuple étaient au pouvoir. On allait proclamer la Deuxième République française. Lamartine était en tête du gouvernement. Les insurgés incendièrent sur la place du Palais-Royal les voitures de la famille royale. Le peuple fonça aux Tuileries et mena une joyeuse bacchanale dans les appartements de la reine. Tout fut saccagé, pillé, souillé. On portait le bonnet phrygien et on hurlait « Vive la République ! ». Le soir même, au charbon noir sur des banderoles accrochées aux murs de l'Hôtel de Ville, on lisait : « La République une et indivisible est proclamée en France. » Un gouvernement provisoire fut institué à l'Hôtel de Ville avec des modérés soutenus par Lamartine, Dupont de l'Eure, Crémieux, Arago, Garnier-Pagès, Ledru-Rollin, Marie, auxquels se joignirent les républicains Marrast et Flocon, Louis Blanc et Albert dit « l'Ouvrier ». Ils espéraient avec George Sand obtenir enfin un monde plus juste. « Nous faisons ensemble la plus sublime des poésies », s'écriait Lamartine. Le romantisme se mêlait à la bonne volonté mais l'inexpérience de ces idéalistes allait entraîner la catastrophe. Le 25 février, Louis Blanc proclamait le droit au travail. À Londres, Karl Marx publiait *Le Manifeste communiste*. Ce 28 février, Solange accouchait, seule chez son père, d'une petite fille, Jeanne Gabrielle Elle écrivit aussitôt à Chopin qui la félicita : « L'avènement de votre petite fillette m'a donné bien plus de joie que... l'avènement de la république[4]. »

George était arrivée à Paris le 1er mars rejoindre ses amis dont Louis Blanc. Elle s'émerveillait de « l'ordre et la décence » qui régnaient en dépit du funèbre cortège des victimes. « Le peuple de Paris est le premier peuple du monde, écrivait-elle le 4 mars à son cousin René de Villeneuve. [...] Aimez-moi toujours bien que je sois *républicaine*. » Elle fut avertie de la naissance de Jeanne Gabrielle non par sa fille qui souffrait que sa mère ne fût pas accourue pour ses couches, mais par Chopin, rencontré par hasard dans l'escalier de Mme Marliani. Chopin l'écrira à Solange :

« Je suis allé hier chez Mme Marliani et en sortant, je me suis trouvé dans la porte de l'antichambre avec madame votre mère qui entrait avec Lambert. J'ai dit un bonjour à madame votre mère et ma seconde parole était s'il y a longtemps qu'elle a reçu de vos nouvelles. “Il y a une semaine, m'a-t-elle répondu. – Vous n'en aviez pas hier, avant-hier ? – Non. – Alors je vous apprends que vous êtes grand-mère. Solange a une fillette, et je suis bien aise de pouvoir vous donner cette nouvelle le premier.” J'ai salué et j'ai descendu l'escalier [...]. J'ai dit que vous alliez bien et l'enfant aussi...

4. *George Sand et Solange, mère et fille*, *op. cit.*, p. 376.

Madame votre mère m'a fait avec beaucoup d'intérêt des questions sur votre santé. Je lui ai répondu que vous m'aviez *écrit vous-même au crayon* deux mots le lendemain de la naissance de votre enfant –, que vous avez beaucoup souffert mais que la vue de votre fillette vous a fait tout oublier. Elle m'a demandé si votre mari était auprès de vous, j'ai répondu que l'adresse de votre lettre me paraissait être mise de votre main. Elle m'a demandé comment je me portais, j'ai répondu que j'allais bien et j'ai demandé la porte au concierge. J'ai salué et je me suis retrouvé square d'Orléans à pied [5]. »

George avait serré « sa main tremblante et glacée ». Le 6 mars, quelques jours après la naissance, le nouveau-né mourait. Solange écrivit à son cher Chopin que tous les malheurs l'accablaient en même temps :

« L'hôtel de Narbonne vient d'être saisi mais qu'importe puisque j'ai entendu les plaintes d'agonie de mon enfant [...]. Je suis [...] trop malheureuse [...]. On l'enterre ce soir. Pauvre petit ange, elle ira au ciel prier pour sa mère, elle a tant souffert [6]... »

Solange est seule, dans un total désarroi. Clésinger est obligé de travailler à Paris, les dettes s'accumulent. Solange se lamentait auprès de Chopin de la froideur de sa mère. « Mon Dieu, comment peut-elle être aussi peu tendre ? » George avait envoyé une lettre de condoléances à Solange mais elle était tout entière absorbée par cette république tant attendue. Elle avait obtenu un laissez-passer par Ledru-Rollin et atteignait ainsi tous les membres du nouveau gouvernement. Au lendemain de la mort de la petite, le 7 mars, elle faisait paraître une *Lettre au Peuple*. Elle s'était engagée auprès de Ledru-Rollin pour écrire les éditoriaux du *Bulletin de la République*. Elle retourna à Nohant afin d'assister là-bas au grand jour où on proclamerait la République.

---

5. G. Sand, *Corr.*, tome VIII, p. 318 (note 1, lettre de Frédéric Chopin à Solange).

6. *George Sand et Solange, mère et fille, op. cit.*, p. 377.

Pensait-elle à Solange inconsolable ? Solange, décidément, engendrait le malheur. George s'occupait aussi du mariage imminent d'Augustine. Ses « bulletins » étaient d'une rare audace. Elle était la seule femme à susciter l'admiration des hommes politiques de 1848 dont elle devenait l'incontestable égérie. Galvanisée du beau rêve républicain, elle avait « oublié » Solange. « Me voilà occupée comme un homme d'État », se réjouissait-elle auprès de Maurice. Le *Bulletin* n° 4 paraissait le 19 mars. Elle s'enhardissait et souhaitait qu'il fût affiché à la porte des églises. Tous les maires recevaient ces bulletins et George exultait. Maurice avait été élu maire de Nohant. La romancière était devenue militante active, elle haïssait la bourgeoisie et les sots privilèges.

« Les chagrins personnels disparaissent quand la vie publique nous appelle et nous absorbe. La République est la meilleure des familles, le peuple est le meilleur des amis. [...] Je ne saurais trop [...] recommander de ne pas hésiter à balayer tout ce qui a l'esprit bourgeois [7]. »

Les semaines qui suivirent furent difficiles à Solange, magnifiques à George Sand. Elle était enchantée de créer avec Louis Viardot *La Cause du Peuple*. Pauline chanterait *La Marseillaise*, à la manière sublime dont Rachel, au Théâtre-Français, l'avait déclamée, enveloppée du drapeau tricolore. George avait assisté à cet événement unique. Les élections étaient reportées au 23 avril sous la pression de la gauche. La droite était composée de la petite et moyenne bourgeoisie, en force depuis que les bourgeois obtenaient le droit de vote. George abordait tous les problèmes des opprimés. Le 6 avril, elle écrivait en faveur des femmes, principales victimes. Un fervent admirateur, Ernest Legouvé, la proposa comme candidate aux prochaines élections.

---

7. G. Sand, *Corr.*, tome VIII, p. 324-325 (lettre à Frédéric Girerd, 6 mars 1848).

L'un des rares journaux féministes, *La Voix des femmes*, fondé par Eugénie Niboyet, appuyait cette proposition et plaça son espoir en George Sand. Elles furent déçues ; George n'aimait pas foncièrement la compagnie des femmes et recula. L'ironie d'être élue par des hommes, aucune femme n'ayant le droit de voter, la tracassait. Mal à l'aise dans un cénacle uniquement féminin, elle refusa de représenter officiellement la cause des femmes. Sa réponse dans *Réforme* blessait Eugénie Niboyet, et ses compagnes qui se battaient péniblement dans l'ombre. George se sentait avant tout un écrivain reconnu du monde des hommes, non pas une femme à part au service d'un féminisme sectaire. Elle posait la question de savoir si oui ou non les femmes devaient participer intimement à la vie politique. Changer la condition des femmes, c'était changer de société. L'urgence était là. Elle écrivit gravement sa réponse au comité central :

« Les femmes étant sous la tutelle et dans la dépendance de l'homme par le mariage, il est absolument impossible qu'elles présentent des garanties d'indépendance politique à moins de briser individuellement et au mépris des lois et des mœurs, cette tutelle que les mœurs et les lois consacrent. Il me paraît insensé, j'en demande pardon aux personnes de mon sexe [...] de commencer par où l'on doit finir. [...] Je me sépare personnellement et absolument de leur cause [...]. Oui, l'égalité civile, l'égalité dans le mariage, l'égalité dans la famille, voilà ce que vous devez [...] réclamer. Si aujourd'hui les femmes siégeaient parmi les députés, elles ne représenteraient que la *moitié* d'un homme, l'autre moitié étant leurs maris [8]. »

George Sand préférait profondément les hommes, à quelques exceptions près (Marie Dorval) qui à la longue l'avaient déçue (Marie d'Agoult). Solange l'avait ulcérée. Des femmes venaient la complication, le mal-

8. *Ibid.*, p. 401-407 (aux membres du comité central).

heur et l'inertie. George était trop en avance sur bien des hommes et des femmes pour se borner à ces rares féministes qui réduiraient sa liberté farouche. C'était nier leur courage à défiler dans les rues pour réclamer le droit au divorce. Sand trouvait ces actions sans envergure en comparaison du vaste projet de faire progresser l'humanité. Elle croyait, à tort, que le socialisme arrangerait tout y compris cette lancinante oppression des femmes. Elle développait une conception audacieuse qu'elle appelait « la démocratie populaire » Elle n'avait ni le talent politique de Louis Blanc ni le génie de Marx. Elle restait dans l'utopie romantique. Elle écrivait ses bulletins les uns après les autres. Le *Bulletin* n° 16 reprochait au marxisme d'être « un remède extrême ». Le marxisme lui semblait une violence dont jamais « la France ne voudrait ». Louis Blanc, Ledru-Rollin, au nouveau gouvernement, prônaient les réformes sociales. On se heurtait à la date des élections tandis que le chômage atteignait une courbe alarmante. Les clubs de Paris, dirigés chacun par un de ces militants dont Louis Blanc, Cabet, Blanqui, Raspail, avaient des conceptions différentes, mais fondées sur un idéal socialiste.

Le 12 avril, Augustine s'était mariée à Nohant avec Charles de Bertholdi. Solange était à Besançon. Chopin, de Londres, lui écrivait ; navré de sa solitude. À Paris, elle avait brièvement vu sa mère qui l'encourageait « à quitter la capitale ». Les retrouvailles avaient été sèches, George s'en plaignait à Maurice : « Solange [...] est grasse, rouge, bouffie [...]. Elle est froide, plus sèche, plus malveillante que jamais[9]. »

Le 20 avril eut lieu la fête de la Fédération avec un grand défilé des troupes et de la garde nationale. George écrivait son *Bulletin* n° 19. Le 23 avril, elle dînait chez Lamartine et publiait, dans *La Vraie République*, *La Question sociale* et *Le Culte de la France*. Le

9. *George Sand et Solange, mère et fille*, *op. cit.*, p. 380.

28 avril, à minuit, elle avait suivi les élections à l'Hôtel de Ville, où attendaient trois cent mille personnes. Elle écrivit à Maurice, à Nohant :

« 2 heures du matin,

Tous les membres du gouvernement provisoire sont élus. Lamartine dans la proportion de 251 000 voix, Ledru-Rollin 131 000, Louis Blanc, moins, Perdiguier est élu à Paris et à Avignon. J'espère que Giland l'est dans son département. Étienne Arago et Barbès le sont dans le leur. J'attends avec impatience le résultat de l'Indre. [...] Fleury député. [...] La République se défendra. Mais il y aura une fameuse lutte à livrer contre la bourgeoisie [10]. »

Le 4 mai, George fut invitée par Mockton-Milnes à un dîner « littéraire et politique » où elle retrouva Mérimée (très conservateur), Alfred de Vigny, Tocqueville. L'embarras de George et de Mérimée n'échappa pas à Tocqueville mais, au cours du dîner, l'atmosphère se détendit. Elle discuta surtout avec Tocqueville, issu d'une ancienne aristocratie normande. Il avait de grands préjugés contre George Sand. « Je déteste les femmes qui écrivent », disait-il, mais la charmeuse avait joué de son aura si personnelle. « Elle me plut », conclut Tocqueville quoique lui trouvant des traits massifs, peu de grâce, une toilette trop simple, mais « des yeux admirables ». Elle avoua à Tocqueville avoir peur de l'engouement dont elle était l'objet. Elle doutait de la victoire finale de la République. Lamartine maintenait un équilibre trop provisoire, d'où s'étaient écartés Louis Blanc et Albert l'Ouvrier. Ledru-Rollin restait mais George Sand devinait, prophétiquement, à quel point la classe possédante l'emporterait. On était dans l'éphémère, d'autres passions s'ajoutaient. Les chefs des clubs parisiens ameutèrent le peuple au nom de la Pologne libre, contre l'oppresseur russe. Le 23 juin, il

10. G. Sand, *Corr.*, tome VIII, p. 465 (lettre à Maurice Dudevant-Sand).

y eut la dissolution des ateliers nationaux, ce qui déclencha trois journées sanglantes : les 23, 24 et 25 juin. Cinquante mille manifestants arrivèrent devant le pont de la Concorde. Les Polonais étaient aimés, Sand pensait-elle à Chopin ? La foule se massa devant la Chambre des députés et cria « Vive la Pologne ! ». L'état de siège fut proclamé, la manifestation tournait à l'émeute. La troupe, commandée par le général Cavaignac, faisait barrage sur le pont. Un ouvrier cria « en avant ! » et la foule s'engouffra en désordre dans la Chambre des députés. Au milieu du vacarme, Blanqui réclama une fois de plus le droit au travail et Barbès, la guerre, pour libérer la Pologne. On réclama un impôt exorbitant sur les fortunes. On se dirigea, très excités, à l'Hôtel de Ville où Barbès proclama le nouveau gouvernement et la guerre contre les Russes. Un officier de la garde nationale le mit en état d'arrestation. George Sand était dans la foule. Elle prétendit n'avoir été au courant d'aucune des intentions de Barbès, qui voulut la nommer *ministre* du nouveau cabinet révolutionnaire. Risquait-elle, si le vent tournait encore, la guillotine comme l'avait suggéré autrefois Michel de Bourges ? Barbès, Blanqui, Leroux sous les verrous, Louis Blanc en fuite à Londres, elle se sentit seule et en danger. Elle resta cachée à Paris encore deux jours, protégée par Ledru-Rollin. Elle grillait de rejoindre Nohant, non par lâcheté mais par souci d'échapper à la mort ou à une arrestation grave pour les siens. Les barricades se dressaient à nouveau, l'archevêque de Paris, Mgr Affre, blessé devant les barricades, mourut le 27 juin à l'indignation générale. Le 29 juin, Hetzel était nommé secrétaire général des Affaires étrangères. Juin s'achevait dans le sang, la confusion. George était à Nohant quand elle apprit, le 4 juillet, la mort de Chateaubriand. Charles Meure venait aussi de mourir. Fleury lui conseillait de fuir en Italie, elle refusa.

« J'aimerais cent fois mieux, écrivait-elle à Arago, un peu de persécution en France que beaucoup de sécurité ailleurs. [...] On ne fera pas la ridicule et odieuse bêtise de persécuter *une femme* qui n'est jamais sortie de son rôle de femme, pas plus en politique qu'en littérature[11]. »

La prison pour les femmes était pire que le bagne, l'exil – une terreur. George écrivit à Barbès, dans la forteresse où il était enfermé, ses craintes de femme. Elle avait le droit d'avoir peur. Elle n'était pas l'héroïque Flora Tristan.

Elle semblait avoir oublié Solange et ses premières lettres allèrent à « sa fifille bien-aimée », Pauline Viardot. « Ma fille chérie, je suis aussi tranquille que si j'étais en sûreté. » Solange, désolée, en deuil, pauvre, survivait seule à Besançon. Son mari parlait de faire fortune en Russie. « Ce pays de glace sera parfait pour Solange. [...] Je n'ai jamais trouvé qu'une pierre à la place du cœur », commenta simplement sa mère à Pauline.

11. *Ibid.*, p. 486 (lettre à Emmanuel Arago).

Chapitre 32

LES DEUILS

George à Nohant coulait des heures sombres. Elle avait près d'elle, secrétaire et petit amant, Victor Borie. À Paris, il l'avait considérablement aidée lors des événements et exécutait ses commissions. À Nohant, il avait écrit *Travailleurs et Propriétaires* que George préfacera. Il aidait Maurice dans les premières pièces de marionnettes, puissante distraction en cette époque sinistre. Maurice, Lambert, Delacroix, Borie, contribuèrent à confectionner au théâtre des marionnettes, que George ne cessa d'améliorer avec les années.

« [Ils installèrent] une baraque de marionnettes dans notre vieux salon [...]. L'idée naquit derrière une chaise dont le dos tourné vers les spectateurs était garni d'un grand carton à dessin et d'une serviette qui cachaient les deux artistes agenouillés. Deux bûchettes [...] élevèrent leur buste sur la barre du dossier [...]. Ce théâtre se composa d'un léger châssis garni d'indienne à ramages et de sept acteurs taillés dans une souche de tilleul, M. Guignol, Pierrot, Purpurin, Combrillo, Isabelle, Della Spada, Capitan, Arbaït, gendarme, et un monstre vert. Je réclame la confection du monstre. [...] En 1848, on joua une douzaine [de pièces]. On apportait toujours le châssis au salon après le dîner. [...] On avait amélioré l'éclairage. [...] En 1849, la troupe composée de 17 personnages s'installa dans une petite pièce voûtée qui servait de garde-meubles [...] On perça un gros mur, où l'on pratiqua une arcade, la salle des marionnettes devint la loge d'un public de soixante personnes bien placées sur une estrade qui se démontait et se remontait en peu d'instants. [...] On plaça le luminaire sur la face du mur qui regardait le théâtre... On avait obtenu un effet de diorama, qui permit des lointains et des reliefs [...]. Quant aux marionnettes, leur théâtre [...] resta [...] derrière une cloison qui en masquait... la façade [...]. On lui appliqua le même système d'éclairage qu'à l'autre théâtre... Une rampe et des montants [...] munis de puissants réflecteurs. Plus tard on mit une herse dans les frises [...], on en ajouta deux autres [...]. On put se permettre un grand luxe de décors. [...] On peignit des ciels sur calicot et on fit monter et descendre derrière, frisant la toile, une boîte de lanterne magique [...]. Au moyen d'un tourne-broche [...], on eut le lever ou le coucher du soleil et de la lune [...] Tout cela exigea d'assez longs tâtonnements [1]. »

De 1848 à 1849, dix-huit pièces nouvelles furent improvisées et jouées. Ils avaient lu *Les Girondins* de Lamartine et eurent l'idée d'en tirer une série de pièces sur la Révolution. George cousait elle-même les costumes. Parmi quelques titres de ces « mélodrames » écrits d'une traite par George, citons *Une femme et un sac de nuit, L'Auberge du Haricot Vert, Le Cadavre récalcitrant*, etc. L'été 1848 fut celui de l'amertume et de la déception. Une hostilité du pays montait contre elle. On ne lui pardonnait pas le *Bulletin* n° 16, ni sa *Lettre à Thoré*, publiée dans *La Vraie République*. À la fin de mai, la bourgeoisie de La Châtre excitait les paysans de Nohant à marcher contre la demeure de George aux cris de « À bas Mme Dudevant ! À bas les *communisques* ! » Des bruits couraient sur elle. Elle avait, disait-on, fait alliance avec Ledru-Rollin dans une conspiration desti-

1. G. Sand, *Histoire de ma vie*, tome II, p. 1253-1255.

née à massacrer « les enfants au-dessous de trois ans et les vieillards au-dessus de soixante ». Elle affrontait tranquillement les plus hargneux visiteurs. Elle avançait vers la grille, droite, petite, la taille épaissie, vêtue de serge grise, jupe et jaquette, les manches en linon blanc frôlant les jolies mains, la chevelure noire roulée en lourds bandeaux, le teint bistre, le menton lourd. La bouche point belle retenait un pli amer, les dents étaient blanches, légèrement avancées. Les yeux magnifiques ne se baissaient pas. Sévère, silencieuse, ni féminine ni grossièrement virile, mais singulière et puissante. Les plus enragés reculaient, ôtant leur chapeau. Elle écrivait à Théophile Thoré leur lâcheté :

« Les bourgeois ont fait accroire aux paysans que j'étais l'ardent disciple du *Père Communisme* [...]. Je vis pourtant tranquille, et je me promène sans qu'on me dise rien... Ils sont féroces [...] uniquement [...] en paroles [2]. »

George était consternée d'une République aussi divisée et « de la lâche éducation que l'on donne aux simples ». Elle ne renonçait ni à son socialisme ni à l'épithète de « communiste » comme elle l'écrivait à son cousin royaliste, René de Villeneuve. Le communisme, écrivait-elle à Mazzini exilé en Suisse, était « l'idéal de l'avenir ». Il était loin de celui prôné par Marx. Elle redoutait le fanatisme sans raison, un glissement vers une autorité sans borne plutôt que vers une fraternité chrétienne et socialiste. Elle avait achevé le gros premier tome de ses *mémoires*. Elle écrivait toujours tendrement à Pauline Viardot qui chantait alors à Londres. Elle s'enquérait de Chopin et se plaignait de Solange.

« Voyez-vous Chopin ? [...] Je pense souvent à lui comme à un enfant malade, aigri et égaré. J'ai beaucoup vu Solange à Paris... et je me suis beaucoup

2. G. Sand, *Corr.*, tome VIII, p. 482 (lettre à Théophile Thoré).

occupé d'elle, mais je n'ai jamais trouvé qu'une pierre à la place du cœur[3]. »

Chopin, à Londres, allait très mal à cause du climat. Pauline était pessimiste à son sujet. George écrivait, y compris ses vingt lettres quotidiennes, s'intéressait au théâtre des marionnettes et à Louis Napoléon Bonaparte qui faisait parler de lui. Elle confiait à Hortense Allart de Méritens qu'elle avait quelque sympathie personnelle pour ce Bonaparte et le tenait pour « un aimable *prince* » Sa passion pour « l'idée d'égalité » était la même ; la politique l'avait horriblement déçue.

« La politique... je la déteste, je trouve que c'est l'école de la sécheresse, de l'ingratitude, du soupçon et de la fausseté [...], les alliances de personnes ne font pas les alliances d'idées[4]. »

L'impression favorable qu'elle avait de Louis Napoléon venait du temps de son incarcération à Londres. Louis Blanc l'avait admiré ainsi que son pamphlet *L'Extinction du paupérisme*. Il lui avait rendu visite en prison, George avait renoncé à l'accompagner. Une correspondance s'était échangée. Le prince saluait en George Sand ses sympathies pour le peuple. La révolution de février 1848 trouvait un allié en Louis Napoléon Bonaparte qui avait proposé ses services à Lamartine. L'Europe s'agitait. L'Allemagne, l'Italie, l'Autriche, la Pologne se soulevaient en révoltes réprimées dans le sang. Les jeunes républicains français étaient partisans d'aider leurs voisins en détresse. Lamartine prônait la paix ; Louis Napoléon Bonaparte attendait l'opportunité. Les barricades de juin avaient été plus sanglantes que celles de février. Des milliers d'ouvriers au chômage en avaient fait les frais. On comptait mille cinq cents hommes et femmes fusillés sans jugement dans les cimetières, les rues, parfois pendus y compris dans leurs prisons. Des centaines

3. *Ibid.*, p. 495 (lettre à Pauline Viardot, juin 1848).
4. *Ibid.*, p. 507 (lettre à Hortense Allart de Méritens, juin 1848).

furent déportés à Belle-Île-en-Mer en février 1849. On avait jeté les morts dans la Seine. Ces quatre journées avaient bouleversé l'Europe. Seul, le tsar envoya à Cavaignac ses félicitations pour avoir anéanti « le communisme ». « Vous voyez, écrivait George à Mazzini, combien il est difficile à une société de se transformer sans combat et sans violence. » « Le sang enivre, ajoutait-elle, le meurtre rend fou. » On scandait encore sous ses murs « À bas les *communisques* ». Elle avait cessé de publier ses articles à *La Vraie République*, son rédacteur, Thoré, se cachait de la police qui surveillait aussi Nohant. On accusait George Sand d'avoir été l'instigatrice du désordre par ses bulletins. Elle risquait la prison, la déportation, une balle perdue. Elle haussait les épaules, craignait pour Maurice, et se repliait dans une tristesse active. Le 12 juillet, la séparation de biens entre les époux Clésinger était prononcée. Elle eut à se défendre contre un libelle hideux publié par Joseph Brault, le père d'Augustine, qui haïssait George. Il ne lui pardonnait pas « l'adoption » de sa fille et son mariage, le printemps précédent, à un Polonais pauvre, Charles de Bertholdi, professeur de dessin. George n'avait pu assister au mariage, absorbée alors par ses affaires à Paris. Le libelle, huit pages publiées le 15 juin, s'intitulait *Biographie et Intrigues de George Sand*. Il racontait comment « l'infâme » Sand avait détourné Augustine, digne fille de parents pauvres. Elle avait été séduite par le fils sans scrupule, compromise, puis G. Sand l'avait mariée au premier venu. Maurice Dudevant Sand couchait avec la chanteuse P. V. et George Sand avec M. D. (on reconnaissait sans mal Pauline Viardot et Marie Dorval). George demanda la saisie de ce torchon. Le public se gaussait de la liaison de Maurice avec Pauline. Chopin, amer, entretenu dans ces mensonges par Solange, écrivait à sa famille que quoique ce libelle fût infâme, « il disait la vérité ». Augustine et son mari pesaient sur la bourse de George. Elle s'endettait pour assurer leur installation à Ribérac, en Dordogne, où elle avait fait nommer Bertholdi percepteur. Les finances étaient au plus bas, la réaction de Chopin l'accablait, Charles d'Aragon mourait en septembre. George se distrayait au théâtre des marionnettes et dans l'écriture d'un roman rustique et d'évasion, *La Petite Fadette*. Ses mémoires, trop volumineux, effrayaient son éditeur qui préférait attendre. *La Petite Fadette* était de la veine de *La Mare au diable* et de *François le Champi*. Fanchon Fadette, noiraude enfant du Berry, sorte de sorcière, fière et sauvageonne, s'adoucira en rencontrant l'amour. C'était la troisième de ses « bergeries », selon George Sand. Elle la dédiait à Barbès alors en prison, à leurs amis prisonniers. Que l'on rêve puisqu'il n'était plus permis de parler politique ! François Rollinat l'avait encouragée à écrire cette pastorale qui connaîtrait des millions de lecteurs. George était mal payée, l'édition traversait une crise grave. *Le Crédit* publia *La Petite Fadette* en feuilleton moyennant douze mille francs au lieu du double dont on payait George. Les besoins d'argent devenaient aigus. Maurice gravait et dessinait bien mais ne gagnait rien. Elle avait, une fois de plus, tout le monde sur le dos. Ses anciennes dettes, les aides aux familles des prisonniers, le ménage Bertholdi. Elle avait envoyé deux cent soixante mille francs à Solange pour tenter de sauver l'hôtel de Narbonne. Rien n'y fit ; le 6 décembre 1848, on vendit d'abord les meubles puis l'hôtel « pour une bouchée de pain », et « à la criée ». George en souffrait plus que Solange et son mari : ils mangèrent cette somme et refirent des dettes. George portait ses vieux vêtements, réduisait le chauffage, sa dépense, frôlait la pauvreté. Elle s'intéressait toujours aux événements. Elle développait sa pensée à Charles Poncy :

« Il y a deux sortes de propriétés comme il y a deux sortes de vies. Il y a la propriété particulière, comme il y a la vie particulière et individuelle. Il y a la propriété *commune* et publique, comme il y a la vie publique et commune ; [...] la richesse de tous est devenue l'enjeu d'une classe privilégiée [5]... »

Elle refusait d'écrire, cet automne-là, dans la presse. Les concessions à faire étaient trop lourdes. Elle se sentait « l'âme brisée ». L'adaptation au théâtre de *François le Champi* adoucissait sa peine. Les événements de la France prenaient un tournant irrévocable : Louis Napoléon Bonaparte provoquait un regain de popularité. La Constitution de 1848 stipulait que le pouvoir exécutif serait confié à un président de la République élu pour quatre ans au suffrage universel. Le pouvoir législatif appartiendrait à une Assemblée de sept cent cinquante membres élus pour trois ans au suffrage universel. L'Assemblée ne pourrait être dissoute par le président, le judiciaire demeurerait indépendant, les juges inamovibles. L'élection du président de la République était fixée au 10 décembre 1848. Il y avait cinq candidats : Cavaignac que la gauche appelait « le bourreau de Paris », Lamartine, Ledru-Rollin, Raspail – socialiste (alors en prison) – et le prince Louis Napoléon Bonaparte – quoique élu dans cinq départements, on le jugeait insignifiant. Son nom prestigieux le servit. Il fut élu à la présidence de la République avec 5 454 000 voix. Cavaignac totalisa 1 448 000 voix, Ledru-Rollin 371 000, Raspail 36 000 et Lamartine 17 000 voix. Le 20 décembre, le nouveau président présenta devant la Chambre son serment de fidélité à la Constitution (bien décidé à n'en rien respecter). Il joua dans un premier temps à l'effacement devant ses ministres. George méprisait « ce prince aimable » dont elle écrivait Hetzel qu'il était « sans cervelle ». Elle trouvait la droite « perfide », la gauche, « bête ou folle ». George était amère avec des élans d'optimisme. Ce Bonaparte serait renversé, disait-elle, par une nouvelle épopée républicaine. Elle n'avait pas deviné que Louis Napoléon allait anéantir pour un bon bout de

5. *Ibid.*, p. 579 (lettre à Charles Poncy, août 1848).

temps la république. Cette année sombre s'achevait, le 23 décembre 1848, par la mort de son frère Hippolyte, à Montgivray. Elle écrivit tristement à Duvernet. Elle n'avait pas revu son frère depuis le mariage de Solange.

« Mon pauvre Hippolyte est mort. [...] Sa raison et sa vie s'en allaient en même temps... Il a eu un accès d'aliénation véritable, furieuse. [...] Les soins assidus de Papet n'ont pu le sauver. [...] Il avait cinquante ans. [...] Rien ne résiste à cette passion du vin[6]... »

L'adoucissement fut l'héritage de la rente viagère que Mme Dupin avait autrefois léguée à Pierre Verdure Chatiron. À sa mort, la rente revenait à la légataire universelle, Aurore Dupin. Cet argent allait aux besoins les plus pressants. L'année 1849 serait sillonnée de deuils. Le 11 mai, madame Récamier s'éteignait à Paris, le dimanche 20 mai mourait à Paris Marie Dorval. Elle ne s'était jamais remise de la mort de son petit-fils Georges. George fut bouleversée de ce décès qu'elle apprit par une lettre détaillée du gendre de Marie et de sa fille Caroline. Elle leur répondit, touchée que Marie ait parlé d'elle jusque dans ses derniers moments :

« Ah ! Ma chère Caroline, Ah ! Mon pauvre Luguet, quelle affreuse douleur pour moi ! Vous ne savez pas combien je l'aimais, je la connaissais et l'appréciais, cette âme ardente et généreuse[7]. »

Le 10 mai 1849 Solange avait accouché au Guillery d'une seconde fille prénommée comme la première, Jeanne Gabrielle. Elle l'avait écrit aussitôt à Chopin qui allait de plus en plus mal. Le 17 mai, Clésinger était nommé chevalier de la Légion d'honneur. Bugeaud mourait en juin alors que les journaux de la gauche appelaient à l'insurrection. Paris connut une recrudescence du choléra, et se mit à nouveau en état de siège. Les arrestations se multipliaient. Mme Marliani pas-

---

6. *Ibid.*, p. 744 (lettre à Charles Duvernet, décembre 1848).
7. G. Sand, *Corr.*, tome IX p. 170-171 (lettre à René et Caroline Luguet, mai 1849).

sera septembre à Nohant où elle tombera malade. Le 17 octobre, Chopin mourait à Paris, au 12, place Vendôme, dans les bras de Solange qui assista à son agonie.

« [Il] s'est éteint en me serrant la main. Il agonisait la tête appuyée sur ma poitrine. J'eus peur. J'appelai Gutman qui le saisit dans ses bras. On voulut le faire boire. La mort s'y opposa. Il passa en attachant ses regards sur moi. Ce fut affreux de voir ses yeux qui se ternirent ! Je le revis longtemps dans l'obscurité. Oh l'âme était morte aussi. Cette masse inerte et livide qu'on se mit à embaumer, n'était plus Chopin car son esprit avait péri et emporté la vie avec soi. [...] Il n'était plus, l'ami si bon qui m'avait aimée. [...] Je suis rentrée chez moi, le cœur navré, épouvantée du vide que la mort venait d'y apporter[8]. »

Clésinger coulera le masque mortuaire de Chopin. Il avait trente-neuf ans. Le 30 novembre ses effets et ses meubles seraient vendus. George, alors à Nohant, tomba malade plusieurs jours. Elle confia à Hetzel à quel point cette fin l'affectait. Le rejet de Chopin était de la faute de Solange. « La vie personnelle, la vie collective, tout est empoisonné », concluait-elle. Elle avait quarante-cinq ans. Elle portait sur l'humanité un regard de compassion et d'indicible mépris.

8. *George Sand et Solange, mère et fille, op. cit.*, p. 382.

Chapitre 33

LE NOUVEL AMOUR ET LA MISSION D'AMITIÉ

Le 19 décembre 1849, Victor Borie avait quitté Nohant, condamné par la cour d'assises de l'Indre à un an de prison et deux mille francs d'amende pour délit de presse. George s'était résolument entourée de jeunes artistes, amis de son fils. « Je secoue les idées noires en famille », écrivait-elle à Bocage. On peignait, on dessinait, elle écrivait, on se retrouvait à table. Maurice, Émile Aucante, Eugène Lambert et deux nouveaux invités, l'Allemand, Hermann Müller-Strübing, et le graveur sur cuivre, Alexandre Manceau. Hermann, musicien, révolutionnaire réfugié en France, était de huit ans le cadet de George. Il était blond, d'une force athlétique. Il s'amusait à hisser la fillette de Pauline debout sur sa main. Maurice avait rencontré Manceau aux ateliers de Delacroix. Il avait trente-trois ans. Il sera le seul de ses amants qu'elle gardera jusqu'à la fin de sa vie (à lui). L'Allemand séduisit la dame de Nohant et fut son amant le bref hiver 1849. Son savoir étendu en musique, son aura de martyr de la révolution, sa force singulière, le menèrent un moment dans son lit. Manceau, dans l'ombre, ne disait rien, patient, mince, tuberculeux. Hetzel était devenu le confident de George Sand. Elle lui écrivit comment Hermann était devenu l'élu de son corps. Elle n'avait jamais trouvé un gars aussi solide.

« C'est la première fois que je m'associe à un homme robuste au moral comme au physique. Jusqu'ici j'ai... cherché la faiblesse par un instinct maternel qui n'a fait de moi qu'une gâteuse d'enfants, et une maman dont on connaît trop la faiblesse. On est dominé toujours par des êtres faibles [1]. »

Hermann le colosse était pour elle l'exotisme même. La délicatesse de Manceau s'insinuait et relégua assez vite le bel athlète. Il la décevait ; il ne correspondait décidément pas à son idéal sensuel. La faiblesse d'un homme l'érotisait, non sa puissance musculaire. Elle ne pouvait « vivre sans aimer », d'où Hermann, mais elle fut soulagée quand il s'installa chez Duvernet, en qualité de précepteur de ses enfants. Elle remarqua plus nettement Manceau. Elle allait *le choisir* et ne s'en repentit jamais. Manceau divergeait de Chopin et de Musset par sa stabilité, et sa fidélité absolue à George. Il avait un lien avec eux. C'était un artiste fragile, malade, mais à la différence de « ses enfants » perdus, il aida George et ne la dévora pas. Il la servit tel un chevalier sa Dame. Elle aima sa tranquillité discrète, sa manière de prendre Nohant en charge sans jamais la brusquer. Elle avait enfin trouvé l'idéal « secrétaire intime » qu'elle évoquait dans tant de livres. Elle était lasse des génies, mais jamais lassée du talent et de la finesse. L'Allemand l'avait ennuyée par un excès de virilité et un grand creux dans la conversation. Manceau savait attiser un feu sourd et voluptueux. Il savait d'instinct lui plaire en tout. Il aida aux arrangements du théâtre de Nohant avec Lambert et Maurice. Il améliora le décor, indiqua au menuisier le remaniement astucieux de la scène. George était enchantée, le théâtre devenait une ressource non négligeable. Répé-

1. G. Sand, *Corr.*, tome IX, p. 389 (lettre à Pierre-Jules Hetzel, décembre 1849).

ter ses pièces à Nohant affirmait leur lancement à Paris. Bocage, directeur du théâtre de l'Odéon, était de la partie. On répéta *Molière* qui devait être interprété par Bocage. En mars 1850, George s'éprenait de Manceau. Léger comme un chat, ailé tels ces colibris amants dont elle avait toujours adoré les caresses, Manceau la comblait. L'incorrigible développait dans une lettre à Hetzel la profondeur exquise de ce nouveau lien.

« J'ai 46 ans, j'ai des cheveux blancs, cela n'y fait rien. On aime les vieilles femmes plus que les jeunes, je le sais maintenant [2]. »

Elle se portait bien, elle croyait à nouveau à la chance. Elle avait tout de suite arrêté dans l'œuf la jalousie de Manceau. Il promettait de se contrôler, elle savait par triste expérience la folie furieuse qu'engendrait la jalousie. Elle analysait ses défauts afin de mieux les repousser. Il était capable de violence, de calcul, d'offenses. Son intelligence dominait ces penchants. Méfiant, il dissimulait sa tendresse « par des effets de gaminerie ». Parfois prémédité, il était sincère jusqu'à l'absolu. Né d'un milieu misérable, il s'était hissé par son seul talent dans le monde des arts. Ses œuvres étaient régulièrement exposées au Salon, il travaillait d'arrache-pied, ce que George appréciait. Il lui avait confié sa fierté d'être aimé d'elle et sa volonté de se mettre à sa hauteur. Enfin un être qui *s'aimait*, donc pouvait l'aimer sans crises. « Il n'a pas d'ambition et de renommée », se délectait-elle. Elle se sentait à égalité quoique supérieure, elle était sereine dans ce mode respiratoire si rare en amour.

« Oui, je l'aime, lui !... Tous les défauts qu'il a avec les autres disparaissent en tête à tête... C'est à la fois un chat caressant et un chien fidèle... Très libertin dans le passé, il est chaste dans l'amour vrai... Je me laisse *séduire* avec une bonhomie sans égale... Il est

2. *Ibid.*, p. 609.

adroit de ses pattes, il ne casse rien, il n'est pas comme le 69 (??) centième des hommes qui prennent leur nez pour leur pied… Il se met tout entier dans un verre d'eau qu'il m'apporte ou dans une cigarette qu'il m'allume… je ne l'ai jamais *attendu* une minute… Il a les soins d'une femme… Quand je suis malade, je suis guérie rien que de le voir me préparer mon oreiller et m'apporter mes pantoufles… Je suis *heureuse*, je supporte tout, *même son absence*[3]. »

De nouveaux deuils la touchèrent. Le 2 août 1850 Charlotte Marliani mourait à Paris, le 18 août, Balzac s'éteignait à Passy, à 11 h 30 du soir. Le 26 août, l'ex-roi Louis Philippe mourait en Angleterre, ce qui indifférait George. Lambert était condamné à six mois de prison et huit cents francs d'amende par la cour d'assises de l'Indre. Bocage était révoqué comme directeur du théâtre de l'Odéon. George et les siens répétaient *Claudie* sur le théâtre de Nohant. Pauline Viardot se préparait à chanter *Les Huguenots* pour l'Opéra de Paris. George était heureuse. Bocage était venu la voir à Nohant. Le théâtre et son nouvel amour remplissaient sa vie. Elle évitait de penser à Solange. Elle avait besoin de tranquillité, d'être aimée et d'aimer sans heurts. La politique l'avait déçue, elle refusait d'y participer et refusa un article à Mazzini. Elle était toujours socialiste voire communiste, lui écrivait-elle, mais elle se retirait de ces enjeux. Sa vie privée, le plaisir du théâtre, Nohant, Manceau, l'absorbaient avec joie. Il y avait longtemps qu'elle n'avait connu un tel enjouement de l'âme et du corps. Sa sérénité fut troublée par Maurice, jaloux de Manceau. Il avait vingt-sept ans, une adolescence interminable et voyait en Manceau un rival. Il se vivait fils unique, d'une mère unique, unique maître de Nohant avec sa mère. Il n'aimait pas la force insidieuse du graveur. Il alla jusqu'à la provocation. Il assura à sa mère qu'il épouserait une actrice qui était alors sa

---

3. *Ibid.*, p. 544-545.

maîtresse. Cela équilibrerait la troupe, disait-il. George frémissait au souvenir de Solange qui avait brisé son couple avec Chopin. Elle morigéna son fils, révulsé de savoir qu'elle voulait loger, à Paris, chez Manceau et non chez lui, rue Racine. Elle lui écrivit une lettre aux curieux arguments : sa constipation chronique nécessitait qu'elle eût ses aises.

« Je serai mieux chez Manceau que chez toi, pour des raisons de *cabinet particulier*... J'ai vu qu'on pouvait passer par la cuisine, ne rencontrer personne, et *en un besoin*, que tu sais durer longtemps chez les gens *constipés de naissance*, ne pas se geler, ne pas attendre, ne pas souffrir en un mot. C'est bête à dire, mais à Paris, c'est là ma plus grande souffrance. Dans les hôtels garnis, ces endroits n'existent pas ou empestent. Chez toi, c'est propre, mais il faut monter et c'est froid... Mon infirmité [...] me cause des velléités fréquentes et *sans succès*... un supplice, surtout la nuit. Voilà pourquoi je guignais la cambuse de Manceau[4]... »

Qu'il cesse de redouter *les cancans* sur son compte ! Maurice boudait, elle ne s'en préoccupa plus. Elle se détachait de Solange qui continuait ses tentatives de perturbations. Elle voulait à toute force attirer l'attention de sa mère en remuant d'anciennes calomnies. Quelque temps avant sa mort, elle avait confié à Mme Marliani – la sachant très bavarde – que sa mère avait déclaré à Clésinger qu'elle n'était pas la fille légitime du baron Dudevant. L'aimable Marliani avait tout répété à George qui explosa. La mauvaise foi de George Sand est étonnante quand elle est prise en flagrant délit d'une faute sexuelle. Elle refusa de voir la seconde fille de Solange et interdit même à Maurice d'aller chez les Clésinger.

« Une atroce jalousie dévore le cœur de Solange...

4. *Ibid.*, p. 876-877 (lettre à Maurice Dudevant-Sand, décembre 1850).

Je n'aime pas que tu manges chez eux... Clésinger est fou et Solange est sans entrailles... *N'y mange pas, n'y bois pas*[5]. »

Elle ne voulait plus jamais les voir à Nohant. Solange nourrissait un tel lien passionnel avec sa mère, qu'elle débarqua sans prévenir le 5 février 1851, avec Jeanne Gabrielle Il y avait trois ans qu'elle n'avait mis les pieds à Nohant. La visite fut courte. George resta ferme sur un point essentiel : jamais sa fille ni surtout son mari ne vivraient avec elle. Solange avait levé cette hypothèse, n'osant avouer que son ménage battait de l'aile. George écrivait à Hetzel que sa fille ne se sentait coupable de rien. Elle la recevrait volontiers avec l'enfant, mais « point de demeurance ensemble, avec le mari et l'entourage ». La petite fille lui sembla délicieuse et elle l'appela « Nini ». Solange était « inchangée et point bonne, hélas ! ».

Le bouleversement de la France allait accaparer tous les esprits.

Le 10 octobre 1850, Louis Napoléon Bonaparte avait passé en revue les troupes à Satory. Quelques régiments crièrent « Vive Napoléon ! ». En janvier 1851, le prince-président assurait son autorité en destituant les généraux Neumayer et Changarnier. 1851 fut une année de crises jusqu'au 2 décembre, date du coup d'État qui allait éliminer la république.

« Je suis communiste, écrivait George en juin à Bocage, comme on était chrétien en l'an 50 de notre ère. »

Le 11 janvier 1851 George présentait *Claudie* à la Porte-Saint-Martin avec Bocage. Ce fut un succès. Elle fut touchée de la mort de Latouche, le 27 février, à Châtenay-Malabry et, en mai, par le décès de sa tante Lucie Maréchal. L'Odéon reprenait *François le Champi*. À Nohant, les pièces se multipliaient avec bonheur.

5. G. Sand, *Corr.*, tome X, p. 15 (lettre à Maurice Dudevant-Sand, janvier 1851).

George publiait dans la *Revue des Deux Mondes* la dernière partie du *Château des Désertes*. En mai, *Molière*, dédié à Alexandre Dumas, fut joué à Paris. Le romancier écrivait à son fils, alors en Pologne pour des raisons sentimentales, qu'un dîner avait réconcilié George Sand et Mérimée. Dumas fils s'était lié à un aristocrate polonais, ami de la sœur de Chopin. Elle possédait les lettres de George écrites à Chopin. Elle les avait trouvées dans les papiers de son frère, « étiquetées, enveloppées avec le respect de l'amour le plus pieux ». Craignant la police, elle avait confié ces lettres à cet ami de Mystowitz – où Dumas fils se trouvait. L'ami polonais les fit lire à l'écrivain qui en fit part à son père. Alexandre Dumas communiqua la lettre à George qui en fut atterrée.

« Figure-toi que j'ai ici entre les mains toute sa correspondance de dix années avec Chopin. Je te laisse à penser si j'en ai copié de ces lettres, bien autrement charmantes que les lettres proverbiales de Mme de Sévigné ! Je t'en apporte un cahier tout plein... Mme Sand serait peut-être bien heureuse de revivre un peu dans ce passé mort[6]... »

George, heureusement, eut affaire à deux gentilshommes. Fin octobre, Dumas fils lui remit lui-même les lettres et le carnet. On ne trouve nulle trace de cette correspondance, probablement brûlée par George. Non, elle n'était pas heureuse de revivre ce passé-là.

Nini allait sur deux ans et Solange tentait de renouer avec sa mère. Elle lui avait écrit en mai afin de séjourner chez elle avec Nini, un domestique et son cheval. Clésinger était à Londres. George répondit vivement. Elle la voulait bien avec la petite mais pas de place pour le domestique et le cheval – sauf une étable à Montgivray. Solange se vivait étrangère à sa maison natale. Sa mère, pourtant, fit préparer une chambre près de la sienne, pour la bonne de Nini. Qu'elle

6. *Ibid.*, p. 273-274 (note 1).

apporte des vêtements chauds pour l'enfant ! « Il fait ici un froid de loup. » Il y avait désormais trois ateliers dans la maison et un théâtre, elle logerait Solange dans « l'ancienne chambre de Maurice ». Elle avait prévu un tapis pour « que Nini n'enrhume pas ses petits pieds et son joli derrière » Elle appelait à nouveau Solange « ma mignonne » et « ma grosse », et lui envoya de l'argent. À Nohant, Solange s'ennuya vite. Sa mère la fuyait, s'extasiait de Nini. Elle conseilla à sa fille d'écrire pour s'occuper, mais Solange se rebella. Sa mère, disait-elle, à son âge, avait un Latouche pour la conseiller, elle, elle n'avait *personne*. La jalousie reprenait Solange ; Augustine avait été invitée en même temps. Au matin du 21 juillet, Solange partit brusquement pour Paris, laissant un billet devant la porte de sa mère. Elle lui confiait Nini. Clésinger, soi-disant, s'ennuyait d'elle.

« Décidément, je pars... Je veux savoir [...] s'il est malheureux sans moi. Je te confie la santé de Nini et je charge Manceau de la conduire tous les matins. Elle s'est éveillée cette nuit pour dire "gentille grand-maman". »

George répliqua aussitôt, agacée de ces tensions permanentes que Solange avait le don de provoquer :

« J'ai été douloureusement surprise en apprenant ce matin que tu étais partie seule... Je ne voudrais pas non plus être chargée longtemps de Nini de cette manière... Nini ne te demande pas encore, elle te croit à la promenade [7]... »

En novembre, George se rendait à Paris pour les répétitions de sa nouvelle pièce, *Le Mariage de Victorine*. Elle revit Solange et son mari, et le comte d'Orsay – visiblement amant de Solange.

« 1re représentation de *Victorine*. Succès... j'ai été dans la loge de (l'actrice) Rose Chéri... Puis sont venus [...] ma fille, Clésinger, le comte d'Orsay et plusieurs

7. *Ibid.*, p. 372 (lettre à Solange Clésinger) y compris la note 1 (lettre de Solange).

autres acteurs... Je suis revenue souper avec ma fille, son mari, M. d'Orsay et Manceau chez Pinson [8]. »

Elle avait bu du café et ne dormit pas cette nuit-là. Le lendemain, elle faisait des emplettes avec Nini et trois soirs de suite assista aux représentations de *Victorine*. « Succès complet », note-t-elle dans son journal. Le lundi 1er décembre, elle se rendait le soir au cirque avec Manceau, Delacroix et sa fille qu'elle raccompagna au 26, rue Verte. Emmanuel Arago pressentait un coup d'État, Delacroix n'en croyait rien ; George non plus. En passant devant le palais de l'Élysée, Solange s'étonnait que rien ne fût éclairé, un grand bal étant prévu. Tout était sombre ; il était une heure du matin.

« À mon réveil, à 10 heures, Manceau me dit Cavaignac et Lamoricière sont à Vincennes, l'Assemblée est dissoute, le suffrage universel est rétabli [9]. »

Elle fut stupéfaite ; écarté depuis un long moment de la vie politique, Louis Napoléon avait agi avec une audace extrême. Il avait ourdi son coup d'État dans la nuit du 1er décembre. Très isolé à l'Élysée, méprisé pour son accent allemand, il s'était entouré de six fidèles. Persigny, l'ami de toujours, Fleury, au fait de l'armée, le duc de Morny, demi-frère du prince, cynique comme son grand-père Talleyrand, le général de Saint-Arnaud, Magnan, ancien officier de l'Empire, et l'ambitieux Maupas. En juillet, Victor Hugo avait lancé à la chambre une violente diatribe contre « Napoléon le Petit ». Le prince sentait l'urgence d'un coup d'État. Les républicains le détestaient et les monarchistes préparaient une action en faveur d'un fils de Louis-Philippe. Le coup d'État serait de dissoudre l'Assemblée législative et de rester le seul maître. La nuit du 1er décembre, les conspirateurs vérifièrent les étapes de leur opération, dite « Rubicon » en hommage à Jules César. Le

8. G. Sand, *Histoire de ma vie*, tome II p. 1195 (journal de novembre-décembre 1851).

9. *Ibid.*, p. 1198.

prince avait toujours sur lui un petit flacon de l'eau de ce fleuve. Ils se préparaient à envoyer à l'imprimerie le texte des deux proclamations que Paris lirait le lendemain. Le bal s'était achevé à dix heures. Les six amis, dans le bureau présidentiel, veillaient. Les ouvriers de l'imprimerie furent convoqués de force. Des gendarmes armés gardaient les locaux. Les régiments, sur l'ordre de Saint-Arnaud, gardaient les points stratégiques de la capitale. Des officiers de police arrêtèrent dans la nuit Thiers, Changarnier, Lamoricière, Cavaignac et Bedeau qui furent enfermés à Mazas et au fort de Ham. À sept heures du matin, par la surprise, la première étape avait réussi. *Alea jacta est*. Le 2 décembre 1851, les Parisiens lisaient les deux proclamations placardées sur les murs. Louis Napoléon Bonaparte convoquait le peuple français pour lui soumettre une nouvelle Constitution. Le second placard était un appel au peuple. La passivité des Parisiens aida à ce plan vertigineux. Quelques barricades, la résistance des parlementaires, furent vite réprimées. Indignés, Victor Hugo, Michel de Bourges et Baudin réunirent leurs compagnons rue Blanche. À la nuit, Louis Napoléon était toujours maître du jeu. Le député Baudin se fit tuer en narguant la troupe. George passa la soirée du 3 décembre au coin de son feu avec Manceau, « l'oreille tendue » dans « un silence de mort ». Au Quartier latin, des étudiants avaient été matraqués. Delacroix, qu'elle vit dans la journée, affirma avoir dormi. Il y eut pourtant des centaines de tués.

« Une innombrable armée d'agents de police est sur pied, un mouchard sort de terre à chaque pavé. On assomme quiconque bouge ou parle… Jours d'horreur et d'angoisse, combien allez-vous durer [10] ? »

George se rendit à la gare avec Solange : pas de Maurice. Il avait écrit qu'il ne pouvait bouger de Nohant. La province était déjà à feu, à défaut de sang. La

10. *Ibid.*, p. 1201-1202.

circulation était interrompue et George se sentit soudain malade au point de ne pouvoir marcher. Les boutiques étaient fermées, la troupe passait, sans relâche. « Parfois, les silences sont complets dans les rues. » Le soir du 4 décembre, avec peine, George, Manceau, Solange et Nini prenaient le train pour Châteauroux. Il était encombré de soldats. On se battait à Issoudun. Ils arrivèrent épuisés, au petit jour, à Nohant, dans un brouillard glacé. Fleury vint la voir la nuit même. On avait arrêté plusieurs personnes, d'autres étaient en fuite. George écoutait ces nouvelles, endolorie d'un rhume de cerveau. Elle passa les jours suivants à ranger ses papiers, faire ses comptes pour pallier le marasme. Elle était seule à Nohant avec ses enfants, Nini, Manceau et Lambert. Si seulement elle avait été un homme ! Les rafles avaient commencé dans l'Indre. Ses amis républicains risquaient la déportation en Guyane ou en Algérie. Louis Blanc, Ledru-Rollin étaient à Londres, Müller-Strübing avait fui, Leroux aussi mais son gendre fut condamné à la déportation. George tremblait pour Fleury et le persuadait de se cacher. Hetzel s'enfuyait à Bruxelles où le rejoignirent Luigi Calamatta et Victor Borie. Les élections furent un succès complet pour Louis Napoléon Bonaparte. Plus de sept millions d'électeurs votèrent massivement *oui* au coup d'État contre cinq cent mille *non*. La République était morte. Ce plébiscite fut confirmé, un an plus tard, jour pour jour, par la proclamation du second Empire avec Napoléon III, empereur de tous les Français. La majorité vota *oui*.

Les arrestations et les déportations furent massives. Le 9 janvier 1852, les députés de l'opposition dont Victor Hugo, Raspail, Perdiguier, furent expulsés de la France. Marc Dufraisne, ami de George Sand, fut déporté à l'île du Diable. On la menaçait à son tour de prison ou de déportation. La plupart de ses amis étaient sous les verrous. Elle décida d'agir. On avait mutilé ce temple sacré pour elle : l'Amitié. Elle tenta le tout pour le tout. Sans orgueil, sans raideur, sans bassesse non plus, elle osa écrire directement au futur empereur. Elle plaida la cause de ses amis et demanda une entrevue. Le 20 janvier, dans un Nohant tout blanchi de gel, elle développa sa supplique :

« Prince... je ne suis pas Mme de Staël... Mon âme plus brisée et plus craintive vient à vous sans ostentation et sans raideur... Prince, ma famille est dispersée à tous les vents du ciel. Les amis de mon enfance et de ma vieillesse, ceux qui furent mes frères et mes enfants d'adoption sont dans les cachots ou dans l'exil, votre rigueur s'est appesantie sur tous ceux [...] qui subissent le titre de républicains socialistes... Je crie vers vous, le cœur saignant et les yeux en pleurs... En vous demandant une entrevue, j'ai dû brûler mes vaisseaux derrière moi et me mettre entièrement à la merci de votre volonté [11]. »

Elle lui rappelait avec une habileté digne d'un diplomate confirmé son incarcération, sa générosité. Elle n'était qu'une faible femme, elle le suppliait de libérer ses amis. Sa lettre était longue et elle se doutait que son geste déplairait à ses compagnons. Le 29 janvier, elle était reçue par le prince. On lui avait fourni un laissez-passer signé du préfet de police, Maupas : « Laissez circuler librement de La Châtre à Paris madame Sand. » La réponse de Louis Napoléon avait été laconique et favorable :

« Élysée National, le 22 janvier 1852

« Madame, je serai charmé de vous recevoir tel jour de la semaine prochaine qu'il vous plaira de fixer, vers trois heures [12]. »

Il était de taille brève, la moustache et la barbiche rousses et longues, l'œil froid et gris. Les femmes l'adoraient. Elle était épaisse de menton, de taille, l'œil immense et de feu, au bord de la laideur, et les hom-

---

11. G. Sand, *Corr.*, tome X p. 660-661-666 (lettre au prince Louis Napoléon Bonaparte, janvier 1852).

12. *Ibid.*, p. 670 (note 1).

mes l'adoraient. L'un et l'autre devinaient l'emprise qu'ils exerçaient sur bien des êtres. Il aima ses arguments, il était fasciné par son éloquence, ce charme austère, chaleureux, sourdement sensuel. Elle gagna sur tous les plans. Il ne fut pas amoureux mais séduit et bouleversé. Elle s'empressa de tout noter à Hetzel :

« J'ai vu une larme, une vraie larme dans cet œil froid, et il m'a tendu les deux mains tout d'un coup, en disant : demandez-moi tout ce que vous voudrez pour qui vous voudrez [13]. »

Elle ne demandait rien de personnel mais « que justice soit rendue à ceux qui sont innocents » et la libération de ses amis.

Fleury, son Gaulois, fut scandalisé. De Bruxelles, il écrivait à George que le prince ne manquerait pas d'utiliser son attitude en faveur de sa cause, contraire à leurs idées à tous. La presse bonapartiste s'en donna à cœur joie. Elle avait fâché ses amis mais elle tint bon. Elle avait, disait-elle, simplement réclamé une *amnistie générale* et non des faveurs personnelles. Elle savait, confiait-elle à Hetzel, « qu'elle risquait son honneur pour l'amitié ». Elle avait rempli la mission d'amitié, quitte à en être blâmée. Tant pis si on ne la comprenait plus ! Elle aiderait à l'élargissement de tant d'innocents sous les verrous. Elle était flattée de l'estime dans laquelle la tenait ce prince. Il l'avait munie d'un ordre signé de lui pour le ministre de l'Intérieur. Ses amis berrichons furent les premiers à retrouver la liberté. Périgois, Aucante, le gendre de Jules Néraud, Fleury ne furent plus inquiétés. Se sentaient-ils blessés de devoir autant à une femme ? Elle écrivit encore au prince, elle souhaitait une amnistie générale pour tout le département de l'Indre. Elle parlait de la grandeur de la clémence. À mesure, les prisons s'ouvraient. De ministre en officier de police, George Sand accomplit, cet hiver-là, cette incroyable mission. Elle écrivit à

13. *Ibid.*, p. 672-673.

Jerôme Bonaparte, rencontré à un dîner chez le comte d'Orsay. Il était plus libéral que son cousin. Reçu plus tard à Nohant, il devint un ami sincère de George dont l'obstination porta ses fruits. Des centaines d'incarcérés bénéficièrent de ses démarches dont quatre condamnés à mort. Fleury put rentrer en France. George payait sa démarche exceptionnelle. Louis Blanc lui en voulait, Marc Dufraisne, qu'elle avait sauvé de la déportation, la surnommait « Notre-Dame du Bon Secours ». Fleury lui avait écrit de cesser ses démarches :

« Croyez-moi, mon amie, vous n'obtiendrez rien au point de vue général, et quant au point de vue particulier, vous ne pouvez, sans nous placer dans une situation fausse et inacceptable, arracher quelque faveur pour quelques-uns de nous [14]. »

Manceau s'effaçait quand, rue Racine, elle recevait les uns et les autres. George Sand agissait en homme, comme ces politiciens qui dissimulent farouchement une maîtresse qui les hante.

14. *Ibid.*, p. 673 (note 2).

Chapitre 34

NINI

Les époux Clésinger se querellaient souvent. Jeanne (Nini) allait devenir l'enjeu de ce couple perturbé. Âgée de deux ans, elle s'était parfois jetée entre eux pour les séparer quand ils se battaient. Malgré la séparation des biens, les dettes continuaient. Clésinger ne manquait pas d'ouvrage, la mort de Pradier en faisait l'artiste à la mode. On lui commandait des bustes, dont ceux de Rachel et Théophile Gautier. Il était revenu glorieux de Londres. La reine Victoria avait admiré sa *Bacchante*. « Reste à savoir si on paye les dettes », soupirait George sans illusion. Elle craignait le goût du luxe de sa fille, qui, rue Verte, près du Roule, recevait une société huppée. Elle vivait dans « les plaisirs et la dissipation », écrivait-elle à sa mère, et n'avait guère de disponibilité. George s'irritait pour Nini. Solange, soupirait-elle, lui tomberait un jour sur les bras. George avait adouci ses rapports avec Clésinger dès 1851. « Mes amitiés à Clésinger », lit-on à nouveau à la fin des lettres à Solange. Le sculpteur faisait des efforts, dont un moulage des mains et d'un pied de Nini qu'il disait adorer. Il avait proposé gracieusement à sa belle-mère de sculpter son buste en marbre. À Paris, en novembre 1851, George, Manceau, Solange et Nini sortaient beaucoup ensemble. Manceau avait mené la petite au cirque des Champs-Élysées. « Manceau est très épris de ta fille », disait George à Solange. L'été s'était bien passé excepté le brusque départ de Solange laissant Nini à sa mère.

« La petite est ravissante. Solange n'est pas heureuse, son mari est fou à moitié, et elle n'est pas du tout souple. Je ne sais si cette union ira loin [1]... »

George se passionnait pour la « petite Nini » et veillait avec Manceau à son bien-être y compris en voyage. Du lait chaud à l'arrivée, l'oreiller, la couverture. Une chambre bien chauffée, deux poupées habillées une en rose, l'autre en bleu. Une grande brouette pour la grand-mère, flanquée d'une petite pour Nini, au jardin spécialement réservé à l'enfant. George s'épanouissait. « On est très gais », confie-t-elle à Hetzel. Elle était soulagée du départ de Solange qui s'ennuyait, se plaignait de mille maux tout en refusant de se soigner. Elle avait les pieds enflés, les jambes lourdes ; seule la position couchée lui convenait. Elle montait à cheval comme un homme et émergeait d'une fausse-couche. Sa mère s'indignait de son insouciance « suicidaire » envers sa santé. Clésinger avait écrit aimablement à sa belle-mère et la remerciait des soins à Nini. George se méfiait, la scène de 1847 l'avait trop vivement ébranlée. Elle refusait au couple de débarquer à l'improviste. Elle admettait, la mort dans l'âme, qu'il fallait bien renvoyer Nini chez ses parents. Nini « la belle mignonne à Grand-Maman », repartie, laissait un grand vide. Plus de petits souliers au pied de son lit ! Elle était sage et délicieuse avec elle, elle n'avait pas pleuré quand elle dut mettre de l'arnica sur sa joue griffée par une rose. Elle avait parfois boudé et George savait la prendre. Elle la laissait le temps du dessert dans un coin du salon. « N'est-ce pas que ça t'ennuie de bouder ? – Ça ennuie Nini », répondait la ravissante. Les lettres de Solange devenaient inquiétantes. Le couple se déchirait. Solange revint seule en novembre avec Nini. Elle avait consulté un avoué à Paris. La jalousie de Clésin-

1. G. Sand, *Corr.*, tome X, p. 357 (lettre à Charles Poncy).

ger lui faisait une vie d'enfer. D'après l'avoué, elle n'avait pas de motifs suffisants pour obtenir la séparation de corps. Elle n'avait aucun témoin des violences de son mari qui lui tordait les poignets. L'homme de loi lui avait conseillé de rentrer au domicile conjugal et de lui fournir « des injures attestées ». George oscillait, elle n'avait aucune confiance en Solange, persuadée de sa coquetterie et de sa « férocité naturelle ». « Solange est de ces femmes [...] qui donnent envie qu'on les batte », écrivait-elle en novembre 1851. Elle se souvenait pourtant que Clésinger ne les avait pas accueillis à la gare, elle, Solange, Nini et Manceau. L'année 1851 s'achevait à Nohant où Nini passa son premier Noël. 1852 fut marquée par des ennuis conjugaux aggravés. Solange avait quitté Nohant seule, à la mi-janvier, afin de régler ses affaires. Elle écrivait à sa mère :

« Ramène-moi ma Nini... [Ma] maison est en désarroi dans ce moment : car mon mari se tient de son côté et moi du mien. Et je vais déménager pour aller dans un tout petit appartement[2]. »

Les époux s'épiaient, se jalousaient, se réconciliaient pour se battre à nouveau. Manceau avait commencé à tenir en 1852 le premier des vingt-six agendas où il consignait, laconiquement, les événements quotidiens de sa vie avec George Sand. Il arrivait à George de noter quelques émotions du jour. L'épisode Nini tiendra une grande place dans l'agenda où Manceau appelle George « Madame ». À la date du 25 janvier 1852, Manceau notait leur arrivée à Paris, Nini était avec eux. George était alors en négociations serrées avec le futur empereur pour aider ses amis et obtenir l'amnistie des exilés. Deux jours après l'entrevue à l'Élysée, Manceau, George, Nini et Solange dînaient chez Pinson avant de se rendre à l'Opéra écouter *Fidelio* de Beethoven. On acheva la soirée rue Racine, avec

2. *Ibid.*, p. 667 (note I).

une partie de dominos. Solange n'avait pas encore déménagé. George était absorbée par ses démarches et sa pièce *Les Vacances de Pandolphe*, au Gymnase. Elle courait le jour, écrivait la nuit, avait mal au foie. Le 31 janvier, elle confiait à Hetzel le souci que lui donnaient les Clésinger :

« Ce ménage que vous savez est un enfer, et chacun vient, à son tour, me faire sa plainte et son récit... C'est [Solange] qui a tort. Ah ! Elle me tue ! L'enfant sera misérable et détestable si je ne le sauve... La mère me dit des choses inouïes d'amertume, de méchanceté et de monstrueuse injustice... Le mari est fou, la femme, féroce [3]. »

Elle s'attachait de plus en plus à Nini. Clésinger, pour faire valoir ses droits paternels, et contrarier Solange, emmena brutalement la petite à Besançon, chez ses parents. Il tentait de se justifier auprès de sa belle-mère :

« Ma pauvre petite orpheline a murmuré dans son sommeil des noms bien chers, cette enfant a compris je crois plus que je ne crois même [4]. »

Il devait se rendre à Rome et laissa l'enfant à Besançon. « Sa tête est un chaos », précisait George au comte d'Orsay. Solange s'affolait. Son mari l'avait menacée de l'abandonner sans un sou. Il la laissait « libre de faire la putain pour vivre » Elle voulait farouchement la séparation et si on lui enlevait sa fille, eh bien, la Seine était là pour les désespérés. Entre le chaos du pays, ses amis menacés, Nini à sauver, le travail sans répit, George se sentait malade. Le 22 mars, Solange, effondrée, s'était réfugiée chez son père, au Guillery. Casimir offrait le gîte mais refusa de payer son procès. Il lui promit vaguement une rente de mille deux cents francs. George, début avril, retournait à Nohant avec Manceau, Émile Aucante et Fulbert Martin. Mau-

3. *Ibid.*, p. 680 (lettre à Pierre-Jules Hetzel).
4. *Ibid.*, p. 783 (note I).

rice, à Paris, tentait de vendre ses illustrations. Sa mère lui écrivit dès l'arrivée :

« Nohant est beau, fleuri, propre, ratissé, reluisant comme le paradis[5]. »

Les nouvelles de Solange étaient mauvaises. Elle était revenue seule de chez son père « avec cent francs pour faire la route ». À Paris, elle s'était réfugiée chez son frère et Lambert. Nini lui manquait. Elle en avait eu des nouvelles par une cousine de Clésinger. Il commença son chantage. Son père, mourant, disait-il, la suppliait d'abandonner son procès. Solange s'était logée dans une pension, ainsi était l'usage pour les femmes seules de la bonne société. Ses meubles étaient sous saisie et elle avait sollicité une entrevue avec le président de Beleyme. Il essayerait de lui obtenir la garde de sa fille. Il lui fallait une attestation de George Sand s'engageant à prendre parti pour sa fille. George envoya une lettre si généreuse que le comte d'Orsay, à qui Solange l'avait fait lire, lui écrivit :

« Votre lettre à Belleyme est un chef-d'œuvre. Il y a de quoi lui faire rendre tous les enfants à toutes les mères. Votre idée est parfaite, du mari mettant l'enfant sous son bras dans un moment d'humeur comme s'il emportait son gibus[6]. »

Solange détestait sa vie et la pension où elle survivait. Elle écrivit une lettre navrante à sa mère.

« Est-ce ainsi qu'elles vont passer, les plus belles années de ma vie ? Sans parent, sans ami, sans enfant, sans même un chien... entre quatre murs sales... ce n'est pas de l'ennui, c'est du désespoir... On s'étonne que de pauvres filles sans esprit et sans éducation se laissent entraîner au plaisir et au vice[7]. »

La réponse, datée du 25 avril 1852, fut foudroyante. La colère s'était emparée de George qui récapitulait les

---

5. G. Sand, *Corr.*, tome XI, p. 11 (lettre à Maurice Dudevant-Sand, avril 1852).

6. *Ibid.*, p. 45 (5 avril 1842).

7. *Ibid.*, p. 58 (note 1, avril 1852).

griefs contre cette fille qui, décidément, lui rongeait le foie :

« Je vois ma grosse que tu es dans un accès de spleen... J'ai beaucoup travaillé *seule*, entre quatre *murs sales*, dans les *plus belles années de ma jeunesse*... ce mari [...] n'était peut-être pas digne de tant d'aversion et d'une si fougueuse rupture... Tu n'as pas bonne grâce à te plaindre des résultats d'une résolution que tu as prise seule... *L'enfant* aurait dû te faire patienter, *les amis* l'auraient voulu, *les parents*, car c'est *moi* dont tu parles, demandaient [...] que le moment fût mieux choisi... Tu n'as jamais dit à [Maurice] ni à moi, ni à personne que tu l'aimais... Il te faudrait pour te consoler de l'argent [...], dans le luxe et la paresse, tu oublierais le vide de ton cœur. Nous avons *pour trois* 7 000 francs de rente, le reste sort de mon cerveau, de mes veilles, de mon sang brûlé, de mes nerfs malades. Ce n'est pas si facile que tu crois de se déshonorer. Il faut être extraordinairement plus belle et spirituelle que tu ne l'es pour être poursuivie [...] par les acheteurs... Sais-tu que si j'étais *juge* dans ton procès [...], je ne te donnerais certes pas ta fille ? Va chercher ta fille et amène-la ici... Marche droit [8]... »

Le tribunal confia Nini à sa mère. Le 26 avril, Clésinger fonçait à Nohant et s'enfermait avec sa belle-mère. Manceau note qu'il repartit quatorze heures après cet entretien, l'air raisonnable et décidé d'en finir. Il avait prié Solange de le retrouver à Besançon où son père se mourait. Maurice, à son tour, décourageait sa mère. Il parlait d'abandonner le dessin pour le théâtre. Elle le traita « d'enfant gâté ». À Besançon, Solange trouva son mari au chevet de son père expiré. Clésinger, versatile, émotif, caractériel, revenait sur ses engagements. Il restituerait la dot de Solange mais garderait sa fille. Le retour à Paris fut un cauchemar. À Dijon, Clésinger se glissa, de nuit, dans la chambre de Solange

8. *Ibid.*, p. 58 à 65 (lettre à Solange Clésinger, 25 avril 1852).

et de l'enfant pour voler le jugement. Il s'enfuit avec la petite dans un hôtel. Solange, hagarde, serrant contre elle le précieux papier, se heurta à un portier qui la chassa. Il y eut un beau tapage et, dans la chambre, la violence. Nini hurlait, le couple lamentable se réconcilia au lit. De péripéties sordides en accords douteux, le 17 juin, épuisées, Solange et Nini s'enfuyaient à Nohant.

« *Sol* est ici avec Nini… Elle ne voudrait pas que la petite sortît de France, parce que si son mari, qui justement est toujours en route pour la Suisse ou l'Italie, l'enlevait sur le sol étranger, elle aurait toutes les peines du monde à se la faire rendre [9]. »

Le 4 juin, Manceau notait : « Mme Clésinger est venue ce matin avec Nini et Bébée (la chienne de Solange). » Manceau n'aimait pas Solange. Son agenda comporte maintes réflexions ironiques à son sujet. George donnait à Nini les soins les plus tendres. Chaque matin elle trouvait sa poupée habillée d'une robe neuve que sa grand-mère avait cousue dans la nuit. Elle se tenait « sage et charmante » près d'elle, à jouer, pendant qu'elle écrivait. Au jardin, c'étaient les rires, la complicité, la construction d'un « Trianon » miniature, les plantations. George se comportait comme sa mère Sophie, qui, autrefois, savait tant la distraire dans ce même jardin. Le jugement définitif n'était pas encore rendu et George avait peur. Elle comprenait le caractère parfois fantasque de Nini, ses nuits agitées. L'enfant avait été trop perturbée. Le soir, Nini se régalait au théâtre des marionnettes. « Nini est un excellent public », note Manceau. Il faisait chaud, elle prenait son premier bain dans la rivière avec une ceinture de natation. « Ça a l'air de la botter », jubilait Manceau qui la trouvait parfois « méchante comme la gale ». À la mi-août, Solange repartait à Paris, espérant une séparation à l'amiable. L'agenda de Manceau regorge des

9. *Ibid.*, p. 224 (lettre à Pierre-Jules Hetzel, 21 juin 1852).

faits et gestes de « l'adorable Ninette ». On la soignait de « petits symptômes de dysenterie ». Elle souffrait un peu, riait beaucoup, acceptait les clystères sous certaines conditions :

« Elle prend ses deux clystères, un le matin et un le soir, sans sourciller à condition que les fleurs et les rubans flotteront à la seringue, et que Manceau sifflera un petit air pendant la manœuvre [10]. »

George envoyait régulièrement aux parents des bulletins de santé de la petite. « Ninette va bien, elle est guérie », écrit-elle le 23 août. Guérie, elle courait le bois à la chasse aux papillons avec Manceau qui inscrivait les noms en latin. On classait, on étiquetait, la peur s'éloignait. George trouvait Nini, à trois ans, « aussi avancée d'intelligence que si elle en avait six ». Quelquefois violente avec les domestiques, elle était charmante avec Lambert, Aucante, ses familiers. Quand elle était prise en faute, elle rétorquait « c'est Maurice qui m'a appris ». À Paris, Clésinger avait fait à Solange une scène atroce et la flanquait à la porte. Il la poursuivit dans l'omnibus et se plaignit à son avocat de ses infidélités. Il l'avait fait suivre par un huissier jusqu'à son hôtel. Elle songea à se réfugier avec sa fille dans un couvent mais l'Abbaye-aux-Bois n'était pas assez sûre, on y entrait trop librement. Clésinger ne manquerait pas d'enlever Nini. Le loyer de ce couvent était de six cents francs, elle manquait d'argent. Octobre arrivait, Nini était toujours à Nohant où George ne se pressait pas d'attirer Solange. Elle veillait constamment sur « le petit trésor ». Quand elle dut se rendre à Paris pour l'adaptation de *Mauprat*, sa nouvelle pièce, elle confia Nini à Émile Aucante. Elle lui laissa la copie du jugement provisoire du tribunal de la Seine, l'autorisant à garder sa petite fille avec l'accord du père. Aucante, Lambert, Maurice et les jeunes amis de

10. *Ibid.*, p. 297 (lettre à Solange Clésinger, 21 août 1852).

George faisaient partie des « pompiers » selon les termes de Manceau. George établit au précieux Aucante une liste de recommandations, véritable modèle de puériculture :

« Nini dort presque douze heures. Elle se couche entre 8 et 9 et se lève entre 7 et 8. Elle ne mange jamais de fruits. Elle n'aime que les farineux, haricots, pommes de terre etc. mais il faut la modérer et lui faire manger un peu de viande. Elle aime assez les pattes de volaille.

« Elle déjeune ordinairement de 10 à 11 heures. Elle mange à 2 heures une tartine de pain et de beurre ou de fromage, peu de sucreries. Elle boit de l'eau rougie, de l'eau sucrée, en se couchant, un très petit morceau de sucre dans un tiers de verre d'eau. La modérer sur la fausse soif et le *gobelottage* qui font faire pipi au lit. Bien réglée, elle est d'une propreté extrême. On la lave à l'eau tiède de la tête aux pieds, le matin et à 5 heures, on la change de linge à 5 heures. Et le lendemain matin, on lui remet le même linge qu'elle achève dans la journée.

« On lui poudre les aines à la poudre de riz après l'avoir lavée pour empêcher les gerçures… On lui coupe les ongles des pieds très peu à la fois… Elle oublie […] de demander à faire les *petites* et *grosses affaires*, ou elle n'ose pas. Il faut […] *prévenir ses désirs*…

« Ne rien lui donner, ni ne lui rendre aucun service qu'elle ne le demande poliment, et ne remercie ; autrement, elle devient impérieuse […], impossible à satisfaire. Il faut la prendre par le raisonnement, d'un air très grave, entre quatre yeux… Si elle avait une grande fureur, il faudrait la laisser crier tout son saoul, sans avoir l'air d'entendre.

« Une fois couchée, elle a besoin d'un peu de surveillance. Elle se met volontiers en travers du lit et tomberait sans la précaution d'un filet à son berceau… Je lui mets un grand peignoir à moi pour qu'elle ne soit pas nue la moitié de la nuit, car elle gigote beaucoup[11]. »

George veut protéger Nini. Elle n'a aucune confiance en Solange et Clésinger l'atterre par sa folie égoïste. « Tu n'es pas maître de ta volonté, écrivait-elle à son gendre, [...] j'étais disposée à t'aimer comme un fils. »

Le 1er décembre 1852, Solange demandait la séparation. George était accablée de travail. « Madame termine *Mauprat* dans la nuit, 4e remaniement », consigne Manceau. Le 20 décembre, elle reçoit une lettre alarmante de sa fille. Clésinger avait utilisé les lettres de sa belle-mère pour prouver qu'elle avait pris parti contre lui. Il voulait Nini. La guerre recommençait. Solange menaça son mari d'une saisie pour reconstituer sa dot. Où trouver des témoins contre lui ? Elle voulait reprendre Nini, George s'y opposait au nom de sa protection. George devint l'institutrice de Nini comme elle l'avait été pour ses enfants. « Elle saura lire dans six semaines », s'émerveille-t-elle auprès d'Augustine. Quinze minutes de lecture chaque jour, deux fois de suite. Ne jamais la rebuter, l'intéresser aux formes, aux distances. Nommer les arbres, les fleurs, contempler avec elle le changement du ciel, les étoiles. Admirer la Grande Ourse. Ne pas bourrer sa cervelle par l'alphabet alors qu'elle adore tracer des formes sur le sable des allées. Elle apprendra ses lettres à même le sable des allées. Où elle trace le O, le I. Nommer le O, le I, toutes les voyelles. « Tous les enfants sont des artistes », a-t-elle écrit dans *Histoire de ma vie*.

Le 5 janvier 1853, Solange arrivait à Nohant, égarée. Manceau notait, féroce, « elle est plus folle que jamais » Clésinger avait envoyé pour les étrennes de Nini des bonbons, une toupie et un volant, jouets que George trouva absurdes pour une enfant de trois ans et demi. Elle le lui écrivit tout en rendant un fidèle bulletin de santé de la petite. Clésinger ne manquait

11. *Ibid.*, p. 410-411 (lettre à Émile Aucante, 10 octobre 1852).

pas de belles commandes dont un buste de l'empereur, mais son incurie lui faisait accumuler les dettes et il refusait la moindre pension à Solange. Elle resta à Nohant jusqu'à la mi-février. Le soir du réveillon, on s'embrassa dans le salon et Nini, assise sur la table, riait aux éclats, bousculant les dessins de Lambert. « Mme Solange s'ennuie », note Manceau. George écrivait trente pages par nuit, vingt lettres, brodait, jouait aux dominos, s'occupait de Nini sans négliger l'amour. Voici ce qu'elle dit de Solange, à Maurice resté à Paris :

« Solange gratte ses ongles à midi, à une heure, elle les arrondit, à deux, elle les polit avec une poudre jaune, à trois, elle fait une guirlande pour ses cheveux, à quatre, elle se peigne, à 5, elle se coiffe, à 6, elle s'habille et elle s'ennuie !... Le soir, elle brode et nous lisons mais quelle que soit la lecture, elle s'ennuie [12]. »

Elle s'ennuie, cette belle fille de vingt-quatre ans, qui avait inspiré à Clésinger, en 1847, *Femme piquée par un serpent*, un beau marbre pour lequel elle avait posé nue [13]. Ève originelle, les hanches larges, les seins petits, la blonde chevelure éparse, la bouche lascive – le plaisir errant sur ces paupières de marbre et de chair. Hors le plaisir et le luxe, elle meurt d'ennui. Elle meurt, entre ses alliés trop simples de Nohant, cette enfant qu'elle sait, obscurément, ne pouvoir assumer et cette mère, trop à part et qui la méprise. Nohant, ou le souvenir aigu de Chopin. L'amant de sa mère, mort dans ses bras. Tout ce qu'elle touche est devenu de la cendre. Qui donc l'a maudite ? Nul havre pour elle en ce monde hors le lit suspect de marbre et de chair où le plaisir fut ce lien de feu.

Dès son départ, George mit aussitôt de l'ordre dans sa chambre. Un indicible soulagement s'emparait de

12. *Ibid.*, p. 566 (lettre à Maurice Dudevant-Sand, 24 janvier 1853).

13. Ce marbre très troublant est exposé au musée d'Orsay.

Nohant *sans Solange*. Nini était devenue « La Reine des Nini ».

1853, Maurice avait trente ans. George se rendit en mars à Paris et confia Nini avec sa bonne aux amis Périgois, à La Châtre. Nini s'adaptait merveilleusement aux amis de sa grand-mère ; elle se sentait adorée, protégée. Elle se passait volontiers de sa mère, qu'elle avait à peine reconnue après une longue absence. Solange en avait sangloté. En juin 1853 Nini avait eu quatre ans, et l'agenda de Manceau abonde en belles images. On y parle de papillons, des jets d'eau, du jardin fleuri avec pour reine centrale : Nini aux doux cheveux châtain clair, joliment bâtie, vêtue de blanc ou de rose. Manceau avait réalisé de ravissantes marionnettes et « Madame » écrivait la deuxième partie d'*Histoire de ma vie*. Cette paix fut compromise par l'arrivée de Solange, le 18 juin. Elle chamboula tout, fit dîner la petite sans l'avoir lavée et retomba dans son ennui. On se promenait, on pique-niquait, on se baignait dans l'Indre. Clésinger semblait « amélioré ». Il avait reconnu devoir cinquante mille francs à sa femme à condition que cessent les poursuites. Elle garderait sa fille qui habiterait où bon semblerait à la mère. Le 1er juillet 1853, l'agenda de Manceau devenait brusquement noir :

« Clésinger, sa femme et la pauvre Ninette partent à 3 heures pour Paris. »

On pleurait à Nohant et George dominait sa désolation. « Tâche que Nini soit heureuse », écrit-elle à Solange. Comment se déshabituer de son « trésor » ? Solange et sa fille logeaient, précairement, dans une pension, rue Navarin. George avait le cœur serré. « Je n'ai plus d'enfant », soupire-t-elle. Heureusement, Nohant débordait d'amis et on répétait *Le Pressoir*, sa nouvelle pièce. Elle dissuada Solange de venir. « Tu n'es pas actrice, tu ne fais pas de pièces. » Elle redoutait ces Clésinger et de fléchir devant Nini, son chagrin, sa lumière, son manque. En décembre 1853, Solange lui confiait la petite. Un voyage délicieux !

« Nini a été charmante pendant toute la route. Elle a pissé dans le wagon avant d'arriver à Châteauroux, nous étions seuls et nous n'allions pas vite. Elle a dit, puisqu'ils ne veulent pas marcher plus vite que ça, j'vas pisser dans leur convoi, ça leur apprendra… Je l'ai réveillée pour arriver et elle s'est écriée : *V'là la maison de la Tornite : bonheur sans égal…* Elle déballe ses poupées et ses joujoux qu'elle retrouve avec des transports de joie… Je vais très bien… j'ai mangé comme un loup [14]. »

George mettait les bouchées doubles dans ce bonheur qu'elle prévoyait menacé. Elle s'en donnait à cœur joie de jardiner avec Ninette. « Nini, écrit-elle à Hetzel, jardine comme un petit cheval. » On ratisse les allées autour du « petit Trianon ». Les fêtes de fin d'année continuent gaiement. Solange avait envoyé de jolies robes pour les fêtes, qu'elle passera à Nohant. Nini aimait voir sa grand-mère ratisser la neige, puissante, le visage rougi. La nuit du 31 décembre, on se « bigera », selon l'usage, dans le grand salon, on attendra minuit « les yeux dans les yeux ». Nini riait de bonheur. Il y avait tous ceux qu'elle aimait y compris « la petite maman ». Les deux poupées sont vêtues en robes de fête. Solange et Maurice étaient repartis à Paris le 9 janvier 1854. Solange écrivit à sa mère un bilan amer de sa vie. Elle n'avait pas le tempérament de George Sand qui vivait si intensément le présent qu'elle sut toujours évacuer les regrets. Le présent, frais et rose, c'était « la reine Nini ». Clésinger n'avait tenu aucune de ses paroles. Solange était sans le sou. 1854 oscillera entre misérables victoires et échecs cuisants pour Solange. Nini vivait comblée entre Nohant et La Châtre, chez les Périgois, où elle partageait les jeux de leur fils, Georges, « son petit fiancé ». Grand-Maman lui avait appris le nom des oiseaux et lui inventait des contes que, ravie,

14. G. Sand, *Corr.*, tome XII, p. 181 (lettre à Solange Clésinger, 7 décembre 1853).

Nini appelait « des chansons ». Elle passait toutes ses matinées avec Manceau. Elle le traitait de « cochon » et de « merdeux ». Il adorait ses écarts de langage.

Solange reviendra en mars. On se promenait tous ensemble au bois, on avait découvert un ruisseau, du lierre, un modeste ravin, que Nini baptisa « l'endroit aux fées ». Le sempiternel refrain de la névrose particulière de Solange apparaît dans l'agenda : « Mme Sol s'ennuie. » Le 15 mars, elle était à Paris. Désespérée, errante, proche de l'exclusion. « Elle est un peu folle, au fond », disait sa mère. Leur seul accord fut de se lier pour sauver Nini de son père. En avril, Solange envoyait à sa fille « une petite robe blanche dont le corsage se détache sur une jupe verte ». George lui avait acheté un chapeau de paille pour le jardin et quatre robes du matin avec les chaussures. Harcelé par ses créanciers, Clésinger vendit ses meubles, ses chevaux, sa voiture et cessa de verser la pension de trois cents francs à Solange. Il écrivit le 29 avril 1854 à George que Solange l'avait ruiné et trahi dans son honneur. Il adorait sa fille et la voulait. Il habitait au 182, rue de l'Université. Il mit en route une stratégie diabolique. Il avait découvert les lettres de Solange à son amant Gaston de Villeneuve, son cousin par alliance, et remit la correspondance à son avocat, M. Bethmont. Il avait le droit de reprendre l'enfant – droit qui signa l'arrêt de mort de Nini. Le dimanche 7 mai 1854 fut le dernier jour qu'elle passa à Nohant. Trois jours plus tard, elle avait cinq ans.

Ce 7 mai, George notait dans son agenda :

« Clésinger vient chercher et emmener Nini, il est accompagné d'un homme *décoré,* il part à 1 heure. »

Le lendemain, elle écrivit cet événement fatal à M. Bascans dont l'épouse était la marraine de Nini (Mme Bascans aimait beaucoup Solange) :

« Mon gendre est venu hier chercher chez moi sa fille… Il m'a dit vouloir la garder à Paris quelques jours… Il m'a donné sa parole d'honneur de vous la confier [15]… »

Solange, effrayée, retrouva la trace de Nini chez l'avoué de son mari, maître Courbec. Elle écrivit aussitôt à sa mère qu'elle la mènerait chez Mme Bascans. Solange avait su par hasard ce qui était arrivé à Nini. Les lettres de George et de sa fille se croisaient douloureusement. Où est Nini ? s'enrouait Solange chez l'avoué. Où est Clésinger ? L'avoué ne savait rien sauf que le père s'engageait à la mettre dans une pension sérieuse. Solange cherchait à tâtons, par instinct. Désespérée, elle en était à préférer que l'enfant ne soit ni à l'un ni à l'autre, pourvu qu'elle puisse la voir. Elle écrivit à Dôle chez une maîtresse de son mari, Mme de Valdahon. Nini était bien chez elle. George et Solange ne l'apprirent que le 23 mai, Solange voulait aller à Dôle mais sa mère lui objectait que courir après l'enfant était le moyen le plus sûr pour qu'on la cache encore plus loin. Le mieux serait de la confier d'un commun accord à Mme Bascans. La confrontation des époux, à Paris, chez l'avoué, tourna à la catastrophe. « Il a braillé comme un âne et fait des menaces de mort », dit Solange. Comment sauver Nini ? Clésinger, dans un éclair de sagesse, écrivit qu'il songeait pour Nini au couvent des Anglaises, qu'avait tant aimé Aurore Dupin. On était en juillet, il faisait un temps affreux, George Sand avait cinquante ans. Solange se révoltait du conseil de sa mère, « observer une grande réserve » en attendant les conclusions légales. Qu'avait donc sa mère à toujours vouloir régler sa conduite ? Que n'avait-elle mieux dirigé sa jeunesse ! Elle en avait vu des « polissons » et des « écriveurs » monter dans la chambre maternelle ! Elle préférait, dit-elle, « balayer les rues » que de vivre chez sa mère dans la soumission (l'ennui sans fin) et le refus de sa personnalité. Aucante avait sans doute caché soi-

15. *Ibid.*, p. 409 et 410, y compris les notes (lettre à M. Bascans, 8 mai 1854).

gneusement une telle réponse. Le terrain était miné et son rôle d'intermédiaire des plus délicats. Juillet fut lugubre de pluie, de tensions, d'attente. Enfin, une lettre de Solange, datée du 11 août, desserrait l'angoisse de George. Clésinger aurait remis la petite à sa mère et renonçait au procès. Le 12 août, l'instable enlevait l'enfant dans un hôtel, boulevard des Capucines. Une épidémie de choléra atteignait Châteauroux. Les mortelles incertitudes reprenaient. George, mal en point, navrée, accepta un court voyage au Tréport. Elle était inquiète de savoir Nini en pension, dans l'ancienne institution des dames Villeneuve, tenue par madame Saint-Aubin Deslignières Elle écrivait un apologue, *Le Ruisseau*, et la notice de *Consuelo*. Elle frissonnait de noirs pressentiments. Le 16 septembre, Solange était à Nohant. Seule. Manceau remarquait sans amitié qu'elle était « peinte et ficelée on ne peut mieux ». En octobre, le tribunal refusait à Clésinger, disqualifié par son manque de sérieux dans ses ressources, la garde de la petite. On la confiait à sa grand-mère, folle de joie, estimée seule capable de subvenir aux besoins de l'enfant. George avait l'appui de maître Ganneval, décidé à les défendre dans « cette lutte affreuse ». La partie était serrée, Nini était toujours à Paris, dans sa pension. Maître Bethmont, allié de Clésinger, fit jouer un argument en défaveur de Solange. À vingt-six ans, elle n'avait pas fait sa première communion. Comment deux athées si perverses, aux mœurs infâmes, George Sand et Solange Clésinger, prétendaient-elles éduquer honnêtement cette petite fille ? Bethmont détestait George Sand et s'était acharné contre elle en 1836, lors de son procès en séparation avec Casimir. Bethmont avait gardé une mortelle rancune à la romancière et à son Michel de Bourges. Il tenait sa vengeance ! Tant pis pour l'enfant. Solange se rendit chez les jésuites, rue de Sèvres. Elle sollicita un entretien avec le père Ravigan, ami des Villeneuve. Elle acceptait de se confesser, de communier, de faire une retraite au Sacré-Cœur. Elle luttait au nom de Nini. Le Paris mondain se moquait d'elle, la traitait d'hypocrite.

Le plus étrange est que Solange se convertissait vraiment. Elle avait trop souffert, elle attendait le secours de Dieu. Dégoûtée, George lui envoya son certificat de baptême. Au Sacré-Cœur, Solange recevait sincèrement la communion et *Le Constitutionnel* en faisait des gorges chaudes.

George attendait Augustine pour le 9 décembre. « Sol est dans les prêtres jusqu'aux oreilles », s'exaspérait George. Le jugement eut lieu le 15 décembre 1854. Ganneval soulignait les points essentiels : il ne pouvait y avoir d'exécution avant trois mois d'appel – c'est-à-dire sans l'assentiment de Clésinger et de M. Bethmont Solange, convaincue de pouvoir retirer bientôt sa fille de la pension, partit à Nohant en compagnie de Borie et du capitaine d'Arpentigny. George avait peur de la haine de Bethmont liée à la folie du gendre. Manceau était alors à Paris, pour voir sa mère malade. Le 14 décembre, il était passé à la pension Deslignières. Il ne put voir Nini, atteinte, lui dit-on, de la scarlatine. Le lendemain, même réponse, or, on avait vu Nini en compagnie de Clésinger, à une fenêtre du 29, boulevard des Capucines, vêtue d'une simple robe d'été. George, épouvantée, écrivit le 23 décembre à Bethmont :

« Je viens rendre votre cœur et votre conscience responsables vis-à-vis de moi… Jeudi dernier un de mes amis a été à la pension Villeneuve pour voir ma petite Jeanne. On lui a dit qu'elle avait la fièvre scarlatine. Il y est retourné le lendemain vendredi, même réponse. Le même jour, vendredi, l'enfant a été vue boulevard des Capucines, 29, avec son père, à une fenêtre… Avec la fièvre scarlatine, elle serait en danger de mort… Je suis dans une cruelle inquiétude [16]. »

L'avocat répondit froidement qu'au septième jour de la scarlatine, on ne risquait plus rien. L'enfant était entourée « des meilleurs soins » et il lui avait trouvé « la

---

16. *Ibid.*, p. 705-706 (lettre à Eugène Bethmont, 23 décembre 1854).

mine fort bonne » ; l'appel trancherait. Mme Deslignières était une personne de confiance. George, atterrée, répondit le 31 décembre à l'avocat ce qu'elle avait appris de l'état lamentable où était tenu l'enfant :

« Après l'abandon où j'ai constaté par moi-même que Jeanne avait été laissée, l'absence des soins les plus élémentaires par son père, la privation de linge entraînant malpropreté insigne, misère véritable, l'absence de vêtements appropriés à la saison ayant probablement entraîné la maladie qu'elle subit… de l'aveu de Mme Deslignières la petite est sortie avec une robe légère le dimanche, veille de l'invasion de la scarlatine ; elle était munie d'un paquet contenant des vêtements plus chauds, ce paquet n'a pas été ouvert… l'absence de paiement de sa pension… toutes ces preuves […] de l'incapacité où se trouve un artiste très exalté de surveiller un petit enfant… ma fille ne peut contribuer à l'éducation de sa fille. Elle n'a *rien* [17]. »

Bethmont durcissait sa position. Il estimait l'immorale George Sand responsable des conséquences de son éducation à sa fille.

La nuit du 31 décembre, il y eut, comme toujours à Nohant, « la cérémonie de la pendule » au salon. Il y avait Maurice, Solange, Manceau, Lambert, Borie, le capitaine d'Arpentigny, Émile Aucante, Pâtureau et George. On but un champagne à goût de rose. George veilla quand tous dormaient. Le sort de Nini la hantait. La lettre qu'elle glissa à l'aube sous la porte de Solange était un hommage indirect à la petite fille menacée. Aimer Solange, aimer Nini. Les sauver.

Pour ma Solange en
Ce beau jour
J'ai retrouvé tout mon
Amour
Puisqu'elle veut être bien

17. *Ibid.*, p. 722-723 (lettre à Eugène Bethmont, 31 décembre 1854).

Sage,
Pourvu qu'elle en ait le
Courage[18] !

Bonheur, quel est ton nom ? Nini ! Nini !

Quand Solange repartit à Paris, George étouffait d'une peine indicible.

Le 14 janvier, Clésinger avait laissé l'enfant sans soin. Nini mourait.

L'agenda de Manceau et celui de George ne sont qu'un seul cri, un seul malheur :

« Dimanche 14 janvier... vers 10 heures (du soir) un express de Châteauroux a porté une dépêche télégraphique qui annonce que la pauvre *Nini* a cessé de souffrir dans la nuit d'hier à aujourd'hui. Madame est désolée » (Agenda de Manceau).

« Lundi 15 Journée morte. J'ai été deux fois au cimetière pour marquer la fosse... Manceau est parti ce matin pour Châteauroux avec Émile pour attendre Solange et *Nini* ! » (Agenda de George).

On déposa le petit cercueil à l'église. Le 16 janvier, Ursule, les Périgois, Mme Decerfz, Verne vinrent à l'enterrement. Nini était inhumée à une heure et demie, près de Mme Dupin, portée par Bonnin, Sylvain, Jean et Lorgeron le jardinier. George et Solange sanglotaient. George écrivait à Lise Perdiguier l'agonie de Nini :

« Ma petite fille Jeanne est morte dans une détestable pension où son père l'avait mise malgré moi... L'honnête Bethmont son avocat [...] répondait de la pension ; [...] l'enfant y était dans la saleté, dans le froid et bouleversée [...] par les injures que son père disait de sa mère... Il la fait sortir [...] en robe d'été ; [...] elle prend froid et rentre avec la scarlatine... Elle sort au bout de 8 jours... Immédiatement, elle enfle de

18. G. Sand, *Corr.*, tome XIII, p. 14 (à Solange Clésinger).

tout le corps, on n'écrit à sa mère que deux jours après. Le père était absent... ma fille court... la mort était proche, on n'ose l'arracher de son lit... L'enfant était défiguré par l'enflure, elle étouffait, elle ne souffrait pas. Elle jouait sur son lit, elle a cousu des petits chiffons jusqu'au lendemain midi. Alors rangeant tous ses jouets dans des petites boîtes, elle a ôté de son cou un petit médaillon qui contenait les cheveux de sa mère et le lui a donné. Elle a essayé de sourire et s'est endormie pour toujours. Pendant qu'elle agonisait, Mme Saint-Aubin Deslignières (ancienne maison Villeneuve à Beaujon) dit à ma fille, *vous devriez l'emporter, elle mourrait chez vous... emportez-la vite, on fera constater le décès chez vous*... Le médecin [...] déclare que ce bel enfant [...] était mort faute de soins. Ma fille l'emporte alors, la met sur un lit, l'habille de blanc, la couronne de violettes, l'entoure d'aromates. Lambert et Borie [...] étaient autour d'elle [19]... »

Bethmont s'opposait à ce qu'elle fût inhumée à Nohant. Lors de la mise en bière, le corps avait désenflé, Nini « avait retrouvé sa beauté angélique ». La sommation du jugement était arrivée à Nohant. Bethmont triomphait : l'enfant devait rester dans sa vilaine pension et ne sortir que chez son père. *Nini était morte comme on s'enfuit*. Borie, scandalisé, avait glissé le terrible papier dans la main de Nini. S'il venait à Clésinger la fantaisie ignoble de profaner la tombe, il trouverait le jugement infâme dans la main du cadavre.

Voyage atroce de Solange avec son enfant en bière

« Sa courte existence (5 ans et demi), continuait George, a été ballottée dans l'orage et trois fois arrachée à mon sein pour retomber dans une vie d'abandon, de saleté, de scandales et de terreurs... Ma pauvre fille est brisée, nous avons passé la journée à rassembler ses joujoux épars jusque sur mon bureau... C'était ma société, ma vie de tous les instants, la joie, la

19. *Ibid.*, p. 33-34 (lettre à Lise Perdiguier, 18 janvier 1855).

lumière dans la maison. Je ne sais pas comment nous allons vivre sans elle... »

George passera des jours à faire, de mémoire, le portrait de Nini. Désespérée, elle ne pouvait écrire que des lettres à ses amis sur Nini. Sa conviction d'une réincarnation dans un monde meilleur la soutenait :

« Je sais bien, écrit-elle le 14 février à Édouard Charton, que ma Jeanne n'est pas morte, Je sais bien que je la retrouverai et qu'elle me reconnaîtra quand même elle ne se souviendrait pas ni moi non plus... Je ne regarde que ses poupées, ses joujoux, son petit jardin que nous faisions ensemble, sa brouette, son petit arrosoir, son bonnet, ses petits ouvrages, ses gants... »

Solange était brisée. Sa mère jugeait sévèrement sa façon de pleurer, « trop contrôlée » à son gré. Elle proposa à sa mère le masque mortuaire de Jeanne. George fut révulsée.

« Ne m'apporte pas ce *masque*... non, non, je ne veux pas la voir... »

« Personne ne peut se figurer... avec quelle fixité sa figure est toujours devant moi », confie-t-elle à Lambert le 10 février.

À Paris, Maurice tenta d'aider sa sœur. Le 20 février, il l'emmenait dîner chez le prince Jérôme Napoléon. « Était-elle bien belle et bien peinte à ce dîner ? » s'enquiert George. Maurice proposa à George un voyage à Rome pour soulager une telle peine. Il est possible que George n'ait pas voulu que Solange soit du voyage. Solange, l'origine d'une telle tragédie. Quand Solange arriva dans un Nohant désert, quasi fermé pour elle, elle toucha au fond du désespoir :

« Ah ! Ils m'ont joliment plantée en partant pour leur Italie [20] ! »

Elle n'avait que la pension de sa mère pour vivre. Elle s'acheta un chien, elle glissa peu à peu dans une vie de demi-mondaine. L'ennui et le chagrin l'anéan-

---

20. *George Sand et Solange, mère et fille*, *op. cit.*, p. 391.

tissaient. Au nom de Nini, elle éclatait en larmes. On la trouva en Belgique, avec Albert Seymour, un viveur. Elle le planta à Boulogne alors qu'ils se rendaient en Angleterre. Elle dépérit à Aix-les-Bains, la mort de Nini avait durci davantage sa mère contre elle. Au premier anniversaire de sa mort, Solange manifesta le désir de se recueillir sur sa tombe. Sa mère lui écrivit presque avec violence. Les tombes ont droit au respect, pas à un culte. L'anniversaire de Nini était partout sauf au cimetière. George s'irrita jusqu'à la cruauté quand Solange plaida timidement la permission de poser une croix sur la tombe.

« Laisse dans cet endroit la croix que tu as apportée... J'ai défendu aux ouvriers et au jardinier de rien faire sans mon ordre [21]. »

George était à Paris, Solange avait fait le voyage seule, dans le froid. Quel effroi, quand elle vit un rocher sur la tombe de sa fille ! (George l'avait fait poser, redoutant Clésinger capable de faire ouvrir la tombe, d'enlever la bière « l'oubliant au premier cabaret du coin ».) Solange fut saisie d'une insoutenable souffrance. Nohant vide, sombre, était un tombeau.

« Le Berry est sous la neige et la route à peine praticable... je suis allée au cimetière... jeter sur cette tombe les fleurs que j'avais apportées. J'ai vu que tu avais fait mettre un rocher à l'endroit où je pleure. Cette idée de rocher qui l'écrase et qui semble vouloir l'empêcher de se relever jamais, m'est détestable... J'ai apporté [une croix] avec moi... Elle est [...] simple, sans ornement aucun, en marbre blanc avec le nom de Jeanne Gabrielle gravé dessus... Veux-tu me la laisser poser à la tête de ma fille [22] ? »

George attendra des mois. On lit dans l'agenda daté

21. G. Sand, *Corr.*, tome XIII p. 505 (lettre à Solange Clésinger, 15 janvier 1856).

22. *Ibid.*, p. 505 (note 1).

du 6 décembre 1856 : « Madame se lève et donne des ordres pour faire poser *la croix* de Mme Solange. »

Solange fit son ultime visite au tombeau en janvier 1858. Sa mère était « calfeutrée chez elle pour ne pas risquer de rencontrer sa fille ». Si George retrouva plus tard la consolation de s'occuper des filles de Maurice, Solange sombra dans la mélancolie et la solitude. Sans enfant, peu aimée des siens, au terme de sa vie agitée, sans gloire, elle mourut à Paris le 17 mars 1899. Elle voulut que soient gravés ces mots sur sa tombe, en mémoire d'un tel chagrin :

GABRIELLE SOLANGE CLÉSINGER,
NÉE DUDEVANT SAND
MÈRE DE JEANNE
NÉE À NOHANT LE 13 SEPTEMBRE 1828
MORTE À PARIS LE 17 MARS 1899.

George écrivit un beau texte dans son journal, intitulé « Après la mort de Jeanne Clésinger ». Morte à son tour, elle retrouvait Jeanne grandie, embellie, en un lieu ravissant où « les enfants ne meurent que bien rarement ».

« Tout était printemps et soleil, fraîcheur et délices, les plus belles scènes de la nature m'appelaient à l'admiration, mais mon âme s'y refusait. Un désir et une inquiétude me rendaient insensible à ce qui n'était pas le but de ma présence en ce lieu fortuné... Enfin je la vis, mais je la vis sans la reconnaître... C'était une belle jeune fille... Je reconnus... sa voix argentée.

« Jeanne... regardez bien et souvenez-vous.

« ... Le nom que vous me donnez caresse mon oreille comme un son plaintif déjà entendu ailleurs... Alors je riais et sautais gaiement, car je connaissais l'aspect du moindre caillou de ce petit monde, et je vous disais le mot qui vous faisait sourire, et vous le répétiez, comme charmée de cette idée de fête entrevue par moi dans les plus petits mystères de la nature [23]. »

George dépassait la pire des souffrances par ces mots, où Jeanne, transfigurée, l'assurait d'un monde meilleur où se retrouvent les âmes que nulle pierre tombale ou croix de marbre ne retiennent prisonnières.

23. G. Sand, *Histoire de ma vie*, tome II, p. 1232-1233 (*Après la mort de Jeanne Clésinger*).

Chapitre 35

VIVE MADEMOISELLE LA QUINTINIE !
VIVE GEORGE SAND !

Manceau était plus attentionné que jamais. Il veillait à lui préparer les plumes, l'encre, le papier, le verre d'eau sucrée. Le chagrin de George était devenu le sien. Un jour de migraine, Manceau déploya des trésors d'invention pour la soulager. « J'ai pourtant fait mon possible pour la distraire : je l'ai menée au jardin, j'ai été spirituel, bête, gai, rien n'y a fait [1]. » La mort de Nini, la fatigue, avaient créé un bouleversement intérieur au point de modifier l'écriture de George, en avril 1856. Le « changement » consistait dans le renversement d'un graphisme autrefois incliné à droite. Elle écrivait plus gros et diminua l'angulation. Manceau insistait pour l'emmener en Italie. Le 28 février, avec Maurice, ils s'embarquèrent à Marseille pour Gênes et se rendirent à Pise, Frascati. George respirait mieux, sa peine s'engourdissait. À Rome, sa curiosité innée s'éveillait. Elle critiqua Rome, sa saleté « pire que La Châtre ». Elle reconnaissait aux grands monuments leur réputation. Elle détesta « l'affreux désert » de la route jusqu'à la Ville éternelle qu'elle trouva « étouffée par les constructions nouvelles ». Maurice fut pris de fièvre et d'angine. La Rome des prêtres, symbole du

1. G. Sand, *Corr.*, tome XI, p. 568 (note 4).

joug catholique, écœurait George Sand. Elle blâmait la politique de l'empereur qui avait envoyé ses troupes contre celles de la nouvelle République romaine afin de s'allier le pouvoir de l'Église. Elle l'écrivait à Luigi Calamatta :

« Je ne veux rien admirer, rien aimer, rien tolérer dans le royaume de Satan, dans cette vieille caverne de brigands [...]. Je veux cracher sur le peuple qui s'agenouille devant les cardinaux. [...]. Il est bon de dire ce qu'on devient quand on retombe dans la soutane [2]. »

De retour à Paris, elle écrivit quelques pièces médiocres, intéressantes sur le plan lucratif. Les pièces de George Sand sont assommantes de bons sentiments. Même si l'empereur et l'impératrice avaient eu « la larme à l'œil » et applaudissaient, ses tirades faisaient ressortir tous les défauts de la romancière. Un ennuyeux bavardage sur le bonheur, l'égalité, la bonté. Le 30 avril 1857, elle rencontrait au théâtre de l'Odéon Gustave Flaubert. Elle revenait au roman et ce qu'il signifiait pour elle :

« Un roman n'est pas autre chose que le résumé plus ou moins réussi de ce que nous observons au-dehors et de ce que nous bâtissons en nous-mêmes [3]. » Elle consignait ses émotions sur Rome dans *La Daniella*, achevé en décembre 1856. Les péripéties de son héros, un jeune peintre, sont le prétexte pour affirmer son anticléricalisme. Les prêtres pullulent dans ce roman et elle dépeint le pape Pie IX sous les traits « de l'envoyé du diable ». Ce roman souleva un tollé général quand il parut en feuilleton dans *La Presse*. Elle outra les nationalistes car son Italie était la France muselée par l'empire. Les romantiques furent choqués qu'elle mît à bas leur Rome

2. G. Sand, *Corr.*, tome XIV, p. 248-459.
3. G. Sand, *Corr.*, tome XIII, p. 337 (lettre à M..., 4 septembre 1855).

et ses ruines. Le gouvernement s'agita. George Sand critiquait la politique impériale et bafouait la religion catholique que l'impératrice vénérait. On parla de fange, de boue. *La Presse* fut menacée de poursuites. Agacée, souffrant d'un gros rhume, elle achevait *Les Beaux Messieurs de Bois-Doré*, ou l'histoire d'une mère qui livre sa fille à la prostitution mondaine. Elle écrivit à l'impératrice pour plaider la cause de *La Presse* et de *La Daniella* et publia un article dans *Le Siècle* expliquant *La Daniella*. *La Presse* reçut la permission de fonctionner à nouveau mais sans *La Daniella* qui, remaniée, parut en livre. L'année 1857 marquait un repliement de George Sand. Solange était venue passer l'été 1856, malade, impotente, les jambes gonflées, se soignant mal. George ne lui pardonnait pas la mort de Nini. Elle avait besoin d'une trêve heureuse avec Manceau. Elle l'avait emmené à Fontainebleau, dans son rituel pèlerinage de Franchard. Filet sur l'épaule, ils chassèrent les papillons. Elle fuyait Nohant où sa célébrité l'encombrait d'importuns qui rôdaient jusqu'au perron pour l'apercevoir. Elle avait donné l'ordre au précieux Aucante de ne faire entrer personne excepté Solange, mais *seule*. Elle méprisait les amants de sa fille. Elle céda volontiers au désir d'Aucante de se faire inhumer dans son cimetière. George et Manceau explorèrent la vallée de la Creuse à la recherche d'une maisonnette tranquille. Ils découvrirent le délicieux village de Gargilesse. Paysage de rochers, de verdure, de plantes exotiques grâce à la douceur d'un microclimat. Gargilesse, « paradis et chaos », la séduisit immédiatement. Elle aima la liberté bon enfant de ses villageois. Les femmes se baignaient simplement, à la rivière. L'entraide était de rigueur, Gargilesse était un « phalanstère » insolite dans la France profonde.

« C'est une petite Suisse qui se révèle au sein d'une contrée où […] les beautés de la montagne […] sont discrètement cachées et petites […]. La douceur a sa sublimité et […] les habitants de ces lieux sont *fort affables*[4]. »

Elle pouvait enfin « fuir les fatigues imbéciles de la civilisation ». Manceau acheta la petite maison où ils logeaient, baptisée *Algira*. Manceau, généreux, arrangea tout à ses frais. Il organisa la chambre en « cabine de bateau ». Il acheta des meubles, les ustensiles de ménage. Il avait offert à « sa dame » un havre de paix. Elle se rendit souvent seule à Gargilesse pour écrire la quinzaine de romans qui marquèrent les années 1857 à 1862. Elle détaillait à Maurice son bien-être :

« Ce pays est toujours attrayant. […] Ma petite chambre microscopique me plaît beaucoup. [J'y] vois la lune se coucher dans un bois. […]. On est très aimable pour nous dans le village. […] Manceau qui n'a pas voulu sortir un instant quand j'étais patraque, a dessiné des chenilles en quantité et dans une grande perfection[5]. »

Le 2 mai 1857, Alfred de Musset mourait à Paris. En août, Eugène Sue s'éteignait, en septembre, Gustave Planche. La mort de Musset déclencha en George une émotion d'écriture. Le 4 mai 1858, elle écrivit à Gargilesse *Elle et Lui*, en vingt-cinq jours, comme une somnambule. Elle l'intitula d'abord *Thérèse*. Elle s'y donnait le beau rôle. *La Confession d'un enfant du siècle* de Musset était un texte plus généreux. Vingt-sept années avaient passé depuis les amants de Venise. Réconciliée avec Buloz, à qui elle avait donné *L'Homme des neiges* pour sa *Revue des Deux Mondes*, elle signa *Elle et Lui*, programmé pour janvier 1859. *Elle et Lui* se heurta à une opposition violente des intimes de Musset. Paul de Musset écrivit une brutale contrepartie : *Lui et Elle*. Louise Colet, maîtresse de Flaubert, et qui avait été brièvement celle de Musset, écrivit *Lui*, sans talent et mesquin à

4. G. Sand, *Promenade autour d'un village*, C. Pirot éditeur, p. 17-19.

5. G. Sand, *Corr.*, tome XIV, p. 735 (lettre à Maurice Dudevant-Sand).

l'encontre de George Sand. Celle-ci était hors d'elle à la lecture du texte de Paul de Musset :

« Mon ami, écrivait-elle à Hetzel, il ne faut pas s'occuper de cette saleté. Nous étions dans les meilleurs termes et je ne le croyais pas capable d'une pareille chose [6]. »

Lui, signé Louise Colet, paraissait le 23 août 1859 dans *Le Messager de Paris*. George réagit. Elle prit conseil auprès de Sainte-Beuve qui marquait quelque distance avec elle. Elle voulait publier les lettres de Musset (elle les avait donc toujours !) pour justifier l'épisode de Venise. Elle oubliait le rôle de Pagello. Le Tout-Paris s'amusait de ces trois versions des amours de Musset où la cible était George Sand. Sainte-Beuve, circonspect, lui conseilla prudence et réserve. Elle insistait ; ces lettres ne seraient publiées qu'après sa mort et « légèrement remaniées ». On en resta là. *Elle et Lui, Lui et Elle, Lui*, étaient les facettes de George Sand. Elle refusait d'endosser un rôle de trahison ou d'érotisme. Elle avait souvent trahi un homme pour un autre, elle aimait l'érotisme, elle refusait, farouche, le réalisme des termes. Lélia appartenait, malgré elle, à l'époque romantique. Sainte-Beuve la voyait moins, mais conservait un grand respect pour son œuvre. En 1861, il tenta de convaincre ces messieurs de l'Académie française, où nulle femme n'avait jamais siégé, de décerner leur prix, qui s'élevait à vingt mille francs, à George Sand. Vigny, « à la merveilleuse extinction de voix », Mérimée, et trois académiciens approuvèrent. Comme un seul homme, les dix-huit autres vieillards refusèrent. L'aimable Sandeau, l'ex-gentil colibri, ne parut même pas. Guizot justifiait ce refus : la vie de Mme Sand et ses romans étaient un pur scandale. On ne devait ni encourager ni couronner le vice. Napoléon III connaissait l'impact de la romancière et désirait l'allier à sa cause. Il lui offrit vingt mille francs. Elle refusa. L'impératrice Eugénie proposait à l'Acadé-

6. G. Sand, *Corr.*, tome XV, p. 394 (lettre à Pierre-Jules Hetzel).

mie d'offrir « au moins un fauteuil » à la plus éminente romancière de l'époque. Un pamphlet anonyme se moqua de George Sand. Elle y répondit spirituellement avec un texte, *Pourquoi les femmes à l'Académie*. Ils voulaient rester entre eux ? Tant mieux, ces « raisins étaient trop mûrs ».

Elle avait besoin de jeunesse autour d'elle. Manceau était l'ami, l'amour discret et sans faille. Elle l'avait « élevé » dans le respect de sa liberté profonde. D'un tacite accord, ils s'offraient à l'occasion une passade aimable, sans conséquence pour leur amour. D'où l'épisode de Charles Marchal, « son gros bébé », sa fantaisie de dame âgée de 57 ans. Elle avait rencontré Marchal grâce à Alexandre Dumas fils dont l'amitié ne s'était pas démentie depuis 1852. Elle lui avait su gré de son élégance lors des lettres de Chopin. Elle avait aimé sa *Dame aux camélias*. Il savait la conseiller pour la construction d'une pièce. Elle lui demandait volontiers son avis. Il avait vingt ans de moins qu'elle. Elle l'appelait « mon cher fils ». Il lui disait « maman », ce qui la ravissait. Il vint la voir à Nohant, en 1861. Il avait demandé à George la permission d'amener sa future femme, la princesse Narychkine et sa fille Olga, ainsi qu'un peintre académique de second plan, Charles Marchal :

« Il y a un ami à moi, un gros ami, qui ressemble assez à vos gros chiens de Terre-Neuve ; qu'on nomme "Marchal le gigantesque", qui pèse 182 livres et qui a de l'esprit comme quatre. Celui-ci couchera n'importe où, dans un poulailler, sous un arbre, sous la fontaine. Peut-on l'amener [7] ? »

George ne demanda pas mieux que de connaître cet original qui avait trente-six ans. Ils arrivèrent fin septembre 1861, Marchal restera à Nohant jusqu'en décembre. Rappelait-il à George Müller-Strübing ? Elle eut une excellente impression du « géant » et aussitôt le ton fut

7. Lettre inédite, Bibliothèque nationale, Nouvelles Acquisitions françaises, 24812.

donné. Ils échangèrent des plaisanteries sur le mode familier, il était enjoué, il l'égayait, il quittait son chevalet pour amuser ses hôtes. Manceau ne montrait pas de jalousie ou la cachait bien. Il y eut, cet automne-là et d'autres encore, beaucoup d'invités à Nohant qui devenait le rassemblement géographique de bien des artistes de ce temps. Théophile Gautier fit un seul séjour, en 1863, qui ressemble, maison comprise, au bel automne de George Sand :

« J'ai reçu [à Nohant], l'accueil le plus amical. Il y a Marchal et le petit Dumas. […] La maison demi-château a bonne figure avec ses lierres et ses vieilles murailles grises au milieu d'un vaste enclos, moitié parc, moitié jardin. […] J'ai une grande chambre très commode avec un excellent lit […]. Madame Sand est la tranquillité même. Elle roule sa cigarette, la fume et parle peu car elle travaille toutes les nuits […]. À midi, une heure, elle est comme une somnambule […]. Elle rit des calembours de Dumas qu'elle ne comprend qu'après tout le monde. Il est impossible d'être meilleure femme et meilleur garçon à la fois. J'ai vu le théâtre ; il est très bien arrangé et fourni de quatre-vingts décors. Il a coûté une vingtaine de mille francs […]. Le grand plaisir de la causerie de la société, ce sont les plaisanteries stercoraires. […] On est très bien chez elle […]. Il y a une boîte qui a deux compartiments dans le corridor : l'une est pour les lettres par la poste, l'autre pour la maison. Dans celui-ci on écrit tout ce dont on a besoin, en indiquant son nom et sa chambre. J'ai eu besoin d'un peigne. J'ai écrit : M. Théophile Gautier, telle chambre, ma demande, et le lendemain, à six heures, j'avais trente peignes à choisir[8]. »

Chacun se disait opposant au régime impérial et George, bien sûr, régnait sur ce phalanstère. On partait en promenades, chacun avait son marteau car on s'oc-

8. *À la table de George Sand, op. cit.*, p. 44 à 46, extraits des lettres de Théophile Gautier.

cupait de minéralogie. Marchal était fasciné par son hôtesse. Un soir, pendant qu'on répétait en bas, au salon, une pièce pour les marionnettes, George ne résista pas à entraîner le gai Marchal dans son lit. Elle répéta cette tendre expérience à Gargilesse, quelques années plus tard. Décidément, elle avait raison : on aimait les vieilles femmes. La meilleure soupe se faisait dans les vieux chaudrons, qu'importait le flacon, ce qui comptait, disait-elle, était l'ivresse. Elle menait admirablement la liberté amoureuse sans blesser ses satellites amoureux. Marchal et elle s'écrivaient beaucoup. Il l'appelait « mon scarabée d'ivoire ». Elle lui disait « mon gros bébé », il répondait « mon petit lapin lilas », elle renchérissait avec « mon colibri (encore !) fidèle », « mon gros fils », « mon lapin rose qui est gras comme trois petits cochons ». Il renchérissait « mon scarabée d'émeraude à reflets d'or ». Manceau restait le favori. L'amitié de George pour Dumas fils était chaste et chaleureuse. Elle secouait sa tristesse de ce fils écrasé par la puissante image paternelle :

« Voyons, mon enfant, vous revoilà triste et il ne le faut pas ! [...] Vrai, venez ! Vous travaillerez à côté de moi et quand vous aurez des agitations, des soubresauts, des sueurs en écrivant, je vous dirai quelque chose de bon et de bête pour faire que vous ne le sentiez pas[9]. »

François le Champi avait inspiré à Dumas *Le Fils naturel*. Il aida George à adapter *Le Marquis de Villemer*, aussi violemment anticlérical que *La Daniella*. Sa plume s'enflammait contre la politique de l'Empire. Le règne de l'or et de l'argent, les alliances avec les grands banquiers, Rothschild, Fould. Les fêtes impériales, les dîners chez la princesse Mathilde, atteignaient les fastes ruineux de l'Ancien Régime. Le 14 janvier 1858 eut lieu l'attentat de l'anarchiste italien Orsini qui reprochait à l'empereur d'abandonner la cause italienne. Ce fils de

9. G. Sand, *Corr.*, tome XVI, p. 537-538 (lettre à Alexandre Dumas fils, 28 août 1861).

carbonaro militait pour libérer son pays du joug autrichien. Il avait tenté d'assassiner l'empereur avec trois bombes lancées, rue Pelletier, au moment où le cortège impérial se rendait à l'Opéra. Le couple impérial, par miracle, n'eut rien. Orsini et ses complices furent guillotinés. L'émotion fut profonde en France. Le prince impérial, « Loulou », que son père adorait, avait deux ans. La mort de Napoléon III eût signifié la fin de l'Empire. L'empereur organisa, en cas de décès, un conseil privé, qui regroupait l'impératrice, Morny, le prince Jérôme. Cet attentat fut le prétexte pour mener une répression contre les républicains, et inaugurer l'impopulaire loi de sûreté générale. Elle permettait de déporter sans jugement tout suspect ayant pris part aux événements de 1848 – on surveillait George Sand. On inquiéta deux mille Français dont quatre cents furent déportés en Algérie. Il y eut aussi les guerres. 1854, la prise de Malakoff contre les Russes, le mot de Mac-Mahon : « J'y suis, j'y reste. » 1855, le siège de Sébastopol mettait fin à la guerre de Crimée. 1859, Napoléon III s'engageait enfin pour l'Italie opprimée par les Autrichiens. Garibaldi était le meneur, Cavour la tête. Il avait convaincu l'empereur et lui avait envoyé une « ambassadrice » spéciale : la belle Virginia de Castiglione. Elle parut au bal des Tuileries, costumée en dame de cœur, dénudée, la chevelure blonde ruisselant jusqu'aux chevilles. Eugénie souffrait de jalousie, la Castiglione emportait au lit de l'empereur la cause italienne. Le 20 mai 1859 se déroulait la bataille de Montebello, en juin, Magenta à la gloire des zouaves menés par Mac-Mahon. Il y eut beaucoup de pertes du côté de la France. Le 24 juin, Solférino, nouveau succès français. Le 11 juillet 1859, le traité de Villafranca était signé entre Napoléon III et François-Joseph, empereur d'Autriche. Il ruina les espérances italiennes. La Lombardie était cédée au Piémont et l'Autriche gardait la Vénétie. Le parti de l'impératrice était farouchement catholique, allié de l'Église. Le prince Jérôme, ami de George Sand, convive de Nohant, détestait son demi-frère et se disait républicain. La bourgeoisie était austère et puritaine, la classe favorisée (les Morny, les Persigny) festoyait jusqu'à la luxure et dépensait follement, le peuple frôlait la misère. Napoléon III, partisan du progrès industriel, du développement des chemins de fer, créait des paradoxes douloureux. Le libéralisme économique faisait de la France une puissance industrielle, où l'Église devenait une grande puissance. La censure et son hypocrisie entravaient la liberté des écrivains. Hugo était toujours en exil, on poursuivait *Les Fleurs du mal* de Baudelaire et on faisait un procès à Flaubert pour sa *Madame Bovary,* taxés d'offenses à la morale religieuse. Le prince Jérôme en voulait à l'empereur de l'avoir obligé à épouser une princesse de Savoie. Il devenait franchement républicain et George lui écrivait des lettres exprimant son inquiétude sur Napoléon III : « Il craint le socialisme. » Il avait bâti, disait-elle, ce qu'il pensait être le progrès « sur toutes les ruines de la République ». En 1862, Octave Feuillet publiait un roman édifiant, *Sibylle,* apologie absolue de l'Église. La presse catholique dont Louis Veuillot en fit grand éloge. George Sand écrivit une réponse d'une vigueur inouïe, le roman *Mademoiselle La Quintinie*. Le héros, libre penseur, refuse d'épouser mademoiselle La Quintinie tant qu'elle n'aura pas renoncé au catholicisme. George Sand, par la voix de son héros, fustigeait la croyance de l'enfer catholique, la damnation éternelle, les tabous de la chair. Elle fustigeait le refus de l'Église devant toute espèce de progrès. Elle dénonçait l'horreur de la confession, tous les systèmes de l'Église et le pouvoir afin de museler les peuples. Mademoiselle La Quintinie, convaincue, épousera le héros, devenant une chrétienne véritable, de cœur, « non soumise à la soutane », libre de Rome. À près de soixante ans, George Sand se faisait le porte-parole d'une jeunesse qui s'exaspérait du poids religieux et politique. Le 29 février 1864, *Le Marquis de Villemer* de George Sand était à l'affiche à l'Odéon. Une foule d'étudiants du Quartier latin se précipita rue Racine (on la savait à Paris) pour avoir des places. Le cortège s'épaissit ; six mille personnes organisèrent un défilé anticlérical et conspuèrent la maison des Jésuites.

Ce soir-là, l'empereur, sa femme (sans le p'tit prince) étaient dans leur loge. Jérôme (Plomplon pour les intimes), son épouse et George Sand, dans une autre loge. Le rideau se leva sur *Le Marquis de Villemer*. Tout au long de la pièce il y eut un tohu-bohu frénétique. Gustave Flaubert « pleurait comme une femme ». On ovationna George Sand qui, jamais, n'avait soulevé une telle tempête. Prudent, mécontent, l'empereur applaudissait médiocrement, l'impératrice était choquée. À la sortie de l'Odéon, des centaines d'étudiants hurlaient :

« Vive mademoiselle La Quintinie ! À bas les cléricaux ! Vive George Sand ! »

Ils voulaient dételer sa voiture et porter eux-mêmes leur idole, la Sand, jusqu'à son domicile. La police s'en mêla. Sainte-Beuve trouvait ce triomphe « un peu rude ». Les détracteurs de George Sand, autrefois ses admirateurs, devenaient ses pires ennemis. Le ténébreux Baudelaire croyait au mal et à Satan, à tout ce que déniait *Mademoiselle La Quintinie*. Ses commentaires, publiés après sa mort dans *Mon cœur mis à nu*, insultent George Sand :

« *Sur George Sand* – La femme Sand est le Prudhomme de l'immoralité. Elle a toujours été moraliste seulement, elle faisait autrefois de la contre-morale. Aussi elle n'a jamais été artiste. Elle a le fameux style coulant, cher aux bourgeois. Elle est bête, elle est lourde, elle est bavarde, elle a dans les idées morales la même profondeur de jugement et la même délicatesse de sentiments que les concierges et les filles entretenues [...]. Que quelques hommes aient pu s'amouracher de *cette latrine*, c'est bien la preuve de l'abaissement des hommes de ce siècle.

« Voir la préface de *Mademoiselle La Quintinie*, où elle prétend que les vrais chrétiens ne croient pas à l'Enfer. La Sand est pour le *Dieu des bonnes gens*, le Dieu des concierges et des domestiques filous. Elle a de bonnes raisons pour vouloir supprimer l'Enfer.

« *Le Diable et George Sand* – Il ne faut pas croire que le Diable ne tente pas les hommes de génie. Voyez George Sand. Elle est surtout et plus que tout autre chose, *une grosse bête* ; mais elle est *possédée*. C'est le Diable qui lui a persuadé de se fier à *son bon cœur et à son bon sens*, afin qu'elle persuadât toutes les autres grosses bêtes de se fier à leur bon cœur et à leur bon sens. Je ne puis penser à cette stupide créature sans un certain frémissement d'horreur. Si je la rencontrais, je ne pourrais m'empêcher de lui jeter un bénitier à la tête.

« George Sand est une de ces vieilles ingénues qui ne veulent jamais quitter les planches [10]. »

Gustave Flaubert, avant de devenir son plus grand ami, avait écrit deux vers (qu'heureusement elle ne lut jamais) d'une grossièreté rare, accusant le mépris où il tenait son illustre consœur :

Ton style, Ô George Sand, épicier mais fécond,
Pend comme un vit molasse et bave comme un con [11].

Barbey d'Aurevilly, devenu catholique en 1846, s'acharnait à son tour, dès 1855.

« Je voudrais m'attaquer [...] à [...] cette ignoble radoteuse d'impiété, *sans talent maintenant d'aucune espèce*, que l'on appelle Mme Sand [...] Cette canaille intellectuelle. [...] sa goutte de poison homicide [...] une papelardise de sainte Nitouche littéraire. [...] L'imagination impuissante et vulgaire [12]. »

---

10. Charles Baudelaire, *Mon cœur mis à nu*, œuvre complètes, Paris, 1968, p. 633.

11. Cité dans *George Sand l'amoureuse*, *op. cit.*, p. 352 (d'après l'auteur, Jean Bruneau, l'éditeur de la correspondance de Flaubert, date ces rimes des années 1850-1854).

12. Mélanges offerts à Georges Lubin, *Autour de George Sand*, CNRS, université de Brest, 1992, p. 114-115.

Claudel la traitait de « prostituée écarlate », Léon Bloy la haïssait :

« Madame Sand, *cette fille trouvée* du cuistre Jean-Jacques, se boursouflait comme la pécore du fabuliste dans les marécages des adultères héroïques et évangélisait contre Dieu [13]. »

George Sand avait ébranlé l'âme torturée de ces écrivains-là, hantés de Dieu, du diable et de la chair.

Elle ne s'attendait pas, dans le tournant de cette décennie, à partir de 1858, à se défendre contre son propre fils.

Maurice ne supportait plus Manceau.

13. *Ibid.*, p. 119.

Chapitre 36

LA FUSION ROMPUE

Elle avait élevé Maurice comme madame Dupin l'avait fait de son père. Un fils amant, surprotégé. Maurice Dupin avait rompu avec sa mère en épousant Sophie Delaborde. Maurice Dudevant allait sur quarante ans. Sa mère assumait sa dépense comme lorsqu'il était enfant. Elle avait tissé un lien mental de dépendance. Maurice était devenu indolent, inapte à décider quoi que ce fût sans sa mère. Il était incapable d'entreprendre une œuvre à lui, sans son aide. Il dessinait bien, se contentait des illustrations des livres de sa mère qu'elle imposait à ses éditeurs. Il déléguait à Manceau l'ouvrage plus pointu de graver. Il passait bien des soirées à Nohant, à la confection des marionnettes, un « jeu » d'enfants. Il gérait mal l'intendance de Nohant. La matriarche s'occupait de tout, aidée de Manceau qui savait faire les comptes. Le fils de la maison s'en humiliait obscurément. Il avait hérité de la nonchalance de son père, du sens artistique de sa mère où se situait le nœud œdipien. Les enfants de George Sand étaient le vrai poids de son budget, de son énergie. Elle n'était pas dupe mais elle aimait son fils et valorisait ses faiblesses à l'inverse de celles de Solange. Maurice sentait avec dépit que Manceau était devenu « l'homme de la maison, l'homme vrai de sa mère ». On le laissait, dans son coin, « jouer » à son atelier de peinture. Il était l'hôte privilégié mais non le maître. Une rancune le minait proche de celle qui avait alimenté la séparation de Chopin avec sa mère. George Sand, non sans délectation, maintenait son fils en une zone trouble où « il ne pouvait être heureux sans elle ». En 1862, incapable de trouver seul une épouse, sa mère se chargea de le marier. Solange l'avait torturée, Nini lui manquait, Augustine était décevante, faisant surtout appel à sa bourse. George cherchait, en mariant son rejeton, une fille à aimer. Une descendance à choyer. Maurice obéirait, son mariage serait l'œuvre de sa mère. Solange s'était révoltée, au prix du bannissement maternel, mais elle avait eu la force, même désastreuse, de choisir sa chute. George Sand cherchait une épouse à Maurice qui lui *conviendrait surtout à elle*. Elle avait espéré que Boucoiran lui dénichât une charmante protestante. Elle cherchait une jeune femme qui ne dérangerait en rien la magistrale reine de la ruche qu'elle était devenue. Sand trouva l'épouse idéale pour Maurice, le consultant à peine, en la fille de Luigi Calamatta, l'ami de longue date. Marcellina Calamatta, dite « Lina », était déjà venue à Nohant et George l'avait séduite. Lina adorait George Sand bien plus que Maurice et consentit à l'épouser par amour pour sa future belle-mère ! « Nous sommes tous décidés et contents », écrivait George à Dumas fils, en avril 1862, prenant à son compte ce bonheur. Elle brossait un tableau exquis de Lina, âgée de dix-neuf ans :

« L'enfant est une petite Romaine pur sang, *nera, nera*, comme dit la chanson, crépue, mignonne, fine, une voix charmante, une physionomie type. Elle est aimable et vraie, et j'en raffole. [...] Maurice est content [1]. »

Lina était républicaine et libre penseur. Elle prônait ces idées en réaction contre sa mère, catholique fer-

---

1. G. Sand, *Corr.*, tome XVII, p. 49 (lettre à Dumas fils, avril 1862).

vente, Joséphine Calamatta. Cette Parisienne, lassée d'être sans cesse séparée de son mari que sa peinture faisait voyager en Europe, l'avait quitté. Sa fille avait choisi passionnément de le suivre. Mme Calamatta resta à Paris où elle entra en religion sous le nom de sœur Marie-Joseph de la Miséricorde. Lina avait autant besoin d'une mère que George d'une fille. Ce mariage symbolisait leur union particulière. Elle épousa Maurice à Nohant, civilement, le 17 mai, à 4 heures de l'après-midi. Enfin une fille à gâter, l'autre, la vraie, la terrible, restait un souci. Elle n'était pas venue au mariage, sa santé était déplorable, elle repoussait les visites de son frère. « Qu'elle nous *haïsse s'il le lui faut*, mais qu'elle vive et oublie ! » s'écriait George. Solange, ombrageuse, jalouse, vivait Lina comme une exclusion de plus. L'été fut délicieux. Lina comblait George, on ignore ses rapports réels avec son mari. Tout s'efface sous le portrait constamment élogieux de sa belle-mère. Elle participait au théâtre, « elle a débuté, timide, gentille, un petit rôle ». George approchait de la soixantaine avec une belle énergie comme elle l'écrivait à Dumas fils :

« Je vais bien quand même et je me sens même vaillante. Je crois que plus on a à faire, plus on trouve moyen de faire. Le travail, le mien m'amuse toujours [2]. »

Elle était heureuse, entourée des siens et de Manceau, dont l'amour dévoué était inébranlable. Les articles sur *Mademoiselle La Quintinie* abondaient et Lina était enceinte. Elle accoucha le 14 juillet 1863, à six heures du matin. George avait servi de sage-femme et avait reçu son premier petit-fils « tout chaud dans mon tablier ». Elle écrivit aussitôt à ses amis Fleury :

« À six heures du matin, le jour anniversaire de la prise de la Bastille, M. François Marc-Antoine *Sand* – Dudevant, car il est *Sand* par-devant la municipalité,

2. *Ibid.*, p. 262 (lettre à Dumas fils).

se porte bien, fait des yeux étonnés et tette [...]. Il est très grand et bien établi et il a des cheveux. Sa petite mère a été très courageuse... dans son rude travail[3]. »

Le nouveau-né avait été baigné « dans un bain de vin de Bordeaux ». Sa mère l'allaitait. On avait tiré à Nohant le petit canon en guise de festivité « et pour honorer la République ». Maurice pleurait d'émotion ainsi que le père de Lina. Cet été-là, elle travaillait avec Dumas fils au *Marquis de Villemer* et avait reçu Théophile Gautier. Le récit de Gautier sur son séjour à Nohant soulignait le dévouement de Manceau. Il fournissait les feuilles de papier, l'encre, les plumes et le tabac turc de sa Dame. Il était peu question de Maurice. Il eût peut-être désiré s'épanouir seul entre sa jeune femme et leur bébé tout neuf. Maurice se rendait régulièrement au Guillery, chez son père. Casimir s'en donnait sans doute à cœur joie de blâmer son ex-épouse. Il devait insister sur la « dévirilisation » qu'elle prodiguait à tout mâle qui l'approchait. Lui-même, autrefois, avait été mortifié par son départ, ses amants au vu et au su de tout le monde. Quand donc, devait-il insinuer à son fils, Maurice se déciderait-il à agir en chef de famille ? Pourquoi supportait-il ce Manceau, ce fils de concierges (les parents de Manceau étaient concierges au palais du Luxembourg) ? Manceau lui dérobait – quelle honte – sa place de maître de maison. N'en avait-il pas assez de ces amants, parfois en double, en triple, dans *sa* maison ? Solange était souvent venue se réfugier chez le baron Dudevant. Elle n'avait pas manqué de salir cette étrange « vie de famille » que menait sa mère à Nohant. Manceau, au début de l'année 1863, était devenu la bête noire de Maurice. George Sand sentait bien le ver rongeur de cette hostilité. Elle avait un autre souci : la santé de Manceau. En mars 1863, elle notait dans l'Agenda une inquiétude lancinante : « Manceau tousse ». Cette toux, écho ter-

3. *Ibid.*, p. 715 (lettre aux Fleury, 14 juillet 1863).

rible de celle de Chopin, devenait à nouveau le bruit de fond de sa vie. Elle n'osait mettre le véritable nom sur cette toux (la tuberculose), se raccrochant à des images positives même si la mort décimait des amis : Alfred de Vigny décédait en août 1863 et le 13 du même mois George perdait son cher Delacroix dont les obsèques eurent lieu à Paris, le 17 août. On travaillait beaucoup à Nohant, cet automne-là. Elle écrivait *Datura fastuosa*, Manceau se lançait dans un drame en vers, *Une journée à Dresde*. Maurice s'essayait mollement à un roman. Le soir, on lisait à haute voix, réciproquement, ses travaux. La toux de Manceau entrecoupait la lecture de son drame que George trouvait « charmant ». On se reposait par des intermèdes musicaux, Lina chantait « à ravir » Le bébé, « notre enfant », disait George, poussait « beau et dru ». La discorde montait entre Maurice et Manceau. La servante préférée de la maison, Marie Caillaud, jouait souvent dans les pièces à Nohant. Elle prenait de l'autorité et détestait les remarques de Manceau sur son interprétation. Maurice la défendait. Les deux hommes se toisaient en silence. Il arrivait à Maurice de lire les agendas de sa mère et de Manceau qui traînaient ouverts, où sa mère appelait Manceau « l'invincible ». Elle admirait son petit-fils surnommé Cocoton et qui « poussait comme un rosier ». Octobre marqua le tournant du climat familial. Manceau notait la nervosité qui régnait en dépit des efforts de George pour rétablir la paix. Elle avait invité le directeur de l'Odéon, Charles de la Rounat, devant lequel on lut *Le Marquis de Villemer*. Maurice, exaspéré par Manceau qui « lisait comme un bijou » selon sa mère, n'assista pas à la lecture. « Maurice est assez souffrant », notait-elle. Manceau remarquait que « Madame n'allait pas très bien ». Le 23 novembre, la dispute éclata. Marie Caillaud fut le prétexte. Elle refusait, véhémente, les conseils de Manceau et Maurice prit violemment son parti. Les griefs du fils, sourdement occultés jusque-là, se déchaînèrent. Le ton monta et Maurice cria à Manceau de s'en aller.

Il fonça chez sa mère et osa lui jeter à la tête le marché : Manceau ou lui ! Depuis Solange, George n'avait guère la force d'endurer une situation aussi grave. Le conflit la déchirait, son Maurice ! Son Manceau ! *Ses fils chéris !* Maurice parla de s'en aller, elle frémissait. Maurice parti signifiait la privation de Lina et de Cocoton. Elle abominait les attaques directes, celle de *son* Maurice la tuait. C'était à lui, fils de la famille, à rester, dit-elle. Manceau et elle s'en iraient. Ils communiquèrent leurs impressions par agendas interposés. Ils n'arrivaient pas à formuler à haute voix un tel hiatus. Elle écrivait à ses amis qu'elle « avait eu des ennuis, beaucoup ». L'agenda de Manceau se faisait amer. Maurice l'avait chassé.

« 23 novembre 1863. On m'annonce que je suis libre de m'en aller à la St-Jean prochaine, toutes les larmes sont versées à mon sujet. Ça n'a pas été long. Voilà tout ce que j'ai pu amasser de regrets par 15 ans de dévouement. J'aime à le constater ici pour n'en pleurer jamais. Et avec l'espoir d'en sourire plus tard. C'est égal, c'est en grande partie une triste chose que l'humanité. Je vais donc retrouver ma liberté et si je veux aimer quelqu'un et me dévouer encore, puisque c'est là ma joie, à moi, je pourrai le faire en toute liberté. Liberté, c'est joli, ça ! »

Dans la marge, Maurice, d'une fine écriture nerveuse, écrira plus tard une réflexion haineuse : « *relisez Tartuffe !* »

Le parti de George était pris. Elle écrivit sa réponse, que Manceau lirait le lendemain :

« Moi, je ne suis pas triste, pourquoi ? Nous savions tout ça et ça allait mal. Et moi aussi je reprends ma liberté et puisque nous ne nous quittons pas ? et qu'on est content que ça change ? Et que j'aspirais à un changement quelconque dans cette crise d'amertume et d'injustice ? Partons, mon vieux, partons sans rancune, sans fâcherie et ne nous quittons jamais. Tout est à eux, tout pour eux, mais pas notre dignité et pas le sacrifice de notre amitié. JAMAIS. »

Maurice notait, rageur, au coin des mots de sa mère : « *relisez le père dans Tartuffe, ma mère toujours dupe. Maurice*[4]. »

Maurice serait seul maître à Nohant, George ne voulait ni rancune, ni dispute. Elle fit des cauchemars, elle dissimulait son chagrin. Lina avait-elle poussé son mari à cette solution ? Les journées continuaient, habituelles, les nuits livrées à l'écriture. Manceau redoutait ce départ pour elle. Comment supporterait-elle de vivre loin de son fils, de Lina et de Cocoton ? Il remarquait sa frénésie à coudre des costumes pour les marionnettes, à s'occuper sans relâche. Elle eut un sursaut contre Solange qui tentait d'écrire des articles pour *La Presse*. Elle écrivit à Émile de Girardin son refus que Solange utilisât son pseudonyme « Sand » – qu'elle avait accordé à Maurice :

« Ma fille me fait dire qu'elle vous a offert des articles pour *La Presse* et que vous les avez acceptés à la condition qu'elle les signerait Solange Sand [...]. Elle me demande la permission de prendre mon pseudonyme. Mais je ne le veux pas [...]. Je viens vous demander d'accepter ses articles. Ils peuvent être bons, elle a de l'esprit et de l'intelligence[5]. »

La matriarche fustigeait et tentait les ajustements. Rien n'allait. L'angoisse la reprenait sous forme de maux d'estomac. Elle n'aimait pas la politique de Napoléon III envers la Pologne. Début novembre, l'empereur, dans le but de mettre fin à l'insurrection polonaise contre les Russes, évoquait aux pays européens l'idée d'un désarmement général. L'Angleterre refusa. L'empereur était embarrassé de l'Italie et de cette Pologne douloureuse. Il s'engouffra dans « le guêpier mexicain ». L'archiduc autrichien Maximilien et son épouse Charlotte, fille du roi des Belges, Léopold Ier, acceptè-

4. *Ibid.*, p. 145 (note 1), restituant les notes de l'Agenda, publiées par A. Maurois (*Lélia*, Hachette, 1952, p. 464).

5. *Ibid.*, p. 164 (lettre à Émile de Girardin, 25 décembre 1863).

rent, follement, la couronne mexicaine, sans l'accord du peuple. Napoléon III assura l'appui de ses troupes. Une guérilla mexicaine s'organisa contre la France. L'empereur rappela ses troupes, les nouveaux souverains étaient isolés. Le 19 février 1867, Maximilien serait fusillé à Queretaro, sans autre forme de procès. L'impératrice Charlotte, réfugiée à la cour de France, devint folle. L'aventure mexicaine allait exciter l'opposition contre Napoléon III, qui grondait depuis 1863. Le jour de Noël 1863, George écrivit une vingtaine de lettres. Cette année s'achevait par des tristesses. Le 15 décembre, tout l'œuvre de George Sand était mis à l'Index par la Congrégation de l'Index. Un vent d'exil soufflait sur ce qui lui était cher : ses livres, Manceau.

Logeraient-ils à Gargilesse, coupé de tout en plein hiver ? Leur nouvelle vie s'organisa grâce au voyage que fit Manceau à Paris, en janvier, où serait jouée sa pièce. Paris était alors un immense chantier. Napoléon III voulait faire de Paris la capitale des capitales. Paris, avec son lacis de ruelles insalubres, ressemblait à celui du Moyen Âge. Métamorphoser la capitale accroîtrait le prestige de Napoléon III tout en donnant du travail aux ouvriers. L'empereur se souvenait des barricades. Il serait astucieux d'établir de grandes voies rectilignes, favorables au tir de l'artillerie en cas d'émeutes. Le grand collaborateur à ce vaste projet fut le baron Haussmann, énergique Alsacien, préfet de la Seine. Ce maître d'œuvre, avec l'appui des banquiers Pereire, transforma complètement Paris. Depuis 1853, on traçait de larges avenues, on débarrassait l'île de la Cité de ses taudis. Deux grandes voies traversèrent la ville d'est en ouest et du nord au sud. On aménagea des grands parcs, dont Montsouris, on ceintura la ville par les bois de Vincennes et de Boulogne. Le système des égouts fut quadruplé. L'architecte Baltard construisit les Halles centrales, l'église Saint-Augustin. Charles Garnier se chargeait du nouvel Opéra et lança le terme « style Napoléon III ». Passy, Grenelle, Montmartre, Auteuil, Vaugirard devenaient parisiens. Manceau avait trouvé un petit atelier, rue des Feuillantines, moins cher que celui de la rue Racine et loin de Maurice. Le 13 janvier, sa pièce était jouée à l'Odéon, applaudie par le prince Jérôme. George écrivait les détails de leur nouvelle vie à Maurice et Lina, comme si aucune querelle n'avait eu lieu.

« Mes chers enfants, excellent succès de [...] *Une journée à Dresde* [...]. Le prince [Jérôme] et la princesse avec son monde avaient loué la loge des auteurs [...]. Manceau, n'ayant plus de place, était [...] dans l'orchestre des musiciens [...]. Le prince l'a appelé dans la loge par-dessus les têtes [6]... »

Une soirée glorieuse où ses amis étaient là, Marchal, Dumas, Gautier « et l'arrière-bande de la critique ». « Vous ne m'écrivez pas souvent, méchants enfants », dit-elle encore. Elle attrapa une forte grippe, la bouche gonflée, déprimée. Son dentiste lui remettait, fin janvier, « quatre dents et son dentier ». Elle s'inquiétait du rhume de Cocoton et de ses insomnies. Il avait six mois. Elle s'effarait que ses parents lui fissent boire du vin. « Il faut faire manger le Cocoton, conseillait-elle, mais pas trop de bouillon au bœuf et au sel, bouillon de poulet, et soupes au lait, entremêlés. » Manceau cherchait une maison près de Paris. On répétait *Villemer*. Louis Maillard, un cousin de Manceau, lui indiqua une petite maison dans le village de Palaiseau, à une heure de chemin de fer, au sud de Paris. Il fallait de l'argent. Manceau, comme pour Gargilesse, offrit tout son avoir. George insista pour qu'il achète la maison à son nom. L'affaire fut conclue, fin février, après de nombreuses visites à Palaiseau, « par un froid atroce » :

« Nous nous décidons. Manceau fait ses projets d'installation [...]. La maison est charmante, le pays délicieux et un calme, un silence admirable » (Agenda) [7].

6. *Ibid.*, p. 218 (lettre à Maurice et Lina Dudevant-Sand, 13 janvier 1864).

7. *Ibid.*, p. 248 (note 1 tirée de l'Agenda).

Son rêve d'une maison déserte la reprenait. Lina et Maurice lui proposèrent d'être la marraine de leur fils, elle accepta, puisque ce n'était pas « une cérémonie catholique, qui porte malheur ». En mars, elle posait avec Manceau pour le photographe Nadar. Le 8 mars, Didier, devenu aveugle, se suicidait. Solange était à Alger avec un amant.

George eut l'heureuse surprise de se trouver enrichie par les tableaux que lui avait donnés Delacroix. La mode s'engouait de ce peintre. Les enchères montaient. Elle écrivit à Maurice de mettre en vente « vite, très vite », les deux *Lélia, Sainte Anne*, les *Fleurs*, *Cléopâtre, La Chasse au lion, Les Carrières*. Elle se réservait *Le Centaure* et *La Confession de Giaour*, son premier cadeau. Elle abandonnait sur ses ventes, au fils ingrat, une rente annuelle de trois mille francs (rien à Solange). *Villemer* fut un succès, elle eût pu conserver ses tableaux, mais jamais George Sand ne s'attardait sur des regrets. Sans cesse dans un nouveau projet, ses malheurs l'un après l'autre guérissables, elle vivait intensément Palaiseau. « Je change de genre de vie », écrivait-elle à Augustine. Elle se persuadait de l'effet salutaire d'avoir quitté Nohant qui finissait par l'engourdir, l'éloigner du vrai théâtre parisien. À Nohant, ses enfants, l'aide permanente qu'elle offrait aux malheureux, lui pesaient. À son âge, il fallait une légèreté de bagages et de maison. Tout simplifier. Profiter à son aise du dévouement amoureux de Manceau – qui toussait de plus en plus. Elle était mécontente des domestiques de Nohant, qui avaient clabaudé à leur manière sur la dispute entre Manceau et son fils. Elle était certaine que Marie Caillaud s'était permis de lire son agenda et son journal. Fin avril, elle était retournée à Nohant avec Manceau pour régler ses affaires, revoir les enfants. Le 20 avril, ils étaient allés à Gargilesse que Manceau mettait en vente. Le 18 mai eut lieu le mariage religieux – protestant – de Maurice et de Lina en même temps que le baptême de leur fils. Le 10 juin, Manceau vendait Gargilesse à Maurice (pour son fils) se réservant un usufruit. Le 12 juin, George et Manceau partaient pour Palaiseau. George fut déchirée un bref moment de quitter son Nohant. Elle dut lutter contre une pétition affectueuse des ouvriers de La Châtre, navrés de la voir partir. Le 11 juin, la dernière soirée de George et de Manceau à Nohant fut triste. Manceau récapitulait dans son agenda son existence à Nohant où « il avait vécu plus intensément qu'en trente-trois ans d'existence ». Il était désormais seul avec sa dame, tout à la joie et l'angoisse d'une telle responsabilité. « Quel fat ! Quel sot ! » inscrivait nerveusement Maurice dans la marge. George avait eu du mal à s'en aller, un pressentiment l'étreignait. À Palaiseau, la maison était petite, elle brûla des papiers, des manuscrits dont *Engelwald et Rosario*. Rapidement, Palaiseau l'enchanta. Elle l'écrivit à ses enfants, qui incapables, sans elle (et Manceau) de gérer Nohant, étaient partis de leur côté, avec le bébé, au Guillery, chez le baron.

« Le jardin est charmant [...]. C'est une assiette de verdure avec un petit diamant au milieu, le tout dans un paysage admirable [...]. La maison est commode au possible. [...] Figurez-vous un wagon divisé en 3 pièces, mais c'est charmant... une maison flambant neuve [8]. »

Victor Hugo, toujours en exil, à qui elle avait envoyé son portrait signé Nadar, lui envoyait à son tour le sien, accompagné d'une lettre enflammée :

« Ah ! Circé ! Ah ! George Sand ! [...] Vous m'aimez donc un peu madame ? Vrai ? Eh bien, c'était une de mes ambitions. [...] Je voudrais vous voir, c'est encore là mon rêve. Quel beau portrait vous m'avez envoyé ! Que de beauté, de dignité, et de douceur grave ! [...] C'est bien dommage que Nohant me soit défendu [9]. »

Manceau et George se rendaient souvent à Paris. On allait voir Buloz, on dînait chez le prince Jérôme. Le

8. *Ibid.*, p. 406 (lettre à Maurice Dudevant-Sand, 12 juin 1864).
9. *Ibid.*, p. 386 (note 1, lettre de Victor Hugo datée du 17 mai 1864).

5 juillet 1864, elle avait soixante ans. Elle écrivait *La Confession d'une jeune fille* Il faisait froid pour la saison. Manceau avait craché du sang. Le 10 juillet, elle donnait sa démission à la Société des auteurs et compositeurs dramatiques. Un grand malheur allait foudroyer ce mois de juillet. Un télégramme arrivait du Guillery annonçant que le Cocoton était malade d'une dysenterie. George, anxieuse, écrivait chaque jour. Le premier anniversaire de Marc, le 14 juillet, annonçait son agonie. Les télégrammes se succédaient. « Mieux, espoir (15 juillet). » Celui du 19 juillet était signé du médecin : « Beaucoup plus mal – Peu d'espoir. » « Une dysenterie atroce, huit jours de souffrance », écrivait la grand-mère effondrée. Manceau et George firent leur bagage et se rendirent au Guillery avec Camille Leclère, l'ami médecin qui soignait Manceau. Le 21 juillet, à une heure du matin, le radieux bébé mourait. Ils étaient arrivés le lendemain. George ne l'avait pas revu vivant.

« Nous sommes brisés, nous avons perdu notre enfant ! [...] Nous l'avons enseveli et posé dans la tombe de son arrière-grand-père à côté du premier enfant de Solange, mort aussi au Guillery. [...] Il fallait combattre l'idée d'emporter le pauvre petit corps à Nohant pour l'y ensevelir [...]. Le plus frappé est Maurice. Il s'était acharné à sauver son enfant [...]. Une rechute terrible a fait échouer les soins [10]. »

Manceau, à la demande de Maurice, avait amené un pasteur protestant pour la cérémonie. On déjeuna, George était silencieuse et fuma sans arrêt. Au Guillery, on la trouvait scandaleuse, y compris ce jupon rouge qui dépassait de sa robe. Maurice pleurait. Plus tard, le petit Marc et la première-née de Solange seront inhumés à Nohant. George avait conseillé à ses enfants de voyager. Ce fut un étrange séjour que celui de George au Guillery. Manceau l'accompagnait à titre

10. *Ibid.*, p. 455-456 (lettre à Ludre Gabillaud, 24 juillet 1864).

d'ami intime et logeait à l'auberge de Nérac par convenance. Casimir avait soixante-neuf ans. Deux fois de suite, un de ses petits-enfants était mort chez lui. Il avait vieilli, il était heureux, vivant à sa guise avec sa servante maîtresse, Jeany Dalias dont il avait une fille, Rose Dalias. Jeany ouvrit la porte à George Sand, d'après la loi toujours épouse Dudevant. Casimir intimidé, bon enfant, avait chargé sa compagne de montrer sa chambre à « la baronne ». Les deux femmes eurent une gentillesse complice, George glissa à son oreille de prendre soin de son vieux mari. Le chagrin était trop fort pour soulever la moindre querelle. Ce fut la dernière fois qu'elle revit le baron. On prêta à Casimir ces mots, quelques jours après son départ :

« Oh ! Je n'ai pas eu envie de l'appeler Aurore ; elle ressemble plutôt au soleil couchant [11]. »

Le 5 juillet de l'année suivante, dans son testament, il instituait Rose Dalias légataire générale et universelle.

George avait convaincu Maurice et Lina de passer quelques jours à Nîmes, chez Boucoiran. Ils l'accompagnèrent jusqu'à Agen, où les routes se séparaient. Dans la nuit du 23 juillet, avec l'express qui arrivait à Paris à cinq heures du matin, ils rentraient, épuisés, à Palaiseau. « Cette fatigue et cette dépense d'énergie m'ont soutenu le moral », écrivait-elle à ses amis. Elle pleurait tout en corrigeant les épreuves de son roman *L'Enfant perdu*. Elle écrivait à Maurice et Lina de rester tous unis et dépasser cette épreuve. Elle leur conseillait les bains de mer, de se soigner et de ne « pas maudire l'avenir ». « Le *mieux* du *mieux*, leur disait-elle, se trouve avec le temps. » Luigi Calamatta les avait rejoints à Nîmes. Elle faisait part à Maurice des innombrables courriers de condoléances. Ses enfants étaient à Chamberry. Ce chagrin avait réveillé celui, si terrible, de la perte de Nini. Que son fils et Lina, « sa chérie

11. *George Sand l'amoureuse*, *op. cit.*, p. 342.

Cocotte », lui donnent un autre enfant ! Le remède était là. Elle ne changeait rien à ses habitudes laborieuses, écrivant la nuit, jardinant le jour, entreprenant une nouvelle pièce, *Drac*. Elle refusait encore de mettre le véritable nom sur le mal de Manceau. Elle le traitait avec sa vivacité coutumière, elle l'envoyait à Paris lui faire des courses fatigantes. Début août, il avait signé l'acte d'achat de la maison de Palaiseau. Camille Leclère venait le voir souvent. Ce médecin de trente ans avait soutenu sa thèse de doctorat sur « les perforations du poumon ». L'état de Manceau s'aggravait. « Il tousse toujours, le pauvre garçon », écrivait-elle, le 26 août, à Charles Poncy. Manceau s'activait aux travaux de la maison, dont un calorifère pour l'hiver. George s'offrit, avec sa redoutable innocence, une escapade à Gargilesse avec… Marchal et la bénédiction de Manceau :

« Mes enfants, écrivait-elle à Nohant, Manceau dit que je le gêne pour les travaux d'intérieur et Marchal me propose [...] de me conduire où je voudrais. Je choisis Gargilesse, parce que passant par Nohant. Un jour ou deux. [...]. Je pourrais m'y trouver avec vous [12]. »

Nul doute que ce séjour à Gargilesse ne fut pas entièrement chaste. Manceau, épuisé, avait sans doute mis fin à leur vie sexuelle. Marchal était toujours « son grand lézard bleu ». On ignore les réflexions secrètes de Maurice sur le tempérament inouï de sa mère. La tuberculose de Manceau empirait dans la poussière des travaux mais quand George et Marchal rentrèrent de leur escapade, il les accueillit à Paris et les mena dîner chez Magny. Magny était le restaurateur où se réunissaient, chaque lundi, les plus célèbres écrivains du second Empire. George Sand était la seule femme conviée à ces dîners. Maurice et Lina étaient à Paris,

12. *Ibid.*, p. 532-533 (lettre à Maurice et Lina Dudevant-Sand, 12 septembre 1864).

rue des Feuillantines, pour assister à la nouvelle pièce de George (*Drac*) qui n'avait pas eu de succès. Les relations familiales s'étaient améliorées depuis ce deuil. Ils passèrent tous ensemble octobre et novembre à Nohant où George adaptait avec son fils, en pièce, *Mont-Revêche*. Elle tentait de « pousser son fils au travail ». Son chagrin devenait le prétexte pour accentuer sa nonchalance. La pièce de Maurice ne plaisait pas au directeur de l'Odéon et il se vexait des remarques de sa mère. Elle préféra achever l'année à Palaiseau avec Manceau qui toussait toujours.

Janvier 1865 était glacial, la brume noyait la petite maison. Maurice et Lina avaient repris un peu de leur entrain. Le lundi 2 janvier, George et Manceau eurent une grande émotion : le feu avait pris à leur maison. Son cabinet de travail aurait flambé sans l'énergie des ouvriers du village et Manceau qui avait découvert l'origine du feu sous le parquet. Cela n'empêcha pas George d'écrire soixante lettres de bonne année. Elle confiait à Armand Barbès ses souffrances depuis quatre années. Elle avait eu une fièvre typhoïde, guérie, mais qui déclenchait des maux d'estomac « chroniques » Quant à la perte de ses petits-enfants, elle n'entrevoyait les issues que dans le sauvage élan de la vie :

« Quelle douleur ! [...] et pourtant, je demande, *je commande* un autre enfant ; car il faut aimer ; il faut souffrir, il faut pleurer, espérer, créer, *être* ; il faut vouloir, enfin, dans tous les sens, divins et naturels [13]. »

Maurice tentait de convertir en drame son roman *Raoul de la Chastre*. Elle n'avait guère de nouvelles de Solange qui s'essayait aussi à l'écriture et changeait d'amants. Maurice se lançait dans un roman fleuve, *Le Coq aux cheveux d'or*.

Une tempête avait secoué les cheminées de la maison à Palaiseau. La maladie de Manceau s'accéléra

13. G. Sand, *Corr.*, tome XIX, p. 37 (lettre à Armand Barbès, 15 janvier 1865).

quand il apprit la mort soudaine de son cousin Louis Maillard, ingénieur colonial en retraite, âgé de cinquante et un ans. Manceau s'était occupé de l'enterrement au Père-Lachaise. Ces funérailles, à pied, dans la pluie et la boue, avaient précipité le mal. Manceau toussait jour et nuit, il était reconnaissant de la présence dévouée de « Madame ». Elle écrivait un roman, *Le Bonheur*, achevé en deux mois. Il notait en mars, dans l'Agenda, « je tousse à crever ». Manceau accepta de consulter à Paris le docteur Demarquay. Le traitement se faisait chez soi. Deux fois par jour, il devait respirer de l'oxygène. Le 16 mai, Manceau commença le traitement, qui provoquait une douleur « atroce ». George frôlait un bel espoir : une lettre de « Cocotte chérie », le 11 mai, lui avait appris, qu'elle était enceinte. « Ah ! Dieu veuille ! » s'exclamait-elle. Il avait grêlé à Nohant et elle s'inquiétait de la vigne et des vitres de l'atelier. Les orages ne cessaient pas et ce temps déplorable « fait bien du mal à Manceau... Il est très souffrant ». Ils allaient ensemble à Paris, chez le pharmacien de Demarquay, afin de mieux gérer cette prise d'oxygène. « Elle est triste, la dame, de me voir ainsi », notait Manceau. Il faiblissait, ce gaz lui faisait mal. Le 3 juin, il notait « cette terrible quinte me tue ». Elle le soignait de compresses, d'inhalations, de pauvres remèdes. *Chopin et sa toux*. Était-ce son destin d'être l'infirmière de ses hommes trop jeunes, emportés du même mal ? Manceau traversait depuis des semaines un calvaire. Il ne quittait plus sa chambre, son fauteuil, son lit. Les nuits apportaient un bref repos, elle veillait, travaillait, le cœur douloureux, la toux la faisait sursauter, elle accourait. La fièvre devenait impossible à combattre, il avait froid « même après la friction ». Le 8 juillet, George remarquait : « Toujours plus faible et plus irrité [...]. Pauvre enfant ! Il crie pendant cette lotion, c'est déchirant. J'ai envie de me tuer, non, il faut le soigner et le sauver malgré lui. » (Agenda 1865)

Elle soignait Manceau, elle s'était blessée à la jambe après une chute. Elle était malade, l'estomac en nœud de serpents. Quelques amis venaient régulièrement à Palaiseau. Buloz, Marchal, Lambert… Elle détaillait au docteur Darchy le traitement prescrit par Fuster, un grand médecin de Montpellier qu'elle avait fait venir exprès pour Manceau.

« Traitement de Manceau pour bronchites, phtisies, vomiques du poumon, anémies en tous genres.

« 100 grammes de viande de bœuf ou de mouton, crue, pilée, passée au tamis, arrondie en boulettes saupoudrées de sucre ou de farine, à prendre entre les repas… Jusqu'à […] 250 grammes.

« Repas substantiels, bonne hygiène.

« Soins thérapeutiques appropriés […] :

« Lotion d'eau froide deux fois par jour nonobstant les paroxysmes de fièvre. […] On imbibe deux grandes éponges à la température de la chambre, sans que l'eau de l'éponge coule sur le corps. On commence par les tempes et on descend rapidement sur tout le corps, à deux mains pour remonter et passer sur tous les membres. […] Le malade jette des hauts cris le premier jour, mais à la 3e lotion, Manceau qui craint tant l'eau froide trouve […] du soulagement […]. Portion alcoolisée, 100 grammes d'alcool à 20° pour […] 250 grammes d'eau et 50 de sirop. Je m'obstine comme un bœuf à le sauver [14]. »

Le 5 juillet 1865, elle avait eu soixante et un ans. Que lui importait que l'on craignît un abcès à sa jambe ! À partir du 18 août, la situation devenait poignante. Elle le soignait et lui parlait comme s'il devait guérir. Il oscillait entre le désespoir d'étouffer, d'expirer, et l'abattement. Leur plus noble tendresse fut de se cacher réciproquement, au maximum, leur effroi. Elle travaillait à l'adaptation de *La Dernière Aldini* et, le 19 août, Manceau entrait en agonie. Son organisme le trahissait ; il y avait, outre le crachement du sang, de violentes diarrhées et les hoquets de l'étouffement.

14. *Ibid.*, p. 295-296 (lettre au docteur Darchy, juillet 1865).

« Cher enfant, il se meurt ! » écrivait-elle le 20 août à Dumas fils À l'aube du 21 août, il avait cessé de vivre. Elle l'écrivit aussitôt à Maurice :

« Notre pauvre ami a cessé de souffrir. Il s'est endormi à minuit avec toute sa lucidité... Quand nous avons voulu l'éveiller à 5 heures pour lui faire prendre quelque chose il a essayé de parler sans suite [...]. Il a tenu sa tasse, il a voulu être soulevé et il est mort... Il s'est senti mourir heure par heure... je suis brisée. [...] Je l'ai habillé et arrangé moi-même sur son lit de mort [15]. »

Elle écrivit, près de lui, une trentaine de lettres à sa famille et à leurs amis. Elle les conviait à venir au cimetière de Palaiseau où, le surlendemain, à 3 heures, il serait inhumé. Elle l'avait veillé, seule, près de ce lit où « il n'y avait rien de laid ni d'effrayant ». Elle avait mis des roses fraîches près de lui. Elle le regarda longtemps, avec tendresse. Son meilleur ami... Dumas fils, Rounat, Fromentin, Borie, Marchal montèrent le voir. Son fils était venu. Elle dîna avec Marchal. Sa tristesse était telle qu'elle réagit à peine à la mort, deux jours auparavant, de la dévouée Marie de Rozière.

La sœur de Manceau ne monta pas dans la chambre, épouvantée de « voir un mort ». George s'irritait. Elle avait choisi l'emplacement de sa tombe. Elle avait organisé un enterrement civil, respectant les idées de Manceau, complètement athée. L'église refusa de prêter le drap mortuaire et un brancard. Les ouvriers de Palaiseau qui les avaient aidés à s'installer fournirent un drap blanc qui enveloppa Manceau. Ils le portèrent avec amitié et respect et couvrirent de fleurs sa tombe. Manceau laissait tout ce qu'il possédait, Gargilesse, Palaiseau, ses outils de graveur à celui qui l'avait chassé, au fils de « sa dame ». Maurice hésita d'abord à accepter cet héritage, craignant d'avoir à débattre

15. *Ibid.*, p. 360-361 (lettre à Maurice Dudevant-Sand, 21 août 1865).

avec la famille de Manceau. Assuré par sa mère de leur innocuité (ils ne voulaient que quelques outils et une montre), il accepta et laissa à sa mère une procuration.

« J'étais en colère contre toi [...]. J'ai accepté les dettes de la succession [...]. Dors donc en paix, Seigneur de Nohant, Palaiseau et Gargilesse. »

Le 2 octobre, elle louait le rez-de-chaussée du 97, rue des Feuillantines, et l'entresol. Elle s'y installa en novembre après que l'on eut posé définitivement la dalle sur la tombe de Manceau.

Chapitre 37

DEUX TROUBADOURS

Elle n'avait plus dormi depuis quatre mois. Elle repartit à Nohant, heureuse de retrouver Lina enceinte, rose et fraîche. Elle dormit d'une traite. Le lendemain, elle faisait le tour du jardin avec Maurice. Elle se sentait mieux, contente de voir Nohant bien entretenu y compris les étables. La vie de famille était redevenue calme, le besoin de travailler la reprenait. Elle pensait à Manceau avec douceur, son souvenir serait impérissable. « Je crois à l'immortalité, au bonheur et au renouvellement après cette vie déchirante [1]. » Marchal l'aidait par son amitié amoureuse. À travers leur correspondance, on décèle un grand lien d'amour mais sans illusion chez George. Marchal qu'elle nommait « son petit dernier » fut le charmant amant des derniers jours, sans l'éblouir ni la faire souffrir d'aucune sorte. Leurs rendez-vous étaient un moment de précieuse affection charnelle, et de tendresse jusqu'en 1871 ! Elle le savait jeune et volage. Parfois, il se dérobait à ses appels. L'âge, canonique à l'époque, de sa vieille amie, le suffoquait un peu. Il avait quarante ans, elle dépassait soixante ans. Elle n'avait rien de l'aïeule d'usage, engoncée d'une robe de veuve, elle fumait autant, son cerveau était d'une fraîcheur parfaite et elle

1. G. Sand, *Corr.*, tome XIX, p. 387 (lettre à Olympe d'Auribeau).

se sentait jeune. Elle écrivait à Flaubert ces lignes optimistes en 1871 (elle avait soixante-sept ans) :

« J'ai une santé de fer et une vieillesse exceptionnelle, bizarre même, puisque mes forces augmentent à l'âge où elles devraient diminuer. Le jour où j'ai résolument enterré la jeunesse, j'ai rajeuni de vingt ans. [...] Le cœur de l'arbre est fort bon et la sève fonctionne comme dans les vieux pommiers de mon jardin qui fructifient d'autant mieux qu'ils sont racornis [2]. »

Elle écrivait chaleureusement à son « lapin vert » (Marchal) que Maurice supportait beaucoup mieux que Manceau. Marchal séjourna encore plusieurs fois chez la bonne dame de Nohant. Il n'y avait plus de disputes, sa mère n'était plus dans une passion fusionnelle, elle redevenait la compagne essentielle de sa vie. Marchal, ce grand vivant, avait le don de faire rire, ce qui ravissait les gens de Nohant : ils avaient besoin de gaieté après tant de deuils. Les grosses farces scatologiques de Marchal déchaînaient l'hilarité. À Nohant, le pet était une source de rires – ce qui n'était pas toujours au goût de tous leurs hôtes. Théophile Gautier en avait parlé aux frères Goncourt qui le notèrent dans leur journal, en rapportant son séjour, en 1863. « Oui, avait affirmé Gautier, la merde, les pets, c'est le fond de la gaieté. Marchal a beaucoup de succès avec ses vents [3]. » C'était un goût du siècle qui continuera en 1900. Le pétomane sera à la mode dans les cabarets montmartrois de la Belle Époque.

George avait mis Marchal à l'aise sur sa liberté. Qu'il ne se sente jamais obligé de la voir, qu'il se sente heureux, à son aise. Elle aussi. La liberté était sacrée. Elle l'appelait dans ses lettres « mon gros printemps » et le priait de la supporter comme elle était. Elle écrivait alors *Le Dernier Amour* qu'elle dédicacera à Gus-

2. G. Sand, *Corr.*, tome XXII, p. 476 (lettre à Gustave Flaubert, juillet 1871).

3. E. et J. de Goncourt, *Journal*, 14 septembre 1863.

tave Flaubert – ce qui le gêna un peu. Marchal lui tenait bien à cœur, elle écrivait son inquiétude quand éclata le siège de Paris. « Où es-tu et où en es-tu ? [...] J'avoue que je ne peux pas réfléchir et penser » (23 août 1870).

Marchal : « Chère grande amie, je vous aime de tout mon cœur vous et les vôtres. [...] Quel froid ! Quelle misère ! Quel courage ! Je vous adore[4]. »

Six mois après la mort de Manceau, elle lui écrivait : « Mon cher gros enfant [...]. J'irai te relancer pour courir encore le guilledou, si tu as le temps » (janvier 1866).

Janvier 1866 la combla. La nuit du 10 janvier naissait une petite fille aux beaux yeux noirs, Aurore Sand dite « Lolo ». George aida à l'accouchement, tenant Lina dans ses bras, heureuse de constater que « la mère a peu souffert *relativement* ». « Nous désirions une fille, nous l'avons ! » écrit-elle à Christine Buloz. Un mois plus tard, elle s'émerveillait auprès de Marchal de la petite fille.

« J'ai des bonnes nouvelles d'Aurore. Il paraît qu'elle ne veut pas faire sans que son père lui chatouille le derrière. C'est une drôle d'idée [...]. Ne fais pas comme Aurore ; Maurice me dit qu'il ne veut pas te rendre le même service[5]. »

Aurore la comblait. Elle l'écrivait à Flaubert :

« Aurore est la personne la plus douce et la plus farceuse. Son père la fait boire en disant : *Dominus vobiscum !* Puis elle boit, et répond *Amen !* La voilà qui marche. Quelle merveille que le développement d'un petit enfant[6]. »

Elle ne s'attendait pas, ni Flaubert, à cette amitié merveilleuse, chaste, qui irradia ses dernières années. Rien n'était fait pour les rapprocher. La puissance

4. *George Sand l'amoureuse*, *op. cit.*, p. 349.
5. G. Sand, *Corr.*, tome XIX, p. 705-706.
6. G. Sand, *Corr.*, tome XX, p. 422 (lettre à Gustave Flaubert, 30 mai 1867).

moderne, désespérée, de l'œuvre de Flaubert tournait le dos aux romans de Sand. Il détestait ses livres – sauf *Jacques*. Il exécrait son style. En 1845, dans sa première version de *L'Éducation sentimentale*, son héros, disait-il, n'écrivait pas « pour les couturières qui lisent George Sand » Élitiste, féroce, violent, secrètement bon, sensible et généreux, il méprisait le style de George Sand. Lui, le puriste, qui sacrifiait sa vie à la recherche du mot juste, d'une seule phrase bien écrite, avait des haut-le-cœur qu'elle eût mis quatre jours à écrire *La Mare au diable*. Il avait mis cinq ans de vraies souffrances à rédiger *Madame Bovary*. Leur amitié tint du miracle et, fait si rare dans le monde littéraire, de l'absence de jalousie. Ils ne s'envièrent rien de leur manière de penser et de rédiger, et ne modifièrent rien à leur conception personnelle du roman. En 1857, ils s'étaient salués, de loin. Il avait alors trente-cinq ans, soit dix-sept ans de moins qu'elle. Inconnu jusqu'alors, la publication de *Madame Bovary*, le hissait subitement vers la gloire et le scandale. « Le solitaire de Croisset » détestait les mondanités, avait un dégoût maladif de tout déplacement. Il était obligé d'aller à Paris pour son livre et il rencontra George, au dîner Magny. Leur correspondance date du 28 janvier 1863. Pendant treize années, elle s'approfondira, posera toutes les questions humaines et littéraires. La correspondance de Flaubert et de George Sand est un chef-d'œuvre de questions et de réponses essentielles. En 1863, George avait écrit à Flaubert un grand éloge de *Salammbô*, son roman « carthaginois », qu'elle préférait à *Madame Bovary*. La critique et le public boudaient *Salammbô*. La véhémence chaleureuse de George Sand aida le livre et émut l'auteur. Flaubert sentit fondre l'abîme entre eux. Sand se situait à la fin de l'école romantique, Flaubert tout en étant « un enfant du siècle » était le grand précurseur du réalisme. Sa Bovary est le portrait entomologique d'une femme que ronge l'ennui, au fond d'une petite province malveillante, entre un mari brave homme ennuyeux

« comme un trottoir un jour de pluie », et un amant ordinaire. Tout se soldera par l'échec des uns et des autres, et le suicide à l'arsenic, agonie longuement décrite, de la triste héroïne. Cet univers des pauvres types ordinaires pris aux rets d'un destin implacable, sous la brume et la pluie, n'est pas sans rappeler celui de G. Simenon. Flaubert avait touché au plus juste, au plus profond de la réalité sordide. Les suicides chez Sand étaient embellis d'eaux profondes, en cascades argent chez *Indiana*, dans des paysages imaginés, où le baroque était l'écrin des amants. Flaubert, lucide, anticlérical, entomologiste, écrivait le roman des ratés, du ratage, des imbéciles. La bourgeoisie et le clergé ne le lui pardonneront pas. *Madame Bovary* avait déjà essuyé un procès à cause de la scène du fiacre, où les piètres amants faisaient l'amour. Il remercia George d'avoir défendu *Salammbô* et lui demanda son portrait. Elle lui en fit parvenir deux : un, peint par Marchal, l'autre par Couture et gravé par Manceau. Il préféra le second. Une complicité extraordinaire allait naître entre eux, interrompue par la mort de George Sand.

Flaubert était un vieux garçon solitaire, né à Rouen, le 12 décembre 1821, d'un père médecin, trop autoritaire. Grand, blond, le front tôt dégarni, bien bâti, l'œil vert à l'iris sombre, les lèvres sensuelles sous une grosse moustache gauloise, il n'avait de force qu'apparente. Il souffrait d'épilepsie compliquée sur le tard par la syphilis. Il abandonna vite d'assommantes études en droit et se réfugia au Croisset, maison près de Rouen que son père avait achetée peu avant sa mort. Gustave Flaubert était souvent malade, proche l'invalidité, refusant de quitter son « ermitage ». Il vivait du revenu de son père laissé à sa mère veuve. « Je suis rivé à elle », disait-il de cette mère neurasthénique, possessive, incapable de survivre sans lui. Son despotisme venait du chantage permanent de sa fragilité. Il était devenu la victime d'un être faible. Il n'osait vivre loin d'elle, ce qui arrangeait ses goûts de moine. Il se mit à écrire, de longs jours, en robe de chambre ceinturée d'une cordelière (à la Balzac). Il fit un seul et long voyage avec son ami Maxime Du Camp. De 1849 à 1851, il visita l'Égypte dont les ruines l'assommaient, il alla en Syrie, à Carthage. Il s'enferma à nouveau à Croisset. C'est à peine s'il se rendait à Paris pour ses éditeurs et une poignée d'amis. Perfectionniste, il vivait dans la hantise « du mot juste ». Croisset était le lieu digne d'un tel sacrifice. George Sand vivait, aimait, voyageait, elle avait toujours, disait-elle, « un pied qui remue ». Elle avait écrit partout et en toutes situations. Flaubert n'avait que la force du texte, du mot exact, de la virgule. Les larmes de sa mère, ses plaintes, renforçaient sa misanthropie. Une phrase réussie lui prenait des heures et des jours, ponctionnait sa vie.

Au contraire de George Sand, il ne voulait ni famille, ni enfants. Rien, le papier, l'encre et son bureau qu'il nommait « son gueuloir » car il criait les mots pour en « entendre » la meilleure forme. Il écrivait, à en mourir, à en gémir, la tête contre ses poings. Il incarnait la philosophie du désespoir, pas celui des romantiques, mais le désespoir des existentiels et des textes les plus modernes. Il avait traversé l'ennui ravageur, sans issue. « Madame Bovary, c'est moi », disait-il. George Sand dominait toute désolation par des messages utopiques, l'amour, dont celui de la nature, l'espoir de la progression de l'humanité, la croyance en la vie éternelle. Flaubert méprisait la nature, les utopistes socialistes dont elle était. Il désespérait de l'amour, méprisait les illusions. Il se délectait de son pessimisme absolu ; son idéal, un monde composé d'une élite dominante, était impossible. À Croisset, sans pitié pour lui-même, il écrivait sans relâche et sans recours. Il fabriquait une œuvre de génie et agonisait vivant avec elle. L'amitié incroyable qui lia George Sand à l'ermite de Croisset prit sa source dans leur divergence au moment où l'âge, leur choix de vie, leur évita la passion et ses aveuglements meurtriers. Musset, Chopin l'avaient adorée mais ces passions l'avaient laissée seule, sur le flanc, sans la moindre chance de dialogue. Manceau avait été le parfait chevalier servant mais elle le dominait. Le lointain Sandeau n'était qu'une pâle copie des autres. Flaubert la dépassait de son génie unique, bien qu'elle lui confiât se méfier terriblement des génies (Musset et Chopin, ses tristes génies ?).

« Les grandes natures ne sont pas les plus robustes [...]. Ainsi les grands artistes sont-ils souvent infirmes, et plusieurs ont été impuissants. Quelques-uns trop puissants par le désir, se sont épuisés vite [...]. Don Juan ne faisait pas de poèmes et Byron faisait, dit-on, bien mal l'amour [7]. »

Elle était pour lui la mère idéale, la mère vivante, dominant ses deuils et ses maladies, active et généreuse, le contraire de sa mère qui l'encageait. Jamais, dira-t-il, il n'avait autant envié un homme que Maurice Sand.

Après la mort de Manceau, profondément seule et disponible (Marchal n'avait aucune dimension réelle), George vécut pleinement ce nouveau dialogue, avec Flaubert. L'essentiel de ses « causeries » se fit par correspondance. Les nuits de la somnambule s'enchantaient à nouveau. En 1866, George fit partie officiellement des dîners bimensuels chez Magny. Elle était la seule femme, il fallut un parrainage, elle n'en manquait pas. Sainte-Beuve avait vivement voté sa venue à ces dîners, appuyé par Théophile Gautier et les frères Goncourt qui admiraient *Histoire de ma vie*. Flaubert approuva. Elle comptait, chez Magny, un insolite admirateur, Ernest Renan, l'auteur d'une *Vie de Jésus* qui faisait horreur à la comtesse de Ségur et à son ami Louis Veuillot, catholiques ultramontains. Chez Magny dînaient aussi le savant Berthelot, le critique littéraire Saint-Victor, Alexandre Dumas. À ce premier dîner officiel, en février 1866, elle fut intimidée et silencieuse. Les frères Goncourt notaient, y compris sur

7. Cité par Joseph Barry dans *George Sand ou le Scandale de la liberté*, *op. cit.*, p. 470.

leurs manchettes, leurs impressions. Ils avaient admiré « ses petites mains ravissantes sous la dentelle ». Elle trouva Sainte-Beuve – *l'oncle Beuve* – comme toujours, le plus brillant des causeurs. Gustave Flaubert, au beau regard inquiet, lui fut non seulement sympathique mais la mit à l'aise. Une histoire trouble les liait malgré eux. Louise Colet, la maîtresse de Flaubert, avait publié *Lui* où elle avait attaqué bassement les amours de George et de Musset. Elle lançait aussi des perfidies à l'encontre de son « amant ». C'est une folle, concluait paisiblement George Sand. Le penchant de Flaubert pour George avait pour origine son goût des femmes plus âgées. Louise Colet l'avait aimé ; mais à l'âge de quatorze ans, Flaubert avait eu une passion impossible pour Élisa Schlésinger, femme mariée, âgée de vingt-cinq ans. Frédéric Moreau, le héros de *L'Éducation sentimentale,* nourrit un amour stérile pour Mme Arnoux, son aînée. Ce roman du ratage et de l'éternelle frustration était en partie son histoire. Entre Louise Colet et sa première passion d'enfance, Flaubert n'aura de goût que pour les prostituées. George invita Flaubert à Nohant. Il se déroba, voyager lui était odieux. Le 15 août 1866, il avait reçu la Légion d'honneur. Les 28 et 30 août, George se rendit à Croisset après une étape chez Dumas fils, à Saint-Valery-en-Caux. Elle aima cette « mer du Nord, gris perle » et s'enchanta du séjour à Croisset. À Lina :

« Flaubert [...] a une habitation charmante au bord de l'eau, une vieille maison bien réparée, confortable avec un ancien jardin de moines remis à neuf. À mi-côte dans les arbres et les murs [...]. Il a une vieille mère charmante qui va partout comme une jeune [8]. »

Flaubert s'occupa beaucoup de son invitée. Il l'emmena en bateau à vapeur à La Bouille. Il y avait sa mère, sa nièce, deux amies de Mme Flaubert mère. Il ventait, il pleuvait. Flaubert lui fit visiter Rouen, la

8. *Ibid.*, p. 101 (lettre à Lina Dudevant-Sand, 29 août 1866).

cathédrale, les vieux monuments. « C'est merveilleux, un vieux charnier et des vieilles rues, c'est très curieux (Agenda, 28 août 1866). » De retour à Croisset, ils prirent le thé, Flaubert fit un bon feu, il l'emmena faire le tour de la propriété. Elle admira le charmant verger, la vue sur la Seine, d'en haut. Croisset était « une citadelle merveilleuse ». Le dîner fut bon, on joua aux cartes. Elle parla avec lui jusqu'à deux heures du matin. Elle avait « un excellent lit ». Son rhume la faisait tousser, mais elle se sentait au mieux. Au retour, elle trouva Paris petit et mesquin à côté de la majesté de Croisset. « Tu es un brave et bon garçon tout grand homme que tu es, lui écrivait-elle, et je t'aime de tout mon cœur. »

Flaubert avait été enchanté de la recevoir. Tout le monde chez lui l'avait aimée. Il lui réclamait avidement son portrait afin d'avoir « sa chère et belle tête » sous les yeux. Elle était sceptique sur les portraits ; les gens qui pensaient et écrivaient sans cesse, disait-elle, changeaient beaucoup. Aucun de ses portraits ne ressemblait à l'autre. Sainte-Beuve, peut-être jaloux, avait traité de « vicieux » Flaubert. Il protestait auprès de son amie « je sais peu d'hommes moins vicieux que moi ». Elle l'approuvait.

Cet été-là fut marqué par la bataille de Sadowa (3 juillet) où les Prussiens battirent les Autrichiens qui cédèrent la Vénétie à Napoléon III George fit un long périple en Bretagne avec ses enfants. Ils allèrent chez les Lambert. Le 19 octobre, Napoléon III remettait la Vénétie à l'Italie et le 1er novembre, George Sand rencontrait pour la première fois Juliette Lamessine, future Juliette Adam, chef de file des jeunes littératrices. Du 3 au 10 novembre elle était à nouveau à Croisset, chez Flaubert, « son vieux troubadour ». « Flaubert est un excellent camarade », écrivait-elle à Maurice. Il l'avait installée dans « une belle petite chambre avec vue sur la Seine ». Il pleuvait, elle était heureuse de travailler et de revisiter Rouen. Flaubert la présenta au directeur du Museum d'histoire naturelle où elle admira une collection de coquilles rares. Elle visita le musée, vit les vieilles faïences, ils rentrèrent à Croisset à une heure du matin toujours avec la maman de soixante-treize ans « qui va partout avec nous et trotte comme une vieille souris ». La nuit s'acheva à discuter : Flaubert lut à George un extrait de *L'Éducation sentimentale*, qu'il travaillait depuis des années. Elle aimait de plus en plus son troubadour, « doux comme un mouton ». Elle abrégea son séjour « par discrétion » :

« Votre belle et franche figure a quelque chose de paternel [...]. On sent en vous une protection de bonté infinie, et un soir que vous avez appelé votre mère *ma fille*, il m'est venu deux larmes dans les yeux. [...] Une maladie de ma vieillesse, c'est de ne pas pouvoir tenir en place. J'ai peur de m'attacher trop et de lasser. Les vieux doivent être d'une discrétion extrême [9]. »

Elle apprenait la dure et nécessaire solitude ; discrète avec le jeune couple à Nohant, discrète avec sa petite fille, « Aurorette », qu'elle adorait, discrète sur ses quelques escapades avec son « lapin bleu », discrète sur son amitié pour l'ermite de Croisset. L'esprit du bonheur avait pris encore un virage. Le décès de Manceau lui avait rendu son indépendance de mouvements. La liberté était la contrepartie des deuils mais aussi le signe d'une plénitude. Elle l'expliquait à Charles Poncy :

« Voyez quelle hirondelle je suis devenue ! Je ne m'arrête nulle part et je travaille partout [...]. Il faut secouer le chagrin qui est l'inévitable ennemi du bonheur. [...] On est heureux par soi-même quand on sait s'y prendre, avoir des goûts simples, un certain courage, une certaine abnégation, l'amour du travail et avant tout une bonne conscience [10]. »

Elle revendiquait, dans le même temps, cette liberté auprès de Marchal :

« Je suis devenue errante et enragée de locomotion.

---

9. *Ibid.*, p. 181 (lettre à Gustave Flaubert, novembre 1866).
10. *Ibid.*, p. 187-188 (lettre à Charles Poncy, novembre 1866).

Il me semble que je recommence la vie et que je vois tout pour la première fois. [...] Pourquoi rajeunir à 63 ans, pour tomber tout à coup en enfance, peut-être dans peu ? Pourquoi les pluies d'étoiles filantes ? Le travail avant tout... Et amuse-toi pourtant [11]. »

Elle comprenait le goût de Flaubert pour les prostituées. Un être d'une telle intelligence, disait-elle, pouvait se permettre « des grandes curiosités ». Le fait d'être une femme l'avait écartée de ces risques-là. Peut-être « manquait-elle de courage ». Elle lui exposait la nécessité d'être tolérant, généreux – ce qu'il était, disait-elle. Flaubert protestait et clamait sa « médiocrité » :

« Moi, un être mystérieux, chère maître, allons donc ! Je me trouve au contraire d'une platitude écœurante et je suis parfois bien ennuyé du bourgeois que j'ai sous la peau [...], j'ai beaucoup *rêvé* et très peu exécuté [12]. »

Elle approfondissait sa conception du roman. Elle n'avait pas de théorie. Elle était modeste, persuadée que son œuvre ne perdurerait pas. Elle ne possédait ni les lumières, ni les réponses. Les excès de travail comme de plaisir « nous tuent parfaitement ». Il fallait mettre beaucoup de soi dans ses personnages ce qui outrait Flaubert, convaincu que l'œuvre doit être impersonnelle, que le romancier ne doit jamais participer lui-même à ses personnages.

George :

« Je suis ma vieille pente, je me mets dans la peau de mes bonhommes. [...] Je vous demande si nous différons sur la question des luttes intérieures, si *l'homme-roman* doit en avoir, ou s'il ne doit pas les connaître. »

Elle lui avait envoyé les *soixante-quinze* volumes de ses œuvres complètes en édition populaire, de quoi tuer Flaubert pour qui un chapitre coûtait parfois une sai-

11. *Ibid.*, p. 194 (lettre à Marchal).

12. Gustave Flaubert, *Œuvres, correspondance*, 16 vol. (Paris, 1960-1965), XII, p. 129.

son. Elle le grondait doucement sur ses « affres d'écriture ».

« Vous m'étonnerez toujours avec votre travail pénible, est-ce une coquetterie ? [...] Quant au style, j'en fais meilleur marché que vous. [...] Le vent joue de ma vieille harpe comme il lui plaît d'en jouer. Il a *ses hauts et ses bas*, ses grosses notes et ses défaillances, au fond ça m'est égal pourvu que l'émotion vienne [...]. Laissez donc le vent courir un peu dans vos cordes... ça irait tout de même et sans fatigue [13]. »

Flaubert :

« J'éprouve une impression invincible à mettre sur le papier quelque chose de mon cœur. Je trouve même qu'un romancier *n'a pas le droit d'exprimer son opinion sur quoi que ce soit*. »

George :

« Ne rien mettre de son cœur dans ce qu'on écrit ? Je ne comprends pas du tout, oh, mais pas du tout. [...] Ne pas se mettre tout entier dans son œuvre, me paraît aussi impossible que de pleurer avec autre chose que ses yeux [14]... »

Dans une lettre datée du 13 janvier 1867, Flaubert se traitait d'« hystérique ».

George :

« Qu'est-ce que c'est aussi que d'être hystérique ? [...] N'est-ce pas un malaise, une angoisse causés par le désir d'un impossible *quelconque* ? [...] Pourquoi une telle maladie aurait-elle un sexe ? [...] *Il n'y a qu'un sexe*. Un homme et une femme c'est si bien la même chose que l'on ne comprend guère les tas de distinctions [...]. J'ai observé l'enfance et le développement de mon fils et de ma fille. Mon fils était moi, par conséquent femme bien plus que ma fille qui était un homme pas réussi [15]. »

---

13. G. Sand, *Corr.*, tome XX, p. 206-207 (lettre à Gustave Flaubert, novembre 1866).

14. *Ibid.*, p. 217 (lettre à Gustave Flaubert – y compris la réponse de Flaubert dans la note 1 de la même page).

15. *Ibid.*, p. 297, *ibid.* (janvier 1867).

Le goût de la locomotion la menait à Palaiseau. Ce séjour l'accabla. La solitude, le froid, l'ami disparu. Elle en parla librement à son troubadour :

« Me voilà *seule* dans ma maisonnette. [...] Je suis triste ici tout de même. Cette solitude absolue qui a toujours été pour moi vacance et récréation, est partagée maintenant par un mort qui a fini là, comme une lampe qui s'éteint, et qui est toujours là. Je ne le tiens pas pour malheureux dans la région où il habite ; mais cette image qu'il a laissée autour de moi, qui n'est plus qu'un reflet, semble se plaindre de ne pouvoir plus me parler. [...] Et vous mon ami ? Que fais-tu à cette heure ? La pioche aussi, seul, aussi. [...] Vous n'êtes pas pour la chasteté monseigneur, ça vous regarde. *Moi, je dis qu'elle a du bon, la rosse*[16]. »

Elle revenait sur leur divergence au sujet du style. Tant pis si le sien était un peu « idiot ». De toute façon, « je n'aimerais pas la perfection ». Flaubert rétorquait sur sa peine immense à écrire. « Ah je les aurai connues, *les affres du style* ! » Sa chaleureuse amie s'efforçait de le convaincre d'abattre cette cloison désolante entre le livre et la vie. Flaubert restait ferme : dans l'impersonnalité « scientifique » naissait la grande œuvre. George n'avait jamais prétendu à une grande œuvre, ni à un grand art excepté celui de vivre, aimer, mourir sans faire la grimace. Les confidences s'intensifiaient. Flaubert plaignait Sainte-Beuve, trop vieux, de ne plus aller au bordel. « La femme, disait-il, est pour nous l'ogive de l'infini. » Elle s'indigna ; il était ignoble de vendre un tendron à un barbon. « C'est un attentat à la sainte nature. » Elle le pria encore de venir à Nohant. Impossible ; *L'Éducation sentimentale* l'absorbait sans répit. Aller à Nohant « aurait tout gâché » :

« C'est toujours l'histoire des Amazones. Pour mieux tirer à l'arc, elles s'écrasaient un téton[17]. »

16. *Ibid.*, p. 196-197 (lettre à Flaubert, novembre 1866).
17. *Ibid.*, p. 642, note 3 (lettre de Flaubert).

George :

« Je ne suis pas dans ton idée qu'il faille supprimer le sein pour tirer à l'arc. [...] L'artiste doit vivre dans sa nature le plus possible. À celui qui aime la lutte, la guerre, à celui qui aime les femmes, l'amour, au vieux qui comme moi aime la nature, le voyage et les fleurs, les roches, les grands paysages, les enfants aussi, la famille [...]. L'art a toujours besoin d'une palette débordante de tons doux ou violents suivant le sujet du tableau, [...] l'artiste est un instrument dont tout doit jouer avant qu'il ne joue des autres, mais tout cela n'est [...] pas applicable à un esprit de ta sorte. [...] je crains pour toi [...] une détérioration de la santé [18]. »

Les nouvelles de Solange, par Poncy, l'encoléraient. Écœurée, George la traitait de « prostituée »

« C'est une âme perverse. C'est une femme payée et entretenue. [...] Elle a 3 000 francs de pension et elle ne travaille pas. Elle voyage, elle est richement habillée, elle a un appartement qui absorbe sa pension, elle a une existence aisée. Avec quoi ? [...] Je ne le sais que trop à présent que tout le monde le sait [...]. Elle a toutes les séductions nécessaires à sa profession [...]. Je n'accepte pas la prostitution et rien n'existe plus entre moi et une personne qui a pris ce chemin-là, en riant, [...]. Je ne la connais plus [19]. »

Décembre s'était achevé par des crampes d'estomac atroces. Le docteur Favre l'avait examinée, Fleury, Lambert et Boutet l'avaient veillée la nuit du 31 décembre 1866. En janvier, elle avait maigri, la nourriture la dégoûtait, chez Magny elle chipota un peu de poisson et de perdreau. Elle s'était traînée au magasin *La Porte chinoise* pour acheter des bibelots à ses enfants. Lina et Maurice, inquiets, l'avaient persuadée de revenir à Nohant, d'abandonner définitivement Palaiseau. Elle

18. *Ibid.*, p. 642-643 (lettre à Flaubert, décembre 1867).

19. G. Sand, *Corr.*, tome XIX, p. 458-459 (lettre à Charles Poncy, octobre 1865).

consentit, heureuse de profiter de Lolo qui avait un an. Elle s'apaisait à l'idée de refaire son cercle de famille dans lequel elle incluait les petits-enfants d'Hippolyte, les Simonnet et les vieux amis de toujours. Le 18 février, elle écrivait à Marchal : « Mon petit lapin bleu, après plus d'une rechute, je me porte depuis huit jours comme un Turc. » La santé revenait, la pelouse, à Nohant, était tapissée de violettes. Elle s'était remise au travail et écrivait *Cadio*. Elle avait retrouvé un estomac solide, confiait-elle à Flaubert, en renonçant à la *viande vraie*, en buvant du cidre et plus de champagne. De nouveaux amis grossissaient le groupe chaleureux des anciens. L'Américain Henry Harrisse et l'original Edmond Plauchut, journaliste républicain, son « naufragé de salon ». Il avait longtemps correspondu avec elle avant de la rencontrer. Il avait réellement fait naufrage aux îles du Cap-Vert. Il s'était expatrié après la chute de la République et son navire allait à Singapour. Il s'était récupéré sur une île portugaise, il avait perdu ses bagages excepté un album d'autographes – dont celui de George Sand, ce qui éblouit le consul. Solange marquait toujours en George une inexorable fracture. Elle avait Lina, Pauline Viardot, ses filles chéries, elle s'empressa d'adopter Juliette Lamessine, future Juliette Adam. Celle-ci consolait George de Solange « sans honneur ». Juliette représentait pour George une nouvelle vague de femmes littéraires. Née en 1836, Juliette comptait trente-deux ans de moins que George. Elle avait publié en 1858, à vingt-deux ans, un essai attaquant Proudhon qui méprisait les femmes célèbres, dont Daniel Stern (Marie d'Agoult) et George Sand. Mal mariée, mère d'une petite Alice Topaze dite « Toto » par George, Juliette intitula son essai *Idées anti-proudhoniennes sur l'amour, la femme et le mariage*. Il fut bien accueilli dans *La Revue des Deux Mondes*, *La Presse* et *Le Siècle*. Marie d'Agoult lui écrivit son étonnement qu'elle eût pris un nom de femme alors qu'elle et Sand avaient choisi des noms d'homme. George la complimentait sur son courage mais se dérobait à la rencontrer : Juliette fréquentait le salon de Marie, trop hostile à son ancienne amie. Marie d'Agoult, amère de sa défaite amoureuse avec Liszt, dénigrait George auprès de Juliette. George Sand, disait-elle, n'a aucune conversation. C'est un ruminant, elle le reconnaît elle-même. Elle en a le regard, d'ailleurs fort beau [20]. En 1867, enfin veuve, Juliette épousait son amour, Edmond Adam, journaliste et ardent républicain. Marie d'Agoult en conçut de l'aigreur. Juliette écrivit à George Sand pour enfin la rencontrer. George lui avait donné rendez-vous rue des Feuillantines. Juliette, le cœur battant, frappa à la porte. Elle trouva une femme menue, dans un grand fauteuil, roulant en silence une cigarette. Elle pria Juliette de s'asseoir près d'elle. Elle la regardait avec chaleur, toujours sans un mot. Juliette perdit contenance et éclata en sanglots. George, émue, éteignit sa cigarette dans un verre d'eau et la saisit dans ses bras. Elles causèrent deux heures d'affilée. Juliette était charmante, intelligente, elle restituait la fille idéale, une Solange (jamais acceptée dans sa réalité) magnifiée. Juliette aima George « d'une tendresse filiale ». Solange s'éloignait dans un brouillard sali d'or, de boue et de larmes. George emmena Juliette à un dîner Magny afin de lui présenter ses illustres confrères dont Flaubert. Les convives étaient depuis longtemps des bons camarades. La présence de la belle Juliette, protégée de George Sand, anima ce dîner de manière trop gaillarde au gré de George. Flaubert se lança dans des histoires d'une verdeur assez roide. Le regard de braise de sa vieille amie l'obligea à plus de modération et il se borna à critiquer gentiment le style de Juliette. Flaubert n'avait décidément qu'un seul dieu : le style. On s'animait, la gaieté était générale, la volaille succulente, le vin de grand cru. Dumas père était séduit par la beauté de Juliette. Une abondante chevelure bouclée, blonde, le teint éblouissant, un sourire difficile à

---

20. Cité dans *George Sand ou le Scandale de la liberté*, *op. cit.*, p. 477.

oublier, les yeux en profonds lacs bleu sombre. Les épaules, les bras, sous la dentelle et la moire du décolleté, étaient charmants et potelés. Le cou puissant et pur, féminin, le cristal de la voix, l'éclat d'un bracelet d'or charmaient Dumas qui lui souhaita brusquement « de n'avoir aucun talent ». Il y eut un murmure approbateur. Tant de beauté livrée à la virile tâche littéraire, quel gâchis ! L'ermite de Croisset fixait avec des yeux flamboyants la gorge blanche. La mode était aux gorges hautes, la taille serrée dans le long corset baleiné, la jupe relevée, derrière, par un pouf. Les bijoux se portaient à l'excès, héritage du second Empire, y compris dans la coiffure de boucles et de nattes. George se contentait d'une jupe grise, avec un caraco aux boutons de jais, un tour de cou noir, la chevelure grisonnante relevée sur la nuque, le feu d'un rubis aux oreilles. Elle roula une cigarette et rétorqua tranquillement, s'adressant à Juliette, « qu'avec des hommes pareils et l'opinion en général des hommes sur les femmes, les "Madame Bovary" ne pouvaient que croître et multiplier ». Rien n'y faisait, décidément. La femme qui dérogeait au rôle de vierge, d'épouse, de mère, de servante, devenait un *homme raté*. Ses amis chez Magny lui avaient épargné ces attaques, la vieillesse et l'absence de beauté avaient du bon, mais la moindre apparition féminine (Juliette Adam) ravivait ce feu, ce rejet et ce désir mal couvés. George se disait « très vieille maintenant », et au fond, si tout recommençait, elle eût privilégié la chasteté. La chasteté, obsession récurrente de cette grande amoureuse... Mais ces nuits, l'une après l'autre consacrées au travail depuis quarante années, ces nuits de somnambule au fanal de l'écrit, n'était-ce pas l'authentique chasteté ? Elle tapota gentiment la main de Juliette et sourit à Flaubert.

Elle eut à subir plusieurs séances chez Royer, son dentiste. Il y eut en juin, avec ses amis Adam, à Paris, la visite à l'Exposition universelle. Elle dîna chez Flaubert, Sainte-Beuve s'était décommandé. Son court billet signalait un détail inquiétant : il « pissait du sang ».

Casimir aussi était malade ; il avait eu fin mars une seconde attaque. Il avait vendu, à l'insu de ses enfants, le Guillery. Maurice et Solange s'étaient rendus le 19 juillet au Guillery, avec leur avoué. Le jugement avait été défavorable à Casimir Dudevant. Les propriétaires étaient légalement les enfants – et non la fille de sa servante maîtresse. Le baron n'avait qu'un droit d'usufruit. Une lettre de Solange montre dans quel état se trouvait son père suite à cette lamentable affaire :

« La servante et sa fille sont riches de 150 à 200 mille francs. Nous avons été volés comme dans un bois. [...] Mon père a passé la nuit dans une démence complète. Il est allé décrocher un vieux sabre, [...] a mis ses pistolets chargés sur la cheminée de sa chambre et passa toute la nuit à vociférer contre son fils. [...] Il criait : “Je veux les tuer tous les deux [21] !” »

George était à Nohant. Elle écrivait *Mademoiselle Merquem*, roman inspiré par la côte normande. Le 13 août, François Rollinat décédait brusquement.

« J'ai perdu mon meilleur ami, [...] je suis brisée, pièce à pièce, jour par jour. Je me demande pourquoi je dure [22]. »

Le 21 août, Charles Baudelaire mourait. George, toujours meurtrie, cherchait à décrire au mieux la côte normande. Elle s'y rendit en septembre avec Juliette, Edmond Adam, et Topaze. Étretat, Yport, Dieppe. « C'est un paradis. Des vilaines plages mais des falaises magnifiques. » Elle s'imprégnait du gris perlé de la mer, de l'écume argentée, de l'ombre rose des falaises, des galets mauves, du cri des mouettes, de la fraîcheur verte des terres. Elle supportait mieux que ses jeunes compagnons la rude carriole qu'ils avaient louée et qui les mena de Dieppe à Arques-la-Bataille. *Mademoiselle Merquem* avançait.

---

21. G. Sand, *Corr.*, tome XX, p. 468 (note 1).
22. *Ibid.*, p. 490 (lettre à Dumas fils, 15 août 1867).

Le conflit avec Solange recommença cet hiver-là. George, plus « hirondelle » que jamais, à la recherche du soleil, entreprit un nouveau voyage, invitée par Juliette qui avait une villa aux Bruyères, sur la Côte d'Azur. George posa une seule condition : ne pas rencontrer Solange qui résidait au Golfe-Juan, avec un prince étranger. Solange entra en fureur de savoir que sa mère l'évitait avec tant de violence. Solange ne savait presque plus rien de Nohant, excepté que Lina était à nouveau enceinte. George partit pour le Sud avec Maurice, chargé de neutraliser la fille honnie, Plauchut, et Maxime Planet. Elle écrivit régulièrement à Lina qu'elle craignait de laisser seule si près de ses couches. Lina avait poussé Maurice à ce voyage. Lina, plus indépendante, éprouvait peut-être le besoin *d'accoucher seule*, sans la généreuse férule de sa belle-mère. George profitait de son séjour quoique n'aimant pas ce climat trop changeant. Elle préféra, selon ses goûts profonds, le regroupement amical et Maurice bien à elle. Le 11 mars 1868, elle pique-niquait à la chartreuse de Montrieux et ce même jour Lina accouchait tranquillement à Nohant d'une seconde fillette : Gabrielle. De retour rue des Feuillantines, George et Maurice trouvèrent une lettre de Lina. Sans défaire leurs bagages, ils repartirent séance tenante pour le Berry. George jubilait et, le dimanche soir, écrivait à Juliette :

« Lina s'est réellement trompée d'un mois. L'enfant est venue bien à terme, très complète, très belle, brune comme Lolo, avec de grands yeux noirs comme Lolo, c'est une Lolo numéro deux. Elle dort et tette parfaitement. La petite mère n'a souffert que deux heures [...]. Nous trouvons donc la besogne faite sans nous ; et notre Lolo, grandie, grossie, fraîche avec sa peau brune et ses yeux de diamant noir[23]... »

Le 5 juillet, George avait soixante-trois ans. On soigna particulièrement sa fête. Maurice passa la nuit à installer des guirlandes de fleurs. Les Adam étaient là, flanqués

23. *Ibid.*, p. 732-733 (lettre à Juliette Lamessine, 14 mars 1868).

de l'Américain Harrisse. Au matin du 5 juillet, on tira le petit canon quand George descendit de sa chambre. Maurice lui lut un compliment, elle lui tapota la joue, les yeux embués. Elle l'aimait, tout le monde s'aimait, les fillettes riaient. Dans la soirée, Maurice offrit un grand spectacle de marionnettes. Sa mère riait à des farces innocentes. Maurice cacha un coq dans le coffre de la chambre de Juliette et de son mari. En pleine nuit, le coq s'échappa à grands cris, ce qui ne fut pas du goût d'Edmond Adam. Grave, républicain convaincu, admirateur du jeune Léon Gambetta, il n'appréciait pas ces enfantillages.

Flaubert interrogeait intensément George sur les événements de 1848. Elle avait perdu l'enthousiasme de jadis sur la politique. Ses petites-filles prenaient toute la place. « Les fillettes sont des amours, j'en suis complètement imbécile », écrivait-elle à Marchal (décembre 1868). Le 27 août 1868, Mme Victor Hugo s'éteignait à Bruxelles. George avait publié *Mademoiselle Merquem*, roman utopiste qui se déroule dans un village de pêcheurs de la côte normande. Dans le château du coin vit l'aimable et instruite Célie Merquem, décidée, sur la question du mariage, à garder son libre arbitre. Ce roman, écrit à la première personne, rassemble les éternelles questions sandiennes. Célie Merquem, se voulant libre, est calomniée. « C'est en vain, affirme Célie Merquem (George Sand 1868), que la femme se soustrait au mariage et se dispense de créer une famille. Tout est famille pour elle quand même. La femme est née pour être mère. » Célie Merquem, la chaste, veut se donner en secret à celui qu'elle aime, avant les noces. Acte qui entraînera la maladie somatique de l'héroïne. L'amour seul est une grâce. Dans la bouche de Célie Merquem, on retrouve les causeries de George avec Flaubert, lors des belles nuits à Croisset :

« J'ai accepté l'amour, non comme un égarement et une faiblesse, mais comme une sagesse et une force dont [...] j'ai été fière de me sentir capable[24]. »

24. G. Sand, *Mademoiselle Merquem*, Actes Sud, 1996, p. 311.

À l'automne, George était à Paris, pour sa pièce, *Cadio*. Elle adorait passer la nuit au théâtre, avec ses amis les acteurs, ce que Flaubert comprenait mal.

« Tu dis que je les aime trop ; je les aime comme j'aime les bois et les champs, toutes les choses, tous les êtres que je connais un peu et que j'étudie toujours [...]. J'ai trouvé *la Scrofulia borealis*, plante très rare en France. [...]. Il y avait beaucoup de merde à l'endroit où je l'ai cueillie. *Such is life!* Et si on ne la prend pas comme ça, la vie, on ne peut la prendre par aucun bout [...]. Si je n'avais pas eu une grande connaissance de l'espèce, je ne t'aurais pas vite compris, vite connu, vite aimé. Je peux avoir l'indulgence énorme [25]... »

Flaubert, guère convaincu, oscillait entre la tendresse et l'ironie. C'était édifiant, lui disait-il, « à en avoir envie de pleurer ».

George riait ; les petites étaient près d'elle, elles avaient le regard profond de l'Aurore d'autrefois. La nuit tombait ; elle écrivait une autre pièce, la vie était belle et bonne, en dépit de la fange qui alimentait son terreau. La sérénité augmentait avec son âge, elle trouvait bien des compensations à vivre. Aurore et sa robe à papillons bleus, Gabrielle dans sa petite robe à basquine, toutes les deux « gentilles à croquer ». Nohant était devenu une exploitation agricole et Aurore, gaie et si drôle, suivait son père partout. « Elle garde les agneaux, elle va faner. » Vivre intéressait George pour servir ceux qu'elle aimait. L'amitié demeurait la compensation supérieure. Elle répondait à Solange qui lui avait soumis son premier manuscrit, *Jacques Bruneau*. Aucune indulgence dans la critique minutieuse de George qui refuse à sa fille la moindre chaleur, qu'elle a tant dispensée à ses amis. Sa critique ressemble à des gifles :

« Vraiment ton héroïne est odieuse [...]. Tasca est [...] une carogne accomplie [...]. C'est une fille doublée

---

25. G. Sand, *Corr.*, tome XXI, p. 202-203 (lettre à Gustave Flaubert, octobre 1868).

d'une coquine [...]. Si tu avais du courage et de la conscience, tu reverrais avec soin tout ton livre [...]. Ton livre peut avoir du succès[26]... » « Je t'envoie une lettre pour M. de Girardin », concluait-elle. Solange avait remanié son livre. En août, George devenait lapidaire : « Tous tes personnages sont mal élevés et ont le ton grossier. » *Jacques Bruneau* paraîtra dans *La Liberté* en décembre 1869 et janvier 1870. George lui reprocha sévèrement ses fautes grammaticales. Elle préférait, à cette fille qui la perturbait toujours, coudre des robes pour la poupée d'Aurore, faire de la botanique, habiller les marionnettes, confectionner un manteau à Lina Son activité littéraire devenait une régularité agréable :

« Je fais mon petit roman tous les ans quand j'ai une heure ou deux pour m'y remettre », écrivait-elle à Flaubert. Elle écrivait *Pierre qui roule*. Février et mars furent marqués, de loin et de près, par des deuils. Lamartine était mort en février, à Passy, dans la désolation mentale ; le 8 mars, le père de Lina s'éteignait à Milan et le lendemain, c'était au tour d'Hector Berlioz Elle vivait plus doucement, appréciait les joies de chaque jour, les plantes rares, les amis, et surtout la famille. Elle était néanmoins certaine, disait-elle à Dumas fils, de « mourir en tournant [sa] roue au pressoir[27] ».

Elle fut bouleversée du décès, à Paris, de son vieil ami Sainte-Beuve, le 16 octobre 1869. Ils avaient le même âge, une grande complicité. Elle se rendit aux obsèques avec Lina, au bras de Plauchut et d'Adam. Il y avait foule au cimetière Montparnasse. Elle décrivait à Maurice ces funérailles particulières :

« Tout Paris était là, les lettres, les arts, les sciences, la jeunesse et le peuple, pas de sénateurs ni de prêtres.

---

26. *Ibid.*, p. 540-451 (lettre à Solange Clésinger).
27. Cité par J. Barry dans *George Sand ou le Scandale de la liberté*, *op. cit.*, p. 483.

[…] Flaubert était très affecté. Alexandre Dumas (fils), son père qui ne marche plus, […] gâteux, horrible à voir, Adam, Borie. Taine, le vieux Grzymala, […] des athées, des croyants, des gens de tout âge… la foule. J'ai été l'objet *d'une manifestation* : […] on m'a escortée en se reculant pour me faire place enlevant tous les chapeaux en silence. […] Adam et Plauchut pleuraient [28]. »

D'autres décès allaient se succéder : Jules de Goncourt (George se demandait comment survivrait son double), Armand Barbès. En novembre, Flaubert corrigeait enfin les épreuves de *L'Éducation sentimentale* et George lui dédicaçait *Pierre qui roule*. Ce roman mettait en scène les marionnettes animées par Maurice, qui firent bâiller d'ennui Flaubert quand, enfin, en décembre, il se rendit à Nohant. La critique avait conspué *L'Éducation sentimentale* que le public détesta. Le misanthrope ployait le dos, plus ours que jamais. George fut la seule à écrire un bon article sur son roman et encourager son ami :

« Tu sembles étonné de la malveillance. Tu es trop naïf. Tu ne sais pas combien ton livre est original, et ce qu'il doit froisser de personnalités par la force qu'il contient. […] J'ai essayé de faire comprendre aux simples comment ils doivent lire ; ce sont les simples qui font les succès. Les malins ne veulent pas du succès des autres [29]. »

Flaubert abominait les simples, les *Bouvard et Pécuchet* dont croulait la terre. Le 24 décembre, grand événement, l'ermite arrivait à Nohant accompagné de Plauchut. Il repartira trois jours plus tard. Il était incapable, trop habitué à sa délectation morose, de s'adapter à un autre univers. Les enfants ne l'intéressaient pas, Maurice et ses marionnettes le consternaient. Il critiquait, il ricanait (« Ô Bêtise ! Ô Infini ! »), il frôlait la violence devant ce qu'il trouvait être une niaiserie sans

28. G. Sand, *Corr.*, tome XXI, p. 680-681.
29. *Ibid.*, p. 724 (lettre à Flaubert, 11 décembre 1869).

nom. Son bonheur eût été de parler encore et toujours de littérature. Les plaisanteries usuelles de Nohant le déprimèrent. Le 27 décembre il partit comme on s'enfuit. Il n'y eut pas de rupture, George veillait et tous l'avaient écouté avec dévotion quand il leur avait lu un chapitre de son nouveau chef-d'œuvre : *La Tentation de Saint-Antoine*. Il avait fui Nohant, mais il laissait des admirateurs et des amis sincères. George lui faisait remarquer « qu'il était, sans le savoir, à la fois le meilleur des poètes et le plus puissant des réalistes ». Il répondait, lugubre, qu'excepté George Sand et Tourgueniev, nul ne le comprenait. Il s'enfermait dans son particulier silence et la neige tombait sur Nohant.

Chapitre 38

LES GUERRES ET LES PAIX

Le déclin de l'Empire s'amorçait avec l'agitation républicaine. Gambetta apostrophait Émile Ollivier : « Entre la république de 1848 et la république de l'avenir, vous êtes un pont, et ce pont, nous le passerons. » Léon Gambetta, jeune avocat de Cahors, était devenu populaire depuis sa défense du journaliste républicain Delescluze accusé d'avoir voulu élever en « martyr » le député Baudin, tombé sur les barricades de 1851. Le 10 janvier 1870, deux journalistes républicains dont Victor Noir, chroniqueur de vingt-deux ans à *La Marseillaise,* dirigée par Henri Rochefort, se présentaient à Auteuil, au domicile du prince Pierre Bonaparte. Ils voulaient le provoquer en duel au nom d'un autre confrère, Grousset. L'entretien s'envenima. Pierre Bonaparte, fils de Lucien, violent, tua d'un coup de pistolet Victor Noir et ne fut pas inquiété. Le 12 janvier, Rochefort avait organisé les funérailles du « martyr de la République ». Le convoi fut suivi jusqu'au cimetière de Neuilly par cent mille personnes qui se heurtèrent à la troupe. Émile Ollivier prononça la dissolution de l'Internationale, signant sa rupture avec les républicains. George Sand était à Paris, elle avait revu Tourgueniev qui avait assisté, au matin du 19 janvier, à l'exécution de l'assassin Troppmann. On avait arrêté Rochefort. Le 23 janvier, Aurélien de Sèze mourait à Bordeaux. Un mois plus tard, ce fut au tour d'Émilie

Chatiron, à Montgivray. Le roman de George, *Malgré-tout*, paraissait. Flaubert souffrait d'un eczéma sur le visage, suite au décès de son ami Jules Duplan. À l'Odéon, on jouait au soir du 26 février la pièce de George, *L'Autre*, où une jeune actrice à la voix de rocailles déchirées tenait le premier rôle : Sarah Bernhardt. Ce fut un succès « comme *Villemer* », écrivait-elle à Maurice et Lina. Elle confiait à Poncy : « On revient toujours à son pays et à sa famille, le temps arrange tout. » À Nohant, elle retrouva Maurice malade d'une forte grippe qu'il passa à toute la famille. Malgré la fièvre, Lolo était gaie, Lina vaillante, George active, Gabrielle charmante. Maurice assumait mal ses malaises. George encourageait Flaubert, effondré : « Je sens que la vieillesse me prend ! [...] Pendant dix jours, je me suis livré franchement, pleinement, à la tristesse noire[1]. » Elle lui interdisait d'oser se croire vieux. Il était, disait-elle, « meilleur que d'autres », sa hargne n'était qu'apparente. « Voyons, cher troubadour, il faut être patient. »

La transformation de l'Empire continuait. Le 20 avril 1870 un sénatus-consulte enleva au Sénat son pouvoir constituant, l'empereur conservait le droit de nommer ses ministres et de consulter le peuple par plébiscite. La classe politique nageait dans la contradiction. Le 8 mai, le dernier plébiscite fut favorable à la politique impériale avec 7 350 000 « oui » contre 1 570 000 « non ». « J'ai retrouvé mon chiffre ! » s'exclamait l'empereur à l'exaspération de Gambetta. Les événements extérieurs allaient tout interrompre. L'Empire bascula dans la guerre franco-allemande. Le chancelier Bismarck cherchait à faire la guerre à la France, « ennemie héréditaire ». Bismarck manœuvra habilement un incident diplomatique : la « dépêche d'Ems ». La France donna dans le piège. L'événement eut lieu

1. *Ibid.*, note 2, p. 881 (lettre de Gustave Flaubert du 15 mars 1870).

en juillet, quand George fêtait paisiblement ses soixante-six ans. L'Allemagne soutenait la candidature du prince de Hohenzollern, cousin du roi de Prusse, au trône d'Espagne. La reine Isabelle II avait été renversée pendant la guerre de 1868. Bismarck menait l'affaire en secret et renforçait l'équipement militaire. En juin, le prince de Hohenzollern avait fini par consentir. Une indiscrétion trahit le secret ; le 2 juillet la France était au courant. Les journaux se déchaînèrent contre Bismarck accusé d'ourdir un plan contre la France. L'impératrice poussait son époux à réagir et Bismarck, satisfait, disait « le taureau gaulois [va] se ruer sur le chiffon rouge ». Le duc de Gramont, ministre des Affaires étrangères, protesta contre la Prusse. La France ne souffrirait pas, disait-il, qu'un prince allemand fût placé « sur le trône de Charles Quint ». La France exigea en termes injurieux des excuses du roi de Prusse. Guillaume Ier prenait les eaux à Ems. Le prince de Hohenzollern envoya une dépêche où il renonçait à cette succession. Les partisans de la guerre traduisaient différemment la dépêche d'Ems – que Bismarck exploita sans scrupule. Il ne rendit officiel qu'une partie de son contenu au point que le texte, habilement tronqué, devenait une injure contre la Prusse. Le 14 juillet, la dépêche d'Ems était publiée dans les journaux allemands et ceux de Paris. « À Berlin ! hurlait la foule parisienne. Le 19 juillet (1870) la France déclarait la guerre à la Prusse. George se révoltait :

« C'est une guerre des princes et non des peuples, écrivait-elle à Hetzel, une guerre haïssable et barbare, non seulement sans nécessité mais sans utilité[2]. »

« Paris est fou », disait-elle à Plauchut qui lui décrivait la capitale prise d'une excitation enragée. George voyait sombrement l'avenir de cette guerre qui consternait la province. Les Adam venaient de quitter Nohant, elle leur écrivait que « la guerre [allait] tout désoler,

2. *Ibid.*, p. 123 (lettre à Pierre-Jules Hetzel, 19 juillet 1870).

tout empester ». Flaubert prédisait « une boucherie effroyable ». Juillet s'achevait dans une canicule accablante.

À Flaubert, le 26 juillet :

« Je trouve cette guerre infâme, cette *Marseillaise* autorisée un sacrilège [...]. Nous avons ici des 40 et 45 degrés de chaleur *à l'ombre*. On incendie les forêts : autre stupidité barbare. Les loups viennent se promener dans notre cour où nous les chassons la nuit, Maurice avec un revolver, moi, avec une lanterne. Les arbres quittent leurs feuilles et peut-être la vie ; l'eau à boire va nous manquer. Les récoltes sont à peu près nulles, mais nous avons la guerre, quelle chance [3] ! »

Flaubert lui répondit gentiment que si sa « chère maître » était démoralisée, qu'en serait-il des faibles ?

L'armée française, pantalons rouges et caraco bleu, menée par Napoléon III, la vessie torturée de calculs, était inférieure en nombre et en armes. En quelques semaines, les Prussiens l'anéantirent. Ce furent, en août, les défaites de Wissembourg, Frœschwiller, Forbach. Le ministère d'Émile Ollivier démissionna, remplacé par celui du général de Montauban, comte de Palikao. On perdit l'Alsace ; la Lorraine était envahie. À Bourges, à Châteauroux, des troupes s'entassaient, mendiaient.

George à Juliette Adam :

« Si nous sommes vaincus, ce n'est pas le roi de Prusse et la diplomatie des autres souverains qui nous donneront la liberté, et nous serons vaincus. [...]. Si nous repoussons les Prussiens, nous ne le ferons qu'à la condition d'une dictature militaire, et comment nous en débarrasserons-nous après ? [...] Nous sommes consternés [4]. »

« L'Empire est fini », écrivait-elle au prince Jerôme Napoléon. Elle restait fidèle à ses idéaux. La Républi-

3. *Ibid.*, p. 128 (lettre à Gustave Flaubert, 26 juillet 1870).
4. *Ibid.*, p. 148 (lettre à Juliette Adam, 18 août 1870).

que renaîtrait, elle était du côté « rouge », à condition que jamais il n'y eût ni violence ni sang versé. « La violence n'entraîne que la violence. » Il y eut dans le Berry une épidémie de variole que George esquiva en emmenant Lina et les petites dans la Creuse puis à La Châtre, chez des amis. Maurice s'offrait pour être mobilisable. « Les peureux eux-mêmes ont épuisé leur peur, constatait George Sand. La France avait été abandonnée de l'Autriche, de la Russie, de l'Angleterre. L'impératrice, nommée régente au début des hostilités, compliqua tout en envoyant une série de télégrammes pour s'opposer au retour de l'empereur. Elle le poussait à un mouvement vers Sedan, cette cuvette, pour prendre par revers les armées allemandes. Napoléon III, flanqué de son fils, Eugène Louis, dit le prince impérial, âgé de quatorze ans, n'avait aucun génie militaire. Le 1er septembre eut lieu la bataille de Sedan et l'armée française fut perdue. L'encerclement prussien était tel, la mitraille allemande si violente, qu'en trois jours, 125 000 hommes de Mac-Mahon étaient vaincus. Après la défaite de Bazeilles, le drapeau blanc était hissé sur la citadelle de Sedan. Au matin du 2 septembre, lugubre, Napoléon III, physiquement et moralement brisé, se constitua prisonnier. Il quitta Sedan en calèche, accompagné de Bismarck. Ses entrevues avec le chancelier, puis avec Guillaume Ier furent d'une grande courtoisie. Qui ferait oublier que l'armée française tout entière était prisonnière ? L'empereur des Français commençait sa captivité près de Kassel, dans le château de Wilhelmshoehe. Au matin du 4 septembre, Gambetta proclamait la déchéance de l'Empire. Jules Favre entraînait la foule à l'Hôtel de Ville où, sans effusion de sang, la République était proclamée. Le 5 septembre, George publiait, dans *Le Temps*, « Lettre à un ami » qui avait dû contrarier son ami le prince Bonaparte :

« Juger le pouvoir exécutif, lui attirer ou lui retirer la confiance publique et passer outre à la défense du pays, tel eût été le devoir d'une majorité qui, dès nos premiers revers, n'a pas trouvé un mot pour accuser ou défendre le pouvoir absolument responsable[5]. »

L'impératrice Eugénie fuyait les Tuileries, dans la calèche de son dentiste américain chez qui elle trouva asile avant de s'embarquer pour l'Angleterre. Le prince impérial suivit ses parents en exil et fut tué à l'âge de vingt-trois ans, au cours d'une reconnaissance de l'armée britannique au Zoulouland. L'impératrice, en pleine tragédie, oubliait son mécontentement à la lecture du roman de George Sand *Malgrétout*. Elle avait cru se reconnaître sous les traits de cette ambitieuse étrangère, prête à tout pour le pouvoir. Quant aux engagements « militaires » de Maurice, ce fut plutôt un rêve maternel qu'une réalité. Maurice n'avait pas fait son service militaire et son seul grade était celui de sous-lieutenant des pompiers. « Quels événements inouïs, fantastiques ! » écrivait-elle à Pauline Viardot. Elle apprenait, stupéfaite, que deux ballons avaient quitté Paris, l'*Armand Barbès* et le *George Sand* ! À bord du *George Sand*, quelques Américains s'étaient enfuis, le *Barbès* emportait Léon Gambetta vers Tours où le gouvernement s'était replié. George Sand tenait les informations des Adam. Elle n'aimait pas Gambetta. Il faisait partie avec ce nouveau gouvernement de ceux qu'elle appelait « nos dictateurs de Tours ». Ils avaient proclamé la République, sans demander au peuple son avis. « La République que je n'espérais plus, se croit la force de tout réparer, Dieu la protège ! » écrivait-elle au prince Jérôme. Elle ne croyait plus en la dynastie napoléonienne. Elle avait mis sa bourse au service des plus meurtris. Elle croyait au courage patriotique de son fils, et déployait son optimisme foncier dans ce marasme. « Nous reverrons-nous cher compère ? », ainsi signait-elle sa lettre au prince Jérôme. Il répondait que « la République serait victime de son impuissance et des désastres du pays ». Flaubert perdait

5. *Ibid.*, note 2, extrait de « Lettre à un ami », p. 218.

jusqu'au goût de la littérature. La confusion régnait, le traumatisme général s'intensifiait. Le pays était envahi, des Prussiens semaient la terreur et pillaient des villages. Ils rôdaient vers Nohant. En Puisaye, Sido, la mère de la future Colette, enterrait ses bouteilles de vin dans sa cave. L'insécurité et la famine se mêlaient. George frémissait de cette guerre et de cette paix arrachée à la honte.

« Je ne sais pas si c'est la paix, je ne sais quel avenir, [...] quels nouveaux désastres nous menacent encore [...]. On pourra ramasser les blessés, soigner les malades [...], c'est un répit dans la souffrance intolérable. Arrière la politique ! Arrière cet héroïsme féroce du parti de Bordeaux qui veut nous réduire au désespoir. [...] Nous craignons la lutte Favre et Gambetta [6]. »

Elle écrivait ces mots à Henry Harrisse. La République avait ramené de leur exil Victor Hugo, Louis Blanc, Félix Pyat, Pierre Leroux, Ledru-Rollin. En 1848, elle eût bondi à leur rencontre. Elle se repliait dans sa famille et son journal devenait – comme le ton de ses lettres – un monologue désabusé. Elle ne croyait pas en Gambetta ni en l'armée de la Loire. Elle pressentait des malheurs plus graves. Vierzon, si près de Nohant, était tombé. Elle travaillait résolument, « avec entrain » Si l'ennemi envahissait Nohant, elle protégerait Maurice, ferait fuir Lina et les petites et attendrait tranquillement l'ennemi sur son perron. Sa satisfaction, disait-elle, serait d'avoir travaillé jusqu'au dernier moment de sa vie. Mérimée venait de mourir, Laure Fleury aussi. De Paris arrivaient les nouvelles de la défaite. Pour la première fois, devant l'Hôtel de Ville, une foule criait ces mots lourds de conséquences : « Vive la Commune ! » Les communards étaient un mélange d'anarchistes, de communistes, de jacobins et de socialistes. La bourgeoisie et les conservateurs les redoutaient : ils étaient le véritable ennemi à

6. *Ibid.*, p. 272-273 (lettre à Henry Harisse, janvier 1871).

supprimer, quitte à collaborer avec l'ennemi étranger. George Sand les défendit jusqu'à un certain point. On critiqua trop radicalement son attitude pendant la Commune. George Sand détestait tout groupe qui devenait sanguinaire, incendiaire. Elle était « rouge » dans la limite du changement paisible, ce qui fut toujours son utopie. Elle vécut mal la Commune et n'intégra pas sa violence, elle défendit M. Thiers. Les communications avec Paris étaient coupées, les informations qui lui arrivaient étaient faussées par les gens au pouvoir qu'on appela les versaillais (le gouvernement s'était réfugié à Versailles). On recommençait 1848 et l'erreur de jugement de Sand vint de sa non-information. Elle était à Nohant et ne suivit rien de la réalité de la Commune. Elle ne put analyser les motifs de ce combat patriotique contre l'envahisseur, de ce combat politique contre les conservateurs. M. Thiers avait été nommé chef du pouvoir exécutif par l'Assemblée nationale en février 1871. Les préliminaires de la paix, cette paix honteuse, qui préparait déjà la guerre de 1914-1918, étaient signés le 1er mars. Le 8 mars, à Barbaste, en Lot-et Garonne, mourait le baron Casimir Dudevant. Il avait soixante-seize ans. En 1869, il avait adressé une savoureuse requête à l'empereur qui s'amusait à lire ce document à ses visiteurs. Casimir demandait la Légion d'honneur pour avoir supporté une telle épouse :

« En demandant cette récompense, je m'appuie non seulement sur mes services depuis 1815 au pays et au pouvoir établi, services sans éclats, insuffisants peut-être, mais encore sur les services éminents rendus par mon père depuis 1792 jusqu'au retour de l'île d'Elbe. Bien plus, j'ose invoquer des malheurs conjugaux qui appartiennent à l'Histoire. Je continue : marié à Aurore Dupin, connue dans le monde littéraire sous le nom de George Sand, j'ai été cruellement éprouvé dans mes affections d'époux et de père, et j'ai la confiance d'avoir mérité le sympathique intérêt de tous ceux qui ont survécu les événements lugubres qui ont signalé cette partie de mon existence[7]. »

Le directeur du *Temps*, Hébrard, pour distraire les convives chez Magny, en pleine guerre, lut cette lettre et s'exclama :

« Ceci est une lettre de M. Dudevant, le mari de Mme Sand, demandant la croix... comme titre de cocuage[8]. »

Le baron mourut sans avoir été décoré.

La faim tenaillait Paris pendant le siège. On abattait les animaux du zoo, on mangeait des chiens, des chats, des rats. George s'effarait et notait dans son Agenda :

« Dans la province, le dit gouvernement a envoyé une dépêche portant qu'il était tout entier à Versailles et qu'il ne fallait pas recevoir d'autres ordres que les siens, ce qui prouverait qu'on s'est emparé de l'Hôtel de Ville et que conspiration, émeute, a le dessus à Paris. Serait-ce de nouvelles journées de juin ? J'en suis malade[9]. »

Gambetta, hors de lui, avait démissionné. On ravitaillait lentement Paris, mais les élections témoignaient de la peur générale. Sur 768 députés élus (ceux de Paris avaient été limités à 43), 150 seulement votaient pour la République et la poursuite de la guerre – dont Edmond Adam, Gambetta, Louis Blanc. La majorité s'avérait monarchiste et conservatrice. Paris devenait le brûlot républicain à éliminer. Adolphe Thiers, « le petit Thiers », âgé de soixante-treize ans méprisait ouvertement le peuple, cette « vile multitude ». George Sand ne vit pas clair dans ce personnage : elle entrevoyait un mieux-aller avec ce chef d'Assemblée qu'elle estimait, à la longue, bénéfique à la France. Elle n'avait pas deviné le monstre. Elle souhaitait plus que tout la sauvegarde de la république. Elle s'indignait autant des

7. *George Sand l'amoureuse*, *op. cit.*, p. 342.
8. Même source, même page.
9. G. Sand, *Corr.*, tome XXI, p. 347 (Agenda 19, mars 1871), note 2.

communards que des versaillais. *L'Officiel* parvenait encore à Nohant. Ce journal était aux mains du Comité central uni au Comité de la fédération républicaine, d'où le nom de « fédérés ».

Commentaires de George Sand :

« [Les fédérés] sont des ânes grossièrement bêtes, ou des coquins de bas étage. La foule qui les suit est en partie dupe et folle, en partie ignoble et malfaisante. [L'Assemblée] est... stupidement réactionnaire. Elle ne veut pas de conciliation [10]. »

Elle tenta d'envoyer, par Plauchut, devenu communard, une lettre à l'ouvrier en imprimerie Émile Eudes, lié à Blanqui, membre de la Commune. Elle espérait un accommodement. George Sand n'était pas l'infâme réactionnaire que l'accuse d'être Henri Guillemin. Elle ne condamnait pas Plauchut d'être communard. Sa terreur, sa tristesse étaient la guerre civile qui « fait reculer davantage la France ». Louis Blanc et les blanquistes s'étaient montrés trop violents autant à Bordeaux qu'en hélant le peuple de Paris. « Tout le monde est coupable », concluait-elle, le 27 mars, à Plauchut. Thiers avait signé un traité de paix qui abandonnait l'Alsace et la Lorraine. Il acceptait, à la honte des républicains, le défilé des troupes allemandes dans Paris, et une dette de guerre de cinq milliards de francs-or. Paris et son peuple se révoltèrent. Thiers supprima la solde des gardes nationaux qui gonflèrent les rangs des insurgés. Il fit condamner à mort les chefs révolutionnaires ce qui ulcéra le prolétariat. Il renforça son installation et celle de l'Assemblée à Versailles. Paris était méprisé et mis hors jeu. Le défilé allemand eut lieu le 1er mars, à la consternation de la ville. Les rues étaient drapées de noir, le silence total. On désinfecta chaque voie après le passage allemand. La garde nationale avait retranché un lourd canon à Montmartre et refusa de le rendre au gouvernement. M. Thiers décida une

10. *Ibid.*, p. 350 (Agenda, 23 mars 1871), note 2.

action. Il envoya une troupe de quinze mille hommes pour s'emparer du canon symbolique. De Montmartre, civils, fédérés, gardes nationaux, descendirent à l'Hôtel de Ville. La formidable troupe envoyée par Thiers refusa de tirer sur eux. La nuit du 19 mars, le drapeau rouge flottait sur l'Hôtel de Ville. Les événements prirent un tournant sanglant. Pendant l'insurrection, les insurgés avaient fusillé les généraux Lecomte et Thomas. Le comité central de la garde nationale était soutenu par l'Association internationale des travailleurs. Ils décrétèrent les élections du conseil de la Commune qui fut proclamée officiellement le 28 mars 1871. La « Commune » s'étendait aussi en province. George Sand achevait son roman *Francia*, transposition des événements : il se déroulait en 1814, lors de l'occupation de Paris par les Alliés.

George Sand :

« C'est maintenant le règne des plus furieux à l'Hôtel de Ville. La déroute est complète : les gardes nationaux du parti qui ont pu rentrer dans Paris disent qu'ils ont été trahis, livrés [...]. Le parti de la Commune se désorganise rapidement. [...] Ils sont incapables de triompher par la force. [...] Le parti républicain est trop divisé [...]. Thiers était dans le vrai. La réalité des faits, la nécessité du bon sens parlaient par sa bouche [11]. »

Les informations que recevait George Sand venaient désormais de Versailles. Thiers durcit la situation. Il ordonna l'assaut contre Paris (le peuple), ce fut le second siège de Paris, la France bourgeoise contre la France rouge. Thiers fit couper toute communication. Le comité s'organisait, remplaçait par ses propres élections les juges, la police, et empruntait étrangement un million à la Banque de France. M. Thiers et Versailles empruntèrent cent fois plus.

George Sand à Edmond Plauchut :

« Quelle tristesse et quelle anxiété ! Si vous pouviez

11. *Ibid.*, p. 359-360 (lettre à André Boutet, 6 avril 1871).

opposer une ferme et froide résistance sans effusion de sang ! Ce parti d'exaltés, s'il est sincère, est insensé et se précipite de gaieté de cœur dans un abîme. La République y sombrera avec lui [12]. »

Les classes aisées désertaient Paris à toute vitesse. George Sand sentait que la Commune révolutionnaire imposerait ses lois par la violence. La guerre civile serait un désastre. Le 1er avril, Paris était bloqué. M. Thiers avait publié une circulaire rassurante : il ne ferait pas marcher la troupe sur Paris. Ce fut le contraire. Le 2 avril, 170 000 versaillais marchèrent sur Paris et attaquèrent un faubourg de l'Ouest. Ils fusillèrent sur-le-champ les prisonniers. Le 3 avril, ce fut l'échec des fédérés qui marchaient sur Versailles. Gustave Flourens, à leur tête, fut tué d'un coup de sabre, on ramena son corps à M. Thiers. La Commune répliqua en ordonnant des prises d'otages, au hasard, dans Paris. Elle décida d'en fusiller trois pour chaque communard tué. Il y avait parmi eux l'archevêque de Paris. Thiers ordonna, tout simplement, de bombarder Paris. C'était le dimanche des Rameaux. Le 12 avril, Pierre Leroux mourait. Les obsèques eurent lieu le 14, des journaux prétendirent, à tort, que George Sand était présente. La Commune allait vivre et mourir en deux mois, en deux mois, on chanterait *Le Temps des cerises*, et à Nohant, celui des merles moqueurs... La Commune se battit avec enthousiasme et s'organisa comme un État à part entière. Elle menait ses réformes à toute allure. L'Église serait séparée de l'État, les prêtres ne seraient plus payés par le gouvernement – tout serait le contraire du second Empire et des versaillais. L'enseignement deviendrait public, laïque, obligatoire. Les usines seraient gérées par l'association des ouvriers. Les nouvelles arrivaient, déformées et odieuses contre la Commune, dans *Le Gaulois*, journal versaillais. Les Allemands occupaient encore les forts de l'Ouest et la

12. *Ibid.*, p. 349 (lettre à Edmond Plauchut, 24 mars 1871).

Commune fut rapidement traquée. Edmond Adam avait laissé le pouvoir au jacobin fanatique Raoul Rigault. Il ordonna, en réaction à la menace de bombardement de Thiers, de brûler son hôtel particulier. « Ils ont volé l'argenterie de M. Thiers », notait Sand dans son journal daté du 19 avril 1871. Et ce fut la semaine sanglante du 21 au 30 mai. *Le Gaulois* ne dit jamais ce qui se passa : on massacra par milliers des hommes, des femmes, des vieillards, des enfants. Il y eut de nombreux points de résistance, il y eut le feu. De grands incendies ravagèrent le palais de la Légion d'honneur, le Conseil d'État, la Cour des comptes, les Tuileries, le Palais-Royal, la bibliothèque du Louvre. « Ah ! Les infâmes ! » s'indignait George Sand. Le 25 mai, elle écrivait à Oscar Cazamajou que tout était enfin terminé :

« Oui, c'est fini, j'espère, à l'heure où je t'écris. Et bientôt tu pourras aller faire tes affaires dans cette ville folle qui vient de payer cher son mépris pour l'opinion de la France, opinion trop arriérée j'en conviens, mais que cette jolie insurrection ne fera pas marcher plus vite [...]. Nous ne savons pas si les combats ont été très meurtriers pour nos pauvres soldats [13]... »

On n'aime pas lire sa réflexion à Charles Poncy : « La voilà vaincue, cette chimérique insurrection. »

Elle était soulagée de savoir l'armée dans Paris, on était loin de la jeune Sand qui frémissait, si généreusement, aux événements patriotiques. Le 10 mai, c'était la signature du traité de Francfort, le 16 mai, les insurgés démolissaient la colonne Vendôme. Il faisait une chaleur étouffante quand les troupes versaillaises envahirent la capitale. Ils installèrent leurs mitrailles et leurs canons au Trocadéro, et à l'Arc de triomphe où ils tirèrent sur les Champs-Élysées. Les boulevards conçus par Haussmann servirent funestement les représailles. Les communards, traqués, leurs dérisoires

13. *Ibid.*, p. 389 (lettre à Oscar Cazamajou, 25 mai 1871).

barricades éboulées, allaient mourir. La collaboration des Prussiens fut utile aux versaillais. Montmartre fut massacré : hommes, femmes, enfants étaient fusillés en représailles des deux généraux abattus. « L'expiation serait totale », se délectait M. Thiers. Rigault ordonna d'exécuter les otages : des prêtres, des gendarmes et l'archevêque de Paris. Le commandant de la Commune, le vieux Charles Delescluze, navré d'un tel déchaînement, se sacrifia. Il monta sur une barricade, en redingote et chapeau, et attendit volontairement la mortelle rafale. On répétait la Terreur de 1793. Le 26 mai, Victor Hugo offrait par lettre l'asile à Bruxelles aux vaincus de la Commune. George blâmait sévèrement la violence des insurgés, surtout les incendies :

« J'aimais cette ville, cette population aimable et vivante : c'est devenu un repaire de bandits de toutes les nations, opprimant un troupeau de couards et d'imbéciles [14]... »

À Mme Vve Martine, le 30 mai :

« Grâce à Dieu, le Luxembourg, l'Odéon et le Panthéon ne sont pas brûlés, et grâce à vous mon petit mobilier est intact. »

George Sand croyait à la désolante rumeur des « pétroleuses », femmes prétendument armées de bouteilles de pétrole, qui déclenchaient, criminellement, les incendies. Les versaillais les traquaient jusqu'à la folie ; plus d'une malheureuse surprise une bouteille de lait à la main fut massacrée. Extrait du journal de Sand, daté du 30 mai, à ce sujet :

« Il paraît officiel que les femmes empoisonnaient nos soldats à Paris, et allumaient l'incendie avec rage, aidées de leurs enfants [15]. »

La Semaine sanglante s'achevait à la Pentecôte par l'exécution de cent quarante-sept communards fusillés

14. *Ibid.*, p. 393 (à Joseph Dessauer, 29 mai 1871).
15. Source citée dans *George Sand, ou le Scandale de la liberté*, *op. cit.*, p. 497.

devant le mur du cimetière du Père-Lachaise. « C'est fini », notait Sand. Elle s'interrogeait sur le sort des vingt mille prisonniers. On en massacra la majorité sans sommation. Partout ; dans les parcs, en prison, contre les murs, on fusilla, on pendit, on massacra à coups de crosse. Pour aller plus vite, on utilisa une nouvelle machine allemande : la mitrailleuse. C'était « l'expiation » selon M. Thiers.

Vingt-cinq mille Parisiens étaient exterminés et l'air empestait.

Ses amis engagés se refroidirent à l'égard de George. Où était la muse de 1848 ? Les Adam lui en voulaient, Juliette avait été malade. Elle n'aimait pas que Sand, qu'elle avait vénérée, eût si mal compris ce farouche, sincère et désespéré élan populaire.

« Mme Sand nous attriste toujours plus. Nous la trouvons presque aussi violente contre Gambetta et ses lieutenants que contre les assassins des otages. Elle les englobe sans cesse dans la même réprobation. [...] Elle raille son enthousiasme d'autrefois, ses impatiences des délais qui voulaient à tout prix réaliser le progrès, même par la force. [...] Elle nous prêche, Adam et moi, sur ce qu'elle appelle notre « sectarisme » [...]. Notre grande amie veut "que nous cessions de maudire et même de souffrir" [16]. »

Le 11 juin Flaubert lui écrivait « jamais je n'ai eu plus envie de vous voir que maintenant ». Il rentrait de Paris, suffoqué de « l'immense bêtise parisienne ». Ils s'interrogeaient sans cesse sur la démocratie. Elle lui confiait sa déception sur la déraison de « tant de choses atroces » :

« Quel sera le contrecoup de cette infâme Commune ? [...] Je ne vois plus que ténèbres. Je jugeais les autres par moi-même. J'avais gagné beaucoup sur mon propre caractère... J'avais semé sur mes volcans de l'herbe et des fleurs qui venaient bien, et je me figurais

16. G. Sand, *Corr.*, tome XXI, p. 415 (note 1).

que tout le monde peut s'éclairer, se corriger ou se contenir ; [...] et voilà que je m'éveille d'un rêve pour trouver une génération partagée entre le crétinisme et le *delirium tremens*[17]. »

Flaubert pensait que le remède était d'en finir avec le suffrage universel. Il s'obstinait à vouloir une élite. George répondait que seule la démocratie importait, ni la monarchie, ni la tyrannie, ni la Commune, ni un monde d'élites à la Flaubert, n'étaient la solution au progrès de l'humanité. Le cercle des Adam la blâmait ? Elle répondait à Plauchut :

« Ne me justifie pas quand on m'accuse de *n'être pas assez républicaine...* au contraire, dis-leur que je ne le suis pas à leur manière. Ils ont perdu et ils perdront toujours la République, absolument comme les prêtres ont perdu le Christianisme. [...] Les partis, j'en ai plein le nez, je n'en veux plus. Je tiens pour crétins et insensés tous ceux qui se donnent à des personnalités. Comme au lendemain de juin 1948, le dégoût me jette dans l'isolement en face de ma conscience révoltée et libre [...] j'espère que tu ne vas pas respirer longtemps l'odeur des cadavres et que tu vas venir pour ma fête [...]. Je te *défends* de m'apporter un cadeau, ce serait *mal*, cette année[18]. »

Le soir de cette lettre (18 juin), Maurice donnait à Nohant une représentation pour marionnettes, *Jouets et Mystères*.

George à Henry Harrisse (le 6 juillet) :

« Je crois à la sincérité, à l'honneur, à la grande intelligence de M. Thiers et du noyau modéré qui joint ses efforts aux siens. »

George Sand avait réclamé dûment à Lévy et Buloz de l'argent. Elle avait écrit deux romans à la suite : *Césarine Dietrich* et *Nanon*. En septembre, elle écrivait à Flaubert une très longue lettre où elle faisait le point

17. *Ibid.*, p. 419-420 (lettre à Gustave Flaubert, 14 juin 1871).
18. *Ibid.*, p. 424-425 (lettre à Edmond Plauchut, 16 juin 1871).

sur le peuple qu'il détestait. « Ah ! Chère bon maître, disait Flaubert, si vous pouviez haïr ! C'est là ce qui vous a manqué : la haine. » Elle sursauta :

« Eh quoi ? Tu veux que je cesse d'aimer ? Tu veux que je me dise que je me suis trompée toute ma vie, que l'humanité est méprisable, haïssable, qu'elle a toujours été, qu'elle sera toujours ainsi ? Et tu me reproches ma douleur comme une faiblesse, comme le puéril regret d'une illusion perdue ? Tu affirmes que le peuple a toujours été féroce, le prêtre toujours hypocrite, le bourgeois toujours lâche, le soldat toujours brigand, le paysan toujours stupide ? Tu dis que tu savais tout cela dès ta jeunesse et tu te réjouis de n'en avoir jamais douté ? Parce que l'âge mûr ne t'a apporté aucune déception : tu n'as donc pas été jeune. Ah ! nous différons bien car je n'ai pas cessé de l'être, si c'est être jeune que d'aimer toujours !

« Comment veux-tu que je fasse pour m'isoler de mes semblables, de mes compatriotes, de ma race, de la grande famille au sein de laquelle ma famille privée n'est qu'un épi dans le champ terrestre ? [...] Non, non, on ne s'isole pas, on ne rompt pas les liens du sang, on ne maudit pas, on ne méprise pas son espèce. [...] Notre vie est faite d'amour, et ne plus aimer c'est ne plus vivre. [...] Le peuple, dis-tu ! Le peuple, c'est toi, c'est moi, nous nous en défendrions en vain. [...] Ce n'est pas le peuple de Paris qui a massacré les prisonniers, détruit les monuments et cherché à incendier la ville. [...] Le mouvement a été organisé par des hommes déjà inscrits dans les rangs de la bourgeoisie et n'appartenant plus aux habitudes et aux nécessités du prolétariat. Ces hommes ont été mus par la haine, l'ambition déçue. [...] L'absence de travail les a forcés de marcher au combat pour trente sous par jour... Et toi, ami, tu veux que je voie les choses avec une stoïque indifférence !... Non, cent fois non... Nous avons à faire des immenses efforts de la fraternité pour réparer les ravages de la haine. Il faut conjurer le fléau, écraser l'infamie sous le mépris et inaugurer par la foi la résurrection de la patrie.

George Sand [19]. »

Cette lettre ouverte fera le quatrième feuilleton du *Temps*. Non, jamais elle ne pencherait vers la haine. Elle se tournait résolument vers l'avenir – celui de ceux qu'elle aimait. L'Empire, la Prusse, la Commune, « ces trois fléaux », laisseraient une longue trace mais déjà, mais rien ne valait le sourire d'Aurore (Lolo) et de Gabrielle (Titite). Les prunes abondaient. Il fallait faire ses confitures. Elle avait autrefois écrit à Jules Néraud le sérieux de faire les confitures :

« Les confitures, c'est sérieux. J'ai fait une quarantaine de livres de confitures de prunes. [...] Je me charge de les conserver, car cela demande encore de certains soins [...]. On ne peut pas confier cette besogne. Il faut la faire soi-même et ne pas la quitter d'un instant. C'est aussi sérieux que de faire un livre [20]. »

En haut du cerisier, le merle chantait. Les morts de Paris s'entassaient aux charniers.

19. *Ibid.*, p. 545 à 555 (lettre à Gustave Flaubert, 14 septembre 1871).
20. G. Sand à Jules Néraud, *Corr.*, tome VI, 1844.

Chapitre 39

« LAISSEZ VERDURE... »

(Nohant, 8 juin 1876)

Il restait à George Sand cinq années à vivre. Elle atteignait le grand art de vieillir, savourant les bonheurs quotidiens, écartant toute amertume. Tout redevenait innocent et aimable comme au premier temps de l'enfance, quand sa mère lui chantait *Les lauriers sont coupés*. Ses chers morts reculaient dans son cœur, confondus aux ombres poudrées des arbres, des fleurs, des bêtes charmantes. Le 5 juillet 1872, elle avait eu soixante-huit ans, on avait tiré au petit canon. Lolo et Titite avaient mis leurs plus belles robes. George souffrait d'un reste de coqueluche. Elle achevait sa guérison en plongeant avec Plauchut dans l'Indre.

« Je plonge ma coqueluche, écrivait-elle à Solange, dans l'écluse écroulée de la *Biosse*, tous les jours. Ça fait un torrent superbe. [...] J'ai beaucoup travaillé, j'ai fini ma pièce et bien que je tousse toujours, je me porte à merveille [1]. »

Elle horrifiait son médecin mais elle riait, la bonne dame de Nohant, vêtue d'une « robe de bain », le teint safran, la chevelure encore noire serrée dans un bonnet. Elle nageait sur le dos, sur le ventre, dans l'écume

1. G. Sand, *Corr.*, tome XXIII, p. 152 (lettre à Solange Clésinger, 6 juillet 1872).

glacée, et pour se réchauffer après le bain, allongée dans l'herbe, elle fumait un cigare. Ainsi s'en allait la coqueluche qui avait atteint en premier les petites. Elle consolait Flaubert qui avait perdu, en avril, sa mère. Elle projetait un voyage en famille au bord de la mer, à Cabourg.

« Cher vieux troubadour, [...] pourvu que l'on voyage et qu'on se baigne, je suis folle de joie. Décidément nos deux vieilles *troubadoureries* sont deux antinomies. Ce qui t'ennuie, m'amuse, j'aime le mouvement, le bruit, [...] je suis absolument comme mes petites-filles qui sont ivres d'avance sans savoir pourquoi... Aurore fait les malles de ses poupées et Gabrielle, qui préfère les bêtes, prétend emmener ses lapins. [...] Le bon Plauchut vient courir avec nous [2]. »

Ses petites-filles devenaient sa joie de tous les instants, Aurore (Lolo) avait sa préférence, confiait-elle à Flaubert :

« Ma passion dominante, en somme, c'est mon Aurore. Ma vie est suspendue à la sienne, elle a été si gentille en voyage, si gaie, [...] c'est une société véritable et une société sympathique à toute heure. – Ah ! Que je suis peu *littéraire !* Méprise-moi, mais aime-moi toujours. » Dans la même lettre, elle disait avoir repris son travail ordinaire. « Je continue mes bains dans la rivière, mais personne ne veut m'y suivre, elle est trop froide. Moi, je trouvais à la mer le défaut d'être trop tiède. Qu'est-ce qui croirait qu'avec mon air et mon âge tranquille, j'aime encore les *excès* [3] ? »

Elle avait simplement modifié les horaires de ses nuits : passé minuit, elle n'écrivait plus, son âge exigeait un peu du sommeil nocturne. La journée la ravissait du matin au soir. Elle se passionnait pour la botanique, elle passait deux heures à instruire Lolo, une heure avec Titite. De Nohant à La Châtre, la bonne

2. *Ibid.*, p. 167-170 (lettre à Gustave Flaubert, juillet 1872).
3. *Ibid.*, p. 206 (lettre à Gustave Flaubert, 31 août 1872).

dame de Nohant avait fait oublier les frasques de la jeune Aurore Dupin et celles de la sémillante baronne Dudevant. La botanique l'enivrait, cueillir des plantes rares, les faire sécher, trouver leur nom, était « le Paradis sur terre ». Elle savourait l'été avec des yeux d'enfant, les yeux « en diamants noirs » de Lolo et Titite. « Jamais notre jardin, écrivait-elle à Eugène et Esther Lambert, les prés, les haies et les chemins n'ont été si fleuris et si frais » (juillet 1872). Elle recevait avec plaisir, de Solange, des fleurs séchées qu'elle lui envoyait de Cannes où Solange avait une villa appelée *Malgré-tout*. La mère et la fille communiquaient mieux – à condition que ce fût de loin. À Noël, Solange envoya un bijou à sa mère, des cadeaux pour les enfants, mais invinciblement, sa mère lui interdisait de venir à l'improviste. Parler fleurs, littérature, l'aider à son roman, lui verser sa pension, l'aimer de loin, soit. Elle refusait Solange à Nohant telle une menace destructrice de cette paix si vaillamment construite. Elle se souvenait trop du temps déchiré de Solange à Nohant « où même les chiens devenaient hargneux ». Aurore et Gabrielle – surtout Aurore – étaient la transposition vivante de Nini. Nini qui se développait, elle en était sûre, dans un monde meilleur, de l'autre côté des frais jardins d'ici-bas. Elle avait savouré, à Cabourg, le bain des petites dans la mer, les promenades à ânes. À table, elles dévoraient les huîtres, le poisson, les fruits. Il y avait vingt ans que Pauline Viardot n'était pas revenue à Nohant. Les Viardot étaient à Londres, le mari de Pauline s'était brouillé avec le régime de Napoléon III. Le 25 septembre 1872, George fut émue aux larmes de recevoir à Nohant sa chère Pauline avec ses deux filles grandies. Aurore n'oublia jamais ce séjour ébloui. Pauline chantait à ravir, ses filles aussi. Le concert avait lieu le soir, après dîner. George remerciait sa « fille chérie » : « Comment vous dire l'ivresse où vous m'avez fait vivre ? » Les filles de Pauline avaient « des voix de cristal », mais Pauline, ô Pauline ! Lolo buvait la musique, Titite aussi, Maurice croqua un dessin de ce cercle enchanteur, avec Lina, Plauchut, Aucante. La musique avait rassemblé les êtres que George chérissait le plus au monde. Elle trouvait « rude de redescendre de l'empyrée musical à la littérature ». Tourgueniev arriva le 3 octobre. Il souffrait de rhumatismes mais savait rendre sa présence riche et légère. George n'avait pas réussi à convaincre Flaubert de se joindre à eux pour se distraire du deuil de sa mère. La mort de Théophile Gautier, le 23 octobre, le meurtrissait. Maurice partit faire une excursion entomologique dans la forêt d'Orléans, Plauchut chassait, Lina était toujours « la meilleure des filles ». George écrivait à Flaubert : avait-il besoin, à ce point, de s'enfermer avec tous ses chagrins ?

« Pauvre Théo (Théophile Gautier), je le plains non d'être mort mais de n'avoir pas vécu depuis vingt ans. [...] Je t'en veux de devenir sauvage et mécontent de la vie. Tu regardes trop le bonheur comme une chose possible, et l'absence de bonheur, qui est notre état chronique, te fâche et t'étonne trop. Tu fuis tes amis. [...] Pourquoi n'es-tu pas venu chez nous avec Mme Viardot et Tourgueniev ? [...] Pourquoi ne te marierais-tu pas ? Être seul, c'est odieux, c'est mortel, et c'est cruel aussi pour ceux qui vous aiment. Toutes tes lettres sont désolées et me fendent le cœur. N'as-tu pas une femme que tu aimes ? [...] N'y-a-t-il pas quelque part un moutard dont tu peux te croire le père ? Élève-le, fais-toi son esclave, oublie-toi pour lui. [...] Tu enfermes une nature exubérante dans une geôle et tu fais d'un cœur tendre et généreux, un misanthrope de parti pris [4]. »

Il était « le seul point noir dans sa vie ». Elle devenait de plus en plus pour lui la mère disparue, la mère idéale. Non, jamais il ne se marierait, mais il aimait lire à la fin de ses lettres « je t'aime, tu m'inquiètes ». Le malheur, elle l'avait connu, lui disait-elle, et quels deuils, quelles déchirures ! Elle lui prônait cet « oubli »

4. *Ibid.*, p. 279-280 (lettre à Gustave Flaubert, 26 octobre 1872).

symbolique et salvateur (« J'oublie si bien ») sans lequel les morts et les regrets dévorent tout vifs les vivants. Elle lui disait avec gaieté et malice que certes, à Nohant, ils n'étaient pas assez littéraires pour lui mais « on aime et ça emploie la vie ». Il finit par accepter de passer Pâques avec eux. Jamais les habitants de Nohant n'avaient autant déployé d'efforts pour le dérider. Il arriva le 12 avril 1873 au soir – il repartira le 19. Solange vendait sa villa *Malgrétout* et en avait fait un bon placement. Sa mère la dissuadait de s'installer dans le voisinage, il n'y avait, lui écrivait-elle, aucune demeure décente dans les environs. Elle la remerciait pour l'envoi de ses papillons séchés, et de son portrait en photographie qu'elle trouva trop noir et peu ressemblant. Elle ne l'invitait pas à se joindre à eux à Pâques. À quarante-cinq ans, Solange était toujours l'enfant bannie.

George et les siens offrirent à Flaubert toutes les festivités possibles. Elle le trouva moins gros et moins fatigué. Le jour de Pâques, ils dansèrent un fandango endiablé, Flaubert, miracle, enfila une jupe et se mit à danser ! L'ennui le reprenait, et par-dessus tout le manque de parler encore et toujours littérature. George le trouvait plus vieux qu'elle, bien qu'il eût cinquante et un ans. La collection de papillons de Maurice le charma. On lui évita le spectacle des marionnettes. Il eut la joie de leur lire sa *Tentation de Saint-Antoine* enfin achevé. Il s'animait, aux prises avec le seul sens de sa vie : la littérature. On l'écouta presque une nuit entière. Tous admiraient ce très beau texte, il reprenait confiance en lui mais le joyeux vacarme de Nohant le fatiguait. Décidément, point de femme, point d'enfant, la solitude de son « gueuloir » et comme unique maîtresse, l'écriture. Il adorait George Sand mais loin de Nohant, et surtout par correspondance. Où nul tintamarre ne dérangeait leur fabuleux tête-à-tête. Tourguéniev raidissait Flaubert, même s'il était le plus discret et gentil garçon du monde. Flaubert avait fait des efforts, il avait même dansé, valsé et écouté un poème écrit par Maurice. Quand il repartit, George notait dans son journal qu'elle émergeait « courbaturée de son cher Flaubert ». Il exigeait une telle attention, une exclusivité si absolue qu'il l'épuisait. Tourgueniev avait autant de génie, et une grande délicatesse. On aurait dû le préférer, mais, concluait George, c'était Flaubert qu'ils aimaient, Flaubert qui ne les supportait pas « tels qu'ils étaient ». Elle évitait de sombrer dans le passé. Nohant avait été le théâtre de tant d'êtres aimés. Elle était allée à Paris, se faire arracher une dent. Elle logeait rue Gay-Lussac, un pied-à-terre loué depuis 1868. Il faisait froid, la capitale était morne, on hésitait entre la monarchie et la république. George Sand se détournait de la politique. Presque aucune de ses dernières lettres n'évoque les tragédies de la guerre et de la Commune. Elle dînait chez Magny, Paris s'agitait un peu pour les élections de son maire, ce qui l'indifférait. Mlle La Quintinie était loin. En novembre, elle souffrit cruellement de maux divers, d'un rhumatisme du bras qui l'empêchait d'écrire. Elle allait mieux. Le 10 novembre, à Flaubert :

« Ton pauvre vieux troubadour au sortir d'un cruel accès de rhumatisme, pendant lequel il n'a pu ni se coucher ni manger, ni s'habiller tout seul, est enfin debout. Il a passé par le mal de foie, la jaunisse, l'urticaire, la fièvre [5]. »

Il y avait eu le miracle quotidien de Lolo qui l'aidait à s'habiller, à manger, le regard noir et chaud rivé au sien. Lolo la soignait avec passion. Tout était bien, en somme, tout était bon. Il y avait tant d'amour dans le regard de l'enfant. Elle avait écrit pour ses petites-filles *Contes d'une grand-mère*. En juillet, elle avait eu soixante-neuf ans. Elle fut saisie d'une pensée pour ceux qui l'avaient aimée, à Nohant, ceux qui s'étaient baignés dans la rivière ou l'avaient accompagnée au bord de l'Indre, aux moires vertes et bleues. Les morts,

5. *Ibid.*, p. 596 (lettre à Gustave Flaubert, 10 novembre 1873).

ces présences dorées, moirées, fluides et mouvantes, renouvelées à la manière des nuages qui racontent des paysages et des visages. Elle ne pleurait pas, elle ne pleurait plus depuis longtemps. Les souvenirs devenaient ce vivace murmure de la rivière frôlant les herbes hautes fleurant la menthe et la sauge.

« Tout en me couchant dans l'eau, je pense à ceux qui se sont baignés là jadis avec nous : Pauline et sa mère, Chopin, Delacroix, mon frère. Nous nous y sommes même baignés la nuit. On venait à pied, on retournait de même. Tous sont morts, sauf Mme Viardot et moi [6]... »

Elle partit quelques jours en Auvergne avec « sa smala » d'enfants.

Une crispation lui broya l'estomac quand Solange, sans rien lui dire, acheta, avec l'aide d'un intermédiaire, le château de Montgivray à la fille d'Hippolyte. Elle s'y installa en septembre 1873 bien que la négociation définitive fût plus longue. En était-ce fini de la paix de George Sand ? Elle s'inquiétait auprès des Lambert :

« Solange a fait acheter Montgivray à Mme Brétilotet et s'y installe avec elle, et Marie Caillaud. [...] Je ne vois pas cette installation sans craindre pour l'avenir de nouveaux ennuis. Montgivray pourra bien devenir le *Château de la Potinière* [7].. »

Le château de Mont-Revêche... Était-ce pour cette raison, qu'irritée, elle suspendit, en juillet 1874, les versements de la pension de sa fille ? Après son décès, Maurice reversera à sa sœur cet arriéré. Solange était venue à Nohant sans prévenir, le 30 juin, pour la fête de Maurice, et le 5 juillet, pour celle de sa mère. Elle semblait s'amuser de l'hostilité des fillettes et de Lina quand elle approchait. George détestait les visites

---

6. Citée dans *George Sand ou le Scandale de la liberté*, *op. cit.*, p. 504.

7. G. Sand, *Corr.*, tome XXIII, p. 565-566 (lettre à Eugène et Esther Lambert).

intempestives de sa fille. Elle grondait Maurice de la laisser entrer, surtout accompagnée d'un quelconque galant. « Je te croyais le gardien sévère de Lina. » Solange était à jamais la fille sans honneur, déclassée, *infréquentable*. George, dans son rejet, oubliait allégrement ses amants et les scandales que sa vie libre avait provoqués. Maurice était faible, Lina froide, Aurore et Gabrielle, déchaînées. Elles montaient la garde devant la chambre de leur grand-mère pour la protéger de Solange qu'elles honnissaient. Solange était la goule, la furie, l'oiseau de malheur. Solange ne se rendait même plus sur la tombe de Nini où ternissait la croix en marbre blanc qu'elle avait osé déposer un certain jour d'hiver et de solitude désolée. Ce « rapprochement » géographique avait tout perturbé. Quand George lui écrivait, il lui arrivait d'interrompre brusquement sa lettre : « j'ai mal à la tête, bonsoir ». Elle somatisait en une soudaine migraine le lancinant dilemme au doux nom musical : Solange. Le 22 mars 1876, elle rédigea une dernière fois son testament. Elle laissait presque tout à Maurice et à ses descendants (Aurore et Gabrielle) : Nohant, son mobilier, ses enclos, son jardin, ses prés, ses bois, dont une petite maison « avec jardins et plantations de noyers ». Elle lui léguait le domaine de la Chicoterie, comprenant cinquante-huit hectares. Le legs à Solange n'occupait qu'un mince paragraphe. Elle lui laissait le domaine de la Porte ; soit soixante hectares. Maurice paierait à sa sœur « une soulte en argent » pour les différences. Mais quel argent remplacerait la spoliation affective ? Les manuscrits existants et la propriété littéraire demeuraient dans l'indivision. Les avocats de La Châtre arbitrèrent cette clause, Sand eût volontiers tout laissé à Maurice. À sa décharge, elle payait une pension à sa fille ruinée, qui avait anéanti sa dot dont l'hôtel de Narbonne. Solange n'avait aucun enfant de vivant. Nini vivante, George eût largement loti sa petite fille. La solitude de Solange s'épaississait, elle écrivait peu et mal, elle s'ennuyait partout, à Montgivray, en Italie. Mal reçue à

Nohant, mal aimée, aimant mal, sans enfants, sans vrais amis (ô Chopin !), son âge repoussait désormais les admirateurs. Elle était devenue cette femme lourde, au menton épais comme celui de sa mère. Son seul secours était une foi sincère. Solange eût pu inspirer un roman à Flaubert sur le ratage entre cette mère trop brillante et sa fille emmurée dans un orgueil suicidaire, dévorée d'un doute effrayant au sujet de son vrai père. Une fin de vie glacée et solitaire, sans suicide, une douleur morne où saillait parfois le souvenir ébloui de sa mère l'adorant, lors d'une promenade en montagne, à Chamonix. Mais ce n'était là qu'un froid rayon de soleil dans un glacial jour d'hiver. Flaubert traversait un nouveau marasme. George avait appris par Tourgueniev que Flaubert parlait « d'un coup mortel dont il [était] atteint ». Sa nièce et son mari étaient ruinés suite à une banqueroute du marchand de bois qui s'occupait de leurs affaires. Pour aider sa nièce, Flaubert vendit une ferme, se ruinait à son tour. George tentait de remonter son moral ébranlé. Il lui enviait sa sérénité, elle lui parlait de ses petites-filles ; elle l'appelait « son Cruchard chéri ». Elle se distrayait dans l'art des *dendrites*, ces aquarelles qui devenaient son passe-temps favori. Un article de Joseph Pierre dans *Le Correspondant*, du 25 avril 1895, détaille le procédé employé par George Sand :

« Elle plaquait sur le papier, à l'aide d'un pinceau, un pâté de couleur à l'eau (plus particulièrement de la terre de Sienne), elle entourait le pouce de sa main droite avec un chiffon de toile un peu plissé, elle l'appuyait ensuite sur la tache fortement, et les dendrites étaient reproduites comme au naturel. Puis elle reprenait la peinture en sous-œuvre, y peignait un ciel, un fond, le remaniait à l'aide de glacis à l'aquarelle, de touches vigoureuses parfois, lui donnait le dernier coup en employant de la gouache. »

Elle confiait à son ami Henri Amic le sens que prenaient ses dendrites :

« Vous savez comment Maurice me prépare mes

dendrites : il écrase entre deux cartons bristol des couleurs à l'aquarelle. Cet écrasement produit des nervures parfois curieuses. Mon imagination aidant, j'y vois des bois, des forêts ou des lacs, et j'accentue ces formes vagues produites par le hasard [8]... »

« Consulte le Littré sur les dendrites », écrivait-elle à Plauchut. Le Littré de l'époque, à *dendrite*, ne définit que le terme de minéralogie : « Pierre arborisée. On appelle ces pierres figurées dendrites, quand elles représentent des arbres [9]. »

George Sand y mettait toute sa poésie créative. Lolo, disait-elle à Plauchut, était « la préparatrice des *taches* ». Flaubert, à ces jolies nouvelles, frémissait de solitude amplifiée. Non, il n'avait pas su avoir une famille, « j'ai eu peur de la vie », lui confiait-il. La malchance le poursuivait, sa deuxième pièce avait été un échec. On était en juillet 1874 et George avait eu soixante-dix ans. Elle avait mal supporté un court séjour à Paris, son rhumatisme l'avait reprise, Flaubert la désolait. Malade de migraines, d'un eczéma nerveux, de furoncles, il s'était décidé à se soigner en Suisse où, bien sûr, « il s'embêtait à crever » :

« Je ne suis pas *l'Homme de la Nature*. Et je ne comprends rien aux pays qui n'ont pas d'histoire. Je donnerais tous les glaciers de la Suisse pour le musée du Vatican. C'est là qu'on rêve ! Enfin, dans une vingtaine de jours, je serai recollé à ma table verte [10] ! »

George se surmenait. Elle avait monté sa pièce *Salcède* qui deviendrait le roman *Flamarande*. Son rhumatisme au bras la forçait d'interrompre tout écrit. Elle

---

8. Les mentions sur les dendrites ont été citées par Georges Lubin dans le tome XXIII de la correspondance, p. 680, note 1, soit l'article de Joseph Pierre, *George Sand dessinateur et peintre* (*Le Correspondant*, 25 avril 1896), et George Sand, *Mes souvenirs*, Calmann-Lévy, 1891, p. 47.

9. Même source.

10. G. Sand, *Corr.*, tome XXIV, p. 63 (note 3, lettre de Gustave Flaubert).

mit trois jours à répondre à Flaubert. Sa lettre commençait par « Hier, 70 ans ».

« Je reprends ma lettre commencée hier. J'ai encore beaucoup de peine à remuer ma plume, et encore aujourd'hui, j'ai une douleur au côté, et je ne peux pas. À demain [...].

« Tu ne veux pas être l'homme de la nature ? Tant pis pour toi, tu attaches dès lors trop d'importance au détail des choses humaines et tu ne te dis pas qu'il y a en toi-même une force *naturelle* qui défie les *si* et les *mais* du bavardage humain. Nous sommes de la nature, dans la nature, par la nature, et pour la nature. Le talent, la volonté, le génie, sont des phénomènes surnaturels comme le lac, le volcan, la montagne, le vent, l'astre, le nuage. Ce que l'homme tripote est gentil ou laid, ingénieux ou bête, ce qu'il reçoit de la nature est bon ou mauvais. Mais cela *est*. [...] Le difficile, quand on voyage, c'est de trouver la nature, parce que partout l'homme l'a arrangée et presque partout gâtée. [...] Assez, je n'en peux plus. Je t'aime. N'aie pas d'idées noires et résigne-toi à t'ennuyer si l'air est bon là-bas [11]. »

Leur correspondance devenait de plus en plus intime. Il avait besoin de ces pages où elle répétait, aimante et perspicace, « la littérature te tuera et tu ne tueras pas la bêtise ». Si seulement il acceptait la vie comme elle venait ! Mais elle était une femme, une mère et surtout une grand-mère. Les saisons, les douleurs, les bonheurs, la terre, ses moissons, le ciel, ses orages, son soleil et ses étoiles, étaient la part la plus intense de sa vie. L'écriture avait suivi à une cadence d'enfer, et lui avait dérobé des centaines de nuits, mais jamais elle n'avait consenti à une rupture avec ce qu'elle appelait « la nature ». Flaubert avait beau lui répondre qu'il décrivait la vie avec une froide objectivité ; que la nature ne suffisait pas ; que sans l'étai

11. *Ibid.*, p. 63-64 (lettre à Gustave Flaubert, juillet 1874).

d'une œuvre l'homme ou Dieu n'étaient rien. Cette attitude engendrait une insoutenable souffrance, rétorquait sa puissante et paisible amie. Elle eut une influence sur l'œuvre de Flaubert car il écrivit après sa mort *Un cœur simple*, où une servante prend son perroquet pour le Saint-Esprit. La correspondance de George Sand se fait plus brève à mesure qu'elle approche de sa fin. Son organisme vigoureux était laminé par un cancer à l'estomac qui se développait sourdement. La famille vivait resserrée sur elle-même. Maurice chassait le papillon en Auvergne. Ils firent encore quelques belles excursions ensemble. En juin 1874, elle avait posé à Paris pour le sculpteur Carrier-Belleuse qui fit son buste. Que le prince Jérôme fût désolé du retour de la république ne la touchait pas. Elle croyait « encore possible une république sage ». À Flaubert, en janvier 1875 :

« (La république) sera très bourgeoise et peu idéale mais il faut commencer par le commencement. »

Elle travaillait à *Flamarande* qu'elle n'enverrait à Buloz que parfaitement remanié. Il y avait ce rhumatisme, froissement aigu de l'épaule à la main, et, souvent, cette vipère convulsée dans ses entrailles, qui la laissait brisée. Trois ans avaient passé depuis la Commune et elle était toujours indulgente envers ceux qui l'avaient matée. Elle réconfortait Charles Poncy qui se plaignait de l'indolence de son époque :

« L'indolence de cette génération cst générale et il faut s'y habituer tout en la secouant le plus possible [...]. Je sais bien que le monde va mal, je ne m'en inquiète guère pour moi qui n'ai pas la prétention de le quitter avec la joie d'une solution. Je ne m'en tourmente que pour ces chères enfants qui voient encore tout en rose et qui auront tant à en rabattre. Je tâche de les *bourrer* de bonheur, pour qu'elles aient de la santé morale devant les déceptions inévitables [12]. »

12. *Ibid.*, p. 159 (lettre à Charles Poncy, décembre 1874).

Elle leur donnait, en effet, du bonheur à revendre, à ces petites-filles dont l'aînée connaîtrait la guerre mondiale de 1940 et entendrait les avions bourdonner leur menace au-dessus de Nohant. Gabrielle (Titite) mourrait jeune (en 1909), Aurore (Lolo) survivrait à tous. Leur grand-mère leur avait offert l'exemple du savoir-vivre heureux, même sans le bonheur. Elle enseigna à ses petites-filles, autrefois à ses enfants, la régularité si suave des saisons, l'Histoire mêlée aux histoires plus simples, les facettes de l'âme, l'indulgence. Qu'il y ait dans une famille unie une fracture (Solange) ne détruisait rien des forces bénéfiques de la nature. Elle écartait de leur esprit le carcan de la religion donc l'angoisse de mort. Elle leur inculquait l'amour, la certitude d'un Dieu vivant, infini, d'une vie vivante, infinie. Les tribulations de l'existence, les souffrances, ce lot ordinaire, pesaient peu à côté de l'éblouissement de vivre et d'aimer. La mort était naturelle, enchaînant sur une progression. Il convenait d'y penser peu et avec plaisir. De laisser la verdure délicieuse recouvrir les tombeaux. Quand Flaubert épanchait ses idées morbides, elle lui répondait comme elle le faisait peut-être à Titite ou Lolo, « si drôle avec sa grande bouche, ses grands yeux et ses cheveux en buisson » :

« Tu crois [les morts] trop arrivés au repos. Ils n'en ont point. Ils sont comme nous, ils cherchent. Ils travaillent à chercher[13]. »

On croirait entendre Colette affirmer dans *L'Étoile Vesper* : « Les morts sont exactement comme les vivants sauf qu'ils sont morts et voilà tout. » De retour d'un voyage à Venise, Solange avait dîné une seule fois à Nohant, en avril 1874. George protégeait le peu de temps qu'elle devinait lui être imparti. Elle allait vers soixante-douze ans. Elle avait régulièrement publié et envoyé chaque volume à Flaubert, *Ma sœur Jeanne*,

13. *Ibid.*, p. 148 (lettre à Gustave Flaubert, décembre 1874).

Flamarande, La Tour de Percemont, Marianne Chevreuse. Elle commençait *Albine Fiori*, son dernier roman, qu'elle n'acheva jamais. Dumas, « son cher fils », était entré à l'Académie, François Rollinat était mort. En mars 1876, elle se mit à souffrir avec violence de l'estomac. Elle écrivit sa dernière lettre à Flaubert le 25 mars 1876. Elle faisait l'éloge d'Émile Zola qu'adorait Flaubert :

« *[Son Excellence Eugène] Rougon* est un livre de grande valeur, un livre *fort*, comme tu dis, et digne d'être placé aux premiers rangs [...]. Je vais mieux aussi, après des crampes d'estomac à devenir bleue, et cela avec une persistance atroce. C'est une bonne leçon que la souffrance physique quand elle vous laisse la liberté d'esprit. On apprend à la supporter et à la vaincre. On a bien quelques moments de découragement où l'on se jette sur son lit ; mais moi je pense toujours à ce que me disait mon vieux curé quand il avait la goutte : *ça passera ou je passerai* [14]. »

Le 30 mai, le mal empirait. Le 28 mai, elle avait demandé au docteur Henri Favre quelques conseils.

« Malgré mon âge (72 ans bientôt), je ne sens pas les atteintes de la sénilité. Les jambes sont bonnes, la vue est meilleure qu'elle ne l'a été depuis 20 ans. Quand je ne souffre pas de ces cruelles douleurs, [...] je me sens plus forte et plus libre dans mon être que je l'ai peut-être jamais été. [...]. Je monte les escaliers aussi lestement que mon chien mais les évacuations naturelles étant presque arrêtées depuis plus de deux semaines, je me demande... s'il ne faut pas s'attendre à un départ subit [15]... »

Le 29 mai, elle abandonna *Albine Fiori*. Le temps était radieux, son mal lui laissait un répit. Elle fit un grand tour du jardin. Ce fut la dernière fois. Les roses l'enchantaient.

---

14. *Ibid.*, p. 586-587 (lettre à Gustave Flaubert, mars 1876).
15. *Ibid.*, p. 637 (lettre au docteur Henri Favre, 28 mai 1876).

« J'adore les roses, ce sont les filles de Dieu et de l'homme, des beautés champêtres et délicieuses dont nous avons su faire des princesses incomparables. [...] Ma favorite, à moi, est une rose modeste, d'un blanc rosé à feuille de pimprenelle. [...] Elle a le ton le plus fin et le parfum le plus délicat. Après elle, vient pour moi la rose thé, blanche, à cœur verdâtre ; celle-ci ne sent que le thé mais elle brave la gelée [16]. »

Elle avait donné sa leçon d'écriture à Lolo. Lina était à une soirée théâtrale à La Châtre. Elle passa la soirée à dessiner et à jouer au bésigue avec le jeune Sanier, un Nîmois en visite. Elle relut une pièce de Maurice. Elle n'osait songer à son ventre affreusement distendu et à son estomac gonflé. Son cancer de l'estomac se compliquait en occlusion intestinale. La dernière lettre de George Sand fut écrite à son neveu Oscar Cazamajou :

« Cher enfant, je suis toujours patraque, des maux d'estomac qui m'affaiblissent beaucoup... Ici on va bien ; Aurore est charmante. Les père et mère en excellente santé toujours et Nohant est très gai. Ne t'inquiète pas ; j'en ai vu bien d'autres et puis j'ai fait mon temps, et ne m'attriste d'aucune éventualité. Je crois que tout est bien, vivre et mourir, c'est mourir et vivre de mieux en mieux [17].

George Sand »

Et soudain, jusqu'au 8 juin, date de son décès, la maladie la malmena avec une cruauté sans répit. Elle avait fait venir de La Châtre le jeune docteur Marc Chabenat. Il avait prescrit, le matin du 30 mai, un purgatif composé de trente grammes d'huile de ricin avec trente grammes de sirop d'orgeat. À trois heures

16. G. Sand, *Corr.*, tome XVI, p. 569 (lettre à Alphonse Karr, septembre 1861).

17. G. Sand, *Corr.*, tome XXIV, p. 638-639 (lettre à Oscar Cazamajou, 30 mai 1876).

de l'après-midi, elle se sentit si mal qu'elle fit appeler Maurice Il la trouva étendue sur le canapé de sa chambre, convulsée de douleurs si vives qu'elle gémissait. Lina revenait d'une noce avec ses fillettes. Pour la première fois, George se plaignait ouvertement de nausées et de crampes abominables. À huit heures du soir, elle vomissait, le ventre plus gonflé qu'une outre. On fit venir Gustave Papet. Il palpa ce ventre effrayant, son secret putride, et murmura à Maurice « elle est perdue ». On l'avait tant bien que mal déshabillée, elle criait à chaque mouvement. Elle passa la nuit la plus torturée de sa vie. On entendait ses hurlements jusqu'au fond du jardin. Des poignards, des vipères aux venins amers qui empestaient son haleine, se déchaînaient dans ses entrailles. Une odeur affreuse se répandait sous elle. Pauvre épave, secouée de tout bord, elle rejetait l'innommable. On éloigna les petites, Maurice luttait contre des crises d'un sommeil plus lourd que la mort. *Il ne pouvait supporter cela*. Le lendemain, on fit venir deux autres médecins dont le docteur Pestel. Impuissants, ils demandèrent à Maurice de télégraphier à Paris pour mander de toute urgence un spécialiste. Maurice agissait comme dans un cauchemar. Il télégraphia au docteur Favre. Papet insista pour qu'il fût accompagné d'un chirurgien. Le 1er juin, Favre arriva seul. Bavard, incompétent, il monta dans la chambre où les servantes retiraient les draps souillés. Il n'examina pas la malade, qui gisait, lucide, livide, le corps distendu sous un drap. Il décréta « une dysenterie ou une hernie ». Il prescrivit des frictions. Lina, de son côté, envoyait des dépêches au docteur Darchy et au docteur Péan. Péan arriva le premier, au matin du 2 juin. On avait étendu la malade sur un petit lit de fer, près de son lit, de façon à la changer avec plus d'aisance. Péan palpa doucement le ventre violacé, qui avait encore augmenté à la manière de celui d'un noyé qui a séjourné longtemps dans une eau glauque. Elle gémissait, sa souffrance s'augmentait de l'horreur de cette chair corrompue, de répandre la pestilence d'un charnier. Elle, si propre, si fraîche de sa personne, endurait l'humiliation et l'horreur. On descendit au salon et Péan décida d'avoir recours à l'entérotomie. On injecterait avec une sonde, dans l'œsophage, de l'eau de Seltz. À midi et demi, le docteur Péan, en présence de Lina, de ses confrères, de Cazamajou et de deux domestiques, introduisit la sonde. Ce fut un martyre pour George Sand. La sueur inondait son front. Douze siphons d'eau de Seltz furent injectés. Elle croyait, à chaque pulsion, qu'elle allait enfin mourir. L'eau était cette langue de feu, au goût infect, qui mordait sa gorge, violentait son estomac, ébranlait son être. Elle régressait à l'état d'un paquet de viscères déchirés et elle cria de désespoir quand se répandirent en désordre les humeurs les plus atroces des entrailles, de l'estomac, mêlées au sang et à l'urine. On la changea encore et la fièvre baissa un peu. Il y eut une accalmie après ce marasme et cet assaut. Elle répétait : « Je ne veux pas que Maurice me voie souffrir… Que les petites ne viennent pas. » La nuit, veillée par le docteur Pestel, elle lui fit signe de se pencher vers elle :

« Mon pauvre petit docteur, que tu es bon, je te remercie… Pourquoi rester ? Une si vilaine maladie[18] ! »

Elle cessa peu à peu de parler. La nuit du 7 au 8 juin, elle suppliait : « Mon Dieu, la mort, la mort ! » Elle la hélait comme la suprême donatrice, la fin de cette abomination où elle pourrissait vivante. Elle ouvrait les yeux, dans cette chambre obscure. Était-ce l'heure d'écrire, de mourir ? À ses côtés, silencieuse, les yeux noyés, il y avait la fille maudite, la fille bannie, il y avait Solange. George ferma les yeux et souhaita que tout allât vite. Maurice avait télégraphié à Montgivray. Solange s'était précipitée, nulle force ne l'eût retenue, son grand amour, sa haine et son grand échec, sa vraie douleur gisait là, misérable, mourante. *Solange, l'enfant*

18. *Ibid.*, Annexe IV, p. 660 (témoignage de Henry Harrisse).

qui l'avait frappée au ventre. Elle était ce grand poisson des fonds redoutables, se débattant aux rets d'un filet invisible. Solange, le docteur Pestel et Solange Marier ne la quittèrent plus. Il était une heure du matin, elle voulait être lavée. Elle s'en remettait à Solange car le docteur Pestel argumentait que c'était une souffrance inutile de la bouger. Elle regardait Solange et Solange lava son visage, sa chair blasphémée, ses bras, ses mains, ses jambes, ses pieds. Solange reprenait possession de sa mère. Elle la lavait, elle se purifiait de ce mal dressé entre elles depuis de si longues années. Cérémonie d'alliance, baptême indicible. La rémission du péché de n'avoir plus aimé. Qu'importaient à Solange le glacial accueil de Lina, des fillettes, l'ombre blême de son frère ! Elle acceptait les ultimes blessures. À trois heures du matin, son frère se tenait à la porte de la chambre et la mère-amante avait la force de le repousser *par amour* : « Non, non, va-t'en. » À Solange la corvée du corps, sa traîtrise, la saleté. La dernière nuit de sa mère, sa dernière aube furent l'indicible offrande. George Sand demanda à sa fille de tourner le lit du côté de la fenêtre : elle voulait voir l'aurore. Le dernier rendez-vous de George Sand avec l'aube qui bleuissait le carreau. Le temps avait fraîchi, le ciel était gris. La main de sa fille guidait son regard vers cette dernière lueur. Il était dix heures du matin et il y eut soudain du monde dans la chambre. Lina, le docteur Favre, René Simonet, Oscar Cazamajou. Elle murmura :

« Adieu, adieu, je vais mourir. Adieu Lina, adieu Maurice, adieu Lolo, ad... »

Elle allait dire « adieu Titite ». Solange en était sûre. Elle redressa le visage orgueilleux, sans recours, des Abandonnés. Jamais elle n'oublierait la chambre, le lit en fer, la misère des chairs. Jamais elle n'oublierait que sa mère, la veille, avait soudain mordu délicatement sa main. Solange comprit qu'elle avait faim. Elle lui fit boire une cuillerée de bouillon qui supplicia aussitôt son ventre. Jamais elle n'oublierait la bouche, les dents qui mordillaient sa peau. Le dernier baiser de sa mère avait la force d'une morsure. *L'amour dévorant*. Sa mère avait emporté avec elle le goût de sa peau, cette chair ourdie dans ses entrailles désormais torturées. Solange au ventre de sa mère, repliée, effrayée, *grosse, la grosse, ma grosse*.

Sa mère avait dit encore, deux fois de suite :

« Laissez verdure. Laissez verdure... »

Il était dix heures du matin. Son regard devint terne, elle expira contre Solange. *Chopin, mort aux bras de Solange*. Solange, inquiétante tel l'Ange qui annonce la mort, le feu, la Nouvelle de l'éternelle division. Maurice, vaincu d'un sommeil comateux, n'était pas dans la chambre. On était le 8 juin 1876. Il pleuvait.

« Laissez verdure. » Solange avait trouvé dans sa chambre un sachet en satin bleu où se trouvait un court billet de sa mère daté de l'année 1858 :

« La mort n'étant pas un malheur, mais une délivrance, je ne veux sur ma tombe aucun emblème de deuil, je désire, au contraire, qu'il n'y ait que du gazon et des fleurs, des arbres et de la verdure [19]. »

« Laissez verdure. » Quand elle se promenait avec Henry Harrisse, au petit cimetière de Nohant, elle désignait la tombe de sa grand-mère cachée sous le feuillage. Elle voulait ainsi disparaître pour atteindre les autres rivages : sous la verdure. La planète aurait-elle encore la verdure et l'eau quand les hommes, inévitablement, se livreraient jusqu'à la fin des Temps à l'ivresse du carnage ?

Solange, aidée de Solange Marier, passa sa dernière nuit à Nohant à ensevelir sa mère et à l'exposer sur le lit nappé de blanc. À tour de rôle vinrent à ses côtés Favre, Plauchut, Amic, Aucante. La putréfaction commençait et les servantes veillaient dans le cabinet à côté. Quand les amis de Paris arrivèrent à Nohant, ils

---

19. *Ibid.*, p. 664.

trouvèrent George Sand dans sa chambre à coucher, entièrement recouverte de fleurs, « la main droite, mignonne et polie comme de l'ivoire, seule n'était pas recouverte », précise Dumas fils. Il fut le seul à avoir le courage d'entrer dans la chambre. Les amis : Flaubert, dévasté, en larmes, Renan, le prince Jérôme Bonaparte, Henry Harrisse, Eugène Lambert, Calmann-Lévy son éditeur, les acteurs Édouard Cadol et Paul Meurice. Ils étaient exténués quand ils franchirent la grille de Nohant, vers cette demeure qui, sans elle, semblait une nacelle vide. Flaubert éclata en larmes quand les petites l'accueillirent à la grille. Les fillettes avaient annoncé à Maurice que leur grand-mère était morte. Il répétait : « Ma mère ! Ma mère ! La vie pour nous est finie ! » Maurice survivra treize ans à sa mère. Il mourra à Nohant le 4 septembre 1889, n'ayant excellé en rien, anéanti du manque essentiel : George Sand.

Les deux derniers soirs, Solange s'assit à table à la place de sa mère. Elle affirmait son funèbre triomphe. Elle exigea, avec l'appui de ses cousins Cazamajou et Simonet, que sa mère eût une cérémonie religieuse. Plauchut rétorqua que madame Sand *devait* être enterrée civilement. Lina protesta avec violence. Solange apportait, une fois de plus, la division. Elle se vengeait de Lina : tant que sa mère était vivante, elle avait régné à Nohant. Sa mort était l'affaire de ses enfants. Lina plia devant cette bouche convulsée, ce regard de folle. Maurice n'existait plus. Papet lança à Solange que s'il y avait un enterrement religieux, ni lui ni sa famille ne s'y rendraient. Les neveux et le docteur Favre appuyèrent Solange. Une cérémonie religieuse était une courtoisie et une coutume. La cour était remplie des paysans de Nohant. Leur bonne dame ne pouvait s'en aller en terre sans une bénédiction. On télégraphia à l'archevêque de Bourges qui accorda les funérailles religieuses. Mlle La Quintinie n'avait pas prévu Solange Clésinger.

L'abbé Villemont, curé de Vic, se promenait depuis deux jours sous les fenêtres de George Sand en lisant son bréviaire. George Sand encore lucide avait refusé qu'il montât la voir. Solange triomphait. Elle pleurait, sans larmes, brûlée de l'intérieur. Elle pleurait ; elle savait par cœur les mots de *Mont-Revêche* où sa mère George Sand la traitait de vipère :

« Vous êtes mauvaise, [...] le mal que vous ferez retombera sur votre tête, et moi je deviendrai votre ennemi[e] implacable, et ferai hautement connaître le serpent qui mord ici tout le monde[20]. »

La grosse, ma grosse, bige-moi, bige ta grosse un million de fois.

La bière en plomb commandée de Paris se révéla trop petite. La seconde bière arriva quelques minutes avant les obsèques.

Il était onze heures et demie. Le cercueil fut exposé dans le vestibule, recouvert d'un drap et d'une croix d'argent. Les paysannes, la tête couverte, défilaient. Lina, selon un rituel latin, distribuait avec Marie Caillaud un brin de laurier à ceux qui entraient. À une heure, le corps fut levé, porté à bras par quatre paysans en sarrau bleu jusqu'à la petite église. Flaubert éclata en sanglots devant le cercueil. Les cordons du poêle étaient tenus par le prince Jérôme, Oscar Cazamajou et René Simonet. Les paysans et les ouvriers se tenaient debout, tête nue. La cérémonie fut courte. Le caveau était prêt à recevoir George Sand. « Une simple voûte en briques dont le sommet ne dépasse pas le niveau du sol... Sous les broussailles, sont côte à côte, les dalles qui recouvrent les restes du père et de la grand-mère de madame Sand[21]. »

Laissez verdure.

Les paysannes, agenouillées sur l'herbe humide, récitaient la prière des morts. Le vent soufflait dans les cyprès et la pluie cinglait les visages et les mains. À la grille, Aurore et Gabrielle, *les demoiselles de Nohant*,

---

20. G. Sand, *Mont-Revêche*, Éd. du Rocher, p. 238-239.
21. *Ibid.*, p. 670.

distribuaient l'aumône aux pauvres, aux *champis*, accourus. Chacun déposa une branche de laurier sur la tombe. Suite au discours d'Ernest Périgois, Paul Meurice lut la lettre de Victor Hugo : « Je pleure une morte et je salue une immortelle. »

Plus rien ne serait jamais pareil pour Flaubert et ceux qui l'avaient aimée. Elle avait su graver dans leur cœur que même si « on mourait tout entier », la vie déboulait sur la progression. La force du silence touchait à l'infini, là où dansaient les étoiles filantes.

L'acte de décès de Mme Lucile Aurore Amantine Dupin (dite George Sand), veuve de feu François baron Dudevant, soulignait que ladite dame avait vécu « sans profession ».

Paris, juin 2001.

Bibliographie

Les informations essentielles concernant George Sand et son temps ont été entièrement puisées dans son admirable correspondance publiée grâce à M. Georges Lubin, aux éditions Garnier, collection « Classiques Garnier », soit vingt-quatre volumes, y compris les notes de M. Lubin.

Histoire de ma vie, œuvres autobiographiques de George Sand, sont publiées aux éditions Gallimard, collection « La Pléiade », tome I (1970), tome II (1971). Le texte est établi, présenté et annoté par Georges Lubin.

T. I et t. II : Ire, IIe et IIIe partie, *Histoire de ma vie,* IVe et V^e^ partie, suivi de : *Voyage en Espagne* ; *Mon grand-oncle* ; *Voyage en Auvergne* ; *La Blonde Phoebé* ; *Nuits d'hiver* ; *Voyage chez M. Blaise* ; *Les Couperies* ; *Sketches and Hints* ; *Lettres d'un voyageur* ; *Journal intime* ; *Fragment d'une lettre écrite à Fontainebleau* ; *Un hiver à Majorque* ; *Journal de novembre-décembre 1851* ; *Après la mort de Jeanne Clésinger* ; *Le Théâtre et l'Acteur* ; *Le Théâtre des marionnettes de Nohant*.

Ordre de la correspondance :

Tome I (1822-1831)
Tome II (1832-juin 1835)
Tome III (juillet 1835-1837)
Tome IV (mai 1837-mars 1840)
Tome V (avril 1840- décembre 1842)
Tome VI (1843-juin 1845)
Tome VII (juillet 1845-juin 1847)
Tome VIII (juillet 1847-décembre 1848)
Tome IX (1849-1850)
Tome X (1851-mars 1852)
Tome XI (avril 1852-juin 1853)
Tome XII (juillet 1853-décembre 1854)
Tome XIII (janvier 1855-juin 1856)
Tome XIV (juillet 1856-juin 1858)
Tome XV (juillet 1858- juin 1860)
Tome XVI (juillet 1860-mars 1862)
Tome XVII (avril 1862-juillet 1863)
Tome XVIII (août 1863-décembre 1864)
Tome XIX (janvier 1865-mai 1866)
Tome XX (juin 1866-mai 1868)
Tome XXI (juin 1868-mars 1870)
Tome XXII (avril 1870-mars 1872)
Tome XXIII (avril 1872-mars 1874)
Tome XXIV (avril 1874-mai 1876)

La correspondance entre George Sand et Gustave Flaubert, celle de Musset et de George, quelques lettres de Chopin, les lettres de Solange, se lisent à mesure de cette correspondance grâce aux précieuses notes de M. Lubin.

En l'honneur de M. Georges Lubin, citons cet aimable clin d'œil à propos de ce que George Sand écrivait d'un « Lubin » dans *Promenade autour d'un village* :

« Nous avons découvert chez nous le *lubin* d'origine normande [...] dans nos champs, au lieu de hanter les cimetières, ce farfadet se montre favorable aux moissons, et sème derrière les bons laboureurs ; pourtant il ne faudrait pas le contrarier, car il pourrait bien semer du *bedoin* et de l'ivraie à la place du froment, *si c'était son idée*. »

Promenade autour d'un village,
préface de G. Lubin,
Christian Pirot éditeur, 1992.

DIVERSES APPROCHES DE GEORGE SAND

– Mélanges offerts à Georges Lubin, *Autour de George Sand*, Centre d'étude des correspondances des XIXe et XXe siècles. UPR 422 du CNRS, faculté des lettres et sciences sociales, université de Brest, 1992.

– Revue *Europe*, numéro spécial George Sand, juin-juillet 1954.

– *George Sand et Solange, mère et fille*, Bernadette Chovelon, Christian Pirot éditeur, 1994.

– *À Nohant chez la dame, La vie de George Sand en Berry*, Jean-Louis Boncœur, Éditions de la Nouvelle République, 1995.

– *George Sand, un diable de femme*, Anne-Marie de Brem, Découvertes Gallimard, Paris/Musées, 1997.

– *George Sand l'amoureuse*, Jacques-Louis Douchin, Ramsay/Pauvert, 1992.

– *À la table de George Sand*, Christiane Sand, Flammarion, 1997.

– *La Vie brève de Jeanne, petite-fille de George Sand*, Sylvie Delaigue-Moins, Éditions du Pin (Indre), 1997, présentation par Georges Lubin.

– *De quoi vivait George Sand*, François Boury, présentation par Marcel Plaisant, Édition des Deux-Rives, 1952.

Biographies de George Sand

– *Lélia ou la vie de George Sand*, André Maurois, Hachette, 1952.

– *George Sand*, Francine Mallet, Grasset, 1976.

– *George Sand ou le Scandale de la liberté*, Joseph Barry, Seuil, 1982, traduit de l'américain par Marie-France de Paloméra.

– *La Lune et les Sabots*, Huguette Bouchardeau, R. Laffont, 1990.

– *Chère George Sand*, Jean Chalon, Flammarion, coll. « Les grandes biographies », 1991.

ŒUVRES DE GEORGE SAND

Chronologie

Elle comporte 75 titres romans, nouvelles, 25 pièces de théâtre. La plupart de ces ouvrages n'ont pas été réédités. Citons l'ensemble des romans, dans l'ordre de leur parution à l'époque de George Sand, leurs éditeurs, en indiquant les rééditions récentes :

1831 : *Rose et Blanche* (signé J. Sandeau), éd. Renault. George avait volontiers abandonné cet ouvrage à Jules Sandeau, leur collaboration s'arrêta là.

1832 : *Indiana*, Roret et Dupuy. Gallimard, coll. « Folio », préface de Béatrice Didier, 1984.

1832 : *Valentine*, Dupuy et Tenré-Presses de la Cité, coll. « Omnibus », prés. par Marie-Madeleine Fragonard, 1991.

1833 : *Lélia* (première version), Dupuy et Tenré. *Lélia* (deuxième version 1839), texte établi et présenté par Béatrice Didier, texte de l'édition de 1839, Éditions de l'Aurore, 1987.

1834 : *Le Secrétaire intime*, La Revue des Deux Mondes. Presses de la Cité, coll. « Omnibus », prés. par Marie-Madeleine Fragonard, 1991.

1834 : *Jacques*, F. Bonnaire. Presses de la Cité, coll. « Omnibus », prés. par Marie-Madeleine Fragonard, 1991.

1835 : *André*, Bonnaire et Magen. Presses de la Cité,

coll. « Omnibus », prés. par Marie-Madeleine Fragonard, 1991.

1835 : *Leone Leoni*, Bonnaire et Magen. Presses de la Cité, coll. « Omnibus », prés. par Marie-Madeleine Fragonard, 1991.

1836 : *Simon*, Bonnaire et Magen. Édition Fleuron, préface de Béatrice Didier, 1996.

1837 : *Mauprat*, Bonnaire. Presses de la Cité, coll. « Omnibus », prés. par Marie-Madeleine Fragonard, 1991.

1838 : *La Dernière Aldini*, *Les Maîtres mosaïstes*, Bonnaire. Presses de la Cité, coll. « Omnibus », prés. par Marie-Madeleine Fragonard, 1992.

1839 : *L'Uscoque*, Bonnaire (non réédité).

1839 : *Spiridion*, Bonnaire. Éditions d'Aujourd'hui, coll. « Les Introuvables », prés. par Georges Lubin, 1976.

1840 : *Gabriel*, Bonnaire. Éditions des Femmes, prés. par Janis Glasgow, 1988.

1840 : *Les Sept Cordes de la lyre*, Bonnaire. Flammarion, coll. « Nouvelle bibliothèque romantique », prés. par René Bourgeois, Flammarion, 1973.

1840 : *Le Compagnon du tour de France*, Perrottin (non réédité).

1841, *Pauline*, Magen et Common. Presses de la Cité, coll. « Omnibus », prés. par Marie-Madeleine Fragonard, 1992.

1842 : *Horace*, De Potter. Presses de la Cité, coll. « Omnibus », prés. par Marie-Madeleine Fragonard, 1992.

1842, *Consuelo*, t. I et II, De Potter.

1843 : *Consuelo*, t. III et IV, De Potter. *Consuelo*, tome 1, 2, 3 (*La comtesse de Rudolstadt*, texte établi, présenté et annoté par Simone Vierne et René Bourgeois, Éditions de l'Aurore, 1983.

1843 : *La Comtesse de Rudolstadt*, t. I et II, De Potter.

1844 : *La Comtesse de Rudolstadt*, t. III, De Potter.

1844 : *Jeanne*, De Potter. Éditions de l'Aurore, prés. par Simone Vierne, 1986.

1845 : *Le Meunier d'Angibault*, t. I et II, Desessart.

1846 : *Le Meunier d'Angibault*, t. III, Desessart. Hachette, Le Livre de Poche, prés. par Pierre de Boisdeffre, 1984.

1846 : *La Mare au diable*, Desessart. Hachette, Le Livre de Poche, prés. par Pierre de Boisdeffre, 1984 (J'ai Lu, 1992).

1846 : *Isidora*, Souverain. Éditions des Femmes, prés. par Ève Sourian, 1990.

1846 : *Teverino*, Desessart. Presses de la Cité, coll. « Omnibus », prés. par Marie-Madeleine Fragonard, 1992.

1846 : *Le Péché de Monsieur Antoine*, t. I et II, Souverain.

1847 : *Le Péché de Monsieur Antoine*, t. III et IV, Souverain. Éditions de l'Aurore, prés. par Jean Courrier et Jean-Hervé Donnard, 1982.

1847 : *Lucrezia Floriani*, Desessart. Presses de la Cité, coll. « Omnibus », prés. par Marie-Madeleine Fragonard, 1992.

1847 : *Le Piccinino*, Desessart. Glénat, L'Aurore, prés. par René Bourgeois, 1994.

1849 : *La Petite Fadette*, Michel Lévy. Hachette, Le Livre de Poche, prés. par Maurice Toesca, 1978.

1850 : *François le Champi*, Cadot. Hachette, Le Livre de Poche, prés. par Maurice Toesca, 1976.

1850 : *Histoire du véritable Gribouille*, Blanchard et Hetzel. Gallimard, coll. « Folio Junior », 1978.

1851 : *Le Château des Désertes*, Michel Lévy. Presses de la Cité, coll. « Omnibus », prés. par Marie-Madeleine Fragonard, 1992.

1853 : *Mont-Revêche*, Cadot. Éditions du Rocher, prés. par Jean Chalon, 1989.

1853 : *La Filleule*, Cadot. Éditions de L'Aurore, prés. par Marie-Paule Rambeau, 1989.

1853 : *Les Maîtres sonneurs*, Cadot. Presses de la cité, coll. « Omnibus », prés. par Marie-Madeleine Fragonard, 1992.

1854 : *Adriani,* Cadot. Glénat/L'Aurore, préface d'Huguette Bouchardeau.

1856 : *Évenor et Leucippe,* Collier (non réédité).

1857 : *La Daniella,* Librairie nouvelle. Éditions de l'Aurore, prés. par Annarosa Poli, 1992.

1857 : *Le Diable aux champs,* Librairie nouvelle (non réédité).

1858 : *Les Beaux Messieurs de Bois-Doré,* Cadot. Éditions de l'Aurore, prés. par René Bourgeois, 1990.

1858 : *Légendes rustiques,* Morel. Éditions de la Nouvelle République, coll. « Mémoire de France », 1985.

1859 : *Narcisse,* Michel Lévy (non réédité).

1859 : *Elle et Lui,* Hachette. Éditions de l'Aurore, prés. par Joseph Barry et Thierry Bodin, 1987.

1859 : *Les Dames vertes,* Hetzel (non réédité).

1860 : *Flavie,* Hachette (non réédité).

1860 : *Jean de la Roche,* Hachette. Éditions de l'Aurore, prés. par Claude Tricotel, 1988.

1860 : *Constance Verrier,* Michel Lévy (non réédité).

1861 : *La Ville noire,* Michel Lévy. Éditions de l'Aurore, prés. par Jean Courrier, 1989.

1861 : *Le Marquis de Villemer,* Michel Lévy. Éditions de L'Aurore, prés. par Jean Courrier, 1989.

1861 : *Valvèdre,* Michel Lévy (non réédité).

1861 : *La Famille de Germandre,* Michel Lévy (non réédité).

1862 : *Tamaris,* Michel Lévy. Éditions de l'Aurore, prés. par Georges Lubin, 1984.

1863 : *Antonia,* Michel Lévy (non réédité).

1863 : *Mademoiselle La Quintinie,* Michel Lévy. Slatkine, prés. par S. Balayé, 1979.

1865 : *La Confession d'une jeune fille,* Michel Lévy (non réédité).

1865 : *Laura ou Voyage dans le cristal,* Michel Lévy. Nizet, 1977.

1866 : *Monsieur Sylvestre,* Michel Lévy. Slatkine, prés. par Simone Vierne, 1980.

1867 : *Le Dernier Amour,* Michel Lévy. Éditions des Femmes, prés. par Mireille Bossis, 1991.

1868 : *Cadio*, Michel Lévy (non réédité).

1868 : *Mademoiselle Merquem*, Michel Lévy. Actes Sud, coll. « Babel », préface et dossier par Martine Reid, 1996.

1870 : *Pierre qui roule*, Michel Lévy. Safrat, prés. par Huguette Bouchardeau, 1990.

1870 : *Le Beau Laurence*, Michel Lévy. Safrat, prés. par Huguette Bouchardeau, 1990.

1870 : *Malgrétout*, Michel Lévy. Éditions de l'Aurore, prés. par Jean Chalon et Claude Ticotel, 1992.

1871 : *Césarine Dietrich*, Michel Lévy (non réédité).

1872 : *Francia*, Michel Lévy (non réédité).

1872 : *Nanon*, Michel Lévy. Éditions de l'Aurore, prés. par Nicole Mozet, 1989.

1873 : *Contes d'une grand'mère* (première partie), Michel Lévy. Éditions de l'Aurore, prés. par Philippe Berthier, 1982.

1874 : *Ma sœur Jeanne*, Michel Lévy (non réédité).

1875 : *Flammarande*, Michel Lévy (non réédité).

1875 : *Les Deux Frères*, Michel Lévy (non réédité).

1876 : *La Tour de Percemont*, Calmann-Lévy (non réédité).

1876 : *Marianne*, Calmann-Lévy (non réédité).

1876 : *Contes d'une grand'mère* (deuxième partie), Calmann-Lévy. Éditions de l'Aurore, prés. par Philippe Berthier, 1983 dont *Le Géant Yéous*. Garnier-Flammarion, 1996.

Le dernier livre inachevé : George Sand écrivait *Albine* quand la mort la saisit en juin 1876. *Albine* était destiné à Calmann-Lévy.

Intercalées au milieu d'une œuvre aussi abondante, se trouvent les *nouvelles*. On citera les plus célèbres : *Melchior et La Marquise* (1832) dans *La Revue de Paris*. *Lavinia*, *Métella*, *Aldo le rimeur*, en 1833 dans *La Revue des Deux Mondes*, *Mattéa* en 1835, *Revue des Deux Mondes*, *L'Orco*, 1838, *Revue des Deux Mondes*.

Les *pièces de théâtre* les plus remarquées : *Cosima*, jouée le 29 avril 1840, *François le Champi*, théâtre,

1849, *Claudie*, théâtre, 11 janvier 1851, *Le Mariage de Victorine*, théâtre, 1851, *Mauprat*, théâtre, 28 novembre 1853, *Maître Favilla*, théâtre, 15 septembre 1855, 1864, *Le Marquis de Villemer*, théâtre, 29 février 1870, *L'Autre*, théâtre, 28 février 1870.

L'ÉPOQUE DE GEORGE SAND

Agulhon Maurice, *1848 ou l'Apprentissage de la République* (1848-1852), Le Seuil, coll. « Points », 1973.

Tulard Jean, *La Vie quotidienne des Français sous Napoléon*, Hachette, 1978.

Tudesq A., *L'Élection présidentielle de Louis Napoléon Bonaparte*, Armand Colin, 1965.

Barneau Robert, *Vie quotidienne en 1830*, Hachette, 1971.

Bertier de Sauvigny, *La Restauration*, Flammarion, coll. « Histoire », 1971.

Desanti Dominique, *Daniel ou le Visage secret d'une comtesse romantique, Marie d'Agoult*, Stock, 1980.

Sipriot Pierre, *Balzac sans masque, splendeurs et misères des passions (1799-1850)*, Robert Laffont, coll. « Biographies sans masque », 1992.

Gérard Alice, *Le Second Empire ; innovation et réaction*, PUF, 1973.

Jardin A., *La France des Notables, l'évolution générale (1815-1848)*, Le Seuil, coll. « Histoire », 1973.

Lequin Y, *Histoire des Français, XIXe-XXe siècles*, Armand Colin, 1983-1984.

Lissagaray P. O., *Histoire de la Commune de 1871*, Maspéro, 1970.

Rémond René, *La Droite en France de la première Restauration à la cinquième République*, Aubier, 1977.

Roux Georges, *Napoléon III*, Fayard, 1969.

Roth François, *La Guerre de 1870*, Fayard, 1990.

Troyat Henri, *Flaubert*, Flammarion, 1988.

LA LITTÉRATURE À L'ÉPOQUE DE GEORGE SAND

Balzac, Honoré de, *La Comédie humaine*, Gallimard (Pléiade).

Barbey d'Aurevilly, Jules-Amédée, *Les Diaboliques*, Garnier-Flammarion.

Baudelaire, Charles, *Les Fleurs du mal*, Garnier.

Chateaubriand, François-René de, *Le Génie du christianisme*, Hachette.

Dostoïevski, Fedor Mikhaïlovitch, *L'Idiot*, Hachette.

Dumas père, Alexandre, *Les Trois Mousquetaires*, Le Livre de Poche.

Dumas fils, Alexandre, *La Dame aux camélias*, Le Livre de poche.

Hugo, Victor, *Les Misérables*, Hachette, Le Livre de Poche.

Flaubert, Gustave, *Madame Bovary*, Garnier-Flammarion.

Sainte-Beuve, Charles Augustin, *Les Causeries du lundi*, Hachette, Le Livre de Poche.

Lamartine, Alphonse de, *Les Méditations*, *L'Histoire des Girondins*, Garnier-Flammarion.

Musset, Alfred de, *Confession d'un enfant du siècle*,

Lorenzaccio, Les Nuits, Le Merle blanc, XIXe *siècle, Itinéraires*, Hatier.
Stendhal, *De l'amour*, Garnier-Flammarion.

Citons encore Prosper Mérimée *(Carmen)*, Alfred de Vigny *(La Mort du loup)*, Tourgueniev *(Mémoires d'un chasseur)*, Théophile Gautier *(Mademoiselle de Maupin)*, le *Journal* des frères Goncourt, Eugène Fromentin *(Dominique)*, la comtesse de Ségur *(La Fortune de Gaspard)*...

George Sand eut le privilège d'entendre au plus près les créations musicales de Franz Liszt et de Fréderic Chopin. Elle a connu les peintres Eugène Delacroix et A. Charpentier, qui firent d'elle de beaux portraits. Son gendre, le sculpteur J.-B. Clésinger, exécuta d'elle un buste. Le graveur Luigi Calamatta la charmait de son art et lui offrit sa fille pour bru.

Aucun art ne la laissait indifférente et elle entendait chanter à Nohant son amie Pauline Viardot, alors une des plus grandes cantatrices après la Malibran. Elle fréquentait les plus grands acteurs de l'époque, Marie Dorval, Bocage, Paul Meurice... Nadar aimait la photographier.

Ses intrépidités politiques la hissèrent à des amitiés d'élite dont, entre autres, celles de Ledru-Rollin, Barbès, Louis Blanc, et du prince Jérôme Bonaparte. L'empereur Napoléon III et l'impératrice Eugénie l'admiraient. Gustave Flaubert et Victor Hugo l'adoraient.

Signalons, entre autres, le film du cinéaste Robert Bresson, *Les Beaux Messieurs de Bois-Doré* et, en septembre 1999, celui de la cinéaste Diane Kurys, *Les Enfants du siècle*, avec Juliette Binoche dans le rôle de George Sand.

Table

7430

Composition PCA à Rezé
Achevé d'imprimer en France (Manchecourt)
par Maury-Eurolivres
le 21 avril 2004.
Dépôt légal avril 2004. ISBN 2-290-32443-4

Éditions J'ai lu
84, rue de Grenelle, 75007 Paris
Diffusion France et étranger : Flammarion